도스토옙스키(1821~1881) 초상 바실리 페로프. 1872.

◀도스토옙스키
생가 모스크바
마린스키 빈민구
제병원. 아버지가
군의였으므로 어
린 시절 병원 관사
에서 살았다. 가운
데에 작가의 동상
이 세워져 있다.

▼공병사관학교
도스토옙스키는
17세에 입학해서
22세에 졸업, 공
병대로 전속되어
23세 때 중위로
제대했다.

〈어느 선동가의 체포〉 일리야 레핀. 1889. 사회주의 혁명사상가 페트라셉스키 모임의 일원인 도스토옙스키를 비롯한 회원 모두는, 니콜라이 1세가 보낸 첩자에 의해 체포된다(1849년 4월).

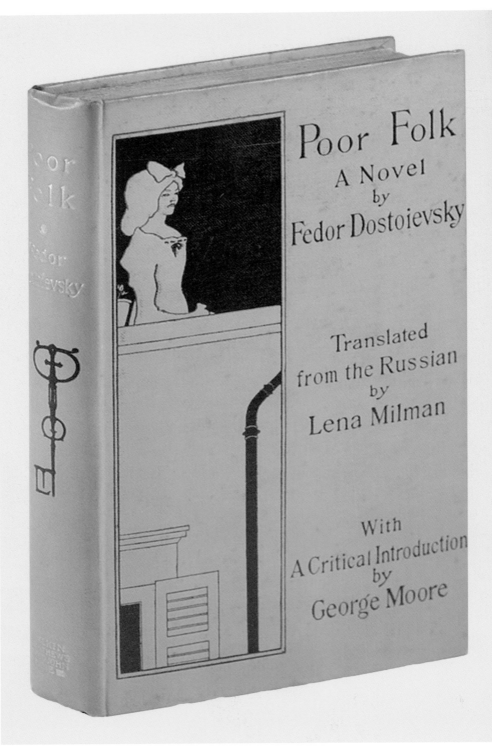

《가난한 사람들》(초판 1846) 표지 영문 초판. 1894.

World Book 158
Fyodor Mikhailovich Dostoevskii
ZAPISKI IZ MERTVOGO DOMA
BEDNYE LYUDI/BELYE NOCHI
죽음의 집의 기록/가난한 사람들/백야
도스토옙스키/채수동 옮김

동서문화사

디자인 : 동서랑 미술팀

죽음의 집의 기록/가난한 사람들/백야
차례

죽음의 집의 기록

가난한 사람들

백야

도스토옙스키의 체험과 문학

Zapiski iz mertvogo doma

죽음의 집의 기록

1부

서장

머나먼 시베리아[1] 내륙의 깊숙한 땅, 거친 들과 산만 보일 뿐 아무런 인적 없는 숲 속에서 어쩌다가 작은 도시를 만날 때가 있다. 주민은 기껏해야 1, 2천 명 정도이며 목조집들이 죽 늘어선 초라한 도시로, 교회가 두 개인데 하나는 마을 안에, 또 하나는 묘지에 있어 도시라기보다는 모스크바 근교의 아담한 마을과 비슷하다. 그런 도시에도 경찰서장과 지역의원, 그 밖의 온갖 하급 관리들이 넘친다 싶을 정도로 많이 배치되어 있다. 늘 시베리아의 기후는 매우 춥지만 근무자의 주머니 속은 무척 따뜻하다. 그곳에 살고 있는 사람들은 소박하지만 생각이 그리 자유롭지 못하다. 옛 관습은 몇백 년이나 되는 시대의 흐름에 따라 더욱 성스러워지고 견고해졌다. 솔직히, 시베리아의 귀족 역할을 맡고 있던 관리들은 시베리아에 뿌리내리고 있던 토박이들이거나 대부분 러시아, 그것도 높은 월급과 그 두 배 가량 되는 여비에 이끌려 희망찬 미래를 꿈꾸며 수도에서 이주해온 사람들이다. 이들 중에서도 인생의 수수께끼를 풀 수 있는 사람들은 거의가 시베리아에 남아 기꺼이 그곳에 뿌리를 내린다. 그리하여 그들은 풍부하고 감미로운 열매를 얻게 된다. 그러나 생각이 짧고 인생의 수수께끼를 풀 힘이 없는 사람들은 곧 시베리아에 싫증을 내고, 우울해하며 이렇게 자문한다. '어째서 이런 곳까지 오게 됐을까?' 그들은 법정 근무 기한인 3년을 애타게 기다린 끝에, 그 기한이 차면 기다렸다는 듯이 전근을 간청하여, 시베리아를 헐뜯고 비웃으면서 고향으로 돌아가 버린다. 그

---

[1] 우랄 산맥에서 동부의 태평양 연안까지 이르는 광대한 지역인 시베리아는 제6의 대륙이라고도 불린다. 우랄 산맥을 기점으로 서부 시베리아, 중부 시베리아, 극동 시베리아로 나뉘는데, 이 작품에서 묘사되는 시베리아는 서부 시베리아의 옴스크 지방이다. 제정 러시아의 시베리아는 거의 유형지로만 여겼다.

들은 틀린 것이다. 벼슬살이뿐만 아니라 다른 많은 점에서도 시베리아는 생활을 마음껏 즐길 수 있는 곳이다. 날씨도 좋고, 손님을 환대하는 부유한 상인들도 많고, 특히 상상도 못할 만큼 굉장한 부자인 이민족들이 많이 살고 있다. 아가씨들은 장미처럼 피어나고 몸가짐 또한 몹시 단정하다. 들새는 거리를 따라 날아다니다 스스로 사냥꾼에게 뛰어들기도 한다. 샴페인을 실컷 마실 수 있고, 이크라²⁾도 비할 데 없이 맛있다. 농작물도 장소에 따라 열다섯 배나 수확할 수 있다…… 토지는 대체로 비옥해서 잘 이용하기만 하면 된다. 시베리아 사람들은 그것을 이용하는 방법을 알고 있다.

이렇듯, 말할 수 없이 정겨운 주민들이 살고 있는 즐겁고 만족스러운 작은 도시에서 새긴 추억은 아직도 내 마음속에 고이 남아 있다. 그곳에서 나는 알렉산드르 페트로비치 고랸치코프³⁾라는 이주민을 만났다. 그는 러시아 귀족 지주 집안에서 태어났는데, 아내를 살해한 죄목으로 제2급 노동 유형수가 되어 법에 따라 선고받은 10년의 형기를 마친 뒤, K⁴⁾시에서 이주죄수로서 얌전하고 조용하게 여생을 보내고 있었다. 그는 본디 어느 변두리 지역에서 살도록 되어 있었지만, 아이들을 가르쳐서 어느 정도 생계를 꾸려 갈 수 있었기

---

2) 연어나 송어의 알을 소금물에 절인 음식.

3) 도스토옙스키 자신의 이미지를 반영하고 있는 알렉산드르 페트로비치 고랸치코프는 10년 동안 유형 생활을 했으나, 도스토옙스키는 제2급 노동 유형수로 1850년부터 1854년까지 4년 동안만 유형 생활을 했다. 도스토옙스키는 1847년경부터 푸리에(1772~1837)주의인 페트라솁스키(1821~1866)의 사회주의 그룹에 가담하여 농노제의 폐지와 검열 제도의 철폐 등에 관한 토론에 참여하기도 했으며, 스페쉬네프(1818~1882) 비밀조직에 참가하여 이러한 내용이 담긴 인쇄물을 만들려고도 했다. 1849년 페트라솁스키 그룹에 대한 탄압 때 검거되어 사형이 언도되었으나, 사형 집행 직전 사면을 받고 황제의 특사에 의해 감형되어 1850년 시베리아의 옴스크로 유형되었다. 도스토옙스키는 이곳에서의 유형 체험을 통해 러시아의 민중들을 새롭게 인식하기 시작했다. 1854년 2월 출감하여 세미팔라친스크 수비대에서 근무하게 된 도스토옙스키는 1859년이 되어서야 페테르부르크로의 귀환이 허용되었고, 1861~1862년에 시베리아 유형 생활의 체험을 담아 이 작품을 간행했다. 도스토옙스키는 1850년 1월 23일 서부 시베리아의 옴스크에 있는 유형지에 도착하는데 형 미하일에게 보낸 편지에서 그 4년 동안이 마치 관 속에서 사는 듯한 시간이었다고 회상한다. 도스토옙스키는 4년 동안의 유형 뒤에 이 지방에서 병사로 근무하면서 마리야 이사예바라는 유부녀를 만나 사랑에 빠지고, 1857년 그녀의 남편이 죽자 그녀와 결혼한다.

4) 이 도시는 도스토옙스키가 1857년 마리야 이사예바와 결혼한 서부 시베리아의 쿠즈네츠크 시로 알려져 있다.

때문에 도시에 살았다. 시베리아의 작은 도시에서는 이런 유형수 출신 교사를 자주 볼 수 있었는데, 사람들은 그들을 별로 싫어하지 않았다. 그들이 주로 가르치는 것은 세상에 나갔을 때 얼마쯤 필요한 프랑스어였다. 이들이 없었다면 이런 시베리아의 변두리에서 프랑스어를 배우는 것은 생각도 할 수 없는 일이었다.

내가 처음 알렉산드르 페트로비치(고랸치코프) 씨를 만난 것은, 이반 이바니치 그보즈지코프라는 사람 좋아하고 공적 많은 늙은 관리의 집에서였다. 그에게는 행복한 미래가 기대되는 터울이 큰 딸들이 다섯 있었으며, 알렉산드르 페트로비치는 이 집에서 일주일에 네 번, 하루에 은화 30코페이카씩 보수로 받으며 그녀들을 가르치고 있었다. 그의 외모는 나의 흥미를 끌었다. 그는 몹시 창백하고 말랐으며, 아직 서른대여섯 살이니 그리 늙었다고는 할 수 없지만 왜소하고 허약해 보였다. 그래도 옷만큼은 언제나 깔끔하게 유럽식으로 차려입고 있었다. 누군가 말을 건넨다면, 그는 상대를 주의 깊게 바라보며 상대의 모든 말에 심사숙고를 거듭하듯이 몹시 진지한 태도로 귀 기울일 것이다. 마치 상대가 어려운 질문을 하여 그를 난처하게 만들거나, 또는 이쪽의 비밀을 캐내려는 것이 아닐까 하면서 한마디 한마디를 예리하게 분석하고 있는 것 같다. 그리고 마침내 짧고 분명하게 대답하지만, 그 모든 대답이 너무나 신중하여 갑자기 말을 건 상대는 뭔가 편치 않은 기분이 되고, 결국에는 어서 이 대화가 끝나기를 바라게 되는 것이다.

그때 나는 이반 이바니치 씨에게 그에 대해 이것저것 물어보았다. 그래서 이 알렉산드르 페트로비치 고랸치코프는 나무랄 데 없이 도덕적인 생활을 하고 있다는 것(만일 그렇지 않다면 이반 이바니치 씨가 자기 딸들을 위해 그를 불러들이지도 않았을 테지만), 사람을 무척 싫어해서 아무하고도 사귀지 않으며, 놀랄 만큼 학식이 풍부하고 책을 많이 읽었지만, 말수가 적어 그의 입을 열게 하는 건 쉬운 일이 아니라는 것을 알았다. 그를 거의 미치광이라고 말하는 사람들도 있었지만, 그렇게 말하면서도 그들은 그것이 본질적으로 그다지 중요한 결점은 아니라는 건 알고 있었다. 도시의 명망 있는 사람들 대부분이 어떻게든 알렉산드르 페트로비치를 회유해 보려고 하는 것도, 청원서 등을 쓸 수 있는 유용한 사람일지도 모른다는 것도 알고 있었다. 사람들은 그가 러시아에 번듯한 친척들이 있을 것이고, 그것도 어쩌면 상당한 명문일지도 모른다고 상상했다. 그러나 유형을 받자마자 그가 고집스럽게 그들과의 모든 관계를 끊어 버렸다는 사실도 알았다. 요컨대 그는 자기 자신을 학대하고 있는 것이다. 더욱이 이곳 사람들은 모두 그가 결혼한 지 채 1년도 지나지 않아서 질투로 자기 아내를 살해하고 자수했다는(그래서 그의 형량은 매우 가벼워졌는데) 것을 알고 있었다. 그런 범죄는 대개 불행한 사건으로 여겨져 동정을 받게 되는 법이다. 그런데도 이 괴팍한 사람은 고집스럽게 사람들을 피해, 이반 이바니치 씨의 딸들을 가르치러 갈 때밖에 모습을 드러내지 않았다.

처음부터 이 사람이 특별한 주의를 끌었던 것도 아닌데, 왜 그런지 알 수 없지만 점차 그에게 흥미를 느끼게 되었다. 그에게는 무언가 수수께끼 같은 데가 있었다. 마음을 터놓고 이야기한다는 것은 상상도 할 수 없는 일이었다. 물론 내 질문에는 늘 대답해 주었고, 자기의 가장 중요한 의무라고 생각하는 듯한 태도까지 보였다. 그러나 그의 대답을 듣고 나면 어쩐지 더 이상 질문하기가 거북스러워지곤 했다. 게다가 그런 이야기를 나누고 나면 언제나 그의 얼굴에는 어떤 고통과 피로의 기색이 엿보이곤 했다.

어느 아름다운 여름날 저녁, 나는 그와 함께 이반 이바니치 댁에서 나와 걷게 된 적이 있다. 나는 갑자기 담배가 피우고 싶어져서 잠시 우리집에 들리자고 권했다. 그때 그의 얼굴에 나타난 공포의 표정을 지금도 도저히 묘사할 길이 없다. 그는 허둥대며 앞뒤도 맞지 않는 어떤 말들을 중얼거리기 시작하다가 별안간 나를 증오하듯 노려보더니, 반대 방향으로 재빨리 뛰어가 버리는 것이었다. 나는 너무 어이가 없었다. 그 뒤로 그는 나를 만나기만 하면 겁먹은 눈빛으로 바라보았다. 그러나 나는 좀처럼 물러서지 않았다. 그에게는 나를 끌어당기는 무언가가 있었다. 한 달 정도 지난 뒤 나는 특별한 이유도 없이 고랸치코프에게 들렀다. 내 행동이 어리석고 난폭했던 건 말할 것도 없다. 그는 도시 변두리에 있는 어느 노파의 집에 세들어 살고 있었는데, 그 노파에게는 폐병을 앓고 있는 딸이 있고, 그 딸에게는 사생아가 하나 있었다. 열 살쯤 되어 보이는 귀엽고 밝은 계집아이였다. 내가 그의 방에 들어섰을 때, 알렉산드르 페트로비치는 그 여자애와 나란히 앉아서 읽기를 가르쳐 주고 있었다. 그는 나를 보더니 마치 나쁜 짓이라도 하다가 들킨 것처럼 당황하여, 완전히 정신이 나간 듯 의자에서 벌떡 일어나 눈을 크게 뜨고 나를 노려보았다. 그러다가 우리는 간신히 자리에 앉았다. 그는 주의 깊게 나의 시선을 쫓았다. 내 눈길 하나하나에 마치 무슨 특별한 의미가 숨겨져 있지 않나 의심하는 듯했다. 나는 그가 병적으로 의심 많은 사람이라는 걸 깨달았다. 그는 '자, 어서 돌아가 주지 않을래?' 하고 묻는 것처럼 증오에 가득 찬 시선으로 나를 노려보았다. 나는 우리의 도시와 최근 소식에 대해 이야기를 꺼냈으나, 그는 입을 꼭 다문 채 증오가 서린 미소만 지을 뿐이었다. 그는 누구나 알고 있는 도시의 가장 일상적인 소식들을 모르고 있을 뿐만 아니라, 알고 싶어하지도 않았다. 이어서 나는 이 도시에 대해, 또 이 도시가 필요로 하는 것으로 화제를 바꿨다. 그는 잠자코 내 말에 귀를 기울이고 있었지만 나를 응시하고 있는 눈이 너무 이상해서 마침내 나도 그런 말을 하는 것이 무안해졌다. 게다가 나는 방금 우체국에서 찾아와 내 손에 들려 있던 신간 서적과 잡지에 대한 얘기를 꺼내 하마터면 그를 화나게 만들 뻔했다. 나는 아직 뜯지도 않은 그 책과 잡지를 그에게 권했다. 그는 탐욕스러운 시선을 던졌지만, 곧 마음을 바꾸고 바쁘다는 핑계로 거절해 버렸다. 드디어 그와 작별 인사를 나누고 그 집에서 나오자, 마음을 짓누르던 감당할 수 없을 만큼 무거운 짐을 내려놓은 것 같은 느낌이 들었다. 그리고 세상의 모든 것으로부터 멀찌감치 숨어 버리는 것을 가장 중요한 과제로 삼고 있는 사람에게 가까이 다가가려고 한 것이 더없이 어리석게 생각되어 나 자신이 수치스럽기까지 했다. 그러나 이미 엎질러진 물이었다. 그의 방에서 책은 거의 찾아볼 수 없었다는 것이 이제야 기억나는데, 그렇다면 그가 책을 많이 읽었다는 소문은 잘못된 것 같다. 그러나 나는 아주 깊은 밤중에 마차를 타고 두 번쯤 그의 창가를 지나간 적이 있는데 두 번 다 불이 켜져 있었다. 새벽녘까지 책상에 앉아 그는 무엇을 하고 있었을까? 혹시 글을 쓰고 있었던 것은 아닐까? 만일 그렇다면 그것은 무엇일까?

  나는 사정이 있어서 석 달가량 그 도시를 떠나 있었다. 집으로 돌아온 것은 이미 겨울이 되어서였는데, 가을에 알렉산드르 페트로비치 씨가 세상을 떠났다는 사실을 들었다. 외롭게 의사도 한번 부르지 않고 죽었다고 한다. 그곳 사람들은 벌써 그를 거의 잊어가고 있었다. 그의 방은 계속 비어 있었다. 나는 바로 노파의 집을 찾아갔다. 노파의 집에 세들어 살던 사람이 무엇을 하고 있었을까, 무엇을 쓰고 있었던 것일까? 그것이 궁금했던 것이다. 20코페이카짜리 은화 한 닢을 손에 쥐어 주자, 노파는 고인이 남긴 종이 바구니를 모두 가져다주었다. 그녀는 공책 두 권은 이미 써버렸다고 털어놓았다.

까다롭고 말이 없는 노파여서, 그녀에게 무엇인가 쓸 만한 사실을 알아내기란 어려울 것 같았다. 나는 노파한테서 세입자에 대해 특별히 새로운 사실은 아무것도 알아낼 수 없었다. 그녀의 말에 따르면, 그는 거의 아무 일도 하지 않았으며 몇 달씩이나 책을 펼치지도 않았고, 손에 펜 한번 잡아 본 적이 없었다고 한다. 그 대신 밤새도록 방 안을 왔다 갔다 하면서 줄곧 무엇인가 생각하다가 이따금 혼잣말을 하더라는 것이다. 그는 노파의 손녀 카챠를 좋아하고 귀여워했는데, 이름이 카챠라는 것을 알고 난 뒤부터는 더욱 사랑하고 예뻐했으며 카체리나의 영명축일에는 언제나 교회에 예배를 드리러 가기도 했다고 한다. 그는 누가 집에 오는 것을 싫어했고, 밖에 나가는 것은 아이들을 가르치러 갈 때뿐이었다. 심지어 일주일에 한 번, 노파가 그의 방을 치우는 시늉이라도 하러 올 때면 눈살을 찌푸렸고, 거의 3년 내내 그녀에게 단 한마디도 걸지 않았다고 했다. 나는 카챠에게 자기 선생님을 기억하고 있는지 물어보았다. 그 소녀는 나를 물끄러미 쳐다보다가 느닷없이 벽 쪽으로 몸을 돌리고 훌쩍훌쩍 울기 시작했다. 그러고 보면 그 사람도 상대가 이런 어린아이일지언정 누군가의 사랑을 받을 수 있었는지 모른다.

나는 그가 쓴 종이를 가져와서 온종일 정리했다. 그 4분의 3은 아무런 의미도 없는 쓰레기이거나 학생용 연습장이었다. 그러나 그 속에는 작은 글씨들이 빼곡히 적힌 채 미처 끝까지 다 채우지 못한, 꽤 두툼한 공책이 한 권 있었다. 아마 저자 자신도 잊어버린 것이리라. 그것은 비록 앞뒤의 맥락은 맞지 않지만, 알렉산드르 페트로비치 씨가 체험한 10년 동안의 유형 생활의 기록이었다. 그 기록은 군데군데 어떤 다른 이야기나 이상하고 무서운 회상기에 의해 끊겨 있기도 했다. 그것은 마치 억지로 쓴 것인듯 고르지 않은 글씨로 되는 대로 씌어 있었다. 몇 번이나 그 단편들을 읽어본 나는 그 글들은 그가 거의 미친 상태에서 쓴 것이라고 확신하게 되었다. 그러나 이 감옥의 기록은, 그 자신은 원고 어딘가에서 '죽음의 집의 광경'이라고 말했지만 내게 결코 재미없는 이야기는 아니었다. 지금까지 몰랐던 완전히 새로운 세계, 기이한 사실

몇 가지, 파멸한 사람들에 대한 몇 가지 특이한 관찰이 내 마음을 끌어, 어떤 것은 호기심에 사로잡혀 끝까지 읽기도 했다. 물론 내가 틀릴 수도 있다. 우선 시험삼아 두어 장(章)을 골라보았다. 판단은 독자들에게 맡기기로 하고……

1. 죽음의 집

우리 감옥은 요새의 한구석, 보루 바로 옆에 있었다. 하다못해 뭐라도 보이지 않을까 해서 담장 틈새로 자유로운 바깥 세상을 내다보지만, 보이는 것이라곤 오직 하늘 가장자리와 잡초가 우거진 높다란 토성(土城)과 밤낮 그 위를 오가는 보초들뿐이다. 그리고 여기서는 몇 년이 지나도, 여전히 담장에 다가가 틈새에 눈을 붙이고 똑같은 토성과 똑같은 보초들과 아주 작은 하늘의 가장자리만을 쳐다볼 뿐이라고, 또 그 하늘은 감옥 위의 하늘이 아니라 저 먼곳 또 다른 자유의 하늘이라고 생각하게 된다. 200걸음 정도의 길이와 150걸음의 폭, 꽤 높은 울타리로 빙 둘러싼 일그러진 육각형의 커다란 마당, 즉 높다란 말뚝에 버팀목을 기대어 땅속 깊숙이 박아 놓고 윗부분을 예리하게 잘라 놓은 다음, 그것을 가로목으로 단단하게 조여서 세로로 세워 놓은 울타리를 상상해 보라. 바로 이것이 감옥의 바깥 울타리이다. 이 울타리 한쪽에, 보초들이 밤이나 낮이나 지키고 서 있는 늘 잠긴 견고한 출입문이 있었다. 문이 열리는 건 일터로 나가기 위해 외출할 때뿐이다. 이 문 너머에는 밝고 자유로운 세상이 있고, 사람들이 모두 똑같이 살고 있다. 그러나 울타리 안쪽에서는 그곳을 마치 환상적인 이야기 속 세계처럼 상상하고 있었다. 이곳에는 무엇과도 비교할 수 없는 독특한 세계가 있다. 여기에는 여기만의 특별한 법칙과 복장과 풍습과 관습이 있었다. 이른바 살아 있으면서도 죽음의 집이라 불러야 할 이곳에는 어느 곳에도 존재하지 않는 삶과 특별한 사람들이 있었다. 바로 이 특별한 한 구석의 이야기를 나는 지금 써 보려는 것이다.

문으로 들어서면 건물들 몇 개가 눈에 들어온다. 널따란 마당 양쪽에는 단층 막사 두 채가 길게 늘어서 있다. 이곳이 바로 감옥이다. 여기에 죄수들이 등급별로 수용되어 있다. 울타리 안 깊숙한 곳에는 이와 비슷한 막사가 한 채 더 있다. 그곳은 취사장으로, 반으로 나뉘어져 있다. 그리고 그 앞에 또 한 채의 건물이 있는데, 저장고, 창고, 헛간 등으로 나뉘어져 있다. 텅 빈 마당 한복판은 평평하고 꽤 커다란 광장이다. 죄수들은 아침, 점심, 저녁마다 여기서 정렬하여 점호를 받는데, 간수가 의심 많은 사람이거나 점호가 너무 빨리 끝나면 몇 번이고 되풀이해서 점호를 받았다. 건물과 울타리 사이에는 상당히 넓은 공간이 남아 있다. 그 건물의 뒤쪽 공터는, 죄수들 중에서도 사람을 싫어하고 성격이 어두운 죄수들이 작업이 없는 시간에 사람들의 눈을 피해 잠시 거닐거나 생각에 잠기는 곳이다. 이러한 산책 시간에 그들을 보게 되면, 나는 그 침울한 낙인찍힌 얼굴을 관찰하면서, 그들이 무엇을 생각하고 있을까 추측해 보기도 했다. 자유 시간에 말뚝의 숫자를 헤아리는 것을 재미있어 하던 유형수가 있었다. 말뚝은 모두 1500개쯤 되는데, 그는 그것들을 모두 헤아렸을 뿐더러 모든 말뚝의 특징까지 알고 있었다. 그에게 말뚝 하나하나는 하루하루를 뜻했다. 그는 매일매일 말뚝을 하나씩 빼 나갔고, 그래서 남아 있는 말뚝 숫자로 형기가 끝날 때까지 며칠이나 감옥에서 살아야 하는지 한눈에 알 수 있었다. 그는 육각형 모양의 어느 한 면을 다 헤아렸을 때 진심으로 기뻐했지만, 아직 여러 해를 기다려야만 했다. 그러나 감옥에서는 인내라는 것을 배울 수 있는 시간이 있었다.

한번은 20년이나 감옥 생활을 하다가 마침내 자유의 몸이 되어 다른 동료들과 작별 인사를 나누던 죄수를 본 적이 있다. 동료들 중에는 그가 처음 감옥에 들어왔을 때 자기의 죄나 벌에 대해서는 생각하지 않는 태평한 젊은이였던 것을 기억하는 사람들이 있었다. 그러나 그는 우울하고 슬픈 얼굴로 백발의 노인이 되어서 나갔다. 그는 말없이 여섯 동의 감옥을 모두 돌았다. 감방 안에 들어가면 성상(聖像)[5] 앞에서 기도를 올렸으며, 동료들에게 허리까지 고개 숙여 인사하면서 자기에 대해 나쁘게 생각지 말아 달라고 부탁했다. 기억을 더듬어 보니, 예전에는 시베리아의 부유한 농부였던 한 죄수가 어느 저녁 무렵 출입문께로 불려 갔던 일도 떠오른다. 그 반 년 정도 전에 그는 자기의 아내가 다른 사내에게 시집을 가버렸다는 소식을 듣고 무척 슬퍼했다. 그런데 그녀가 감옥에 찾아와서 그를 불러내 차입을 넣어준 것이다. 2분가량 이야기를 나누던 두 사람은 눈물을 흘리면서 영원히 작별하고 말았다. 나는 그가

---

5) 러시아 정교회의 전례물인 성인(聖人)들의 모습을 담은 성화상을 걸어 놓은 성소(聖所)로 '아름다운 구석'이라고도 불린다.

감방으로 돌아왔을 때, 그의 얼굴을 보았다……. 확실히, 이곳에서는 인내라는 한 가지는 배울 수 있는 것이다.

해가 저물면 우리는 모두 감옥 안으로 들어가고, 아침까지 갇힌다. 나는 늘 마당에서 감방으로 돌아오는 일이 괴로웠다. 좁고 길고 천장이 낮은 후덥지근한 감방은 동물기름으로 만든 양초가 희미하게 비추고 있고, 숨막힐 듯한 무거운 악취로 가득 차 있었다. 지금 생각해 보면, 어떻게 내가 그런 곳에서 10여 년이나 살 수 있었는지 도무지 이해할 수가 없다. 내 침상은 판자 세 장을 이은 것이었다. 그것이 내가 가진 공간의 전부였다. 이 방 안의 평상에만 30명이 자리를 잡고 있는데, 겨울에는 일찍 빗장을 지르는 까닭에 모두 잠들 때까지 네 시간이나 기다려야만 했다. 그전까지는 웅성거리는 시끄러운 소리와 웃음, 욕설과 쇠사슬 소리, 악취와 그을음, 삭발한 머리와 낙인찍힌 얼굴, 남루한 수의 이 모든 것이 욕설과 능멸의 대상이 되곤 했다……. 그래도 인간은 살아가게 마련이다! 인간은 어떤 것에도 익숙해질 수 있는 존재이다. 나는 이것이야말로 인간에 대한 가장 적절한 정의라고 생각한다.

모두 250명 정도가 이 감옥에 수용되어 있었다. 이 숫자는 거의 고정되어 있었다. 새로운 죄수들이 들어오면, 다른 죄수들은 형기를 마치고 나가거나 죽어서 나갔다. 여기에는 별의별 사람들이 다 모여 있었다! 러시아의 모든 현(縣)[6]과 모든 지방이 저마다 자신의 대표자들을 여기로 보내고 있는 게 아닐까 하는 생각이 들 정도였다. 이민족도 있고, 심지어 캅카스의 산간 지방에서 온 유형수들도 더러 있었다. 이들은 모두 범죄의 정도에 따라, 즉 범죄에 따른 형기의 햇수에 따라 분류되었는데, 여기에는 대표자 없는 범죄는 존재하지 않는다는 점을 염두에 두어야 한다. 여기서 감옥 생활을 하는 죄수의 대부분은 일반 징역 유형수였다(죄수들은 이것을 비꼬아서 중죄수라고 발음[7]했다). 이들은 모든 시민권을 완전히 박탈당한 상태로, 죽을 때까지 사회로부터 격리된 죄인임을 알리기 위해 얼굴에 낙인이 찍힌 죄수들이었다. 그들은 8년에서 12년까지 징역에 처해지며, 형기가 끝나면 유형 이주민으로서 시베리아 각

---

6) 제정 러시아의 행정 구분은 우리 나라의 도(道)에 해당하는 100여 개의 현(縣)으로 나뉘고 그 밑에 군(郡, uezd), 향(鄕, volost'), 촌(村, selo)을 둔다.

7) 유형수(ssyl'nokatorzhnie)와 중죄수(sil'no katorzhnie)는 발음이 비슷하다.

지로 흩어졌다.[8] 그리고 러시아의 죄수중대(罪囚中隊)처럼 아직 시민권을 잃지 않은 군사범도 있었는데, 그들은 형기가 짧고, 형기를 마치면 처음 끌려왔던 시베리아 전선 대대로 돌아가서 다시 병사로 복귀했다. 그들 중 대부분은 또 다시 중범죄를 저질러 감옥으로 되돌아오는데, 이런 경우 형기는 단기가 아니라 20년으로 불어난다. 이런 부류를 '단골손님'이라고 불렀다. 그러나 이 '단골손님'도 아직 모든 시민권을 완전히 박탈당한 상태는 아니다. 마지막으로 가장 무서운 특별 부류 죄수들이 있었다. 주로 군인들이며, 꽤 많은 숫자를 차지하고 있는 그들은 '특별감(特別監)'이라고 불렸다. 러시아의 각지에서 보내진 이 죄수들은 스스로 무기 유형수라 인정했으며, 형기도 몰랐다. 법에 따르면, 그들은 남보다 두세 배는 더 많은 노동을 해야 했다. 또 앞으로 시베리아에서 가장 고된 강제노동 수용소가 생길 때까지 이 감옥에서 지내야 했다. 그들은 다른 죄수들에게 "너희에게는 형기가 있지만, 우리는 죽을 때까지 감옥살이야"라고 말하곤 했다. 뒷날 나는 이 특별감이 폐지되었다고 들었다. 뿐만 아니라 우리가 있던 요새에서는 민간인 죄수제도 역시 폐지되어 전체가 하나의 죄수중대가 되었다고 한다. 동시에 감옥소장을 비롯한 간부들이 다른 사람으로 바뀐 것은 말할 것도 없다. 그러므로 아마 나는 이미 지나가 버린 먼 옛일에 대해 쓰게 될 것이다…….

그것은 이미 오래전의 일이다. 모든 것이 나에게는 마치 꿈속에서 본 것처럼 느껴진다. 내가 감옥에 들어간 날이 기억난다. 12월의 어느 저녁 무렵, 이미 땅거미가 지고 있었다. 죄수들은 노역에서 돌아와 점호 준비에 여념이 없었다. 이윽고 콧수염을 기른 하사관 한 명이 그 이상한 집의 문을 열어 주었다. 나는 그 속에서 그토록 오랜 세월을 보내며, 실제로 내가 체험하지 않았다면 상상조차 할 수 없었을 그런 감각을 너무나 많이 참아야 했다. 감옥생활 10년 동안 단 한 번도, 단 1분도 나 혼자 있을 수 없다는 가공할 만큼 고통스러운 사실을

---

8) 표트르 대제의 개혁 이후 정착된 러시아의 형벌 제도에서 최고형인 사형은 일반 범죄에는 적용되지 않고 반역죄나 황족에 대한 살인 또는 살인 미수일 경우에만 적용되었으며, 일반적으로 형사범의 최고형은 징역형(katorga)이었다. 러시아에서는 1822년 '유형수에 관한 법률'과 '시베리아 현들의 숙영(宿營)에 관한 법률'이 공포되어 각 현마다 유형수를 담당할 관청을 세웠다. 유형수들은 유기 또는 무기 징역수로 형기 만료 뒤 강제 이주소처럼 시베리아의 각지에 흩어져 경작지를 분배받고 유형 이주민이 되었다.

도저히 상상할 수가 없었던 것이다. 작업장에 나가면 항상 감시를 받았고, 감옥 안에서도 200여 명의 동료들과 함께 있어서 한 번도, 결코 단 한 번도 혼자가 될 수 없었다! 게다가 내가 익숙해져야만 하는 건 그뿐만이 아니었다!

  이곳에는 우발적인 살인범이 있으면 계획적인 살인범도 있었다. 도둑들이 있으면 도둑의 두목들도 있었다. 단순한 소매치기와 좀도둑, 날치기를 하거나 패거리로 몰려다니며 돈을 터는 기업가 같은 부랑자들도 있었다. 또 도대체 무슨 죄를 지어 여기까지 오게 되었는지 단정을 내리기가 곤란한 사람들도 있었다. 그렇지만, 그들에게도 모두 제각기 음산하고 고통스러운 과거가 있게 마련이었다. 대체로 그들은 자기의 과거에 대해서는 아무말도, 별로 이야기하고 싶어하지 않았고, 과거는 생각지 않으려는 모습이 역력했다. 나는 내기를 할 수 있을 정도로, 그들에게서 한 번도 양심의 목소리를 들어 본 적이 없고, 반성은커녕 그런 생각조차 한 적이 없는 유쾌한 살인범도 있다는 것을 알고 있었다. 그러나 얼굴에 그늘이 져 있고 늘 입을 꾹 다물고 있는 사람들도 있었다. 보통 자기 신상에 대해 얘기하는 사람은 거의 없었고, 여기서는 호기심이 별로 인기가 없었으며 어찌된 일인지 그것은 습관으로 받아들여지지 않았다. 이따금 누군가가 무료한 나머지 말을 꺼내면 다른 사람들은 재미없다는 듯이 시큰둥하게 듣고만 있을 뿐이었다. 여기서는 누가 어떤 말을 해도 아무도 놀라지 않았다. "그래도 우리는 글을 배운 사람이라고!" 가끔 그들은 이렇게 어떤 묘한 자기 만족감 속에서 중얼거리곤 했다. 어느 날에는 거나하게 취한 한 강도가(감옥 안에서도 이따금 술을 마실 수 있었다), 어떻게 다섯 살 난 어린아이를 죽였는지에 대해 이야기하기 시작했다. 처음엔 장난감으로 아이를 속여서 근처의 빈 헛간으로 끌고 가 죽였다는 것이었다. 그때까지 그의 농담에 웃고 있던 감방의 모든 죄수들이 일제히 고함을 치자, 강도는 마지못해 입을 다물고 말았다. 감방 안의 사람들이 소리를 지른 것은 분노 때문이 아니라 '그런 이야기'는 할 필요가 없었기 때문이고, 그런 얘기를 하는 것은 그곳의 관습이 아니었기 때문이다. 말이 나온 김에 말하면 사실 이곳의 죄수들은 분명히 글을 읽고 쓸 줄 알았다. 그것도 비유적인 의미[9]가 아니라 글

---

9) 풍파를 모두 경험하여 세상만사를 잘 알고 있다는 비유적 의미.

자 그대로의 의미에서다. 아마도 그들의 반 이상은 읽고 쓸 수 있었으리라. 러시아인들이 많이 모여 있는 어느 다른 지역에서 그 주민들 중 절반이라도 읽고 쓸 수 있는 250명으로 묶일 수 있을까? 뒷날 나는 누군가가 이러한 자료를 근거로 교육은 민중을 파멸시킨다는 결론을 내렸다는 말을 들었지만, 그것은 실수였다. 여기에는 분명히 전혀 다른 원인들이 있을 것이다. 그렇지만 교육이 민중의 자기 과신을 부추긴다는 것은 인정하지 않을 수 없다. 그러나 그것은 결코 결점이 아닐 것이다.

죄수의 종류는 복장에 따라 구분되었다. 어떤 죄수들의 윗옷 절반은 짙은 갈색이고 반은 회색이며, 바지도 마찬가지로 다리 한쪽은 회색, 다른 쪽은 짙은 갈색이었다. 어느 날 작업장에서, 빵을 파는 여자애가 죄수들에게 다가와 나를 유심히 바라보더니 갑자기 큰 소리로 웃기 시작했다. "으아, 보기 싫다!" 여자아이가 큰 소리로 말했다. "회색 옷감도 모자라고, 갈색 옷감도 모자랐던 거군요!" 거기에는 상의가 모두 회색이고, 소매만 짙은 갈색인 사람들도 있었다. 머리 역시 저마다 다양하게 깎았다. 어떤 사람들은 세로로 절반 깎여 있었으며, 어떤 사람들은 가로로 절반 깎여 있었다.

이 기묘한 가족들은 언뜻 봐도 확실한 공통점이 있었다. 심지어는 저도 모르게 다른 사람들을 지배하고 있는, 가장 두드러지고 가장 특색 있는 인물들까지도 감옥의 모든 공통적인 색조에 맞추려고 애썼다. 물론 지나치게 쾌활하여 이 때문에 멸시 받는 몇 사람을 제외하고는, 이곳 죄수들은 전반적으로 모두 음침하며, 시기심이 강하고, 무섭도록 허세를 부리며, 거만하고 화를 잘 낼 뿐만 아니라, 극도로 체면을 중시하는 자들이었다. 어떤 일에도 놀라지 않는 것이 최고의 미덕이었다. 모두들 어떻게든 자기 체면을 유지하려 애쓰고 있었다. 그러나 가장 오만불손한 태도가 번갯불이 번쩍이듯 순식간에 제일 소심한 태도로 바뀌는 일이 심심찮게 있었다. 또한 그 수는 적지만, 정말로 강한 자들도 있었다. 그들은 우직하고 잘난 척하지 않았다. 그러나 이렇게 강한 사람들 중에도 거의 병적이라 할 만큼 허영심이 강한 사람들이 있었으니, 그들에게는 허세와 체면이 제일이었다. 대부분의 죄수들은 타락했고 몹시 비굴해졌다. 중상과 험담이 끊이지 않았다. 이곳은 지옥 같은 어둠의 세계였다. 그러나 감옥 내부의 규칙이나 관례가 되어 있는 관습에 대해 어느 누구도 대항

할 용기는 없었다. 모두 여기에 따르고 있었다. 아주 개성이 강한 성격이라 어렵사리 애를 써서 복종하는 사람들도 있곤 했는데, 어쨌든 모두 따르고 있었다. 감옥이라는 곳에는, 도에 너무나 지나친 행동을 하고 멋대로 굴던 생활로부터 너무나 틀에 박힌 곳으로 불쑥 뛰어들어왔기 때문에, 마침내는 죄를 저지른 사람은 자기가 아니라고 생각하며, 자기 자신도 이유를 모른 채 혼돈과 망연자실 속에 빠져 있는 사람들도 있었다. 극도로 자극된 허세 때문에 죄를 저지른 자도 많았다. 그러나 감옥에 오기 전까지는 온 도시와 마을에 공포의 대상이었던 그러한 자들도 이곳에서는 이내 길들여져 풀이 죽었다. 신출내기도 주위를 한번 살펴보고는 자기가 지금 있는 곳이 그리 만만한 곳이 아니며, 여기서는 이제 아무도 놀라게 할 수 없다는 사실을 눈치채고 사람이 달라진 것처럼 얌전해져서 전체의 분위기에 동화되는 것이다.

이 전체의 분위기는 겉보기에 감옥의 모든 거주자들에게 스며 있는 어떤 독특한 자존심으로 만들어진 것이다. 사실을 정확하게 말한다면, 유형수나 기결수라는 명칭은 어떤 계급 같은 것, 게다가 명예스러운 계급이었다. 결코 수치와 후회의 징표는 아니었다! 더욱이 여기에는 어떤 표면적인 온순함, 말하자면 형식적인 온순함 같은 것이 있었다. 이를테면 온화하게 논리를 펴는 태도를 말한다. "우리는 파멸한 인간이다." 그들은 말했다. "자, 우리는 이 세상에서 살 수 없었다. 이제 푸른 거리[10]는 그만하고, 줄이나 잘 서세."[11] "부모님 말씀 듣지 않았으니, 이제 북의 가죽소리나 들어야 하는 신세로다." "가래로 밭을 갈기도 싫어하더니, 이제 망치로 돌이나 깨야 하는구나." 모두들 이따금씩 교훈이나 일상적인 속담과 경구의 형식을 빌려 이렇게 말하곤 했지만, 결코 진심으로 그렇게 생각하는 것은 아니었다. 이 모든 것은 오직 말뿐이었다. 자기의 죄를 진정으로 의식하는 자가 적어도 한 명이나 있을까? 시험 삼아 유형수가 아닌 사람이 죄수에게 그 죄를 비난하고 꾸짖어 보라(죄수를 비난하는 것은 러시아적인 정신에 위반되지만). 죄수들의 욕설은 아마도 끝이 없을 것이

---

10) 길 양옆에 늘어서서 그 사이를 죄수가 지나가도록 하여 태형을 가하는 병사들의 대열. 제정 러시아의 황족에 대한 살인 또는 살인 미수를 제외하고는 사형 제도가 폐지되었으나, 죽기 직전까지 태형을 가하는 일은 묵인되었다.
11) 태형을 받느니 차라리 유형 생활을 잘하는 게 낫다는 의미.

다. 하나같이 얼마나 욕설의 명수들인지! 그들은 욕도 세련되게 예술적으로 퍼붓는다. 그들에게 욕설은 하나의 학문으로까지 고양되어, 모욕적인 말보다는 모욕적인 의미와 정신과 이념으로 상대를 굴복시키려고 노력하는데, 이것이 더욱 미묘하고 독한 것이었다.

쉴 새 없는 말다툼이 이 학문을 한층 더 발전하게 만들었다. 죄수들은 모두 몽둥이 밑에서 일해 왔으므로 결과적으로는 태만하고 타락하게 마련이었다. 전에는 타락한 사람이 아니었을지라도, 감옥에 와서는 타락하게 되었다. 그들 모두 자기 의지에 따라 여기에 모인 게 아니었으므로, 모두 남남이었다.

"악마는 우리를 한곳에 모아 놓을 때까지, 짚신 세 켤레는 닳아 없앴을 거야." 그들은 이렇게 자기들끼리 말하곤 했다. 중상, 간계, 험담, 시기, 말다툼, 증오 등이 언제나 이 절망적인 생활 속에서 제일 중요시되고 있었다. 어떤 악독한 아낙네라도 이러한 살인자들 중 몇몇한테는 당할 수 없으리라. 되풀이해 말하지만, 그들 가운데도 강한 인간은 있었다. 지금까지의 자기의 모든 삶을 파괴하고 지배하는 데 익숙해서 무서움을 모르는 단련된 성격을 지닌 사람들도 있었다. 이런 자들은 자연스럽게 존경을 받게 마련이었다. 그들의 측면에서 본다면, 그들도 비록 이따금씩 자기 명예에 아주 강한 선망을 드러냈지만, 대개는 남을 곤경에 빠뜨린다거나 공연한 욕설에 끼어들지 않으려고 애썼으며, 범상치 않은 자존심을 지닌 채 점잖게 처신했고 사려가 깊었으며, 간수의 명령에는 거의 어긴 적이 없었다. 그것도 복종의 법칙이나 의무 의식에서 나온 것이 아니라, 마치 일종의 계약처럼 상호 이익을 의식한 데서 비롯된 것이었다. 더욱이 그들은 조심스레 다루어졌다. 언젠가 이러한 죄수들 가운데 단호하고 두려움을 모르며 간수들에게도 야수적인 성질을 잘 드러내던 한 사람이 어떤 잘못 때문에 체벌을 받기 위해 호출된 적이 있었다.

어느 여름날 작업이 없는 휴식 시간이었다. 감옥의 직접적인 책임자와 가장 가까웠던 한 참모장교[12]가 형벌 집행에 입회하기 위해 감옥의 출입문 바로 옆

---

12) 1722년 제정된 관등표로 표트르 대제에 의해 처음 러시아의 문관과 무관의 관등을 14등급으로 정했는데, 1~5등관은 장성급, 6~8등관은 영관급, 9~14등관은 외관급으로 이루어져 있다. 대위 계급의 9등관 이하 10등관은 2등 대위이며, 11등관은 폐지되었다. 제일 하위 관등인 14관등은 소위보이다. 제정 러시아의 군 계급에서 참모장교는 소령과 대령 사이에서

에 있던 위병 초소까지 몸소 찾아왔다. 이 소령은 죄수들에게 숙명적이라고도 할 수 있는 존재로, 죄수들은 그를 본 것만으로 위축될 정도로 고통을 받았다. 그는 광적일 정도로 엄격해서 죄수들의 말대로 '아무에게나 달려든다'는 것이다. 그중에서도 특히 죄수들이 두려워하는 것은, 결코 아무것도 숨길 수 없이 꿰뚫어 보는 듯한 그의 살쾡이 같은 시선이었다. 그는 안 보는 척하면서 모든 것을 보았다. 감옥 안에 들어오면, 그는 이미 저쪽 끝에서 무슨 일이 일어났는지 알고 있었다. 죄수들은 그에게 팔눈〔八眼〕이라는 별명을 붙였다. 그의 방법은 틀렸다. 그는 광포하고 악랄한 행동으로 그렇지 않아도 난폭한 사람을 더욱 미쳐 날뛰게 만들곤 했다. 만일 그 사람 위에 가끔 그의 야만적인 언동을 진정시켜 주는 선량하고 분별 있는 사령관[13]이 없었다면, 그는 아마도 자기의 그런 강압적인 관리법 때문에 큰 화를 자초했을 것이다. 그가 어떻게 무사히 임기를 마칠 수 있었는지 나는 이해할 수가 없다. 어쨌든 그는 재판에 한 번 회부된 적은 있지만 살해당하지도 않고 건강하게 지내다가 퇴직했다.

그 죄수는 자기 이름이 큰 소리로 호명되자, 얼굴빛이 바뀌었다. 그는 말없이 결연한 표정으로 채찍 아래 몸을 맡기고서 소리 없이 형벌을 참아 내고, 그 벌이 끝나면 천연덕스럽게 자리를 털고 일어나 냉정하고 철학적으로 자신의 실수를 돌이켜보았다. 그래도 간수들은 그를 항상 조심스럽게 다뤘다. 그러나 그는 이번만은 왠지 자기가 옳다고 믿었다. 그는 창백해진 얼굴로 호송병 모르게 구두기술자가 사용하는 예리한 영국제 칼을 소매에 슬쩍 집어넣었다. 칼이나 그 밖의 모든 날카로운 도구는 감옥에서 엄격하게 금지되어 있었다. 예기치 않은 특별 수색이 잦았고, 들키면 형벌 또한 가혹했다. 그러나 도둑이 마음먹고 숨기면 그것을 찾아내기란 쉬운 일이 아니었고, 칼이나 도구는 감옥에서도 늘 필요한 물건이었기 때문에 아무리 수색해도 없어지지 않았다. 설령 빼앗기더라도 금방 새것이 생기곤 했다. 감옥의 죄수들은 죄다 울타리로 달려가 숨을 죽이고 말뚝 틈새로 밖을 내다보았다. 오늘은 페트로프가 순순히 태형을 받지 않으려 하고 있어서, 소령에게도 드디어 마지막 순간이 왔다는 것을 모두 알고 있었다. 그런데 결정적인 순간에 소령은 다른 장교에

임명되었다.

13) 실제 인물. 옴스크 요새 사령관이었던 A.F. 그레이브(1793~1864) 대령으로 알려져 있다.

게 형의 집행을 맡기고 마차를 타고 돌아가 버렸다. 그 뒤에 죄수들은 "하느님이 구해 주신 거지!" 말하곤 했다. 한편 페트로프는 불길할 정도로 얌전하게 태형을 견뎌 냈다. 그의 분노는 소령이 사라지자 함께 사라져 버렸다. 죄수는 어느 한계까지는 저항하지 않고 순종적이지만, 거기에는 넘지 말아야 할 선이 있다. 그런데 이러한 울분과 외곬수 같은 이상한 감정의 폭발만큼 흥미로운 것도 없을 것이다. 흔히 몇 년씩 참고 굴복하며 가혹한 형벌도 감수하던 사람이 갑자기 어떤 사소하고 아무 의미도 없는 하찮은 일 때문에 분노를 폭발시킬 때가 있다. 보는 사람에 따라서는 그를 미치광이라고 부를지도 모른다. 실제로 그래서 일을 저지르기도 하니까 말이다.

나는 몇 년을 그런 사람들 속에 살면서 그들이 일말의 참회를 한다거나, 자신이 저지른 죄에 대한 가책을 느낀다거나 하는 모습은 털끝만큼도 찾아볼 수 없었으며, 오히려 그들 대부분은 마음속으로 자기가 옳다고 생각한다는 사실을 알게 되었다. 이것은 결코 거짓이 아니다. 물론 허세, 주위의 좋지 않은 예, 자만심, 잘못된 수치감 따위가 대부분의 원인인 것은 말할 것도 없다. 이 파멸해 가는 사람들의 마음속 깊은 곳까지 헤아려 그들에게 숨겨진 모든 비밀을 다 읽었다고 말할 수 있는 자가 과연 있을까? 그렇지만 몇 해 동안 누군가 이러한 사람들의 마음속에서 그들 내부의 고독과 고통을 증명할 수 있는 뭔가를, 언뜻 스치는 어두운 그림자만이라도 포착하고 알아챌 수 있지 않을까? 그런데 그렇지 않았다. 분명히 범죄라는 것은 이미 알고 있는 관념으로는 생각도 할 수 없는 것이며 그 철학은 보통 생각하는 것만큼 단순하지가 않다. 감옥이나 강제노동과 같은 제도가 범죄자들을 교화시키지 못하는 것은 당연하다. 그러한 제도들은 범죄자들을 처벌하고, 앞으로 있을 흉악한 범인으로부터 평온한 사회를 보호할 뿐이다. 감옥과 가장 힘든 강제노동은 범죄자의 내부에 오히려 증오와 금지된 향락에 대한 욕망과 무서운 경솔함을 부추기는 요인이 될 뿐이다. 그러므로 나는 그 유명한 독방 제도[14]도 단지 위선적이고 기만적이며 표면적인 목적만을 달성할 뿐이라고 굳게 믿고 있다. 그것은 사람에게서 생명의 즙을 짜내고 그 영혼을 괴롭혀서 나약하게 겁을 먹

---

14) 니콜라이 1세(1825년부터 1855년까지 즉위)의 반동 정치의 일환으로 영국 런던 교도소의 독방 제도를 본떠 만든 제도.

게 만들 뿐만 아니라, 반쯤 미치광이가 된 바싹 마른 마음의 미라를 교화와 참회의 본보기로 보여 주는 것이다. 사회에 반항한 범죄자가 사회를 증오하고 언제나 자기가 옳다고 생각하며, 사회가 잘못되었다고 여기는 것은 말할 것도 없다. 더욱이 그는 이미 사회로부터 형벌을 받았기 때문에 그것을 통해 자기는 정화되고 속죄했다고 생각한다.

이러한 관점에서 본다면, 결국 범죄자의 주장을 변호하는 것이 아니냐고 비난할지도 모른다. 그러나 어떤 관점에서도, 언제 어디서 어떤 법률로서도 태초부터 명백한 범죄로 간주해 왔고, 앞으로도 인간이 인간으로 남아 있는 한, 영원히 범죄로 인정되는 죄가 존재한다는 것에는 누구도 반대하지 않으리라. 나는 다만 감옥 안에서 가장 무섭고 가장 자연에 거스른 행위와 온몸에 소름이 돋는 살인에 관한 이야기를, 어린아이처럼 밝은 웃음소리를 참지 못하면서 얘기하는 것을 들었을 뿐이다. 그중에서도 아버지를 죽인 살인자에 대한 기억은 좀처럼 잊을 수가 없다. 귀족 출신인 그는 직업은 있었지만, 예순이나 되는 아버지가 보기에는 방탕한 아들이었다. 그는 매우 방탕해서 꽤 많은 빚을 졌다. 아버지는 그를 붙들고 혼을 내기도 하고 타일러 보기도 했다. 그런데 아버지에게는 집도 있고, 농장도 있으며, 돈도 많이 있다고 여긴 아들은 유산이 탐이 나 결국 아버지를 살해하고 말았다. 이 범행은 한 달 만에 드러났다. 자기 아버지가 행방불명이 되었다고 살인자가 경찰에 신고했던 것이다. 그 한 달 내내 아들은 온갖 방탕한 생활을 했는데, 그가 집을 비운 사이에 마침내 경찰이 시체를 찾아냈다. 뒷마당에는 더러운 시궁창을 판자로 덮은 하수도가 가로지르고 있었는데, 단정하게 옷을 입은 시체가 그 하수도에 버려져 있었다. 시체의 백발 머리는 잘린 채 몸통 위에 붙어 있었고, 머릿밑에는 베개가 받쳐져 있었다. 그는 자백하지 않았지만, 작위와 관직을 박탈당하고, 20년의 징역이 선고되었다. 나와 함께 지내는 동안 그는 늘 기분이 좋아서 쾌활하게 떠들어댔다. 그는 결코 바보는 아니었으나 버릇없이 자라 경박하며 분별이 없는 사람이었다. 나는 그에게서 어떤 특별한 잔혹성을 조금도 발견하지 못했다. 죄수들은 그를 비웃었는데, 그것은 그가 저지른 죄 때문이 아니었다. 그런 건 이곳에서는 전혀 문제가 되지 않았다. 그건 오히려 그의 어리석고 올바르지 못한 처신 때문이었다. 말을 하다가도 그는 자주 자기 아버지의 이름을 꺼냈다. 한번은 나와 이야기를 하다가 그의 가족은 대대로 체격이 좋고 건강하다는 이야기를 하게 되었는데 그는 이렇게 덧붙였다. "우리 아버지는 죽을 때까지 병 때문에 아프다고 하소연한 적이 한 번도 없었지." 이런 짐승만도 못한 비정함은 가당치도 않은 일이다. 이는 기이한 현상으로, 거기에는 어떤 조직적 결함이나 육체와 정신의 부조화 같은 것이 있다. 아직 과학상으로는 밝혀지지 않았지만 절대 단순한 범죄로 치부할 수 있는 것은 아니다. 그러나 그와 같은 도시에서 온 사람들이 그 사건을 자세히 알고 있어서 내게 사건의 전말을 죄다 이야기해 주었다. 그 사실들은 너무나 명백해서 믿지 않을 수가 없었다.

죄수들은 어느 날 밤, 그가 꿈속에서 외치는 것을 들었다. "저놈 잡아라, 잡아! 저놈의 머리를 베라. 머리, 머리를!"

정말 죄수들은 밤이 되면 잠꼬대를 하고 헛소리를 해댔다. 욕설과 도둑들의 은어, 칼과 도끼 등이 그들의 혓바닥에 제일 자주 오르내렸다. "우리는 패배한 인간이다." 그들이 말했다. "우리는 가슴속이 문드러져서 밤마다 소리치는 것이다."

요새 안에서 죄수들이 하는 작업은 일이 아니라 의무였다. 죄수는 할당받은 일을 끝내거나 규칙에 정해진 노역 시간이 끝나야 감옥으로 돌아왔다. 죄수들은 작업을 싫어했다. 모든 지혜와 능력을 바칠 수 있는 자기만의 특별한 일이 없다면, 인간은 감옥 안에서 살아갈 수 없으리라. 육체도 성숙하고 생활력도 강하며, 살기를 간절히 바라면서, 강제로 사회와 정상적인 삶에서 격리되어 좋든 싫든 이곳으로 끌려온 사람들이, 무슨 방법으로 어떻게 정상적이고 규칙적으로 자기의 의지와 기호를 가지고 이런 곳에 눌러 살 수가 있을까? 오히려 이곳에서는 바로 그 무위도식 때문에, 전에는 생각지도 못했던 범죄적인 성격이 자라나는지도 모른다. 노동과 합법적이고 정당한 소유권이 없다면, 인간은 살지 못하고 타락해서 짐승으로 변하고 말 것이다. 그래서 감옥의 모든 죄수들은 자연의 요구와 일종의 자기 보존의 감정 때문에 자기 일과 기능을 갖게 된다. 길고 긴 여름날에는 거의 온종일 노역에 동원되어, 그 짧은 밤에 겨우 몇 시간밖에 잘 수 없었다.

그런데 겨울철에는 규정에 따라 해가 지자마자 감방 안에 들어가야만 했다. 그 길고 지루한 겨울 밤에 죄수들은 도대체 무엇을 해야 했을까? 그래서 금지되어 있는데도 거의 모든 감옥이 거대한 작업장으로 바뀌는 것이다. 본디 작업과 일이 금지된 것은 아니었으나 감옥에서 개인적으로 도구를 지니는 것은 엄중히 금지되어 있었다. 더구나 도구가 없으면 작업을 할 수 있을 리가 없다. 그래서 몰래 일을 하는 건데, 간수들은 어지간한 일이 아니면 대수롭지 않게 여겨 봐주곤 했다. 대부분 아무것도 모르는 상태로 감옥에 들어오지만, 다른 죄수들에게 배워서 훌륭한 기술자가 되어 감옥을 나가는 것이다. 여기엔 장화공도, 단화공도, 재봉사도, 목수도, 열쇠공도, 재단공도, 도금사도 있었다. 이사이 붐슈타인이라는 유대인이 있었는데, 그는 보석세공사로 고리대금업도 하고 있었다. 그들은 모두 열심히 일해서 코페이카 동전 하나라도 더 벌려고 애썼다. 일감은 도시에서 들어왔다. 돈은 주조된 자유다. 그래서 자유를 완전히 박탈당한 사람들에게 돈은 일반 사람의 열 배나 귀한 것이었다. 주머니 속으로 돈을 만지작거리고만 있어도 비록 그것을 쓸 수 없더라도 조금이나마 위로를 받을 수 있었다. 그러나 돈은 언제 어디서나 쓸 수 있었으며, 더욱이 금단의 열매는 두 배나 달콤한 법이었다. 감옥에서도 술을 구할 수 있었으니까 말이다. 파이프 담배도 아주 엄격하게 금지되었지만 모두들 피우고 있었다. 돈과 담배는 괴혈병과 그 밖의 다른 질병으로부터 죄수들을 예방해 주었다. 또한 일도 그들을 범죄로부터 구해 주었다. 만약 일이 없었다면, 죄수들은 유리병 속 거미처럼 서로가 서로를 잡아먹었을지도 모른다. 그런데도, 일도 돈도 모두 금지되어 있었다. 가끔 밤중에 갑작스레 수색을 벌여 금지된 모든 것을 몰수하기도 했는데, 돈은 아무리 감추려고 애써도 검사관에게 발각되었다. 그래서 그들은 돈을 저축하지 않고 곧바로 술을 마셔 버리는 것이다. 또 이런 이유로 감옥에서 술을 파는 것이다. 일단 수색이 끝나면 잘못이 있는 자는 모든 재산을 빼앗김과 동시에 가혹한 벌을 받았다. 그러나 수색이 끝나자마자 부족한 물품들은 즉시 보충되었고, 새로운 물건들도 지체 없이 준비되어 모든 것은 전과 다름없게 된다. 간수들도 이것을 알고 있었고. 그러한 생활이 베수비오 화산[15] 옆에서 살아가는 것과 같다고 해도, 죄수들은 벌에 대

---

15) Vesuvio : 이탈리아 남부의 활화산.

해 불평하지는 않았다.

　기술이 없는 자들은 다른 방법으로 장사를 했다. 아주 독창적인 방법들도 있었다. 예를 들면 넘겨다 파는 전매(轉賣) 같은 것으로, 감옥의 울타리 바깥에서는 이러한 매매뿐만 아니라, 아무도 그게 물건이라 생각하지 못할 그런 물건들까지 팔아먹곤 했다. 그러나 강제 노역은 무척이나 참혹했기 때문에 어떻게든 궁리를 짜내야만 했다. 버리기 직전의 걸레까지도 값이 매겨져 있었는데, 실로 어떤 일에는 쓸모가 있기도 했다. 그 참혹함 때문에 돈도 감옥에서는 바깥 세상과 완전히 다른 가치를 지니고 있었다. 크고 복잡한 일에 대한 보수도 푼돈만을 지불했다. 몇몇 죄수들은 고리대금업으로 재미를 보고 있었다. 돈을 낭비했거나 다 써버린 죄수는 자기의 마지막 물건까지 고리대금업자에게 가져와서는, 엄청나게 비싼 이자를 내기로 하고 동전 몇 개를 빌렸다. 만일 기한 내에 그가 물건을 되찾아가지 않으면, 고리대금업자들은 그가 맡긴 것을 가차없이 팔아버렸다. 가끔 검사를 받는 관급품, 이를테면 지급된 속내의와 장화 등등 모든 죄수에게 한시도 없어서는 안 될 그런 필수품까지도 전당품이 되었다. 그러나 이러한 물건들을 저당 잡힐 때는 뜻밖의 일이 벌어지기도 했다. 전혀 예상하지 못한 일은 아니다. 저당을 잡히고 돈을 받은 사람이 얼른 감옥의 관리와 제일 가까운 고참 하사관한테 달려가서 검사 대상인 관급품을 저당잡혔다고 일러바치면, 이들은 상관에게 신고도 하지 않고 곧바로 고리대금업자에게서 물건을 빼앗아 온다. 재미있는 것은 이러한 경우에도 말다툼 한번 일어나지 않는다는 사실이다. 고리대금업자는 말없이 오만상을 찌푸릴 뿐, 미리 예상하고 있었다는 듯이 응당 그래야 하는 것처럼 순순히 되돌려주었다. 아마도 그는 자신도 저당이 잡히게 된다면 그렇게밖에 할 수 없으리라고 스스로도 인정하는 것이리라. 그래서 만일 나중에라도 상대방에게 욕설을 퍼붓는다면, 그것은 악의가 있어서가 아니라 오로지 나중에 후회하지 않기 위해서이리라.

　대개 모든 죄수들은 서로의 물건을 닥치는 대로 훔쳐 댔다. 거의 대부분의 죄수가 자물쇠 달린 상자를 가지고 있었는데, 관급품을 보관하기 위해서였다. 상자를 가지고 있는 것은 허락되었지만, 그 정도로는 아무런 도움도 되지 못했다. 그것만 보아도, 그곳에 얼마나 재주 좋은 도둑들이 득실거리고 있었는지 쉽게 상상할 수 있을 것이다. 내게 진심으로 충실했던(정말 과장 없이 솔직하게 말하는 것이다) 한 죄수는 감옥 안에서 유일하게 소유가 허락된 책인 성서를 내게서 훔쳐가 버렸다. 그는 그날 바로 내게 자백했는데, 이는 참회해서가 아니라 내가 그것을 오래도록 찾는 모습이 측은해 보였기 때문이다. 또 술을 팔아 순식간에 돈을 모은 술장수도 있었다. 이 사람에 관해서는 기회를 보아 언젠가 자세히 말하겠지만, 그것은 정말 묘한 장사였다. 감옥에는 밀수 때문에 들어온 사람들이 많았으므로 호위병들의 검사와 감시 속에서도 어떻게 해서든지 감옥으로 술을 들여오는 것은 그리 놀랄 만한 일이 못되었다. 그런데 밀매는 성격상 일종의 특별 범죄였다. 밀매업자들에게 돈이나 이익 같은 것은 다만 이차적인 역할이지 결코 주된 목적은 아니다. 설마 싶겠지만 사실이다. 밀매업자는 정열에 따라 일하며, 그 직업을 천직으로 생각했다. 이것은 어떤 의미에서는 시인의 한 작은 부분을 보여 준다. 그는 모든 위험을 무릅쓰고 아주 위험한 곳으로 돌진하며, 계책을 쓰고 궁리하다가, 가끔은 어떤 영감에 따라 행동하기도 한다. 이것은 카드놀이 같은 강력한 정열이다. 나는 몸집은 아주 거대하지만 어떻게 그가 감옥에 들어오게 되었는지 상상할 수 없을 정도로 얌전하고, 조용하며, 온화한 한 죄수를 알고 있었다. 그는 감옥에 있으면서 한번도 남과 다툰 적이 없을 만큼 악의가 없고 붙임성이 좋은 사람이었다. 그는 서부의 국경에서 밀매를 하다가 잡혀 왔는데, 끝내 그만두지 못하고 감옥에서도 술을 들여오기 시작했다. 이 때문에 몇 차례나 징벌을 당했는데, 그는 매를 아주 무서워했다. 사실 술을 몰래 들여오는 일 자체는 그에게 하찮은 수입을 올려 줄 따름이었고, 이를 통해 돈을 버는 것은 오로지 금주(金主: 자금을 대는 사람)뿐이었다. 이 기인은 예술을 위한 예술을 사랑했던 것이다. 그는 아낙네처럼 눈물이 많았고, 벌을 받고 난 뒤에는 다시는 밀매를 하지 않겠다고 수차례나 맹세했다. 그는 용기를 내서 한 달 내내 욕구를 이겨 내기도 했지만, 결국에는 자제하지 못하고 말았다……. 이런 자들 덕분에 감옥에서도 술은 늘 넉넉했다.

　마지막으로 또 한 가지, 죄수들을 부유하게 해주는 것은 아니었지만 지속적으로 윤택하게 해주는 수입이 있었다. 바로 기부물품이었다. 우리 사회의 상류 계급은 모든 상인과 서민과 민중이 '불행한 사람들'에게 얼마나 마음을 쓰는지 전혀 모르고 있다. 기부물품은 거의 끊이지 않고 들어왔는데, 대개 흰 설탕 빵이라든가 검은 빵이었고, 돈으로 주는 일은 아주 드물었다. 이러한 기부물품이 없었다면 많은 죄수들, 그중에서도 특히 엄격한 통제를 받고 있던 미결수들은 훨씬 더 어렵게 지내야만 했을 것이다. 기부물품은 모든 죄수들에게 엄숙히 고루 배분되었다. 부족하면 빵을 여섯 등분으로 나누기까지 하여 반드시 자기 몫의 조각을 받을 수 있게 하였다. 처음으로 기부금을 받던 날이 아직도 기억난다. 내가 감옥에 도착한 지 얼마 되지 않았을 때였다. 나는 오전 작업을 마치고 호송병의 호송을 받으면서 혼자 감옥으로 돌아가고 있었다. 그때 열 살 정도로 보이는 천사처럼 고운 어린 소녀가 자기 어머니와 함께 나를 향해 다가오고 있었다. 나는 전에도 한 번 그 모녀를 본 적이 있었다. 그 애의 어머니는 과부였다. 젊은 병사였던 그녀의 남편은 재판 중에 어느 병원의 죄수 병동에서 죽었는데, 마침 그때 나도 거기에 환자로 누워 있었다. 그 아내와 딸은 남편에게 작별 인사를 하러 와서는 둘 다 아주 서럽게 흐느껴 울었다. 나를 보자 어린 소녀는 얼굴을 붉혔고, 자기 어머니에게 무엇인가를 소곤거리자 어머니는 멈춰 서서 보따리 속에서 4분의 1짜리 코페이카 동전을 찾아내 소녀에게 주었다. 그러자 소녀는 내 앞으로 부리나케 달려오더니…… "불행한 아저씨, 제발 그리스도를 위해 한 푼 받으세요"라고 외치며 내 손에 동전을 쥐여 주었다. 내가 그 동전을 받자, 소녀는 몹시 만족해하며 어머니에게로 돌아갔다. 나는 이 코페이카 동전을 오래도록 소중히 간직했다.

2. 첫인상

내가 감옥 생활을 시작한 무렵과 처음의 한 달은 지금까지도 내 기억에 생생하게 남아 있다. 그 뒤의 감옥 생활은 훨씬 어슴푸레하다. 어느 기억들은 무겁고 단조로우며 숨막히는 듯한 막연한 인상을 남겨, 서로 뒤엉켜 그늘을 드리우기도 한다. 그러나 유형 생활의 첫 무렵에 내가 체험했던 모든 일은 마치 어제 일어난 것처럼 눈앞에 또렷이 떠오른다. 하기야 당연한 일이다.

확실히 기억하는데, 그러한 생활의 첫걸음부터 나를 놀라게 했던 것은 아주 감동적이고 비일상적인, 다시 말하면 예기치 못한 그런 일을 발견하지 못할 것 같다는 사실이었다. 이 모든 것들은 시베리아로 오면서 내 운명에 대해

짐작해 보려고 애썼을 때, 나의 상상 속에서 예전처럼 반짝이고 있었다. 그러나 곧 전혀 예상하지 않았던 아주 놀랄 만한 사실들이 잇달아 나타나서 발걸음을 내디딜 때마다 나를 붙들어 놓기 시작했다. 꽤 오랫동안 감옥에서 지내고 나서야 비로소 그러한 생존만이 가진 기이함과 의외성을 충분히 이해할 수 있었지만, 그런 일에는 놀라고 또 놀랄 뿐이었다. 이러한 놀라움은 오랜 감옥 생활 내내 나를 쫓아다녔는데, 나는 결코 그 생활에 순응할 수 없었음을 고백하지 않을 수 없다.

　감옥에 도착했을 때, 흘깃 둘러본 감옥은 전체적으로 정말로 싫었다. 그런데도 참 이상한 일은, 내가 오는 길에 상상했던 것보다 감옥생활이 훨씬 편하다고 느낀 점이었다. 죄수들은 족쇄를 차고 있으면서도 마음대로 감옥 안을 오가고 있었으며, 서로 욕설을 퍼부으면서도 노래를 부르고, 자기 일도 하고, 파이프 담배를 피우면서, 심지어는 술(비록 아주 일부였지만)을 마시기도 했으며, 밤마다 카드놀이를 하는 자들도 있었다. 사실 나에게 노역 자체는 강제노동이라고 할 만큼 그다지 괴로운 일은 아닌 듯이 보였다. 그러나 오랜 시간이 지나고 나서야 비로소 이 강제노동의 어려움은 실제로 일이 고되고 끝없이 이어지기 때문이 아니라, 몽둥이의 위협 아래 의무적이며 강제적으로 해야 한다는 점에 있음을 깨닫게 되었다. 바깥 세상에서도 농부는 이와 비교가 되지 않을 정도로 많은 일을, 특히 여름이면 종종 밤에도 일을 한다. 그러나 그는 자기 자신을 위해 합리적인 목적을 가지고 일을 하므로, 자기 자신을 위해서는 아무 소용도 없는 노동을 하는 죄수보다 일이 훨씬 쉬울 것이다. 만일 사람을 완전히 짓밟아 버리거나 없애 버리고 싶어서 가장 참혹한 형벌로 그를 망치게 하고 싶다면, 극악한 살인자도 전율하고 미리부터 그를 위협하는 무서운 벌이 있다면, 그것은 아주 쓸모 없고 무의미한 노동만으로도 충분하리라는 생각을 하곤 했다. 만일 지금의 강제노동이 유형수들에게 재미없고 지루한 것이라 할지라도, 강제노동으로는 적합한 일이다. 죄수들은 벽돌을 만들고, 땅을 파며, 회반죽으로 벽을 칠하고 집을 짓는데, 이 일에는 의미와 목적이 있다. 유형수들은 가끔 이러한 일에 열중해서는, 빈틈없이 재빠르고 훌륭하게 일을 마치고 싶어한다. 그러나 만일 그들에게 강제로, 예를 들어 나무통 하나에서 다른 통으로 물을 옮겨 담게 하고, 다른 통에서 첫 번째 통으로 다시 옮기라고 시킨다든가, 모래를 빻거나 흙더미를 한 곳에서 다른 곳으로 옮겨 쌓게 하고, 다시 반대로 하라고 시킨다면, 아마도 죄수들은 4, 5일 뒤에 목을 매달거나 죽어서라도 그런 치욕과 수치와 고통에서 벗어나기 위해 어떤 범죄를 저지르게 될지도 모른다. 물론 그러한 형벌은 어떤 합리적 목적도 성취할 수 없어서 고문이나 보복으로 변하거나 무의미한 것처럼 보인다. 그러나 그러한 고문과 무의미함과 굴욕과 수치는 모든 강제노동에 꼭 필요한 부분이므로, 강제노동은 자유로운 어떤 일보다, 즉 강제적이라는 것 때문에 비교할 수 없을 정도로 훨씬 괴로운 것이다.

그렇지만 내가 감옥에 간 것은 한겨울인 12월이었기 때문에, 겨울보다 다섯 배나 더 고되다는 여름날의 노역에 대해서는 아직 몰랐다. 우리 요새에서도 겨울 공모노역은 대체로 적은 편이었다. 죄수들은 이르티시 강[16]가에 낡은 관용 수송선을 해체하러 가기도 했고, 작업장에서 일하기도 했으며, 눈보라에 쓸려 온 관청 건물 주변의 눈을 치우기도 했을 뿐 아니라, 설화석고를 잘게 빻아서 태우기도 했다. 겨울은 낮이 짧았기 때문에 작업도 일찍 끝나므로 우리는 특별히 자기 일이 없다면 거의 할 일이 없는 감옥으로 일찌감치 돌아왔다. 그러나 자기 일을 하는 사람은 아마도 죄수들 중 3분의 1에 불과했으리라. 나머지는 모두 빈둥거리며 쓸데없이 감옥 안을 어슬렁거렸고, 서로 욕을 해대다가 자기들끼리 음모와 사건을 꾸미기도 했으며, 만일 어쩌다가 예기치 않게 돈이라도 생기면 술을 마셨다. 밤마다 카드 노름으로 마지막 남은 셔츠까지 잃기도 했는데, 이 모든 것은 권태와 고독, 공허함과 무력감 때문이었다. 나는 뒷날에 가서야 유형 생활에는 자유의 박탈과 강제노동 말고도 또 하나의 고통이 있다는 것을 깨달았다. 그 고통은 다른 어떤 고통보다 강렬할지도 모른다. 바로 '강제적인 공동 생활'이었다. 물론 공동 생활은 다른 곳에도 있다. 그러나 감옥에는 어느 누구도 친해지고 싶지 않은 사람들 역시 들어오게 마련이므로 거의 모든 죄수들이, 물론 대부분 무의식적이라고는 해도 이러한 고통을 느꼈으리라.

나는 음식도 꽤 충분하다고 생각했다. 유럽 근방의 러시아 죄수중대라도

---

16) 오비 강의 지류로, 도스토옙스키가 수용되어 있던 옴스크 감옥 부근에 있다.

이렇지는 않을 거라고 확신했다. 아직 그곳에 가보지 않았으므로 그에 관해 판단을 하기 어려우나, 이곳에서는 많은 죄수들이 사식(私食)을 들여올 수 있었다. 여기에서 쇠고기는 1푼트[17]에 그로쉬[18] 한 닢이지만, 여름에는 3코페이카로 올랐다. 그러나 사식을 마련할 수 있는 자들이란 오로지 돈 있는 죄수들뿐이었고, 대부분은 관급식을 먹고 있었다. 죄수들이 자기들의 음식 가운데 칭찬하는 것은 오로지 빵뿐이다. 그 빵에 관해서만은 말을 안 할 수 없었는데, 즉 빵을 저울에 달아 배분하는 것이 아니라 여러 사람 몫을 공동으로 내준다는 점에 대해 고맙게 여기고 있었다. 죄수들은 무엇보다 저울을 두려워했는데, 저울에 달아 빵을 배급하면 죄수의 3분의 1 정도는 늘 허기를 느꼈으나, 공동으로 받으면 모두에게 충분했기 때문이다. 이곳의 급식 빵에는 어떤 독특한 맛이 있어서 도시 전체에서도 평이 좋았다. 감옥에 있는 가마 설비가 좋기 때문이었다. 그러나 양배추 수프는 아주 형편없었다. 공용 솥에서 끓였는데, 그저 약간 맛을 낸 정도였고, 특히 평일에는 더 멀겋고 빈약하기 이를 데 없었다. 수프에 수많은 바퀴벌레가 떠 있는 것을 보고는 무척이나 놀랐지만, 다른 죄수들은 조금도 아랑곳하지 않았다.

처음 사흘 동안 나는 노역에 나가지 않았다. 신참자에게는 이렇게 여독을 풀게 하는 것이었다. 그러나 다음 날, 나는 족쇄를 갈아 끼우기 위하여 감옥 밖으로 나가야만 했다. 내 족쇄는 감옥의 정식 족쇄가 아니라 둥근 고리가 달려 죄수들이 '작은 소리'라고 부르는, 겉에 차는 족쇄였다. 노역에 편리하도록 만든 정식 족쇄는 고리 사슬이 아니라 거의 손가락만 한 굵기의 철선 네 가닥을 서로 세 개씩 고리로 연결시켜 만든 것으로, 그것들은 바지 밑에 달게 되어 있었다. 허리띠는 중간의 고리에 매게 되어 있어서, 이번에는 거꾸로 그것을 루바시카[19] 위에 직접 걸친 허리띠에 고정시켜야 했다.

나는 감옥에서 맞이한 첫날 아침을 잊을 수가 없다. 감옥 출입문 옆의 초소에서 아침 점호를 알리는 북소리가 울리자, 10여 분 뒤에 당직 하사관이 감방마다 빗장을 벗기기 시작했다. 죄수들은 여섯 개에 1푼트밖에 하지 않는 유지

---

17) funt : 러시아의 중량 단위로 1푼트는 약 407.7그램.

18) 19세기 중반에 쓰이던 2코페이카 동전.

19) rubashka : 셔츠와 비슷한 겉저고리로, 헐렁한 긴 소매의 러시아 남성용 전통 상의.

양초의 희미한 빛을 받으며, 추위에 몸을 떨면서 부스럭거리며 널빤지 침대에서 일어나기 시작했다. 대부분은 잠이 부족해 못마땅한 듯 언짢은 얼굴을 하고 있었다. 하품도 하고 기지개를 켜기도 하면서 낙인이 찍힌 이마를 찌푸리는 것이었다. 그리고 성호를 긋는 사람도, 벌써부터 다투기 시작하는 사람들도 있었다. 정말이지 숨이 막힐 지경이었다. 문을 열자마자 겨울의 찬 공기가 문틈을 비집고 들어와, 감방 안을 안개로 자욱하게 만들었다. 죄수들은 물통 주변에 몰려가 차례로 국자를 들어 입에 물을 가득 머금었다가 조금씩 손바닥에 뱉으면서 손과 얼굴을 씻었다. 물은 변기 담당 죄수가 지난 밤 준비해 놓은 것이었다. 어느 감방이나 규정에 따라, 감방에서 심부름할 죄수를 한 명씩 죄수조합을 통해 뽑아 놓고 있었다. 그는 변기 담당 죄수라 불렀고, 노역에는 나가지 않아도 되었다. 그의 일은 감방을 깨끗이 하고, 판자 침대와 마루를 쓸고 닦으며, 밤에 쓰는 변기통을 들여놓고 내가기도 할 뿐만 아니라, 아침에는 세숫물로 쓰고 낮에는 마실 수 있도록 하루에 두 번씩 새 물을 채워 놓는 것이었다. 하나밖에 없는 국자 때문에 곧 싸움이 일어났다.

"감히 어딜 끼어드는 거야, 이 황어대가리 같은 놈아!" 험상궂고 키가 크며 여윈 데다가 거무스름할 뿐만 아니라, 면도한 두개골 위에 어떤 이상스런 혹이 나 있는 죄수 한 명이, 통통하고 땅딸막하며 쾌활하고 혈색 좋은 죄수를 밀치면서 으르렁거렸다. "기다려!"

"뭐라고 지껄이는 거야! 여기선 기다리려면 돈을 내야 해. 네놈이나 꺼져! 동상처럼 우두커니 서 있지 말고. 모두 봐봐, 이놈에게는 최소한의 예절이라곤 한 치도 없다네."

그 말은 꽤 효과가 있었는지 많은 죄수들이 웃기 시작했다. 이 쾌활한 뚱뚱보가 노린 게 바로 그것이었다. 아무래도 이자는 자진해 어릿광대 같은 노릇을 하고 있었던 모양이다. 키가 큰 죄수는 몹시 경멸하는 듯한 눈초리로 그를 바라보았다.

"쓸모없이 살찐 암소 같은 놈!" 그는 혼잣말을 하듯 중얼거렸다. "보아하니, 감옥의 흰 밀가루 빵[20]만 처먹고도 그렇게도 살이 쪘구나! 사순절까지는 새

---

20) 아무것도 섞지 않은 곡식 가루로 만든 빵.

끼 돼지를 열두 마리나 칠 수 있으면 좋으련만."

"그럼 너는 무슨 새지?" 뚱뚱보는 갑자기 얼굴이 새빨개지면서 소리를 쳤다.

"바로 그런 새지!"

"어떤 새?"

"그런 새."

"그런 거라니, 어떤 새 말이야?"

"말하자면, 그런 새라고."

"그러니까 어떤 새냐고?"

두 사람은 서로 집어삼킬 듯이 노려보았다. 뚱뚱보는 상대의 대답을 기다리면서 당장에라도 덤벼들 것처럼 주먹을 불끈 쥐었다. 나는 그들이 정말 싸울 거라고 생각했다. 내게는 너무나 신기한 일이라 호기심을 가지고 바라보았던 것이다. 그러나 이와 비슷한 모든 장면이 아무런 악의도 없이 이뤄지는 일이며, 모든 사람을 즐겁게 하려고 마치 코미디를 하듯 행동하는 것이란 사실을 나중에야 알게 되었다. 결코 단 한번도 주먹다짐이 벌어지지 않았다. 이런 일들은 꽤나 특징적으로 감옥의 풍습을 묘사하고 있었다.

키가 큰 죄수는 침착하고 여유가 있었다. 그는 사람들이 자기를 바라보며 대답을 기다리고 있다고 느끼고, 대답에 따라서 자신의 이름이 더럽혀질지도 모를 뿐만 아니라, 자기가 끝까지 버텨서 자신이 실제로 새라는 것을, 어떤 새라는 것을 입증하고 명백히 보여 주어야 한다고 결심했다. 그래서 그는 표현할 길 없는 경멸의 태도로 자기의 적수에게 눈동자를 비스듬히 내리깔고, 심한 모욕을 주기 위해 마치 상대가 작은 벌레라도 된 듯이 흘겨보면서, 어깨 너머로 그를 쭉 훑어보고 천천히 또박또박 이렇게 말했다.

"칸……."[21]

그러니까 그는 칸이라는 새라는 것이다. 와 하는 웃음소리가 죄수의 재치에 축하를 보냈다.

"칸이고 뭐고, 너는 비열한 놈이야!" 뚱뚱보는 완전히 모욕당했다고 느끼자,

---

21) 북아시아 유목민들 사이에서 군주를 이르던 '칸(khan)'이라는 호칭을 러시아어로 칸이라고 한다. 여기서는 이를 빗대어 자신이 군주 새라는 것인데, 이런 이름의 새는 실제로 존재하지 않는다.

분노한 나머지 극도의 광란으로 치달아 울부짖었다.

그러나 말싸움이 심각해지자마자, 두 사람은 바로 제지당했다.

"뭐라고 떠드는 거야!" 모든 죄수가 두 사람에게 외치기 시작했다.

"이봐, 입씨름만 하지 말고 한번 붙어 봐!" 누군가가 구석에서 고함을 쳤다.

"거참, 이제 그만 말려라, 주먹질하겠다!" 이런 대꾸도 들려왔다. "우리는 민첩하고 다들 싸움을 좋아하는데, 일곱 명이 한 놈을 무서워하겠냐······."

"아니, 둘 다 훌륭해! 한 놈은 빵 1푼트 때문에 감옥까지 왔고, 다른 놈은 닳고 닳은 유리 항아리에 환장을 해서 아낙네의 쉰젖을 먹어 버렸다니[22] 태형을 받아도 싸지."

"자, 자, 자! 됐어." 상이군인이 소리쳤다. 그는 질서를 잡기 위해 감옥 안에 거주하던 자로서 감방 구석의 특별 침대를 쓰고 있었다.

"얘들아, 물 가지고 와라! 네발리드[23] 페트로비치 씨께서 일어나셨다! 친애하는 형제 네발리드 페트로비치 씨께 물을!"

"형제라니······ 어째서, 내가 네놈들 형제란 말이냐? 1루블 어치도 너희와 함께 마신 적이 없는데 형제라니!" 상이군인은 외투의 소맷자락을 잡아당기며 투덜거렸다.

죄수들은 점호 준비를 끝냈다. 밖은 서서히 동이 트기 시작했다. 취사장은 새까맣게 모여든 사람들로 들어갈 수도 없을 정도다. 죄수들 거의 반은 다른 헝겊으로 기운 모자를 쓰고 반외투를 걸치고서, 취사 당번 중 한 명이 잘라 주는 빵 앞에 몰려들었다. 취사 당번은 취사장마다 두 명씩 죄수조합에서 뽑았다. 그들은 빵과 고기를 자르는 부엌용 칼도 부엌마다 하나씩 보관하고 있었다.

식탁 주위에는 여기저기 구석구석마다, 모자를 쓰고 반외투를 걸치고 허리띠를 졸라맨 채 곧 일터로 나갈 채비를 하고 있는 죄수들이 제각기 자리를 잡았다. 그중에는 크바스[24]가 담긴 나무잔을 앞에 두고, 크바스에 빵을 잘게 뜯어 넣고 홀짝홀짝 마셔 대는 자도 있었다. 왁자지껄 떠드는 소리는 정말 참

---

22) 사소한 죄로도 시베리아까지 유형을 오게 되며, 탈옥한 자리에서 붙잡히고 말았다는 뜻.
23) 러시아어로 '인발리드'로 발음하는 상이 군인의 별명.
24) 호밀로 만든 러시아의 음료.

을 수가 없었다. 그래도 몇몇은 한구석에서 사려 깊고 차분하게 말을 주고받고 있었다.

"안녕하시오. 안토니치 노인에게도 빵과 소금[25]을 주게나!" 젊은 죄수 한 명이 깊게 주름이 패고 이가 빠진 죄수 옆에 앉으며 이렇게 지껄였다.

"그래, 안녕하시다. 네놈이 희롱하는 게 아니라면." 노인은 보지도 않고, 이 빠진 잇몸으로 빵을 씹으려고 애쓰면서 대답했다.

"안토니치, 나는 정말이지 댁이 죽어 버린 줄 알았지 뭐야."

"아니, 네놈이 먼저 죽어야지. 나는 다음에……."

나는 그들 옆에 앉았다. 내 오른쪽에서는 중년의 두 죄수가 무리하게 허세를 부리며 이야기하고 있었다.

"난 안 털려." 한 사람이 말했다. "내가 누군가를 털까봐 그걸 걱정하는 게 낫지."

"내 물건을 건들려는 생각일랑 하지 않는 게 좋을 걸. 그랬다간 대가를 톡톡히 치르게 해주겠어."

"죄수 주제에 뭘 어쩌겠다는 거야? 우리에게 그거 말고 다른 이름은 없어. 그년이 널 털 거라고. 그 계집이 쏙싹하면서 너한테 '고맙다' 말 한마디 해줄 것 같아? 그년에게 돈을 준 건 쓸 데 없는 짓이었어. 며칠 전에 그 계집이 이곳에 왔다고 생각해봐! 이제 우리는 어디로 가지? 사형집행인 페치카 형리네 집에라도 방문해야 하나? 그의 집은 교외에 있어. 솔로몬에게서 샀다더군, 거 있잖아, 옴에 걸렸다가 얼마 전에 교수형당한 그 유대인 놈 말이야."

"그래, 알지, 3년 전인가 여기서 술 팔던 친구, 그리쉬카라 부르는 밀주 가게였지. 알고말고."

"허풍쟁이 같으니라고. 네놈이 뭘 알아? 거긴 다른 술집이야."

"무슨 소리야, 다른 술집이라니? 모르는 건 네놈이잖아. 원한다면 증인을 얼마든지 데려와줄 수도 있어."

"오 그러셔? 너 따위가? 내가 누군지나 알고 있는 거냐?"

"그럼, 알지. 가끔 내가 흠씬 두들겨 팬 놈이잖아. 남한테 자랑스럽게 떠벌리

---

25) 손님을 환영한다는 뜻으로 쟁반에 빵과 소금을 내놓는 러시아 풍습.

고 다니진 않지만 말이야. 그러니 까불지 않는 게 좋을 거야."

"네가 날 팬다고? 날 때려눕힐 수 있는 놈은 아무도 없어. 날 때린 놈이 있었다면 그놈은 벌써 땅속에 누워 있을 걸!"

"벤제리[26]의 페스트 같은 놈!"

"시베리아 탄저병[27]에 걸려 죽을 놈!"

"터키 군도(軍刀)에나 대고 주절거려라!"

이렇게 욕설이 오가기 시작했다.

"저것 봐, 싸움이 붙을 모양인데. 제 앞가림도 못하는 것들이 조용히 닥치고 있기라도 해야지. 나라에서 빵을 얻어먹는 게 기뻐서 어쩔 줄 모르는 건가, 쓰레기 같은 놈들!"

두 사람은 곧 잠잠해졌다. 욕설을 퍼붓거나, 말로 '싸움'을 하는 것은 눈감아 준다. 이는 모든 죄수에게 어느 정도 기분전환이 되었다. 그러나 서로 머리나 멱살을 움켜잡고 싸우는 것은 안 된다. 어쩔 수 없는 경우이다. 이 싸움은 소령에게 보고된다. 그렇게 되면 취조가 시작되고 소령이 직접 나타나기도 한다. 요컨대, 모든 사람에게 불리해지므로 주먹다짐은 용납되지 않는다. 그래서 당사자들도 마음을 풀고 말 연습을 할 생각으로 저희끼리 욕하는 일이 점점 더 많아졌다. 때로는 스스로를 기만하고, 열중하기도 하며, 격노하기 시작한다. 생각해 보면, 당장 서로 무턱대고 달려들어 싸울 것 같은데도 결코 그런 일은 벌어지지 않는다. 모두가 알고 있는 어느 정도의 수준까지 이르면 곧 그만두고 만다. 처음에는 이 모든 일이 나를 무척이나 놀라게 했다. 지금 나는 가장 일반적인 유형수들의 대화를 예로 들었을 뿐이다. 어떻게 기분을 풀려고 욕하고, 거기서 위안을 얻고 말 연습과 통쾌함을 찾을 수 있는지, 내가 상상이나 할 수 있었을까? 그러나 허영심도 잊어서는 안 된다. 욕설의 변증법자들은 존경을 받는다. 단지 그에게 배우처럼 갈채를 보내지 않을 뿐이다.

나는 이미 전날 밤부터, 다른 죄수들이 나를 싸늘하게 바라보고 있다는 것을 알았다. 곧 몇몇의 음산한 시선을 눈치채고 있었던 것이다. 그러나 반대로

---

26) 러시아의 남서부 몰다비아 지방의 도시로, 1765~1772년 동안 이 지역에서 페스트가 창궐한 까닭에 이를 빗대어 욕하고 있음.

27) 탄저균의 감염에 의한 패혈증으로 주로 초식 동물에게서 발병함.

내가 돈이 있을 거라 의심하면서 내 주변을 어슬렁거리는 죄수들도 있었다. 그들은 곧 내게 알랑거리면서 새 족쇄를 어떻게 차고 다녀야 하는지 가르쳐 주기도 했다. 물론 그들은 내게서 돈을 받아 갔지만, 내가 감옥에 올 때 가져온 몇 가지 속옷과 이미 내게 지급된 관급품들을 넣을 수 있도록 자물쇠 달린 상자를 구해 주었다. 그러나 바로 다음 날에 그 상자를 훔쳐 술 마시는 데 써버렸다. 나중에 그들 가운데 한 명은 내게 충실한 사람이 되었으나, 그래도 기회만 있으면 내 물건을 훔치는 버릇은 고쳐지지 않았다. 그는 조금도 당황하지 않고 거의 무의식적으로, 마치 의무처럼 이런 짓을 했다. 따라서 나는 화를 낼 수도 없었다.

그건 그렇고, 그들은 내게 차를 마셔야 하므로 찻주전자를 마련하는 것이 편리하다며 가르쳐 주었고, 잠깐 쓰도록 내게 남의 찻주전자를 빌려다 주기도 했고, 만일 사식을 먹고 싶어 식료품을 사온다면, 한 달에 30코페이카를 받고 내가 원하는 것을 무엇이든지 요리해 줄 수 있다는 요리사를 소개해 주기도 했다……. 그 대신 그들이 내게 염치없이 돈을 요구한 것은 말할 것도 없다. 게다가 그들 대부분은 첫날 하루 동안에 세 번씩이나 돈을 빌리러 왔다.

대개 감옥에서는 귀족출신들에게 호의는커녕 곱지 않은 눈길을 보내게 마련이다. 그들은 자신의 모든 신분상의 권리를 박탈당하여 이제는 다른 죄수들과 완전히 평등해졌는데도 불구하고, 죄수들은 결코 그들을 동료로 인정하지 않는다. 이것은 의식적인 선입견에서 만들어지는 것이 아니라, 다만 무의식적으로 생기는 것이다. 죄수들은 우리의 몰락에 대해 약 올리길 좋아하면서, 진심으로는 우리를 귀족으로 생각했다.

"아냐, 이젠 안 돼! 끝장이라고! 전에는 모스크바를 마차로 달렸던 표트르도 이제는 밧줄을 꼬고 있는 신세잖아." 이런 아첨도 섞어 가면서 말이다.

죄수들은 우리가 그들에게 보이지 않으려고 애쓰는 괴로움을 고소하다는 듯이 바라보았다. 처음으로 노역에 나갔을 때가 특히나 괴로웠다. 우리는 그들만큼 힘이 없고, 그들에게 아무런 도움도 되지 못하기 때문이다. 이처럼 민중의, 특히 이러한 죄수들 같은 민중의 신뢰를 얻고 그들의 사랑을 받는 것처럼 어려운 일은 없으리라.

감옥에는 귀족 출신이 몇 명 있었다. 우선 폴란드인 다섯 명 정도. 그들에 관해서는 언젠가 다시 이야기할 것이다. 죄수들은 그 폴란드인들을 싫어했는데, 그 증오 방법은 러시아 귀족 출신 죄수들을 대할 때보다 심했다. 폴란드인들은(나는 어떤 정치범들에 관해서만 말하지만) 죄수들에게 웬일인지 아주 우아하고 불쾌할 정도로 예의 바르게 굴다가도 급작스럽게 말을 하지 않거나 죄수들 앞에서 그들에 대한 혐오감을 도저히 감추지 못하곤 했다. 죄수들도 이것을 아주 잘 알고 있기에 같은 방법으로 되갚아 주곤 했던 것이다.

나는 감옥에서 거의 2년을 보내고 나서야 겨우 유형수 몇몇의 호의를 얻을 수 있었다. 그러나 그들 중 대부분은 마침내 나를 좋아하게 되었고 나를 '좋은' 사람으로 인정해 주었다.

러시아 귀족 출신은 나를 제외하고 네 명이 더 있었다. 한 명은 천박하고 비열한 인간으로, 근성이 더러워 스파이 짓과 밀고를 상습적으로 하는 자였다. 나는 감옥에 도착하기 전부터 이미 그에 관한 이야기를 듣고 있었으며, 처음부터 그와는 교제를 맺지 않았다. 다른 한 명은 내가 이미 이 기록에서 말했던, 바로 그 아버지 살해범이었다. 세 번째는 아킴 아키미치였는데, 나는 그와 같은 기인을 거의 본 적이 없다. 그는 나의 기억 속에 아주 강렬한 인상을 남기고 있다. 큰 키에 피골이 상접할 정도로 마른 그는, 어리석고 둔하며 놀랄 정도로 무식한 데다 설교는 무척이나 좋아하고 독일 사람처럼 꼼꼼했다. 죄수들은 그를 비웃었지만, 몇몇은 트집을 잘 잡고 까다로우며 다투기 좋아하는 그의 성격 때문에 그와 연관되는 것을 두려워하기도 했다. 그는 처음부터 죄수들과 흉금을 터놓고 지내며, 서로 욕하고, 심지어는 주먹질까지도 해댔지만 보기 드물게 정직한 사람이었다. 부당한 일을 보면 비록 자기의 일이 아니더라도 곧바로 참견했다. 또한 지극히 소박한 사람이라 죄수들과 욕설을 주고받다가도 그들이 도둑이었다는 것을 비난하고, 도둑질하지 말라고 진심으로 타이르기도 했다.

그는 캅카스에서 소위보[28]로 근무했는데, 우리와는 첫날부터 친해졌던 까닭에 그날 바로 자기의 일을 내게 들려주었다. 그는 캅카스의 보병 연대에서 사관 후보생으로 소속되어 오랫동안 이 고생 저 고생 다 하다가, 마침내 장교

---

28) 제정 러시아의 군 계급 중 14관등에 속하는 가장 서열이 낮은 장교 계급.

로 임명되어 어느 한 요새에 지휘관으로 파견되었다. 그러던 어느 날, 화평하게 지내던 근방의 어느 공후(公侯)가 그의 요새에 불을 지르고 밤에 기습을 해왔으나, 실패하고 말았다. 아킴 아키미치는 꾀를 부려 간계를 품은 자가 누구인지 아는 기색을 조금도 내비치지 않았다. 결국 사건은 전투에 가담했던 다른 자들의 소행으로 전가되었다. 그로부터 한 달쯤 뒤, 아킴 아키미치는 그 공후를 손님으로 초대했다. 그는 아무런 의심도 하지 않고 찾아왔다. 아킴 아키미치는 자기 부대를 정렬시키고, 그 앞에서 그의 죄상을 폭로하고 비난했으며, 요새에 불을 지른다는 것이 얼마나 수치스러운 짓인가를 그에게 설명했다. 그러고는 먼저 화평할 것을 서약한 공후들이 어떻게 처신해야 하는가에 대해 소상히 적힌 훈령을 그에게 읽어 준 다음, 결론적으로 그를 총살형에 처했다. 이에 관해서는 지체 없이 아주 상세한 내용을 상관에게 보고했다. 이 모든 일 때문에 그는 군법회의에 회부되어 사형을 선고받았지만, 감형되어 시베리아의 제2부류 강제노동 요새에 12년 형을 받고 오게 된 것이다. 그는 공후를 총살하기 전부터 자기의 행동이 옳지 않다는 것을 충분히 인식하고 있었고, 또한 화평을 서약한 공후들은 마땅히 법에 따라 처벌해야 한다는 것도 잘 알고 있었다고 내게 말했다. 그러나 이러한 것을 다 알고 있으면서도, 지금 그의 모습을 보면 마치 자기의 죄를 하나도 이해할 수 없었던 것 같았다.

"생각을 좀 해보시오! 그놈이 내 요새에 불을 질렀는데, 대체 내가 그놈에게 어떤 인사를 해야 한단 말이오!" 그는 나의 반박에 대꾸하면서 이렇게 말했다.

죄수들은 아킴 아키미치의 우둔함을 비웃으면서도, 역시 그의 빈틈없음과 교묘함에는 탄복하지 않을 수 없었다.

아킴 아키미치는 손으로 못하는 일이 없었다. 목수이자 제화공, 구두 수선공이자 칠장이, 도금공이자 자물쇠공이었는데, 그 모든 것은 감옥에서 배운 것이다. 그는 모든 일을 독학으로 익혔고, 한 번만 보고도 뚝딱 만들어 내었다. 또한 그는 여러 가지 상자와 바구니, 휴대용 석유등과 어린이 장난감을 만들어 도시에 내다 팔기도 했다. 그렇게 해서 푼돈이 쌓이면, 그는 곧 여벌의 속옷과 부드러운 베개를 사거나, 볼품없는 궤짝을 들여놓거나 했다. 그는 나와 같은 감방에서 지냈으므로, 내 유형 생활의 첫 무렵에 여러 가지로 나를 많이 도와주었다.

감옥에서 노역을 나갈 때, 죄수들은 초소 앞에서 두 줄로 정렬한다. 죄수들의 맨 앞과 맨 뒤에는 소총을 든 무장 호송병이 섰다. 공병 장교와 공병 하사들, 몇몇 하급 공병 기술자들과 간수들이 나온다. 공병 하사는 죄수들의 인원을 점검하고, 그들을 조별로 나누어 필요한 작업장으로 내보냈다.

다른 죄수들과 함께 나는 공병 작업장으로 향했다. 이곳은 갖가지 장비들이 산더미처럼 쌓여 있는 광장에 위치한 나직한 석조 건물이었다. 이곳에는 대장간, 자물쇠 공장, 칠 공장 등이 있었다. 아킴 아키미치는 이곳의 칠 공장에서 일하며, 올리브기름을 끓이기도 하고 도료를 섞기도 하며 탁자와 가구들을 호두나무색으로 칠하기도 했다.

나는 다시 불에 달궈 두드리는 것을 기다리며, 감옥에서 받은 첫인상에 대해 아킴 아키미치와 이야기를 나누었다.

"그래요, 그들은 귀족을 좋아하지 않아요." 그는 인정했다. "특히 정치범을 싫어하지요. 죽여도 성에 차지 않을 만큼 증오하는데, 무리도 아니지요. 첫째, 당신 같은 귀족과 저 민중은 전혀 닮은 데가 없는 별개의 인간이니까요. 둘째, 그들은 모두 전에는 농노이거나, 아니면 병사였지요. 그들이 당신을 좋아하게 될지는 한번 스스로 판단해 보시오. 당신에게 한 가지 말해 두지만, 이곳 생활은 힘들어요. 하지만 러시아 죄수중대에 비하면 아무것도 아니에요. 거긴 지옥이라더군요. 거기서 온 죄수가 우리 감옥을 칭찬하더라고요. 그 지옥 같은 곳에 비하면 천국이랍디다. 일이 더 힘들거나 해서 그런 건 아니래요. 거긴 1급 죄수 감시자들 중엔 군인이 아닌 사람도 있고, 여기와는 완전히 처우가 다르다더군요. 거기서 그들은 저마다 자기 집에서 살 수도 있대요. 나도 거기에 가본 건 아니고 이야기를 들은 것뿐이에요. 그들은 죄수복을 입지 않고 머리를 밀지도 않아요. 이건 내 생각인데요, 죄수복을 입고 머리를 미는 게 나쁜 건 아니잖아요? 말쑥하기도 하고, 더 보기 좋으니까요. 다만 그 사람들은 이런 것들이 마음에 안 들 뿐인 거죠. 자, 시끌시끌한 여길 좀 보세요. 별의별 어중이떠중이가 다 있잖아요. 강제 동원된 소년병29)도 있고, 체르케스인도 있

---

29) 1856년경까지 군적을 가지고 있던 사병들의 자제 중에서 강제로 모병한 소년병.

지요. 분리파교도[30] 출신, 가족과 사랑하는 자식을 고향에 남겨 둔 정교회 농부, 유대인, 집시, 출신이 불분명한 놈, 이 모든 죄수들이 좋든 싫든 함께 살아야 하죠. 서로 같은 찻잔에 차를 마시고, 한 침상에서 같이 자야 해요. 잠시라도 자유로울 틈이 없어요. 남은 빵 조각도 몰래 먹어야 하고 푼돈도 모두 장화 속에 감춰야 하는 게 전부죠. 항상, 매순간 끊임없이 죄수들에게 둘러싸여 있잖습니까! 저도 모르게 야만적인 생각이 들 수밖에 없다니까요."

그러나 나는 이미 이것을 알고 있었다. 특히 우리의 소령에 대해 묻고 싶었을 뿐이었다. 아킴 아키미치는 숨김없이 말해 주었다. 그리고 그때 내가 받은 인상이 결코 유쾌하지 않았던 것을 지금도 나는 기억하고 있다.

게다가 나는 2년이나 그 소령의 감독 아래서 살아야만 했다. 아킴 아키미치가 그에 관해 내게 들려준 이야기는 모두 사실이었다. 다만 차이가 있다면 이야기를 듣고 받은 막연한 인상보다 실제의 인상이 더 강렬하다는 점이었다. 그 소령은 정말 무서운 사람이었다. 왜냐하면 그는 2백 명이나 되는 인간들 위에 군림하는 거의 무한한 권력을 가진 사령관이었기 때문이다. 한 인간으로서 그는 난폭하고 악한 사내일 뿐, 그 이상은 결코 아무것도 아니었다. 그는 죄수들을 마치 자기의 천적처럼 바라보았는데, 바로 이 점이 그의 가장 중대한 실수였다. 실제로 그는 몇 가지 재능이 있긴 했으나, 그 모든 좋은 점까지도 그에게서는 완전히 왜곡되어 나타났다. 방자하고 간악한 그는 간혹 밤중에 갑자기 감옥에 들이닥쳐서, 만일 죄수가 왼쪽으로 비스듬히 누워 있거나 반듯이 고개를 위로 하고 자는 모습을 발견하면, 다음 날 아침에 그를 처벌하는 것이었다. "내가 명령한 대로 오른쪽으로 기대서 자란 말이다." 이렇게 말하는 그를 모두 페스트처럼 증오하고 두려워했다. 그의 얼굴은 검붉고 간악해 보였다. 그렇지만 그가 졸병 페즈카의 손아귀에 완전히 빠져 있다는 것은 누구나 다 알고 있었다. 그는 애견 트레조르카라는 푸들을 몹시 사랑하고 있었는데, 그 개가 병이 났을 때는 슬퍼서 거의 미쳐 버릴 지경에 이르렀다. 그는 마치 자기 아들이 아픈 것처럼 흐느끼더라는 것이다. 어느 수의사를 쫓아 버렸을 때는, 자기 버릇대로 그와 싸움이라도 벌일 것 같았는데, 페즈카로

---

30) 17세기경부터 러시아 정교회 내부의 개혁을 거부하고, 독특한 신비주의적 의식을 올리던 종파의 신자로 구교도라고도 불림.

부터 감옥에서 독학으로 공부한 수의사 죄수 한 명의 실력이 썩 훌륭하여 아주 잘 고친다는 말을 듣고서 곧바로 그를 불러들였다.

"고쳐주게! 돈은 얼마든지 줄 테니, 트레조르카를 낫게 해주게!" 그는 죄수에게 고함을 쳐댔다.

시베리아의 농부 출신인 이 사람은 교활하고 영리했으며 분명 유능한 수의사였지만, 실제로는 한낱 농부일 뿐이었다.

"내가 트레조르카를 보니까……." 그는 한참이나 지나서야 죄수들에게 이야기를 해주었다. 소령을 방문한 뒤로도 한참 지나서 그 일을 거의 잊었을 무렵이었다. "그 개는 입에 하얀 거품을 물고 소파에 누워 있더군. 염증이 있어서 피만 뽑아 주면 나을 것 같다고, 정말 신에게 맹세코 그렇게 말했다고! 그런데 곰곰이 생각해 보니 이런 생각이 들었지. 만일 내가 고치지 못해서 개가 죽어 버리면 어떻게 될까? 그럼 안 되지, 그래서 이렇게 말했어. '사령관님, 저를 너무 늦게 부르셨습니다. 어제나 그저께 정도면 개를 치료해 볼 수도 있었을 텐데, 지금으로선 고쳐 볼 방도가 없군요……'라고 말이야."

그렇게 트레조르카는 죽었다.

나는 죄수들이 얼마나 소령을 죽여 버리고 싶어하는지를 상세히 들었다. 감옥에 한 죄수가 있었다. 그는 여기서 벌써 몇 해를 보냈고, 온화한 행동거지가 두드러지는 사내였다. 또한 그는 누구와도 거의 말을 하지 않는다는 점에서 여러 사람들의 주목을 끌었다. 죄수들은 그를 일종의 유로지비[31]라고 생각하고 있었다. 그는 교육을 받은 자로, 최근까지도 밤이나 낮이나 줄곧 성서를 읽고 있었다. 모두 잠이 든 한밤중에 일어나 교회용 밀랍 양초를 밝히고, 페치카에 올라가서 아침까지 책을 읽는 것이었다. 어느 날 그는 하사관에게로

---

31) 성스러운 바보, 바보 성자라는 뜻의 그리스도교 신자. 우매한 백성을 위해 희생했다는 그리스도의 덕성 중 하나를 체현하려는 러시아 정교회 고행자들을 유로지비라고 부른다. 이들은 종종 자신이 백치인 것처럼 처신했으며, 지상의 모든 행복을 포기하고 현실 사회의 모든 영향에서 자유로워지려고 노력했는데, 러시아 정교회 수도 생활에서는 고독을 추구하는 은둔 생활이 하나의 이상으로 여겨지고 있었다. 그래서 세속 생활에서도 미치광이 행세를 하면 완전한 고독을 얻을 수 있다고 생각하는 사람들이 생겨나기 시작했고, 러시아 정교회는 36명의 유로지비를 성인으로 추앙했다. 이러한 유로지비의 이미지는 톨스토이의 작품과 도스토옙스키의 작중 인물들에게서 자주 나타난다.

가서 노역을 나가기 싫다고 선언했다. 그 일은 소령에게 보고되었다. 소령은 분노를 참지 못해 몸소 달려왔고, 죄수는 미리 준비한 벽돌을 소령에게 던졌으나 빗나가고 말았다. 그는 붙잡혀 재판을 받고 처벌을 받았다. 모든 일이 아주 신속히 진행되었다. 그는 3일 뒤 병원에서 죽었다. 죽어가면서 자신은 누구에게도 악의는 없었으며, 다만 고난을 받고 싶을 뿐이었다고 말했다. 그러나 그는 어떤 분리파 교도의 종파에도 속해 있지 않았다. 감옥에서는 존경심을 가지고 그를 추억하고 있었다.

마침내 나는 족쇄를 바꿔 달게 되었다. 그러는 사이에, 작업장으로 흰 빵을 파는 여자들이 하나둘 나타났다. 그녀들 중에는 아주 어리고 귀여운 소녀들도 있었다. 그녀들은 보통 어른이 될 때까지 흰 빵을 팔러 다녔다. 어머니가 빵을 굽고 딸들은 팔러 다니는 것이다. 계속 나이가 들어서도 그녀들은 팔러 다니지만, 이젠 빵은 팔지 않았다. 그것이 관례처럼 되어 버렸다. 더 이상 어린 소녀가 아니었다. 빵은 한 개에 반 코페이카였으며, 거의 모든 죄수가 빵을 사주었다.

나는 빵을 파는 여자들과 시시덕거리는 어느 죄수 한 명을 본 적이 있다. 머리는 이미 백발이지만 살갗이 불그스레한 것이 혈색 좋은 사내였다. 그녀들이 도착하기 바로 전에 그는 붉은 직물로 짠 수건을 목에 둘렀다. 뚱뚱하고, 얼굴이 얽은 한 아낙네가 그의 작업대에 자기의 쟁반을 내려놓자, 그들 사이에 대화가 오가기 시작했다.

"어젠 왜 거기에 오지 않았어?" 죄수가 잘난 체하는 듯한 미소를 지으며 말했다.

"어머, 갔었어요. 하지만 당신은 없던데요." 품행이 단정하지 못한 그 아낙네가 대답했다. "불러만 주시면 언제라도 그 자리에 가잖아요……. 하지만 그저께 당신이 나한테 왔잖아요."

"누구누구 와 있었지?"

"마리야쉬카도 오고, 하브로쉬카와 체쿤다도 오고, 또 드부그로쇼바야도 왔어요……."

"이게 도대체 무슨 일이야?" 나는 아킴 아키미치에게 물었다. "설마?"

"이따금씩 이런 일이 있지." 그는 부끄러운 듯이 눈을 내리깔면서 대답했다. 왜냐하면 그는 아주 순박한 사람이었기 때문이다.

물론 이런 일이 있기는 했지만, 극히 드물고 아주 어려웠다. 감금되어 강제된 삶 속에 아주 당연한 욕구였지만, 그런 일보다는 마시는 것을 좋아하는 사람들이 훨씬 많았다. 여자를 얻기란 그리 쉬운 일이 아니었다. 때와 장소를 잘 골라야 하고, 흥정을 하고, 만날 약속을 정해야 할 뿐만 아니라, 특히 외진 곳을 찾아야 한다는 곤란한 점이 있다. 게다가 훨씬 더 어려운 일은, 호송병까지 매수해야 하기 때문에 대충 헤아려 봐도 돈이 엄청나게 든다는 것이다. 그런데도 그 뒤에 나는 가끔 연애 장면의 증인이 되었다. 지금도 기억이 나는데, 어느 여름날 우리는 셋이 이르티시 강변의 어떤 헛간에서 가마용 화덕에 불을 지피고 있었다. 호송병들은 선량한 사람들이었다. 마침내, 죄수들이 '프롬프터'[32]라고 부르는 두 명이 나타났다.

　　"아니, 왜 그렇게 오래 있었나? 아마 즈베르코프한테 가 있었겠지?" 이미 오래전부터 그들이 도착하기만을 기다리고 있던 한 죄수가 그녀들을 보자마자 말했다.

　　"오래 있었다고요? 내가 거기 앉아 있었던 것보다 까치가 훨씬 말뚝 위에 더 오래 있었을 거예요." 아가씨 한 명이 즐겁다는 듯이 대답했다.

　　그녀는 세상에서 제일 더러운 여자였다. 바로 체쿤다이다. 그녀와 같이 드부그로쇼바야가 왔다. 이 여자도 이루 말할 수 없을 정도였다.

　　"그런데 오랫동안 보지 못했구나." 그 호색한이 드부그로쇼바야에게 말을 건넸다. "조금 여윈 것 아냐?"

　　"그럴지도 모르죠. 전에는 좀 뚱뚱했는데, 지금은 마치 바늘이라도 삼킨 것 같아요."

　　"병사들 때문이겠지?"

　　"아니에요, 나쁜 놈들이 우리를 고자질한 것 때문이죠. 하지만 그게 어쨌다는 거예요? '빈털터리가 되어도 병사들을 사랑하고 싶다고요!'[33]"

　　"병사들은 내버려 두고, 우리를 사랑해 다오. 우리는 돈도 있으니까 말이야……."

---

32) prompter : 극중의 대사를 잊은 배우에게 무대 뒤에서 대사를 일러 주는 사람을 의미하는데, 여기서는 품행이 단정치 못한 여자를 일컬음.
33) 러시아 민중들의 춤곡에 나오는 2행시.

이러한 광경을 그려보려면 머리를 깎이고, 족쇄를 찬 채, 줄무늬 수의를 입고, 호송병의 감시 아래 있는 한 호색한을 상상하면 된다.

나는 감옥으로 돌아올 수 있다는 것을 알고, 아킴 아키미치와 헤어져 호송병을 재촉해서 감옥으로 향했다. 죄수들은 이미 모여 있었다. 작업장에서 가장 먼저 돌아온 사람들은 시간제로 과제를 맡아 일하는 죄수들이었다. 죄수들로 하여금 열심히 일하게 하는 자연스러운 방법은 그들에게 일정한 과제를 주는 것이다. 이따금 과제가 너무 많기도 했지만, 그들은 점심 식사 북소리가 들릴 때까지 일을 시키는 것보다 두 배는 빨리 일을 끝마쳤다. 과제를 마치고 나면 죄수들은 별 제지 없이 집으로 돌아갈 수 있었기 때문에 아무도 그들을 붙들지 않았다.

점심은 함께 먹는 것이 아니라 빨리 돌아오는 사람부터 먹었다. 물론, 취사장이 좁아 모든 사람이 한꺼번에 들어갈 수도 없었다. 나는 야채수프를 한입 맛보았지만 입맛에 익숙하지 않은 탓인지 먹을 수가 없어서, 차를 끓이기 시작했다. 우리는 식탁의 끝에 자리를 잡았다. 나와 마찬가지로 귀족 출신의 죄수 한 명이 옆에 앉아 있었다.

죄수들이 들락거렸다. 그러나 아직 전부 모이지 않았으므로 자리는 거의 텅 비어 있었다. 다섯 명 정도 되는 무리가 아주 큰 식탁을 차지하고 앉아 있었다. 취사 당번이 그들에게 야채수프를 두 찻잔 정도 부어 주었고, 생선 구이가 담긴 큰 접시를 식탁에 올려놓았다. 그들은 무엇인가를 축하하는 듯하더니 평소보다 좋은 주문한 요리를 먹으며 우리 쪽을 계속 곁눈질했다. 한 폴란드인이 들어와 우리 곁에 앉았다.

"난 집에 없었지만 다 알고 있어!" 키가 큰 죄수 하나가 취사장에 들어와, 그곳에 있던 모든 사람을 훑어보며 큰 소리로 외쳤다.

그는 쉰 살쯤 된, 다부지고 뼈마디가 굵고 거친 사람이었다. 그의 얼굴에는 어딘지 모르게 교활하면서 우스꽝스러운 데가 있었다. 특히 두툼하고 축 처진 아랫입술이 그의 얼굴을 아주 우습게 보이게 했다.

"여봐, 밤새 안녕하신가! 왜 인사를 하지 않나? 같은 쿠르스크[34] 사람에게!"

---

34) 중앙 러시아의 도시.

그는 사식을 먹고 있던 사람들 옆에 앉으며 말했다. "빵과 소금을! 손님을 환영해야지."

"우리는 쿠르스크 사람이 아닐세."

"그럼, 탐보프³⁵⁾ 사람이었나?"

"탐보프도 아니야. 우리한테서 가져갈 것은 아무것도 없으니, 저기 부자 농군에게나 가보시지."

"형제 여러분, 오늘 내 배 속은 삼색 오랑캐꽃이 되어 있다네.³⁶⁾ 그런데 그 부자 농군은 대체 어디 있지?"

"이봐, 가진이 부자 아니야? 그 사람에게나 가보라고."

"가진 그놈은 오늘을 즐기고 있다니까, 마시기 시작했어. 바구니를 몽땅 털어 마실 거라고."

"20루블 정도는 갖고 있어." 다른 사람이 말했다. "이보게, 은화 편이 되는 게 유리할걸."

"뭐야, 한턱 내지 않겠다는 거야? 그럼 할 수 없지, 배급 수프라도 먹어야겠는걸."

"그래, 저리 가서 차나 좀 달라고 그래 봐. 나리들이 마시고 계시니까."

"나리는 무슨. 여기에 귀족은 없어. 모두 같은 인간들이라고." 구석에 앉아 있던 죄수가 침울한 목소리로 중얼거렸다. 그때까지 그는 뚱하게 입을 다물고만 있었다.

"차라도 실컷 마시고 싶지만, 달라고 청하기는 무안한 걸. 나도 자존심이 있지." 입술이 두툼한 죄수가 우리를 선량한 눈빛으로 바라보며 말했다.

"원하신다면 드리지요." 나는 그 죄수를 부르며 말했다. "드릴까요?"

"원하냐고요? 어찌 원하지 않겠습니까!" 그는 식탁 쪽으로 다가왔다.

"쳇, 집에선 짚신짝이나 신고 야채수프나 홀짝거렸는데, 여기 와서 차 맛을 알게 되더니 나리들 음식까지 넘보는군." 어두운 표정의 죄수는 내뱉듯이 말했다.

---

35) 중앙 러시아의 도시.
36) 배고픔과 제대로 조리되지 못한 음식 때문에 죄수들 사이에서 번지고 있는 질병을 비유적으로 표현.

"그럼, 여기서는 아무도 차를 마시지 않나요?" 나는 그에게 물었지만, 대답은 듣지 못했다.

"자, 흰 빵을 가져왔습니다. 흰 빵도 좀 알아주셔야지요!"

젊은 죄수 한 명이 빵 한 뭉치를 들여와 온 감옥 안을 돌아다니며 팔고 있었다. 빵을 파는 여자가 그에게 열 개에 하나씩 값을 깎아 주었으므로, 이 빵을 팔아 돈을 벌 셈이었다.

"흰 빵이오, 흰 빵!" 그는 취사장으로 들어오며, 소리쳤다. "뜨끈뜨끈한 모스크바에서 만든 흰 빵이오! 나도 먹고는 싶지만 돈이 없어요. 자, 여러분, 이게 마지막이에요. 누구 어머니 있는 분 없나요?"

어머니의 사랑을 연상시키는 이러한 호소가 모든 사람을 웃겼고, 그러자 몇몇 사람들이 그에게서 빵을 사갔다.

"그런데, 이봐." 그가 말했다. "가진 녀석은 오늘도 끝장을 볼 모양이야! 어쩌자고 마실 생각을 했을까 몰라. 별안간 팔눈 녀석이 올지도 모르는데."

"숨겨 주지 뭐. 그런데 정신없이 취해 있나?"

"완전히! 성질 고약한 놈이야. 또 시비를 걸더군."

"주먹다짐이 벌어질 텐데……."

"누구 말이오?" 내가 옆에 나란히 앉아 있던 폴란드 사람에게 물어보았다.

"여기서 술을 파는 가진이라는 죄수지요. 돈이 조금만 생겨도 곧 술 마시느라 다 써버리지요. 몹시 난폭하고 사납습니다. 평상시는 온순한데 술만 마셨다 하면 짐승처럼 모든 걸 드러내지요. 사람들에게 칼을 빼들고 덤벼듭니다. 그러면 사람들이 그를 진정시킵니다."

"대체 어떻게 진정시킨다는 거지요?"

"죄수가 한 열 명쯤 그에게 덤벼들어서, 그가 완전히 정신을 잃을 때까지 무자비하게 때리는 거죠. 말하자면, 반쯤 죽여 놓는 겁니다. 그런 다음, 그를 침상 위에 올려놓고 반외투로 가려 놓지요."

"그러다가 혹시 그를 죽이는 게 아닙니까?"

"다른 사람이라면 모르지만, 그는 죽지 않습니다. 그는 아주 건장한 사내이고, 감옥 안의 그 누구보다도 힘이 세죠. 정말 단단한 골격을 가졌습니다. 다음 날이면 언제 그랬느냐는 듯이 멀쩡한 사람처럼 벌떡 일어납니다."

"하나만 더 물어보고 싶은데." 나는 계속해 폴란드인에게 묻기 시작했다. "보다시피 그들도 돈을 내서 산 특별 음식을 먹고 있고 나도 차를 마실 뿐인데, 그들은 마치 이 차를 부러운 듯이 바라보니 이게 무슨 의미죠?"

"그것은 차 때문만이 아닙니다." 폴란드인이 대답했다. "당신은 귀족으로, 그들과 다르다는 사실이 그들을 화나게 하는 것입니다. 당신에게 시비를 걸고 싶은 사람이 대부분이에요. 그들은 당신을 경멸하고 모욕하고 싶어서 안달이지요. 이제부터 당신은 유쾌하지 않은 일을 겪게 될 겁니다. 이곳은 우리 모두에게 정말 고통스러운 곳입니다. 우리는 모든 관계 속에서 다른 누구보다도 힘이 들지요. 이에 익숙해지려면, 어떤 일에도 개의치 않는 냉정함이 필요합니다. 다른 사람들도 여기서 자주 음식을 사 먹고 몇몇은 늘 차를 마시지만, 당신이 차를 마시거나 음식을 사 먹는다면 당신은 몇 차례나 더 욕설과 좋지 않은 일에 부딪히게 될 겁니다. 이를테면, 자기들은 되지만 당신은 해서는 안 된다는 것이죠."

이런 말을 하고 나서 그는 일어나 식탁에서 물러났다. 그리고 몇 분 뒤에 그의 예언은 적중했다.

3. 첫인상(계속)

M-츠키[37](나와 이야기를 나누던 바로 그 폴란드 사람) 씨가 나가자마자, 완전히 술에 취한 가진이 취사장으로 굴러들어왔다.

대낮, 그것도 모두 일터로 나가야 하는 평일에, 언제 불쑥 감옥에 들이닥칠지 모르는 엄한 사정관이 있고, 유형수들을 관리하는 하사관이 감옥 안에 있고, 보초와 상이군인이 있는데도, 한마디로 말해 이 모든 엄격한 감시를 무시하고 술에 취한 죄수를 본다는 것은, 내 생각 속에 자라고 있던 죄수 생활에 대한 모든 개념들을 흐트러뜨렸다. 그래서 감옥 생활의 첫 무렵에는 신비스럽기조차 했던 모든 일들을 분명히 깨달을 때까지, 나는 오랫동안 감옥에서 살아야만 했다.

---

37) 1846년 10년 유형을 선고받은 폴란드 혁명가 알렉산드르 미레츠키를 말한다. 도스토옙스키와 같이 유형 생활을 했던 그는 유형 생활이 끝나자 옴스크에서 유형민으로 거주하면서 프랑스어를 가르친 것으로 알려져 있다.

이미 전에 말했던 것처럼, 죄수들에게는 언제나 자기 일이 있었고 이 일은 감옥 생활의 자연스러운 요구였지만, 그런 자연스러운 요구뿐만 아니라 죄수들은 돈을 무척이나 좋아해서 돈을 그 무엇보다도, 거의 자유와도 견줄 만한 것으로 평가했다. 그래서 호주머니 속에서 딸그랑거리며 돈 소리가 나면 그것만으로도 안심이 될 정도였던 것이다. 그와 반대로 돈이 없으면 그들은 쓸쓸하고 우울해져 풀이 죽고 말아, 돈만 생긴다면 도둑질도 마다하지 않을 지경에까지 이르렀다. 그러나 감옥에서 돈이 그만큼 귀중한 가치가 있다 해도, 돈은 그리 오래 머물러 있지는 않았다. 첫째로, 도둑맞거나 몰수당하지 않게 보관하는 것이 어려웠다. 만일 소령이 불시에 검열을 나와서 돈을 발견하기라도 하면 바로 그 자리에서 지체 없이 압수해 버렸다. 혹시 그가 그 돈을 죄수들의 음식 개선에 썼을지도 모를 일이지만, 어쨌든 그 돈은 그의 손안으로 들어가 버리고 말았던 것이다. 그러나 무엇보다도 도둑맞는 것이 제일 흔한 일이었다. 주위의 그 누구도 믿을 수 없었다. 물론 뒷날에 가서는 돈을 아주 안전하게 보관하는 방법을 발견하긴 했다. 언젠가 베트카 사람들이 거주했던 스타로두비에 마을에서 이곳으로 오게 된 한 구교도[38] 노인에게 돈을 맡겼던 것이다…… 이야기가 주제에서 벗어나지만, 나는 그에 관해 몇 마디 하지 않을 수 없다.

　예순 살쯤 된 그는 백발의 왜소한 노인이었다. 나는 그 노인을 한 번 보고

---

38) 러시아는 988년 콘스탄티노플로부터 동방 정교를 수용하고, 비잔틴 기독교 문화를 도입하여, 동방 정교의 문화가 러시아 문화의 기반이 된다. 러시아는 1449년까지 콘스탄티노플 총주교 관구 중의 하나였으나, 그 뒤 자치 독립 교회임을 선포하게 된다. 비잔틴 제국이 쇠퇴하자 러시아 정교회는 모스크바를 제3의 로마라고도 주장하며, 1598년에는 모스크바에 총주교제가 창설되기도 하는데, 1656년경 니콘이라는 사제가 총주교의 직위에 오르면서 러시아 정교회는 둘로 분열되기 시작한다. 니콘은 그리스 정교가 러시아로 전파되면서 발생한 교회 의식의 차이점을 원래 그리스 정교의 관행대로 고칠 것을 주장한다. 성호를 긋는 방식을 포함한 예배 절차가 그리스 풍으로 바뀌어야 한다고 생각한 니콘의 교회 의식 개혁은 신도들과 성직자들의 반대에 부딪히고, 이 반대파들은 정교회에서 분리되었다. 이 분리파 교도들을 구교도라고 부르는데, 이를 반대하는 구교도들은 박해를 받기 시작한다. 17세기 말 '베트카'라는 마을은 폴란드의 영토에 위치하고 있었지만 지금은 러시아의 서부 모일레프 지방에 편입되어 있다. 이곳은 오랫동안 니콘의 개혁에 반대하는 구교도들의 주요한 피난처였으나, 1734년 폴란드 계승 전쟁시 러시아 군은 '베트카' 지역의 피난처 중의 하나인 스타로두비에 마을을 파괴했다.

깊은 감명을 받았다. 그는 다른 죄수들과는 전혀 달랐다. 시원스러운 잔주름에 둘러싸인 그의 맑고 빛나는 눈동자를 흐뭇한 마음으로 바라보던 모습이 지금도 기억난다. 그의 시선에는 고요하고 차분한 그 무엇이 깃들어 있었다. 나는 그와 자주 이야기를 나누었는데, 내 평생 그렇게 온화하고 선량한 사람을 만나 본 적이 없었다. 그는 무거운 죄를 지어 이곳에 유형되었다. 스타로두비에 마을의 구교도들 사이에서 개종자들이 생기기 시작하자, 정부는 그들을 장려하여 앞으로 있을 또 다른 개종자들과 반대파들을 위해 모든 힘을 기울여 이용하고자 했다. 노인은 다른 광신자들과 함께, 그의 표현처럼 '신앙을 수호'하기로 마음먹었다. 그래서 정교 신자들의 교회 건축이 시작되자, 그들은 그 교회에 불을 질러 버렸다. 주동자의 한 사람이었던 노인은 강제 유형의 형벌을 받았다. 그는 부유한 상인이었지만 마음을 굳게 먹고 집에 아내와 아이를 남겨 둔 채 유형을 온 것이다. 왜냐하면 그러한 일을 맹목적으로 '믿음에 따른 고통'이라 생각했기 때문이다. 그와 얼마간 같이 지내게 되면 누구라도 이런 의문을 갖지 않을 수 없으리라. '어떻게 이 어린아이처럼 온화하고 겸손한 사람이 반역을 일으켰을까?' 나는 몇 차례 그와 '신앙'에 관해 이야기를 나누었다. 그는 자기의 신념을 조금도 굽히지 않았지만, 그렇다고 그의 항변에서는 어떠한 악의나 증오도 결코 찾아볼 수 없었다. 그런데도 그는 교회를 파괴했고, 그 일을 숨기려고도 하지 않았다. 아마도 자기의 신념에 따른 행동과 그 때문에 받게 된 '고통'을 영광스러운 일로 생각할 수밖에 없었던 것 같았다. 그러나 아무리 자세히 그를 관찰하고, 아무리 연구해 보아도, 나는 그에게서 어떤 허세나 오만의 징후를 발견할 수 없었다.

이 감옥에는 다른 구교도도 몇 명 더 있었는데, 대부분 시베리아 출신이었다. 그들은 아주 성숙한 사람들로, 교활한 농부이고 유식할 뿐더러 나름대로 성서 해석에 일가견이 있는 자들이었다. 모두 오만하고 건방지며 교활한 데다가 하는 짓이 참을 수 없을 정도로 불쾌했다. 노인은 그들과는 너무나 달랐다. 신학 서적을 읽고 있는 점에서는 그들과 같다고 할 수 있을지 모르지만, 적어도 그는 논쟁을 피했다. 그는 사교성이 좋은 사람이라 쾌활하고, 자주 미소를 지었는데, 그것은 죄수들의 음산하고 냉소적인 웃음이 아니라, 아이들의 천진함과 백발이 희끗한 노인에게 아주 걸맞은 그런 고요하고 환한 웃음이었다. 어쩌면 내가 잘못 생각했는지도 모르지만, 웃음을 보면 인품을 알 수 있는데, 만일 전혀 알지 못하는 사람의 웃음이 처음부터 만족스럽게 느껴진다면 아마 그는 좋은 사람일 것이다. 노인은 감옥 안에서 존경을 한몸에 받았지만 조금도 허세를 부리지 않았다. 죄수들은 그를 할아버지라고 부르며, 절대 무례하게 굴지 않았다. 나는 그가 자기와 같은 믿음을 가진 신자들에게 어떠한 영향을 주고 있는지도 조금은 이해하고 있었다. 그러나 자신의 유형 생활을 참아 내고 있던 그 표면적인 완고함에도 불구하고, 그의 내부에는 그가 모든 사람들로부터 감추려고 애쓰던 깊고 치유할 수 없는 슬픔이 숨겨져 있었다.

나는 그와 같은 감방에서 지내고 있었다. 어느 날 밤이었다. 새벽 2시가 넘어 문득 눈을 뜨니, 소리 죽여 우는 낮은 흐느낌이 들렸다. 노인은 페치카[39](전에 소령을 죽이고 싶어했던 죄수가 밤마다 기도하던 바로 그곳이다) 위에 앉아서, 자기가 옮겨 적은 성서를 읽고 있었다. 그는 울고 있었다. 들어 보니, 그는 이따금 이렇게 말하는 것이었다.

"하느님, 저를 버리지 마소서! 하느님, 저를 강하게 해주소서! 내 어린 자식들, 내 사랑스러운 아이들과 이제 다시는 만나지 못하리!"

나는 뭐라 말할 수 없이 슬퍼졌다.

우리는 바로 이 노인에게 점차 돈을 맡기게 되었다. 감옥에서는 거의 모든 죄수가 도둑이었으나 웬일인지 그들 모두 이 노인은 결코 도둑질을 하지 않을 것이라고 믿는 것이었다. 노인이 어딘가에 자기가 맡은 돈을 감추고 있다는 것은 다들 알고 있었지만, 그곳이 어디인지는 누구도 찾아낼 수 없었다. 나중에 가서야 노인은 나와 폴란드 사람 두서너 명에게만 비밀을 일러 주었다. 말뚝 한쪽 구석에는 언뜻 보기에 나무에 꽉 달라붙어 있는 듯한 옹이가 있는데, 그것을 뽑아내면 나무에 커다란 구멍이 있었다. 노인은 거기에 돈을 숨긴 다음, 다시 그 옹이를 박아 놓았기 때문에 어느 누구도 찾아낼 수 없었던 것

---

39) pechka : 러시아식 벽난로로 유럽 동부에서 유래하여 러시아로 퍼져 나갔다. 19세기에는 굴뚝이 달린 페치카가 농가에도 보급되기 시작했다. 전통적으로 이 페치카는 성화가 걸려 있는 '아름다운 구석', 즉 성소와 대각선으로 마주 보는 곳에 설치되어, 난방 말고도 빵을 굽고, 옷을 말리고, 물을 데우는 데에 사용되었다.

이다.

　지금 이야기가 주제에서 벗어나 있는 것 같다. 나는 왜 죄수들의 주머니에는 돈이 남아 있지 않은가 하는 데까지 이야기를 했다. 그러나 돈을 보관하는 것이 어려운 데다가, 감옥에는 우울한 일이 너무 많다. 죄수들이란 자기의 본능에 따라 자유를 갈망하는 존재이기도 하지만, 또 한편으로는 잠시라도 자기 근심을 잊기 위해 갑작스레 '모든 것을 뒤엎어 버리고', 떠들어대고 마시면서 재산을 모두 탕진해 버리는 것에 마음을 쏟는 그런 경솔하고 무질서한 존재이기도 한 것이다. 어떤 사람은 이따금씩 몇 달 동안 목 한 번 펴지 않고 일하는데, 그것은 자기가 벌어 놓았던 돈을 오직 하루 동안에 모두 남김없이 써버리기 위해서이다. 그리고 다시금 새로운 술잔치를 벌일 때까지 몇 달 동안 일에 열중하는 것이었다. 이런 모습을 보면 항상 묘한 기분이 들었다. 그들 중 대다수는 새로운 옷을 입는 것을 좋아했다. 그것도 죄수복이 아닌 검은 바지라든가 반외투, 주름 잡힌 짧은 외투 같은 것들이었는데, 날염한 루바시카나 구리 장식이 달린 허리띠 같은 것들도 자주 착용했다. 축제일에는 한껏 모양을 내고는 어김없이 자랑삼아 감옥 안 이곳저곳을 어슬렁거리며 자기를 온 세상에 드러내 놓는 것이었다. 옷을 잘 차려입었을 때의 만족감은 어린아이와 다를 바 없었는데, 사실 여러 면에서 죄수들은 완전히 아이들과 다름없었다. 때론 이 모든 훌륭한 옷들이 웬일인지 갑작스레 주인에게서 사라져 버리기도 하는데, 저당을 잡히거나 헐값에 내놓기 때문이었다. 그렇지만 술잔치는 점차 무르익게 마련이다. 대개 이러한 일은 축제일이나 영명축일에 맞추어 일어났다. 이날을 맞은 죄수는 아침 일찍 일어나 성상에 초를 봉헌하고 기도한 다음, 옷을 차려 입고 특별한 음식을 주문한다. 쇠고기와 생선을 사들이고, 시베리아 식 고기만두를 만들어 승냥이처럼 게걸스럽게 먹는다. 보통 거의 혼자서 먹지만 가끔 동료들을 초대하여 식사를 나눠 주기도 한다. 그 다음에 술이 나온다. 영명축일을 맞은 사람은 곤드레만드레 취해서 예외없이 감옥 안을 돌아다니고 일부러 휘청거리면서, 자신이 취했고, 흥분해 있다는 것을 모든 사람에 보여줌으로써 다른 사람들의 존경을 받을 수 있다고 생각하는 것이다. 대개 러시아 민중은 술 취한 사람에게 동정심을 느끼지만, 감옥에서는 이처럼 먹고 마시는 사람이 오히려 존경을 받는다. 감옥에서의 이러한 낭비는 나름대로 귀족주의적인 성격이 배어 있다. 죄수는 마음이 한번 들뜨기 시작하면 악사를 청하기도 했다. 감옥에서는 아주 혐오스럽기 이를 데 없는 탈주병 출신의 폴란드 사내 한 명이 바이올린을 켤 줄 알았다. 바로 그것이 그의 유일한 재산이었다. 그는 아무것도 내세울 만한 기술이 없어서, 생각다 못해 찾아낸 일이 술 취한 사람에게 고용되어 흥거운 무곡을 연주하는 일이었다. 그의 임무는 이 감옥에서 저 감옥으로 술 취한 주인 뒤를 줄곧 따라다니며, 있는 힘을 다해 바이올린을 켜는 것이었다. 때때로 그의 얼굴에 고통과 우수의 빛이 떠오르곤 했다. 그러나 "연주를 계속해, 돈을 받았잖아!" 외쳐대는 주인이 있기에 그는 바이올린을 켜고 또 켜야만 했다. 이렇게 돌아다니기 시작하는 죄수는 만일 자기가 이미 만취했다는 생각이 들어도 아마 틀림없이 모두 자기를 보고 있으며, 그래서 적당한 때에 잠자리에 눕혀 줄 것이고, 간수가 나타났을 때는 어딘가에 숨겨 줄 것이라고 확신하고 있었다. 그리고 이렇게 이뤄지는 모든 일에는 개인적인 욕심 따윈 전혀 없었다. 또한 감옥 안의 질서를 유지하기 위해 그곳에서 생활하는 하사관과 상이군인의 입장에서 보더라도, 주정뱅이가 절대로 질서를 문란하게 할 수 없다고 생각했기 때문에 안심하고 있었다. 감옥 안의 모든 죄수들도 이 주정뱅이를 눈여겨보고 있어서, 만일 그가 소란을 부리고 포악해지기 시작하면, 즉시 그를 진정시키거나 쉽게 결박해 버렸을 것이다. 그래서 하급 관리들도 음주만큼은 보고도 못 본 척했으며, 신경 쓰려고도 하지 않았다. 만일 술을 금지한다면 훨씬 더 나쁜 일이 벌어질 거라는 사실을 그들도 아주 잘 알고 있었기 때문이다. 그런데 도대체 어디서 술을 구해 오는 것일까?

술은 감옥에서 술장수라 불리는 자들이 팔고 있었다. 술장수는 몇 명이 있었는데, 술잔치를 벌이려면 돈이 들고 죄수들은 돈을 벌기가 어려웠으므로 술을 마시고 돌아다니는 사람이 대체로 많지 않았음에도, 그들은 끊임없이 거래를 해나가고 있었다. 이 장사는 아주 기묘한 방법으로 시작되어 진행되고 결말이 났다. 예컨대 별다른 기술도 없고 일하고 싶지도 않지만(이런 일은 흔히 있었지만) 돈은 탐이 나고, 게다가 참을성이 없어서 돈을 빨리 모으고 싶어하는 어떤 죄수가 있다고 치자. 만약 그에게 거래를 시작할 최소한의 돈이 있으면, 그들은 커다란 위험이 뒤따르는 대담한 장사를 계획하게 된다. 까딱 잘못하다가는 등허리로 보상을 해야 하기도 하고(태형을 받는다는 뜻), 자본과 물건을 순식간에 날리기도 한다. 그러나 술장수는 과감히 일을 시작한다. 처음에는 돈이 별로 없기 때문에, 자기가 감옥 안으로 술을 들여와 이익을 남기고 팔아 버린다. 두세 번 경험을 살려 되풀이하다 보면 간수에게 들키지도 않고 빠르게 돈을 모으게 된다. 그리고 비로소 본격적인 장사를 하게 된다. 그는 주인이자 자본가가 되고, 대리인과 조수들을 쓰게 되므로 그만큼 위험 부담이 줄어들게 되며, 돈을 점점 더 많이 벌게 되는 것이다. 오히려 그 때문에 위험은 조수들이 안게 된다.

감옥에는 언제나 노름에 져서 돈을 탕진해 버리기도 하고, 마지막 한 푼까지 털어서 놀고 싶어하며, 그러면서도 별다른 기술조차 없어 처량해 보이기도 하는 사람도 있지만, 어느 정도 용기와 결단성을 부여받은 사람도 많이 있었다. 그런 사람에게 자본의 한 형태로 남아 있는 것은 자신의 등허리뿐이었다. 이 등허리라면 아직 뭔가 도움이 될지도 모르는데, 방탕아는 바로 이 마지막 재산을 감옥에서 탕진해 버린다. 그는 주인에게 가서 감옥으로 술을 들여오기 위해 그에게 고용되는 것이다. 부자인 술장수에게는 그런 일꾼이 몇 명씩이나 있었다. 감옥의 바깥 어딘가에도 병사나 상인 출신, 심지어 품행이 좋지 않은 여자들에 이르기까지 다양했다. 그들은 비교적 적지 않은 수수료를 받기 위해 주인의 돈으로 주막에서 술을 산 다음, 그것을 죄수들이 작업하러 나오는 아주 한적한 곳에 숨겨 두었다. 이 청부업자는 거의 언제나 자기가 먼저 술맛을 보곤 하는데, 마셔 버려 줄어든 분량은 가차없이 물로 채워 넣었다. 그 술을 받든 안 받든 죄수들은 너무 까다롭게 굴 수 없었다. 돈을 몽땅 날려 버리지 않고 술을 받은 것만으로도 좋으며 더구나 그게 어떤 것이건 보드카는 보드카이기 때문이다. 감옥의 술장수로부터 미리 연락받은 운반책들이 이 청부업자에게 소의 내장을 건네준다. 먼저 그 내장을 씻어 낸 다음 물을 붓는다. 그렇게 해서 보드카를 담기 편하게 원래의 습기와 신축성을 보존하는 것이다. 그 내장에 보드카를 담으면, 죄수는 자기 몸에서 가장 숨기기 좋은 곳에 이 주머니를 감는다. 이때 밀매업자들의 교묘함과 도둑의 교활함이 발휘되는 것은 말할 것도 없다. 그것은 어찌 보면 명예에 해당하는 일이므로, 호송병과 위병의 눈을 감쪽같이 속여야 한다. 그는 그들을 속인다. 특히 솜씨 좋은 도둑이라면, 이따금 배치되는 신참 호송병은 항상 하품만 하다 놓치고 마는 것이었다. 물론 그들은 호송병을 미리 연구할 뿐 아니라, 시간과 작업 장소도 계획해 놓는다. 이를테면 난로공인 죄수가 벽난로 위로 기어 올라간다면 거기서 그가 무엇을 하는지 누가 알 수 있겠는가? 설마 호송병이 그를 따라 올라가려고는 하지 않을 것이다. 감옥에 가까워지면 그는 만일을 대비해 손에 15코페이카나 20코페이카짜리 은화 동전 하나를 움켜쥔다. 정문 옆에 상등병이 기다리고 있기 때문이다. 이 위병 상등병은 일터에서 돌아오는 모든 죄수를 면밀히 들여다보고 만져보기도 한 다음에 감옥의 문을 열어 준다. 술을 들여오는 사람은 대개 어떤 부분만큼은 그렇게 세밀히 만지지 말았으면 하고 바라게 된다. 그러나 교활한 상등병은 때때로 그 은밀한 부분에까지 손을 뻗쳐서 술을 찾아낸다. 그때 마지막 한 가지 수단이 남게 된다. 이 밀매업자는 조용히 입을 다문 채, 호송병의 눈을 피해 숨겨놓았던 은화를 슬쩍 상등병의 손에 쥐어 준다. 그러한 방법을 쓰고 나서야 그는 감옥을 무사히 통과할 수 있으며, 술을 가지고 들어올 수 있는 것이다.

그러나 때로는 그 방법이 통하지 않을 때도 있는데, 그때는 자기의 마지막 남은 자본, 즉 등허리로 뒤처리를 해야만 한다. 소령에게 보고되고 그 자본인 등허리에 채찍질을 당하며 술은 몰수당하지만, 이 밀매업자는 모든 것을 자기가 뒤집어쓰고 주인을 배반하지 않는다. 마음에 새겨 둘 것은, 이것은 밀고를 부끄럽게 여겨서가 아니라 밀고해도 자신에게 결코 유익할 것이 없다는 생각 때문이라는 점이다. 어쨌든 태형은 피할 수 없다. 둘이서 받는 것이라면 조금이나마 위로가 되었을지도 모를 텐데 말이다. 그러나 비록 관습이나 미리 해둔 협상에 따라, 채찍을 맞은 등허리에 대해 주인에게서 돈을 한 푼도 받지 못하게 되더라도, 이 밀매자에게 아직 주인은 필요한 존재이다. 대체로 밀고는 성황을 이루었다. 감옥에서 밀고자는 조금도 멸시받지 않으며 그에 대한 분노조차 생각할 수 없다. 모두 그를 따돌리지도 않을 뿐더러 그와 계속 친밀함을 유지하기 때문에, 만일 당신이 감옥에서의 모든 추악한 밀고를 입증하려고 한다면 사람들은 오히려 당신을 전혀 이해하지 못할 것이다. 내가 모든 관계를 끊었던 그 본성이 비뚤어진 비겁한 귀족 출신의 죄수는 소령의 졸병이었던 페즈카와 친하게 지내면서 그의 스파이 노릇을 했는데, 페즈카는 죄수에 관해 그에게서 들은 모든 소식을 소령에게 보고했다. 죄수들 역시 이러한 사실을 알고 있었는데, 누구도 그 쓸모없는 자를 제지하거나 아니면 최소한의 비난조차 하지 않았다.

또다시 주제에서 벗어나 버리고 말았다. 물론 대개는 술이 무사히 반입되었다. 그러면 주인은 그들에게 돈을 내주고 내장을 받고 나서 다시 계산을 하기 시작한다. 계산을 해보고 나면, 물건이 무척 비싸다는 점을 알게 된다. 그러면 이익을 남기기 위해서 다시 한 번 다른 그릇에 술을 따라 놓고 거의 절반쯤 되는 물을 한 번 더 탄다. 이렇게 준비가 끝나면 남은 일은 손님을 기다리는 것뿐이다. 다음 축제일이나, 이따금 일을 하는 날에도 살 사람이 나타난다. 마치 황소처럼 몇 개월 동안 일만 하던 이 죄수는 미리 생각해 두었던 그날이 오면 모두 마시는 데 쓰려고 코페이카를 모아 두었던 것이다. 오래전부터 이 불쌍한 일꾼은 꿈속에서도, 일을 하는 동안의 공상 속에서도 이날이 오기만을 꿈꾸기 시작하는데, 바로 이러한 매혹이 지루한 감옥의 일상생활에서 그의 정신을 지탱하는 힘이 된 것이다.

드디어 환하고 눈부신 여명이 동녘 하늘에 비쳐온다. 돈도 모았겠다, 압수당하지도, 도둑맞지도 않았겠다, 죄수는 그 돈을 가지고 술장수에게로 간다. 술장수도 처음에는 가능하면 진짜 술을, 말하자면 두 번밖에 물을 타지 않은 술을 그에게 준다. 그러나 병에서 술을 따라낸 다음에는 곧바로 그 부분만큼 물을 채운다. 그러므로 술 한 잔 값이 주막보다 대여섯 배나 비싼 셈이다. 그런 술을 취하도록 마시려면 얼마나 많은 잔을 마셔 대야 하고, 또한 얼마나 많은 돈을 내야 하는지 상상할 수 있을 것이다! 그러나 죄수는 술 마시는 습관이 없었고 오랫동안 절제를 해왔기 때문에 곧바로 취해 버리고 마는데, 대개는 돈을 다 쓸 때까지 술을 계속 마셔 댄다. 그러다가 돈이 떨어지면 새로 입수한 물건을 저당잡힌다. 술장수는 동시에 고리대금업자이기도 하다. 처음에는 새로 마련한 개인 물품을 그에게 가져 가지만, 다음에는 오래 묵은 잡동사니까지 흥정하고, 드디어는 관급품에까지 손을 댄다. 마지막 남은 걸레까지 맡기고 다 마셔 버리면, 그제야 술꾼은 잠이 들게 된다. 그리고 그 다음 날에는 머리가 욱신욱신 쑤시는 듯한 고통을 느끼면서 잠에서 깨어나, 술장수에게 공연히 해장술 한잔을 청하기도 한다. 가엾게도 죄수는 불행을 참아내면서 바로 그날부터 또다시 노역을 시작해 몇 달 동안 목 한 번 펴지 않고, 다시 돌아오지 않는 영원 속으로 자취를 감춘 행복했던 술잔치를 꿈꾸며 일을 한다. 죄수는 조금씩 원기를 회복하면서, 아직은 아득하지만 언젠가는 다시 돌아올 행복한 그날을 기다리는 것이다.

술장수에 대해서 말을 한다면, 그렇게 장사를 하면서 수십 루블이나 되는 큰돈을 벌어 마지막으로 술을 준비하는데, 이번에는 거기에 물을 타지 않는다. 자신이 마실 술이기 때문이다. 장사는 그만하면 충분하니까 이제는 슬슬 자신도 즐겨 보는 것이 좋지 않을까 생각하는 것이다! 술잔치와 폭음과 음식과 음악이 펼쳐진다. 돈은 충분하며, 가장 친근한 하급 간수까지 매수해 놓았다. 술잔치는 이따금 며칠씩 계속된다. 물론 준비한 술은 곧 바닥이 나버린다. 그러면 이 술장수는 이미 자기를 기다리고 있던 다른 술장수들에게로 가서 마지막 남은 코페이카 한 푼까지 털어서 술을 마신다. 다른 죄수들이 이 흥청거리는 죄수를 지키기는 하지만, 때로는 상급 관리나 소령, 혹은 당직 장교의 눈에 띄기도 한다. 그는 위병 초소로 끌려가서 만일 돈을 가지고 있으면 그것을 빼앗기고, 결국에는 태형을 받는다. 그는 몸을 비틀거리며 다시 감방으로 돌아오지만, 2, 3일 지나면 다시 술장수의 기술을 발휘하기 시작한다. 다른 술장사들은, 물론 부자들은 여자에 관해서도 상상을 한다. 그들은 이따금 일을 나가는 대신에 많은 돈을 들여 매수한 호송병과 함께 어딘가의 한적한 교외로 슬그머니 잠적해 버린다. 그 도시의 변두리에 있는 한 외딴집에서, 그들은 온 세상을 가진 듯 거드름을 피우며 향연을 벌이고, 실제로 말할 수 없을 만큼의 돈을 탕진해 버린다. 호송병들도 돈이라면 죄수를 가리지 않으며 어떻게 해서든지 미리 이런 일을 알아두려고 접근한다. 그런 호송병들은 대개 스스로 감옥에 들어가게 된다. 그러나 돈이면 모든 것을 할 수 있으므로 그러한 여정은 거의 언제나 비밀로 남게 되며, 이러한 일들은 아주 드물게 일어난다는 사실을 덧붙여야 하겠다. 그건 그렇고 이런 일을 하려면 너무나 많은 돈이 들기 때문에 여성 찬미자들은 다른 안전한 방법을 연구하게 된다.

감옥 생활의 첫 무렵에 아주 잘생긴 소년 죄수 한 명이 나의 호기심을 끌었다. 그의 이름은 시로트킨이었다. 그는 여러 면에서 아주 수수께끼 같은 존재였다. 무엇보다도 나를 놀라게 한 것은 그 미모였다. 그는 아직 만 스물세 살도 넘지 않았다. 그는 특별감방, 말하자면 무기 죄수 감방에 있었으므로 가장 중대한 군 범죄자 중 한 사람이었던 것이다. 조용하고 얌전한 자로, 말수가 적고 별로 웃지도 않았다. 푸른 눈에 단정한 외모와 청아하고 부드러운 얼굴, 금빛 머리카락을 가지고 있었다. 절반쯤 깎은 머리조차 그를 추하게 하지는 않았다. 이처럼 잘생긴 미소년이었다. 그는 아무런 손재주도 없었으나, 돈은 비록 조금일지라도 이따금씩 가지고 있었다. 그는 눈에 띌 정도로 게을렀으며 제멋대로 나다니곤 했다. 대체 누가 입혀 준 것인지, 때때로 붉은색 루바시카와 같은 좋은 옷을 입은 시로트킨은 그 새 옷을 자랑하느라 기쁜 얼굴로 감방마다 돌아다녔다. 그는 술도 마시지 않았고, 노름도 하지 않았으며, 누구와도 거의 다투지 않았다. 가끔은 두 손을 호주머니에 집어넣고 조용히 생각에 잠겨 감옥 뒤편을 걷곤 했다. 그가 무엇에 관해 생각하는지 상상하는 것은 쉬운 일이 아니었다. 때때로 호기심에 그를 불러 세우고 무엇에 관해 물어보면, 그는 바로 대답을 한다. 죄수라고는 믿기지 않을 만큼 이내 아주 공손하게 대답을 했으나, 그 대답은 언제나 너무 간단해서 더 이상 말을 이어 나갈 수가 없었다. 우리를 보는 눈도, 마치 열 살 난 아이 같았다. 돈이 조금이라도 생기면 그는 자기에게 필요한 물건을 사거나 윗도리를 수선한다든지, 아니면 새 장화를 마련하는 것이 아니라, 흰 빵이나 양념을 넣은 당밀 과자를 사서 먹어 치운다. 마치 일곱 살 난 아이처럼 말이다. "이봐, 시로트킨!" 죄수들은 이따금 그에게 말을 걸곤 했다. "너는 카잔의 고아지?" 그러나 그는 이런 물음에는 아랑곳하지 않고 일을 하지 않는 시간이면 주로 다른 감방을 돌아다녔다. 모든 죄수가 자기 일에 여념이 없을 때도 그 혼자 아무 일도 하지 않았다. 뭔가 말을 걸면 대개는 항상 농담이었지만 (그렇게 그와 그의 친구들을 이따금 조롱한다고 해도), 그는 아무 대꾸도 하지 않고 돌아서서는 다른 감방으로 가버리고 만다. 때때로 심하게 놀림을 받으면 얼굴이 붉어지기도 한다. 그래서 나는 종종 이렇듯 조용하고 선량한 사내가 어떻게 감옥에 오게 되었을까 생각해 보곤 했다.

한번은 내가 병원의 죄수 병실에 누워 있을 때였다. 시로트킨도 아파서 내 옆에 누워 있었다. 어느 날 저녁 무렵 나와 그는 이야기를 나누게 되었는데 뜻밖에도 마음이 격해지는지, 이를테면 어떻게 자신이 병사로 선발되었으며,

어머니가 자기를 전송하며 울던 것이며, 신병 생활이 얼마나 고되었던지를 나에게 이야기하는 것이었다. 그는 신병 생활은 정말로 견딜 수 없었노라고 덧붙였다. 그곳 사람들은 모두 화를 잘 내고 엄격했으며, 지휘관들도 대부분 그를 마음에 들어 하지 않고 트집만 잡았다는 것이다…….

"그래서 어떻게 끝이 났나?" 내가 물었다. "어쩌다가 이 구석까지 오게 되었지? 게다가 특별감방에 말이야……. 너 같은 녀석이, 이봐, 시로트킨, 시로트킨!"

"그래요. 알렉산드르 페트로비치 씨, 보병 대대에는 1년도 채 있지 못했습니다. 내가 이곳에 온 것은, 내 중대장인 그레고리 페트로비치를 죽였기 때문이지요."

"그 말은 들었지. 그런데 시로트킨, 믿을 수가 없네. 자네가 사람을 죽였다니."

"그렇게 되고 말았습니다. 너무 괴로워서 참을 수가 없었어요."

"그렇다면 다른 신병들은 어떻게 살아가겠나? 물론 처음에는 괴롭겠지만 곧 익숙해지네. 그렇게 훌륭한 병사가 되는 것이 아닌가. 아마도 자네 어머님이 자네를 품 안에서만 키우신 모양이군. 열여덟 살이나 될 때까지 우유와 당밀 과자만 가지고 기르셨나 봐."

"사실 어머니는 저를 무척이나 사랑하셨어요. 제가 신병에 뽑혀 가게 되자, 어머니는 몸져 누우시고 일어나질 못하셨다는군요……. 신병 생활은 무척 괴로웠지요. 중대장은 나를 미워하고, 무슨 일만 있으면 기합을 주는데, 도대체 무엇 때문인지 알 수가 없었습니다. 나는 사람들의 말을 잘 들었고, 규칙대로만 생활했습니다. 술도 마시지 않았고, 빚을 진 적도 없었어요. 그런데 알렉산드르 페트로비치 씨, 만일 사람이 빚을 진다면 그것처럼 나쁜 일은 없겠지요. 그렇지만 주위 사람들 모두 얼마나 박정한지 울고 싶어도 울 곳조차 없더라고요. 그래서 이따금 구석진 곳에 숨어서 울곤 했지요. 그러던 어느 날, 나는 보초를 서고 있었습니다. 이미 밤이 깊었지요. 총기고 옆에 보초를 세우더군요. 바람이 불었어요. 가을이었는데, 한 치 앞도 보이지 않는 칠흙같은 깜깜한 밤이었습니다. 그래서인지 점점 기분이 나빠지기 시작하더군요. 나는 소총을 발에 세우고, 총검을 뽑아 옆에 놓았습니다. 그리고 오른쪽 장화를 벗어

놓고, 총구를 가슴에 댄 다음 그 위에 몸을 굽혀 엄지발가락으로 방아쇠를 당겼지요. 그런데 불발이더군요! 나는 소총을 검사해서 불구멍을 깨끗이 한 다음, 새 화약을 채워 부싯돌을 다듬고 다시 가슴에 겨누었지요. 아, 그런데 화약은 터졌지만 또다시 발사가 되지 않는 것이었습니다! 이게 웬일인가 하고 생각하면서 나는 장화를 신고, 총검을 다시 꽂은 채 잠자코 주변을 서성거렸지요. 바로 그때 이 일을 해치우기로 결심했습니다. 신병 생활을 벗어날 수만 있다면 어떻게 되도 상관없다고 생각했습니다. 그러고 나서 30분쯤 지난 뒤, 순찰을 하던 중대장이 곧장 내게로 다가오더니 느닷없이 이렇게 말하는 것이었습니다. '그렇게밖에 보초를 서지 못하나?' 나는 이 말을 듣자마자 소총을 손에 집어 들고 총검을 그에게 꽂았지요. 총구까지 들어갈 정도로요. 그리곤 4천 베르스타[40]를 걸어서 이곳 특별감방까지 오게 되었지요……."

그가 말한 것은 거짓말이 아니었다. 그렇지 않다면 무엇 때문에 그가 이 특별감방에 보내졌겠는가? 일반 범죄라면 형량은 훨씬 가볍다. 그건 그렇다 치고 특별감방에서 시로트킨은 놀랄 만큼 잘생긴 축이었다. 그와 비슷한 죄를 저지른 죄수들이 모두 열다섯 명 정도 되는데, 그들은 바라보는 것조차도 두려울 정도였다. 두세 명쯤은 그런대로 봐 줄 수 있지만, 나머지는 모두 다 귀가 처져 있거나 단정치 못하고 불결한 사람들이었으며 머리가 허옇게 센 사람들도 있었다. 만일 사정이 허락한다면, 언젠가 이들에 관해서 좀더 자세히 이야기하고 싶다. 시로트킨은 가진과 자주 어울렸다. 가진은 술에 취해 취사장으로 뛰어들어 감옥 생활에 관한 내 개념을 혼란스럽게 했던 자로, 내가 이 장(章)의 서두에서 말했었다.

이 가진이라는 사람은 무서운 존재였다. 그는 누구에게나 무섭고 고통스러운 인상을 불러일으켰다. 나는 그를 볼 때마다 그 사람보다 더 잔인하고 흉물스러운 인간은 결코 없을 것 같다는 느낌이 줄곧 들곤 했다. 나는 토볼스크의 감옥에서 잔인하기로 유명한 강도 카메네프를 본 적도 있고, 그 뒤에는 흉악한 살인범이었던 탈주병 출신의 미결수 소콜로프를 만난 적도 있다. 그러나 그들 중 어느 누구도 가진만큼 추하고 괴이한 인상을 주는 인물은 없었다. 그

---

40) 러시아의 거리단위. 1베르스타는 1,067km.

를 보고 있노라면 때때로 사람만큼 크고 거대한 거미를 눈앞에서 보고 있는 듯한 착각이 들었다. 그는 타타르 사람(또는 달단 사람. 중앙아시아 터키 쪽)이었다. 감옥 안에서는 그의 힘을 따를 사람이 아무도 없을 정도로 힘이 장사였다. 키는 보통보다 조금 컸지만 헤라클레스와 같은 골격과 균형이 맞지 않는 큰 머리에, 늘 허리를 구부정하게 굽히고 다니며 눈을 치뜨고 흘깃대며 곁눈질로 사람들을 바라보곤 했다. 감옥에서는 그에 관한 이상한 소문이 떠돌고 있었다. 그가 병사 출신이라고 알고들 있지만, 사실 네르친스크[41]에서 탈옥한 죄수라고 저희들끼리 수군대는 죄수들도 있었다. 그러나 사실인지 아닌지는 모르겠다. 그는 이미 몇 번이나 시베리아로 보내졌지만, 그럴 때마다 탈주해서 이름을 바꾸었는데 그러다 결국 우리 감옥의 특별감방에 오게 되었다는 것이다. 예전에는 그가 단지 재미삼아 어린아이를 무참하게 죽이길 좋아했다는 이야기도 떠돌았다. 어린아이를 한적한 곳으로 데리고 가서 처음에는 놀라게 한 다음에 고통스럽게 만들어, 그 어린 제물의 끝없는 공포와 전율을 완전히 즐기고 난 뒤에 천천히 괴롭히면서 찔러 죽인다는 것이다. 아마도 이 모든 것은 대체로 가진의 험악한 인상이 불러일으킨 상상일 테지만 이러한 상상들은 묘하게 그와 어울렸으며, 그의 얼굴 생김새와도 어쩐지 맞아떨어졌다. 하지만 그는 술에 취하지만 않는다면, 보통 때는 아주 분별 있게 처신했다. 언제나 조용하고, 누구와도 다투지 않으며, 말싸움도 피하고 있었다. 그것은 마치 다른 사람을 멸시하거나 자신을 다른 사람보다 우월하다고 생각하는 데서 비롯되는 것 같았다. 그는 무척 말수가 적었고, 왠지 일부러 마음을 닫고 있는 듯이 보였다. 그의 모든 행동은 느리고 차분했으며 자신감에 차 보였다. 그렇지만 눈을 보면, 그가 결코 어리석지 않고 무척이나 교활한 자라는 것을 알 수 있었다. 그의 얼굴과 미소에는 언제나 거드름과 같은 비웃음과 잔인함이 서려 있었다. 그는 술을 팔고 있었으며, 감옥에서 제일 부유한 술장수 중 한 명이었다.

그러나 1년에 한두 번쯤은 그 자신도 술에 취하게 마련이어서, 그때가 되면 그의 야수적인 본성이 모두 드러났다. 서서히 취기가 돌면, 먼저 그는 마치 오

---

41) 만주에 가까운 시베리아 도시로, 중형을 받은 죄수의 요새감옥이 있었다.

래전부터 준비하고 계산해 왔던 것처럼 사람들에게 몹시 악의에 찬 조소를 보내며 싸움을 걸기 시작했다. 결국에는 완전히 인사불성으로 취해 광포해 져서는 칼을 집어 들고 사람들에게 덤벼들었다. 죄수들은 그의 무서운 힘을 알고 있었기 때문에 그를 피해 숨어 버렸지만, 그는 누구든 눈에 띄는 대로 덤벼들었다. 그러나 사람들은 이내 그를 조용히 진정시키는 방법을 찾아냈다. 그와 같은 감옥에 있는 사람들 열 명쯤이 단숨에 그를 덮쳐 때리는 것이다. 이 뭇매질만큼 잔인한 것을 상상하기란 불가능하리라. 그의 가슴을 때리고, 심장을 때리고, 명치와 배를 때렸다. 오랫동안 계속 두들겨 패서 그가 정신을 잃고 죽은 사람처럼 늘어지면, 그제서야 비로소 멈추었다. 다른 사람이었으면 그렇게까지 때리지는 않았으리라. 그렇게 맞는다는 것은 죽음을 의미하지만, 가진만은 달랐다. 사람들은 그를 때리고 나서 완전히 정신을 잃은 그를 반외투로 돌돌 말아 침상 위로 옮겨 놓았다. "좀 자고 나면 된단 말씀이야!" 말 그대로였다. 아침이 되면 그는 거의 몸을 회복한 채 말없이 일어나 침울한 얼굴로 노역에 나간다. 그래서 감옥에서는 가진이 술에 취하는 날이면 틀림없이 구타로 하루가 끝난다는 것을 모두 알고 있었다. 사실 그도 이러한 일들은 알고 있었지만, 술을 마시지 않을 수는 없었다. 그렇게 몇 년이 흘렀다. 마침내 가진도 약해진 모양이다. 그는 이곳저곳의 통증을 호소하기 시작했고 눈에 띄게 쇠약해졌다. 점점 병원에 가는 일이 많아졌다…… (결국 무릎을 꿇는구먼!) 죄수들은 혼잣말을 했다.

그는 유흥을 돋우기 위해 주로 술꾼들이 고용하는 바이올린을 가진 그 더러운 폴란드인을 데리고 취사장에 들어와서, 취사장 중간에 버티고 서서 말없이 그곳에 있던 모든 사람을 주의 깊게 훑어보는 것이었다. 그러면 모두 입을 다물었다. 그는 드디어 나와 내 동료들을 발견하고 악의와 조소의 빛을 띠며 우리를 바라보다가는, 마치 무엇인가 생각해 둔 것이 있다는 듯이 득의에 찬 미소를 짓고 몸을 몹시 흔들면서 우리 탁자 쪽으로 다가왔다.

"한 가지 물어봅시다." 그가 말을 꺼냈다(그는 러시아어로 이야기했다). "당신들은 무슨 돈으로 여기서 차를 마시는 거요?"

나는 그에게 대답을 하지 않는 것이 좋을 것 같다고 생각하며 말없이 동료들을 마주 보았다. 조금이라도 수가 틀리면 난폭해질 게 틀림없다.

"아마도 당신네들에게는 돈이 있나 보군?" 그는 집요하게 캐물었다. "아마도 당신네들은 돈 더미를 끼고 있나 보지, 응? 당신네들은 정말 감옥에 차를 마시러 온 모양이지? 차를 마시러 왔어? 어서 말을 해봐, 이것들을 그냥!"

그러나 우리들이 입을 다물고 무시하려 한다는 것을 깨닫자, 그는 얼굴이 붉게 달아올라 분노에 몸을 떨었다. 그의 옆 한구석에는 커다란 쟁반(나무판으로 만든)이 놓여 있었다. 그 쟁반은 죄수들의 점심과 저녁을 위해 썰어 놓은 빵을 담아 두는 것이다. 감옥 안의 죄수들 반수 이상을 위해 빵을 담아 둘 수 있을 정도로 컸지만, 지금은 비어 있었다. 그는 그것을 두 손으로 움켜쥐고, 우리들의 머리 위에서 휘둘러 댔다. 까딱하다가는 우리 머리를 박살낼 것 같았다. 살인 혹은 살인의 음모는 지극히 불쾌한 일이며 감옥 전체를 위협하는 것인데, 만약 그렇게 되면 심문과 수색과 가혹함이 강화될 것이므로 죄수들은 전력을 기울여 이러한 극단에까지 이르지 않도록 자제하려 애쓰고 있건만, 그런데도 지금은 모두 잠잠해져서는 그저 지켜보기만 했다. 우리를 옹호해 주려는 단 한마디 말조차 없었다! 아무도 가진에게 한마디도 외치지 않았다! 우리에 대한 그들의 증오심이 이 정도로 강했던 것인가! 우리의 이 위험스러운 상황이 그들에게는 즐거운 일이었다……. 그러나 사건은 무사히 끝났다. 그가 쟁반을 막 내리치려고 할 때, 누군가가 입구 쪽에서 소리를 질렀던 것이다.

"가진! 술을 도둑맞았다!"

그는 다짜고짜 쟁반을 마룻바닥에 내던지고, 미친 사람처럼 취사장 밖으로 뛰어나갔다.

"흥, 하느님이 구해 주셨군!" 죄수들은 저희들끼리 말을 주고받았다. 그 뒤 오랫동안 죄수들은 이 이야기를 꺼내곤 했다.

나는 그 뒤에도 술 도둑에 관한 소식이 사실이었는지, 아니면 우리를 구해 주기 위해 일부러 꾸민 것인지는 알 수 없었다.

저녁 무렵, 이미 어둠이 깔려 있었지만 아직 감옥의 빗장은 채워지지 않았을 때, 나는 울타리 부근을 정처없이 헤매며 거닐고 있었다. 무거운 슬픔이 내 마음을 파고들었다. 내 감옥 생활을 통틀어 보아도, 그와 같이 슬펐던 적은 그 뒤로 한 번도 없었다. 유형의 첫날은 감옥이든, 독방이든, 유형지든 그곳이 어디일지라도 힘든 법이다……. 그런데 생각해 보면, 무엇보다 나를 붙들었던 건 오직 한 가지 생각이었다. 그 한 가지 생각이 내가 감옥 생활을 하는 동안 줄곧 나를 성가시게 따라다녔던 것이다. 그것은 일부분이라도 지금의 나로서는 해결할 수 없는 그런 생각이다. 똑같은 범죄에 대한 형벌의 불공평성에 관한 것이었다. 사실, 어느 한 범죄를 대략적으로라도 다른 범죄와 비교할 수는 없다.

예를 들어 두 사람이 각각 살인을 했다고 한다면, 두 사건 모두 저마다의 상황이 참작된다. 그렇지만 둘 다 거의 똑같은 형벌을 받는다. 그렇다면 두 범죄 사이에 어떠한 차이가 있단 말인가. 예를 들어, 어떤 사람은 별 이유도 없이 양파 하나 때문에 사람을 죽였다. 갑자기 큰길로 나가 지나가던 농부 한 명을 죽였지만, 그에게는 불과 양파 한 개 밖에 없었던 것이다. "이봐 영감! 당신이 나보고 전리품을 구하라고 내보내서 농부를 죽였지만, 양파 한 개밖에 찾질 못했잖나." "바보 같은 놈! 양파 한 개에 1코페이카야! 1백 명이면 양파가 1백 개고, 그러면 1루블이잖아!" 이것은 감옥의 전설이다. 하지만 다른 사람은 호색한 지주에게서 아내와 누이와 딸의 정조를 지키기 위하여 살인을 한다. 또 한 사람은 방랑을 하던 중 수색 부대에 포위되어 자기의 자유와 생명을 지키기 위하여 사람을 죽였다. 게다가 굶어 죽지 않으려고 살인을 하는 자도 많다. 그런데 살인이 좋아서 어린아이를 죽이는 자도 있다. 자기 손에 묻은 따뜻한 피를 느끼고 칼을 휘두르기 직전 아이들의 공포와 비둘기 같은 마지막 전율을 즐기기 위해서 말이다.

이게 무엇이란 말인가? 이렇듯 별의별 사람들이 다 같은 감옥에 갇힌다. 사실 선고된 형기에 차이는 있지만, 그 차이는 비교적 적다. 오히려 차이는 같은 종류의 범죄에서 헤아릴 수 없이 다양하다. 특징적인 것이 있으면 차이도 있는 법이다. 그러나 이러한 차이를 화해시키고 없애 버리는 것은, 마치 원과 같은 면적의 정사각형을 구하려고 하듯 해결될 수 없는 과제를 하는 것과 마찬가지이다! 그러나 만일 이러한 불평등이 존재하지 않는다고 하면, 다른 차이점, 즉 가장 최후의 형벌 속에 있는 차이점을 잊어서는 안 된다……. 감옥에서 몸이 양초처럼 녹아내리고 쇠약해진 사람들이 있다. 그러나 다른 한쪽에는 감옥에 들어오기 전까지 세상에 이렇게 재미있는 인생이 있으며, 이렇게 용맹스러운 동료들의 유쾌한 클럽이 있는지 미처 몰랐다고 생각하는 사람도 있다. 그렇다. 감옥에는 이러한 사람들도 들어온다. 예를 들면, 깨끗한 양심과 따뜻한 마음을 가진 교양 있는 사람도 있는 것이다. 그들에겐 마음의 고통이 어떤 형벌보다 먼저 그 자신을 망칠 것이다. 그는 스스로 자신의 죄를 가장 무서운 법률보다 훨씬 더 가혹하고 무자비하게 판결한다. 하지만 이러한 사람과 나란히, 자기가 저지른 살인에 대해서는 단 한 번도 되새겨 보지 않고서, 자신의 일생을 전부 감옥에서 보내는 사람도 있다. 심지어 그는 자기가 정당하다고 생각한다. 그러나 감옥 생활과 비교할 수 없을만큼 훨씬 궁핍한 자유로운 세상에서 벗어나, 오로지 감옥에 들어오기 위하여 일부러 죄를 저지르는 사람도 있다. 그러한 사람은 자유로운 세상에서 극도로 비참한 생활을 하고 결코 배불리 먹어본 적도 없으며, 아침부터 저녁까지 자신의 주인을 위해 일해야만 했다. 하지만 감옥에서는 집에서보다 일이 즐겁고, 이제껏 한 번도 먹어본 적 없는 맛있는 빵도 충분하다. 그리고 축일마다 쇠고기를 먹으며, 적선도 받을 수 있고, 일을 해서 몇 푼이나마 돈을 벌 수도 있다. 그런데 사람들은? 교활하고 약삭빠르고, 모든 것을 다 아는 사람들이 아닌가. 그리하여 그는 존경스러운 경탄의 시선으로 동료들을 바라보게 된다. 결코 그러한 사람들을 본 적이 없었던 것이다. 그는 그러한 사람들의 집단을 이 세상에서 오직 유일하게 존재할 수 있는 가장 고상한 사회로 여기게 된다. 과연, 이렇게 다른 사람들에게 똑같은 형벌이 주어져야 하는 것인가? 그러나 해결할 수 없는 문제를 붙들고 무엇하겠는가! 북소리가 울린다. 감방으로 돌아가야 할 시간이다.

4. 첫인상(계속)

마지막 점호가 시작되었다. 이 점호가 끝나고 나면 각각 다른 자물쇠로 모든 감방이 잠길 테고, 죄수들은 새벽까지 그대로 갇혀 있게 된다.

점호는 두 명의 병사와 함께 하사관이 맡는다. 때때로 점호를 위해 죄수들을 마당에 정렬시키기도 하는데, 그때는 당직 장교가 오기도 한다. 그러나 이 모든 의식은 대개 감방에서 간소하게 치러지는 일이 많았다. 지금도 그렇게 하고 있다. 숫자를 세는 병사는 자주 잘못 헤아려 나가다가 다시 돌아오곤 하였다. 그리고 마침내 이 불쌍한 점호병이 몇 번이나 숫자를 다시 세고 바라던 숫자에 이르게 되면 감방을 잠근다. 감방 안 나무 침대 위에서는 30명의 죄수들이 서로 밀치며 무척이나 비좁게 자리잡고 있었다. 자기에는 아직 일렀다. 다들 무엇인가에 골몰하고 있어야만 할 것처럼 보였다.

간수들 중에서 감방 안에 남아 있는 사람은 이미 내가 앞에서 말한 상이군인뿐이다. 각 감방에는 요새의 소령에 의해 임명된 듯한 죄수장이 있다. 물론 행실이 좋은 자에 한해서였다. 그러나 죄수장들이 심각한 장난을 벌이는 일도 흔히 있다. 그렇게 되면 그는 태형을 받고 즉시 보통 죄수로 강등당하며, 다른 사람이 죄수장이 된다. 우리 감방의 죄수장은 아킴 아키미치로, 늘 죄수들에게 소리를 지르는 모습은 의외였다. 죄수들은 대개 그를 비웃었다. 상이군인은 그보다는 좀더 현명해서 무슨 일이건 간섭을 하지 않았으며, 만일 조금이라도 말을 한다면 그것은 체면상 그런 것이거나 나중에 후회하지 않기 위해서였다. 그는 잠자코 자기 침상에 앉아 장화를 깁곤 했다. 죄수들은 거의 그를 무시하고 아무런 주의도 기울이지 않았다.

감옥 생활을 시작하는 첫날에 나는 어떤 한 가지 일을 관찰하게 되었는데, 그 다음부터는 그것이 옳다는 것을 확신하게 되었다. 즉 호송병이나 위병들처럼 죄수들과 직접적인 관계가 있는 사람들에게서 시작하여 감옥 생활의 어떤 일과 관계하고 있는 일반 사람들에 이르기까지, 모두 죄수들을 어쩐지 과장해서 바라보고 있다는 점이다. 그들은 마치 죄수들이 당장에라도 칼을 들고 자신들 중 누군가에게 덤벼들지나 않을까 하고 벌벌 떨고 있는 것 같았다. 그러나 무엇보다 재미있는 것은 죄수들 스스로가 그들이 자기들을 두려워한다는 것을 인식하고 있다는 것이며, 바로 이런 점이 아마도 죄수들에게 배짱을 가지게 하는지도 몰랐다. 그러나 죄수들 쪽에서 생각할 때 가장 훌륭한 간수는 사실 그들을 두려워하지 않는 사람이었다. 대개 이러한 배짱이 있는데도, 죄수들은 자기들을 신뢰해 줄 때 무엇과도 비할 바 없이 유쾌해진다. 바로 이러한 신뢰를 통하여 그들을 자신에게로 끌어들일 수 있는 것이다. 비록 아주 드문 일이었지만, 내가 감옥 생활을 하는 동안에 어떤 간수는 호송병 없이 감방 안으로 들어오기도 했다. 이것이 죄수들을 얼마나 놀라게 하는지 간과해서는 안 된다. 게다가 좋은 면에서 놀라게 했다는 것이다. 그런 겁 없는 방문객은 항상 존경심을 불러일으켜서, 실제로 어떤 좋지 않은 일이 일어난다

해도, 그가 들어와 있을 때는 그런 일이 결코 일어나지 않을 것 같았다. 죄수들을 볼 때 생기는 공포심, 죄수들이 있는 곳이면 어디나 있는 것이지만, 사실 나는 그 공포심이 근본적으로 어디서 생기는지 알지 못한다. 다만 몇 가지 이유는 물론 강도를 연상시키는 죄수들의 외모 자체에서부터 시작되는 것 같다.

그러나 이것 말고도 감옥에 오는 사람들은 누구나 이곳에서는 모든 무리가 자기 뜻대로 모여 있는 것이 아니며, 어떠한 수단을 쓰더라도 살아 있는 사람을 송장으로 만들 수는 없다고 느끼고 있다. 죄수들도 감정과 복수와 삶에의 갈망과 욕망, 그것을 만족시킬 필요성과 정열을 지닌 사람들이라고 느끼는 것이다. 그렇지만 죄수들을 두려워할 필요는 없다고 확신한다. 본디 사람이 그렇게 쉽사리, 그리고 그렇게 재빠르게 칼을 가지고 다른 사람한테 덤벼들 수는 없는 법이다. 한마디로 말해서 드문 일이지만, 만일 어떤 불행한 경우가 생긴다 하더라도 그것은 사소한 것이라고 딱 잘라 말할 수 있다. 물론 지금 나는 감옥에 들어오게 된 것을 오히려 무척 기뻐하고 있는 기결수에 대해서만 말하고 있다(새로운 인생이라는 것은 때로 그렇게 좋은 점도 있는 것이다!). 따라서 그들은 조용하고 평화롭게 살려고 마음먹고 있다. 그 밖에도, 실제로 얌전히 굴지 않는 동료들이 있으면 더 이상 추태를 부리지 못하게 하기도 한다. 죄수들은 아무리 자기들이 뻔뻔하고 용감한 사람들이라 할지라도, 감옥에서는 모든 것을 무서워한다.

그러나 미결수라면 이야기는 또 다르다. 이 죄수들은 아무런 관계도 없는 사람에게 느닷없이 덤벼들지도 모른다. 이유는 없다. 예를 들면 단지 내일 형벌을 받으러 가야 한다는 그 이유뿐이다.

만일 새로운 일이 벌어지면 형벌도 늦춰지게 된다. 바로 이런 것에 원인이 있는 것이며, 습격의 목적이 있다. '자기의 운명'을 가능하면 어떻게 해서든지 빨리 '바꾸어' 보고 싶은 것이다. 나는 바로 이런 종류의 이상한 심리적인 사건도 알고 있다.

우리 감옥에는 군사범에 병사 출신의 죄수 한 명이 있었다. 신분권은 박탈되지 않고 2년여의 형기만 받고서 감옥에 온 자로, 허풍쟁이면서 눈에 띄게 겁이 많았다. 러시아 병사들 사이에서 허풍쟁이와 겁쟁이를 만나기란 대체로 드문 일인데, 그렇게 하고 싶어도 허풍을 떨 시간이 없을 정도로 바쁘기 때문이다. 그러나 그가 허풍쟁이라는 것은, 그가 언제나 게으름뱅이이며 겁쟁이라는 것을 말한다. 그 죄수의 성은 두트프로, 마침내 자기의 짧은 형기를 마치고 다시 상비대대로 복귀했다. 그러나 교정을 받기 위해 감옥에 온 그와 같은 죄수들은 오히려 감옥에서 버릇이 나빠져 2, 3주 정도를 바깥 세상에서 보내다 보면 재차 법정에 서게 되어 감옥에 다시 들어오는 일이 예사이다. 다만, 그때는 이미 2, 3년이 아니라 15년이나 20년의 형기를 받게 되며, '단골'의 무리에 끼게 된다. 그도 그런 경우이다. 출옥한 지 3주 만에 두트프는 자물쇠를 부수어 물건을 훔쳤고, 폭언을 하고 망나니 짓을 한 것이다. 그는 재판에 회부되었고, 엄벌에 처해졌다. 무척 소심한 겁쟁이였던 그는 형벌을 눈앞에 두고 몹시 두려워하던 나머지 태형을 받기 전날 밤에 감방 안으로 들어오고 있던 당직 장교에게 칼을 가지고 덤벼들었다. 물론 그는 그러한 짓이 자신의 형량과 강제노동 기간을 턱없이 늘린다는 것을 잘 알고 있었다. 그러나 그가 노린 것은 비록 며칠만이라도, 아니 몇 분만이라도 형벌을 받는 그 무서운 순간에서 도망쳐 버리고 싶은 마음, 단지 그뿐이었으리라! 그러나 그는 칼을 가지고 덤비면서도 장교에게 상처 하나 입히지 못할 정도로 겁쟁이였으므로, 이 모든 행동은 겉으로 보이기 위한 것이었고, 새로운 죄를 만들어 또다시 재판을 받고 싶은 심정에서 저지른 짓이었다.

물론 선고를 받은 사람들에게는 형의 집행을 눈앞에 둔 시간이야말로 그 무엇보다 무서운 시간일 것이다. 나는 몇 년 동안 이 숙명적인 날의 전야를 맞은 피고들을 많이 볼 수 있었다. 대체로 이 피고 죄수들은 내가 환자로 누워 있을 때 병원의 죄수 병동에서 자주 만났다. 러시아 전역의 모든 죄수가 잘 알고 있는 사실이지만, 그들이 가장 동정하는 것은 바로 의사들이다. 의사들은 일반 민중들을 제외한 거의 모든 사람이 무의식중에 나타내는 차별을 죄수에게는 결코 하지 않는다. 민중은 아무리 무서운 것이라 할지라도 죄수의 죄를 결코 책망하는 법이 없으며, 대개는 그들이 받은 형벌과 그들의 불행을 용서한다. 러시아의 모든 민중이 죄를 불행이라고 부르며, 죄수를 불행하다고 여기는 것은 결코 우연이 아니다. 이것은 아주 의미심장한 생각이다. 무의식중에 본능적으로 그렇게 된다는 점에서도 무척이나 중요한 일이다. 의사들은 여러 면에 있어서 죄수들의 진정한 도피처이다. 특히 기결수에 비해서 훨씬 엄중하게 감금되는 미결수에게는 더욱 그렇다……. 그래서 이 미결수 피고는 자기가 보내야 하는 그 무서운 날들의 확실한 듯한 기간을 계산하고, 그 고통의 순간에서 조금이라도 벗어나길 바라며 때때로 병원으로 도망가는 것이다. 그리고 다시금 퇴원을 해야 할 때가 되면, 운명의 날이 내일이라는 것을 거의 확실하게 알고서 극심한 동요를 하게 된다. 다른 사람들은 자존심 때문에 자기의 감정을 숨기려고 애쓰지만, 그런 난처하고 거짓된 허세를 가지고 동료들을 속일 수는 없다. 그들은 모든 일을 알고 있지만, 인정상 입을 다물고 있는 것이다. 나는 병사 출신의 살인자로서 최고형의 태형을 받게 될 젊은 죄수 한 명을 알고 있었다. 그는 너무나 두려운 나머지, 벌을 받기 전날 밤에 코담배를 담가서 맛을 낸 술 한잔을 마시기로 마음먹었다. 형을 받기 직전의 미결수들은 언제나 술을 마시곤 했다. 술은 그날보다도 훨씬 이전에 거금을 들여 구해 놓는다. 이 죄수는 형을 받기 15분 전에 마실 4분의 1 쉬토프[42]의 술을 사기 위해서 자기에게 가장 필요한 것들을 반년이나 자제하며 필요한 돈을 모은 것이다. 죄수들은 취해 있으면 태형이나 채찍도 그다지 아프지 않다고 믿었다. 이야기가 또다시 주제에서 벗어나고 말았는데, 그 가련한 젊은이는 술을 한잔하고서 금세 병이 나고 말았다. 그가 피를 토하고 거의 실신 상태가 되자 병원으로 데리고 갔다. 그러나 그 각혈이 그의 가슴을 거의 망가뜨렸기 때문에, 며칠 뒤에는 폐병 징후가 나타나더니 반년 뒤에 죽고 말았다. 그의 폐병을 치료했던 의사들도 그에게 왜 폐병이 생겼는지 이유를 알지 못했다.

　지금껏 이따금 마주치는 형벌을 받기에 앞서 그처럼 소심해지는 죄수들에 관하여 말을 했는데, 반대로 보기 드문 대담성으로 사람들을 놀라게 한 몇 사람에 관해서도 덧붙여야겠다. 무신경에 가까울 정도로 용감한 예도 몇 가지 알고 있다. 그러나 이러한 예는 아주 드물었다. 특히 잊을 수 없는 것은, 어느 무서운 죄수와 만났을 때이다. 어느 여름날 저녁에 죄수 병실에는 탈영병이며 유명한 강도였던 오를로프가 태형을 받고서, 내가 있는 병실로 오게 될 것이라는 소문이 떠돌았다. 오를로프를 기다리는 가운데 병실에 있던 죄수들

---

42) 러시아의 옛 주량 단위로 1쉬토프는 약 1.23리터.

은 태형이 무척이나 가혹했을 것이라고 떠들고 있었다. 모두 조금씩 동요를 보이고 있었고, 사실대로 말하면 나도 그 유명한 강도가 나타나기를 호기심에 가득 차서 기다리고 있었다. 오래전부터 그에 관한 믿을 수 없는 말을 듣고 있었기 때문이다. 그는 노인들과 어린아이들을 잔혹하게 죽인 극소수의 악한 중 한 명이었고, 무서운 의지력과 자기 힘을 자만하고 있는 사람이었다. 그는 자신이 숱한 살인을 저질렀음을 인정하고 대열을 통과해 몽둥이 찜질을 받는 형벌을 선고받았다. 그가 실려온 것은 저녁 무렵이었다. 이미 어두워진 병실에는 촛불이 밝혀져 있었다. 오를로프는 거의 의식이 없었는데 무척이나 창백해 보였으며, 숱이 많은 칠흑 같은 머리카락은 산발을 하고 있었다. 그의 등은 부풀어올라 시퍼랬다. 죄수들은 마치 그가 혈육이나 은인이라도 되는 것처럼 물을 갈아 주고, 다른 방향으로 몸을 옮겨 누이고, 약을 주면서 밤새도록 그를 간호해 주었다. 그런데 그 다음 날 그는 완전히 정신을 차리고, 두어 번 정도 병실을 거니는 것이 아닌가! 그 모습에 나도 놀랐다. 그가 병원에 실려 왔을 때는 무척이나 기진맥진한 상태였기 때문이다. 그는 단번에 그에게 정해진 태형의 반수 이상을 받은 것이다. 의사가 보았을 때 그 이상의 형벌을 계속할 경우 죄수가 죽음에 이르는 것을 피할 수 없다고 판단 내리면 비로소 집행은 중단된다. 더구나 오를로프는 키가 작고 왜소한 체구였으며, 재판에 회부되기 전의 오랜 감금 생활로 쇠약해져 있었다. 누구든지 미결수를 만날 기회가 생긴다면, 아마도 그들의 여위고 핼쑥하며 창백한 얼굴과 신열을 앓는 듯한 시선을 틀림없이 잊지 못하리라. 그런데도 오를로프는 몹시 빠르게 몸을 회복했다. 그의 정신적인 활력이 그를 도와준 듯했다. 실제로 그는 보통 사람이 아니었다. 호기심 때문에 나는 그와 가깝게 지냈고, 일주일 내내 그를 관찰했다. 단언할 수 있는데, 나는 살면서 그처럼 강하고 강철 같은 성격을 가진 사람을 만나 본 적이 없다.

나는 전에 토볼스크에서 강도의 두목이었다는 어떤 유명한 사람을 본 적이 있다. 그 사람은 완전히 야수였는데, 만일 당신이 미처 그 사람의 이름도 모른 채 그 옆에 서 있다고 해도, 벌써 당신은 본능적으로 당신 옆에 무서운 존재가 있다는 것을 예감할 수 있을 것이다. 그러나 정작 그가 나를 놀라게 한 것은 정신적인 우둔함이었다. 육체가 완전히 정신을 제압하고 있어서, 그의 얼굴을 한 번만 보아도 오직 육체적 향락의 야수적인 욕망과 정욕, 육욕의 갈망만이 남아 있을 뿐임을 알 수 있을 것이다. 나는 코레네프(그 강도의 성이다)가 심지어는 눈 하나 깜박거리지 않고 사람을 죽이면서도, 형벌을 앞두고는 공포로 몸을 부들부들 떨었음이 틀림없다고 확신했다. 그러나 오를로프는 그와는 정반대였다. 오를로프는 분명 정신이 육체를 완전히 제압했다. 이 사람은 자기 자신을 완벽하게 통제할 수 있었고, 어떤 종류의 고통과 형벌도 무시했으며, 이 세상에서 두려워하는 것은 아무것도 없는 듯 보였다. 그에게서는 끝없는 어떤 에너지와 활동의 욕망과 복수의 갈망, 예정된 목적을 달성하려는 갈망을 찾아볼 수 있었다. 게다가 나는 그의 이상스러운 오만함에 놀랐다. 그는 믿기 어려울 만큼 오만하게 모든 것을 바라보았는데, 그것은 일부러 허세를 부리느라 그러는 것이 아니라 자연스러운 것이었다. 나는, 어떤 권위를 가지고 그에게 영향력을 미칠 수 있는 인간은 이 세상에 없을 것이라고 생각한다. 그는 자신을 놀라게 할 수 있는 것이 이 세상에는 결코 아무것도 없다는 듯이, 모든 것을 예기치 않은 침착함으로 바라보곤 했다.

그리고 그는 다른 죄수들이 자신을 존경의 눈으로 바라보는 것을 너무나 잘 알고 있었지만, 그들 앞에서는 조금도 내색을 하지 않았다. 하지만 허영과 오만은 예외 없이 거의 모든 죄수의 특징이기도 하다. 그는 아주 머리가 좋고 수다쟁이는 아니었지만, 무척이나 솔직했다. 내가 물어보면 그는 솔직하게, 빨리 남은 형기를 마치기 위해 건강을 회복 중이며, 자신 역시 형벌을 받기 전에는 그것을 참아 낼 수 있을지 두려웠다고 대답했다.

"그러나 이제는," 그는 눈을 찡긋거리며 덧붙였다. "이제 끝났어. 나머지 매를 맞고 나면 곧바로 다른 무리들과 함께 네르친스크로 가게 되겠지. 하지만 이번에도 중간에 도망친다! 반드시 도망친다고! 그러니까 등만 곧 나아 봐라!" 그는 이렇게 닷새 동안, 퇴원을 요구할 수 있을 때를 바작바작 애태우며 기다리고 있었다. 그동안 그는 농담을 하고 신이 나 떠들곤 했다. 나는 몇 번이나 그의 사건에 대해서 말을 꺼내 보았다. 그는 이러한 질문에 눈살을 조금 찌푸리는 듯했지만, 그래도 늘 솔직하고 숨김없이 말해 주었다. 그러나 내가 그의 양심을 파악하거나, 그에게서 어떤 참회의 빛을 파악해 보려는 낌새를 눈치채면, 그는 갑자기 내가 어른들처럼 말을 나눌 수 있는 상대가 아니라 아주 작고 어리석은 아이처럼 보이는 것인지 나를 경멸하듯 바라보는 것이었다. 심지어 그의 얼굴에는 나를 가련하게 여기는 듯한 표정이 깃들기도 했다. 그러나 채 1분도 지나지 않아, 그는 내게 아주 소박한 웃음을 지어 보이며 아무런 비꼼도 없이 껄껄 웃어대는 것이었다. 아마도 그는 혼자 남아서 내가 한 말들을 돌이키며 몇 번이나 히죽히죽 웃었을 것이 틀림없다. 마침내 그는 등이 완전히 낫지도 않았는데도 퇴원을 했다. 그때 나 또한 퇴원을 하게 되었으므로, 우리는 병원에서 함께 돌아오게 되었다. 나는 감옥으로 다시 돌아왔지만 그는 전에 감금되어 있던 우리 감옥 옆의 위병소로 가게 되었다. 그는 헤어지면서 내 손을 잡았는데, 그의 관점에서 본다면 깊은 신뢰의 표시였다. 아마도 그가 그렇게 행동한 것은 자기 자신과 이 순간에 몹시 만족했기 때문이리라. 사실 그는 나를 멸시하지 않을 수 없었고, 나를 모든 면에서 나약하고 가련하고 유순한 존재라고 생각했음에 틀림없다. 다음 날 그는 두 번째 형벌을 받았다…….

감옥의 문이 잠기고 나자 감옥 안은 갑자기 어떤 특이한 모습을 띠었다. 진짜 사람이 사는 집, 가정과 같은 모습 말이다. 그제서야 비로소 나는 집에 있는 듯한 기분으로 내 동료들을 바라볼 수 있었다. 낮에는 하사관들과 위병들과 간수들이 계속해서 감옥에 들러붙어 있으므로, 그 때문에 감옥에 거주하는 모든 사람은 매순간 무엇인가를 기다리면서 전전긍긍하듯, 왠지 마음이 안정되지 않았다. 그러나 감방의 문이 잠기고 나면, 사람들은 즉시 자기 자리를 잡고서 저마다 일을 하기 시작했다. 감방 안은 별안간 밝아지는 듯했다. 죄수들은 모두 자기 양초를, 그리고 대부분은 나무로 만든 자기 촛대를 가지고 있었다. 앉아서 장화를 꿰매는 사람도 있었고, 옷을 깁는 사람도 있었다.

감방의 악취는 점점 심해졌다. 제멋대로인 무리들은 구석에 깔아 놓은 양탄자 앞 한구석에 쭈그리고 앉아 카드를 쳤다. 거의 모든 감방에는 믿기지 않을 정도로 기름때에 절은 카드와 양초, 1아르신[43] 정도의 조잡한 양탄자를 가진 죄수가 있었다. 이것을 죄수들은 모두 마이단[44]이라고 불렀다. 이를 가지고

---

43) 러시아의 옛 척도 단위로 1아르신은 71.12센티미터.
44) 터키어로 카자크인들의 마을에 들어선 시장을 의미하나, 여기서는 비밀 도박장 또는 비밀 술집이라는 뜻으로 사용됨.

있는 사람은 노름꾼들에게서 하룻밤에 15코페이카씩 사용료를 받고 장사를 했던 것이다. 노름꾼들은 주로 세 장 패보기나 고르카 놀이를 했다. 노름은 모두 운에 맡긴 도박이었다. 노름꾼들은 자기 앞에 동전 더미를 뿌려 놓았는데, 빈털터리가 되거나, 혹은 동료의 돈을 몽땅 딸 때까지 자리에서 일어나지 않았다. 노름은 거의 밤늦게 끝났지만 간혹 가다 새벽녘까지, 감옥의 문이 열리는 바로 그 순간까지 계속되기도 했다. 다른 모든 감옥에서처럼 우리 감방에도, 돈을 몽땅 잃거나 아니면 술을 마셔 버려 빈털터리가 된 거지와 원래부터 거지인 사람들이 항상 있었다. 나는 '원래부터'라고 말했는데, 이 표현은 결코 무의미하게 쓴 것은 아니다. 실제로 우리 민중 속에는 어디를 가나 환경이 어떻든, 사회적 조건이 어떻든, 온순하며 결코 게으르지도 않은데 영원히 거지로 남아 있을 이상스러운 운명을 지닌 사람들이 항상, 그리고 앞으로도 계속 존재할 것이다. 그들은 언제나 지독히 가난한 농부들이었으며, 늘 불결할 뿐만 아니라, 항상 학대받고 고통당하는 시선으로 바라보며, 영원히 누군가의 심부름꾼이 되고 마는 그런 사람들인데, 그들은 주로 탕자들이나 갑자기 돈을 벌어들인 부자들, 벼락출세한 사람들에게 붙어 지내고 있었다.

그들에게는 스스로 뭔가를 생각하고 시작하려는 것이 슬픔이자 괴로움이었다. 그들은 마치 자기 스스로는 아무것도 시작할 수 없고, 오직 남의 시중만을 들며, 자기의 의지대로 사는 것이 아니라 남의 장단에 춤을 출 뿐인 그런 조건을 가지고 이 세상에 태어나는 것 같았다. 그들의 사명은 오직 남이 시킨 일을 하는 것이다. 게다가 어떠한 환경도, 어떠한 개혁도 그들을 부자로 만들지는 못했다. 그들은 언제나 거지였다. 나는 그러한 인물들이 민중들뿐만 아니라 모든 사회, 계층 당파, 신문잡지사, 모임 속에도 있다고 본다.

감옥에서도 그런 일들이 생기기는 마찬가지여서 노름판이 시작되자마자, 그런 사람들 중 한 명이 시중을 들려고 나타났다. 정말이지 이런 시중꾼이 없으면 어떤 노름판도 일을 벌일 수가 없다. 노름꾼들은 대개 하룻밤에 은화 5코페이카를 주고 심부름꾼을 고용하는데, 그의 주요 임무는 밤새 망을 보는 것이다. 보통 심부름꾼은 모든 종류의 두드리는 소리라든지 종소리, 마당의 발소리에 귀를 기울이면서, 영하 30도나 되는 어둠 속의 문 덮개 밑에서 6~7시간이나 얼어붙은 채 서 있어야 했다. 이따금 소령이나 보초들이 아주 늦은 시간에도 슬그머니 감옥에 들어와 노름꾼들과, 자기 일을 하는 사람들까지 덮쳐 여분의 양초를 몰수하는 일이 있었다. 양초의 빛은 아무래도 밖으로 새기 때문이다. 적어도 마당 쪽의 문 덮개에서 갑자기 자물쇠 여는 소리가 들려 당황해서 숨거나 양초를 끄거나 널빤지 침대 위에서 자는 척을 해도 이미 늦고 만다.

그러나 이런 일이 벌어지면 보초를 서던 심부름꾼은 노름판 패에게 혼쭐이 나므로 이런 실수가 생기는 일은 극히 드물었다. 물론 5코페이카는 감옥에서도 우스울 정도로 보잘것없는 돈이지만, 오히려 나를 줄곧 놀라게 한 것은 그것뿐만이 아니라, 다른 모든 경우에서도 볼 수 있는 고용주들의 가혹하고 무자비한 태도였다. "돈을 받았으니 그만큼 일을 해야지!" 이것은 어떠한 반박도 용인하지 않는 논리였다. 그에게 준 5코페이카짜리 동전만큼, 고용주들은 착취할 수 있는 것은 모두 착취하고, 가능하다면 여분의 것까지 착취하면서도, 은혜를 내리고 있다고 생각했다. 탕자, 술꾼들은 셈도 하지 않고 돈을 여기저기 뿌리는 주제에 자기가 고용한 심부름꾼에게는 반드시 속이려고 들었다. 나는 이러한 모습을 감옥에서나 노름판에서만 본 것은 아니다.

감옥에서는 모든 죄수가 거의 어떤 일을 한다고 이미 말했었다. 노름꾼 말고는 일을 하지 않고 완전히 노는 사람이 다섯 명 정도 되었는데, 그들은 이내 잠자리에 들었다. 내 자리는 판자 침상 위의 문 바로 옆에 있었다. 침상의 다른 편에 나와 머리를 맞대고 있던 사람은 아킴 아키미치였는데, 열 시, 열한 시까지 일을 했다. 그는 도시에서부터 중국식 채색 등을 꽤 괜찮은 보수에 주문받고 있었다. 그는 등을 훌륭하게 만들었고, 일을 쉬거나 하지 않았다. 일이 끝나면 제자리에 정돈을 하고, 자기의 요를 깔고, 신에게 기도를 한 다음 단정하게 자리에 누웠다. 생각해 보면, 그는 단정함과 질서 바름을 그런 사소한 일에까지 연장시키고 있는 것 같았다. 보통 어리석고 답답한 사람들이 그렇듯, 그는 자기 자신을 무척이나 똑똑한 사람이라고 생각하고 있음에 틀림없었다. 나는 왠지 첫날부터 그가 싫었는데, 그렇다 하더라도 바로 그날 그에 관해 많은 것을 생각해 보았고, 더욱이 그와 같은 인물이 세상에서 성공하지 못하고 감옥에 들어와 있는 사실에 무척 놀랐던 것을 아직까지 기억하고 있다. 이후에도 나는 여러 번 아킴 아키미치에 관해 이야기를 해야 할 것 같다.

우리 감옥의 구성원에 관해 간단히 소개하고자 한다. 이제부터 감옥에서 오랜 기간을 보내야 했으므로, 여기 열거하는 사람 모두는 앞으로 내 동거인이자 동료이다. 내가 그들을 강한 호기심으로 관찰한 것은 말할 것도 없다. 침상의 내 자리 왼쪽에는 캅카스 출신 무리들이 자리 잡고 있었다. 대부분은 강도질을 해서 이곳에 온 자들로 형기는 제각기 달랐다. 두 명은 레즈긴족,[45] 한 명은 체첸족,[46] 세 명은 다게스탄의 타타르인이었다. 체첸인은 음산하고 침울한 사람이어서 거의 어느 누구와도 말을 하지 않았으며, 계속해서 증오에 찬 시선으로 주변을 흘겨볼 뿐만 아니라 악의에 찬 조소를 보냈다. 레즈긴 사람들 중 한 명은 이미 노인이었지만, 길고 가는 매부리코가 보기에도 강도 같은 얼굴이었다. 다른 사람들과는 달리, 누라라는 사람은 첫날부터 무척 위안을 주는 듯한 다정한 인상을 주었다. 아직 그다지 늙지 않은 그는 키는 별로 크지 않았지만 몸은 헤라클레스처럼 다부졌고, 머리는 눈부신 금발로 눈은 맑고 푸르렀으며, 낮은 코에 핀란드 사람과 닮은 얼굴을 하고 있었다. 게다가 예전에 오랫동안 말을 타고 다녀서 다리는 구부러져 있었고, 온몸에 총검과 탄환의 상처가 있었다. 그는 캅카스에서 귀순한 사람들 쪽에 속해 있었지만, 슬그머니 귀순하지 않은 사람들에게로 도망가서, 그들과 함께 러시아인들을 습격했다. 감옥에서는 모두 그를 좋아했다. 비록 그는 죄수 생활의 더러운 면이나 추악한 짓을 보았을 때는 자주 격분하고, 갖가지 도둑질이라든가 사기, 주정 등 대체로 부정한 모든 것에 대해 포악해질 정도로 흥분을 했지만 평소에는 쾌활했으며 누구에게나 상냥했을 뿐만 아니라, 불평 없이 일하고 차분하고 밝은 사람이었다. 싸움을 벌일 생각도 전혀 없었으므로, 화가 치밀면 자리를 떠나버렸다. 그 자신도 감옥에 있는 동안에는 아무것도 훔치지 않았으며, 나쁜 짓을 하지 않았다. 그는 독실한 신자였다. 경건하게 기도를 올렸으며, 이슬람교의 제사일 전 재계 기간에는 광신도들처럼 단식을 하고 밤새도록 기도를 했다. 모두가 그를 사랑했으며, 그의 정직함을 믿고 있었다. "누라는 사자(獅子)다"라고 죄수들은 말했다. 그래서 사자가 그의 별명이 되었다. 그는 감옥

---

45) 코카서스의 다게스탄 지방에 거주하는 종족.
46) 북코카서스에 거주하는 회교족. 러시아인들과는 종교, 경제 등의 제반 문제로 오랜 반목과 불화를 보이고 있음.

에서의 형기만 마치면 캅카스에 있는 집으로 돌아갈 수 있다고 확신하고 있었으며, 오직 그 희망만으로 살고 있었다. 만일 그 희망을 잃게 된다면 그는 죽고 말았으리라.

감옥 첫날부터 나는 그를 주목하고 있었다. 사악하고 험상궂으며 조소가 섞인 듯한 나머지 죄수들의 얼굴 사이에서, 그의 선량하고 동정 어린 얼굴을 주목하지 않을 수 없었다. 내가 감옥에 온 지 채 30분도 되지 않았을 때, 그는 내 옆을 지나가며 어깨를 툭 치면서 선량한 미소를 지었다. 처음에 나는 그 의미를 몰랐다. 그는 러시아어를 거의 못했던 것이다. 그러고 나서 그는 곧 또다시 내게로 다가와 웃으면서 친근하게 내 어깨를 쳤다. 그 뒤 사흘 동안 계속 그렇게 하는 것이었다. 나는 그 의미를 나중에서야 짐작하고 알게 되었는데, 그의 눈엔 내가 불쌍해 보이고 감옥 생활에 익숙해지기가 힘들 것같이 느껴져서, 내게 자기의 우정을 보여 주고 용기를 주고, 자기가 보호해 주겠다는 것을 믿게끔 해주고 싶다는 것이었다. 선량하고 순수한 누라여!

다게스탄의 타타르족은 세 사람이었으며, 모두 형제였다. 그들 중 두 명은 이미 중년이었지만 셋째 알리는 스물 두 살쯤 되었을까, 게다가 나이보다 어려 보였다. 그의 침상은 내 옆자리였다. 그 잘생기고 솔직하며 슬기로워 보이는 동시에, 선하고 착한 얼굴은 첫눈에 내 마음을 사로잡았는데, 운명이 이웃으로 다른 사람 아닌 바로 그를 보내준 것이 무척이나 기뻤다. 그의 영혼은 아름다운, 뛰어나게 아름답다고 할 수 있는 그의 얼굴에 잘 나타나 있었다. 그의 미소는 신뢰를 주었고 어린애처럼 순수해 보였으며, 크고 검은 눈동자는 몹시 부드럽고 상냥해 보여서 슬픔과 애수에 잠겨 그를 바라볼 때면, 나는 무어라고 말할 수 없는 만족감을 느끼고 위안까지 받았다. 고향에 있던 어느 날, 그의 형이(그에게는 형이 다섯 명 있었는데, 다른 두 명은 어떤 공장에 가 있었다) 그에게 어떤 원정에 함께 가자며 칼을 가지고 말을 타라고 일렀다. 산사람들의 집안에서 연장자에 대한 존경심은 더할 수 없이 큰 것이라 소년은 어디로 가는 것인지 물어볼 수도 없을 뿐더러, 감히 물어볼 생각조차 할 수 없었다.

형들도 그에게 이유를 알려 줄 필요가 없다고 생각했다. 그들은 길가에 숨어서 부유한 아르메니아의 상인을 기다리고 있다가 강도질을 하려고 떠나는 것이었다. 일은 그렇게 벌어지고 말았다. 그들은 호송하는 사람을 모두 죽이고, 아르메니아인을 베어 죽여 그의 물건을 약탈했다. 그러나 사건은 곧 들통 나고 말았다. 그들 여섯 명은 모두 붙잡혀 재판에 회부되어 유죄 판결을 받고 처형을 받았으며, 유형수로서 시베리아에서의 강제노동에 처해졌다. 법정이 알리를 위해 베푼 호의는 형기의 단축이 전부였다. 그는 4년의 형기를 받고 유형된 것이다. 형들은 그를 사랑했고, 그것은 형제의 사랑이라기보다는 오히려 부성애에 가까웠다. 그의 존재는 형들의 유형 기간 동안 유일한 위안이 되었는데, 형들은 대개가 음산하고 험상궂었지만 그를 바라볼 때면 늘 싱글벙글 미소를 지었다. 때때로 그와 이야기를 나눌 때면(그들 모두는 그와 이야기를 거의 나누지 않았는데, 아마도 그를 아직 어린애로 여겨, 진지한 이야기는 무리라고 생각하는 것 같았다) 그들의 준엄한 얼굴이 금세 부드러워지는 것을 보고서, 나는 그들이 애들처럼 무슨 우스운 농담을 나누는 것이라고 짐작했다. 적어도 그의 대답을 들을 때면 그들은 항상 서로 눈짓을 하거나 선량한 엷은 미소를 지었다. 역시 그도 형들에게 먼저 선뜻 말을 꺼내려고 들지 않았다. 그만큼 형들을 존경하고 있었다. 이 소년이 감옥 생활을 하면서도 어떻게 그처럼 부드러운 마음씨를 간직하고, 그처럼 거칠어지지도 타락하지도 않으면서 정직함과 성실함과 동정심을 자신 속에 만들어 나갈 수 있었는지 상상할 수 없을 정도다. 그러나 그는 겉보기에는 부드러워 보였지만, 속은 강하고 단단했다.

내가 그를 잘 알게 된 건 나중의 일이다. 그는 청순한 처녀처럼 순결했으므로, 감옥의 어떤 추악하고 파렴치하고 더럽고 혹은 공정치 못한 강제적인 행위를 보면 그의 아름다운 두 눈에는 분노의 불길이 일었다. 이 때문에 그의 눈은 더욱 아름다워지는 것이었다. 그는 싸움이나 욕설은 피했다. 그러나 모욕을 당하고도 가만히 있는 그런 사람은 아니었고, 자신을 지킬 줄은 알았다. 그리고 그는 아무하고도 싸우지 않았다. 누구나 그를 좋아하고 귀여워했기 때문이다. 나에게는 처음부터 공손했는데, 내 쪽에서 말을 걸자 그는 점차 말을 할 수 있게 되었다. 그의 형들이 감옥에 있는 동안 그는 몇 달 만에 러시아어를 배워 훌륭하게 말하는 것이었다. 나에게는 그가 무척 명민하고 겸손하며 섬세할 뿐만 아니라, 이미 많은 것을 판단할 수 있는 소년으로 보였다. 여기서 먼저 결론을 말하자면, 나는 알리를 범상치 않은 존재라고 생각했으며, 그와의 만남을 내 인생에서 가장 소중한 만남 중 하나로 추억하고 있다. 언젠가는 나쁜 쪽으로 변하리라고는 생각조차 할 수 없는, 신이 부여한 본래부터 아름다운 천성을 가진 그런 사람들이 있다. 그러한 사람들은 언제나 평화로울 수 있다. 지금도 나는 알리를 생각하면 평화롭다. 그는 지금 어디에 있을까?

감옥에 온 지 꽤 한참 지난 언젠가, 나는 나무 침상 위에 누운 채 무엇인가 몹시 고통스러운 일을 생각하고 있었다. 항상 일을 하던 근면한 알리조차 그날은 웬일인지 아직 잠자리에 들기 이른 시간인데도 일을 하지 않고 있었다. 그날은 이슬람교의 제사일이었으므로, 그들은 모두 일을 하지 않고 있었던 것이다. 그는 한 손으로 머리를 받치고 누워서 무엇인가 생각에 잠겨 있었다. 그는 갑작스레 나에게 이렇게 물었다.

"무언가 괴로운 일이 있으신가요?"

나는 호기심에 차서 그를 바라보았다. 사려 깊고, 조심스러우며, 언제나 슬기로운 마음씨를 지닌 알리의 이런 갑작스런 질문이 어딘지 모르게 이상스러웠던 것이다. 그러나 좀더 주의 깊게 바라보자, 그 역시 바로 그 순간에 무척이나 괴로워하고 있음을 깨달을 수 있을 정도로 그의 얼굴에서 추억의 고통과 우수를 읽을 수 있었다. 나는 그에게 내가 추측하고 있던 것을 말했다. 그는 한숨을 쉬며 슬픈 미소를 지었다. 나는 온화하고 마음이 담긴 듯한 그의 미소를 언제나 사랑했다. 게다가 그가 미소를 지을 때면, 세상에서 제일 아름다운 미녀라도 시기할 만큼 진주같이 아름다운 두 줄의 치아가 드러났다.

"알리, 자네는 지금 고향 다게스탄에서는 어떻게 축제일을 보내고 있을까 생각하고 있음에 틀림없어. 그곳에서는 재미있게 보내고 있겠지?"

"그래요." 기쁜 마음에 대답을 하는 그의 두 눈이 반짝였다. "그런데 제가 그 생각을 하고 있는지 어떻게 아셨죠?"

"모를 리가 없지! 여기보다 거기가 훨씬 좋겠지?"

"아, 왜 그런 말씀을 하세요……."

"아마도 지금쯤이면 그곳엔 꽃이 만발했겠군. 천국이겠어!"

"아, 이제 그만 하세요." 몹시 흥분해 있었다.

"이봐, 알리, 자네 누이동생이 있나?"

"있어요, 그런데 왜 그러시죠?"

"아마 자네를 닮았다면 미인일 거야."

"나를 닮았어요! 온 다게스탄을 다 뒤져 봐도 그만한 미인이 없을 만큼 예쁘거든요. 내 누이는 정말로 예뻐요! 당신도 그런 미인은 보지 못했을걸요! 게다가 우리 어머니도 미인이에요."

"그럼, 어머니는 자네를 사랑했나?"

"아니, 그게 무슨 말씀이세요! 어머니는 지금쯤 나 때문에 슬퍼서 돌아가셨을지도 몰라요. 나는 어머니에게 사랑받는 아들이었어요. 어머니는 누이보다도, 다른 누구보다도 나를 사랑하셨어요……. 어머니는 어젯밤에도 꿈속에 찾아와 나 때문에 우셨어요."

그는 입을 꾹 다물어 버리고 그날 밤은 한마디도 하지 않았다. 그러나 이 때부터 그는 나와 이야기할 기회를 찾았다. 이유는 잘 모르겠지만, 그는 나에 대한 존경심 때문에 결코 한 번도 내게 먼저 말을 거는 법이 없었다. 그 대신 내가 그에게 말을 걸어 주면 그는 몹시 기뻐했다. 나는 캅카스와 그의 이전의 삶에 관해서 물어보곤 했다. 그의 형들은 그가 나와 이야기하는 것을 방해하기는커녕, 오히려 기뻐하는 것 같았다. 그들도 내가 갈수록 알리를 사랑하는 것을 보고, 나에게 친근하게 대해 주었다.

알리는 내 일을 돕거나 감옥에서 할 수 있는 한 내 일을 거들어 주었다. 그는 어떻게 해서든 나를 위로하고 도와주는 것이 무척 기쁜 듯했다. 이렇게 나를 기쁘게 해주려는 노력 속에는 결코 어떤 비굴함이나 무엇인가 이익을 얻으려는 마음이 없었다. 단지 따뜻하고 친절함만이 있을 뿐, 그는 이제 그런 감정을 내게 감추려고 하지 않았다. 더욱이 그는 기술적인 재능이 뛰어나 옷을 짓고 장화를 꿰매는 일을 완벽하게 익혔으며, 뒤에 가서는 목공 일까지도 배웠다. 그의 형들은 그를 칭찬하며 자랑스럽게 여겼다.

"들어 봐, 알리." 어느 날 나는 그에게 말했다. "왜 자네는 러시아어로 읽고 쓰는 것을 배우지 않는 거지? 나중에 이곳 시베리아에서 그것이 얼마나 유용하게 쓰일지 모르나?"

"무척 배우고 싶지만, 누구한테 배우지요?"

"이곳에는 읽고 쓸 줄 아는 사람들이 많지 않은가! 원한다면 내가 가르쳐 줄까?"

"네, 가르쳐주세요. 부탁드려요!" 그는 나무 침상에서 일어나 나를 보더니, 기도를 하듯 두 손을 거머쥐었다.

그래서 우리는 그 다음 날 저녁부터 공부를 시작하였다. 나는 러시아 역본 신약 성서를 가지고 있었다. 성서만은 감옥에서도 허용되었다. 알리는 초급 입문서도 없이 그 책 한 권만 가지고 몇 주 동안 읽는 것을 훌륭하게 습득하였다. 석 달가량 지나자, 그는 벌써 완벽하게 문어(文語)를 이해했다. 그는 무척이나 열성적으로 배우는 것에 몰두했다.

어느 날 나는 그와 함께 산상수훈(山上垂訓)[47]을 전부 읽은 일이 있다. 나는 그가 그중 몇 구절을 특별한 감정을 가지고 읽는다는 사실을 알게 되었다.

나는 그에게 읽은 부분이 마음에 드느냐고 물어보았다.

그는 슬쩍 나를 바라보면서 갑자기 얼굴을 붉혔다.

"예, 그래요!" 그가 대답했다. "이사[48]는 성스러운 예언자예요, 이사는 하느님의 말씀을 했습니다. 얼마나 훌륭합니까!"

"어디가 제일 마음에 들지?"

"그가 '용서하고 사랑하라, 무례히 굴지 말고 적을 사랑하라'라고 말하는 부분이요. 아, 얼마나 훌륭한 말씀입니까!"

그는 우리의 대화를 유심히 듣고 있던 자기 형제들을 돌아보고, 그들에게 무엇인가 열심히 말하는 것이었다. 그들은 오랫동안 심각하게 이야기를 주고받더니 여러 번 머리를 끄덕였다. 그리고 무척이나 정중한 호의를 나타내며, 즉 이슬람교도 같은 순박한 미소를 내게 보내며(나는 이러한 미소를 좋아한다. 특히 이러한 미소의 정중함을 좋아한다) 단호한 투로 말하는 것이었다. "이사는 하느님의 예언자이며, 수많은 위대한 기적을 이루었다. 그가 진흙으로 새를 만들어 입김을 불어넣자, 새는 하늘로 날아올랐다……. 이러한 것들은 우리의 책[49]에도 씌어져 있다." 그들은 예수를 칭송하는 것이 나에게 큰 만족을

---

47) 신약 성서 마태오 복음서 5~7장에 실린 예수의 교훈으로, 산 위에서 내린 교훈이라는 뜻을 담고 있음.
48) 러시아어로는 예수를 이수스라고 발음하지만, 이슬람 교도의 코란에서 예수는 이사로 불림.
49) 경외 성서(經外聖書) 속에 나타나 있는 이러한 기독교의 전설은 아랍어 역본을 통해 이슬

가져다줄 것이라고 확신하고 있었다. 알리도 자기 형들이 나를 만족시켜 주고 싶어한다는 것을 알고 무척 기뻐했다.

알리에게 글자 쓰는 법을 가르쳐 주는 것 역시 성공적이었다. 알리는 종이와(그는 내 돈으로 사려고 하지 않았다) 펜과 잉크를 구해서 불과 두 달 만에 완벽할 만큼 쓰는 법을 배웠다. 그의 형들까지 놀랄 정도였다. 형들의 자랑과 만족은 끝이 없었다. 그들은 내게 어떻게든 끝없는 감사를 표하려 했다. 만일 우리가 함께 작업장에서 일을 할 때가 생기면 그들은 앞다투어 나를 도와주려 했고, 그것을 행복으로 생각했다. 형들을 사랑하는 것처럼 나를 사랑하고 있던 알리에 대해서는 더 말할 필요도 없다. 나는 그가 출옥하던 날을 영원히 잊을 수 없다. 그는 나를 감옥 뒤로 데리고 가더니 그곳에서 나의 목에 매달려 소리 내 울었다. 그는 이전에 결코 내게 입을 맞추거나 운 적이 없었다. "당신은 제게 많은 것을 해주셨어요." 그가 말했다. "우리 어머니나 아버지라도 이렇게까지는 해주지 못했을 거예요. 당신은 저를 사람으로 만들어 주셨어요. 하느님께서 당신께 보상을 해주시겠지만, 나는 결코 당신을 잊지 못할 거예요."

지금 어딘가에, 어딘가에서 살고 있으리라. 나의 착하고 사랑스럽고 그리운 알리……!

우리 감옥에는 체르케스 사람들 외에 완전히 별개의 가족을 이루고 있으면서 다른 나머지 죄수들과는 거의 교류가 없는 폴란드인 무리도 있었다. 그들이 자기들의 배타성과 러시아인 죄수들에 대한 증오 때문에 까닭없이 모든 사람들의 미움을 받고 있는 것은 이미 앞에서 말했다. 그들은 쇠약하고 병든 폴란드 사람 여섯이었다. 그들 중 몇 명은 교육을 받은 사람들이었는데, 그들에 관해서는 뒤에 가서 좀더 자세히 말하겠다. 나는 감옥 생활이 끝날 즈음 그들에게서 때때로 여러 책을 구하기도 했다. 내가 읽은 첫 번째 책은 강렬하고 이상하며 색다른 인상을 남겼다. 이 인상에 관해서도 언젠가 다시 이야기하겠다. 그들은 나에게 호기심의 대상이었는데, 다른 많은 사람도 그들을 완벽하게 이해하지는 못할 거라고 나는 확신한다. 경험하지 않으면 판단

람의 코란에도 전해진 것으로 알려지고 있음.

할 수 없는 것이 있게 마련이다. 한 가지만 말한다면, 정신적인 상실감은 육체적인 고통보다도 훨씬 더 괴로운 법이다. 평민에게는 감옥에 오는 것이 자기에게 알맞은 사회에 오는 것이고, 어쩌면 감옥이 더 발달한 사회일지도 모른다. 그런 사람은 고향이나 가족 등의 전부를 잃는 것이지만, 그의 환경은 그대로 남아 있다. 법률에 따라 평민과 똑같은 형벌을 받게 되는 지식인은 때때로 그와 비교할 수 없을 정도로 많은 것을 잃게 된다. 그는 자기의 중심에 있는 모든 요구와 모든 습관을 자신 속에 억누르고 있어야만 한다. 자기에게 충분하지 못한 환경으로 옮긴다는 것은, 다른 공기로 숨 쉬는 법을 배워야 한다는 말이다. 즉 물속에서 모래 위로 끌려 나온 물고기와 같다……. 그러므로 때로는 모든 사람에게 법률상으로 똑같은 형벌이 그에게는 열 배나 더 고통스러울 것이다. 이것은 진실이다……. 만일 이러한 일이 희생해야 할 물질적인 습관 하나에만 관련이 된다고 하더라도 말이다.

폴란드인들은 아주 특이한 무리를 이루고 있었다. 그들은 늘 여섯 명이 함께 있었다. 그들은 우리 감옥을 통틀어 오직 어느 유대인 한 명만을 좋아했는데, 아마도 그가 그들을 즐겁게 해주는 유일한 사람이기 때문인 것 같았다. 비록 모든 사람이 예외없이 이 유대인을 조롱했지만, 다른 죄수들 중에도 그를 좋아하는 사람들이 있었다. 그는 우리 감옥에서 유일한 유대인이었으며, 나는 지금도 그를 떠올리면 웃지 않을 수 없다. 매번 그를 볼 때마다, 나는 항상 고골의 《대장 부리바》[50]에 나오는 유대인 얀켈을 머릿속에 떠올린다. 얀켈은 한밤중에 아내와 어떤 장롱 속에 들어가려고 옷을 벗었는데, 바로 그 모습이 병아리와 같았다. 그 유대인, 이사이 포미치는 털 뽑힌 병아리와 닮아 있었다. 그는 젊다고는 할 수 없는 쉰 살 정도에, 키는 작고 유약하며 교활했지만 우둔한 구석도 있었다. 뻔뻔스럽고 방자했지만 또한 무척 겁쟁이였다. 얼굴은 온통 잔주름투성이였고, 이마와 뺨에는 죄인 공시대[51]에서 찍힌 낙인

---

50) 도스토옙스키의 인용이 틀린 듯하다. 고골이 《대장 부리바》에서 병아리를 닮은 유대인으로 묘사한 인물은 얀켈이 아니고 붉은 얼굴의 유대인이다. 도스토옙스키는 고골이 묘사한 그 얀켈의 이미지를 바탕으로 유대인의 문제를 다루는 소설을 구상했던 것으로도 알려지고 있음.
51) 죄인들에게 낙인을 찍을 때, 다른 죄수들에게 보이도록 하기 위해 만들어 놓은 단상.

도 있었다. 나는 그가 어떻게 60대의 태형을 견뎌낼 수 있었는지 전혀 이해할
수가 없다. 그는 살인이라는 죄목으로 이곳에 왔다. 그는 그의 동료 유대인들
이 의사로부터 얻은 처방전을 숨기고 있었다. 이 처방전으로 2주일 정도면 낙
인을 지울 수 있는 연고를 구할 수 있었다.

　그러나 그는 이 연고를 감옥에서 사용할 용기는 없었고, 12년의 형기가 끝
나기를 기다렸다가 그것이 끝난 다음, 거주지에 가서 반드시 처방전을 사용하
리라 작정했던 것이다. "그렇지 않으면 결혼을 할 수 없거든." 어느 날 그는 내
게 말했다. "나는 꼭 결혼하고 싶어." 나는 그와 사이가 좋았다. 그는 항상 즐
거운 마음으로 생활했다. 감옥 생활도 그에게는 쉬운 편이었다. 그는 보석 세
공 기술을 익히고 있었는데, 도시에는 보석 세공 기술자가 없어서 그에게 많
은 일거리가 들어왔고, 그래서 힘든 노동에서 면제되곤 했다. 물론 그는 이자
와 저당을 담보로 잡고 감옥 안의 죄수들에게 돈을 빌려 주기도 했다. 그는
나보다 먼저 감옥에 왔는데, 폴란드 사람 가운데 한 명이 그가 처음 감옥에
오던 날을 상세히 이야기해 주었다. 무척이나 우스운 이야기였는데, 나중에
다시 말하겠다. 이사이 포미치에 관해서는 여러 번 이야기하게 될 것이다.

　그 밖에 우리 감옥에는 신학 서적을 많이 읽은 구교도 인이 네 명 있다. 그
중에는 스타로두비에 마을에서 온 노인도 섞여 있었다. 음침한 두세 명의 소
러시아[52]인, 스물셋밖에 안 됐는데 벌써 여덟 명이나 죽인 매부리코에 갸름한
얼굴을 한 젊은 유형수, 화폐 위조범 일당(그들 중 한 명은 우리 감옥의 유일한
익살꾼이었다), 그리고 마지막으로 몇몇 음침하고 험상궂은 인물들로 구성되
어 있다. 이들은 머리를 제멋대로 깎고 입을 다문 채 질투심을 내보이며 증오
에 찬 눈으로 주변을 흘겨보는데, 앞으로 남은 형기도 모두, 그렇게 바라보며
인상을 쓰고 입을 다문 채 증오하면서 살려고 작정한 듯했다. 이 모든 것들은
아무런 기쁨이 없는 내 새로운 삶의 첫날 밤에 내 앞에서 스치듯 빠르게 지
나가는 것일 뿐이다. 연기와 그을음 사이에서, 욕설과 표현할 길 없는 냉소 사
이에서, 악취 나는 공기 속에서, 족쇄의 울림 속에서, 저주와 파렴치한 웃음
속에서 스치듯 빠르게 지나가는 것들일 뿐이다. 나는 나무 침상의 맨바닥에

---

52) 우크라이나 지방을 말함.

내 옷가지를 머리에 베고 누워(그때는 아직 베개가 없었다) 가죽 외투로 몸을 감쌌다. 이 첫날의 모든 이상하고 예기치 않은 인상 때문에 몹시 피로하고 지쳐 있었는데도 오랫동안 잠을 잘 수가 없었다. 그러나 새로운 삶은 이제 시작일 뿐이었다. 결코 생각해 보지도, 미처 예감하지도 못했던 많은 일들이 나를 기다리고 있었다…….

5. 첫 달

감옥에 온 지 사흘이 지나자, 나는 노역에 나가라는 명령을 받았다. 이 첫날의 노동은 비록 일을 하는 도중에 어떤 특별한 일이 일어나지는 않았지만, 오래도록 나의 기억 속에 남아 있었다. 내 경우에는 그렇지 않아도 이상한 일인데, 그것을 고려해 보아도 특별히 변할 것은 아무 일도 일어나지 않았던 것이다.

그러나 이것도 첫인상 중 하나일 뿐이며, 나는 계속해서 모든 사람을 호기심에 가득 찬 눈으로 바라보았다. 첫 사흘 동안은 무척이나 괴로웠다. "이제 내 방랑은 끝이다. 나는 감옥에 갇혀 있다!" 나는 계속해서 되뇌었다. "이곳이 이제 길고도 오랜 세월을 보내야 할 나의 기항지이다. 내가 불신과 병적인 느낌을 받으며 살게 된 내 집인 것이다……. 하지만 누가 알겠는가? 아마도 몇 년이 흘러 드디어 이곳을 떠나야 할 때가 오면, 오히려 이곳을 그리워하게 될지!" 나는 이렇게 덧붙였는데, 거기에는 마치 내 고통을 즐기려 한다든지 내 모든 불행의 크기가 실제로는 어떤 쾌락을 의식하는 것과 같다고 보는, 말하자면 일부러 자기 상처를 자극하는 것을 요구하는 유치한 감정이 뒤섞여 있었다. 때때로 이 방구석에 연연할지도 모른다는 생각이 나를 제일 두렵게 만들고 있었다. 그럴 때면 나는 인간은 이미 이상스러울 정도로 어떤 것에 익숙해지기 쉬운 존재라는 것을 예감할 수 있었다. 그러나 그것은 아직 앞으로의 일일 뿐, 지금으로서는 모든 것이 적대적이며 무서울 뿐이었다……. 물론 모든 것이 그렇지 않다 하더라도 내게는 그렇게 느껴졌던 것이다.

새로이 내 동료가 된 죄수들이 나를 빤히 바라볼 때 드러내는 그 맹렬한 호기심, 갑자기 서로 합심해서 나 같은 귀족 출신 풋내기를 대하는 그들의 무자비한 가혹함, 때로는 증오에 가까울 정도의 난폭함, 이 모든 것들은 한시라도 빨리 나의 모든 불행을 단숨에 깨닫고 맛보기 위하여, 그리고 다른 모든 죄수처럼 어서 그들과 똑같은 궤도에 들어가 삶을 시작하기 위하여 스스로가 먼저 일을 원했을 만큼 나를 괴롭히고 있었다. 물론 그때 나는 많은 것을 깨닫지 못하고 있었으며, 바로 눈앞에서 벌어지는 일조차 의문을 품어 볼 수가 없었다. 적대적인 것들 가운데도 기쁜 일이 있다는 것을 나는 아직 짐작조차 할 수 없었던 것이다.

그러나 내가 바로 그 사흘 동안 만났던 공손하고 상냥한 몇 명의 사람들은 잠시나마 나를 무척이나 격려해 주었다. 어느 누구보다도 내게 상냥하고 친절한 사람은 아킴 아키미치였다. 나머지 음침하고 증오에 찬 얼굴들 가운데에서도 나는 선량하고 쾌활한 사람들 몇몇을 이야기하지 않을 수 없다. '어디에나 나쁜 사람들은 있게 마련이지만, 그 가운데도 좋은 사람이 있는 법이지.' 나는 그렇게 서둘러 스스로를 위로하려 했다. '누가 알겠나? 이 사람들이 감옥 밖에 '남아 있는' 다른 사람들보다 결코 나쁜 사람들이 아닐지도 모른다.' 나는 이런 생각을 해보고 스스로의 생각에 고개를 끄덕였지만, 오, 하느님, 내가 그때 조금만이라도 이러한 생각이 진실이라는 것을 알고 있었다면 얼마나 좋았겠습니까!

예를 들면, 바로 내 곁에 있던 죄수의 일이다. 나는 아주 오랜 시간이 흐른 뒤에야 비로소 알게 되었는데, 그는 내가 감옥 생활을 하는 동안 줄곧 나와 함께, 바로 내 곁에 있었다. 그는 수실로프라는 죄수였는데, 방금 죄수들 중에서도 다른 사람들보다 '나쁘지 않은' 사람들이 있다고 이야기하자마자 무심코 떠오른 인물이다. 그는 내 시중을 들어 주었다. 내 시중을 들어 주는 사람이 또 있었는데, 바로 아킴 아키미치가 첫날서부터 소개해 준 오시프라는 죄수이다. 아킴 아키미치는 만일 내가 급식이 마음에 안 들고 사식을 할 비용만 있다면 그가 날마다 특별 요리를 만들어 줄 것이라고 말했다. 물론 그러기 위해선 한 달에 30코페이카가 필요하다. 오시프는 두 군데 취사장에서 일하던 요리사 네 명 중 하나였다. 요리사는 죄수들이 뽑았는데, 그러한 선거를 받아들이느냐 마느냐는 전적으로 본인의 자유였다. 만일 받아들인다고 해도 그 다음 날에 가서 거절해버릴 수도 있었다. 요리사들은 노역에 나가지 않았으며, 그들의 임무는 빵을 굽고 야채 수프를 끓이는 일이 전부였다. 그러므로 감옥에서는 그들을 요리사라고 부르지 않고, 요리하는 여자라고 불렀다.

그렇다고 해도 그것이 경멸의 의미는 아니었다. 이해심 많고 가능한 한 정직한 사람을 취사장에서 일하도록 선출했으므로, 친근한 농담일 뿐이지 요리사들을 모욕하는 것은 결코 아니었다. 오시프는 거의 언제나 선출되어 몇 년이나 계속해서 요리사 일을 해왔는데, 때때로 울적해지거나 아니면 술을 몰래 들여오고 싶은 기분이 들면 그때서야 비로소 거절을 했다. 그는 주류 밀매를 하다가 이곳에 오게 되었지만, 드물게 정직하고 온순한 사람이었다. 이 사람이 바로 내가 앞에서 말한 그 큰 키의 건장한 주류 밀매업자이다. 그는 모든 것에 겁을 먹고 특히 채찍을 두려워했는데, 온순하고 말수가 적었으며 모든 사람에게 친절하고 어느 누구와도 '결코' 다투지 않았다. 그러나 소심한 주제에 밀매에 대한 정열 때문에 술을 몰래 들여오는 것만큼은 그만둘 수가 없는 사람이었다. 하지만 그가 다른 요리사들처럼 술을 팔았다고는 해도, 큰 위험을 무릅쓸 용기는 없었기 때문에 가진과 같은 규모는 아니었다.

이 오시프와 나는 항상 사이가 좋았다. 자기만의 특별식사를 만드는 데 드는 돈이라 해도 사실 별것이 아니었다. 물론 뒷날에 가서야 거의 조금씩 먹을 수 있었지만 내가 한 달에 사식으로 지출하는 돈은 은화 1루블 정도밖에 되지 않았다. 배가 몹시 고플 때면 모를까 내가 무척이나 싫어하던 관급 빵과 이따금 나오는 수프 값은 별도였다. 나는 주로 하루에 1푼트 정도의 쇠고기를 샀다. 하지만 겨울에는 쇠고기도 2코페이카에 불과했다. 쇠고기를 사러 시장에 가는 것은, 질서를 감독하기 위해 각 감옥마다 한 명씩 배치되어 있던 상이군인들 중 누군가가 하곤 했는데, 그들은 죄수들을 위해 날마다 시장에 물건을 사러 가는 일을 기꺼이 맡아 주었지만, 그렇다고 이 때문에 하찮은 몇 푼 말고는 어떤 보수도 받지 않았다. 그들이 이런 일을 해주는 것은 자신들의 안전을 유지하기 위해서였는데, 그렇지 않고서는 감옥 안에서 마음 놓고 살아나갈 수가 없었으리라고 생각한다. 그런 식으로 그들은 담배와 홍차 또는 녹차의 가루를 쪄서 얇은 판대기 모양으로 눌러 굳힌 차와 쇠고기와 흰 빵 등등을, 오직 술 한 가지만을 제외하고는 다 들여오는 것이었다. 나는 가끔 그에게 술 대접은 하지만 그들에게 술은 부탁하지 않았다. 오시프는 내게 거의 몇 년 동안이나 똑같은 구운 쇠고기 요리를 만들어 주었다. 그가 어떻게 고기를 굽느냐 하는 것은 또 다른 문제이며, 문제는 그것이 아니었다. 놀랄 만한 것은, 내가 오시프와 몇 년을 같이 지내면서 거의 두 마디 이상의 말을 해본 적이 없다는 것이다. 나는 몇 번이나 말을 걸어 보았지만, 그에게는 말을 이어 나갈 능력이 부족한 것인지, 언제나 미소를 지으며 "예, 아니오"라고 대답할 뿐이었다. 태어난 지 만 일곱 살밖에 돼 보이지 않는 이 헤라클레스를 바라볼 때면 이상한 생각이 들었다.

오시프 말고도 나를 도와주는 사람으로는 수실로프가 있었다. 내가 그를 일부러 찾지도 않았지만, 웬일인지 그 자신이 나를 발견하고서 내게 다가왔으므로, 언제, 어떻게 그렇게 되었는지 기억조차 희미하다. 그는 내 세탁을 대신 해주었다. 이를 위해 그는 감옥 뒤에 일부러 큰 구정물 구덩이를 만들어 두고 이 구덩이 위의 관급통에서 죄수용 내의를 빨았다. 그밖에도 수실로프는 나를 즐겁게 해주기 위해서 수천 가지나 될 만한 갖가지 일들을 생각해 내곤 했다. 차를 끓이거나 여러 심부름을 하려고 뛰어가기도 하고, 나를 위해 무엇인가를 찾아오기도 하고, 내 겉옷을 수선해 주기도 할 뿐만 아니라 한 달에 네 번 정도 내 장화에 약칠을 해주기도 했다. 그는 마치 신이 내린 의무라고 생각하듯이 이 모든 일들을 열심히 정성껏 했다. 한마디로, 자기 운명을 내 운명과 연관시켜서 내 모든 일을 떠맡았다. 예를 들면, 그는 결코 "당신에게는 셔츠가 몇 장 있어요, 당신의 윗옷이 찢어져 있군요"라는 식으로 말하는 법이 없었다. 그 대신 언제나 "'우리에게는' 몇 벌의 셔츠가 있고, '우리의' 윗옷이 찢어져 있군요"라고 말했다. 그는 그렇게 내 눈을 바라보고는, 그것이 자기 인생에서 가장 큰 사명이라고 생각하는 것이다. 그는 기술, 혹은 죄수들이 말하는 손재주가 변변치 못해서, 나에게서만 한두 코페이카를 얻어 쓰고 있는 것 같았다. 나는 그에게 푼돈이나마 대가는 지불했고, 그는 항상 아무 소리 없이 만족하고 있었다. 그는 누군가를 위해 일을 하지 않을 수 없는 사람이었으므로 특히 나를 선택한 것 같다. 아마 내가 다른 사람들보다 좀더 호감을 주고 계산이 정직했기 때문인 모양이다.

그는 절대로 부자가 될 수도 없고, 개선될 수도 없으며, 추위가 몰아치는 밤마다 문지방에 서서 소령의 순찰에 대비해 마당에서 나는 모든 소리에 귀 기울이고 있어야 하지만, 이 일로 밤새도록 있어 봐야 은화 5코페이카를 받을 뿐이다. 또 수색이라도 당하는 날에는 모든 것을 압수당하고, 그 대신 등허리로 보상을 해야 하는, 노름판의 파수를 보는 사람들 중 한 명일 뿐이었다. 그들에 관해서는 이미 말한 바 있다. 이런 사람들의 특징은 언제 어디서나 모든 사람 앞에서 자신을 죽이고, 공통의 일에서는 이류는커녕 삼류의 역할밖에 하지 못한다는 것이다. 그들에게 이 모든 것은 이미 천성이었다. 수실로프도 무척 불쌍하고 나약하고 아무런 반응조차 없이 비열하며, 여기서는 아무도 그를 때리지 않는데도 불구하고 천성이 이미 짓밟힌 것 같은 인물이었다. 나는 웬일인지 그가 항상 가여웠다. 그를 보기만 하면 왠지 그런 기분이 들었다. 왜 가여운가는 말할 수 있을 것 같지 않다. 나 역시 그와 이야기를 할 수는 없었지만, 그 또한 말할 수 없는 것 같았다. 아마도 그는 이것이 무척이나 고통스러운 듯했으며, 그래서 그에게 무슨 일을 하라든지, 아니면 어딘가로 뛰어가라고 말하고 나면 그때서야 비로소 생기가 도는 것이었다. 마침내 나는 이렇게 하는 것이 그를 기쁘게 한다고 믿게 되었다. 그는 키가 크지도 작지도 않았으며, 착하지도 악하지도 않았고, 우둔하지도 영리하지도 않았을 뿐더러, 젊지도 늙지도 않은 얼굴에 곰보 자국이 조금 있는 엷은 백발의 사내였다. 그는 결코 한마디로 규정지을 수 없는 사람이었다. 한 가지만 말한다면, 이것은 어디까지나 내 느낌이고 추측에 지나지 않지만, 그는 시로트킨과 같은 부류에 속하는 사람이라는 것이다. 그것도 무기력하고 무책임하다는 점 때문이었다. 죄수들은 가끔 그를 비웃었는데, 가장 큰 이유는 그가 다른 무리들과 함께 시베리아로 오는 도중에 붉은색 셔츠와 은화 1루블을 받고 도중에서 '바꿔치기'를 당했다는 것 때문이었다. 그 보잘것없는 대가를 받고 그가 자신을 팔아버린 것을 죄수들은 비웃는 것이었다. 바꿔치기를 당한다는 것은 어느 누구와 이름이나 운명을 바꾼다는 의미이다. 아무리 이러한 사실이 믿기지 않는다고 해도 그것은 엄연한 사실이다. 우리 시대만 하더라도 이는 시베리아로 이송되어 오는 죄수들 사이에서, 입에서 입으로 전해질 때마다 신성해지고, 알려진 형식에 따라 정해진 효력을 가지며 줄곧 존재하고 있었다. 처음에는 나도 그러한 사실이 도무지 믿기지 않았으나, 결국은 그것이 명백한 사실이라고 믿게 되었다.

이것은 바로 다음과 같은 방법으로 이루어진다. 예를 들어, 죄수들의 무리가 시베리아로 호송되어 가고 있다고 하자. 여러 죄수가 있다. 그러나 감옥으로 가는 자도, 공장으로 가는 자도, 거주지로 가는 자도 갈 때는 모두 같이 간다. 도중의 어딘가에서, 이를테면 페름 현(縣)[53]이라고 치자. 유형수 중 누군가가 다른 사람과 바꿔치기를 하고 싶어한다면, 가령 살인 혹은 다른 중대한 범죄를 저지른 미하일로프라는 사람이 자기에게는 하나도 이로울 것 없는 장기 징역에 끌려 간다고 하자. 만일 그가 교활하고 약삭빠른 사람이라 어떻게 일을 벌여야 할지를 잘 알고 있다면, 그는 무리 중에서 비교적 형벌이 가벼운, 보다 단순하고 온순하며 무기력한 사람들 중 하나를 점찍어 둔다. 몇 년 동안 공장이나 유형지로 가든지, 혹은 짧은 기간만 감옥에 가는 사람을 말이다. 드디어 그는 수실로프를 발견한다. 수실로프는 농노 출신이며, 유형지로 가는 중이다. 그는 이미 1천5백 베르스타나 걸어왔는데, 물론 1코페이카도 없다. 그는 한 번도 돈을 가져 본 적이 없는 사람인 것이다. 그리고 몹시 피곤했다. 지나오는 길에 관급식 말고는 달콤한 것 한 조각조차 먹어 보지 못하고 그저 수의만을 걸친 채, 가련한 돈 몇 푼이라도 벌어 보려고 모든 사람의 수발을 들면서 걷고 있다. 미하일로프는 수실로프와 친하게 지내면서, 다정한 사이처럼 꾸며 마침내 어떤 단계에까지 이르면 그에게 술을 마시게 한다. 그러고는 나하고 역할을 바꾸지 않겠느냐고 말을 꺼낸다. "나는 미하일로프라는 사람으로 이러이러해서 징역을 가는데, 징역이라기보다는 어느 '특별감방'에 가고 있는 것일세. 노역이라 해도 특별한 곳이니까 훨씬 수월할 거야." 특별감방이 엄연히 존재하고 있을 때에도, 심지어 페테르부르크에 있는 관청에서조차도 그것에 대해 모르는 사람이 많았다. 이곳은 시베리아의 벽지 한구석에 위치한 특별하고 외떨어진 감옥이었으며, 죄수도 너무 적어서(내가 있을 때는 70명 정도가 그곳에 있었다) 그곳의 흔적을 찾아내기란 쉽지 않은 일이었다.

　나는 몇 년 뒤에 시베리아에서 일도 하고 시베리아를 잘 알고 있는 자들을 만났는데, 그들 중에서도 '특별감방'의 존재에 대해 내게서 처음 들었다고 말하는 사람들이 많았다. 법전에도 특별감방에 관해서는 불과 여섯 줄밖에 적혀 있지 않았다. '지금부터 극형의 중범들을 수용하기 위해 시베리아에 강제

---

53) 우랄 산맥 서부 볼가 강 유역의 공업 도시. 시베리아 개발에 따라 현재는 기계, 조선, 석유 화학 등의 공업이 발달한 곳이지만, 당시에는 유형지였음.

노동소를 개설할 때까지 어느 한 감옥 안에 특별감방을 설치하도록 한다.' 죄수들조차 이 특별감방에 계속 있어야 하는지, 아니면 일정 기간만 있어야 하는지 알지 못했다. 기간은 명시되어 있지 않았고, 앞으로 강제노동소를 개설할 때까지라고만 했으니까, 아마도 '징역에 따라서'인 것 같았다. 수실로프뿐만 아니라 죄수들 가운데 어느 누구도 이것에 대해 모르는 것이 무리는 아니다. 자기가 저지른 중죄 때문에 이미 3, 4천 베르스타나 걸어왔다는 것을 가늠해 보면서 특별감방에 대해서는 약간의 지식을 갖고 있던 유형수, 바로 그 미하일로프를 포함해서 말이다. 그러므로 그가 좋은 곳으로 갈 리는 없다. 수실로프도 유형을 가고 있었지만, 무엇이 더 나은 것일까? "바꿀 생각 없어?" 이때의 수실로프는 취해 있는데다가 단순해서 자기에게 다정히 대해 주었던 미하일로프에게 고마운 마음으로 가득 차 있어 거절할 생각이 없다. 게다가 그는 다른 죄수들에게서 이름을 바꾸는 게 가능하고 다른 사람들도 바꾼다는 이야기를 이미 듣고 있던 터라, 그것이 결코 이상하거나 들어 보지 못했던 내용은 아니다. 그는 동의를 한다. 양심 없는 미하일로프는 수실로프의 순박함을 이용해서 증인들이 있는 가운데 붉은 셔츠와 은화 한 닢을 주며 그의 이름을 산다. 다음 날 수실로프는 술이 깨지만, 그가 다시 술을 먹인다. 게다가 거절하는 것도 어려웠다. 받은 은화로는 이미 술을 마셔 버렸고, 붉은 셔츠도 조금 지나면 술로 바뀔테니 말이다. 싫으면 돈을 다시 돌려다오. 하지만 수실로프가 어디서 은화 1루블을 구해 온단 말인가? 돌려주지 않으면 조합[54]이 강제로 돌려주게끔 한다. 이런 일에 대해서는 조합이 무척이나 엄격하게 감시하고 있다. 한 번 약속을 했으면 실행하라—이것도 조합의 철칙이다. 아니면 피해를 입는다. 얻어맞든지 혹은 간단히 죽임을 당하든지 최소한 협박을 당하든지 한다.

실제로 이런 경우 만일 조합이 한 번만이라도 그러한 일을 눈감아 주었다면, 이름 바꿔치기는 일상적인 일로 끝나 버리고 말았을 것이다. 이미 돈을 받고서도 약속을 깨거나, 이루어진 거래를 파기한다든지 하면 누가 그 다음에 그러한 약속을 지키겠는가? 한마디로 그것은 조합에 공통적으로 관련되는

---

54) 제정 러시아 시대에 있었던 농민들을 위한 민간 협동 조합으로, 우리의 계와 유사한 성격을 가진 자치 모임이라고 볼 수 있음.

일이기 때문인데, 그래서 나머지 죄수들도 이러한 일에는 엄격했다. 마침내 수실로프도 이제 피할 길이 없다는 것을 알게 되고, 그래서 동의하기로 결심을 한다. 모든 죄수들에게도 이러한 사실을 밝힌다. 그리고 만일 필요하다면, 다른 사람들에게도 선물을 하고 술을 마시게 한다. 물론 그들에게는 모든 것이 매한가지이다. 지옥에 가는 것이 미하일로프이건 수실로프이건 상관이 없는 것이다. 술은 이미 마셨고, 음식도 배불리 먹었으므로, 결국 그들은 잠자코 있을 수 밖에 없다. 다음번에 호명을 할 때 미하일로프 차례가 와서 "미하일로프" 하고 부르면, 수실로프가 "예!"라고 대답한다. "수실로프" 하고 부르면 이번에는 미하일로프가 "예!"라고 대답한다. 그리고 그렇게 지나간다. 이제 누구도 그 일에 관해서는 말을 꺼내지 않는다. 토볼스크에 도착하면, 죄수들을 분류하는데, '미하일로프'는 유형지로 가지만, '수실로프'는 호송병의 엄중한 호위를 받으며 특별감방으로 가게 된다. 이 뒤에는 어떠한 항변도 불가능하다. 게다가 사실 증명할 방법이 있을까? 그런 일은 몇 년이나 계속되는지? 뭔가 유리한 증거가 나올지? 끝으로 증인들은 어느 곳에 있는지? 만일 어딘가 있다고 해도 증언을 거절당할 것이다. 그래서 결과적으로 수실로프는 은화 1루블과 붉은셔츠 한 벌을 받고서 '특별감방'에 오게 된 것이다.

죄수들은 모두 수실로프를 비웃었다. 하지만 그것은 그가 뒤바뀌었다는 것 때문이 아니라(비록 가벼운 노역을 보다 힘든 노역으로 바꾼 사람들에 대해서, 실수로 곤경에 빠진 바보들이라고 모욕을 주는 게 보통이지만), 그가 단지 붉은 셔츠 하나와 은화 1루블만을 받았다는 것 때문이었다. 너무나 보잘것없는 보수이지 않은가? 대개 상당한 금액을 받고 바꿔치기를 해준다. 상대적이기는 하지만, 몇십 루블을 받기도 한다. 그러나 수실로프는 너무나도 무기력해 보였고 개성이 없어서, 비웃을 수조차 없을 정도로 모든 사람에게 하찮은 존재였다.

나는 오랫동안 수실로프와 함께, 벌써 몇 년이나 같이 살았다. 점점 그는 나에게 무척 강한 애착을 보였다. 나도 그것을 느끼지 않을 수 없었는데, 그래서 나 역시도 그와 친숙해지고 말았다. 그러던 어느 날, 그는 무엇인가 내가 부탁한 일을 들어 주지 않고도 내게서 돈을 받아 갔기에, 나는 그만 가혹하게 말하고 말았다. "이봐, 수실로프, 돈만 받아 가고 일은 해주지 않는군." 수실로프는 아무 말 없이 서둘러 내 일을 해주었지만, 갑자기 슬픈 기색을 보이기 시작했다. 그대로 이틀이 흘렀다. 나는 '아마 내가 한 말 때문에 그런 것은 아니겠지' 하고 생각했다. 나는 안톤 바실리예프라는 죄수가 그에게 몇 푼 되지도 않는 빚을 계속해서 독촉하고 있다는 것을 알고 있었다. 그는 아마 돈이 없을 텐데도, 내게 부탁하는 것을 두려워하고 있는 것 같았다. 사흘째 되던 날, 나는 그에게 말했다. "수실로프, 자네 안톤 바실리예프에게 갚을 돈을 내게 부탁하려는 것 아닌가? 가져가게." 그때 나는 침상 위에 앉아 있었고, 수실로프는 내 앞에 서 있었다. 아마도 그는 내가 먼저 자기의 어려운 처지를 생각해 내고, 내가 먼저 돈을 준다고 하자 몹시 놀란 것 같았다. 더욱이 그도 역시 그렇게 생각하고 있었겠지만, 최근에는 나에게서 너무나 많은 돈을 빌려 갔기 때문에 내가 또다시 돈을 주리라고는 기대조차 하지 못했던 것이다. 그는 돈을 바라보다가 이윽고 나를 보더니, 갑작스레 몸을 돌려 밖으로 나가 버렸다. 이 모든 것은 나를 무척이나 놀라게 했다. 뒤를 따라가 보니, 그는 감옥 뒤에 있었다. 그는 감옥의 나무 울타리 부근에서 얼굴을 담장으로 향하고, 한 손 팔꿈치로 머리를 그곳에 기댄 채 서 있었다.

"수실로프, 무슨 일이야?" 내가 물었다. 그는 나를 보려고 하지 않았지만 놀랍게도 나는 그가 울려고 한다는 것을 알았다. "알렉산드르 페트로비치 씨, 생각해 보세요……." 그는 이쪽을 보지 않으려고 애쓰면서 더듬거리는 목소리로 말을 하기 시작했다. "내가 당신을 도운 것은…… 내가……내가…… 그런 게 아니에요!" 그러더니 그는 다시 몸을 나무 울타리 쪽으로 향하더니, 그곳에 이마를 부딪치면서 흐느끼는 것이 아닌가……! 나는 감옥에 들어온 뒤 처음으로 우는 사람을 보았다. 나는 간신히 그를 달랠 수 있었다. 그때부터 그는 가능한 한 더욱 열심히 나를 거들어 주었고 '나를 보살펴' 주기 시작했지만, 거의 눈치챌 수 없는 미미한 표정으로 보아 마음속으로 나의 비난을 결코 용서하는 것 같지 않았다. 다른 사람들은 줄곧 그를 비웃었고, 기회가 있을 때마다 그에게 야유를 보냈다. 그리고 때때로 그에게 심한 욕도 했지만, 그는 그들과 친하고 사이좋게 지냈으며 결코 한 번도 화를 내는 일이 없었다. 그렇다. 아무리 오랫동안 사람을 알고 지낸 뒤라고 해도, 사람을 판별하기란 얼마나 어려운 일인가!

언뜻 보아서는 감옥생활에서 나중에 나타나는 것 같은 실제 모습을 찾을 수 없다. 그렇기 때문에 그 모든 것을 탐욕적이며 강렬한 주의력을 가지고 지켜봐도, 바로 내 코밑의 수많은 일들조차 나는 볼 수 없었다고 말하는 것이다. 당연한 이야기지만, 처음에 나를 놀라게 한 것은 큼직하고 아주 두드러진 현상들이었다. 그러나 차츰 그러한 것들도 나에 의해 올바르게 받아들여지지 않고, 내 영혼 속에서 단지 하나의 괴롭고 희망 없는 슬픈 인상으로만 남아 있는 것이 아닌가 싶다. 그러한 느낌은 A와의 만남으로 더욱 짙어지는 것 같았다. 그는 내가 감옥에 들어오기 전에 감옥에 들어왔으며, 내가 감옥에 온 바로 그 첫날에 고통스러운 인상으로 나를 놀라게 한 죄수였다. 그러나 나는 감옥에 오기 전부터 이곳에서 A를 만날 것이라는 사실을 알고 있었다. 그는 이러한 나의 첫 번째 괴로운 시간에 독을 뿌렸으며, 내 정신적 고통을 늘렸다. 나는 그에 관해 입을 다물고 있을 수가 없다.

그는 인간이 어느 정도까지 추락하고 비열해질 수 있는지, 또 고통이나 후회도 없이 어느 정도까지 자기의 마음속에 있는 모든 도덕적인 감정을 죽일 수 있는지를 보여 주는 가장 혐오스러운 예였다. 앞에서 조금 말했지만, A는 귀족 출신의 젊은이로, 감옥에서 일어나는 모든 일을 소령에게 일러바치고, 그의 졸병인 페즈카와 친하게 지내던 자였다. 그의 경력을 간단히 말하면 다음과 같다. 그는 학교를 마치지 못한 채 그의 방탕한 행동에 놀란 부모들과 다투고, 모스크바를 떠나 페테르부르크로 와서 돈을 벌기 위해 비열하게 밀고를 하기로 마음먹었다. 즉, 그는 가장 야비하고 방탕한 향락에 대한 자신의 억제하기 힘든 욕망을 지체 없이 만족시키기 위해 열 사람의 피를 팔아먹으려고 결심한 것이다. 페테르부르크와 카페와 소시민 근성이 그를 그 지경까지 타락시켰는데, 사람이 멍청하지는 않았는데 그런 부질없고 의미 없는 일에 모험을 걸었던 것이다. 그는 곧 발각되었다. 그 밀고로 죄 없는 사람들까지 말려들게 하거나 다른 사람에게 사기를 친 까닭에, 시베리아의 감옥으로 10년 형기를 받고 유형을 오게 된 것이다. 그는 아직 젊었고, 그에게서 인생은 방금 시작한 것이나 다름없었다. 그의 이런 참혹한 운명의 변화는 그의 천성으로 하여금 어떤 반항이나 곡절을 불러일으키고 타격을 줄 수도 있었을 것이다. 그러나 그는 추호도 동요하는 기색 없이 새로운 자신의 운명을 받아들이고, 조금도 혐오하는 기색 없이 이 운명 앞에서 정신적으로 동요하지 않았다. 다만 카페와 소시민 근성 세 가지에 작별을 고하고 이제는 노동을 해야 할 필요가 있다는 것을 빼고는 결코 이 운명의 어느 것에 대해서도 놀라지 않았다. 오히려 그는 유형수라는 명칭조차도 자기에게 추악하고 비열한 짓을 더 많이 하도록 손을 풀어 준 것처럼 생각하는 듯했다. '유형수는 유형수다. 유형수라면, 비열한 짓을 한다고 해도 상관없고 부끄러울 일도 없지 않은가.' 이것이 문자 그대로 그의 견해였다. 나는 이 추악한 존재를 마치 하나의 이상 현상처럼 기억한다. 내가 몇 년 동안이나 살인자들과 탕자들과 유명한 악당들 사이에서 살아왔지만, 단언하건대 내 인생에서 A처럼 도덕적으로 완전히 타락하고 철저하게 방탕하며 파렴치하고 비굴한 사람은 한 번도 만난 적이 없다.

우리 감옥에는 부친을 살해한 귀족 출신의 죄수도 있다. 그에 관해서는 언급을 했지만, 그조차 여러 특징과 사실들로 미루어 볼 때, A와 비교조차 할 수 없을 정도로 훨씬 선량하고 인간적이라고 확신한다. 감옥 생활을 하는 동안 나의 눈에 비친 A는 이빨과 위장을 가진 그지없이 무례하고 가장 짐승 같은 육체적 향락의 억제할 수 없는 욕망을 가진 하나의 고깃덩어리로 보였다. 그리고 제일 작고 하찮은 것일지라도 향락을 만족시키기 위해서라면 그는 가장 냉혹한 방법으로 모든 사람들을 죽일 것이라는 생각이 들었다. 한마디로 그는 무슨 짓이든 할 사람이다. 내가 결코 과장하는 것이 아니다. 나는 A를 잘 알고 이것은 내적인 어떤 규범, 어떤 계율로도 억제되지 않는 인간의 육체적인 측면이 어디까지 도달할 수 있는가 하는 예일 뿐이다. 그의 비웃음 섞인 미소를 바라보는 것이 얼마나 혐오스러웠는지 모른다. 그는 괴물이자 도덕적인 콰지모도[55]였다. 게다가 교활하고 영리한 데다가 잘생기고 어느 정도 교양도 있고 능력도 있었다. 그러나 이런 인간이 사회에 존재하느니, 차라리 화재나 질병이나 기근이 그보다는 더 낫다! 감옥에서는 모든 사람들이 비열해져서 스파이 짓이나 고자질이 성행하고 있으며, 죄수들이 결코 이 때문에 화를 내는 법은 없다고 내가 이미 말한 바 있다.

그러기는커녕 죄수들은 모두 그와 무척이나 친근해서, 우리들과는 비교도

---

55) 빅토르 위고의 작품 《파리의 노트르담》에 등장하는 추한 꼽추.

안 될 정도로 그에게 친절하게 굴었다. 우리의 술주정뱅이 소령이 그에게 베푸는 자비는 죄수들이 볼 때, 뜻과 무게를 더해 주고 있었다. 그는 소령에게 자기가 초상화를 그릴 수 있다는 것을 믿게 했고(죄수들에게는 자기가 근위대 중위였다고 믿게 했다), 그래서 자기의 초상화를 그리게 하기 위하여 그를 자기 집에서 일하도록 하였다. 거기서 그는 자기 주인에 대해서, 결과적으로는 모든 사람들과 감옥 안의 모든 것에 대해서 막대한 영향력을 행사하던 졸병 페즈카와 친하게 되었던 것이다. A는 소령의 요구에 따라 우리를 염탐하는 노릇을 했지만, 소령은 술에 취해 A의 뺨을 때릴 때면 그에게 스파이니 밀고자니 하며 욕을 했다. 실컷 때리고 나서 소령은 의자에 앉아 A에게 계속해서 초상화를 그리라고 명령하는 일이 자주 있었다. 소령은 아무래도 자기가 들은 바처럼 A가 브률로프[56]에 견줄 만한 유명한 화가라고 실제로 믿는 것 같았지만, 그럼에도 그의 뺨을 때릴 권리가 있다고 생각하는 것 같았다. 말하자면 네가 예술가라고 하더라도 지금은 유형수가 아닌가, 설령 진짜 브률로프라 하더라도 내가 너의 상관이라는 것에는 변함이 없다는 식으로 말이다. 게다가 그는 A에게 장화를 벗기라고 시키고, 침실에서 요강과 같은 여러 가지 단지를 내오게도 했는데, 그러면서도 A가 위대한 예술가라는 생각은 오랫동안 저버리지 못하는 것 같았다. 초상화 제작은 계속 미루어져서 거의 1년 가까이 되었다. 마침내 소령은 자기가 속고 있음을 짐작하게 되었는데, 초상화가 끝날 기미는 커녕 날이 갈수록 오히려 자기와는 전혀 닮지도 않은 모습이 그려지는 것을 확실히 깨닫자, 그는 화가 치밀어 예술가를 두들겨 패고 벌로 감옥에서 제일 힘든 노역을 시켰다. A는 실망한 모양이었다. 그는 할 일 없이 놀던 날들과 소령의 식탁에 음식을 차리는 것, 친구인 페즈카, 그리고 그와 함께 둘이서 소령의 부엌에서 궁리해내던 모든 향락과 헤어지는 것이 몹시 괴로웠다. 소령은 A를 쫓아 버리면서 M을 구박하는 것도 그만두었다. A는 줄곧 M을 소령에게 모함했는데, 그 사연은 이렇다.

A가 감옥에 왔을 때 M은 외톨이였다. 그는 무척이나 울적해 있었다. 다른 죄수들과는 전혀 이야기를 하지 않았을 뿐만 아니라, 그들을 항상 공포와 혐

---

56) 페테르부르크에서 활동하던 사실주의풍의 러시아 화가(1799~1852).

오에 찬 듯한 눈길로 바라보았다. 그리고 그는 죄수들 속에 있는, 자신과 친밀하게 지낼 수 있게끔 해주는 모든 것을 신경 쓰지도 않고 죄수들과 어울리려고도 하지 않았다. 죄수들도 똑같은 증오심으로 그를 대했다. 대개 감옥에서 M과 같은 사람들의 입지는 무척이나 어려웠다. M은 A가 무슨 이유 때문에 감옥에 오게 되었는지를 몰랐다. 반대로 A는 M의 됨됨이를 벌써 짐작하고, 이내 그에게 자기가 이런 곳에 유형 온 것은 밀고와는 정반대되는, M이 유형 온 것과 거의 동일한 이유 때문에 자기도 감옥에 온 것이라는 사실을 M이 곧바로 믿게 했다. 그러자 M은 마음을 터놓을 친구가 생겨 무척이나 기뻤다. M은 A의 뒤를 따라다니며 감옥에 들어 온 첫날부터 그가 굉장히 고통을 당할 것이라고 생각하면서 그를 위로했다. 그리고 그에게 자기의 마지막 남은 돈까지 주어 가면서 먹을 것을 주기도 했을 뿐만 아니라, 필요한 물건들을 그와 나눠 쓰기도 했다. 그러나 A는 그가 선량한 사람이며 모든 종류의 비열한 짓을 혐오스럽게 바라본다는 것 때문에, 즉 그가 자기와는 전혀 다른 사람이라는 것 때문에 그를 증오하기 시작했다. 그리고 M이 그전에 감옥과 소령에 관해 자기에게 했던 모든 말을 A는 기회가 생기자마자 서둘러 소령에게 고자질했다. 소령은 이 때문에 M을 미워하고 구박했는데, 만일 사령관이 제지하지 않았다면 아마도 그를 불행하게 만들었을지도 모른다. 나중에 M이 A의 비열한 짓을 알았을 때, A는 조금도 당황하지 않았을 뿐만 아니라, 일부러 그의 앞에서 그를 비웃는 듯한 시선을 보냈다. 이런 일은 아마도 그에게 쾌감을 가져다주는 듯싶었다. 나에게도 M 자신이 이것을 몇 차례나 말한 바 있다. 이처럼 짐승같이 비열한 인간은 나중에 죄수 하나와 호송병과 같이 탈주를 하기도 했지만, 이 탈주에 관해서는 뒤에 가서 말하기로 하겠다. 처음에 그는 내가 자기의 이력에 대해 아는 바가 없는 줄 알고 내게 무척이나 아부를 했다. 다시 반복하면, 그는 내 감옥생활의 첫날부터 내게 깊은 우수를 느끼게 만들었다. 그 속으로 빠져들어 강하게 느낄 수 있었던 그 무서운 비열함과 추악함에 나는 몸서리가 쳐졌다. 그래서 이곳의 모든 것이 그처럼 비열하고 추악하다고 생각했지만, 그것은 나의 실수였다. A를 기준으로 모든 것을 판단했기 때문이다.

처음 사흘 동안 나는 참을 수가 없어서 감옥을 배회했고, 내 침상 위에 누위 있기도 했다. 또 아킴 아키미치가 내게 소개해 준 믿을 만한 죄수에게 감옥에서 배급해 준 천으로 루바시카를 지어 달라고 부탁도 하고(물론 돈을 주었는데, 셔츠 한 벌당 몇 코페이카 정도를 준다), 아킴 아키미치가 집요하게 권해 밀가루 전처럼 아주 얇은 요(펠트 천으로 만들고, 아마포로 가장자리를 꿰맨)와, 조잡한 양털로 만들어 아직 익숙해지지 않아 불편하기 짝이 없는 베개를 마련하기도 했다. 아킴 아키미치는 내게 이 모든 물건들을 마련해 주느라 무척 분주했으며, 그 자신도 그 일을 거들고 내가 다른 죄수들에게서 사들인 헌 바지나 윗도리에서 모은 낡은 관급 천 조각들로 담요를 직접 만들어 주기도 했다. 관급품들은 기한이 지나면 죄수들의 사유품이 되었으므로, 아무리 그것들이 닳아빠진 물건이라고 해도 내놓으면 몇 푼이라도 벌 수 있다는 희망이 있었기 때문에, 그것들은 감옥에서 곧바로 매매되었다. 처음에 나는 이러한 일에 무척이나 놀랐다. 대체로 이것이 내가 일반 민중과 처음으로 부대낀 시간이었다. 나 자신도 갑작스레 그들과 같은 보통 사람들이자, 그들과 다름없는 유형수가 되어 버린 것이다. 본질적으로 받아들인 것은 아니었지만, 적어도 법률적으로는 그들의 습관과 생각과 의견과 관습이 마치 나의 것이 되어 버린 듯했다.

　나는 이러한 것들을 이미 알고 있었고 듣기도 했지만, 마치 이전에는 이러한 것들에 대해 결코 의아해 하지도 않았고 소문조차 들어 본 적이 없는 것처럼 놀라고 당황스러워했다. 그러나 현실은 지식과 소문에 비해 전혀 다른 인상을 만들어 내고 있었다. 내가 이전엔 그런 물건들도, 그런 닳아빠진 헌 옷들도 물건 축에 낄 수 있다고 생각이나 했을까? 그런데 지금 나는 이런 다 닳아빠진 헌 옷으로 내 담요를 만들고 있지 않는가! 어떤 종류의 천이 죄수의 옷을 만드는 데 쓰이고 있는지는 상상조차 어렵다. 얼핏 보면 그 천은 마치 실제로 병사용의 두툼한 천 같아 보이지만, 낡기 시작하면 일종의 그물처럼 변해서 무참하게 찢어지고 만다. 더욱이 이 천으로 만든 의복은 1년 단위로 지급되는데, 이 기간 동안 계속해서 입기란 무리였다. 죄수들은 노역을 하고 무거운 것을 나르기 때문에 옷이 곧 닳아서 해지는 것이다. 가죽 외투도 3년에 한 번 배급되는데, 그것은 이 기간 동안 옷으로도 담요로도 요로도 쓰이는 것이 예사였다. 비록 3년 동안의 기한이, 즉 착용 기한이 끝나 갈 때쯤이면 누더기 아마포로 기운 가죽 외투를 입은 사람들을 심심치 않게 볼 수 있었지만, 그래도 이 가죽 외투는 질긴 편이었다. 정해진 기간을 넘기고 꽤나 닳아빠진 것이라고 해도 가죽 외투는 은화 40코페이카에 매매되었다. 보존 상태가 좋은 것은 은화 60이나 70코페이카에 팔리기도 했는데, 감옥에서 이 액수는 아주 큰돈이었다.

이미 앞에서도 말했듯이, 돈은 감옥에서 가공스러운 의미와 힘을 가지고 있다. 단호히 말할 수 있는데, 감옥에서 조금이라도 돈을 가진 죄수는 돈이 전혀 없는 죄수의 10분의 1도 고통스럽지 않게 산다. 돈을 가지고 있지 않아도 관리들처럼 모두 관급품을 배급받는데 무슨 돈이 필요하냐고 말할 수도 있다. 그러나 만일 죄수들이 자기 돈을 가지고 있을 모든 가능성을 박탈당한다면 그들은 미쳐 버리거나 혹은 파리처럼 죽어 버릴 수도 있으며(모든 것이 배급됨에도 불구하고 말이다), 혹은 들어 보지도 못한 흉악범이 될지도 모른다. 어떤 사람은 외로운 나머지, 아니면 어떤 사람은 될 수 있는 대로 빨리 형을 받고 없어지기 위해서, 혹은 '운명을 바꾸기 위해서'(죄수들 용어를 빌리자면) 그럴 수도 있다는 말이다. 만일 피땀을 흘려 몇 푼을 벌거나 혹은 가끔 절도나 사기를 동반한 비상한 교활함을 발휘해 돈을 벌려고 마음먹은 죄수가 있다면, 그래서 그가 동시에 아무 생각 없이 어린아이들처럼 무의미하게 그 돈들을 낭비해 버렸다고 해도, 비록 언뜻 보기에는 그렇게 보일지도 모르지만, 이것이 그가 돈의 가치를 과소평가하는 것을 입증하는 것이라고는 결코 볼 수 없다. 죄수들은 경련을 일으키고 이성이 흐려질 만큼 탐욕스럽다. 만일 그들이 방탕할 때 실제로 돈을 나무 조각 내버리듯이 던져 버린다면, 그것은 돈 이상으로 생각하고 있는 어떤 것을 얻기 위하여 던져 버리는 것이라고 볼 수 있다.

죄수들에게 돈 이상의 것이란 무엇인가? 그것은 자유, 혹은 자유에 관한 어떤 동경 같은 것이다. 죄수들은 공상을 좋아한다. 이것에 관해서는 나중에 이야기하겠지만, 한마디하고 싶은 것이 있다. 믿을지 모르겠지만 나에게, '20년 형'을 선고받은 죄수가 아주 조용히 이렇게 말한 적이 있다. '잠깐만 기다려 봐, 신이 도우셔서 형기만 끝나면, 그때는…….' '죄수'라는 말의 의미는 자유의지가 없는 인간이다. 그러나 돈을 쓰면서 죄수는 벌써 '자기의 자유대로'

행동하는 것이다. 어떠한 낙인이나 족쇄가 있다고 해도, 그에게 신의 세계를 가로막고 마치 우리 속에 갇힌 짐승처럼 둘러싸는 저주스러운 감옥의 울타리가 있다고 해도, 그는 술을, 엄중히 금지된 향락을 얻을 수 있고 여자를 얻을 수도 있으며, 때때로(항상 그런 것은 아니지만) 그가 어기는 법률과 규율을 못 본 체해 줄 수 있는 가까운 간수나 상이군인, 하사관을 매수하기까지 했다. 그 밖에 그들 앞에서 우쭐대기까지 하는데, 죄수들은 뽐내는 것을 무척이나 좋아해서 동료들 앞에서 자기를 내세우며 '한순간'만이라도 자신이 많은 자유와 힘을 가지고 있다는 것을 자기 스스로도 확신하고 싶은 것이다. 한마디로 말하면 방탕할 수도 망나니 짓을 할 수도 있고, 또 누군가를 파멸시킬 정도로 화나게 할 수도 있을 뿐 아니라, 자기는 이 모든 것을 '내 생각대로 할 수 있으며', 이 모든 것이 '자기 손아귀'에 있다는 것을, 즉 그런 것은 돈이 없는 자들은 생각조차 할 수 없다는 것을 스스로도 확신하고 싶은 것이다. 그런데 그 때문에 죄수들에게서는 술에 취하지 않았을 때도 거드름과 오만, 그리고 헛된 망상이기는 하지만 자기 개성의 우습기만 한 외적인 허세에 기울어지는 일반적인 경향을 찾아볼 수가 있었다. 마지막으로, 이 모든 소란에는 그만한 위험이 따른다. 말하자면 이 모든 것은 인생의 어떤 환영과 자유에 대한 요원한 환영을 가지고 있다는 뜻이다. 하지만 자유를 얻으려면 어떤 것이든 넘겨주지 못할까? 어떤 백만장자의 목이 올가미로 죄어질 때, 단 한 숨의 공기를 위해 자기의 모든 재산을 내놓지 않을까?

몇 년 동안이나 얌전하게 모범적인 생활을 하고, 칭찬할 만한 품행으로 죄수들의 대표가 되기도 한 어떤 죄수가, 별안간 이유도 없이 마치 마귀에라도 씌인 듯이 농담을 해대고 술을 마시고 방탕해지고 망나니 짓을 한다. 때로는 이유도 없이 갑자기 형사적인 범죄까지 저지른다면, 혹은 상관에게 노골적으로 불손한 짓을 한다든지, 사람을 죽이고 폭력을 쓰든지 하면 간수들도 놀라고 만다. 그를 보기만 해도 놀라는 것이다. 하지만 그런 일을 저지르리라고 조금도 생각지 못했던 그 사람의 이러한 돌발적인 폭발의 모든 이유는, 한 개성의 우울하고 경련과도 같은 표명이며 자기 자신에 대한 본능적인 우수이자, 갑작스레 나타나 증오와 광분과 이성의 혼미와 발작과 경련에까지 도달하고 마는 자기의 억눌린 개성을 드러내고자 하는 바람인지도 모른다. 산 채로 매장되어서도, 그 속에서 깨어나 관 뚜껑을 두드리고 그것을 열려고 애를 쓸지도 모른다. 비록 그의 모든 노력이 헛된 일이라는 것을 그의 이성은 납득하고 있더라도 말이다. 그러나 거기에 이성은 없다. 경련만이 있을 뿐이기에 그것이 문제이다. 죄수에게서 거의 모든 자의적인 개성의 표명은 죄로 여기게 된다는 것을 다시 한 번 생각하기로 하자. 그러한 경우 표명이 작건 크건 간에 그것은 매한가지이다. 술을 마신다면 끝까지 마시면 되고, 위험을 무릅쓴다면 심지어는 살인까지도 하는 것이다. 그러므로 오직 시작하는 길만이 있다. 사람은 일단 한번 행동을 하고 나면 결코 자제할 수 없게 마련이다! 그렇기 때문에 어찌 되었건 그 지경까지 절대로 가지 않는 편이 좋다. 그것이 누구에게나 안심이 되는 것이다.

좋다, 그러나 어떻게 이처럼 할 수 있을 것인가?

6. 첫 달(계속)

감옥에 들어올 때 나는 얼마간의 돈을 가지고 있었다. 도난당하지 않을까 하는 걱정 때문에 수중에는 조금밖에 가지고 있지 않았지만, 만일의 경우를 대비해서 숨겨 두었다. 감옥에 가지고 들어올 수 있는 성서 표지 뒤에 몇 루블을 붙여 두었던 것이다. 속에 돈을 붙여 두었던 그 책은, 내가 토볼스크의 감옥에서 10여 년의 형기를 보내면서 같은 고통을 당하고, 모든 불행한 사람들을 오래 전부터 형제로 보는 데 익숙해진 사람들이 내게 준 것이었다. 시베리아에는 '불행한 사람들'을 형제처럼 보살펴 주고, 마치 피를 나눈 자식인 양 아무런 사심 없이 성스러울 정도로 그들을 동정하고 불쌍히 여기는 것을 자기 일생의 사명처럼 여기는 사람들이 거의 언제나 끊이지 않고 있었다. 여기서 나는 짤막하게나마 어느 한 만남에 관해 떠올리지 않을 수 없다. 우리 감옥이 위치한 도시에는 한 부인이 살고 있었다. 나스타샤 이바노브나라는 미망인이었다. 우리 감옥에 살고 있는 사람들 중 어느 누구도 그녀와 개인적인 인사를 나눌 수는 없었다. 그녀는 자기 일생의 사명으로 유형수들을 돕는 것을 선택한 것처럼 보였는데, 누구보다 우리를 진심으로 대해 주었다. 그녀의 가정에도 이와 유사한 불행이 있었거나, 혹은 그녀가 소중하게 생각하고 가깝게 지내던 사람들 중 누군가가 같은 죄를 지어 고통을 받았는지도 모르지만, 그녀는 우리를 위해 할 수 있는 모든 것을 하는 것이 특별한 행복이라고 생각하는 듯했다. 물론 그녀는 가난했기 때문에 많은 일을 할 수는 없었다. 그러나 우리는 감옥 안에 있으면서도, 감옥 밖에 우리에게 가장 충실한 친구가 있다는 것을 느낄 수 있었다.

그녀는 우리가 필요로 했던 소식들을 우리에게 자주 전달해 주곤 했다. 감옥에서 나와서 다른 도시로 향할 때 나는 그녀의 집에서 머물 수 있었으며, 개인적으로도 그녀와 인사를 나눌 수 있었다. 그녀는 도시 근교에 있는 가까운 친척 집에서 살고 있었다. 그녀는 젊지도 않았지만 늙지도 않았으며, 미인이라고는 할 수 없으나 추하지도 않았다. 우리는 그녀가 현명한지, 교육을 받았는지조차 알 수 없었다. 다만 그녀가 발걸음을 옮길 때마다 하나의 끝없는 선량함과 남을 위하여 무엇인가 반드시 즐거운 일을 해야 하고, 기쁨을 주고 위안을 주어야 한다는 억제하기 어려운 욕망만이 눈에 띌 뿐이었다. 또한 이 모든 것은 그녀의 고요하고 선량한 눈길 속에서도 찾아볼 수 있었다. 나는 감옥의 동료들 중 다른 한 사람과 함께 그녀의 집에서 거의 저녁 시간 내내 같이 보낸 적이 있었다. 그녀는 끊임없이 우리의 눈을 바라보면서 우리가 웃으면 같이 웃고, 우리가 무슨 말을 하든 모든 것에 성급히 동의하려고 했으며, 자신이 할 수 있는 것 이상으로 우리들을 접대하려고 분주했다. 그녀는 차와 전채[57]와 당과를 내왔다. 만일 그녀에게 다른 어떤 것이 수천 가지가 있었다면, 그녀는 틀림없이 우리를 보다 더 잘 대접할 수 있고, 감옥에 남아 있는 우리의 동료들을 위로할 수 있다는 이유만으로도 기뻐했을 것 같다.

헤어질 때, 그녀는 우리에게 기념으로 담뱃갑을 하나씩 주었다. 이 담뱃갑은 그녀가 우리를 위해 직접 마분지를 붙이고(그것들을 어떻게 붙였는지는 말할 수 없지만), 거기에 초등학교용 산수책 겉표지를 만든 것과 같은 색종이를 덧붙여 만든 것이었다(어쩌면 실제로 어떤 산수책 표지를 잘라 붙인 건지도 모르겠다). 그 담뱃갑 주위에는 멋을 내느라 금종이로 가늘게 가장자리를 붙여 놓았는데, 이 금종이를 구하러 그녀는 아마도 일부러 가게까지 가서 사왔을 것이다. "당신들은 담배를 피우시기에 혹시 필요하실까 해서요······." 그녀는 우

57) 러시아어로 자쿠스카라 불리는 전채는, 식사 전 식욕을 돋우기 위해 먹는 일종의 야채 샐러드임.

리 앞에 변변치 못한 선물을 내놓는 것이 미안하다는 듯이 머뭇거리면서 말했다……. 이웃에 대한 가장 숭고한 사랑은 동시에 가장 커다란 이기주의라고 하는 사람들도 있다(나는 이런 말을 듣기도 하고, 읽기도 했다). 그러나 그녀에게도 이기주의라는 것이 있는지 나는 도무지 이해할 수가 없었다.

나는 감옥에 들어올 때 결코 많은 돈을 가지고 들어온 것은 아니었지만, 감옥 생활을 시작하자마자 나를 속이며 나에게 두 번, 세 번, 심지어 다섯 번이나 돈을 빌리러 왔던 죄수들에게도 심하게 화를 낼 수가 없었다. 그러나 이것만은 확실하게 말하는데, 이 모든 사람들이 그들의 얄팍한 교활함으로 내가 돈을 다섯 번이나 빌려 줘서 틀림없이 나를 얼간이나 바보로 생각하며 비웃었을 것이기에 나도 무척이나 화가 났다. 그들은 내가 그들의 거짓말이나 교활함에 속아 넘어갔다고 틀림없이 생각했겠지만, 내가 반대로 그런 부탁을 거절하고 그들을 쫓아 버렸다면, 틀림없이 그들은 나를 매우 존경하게 되었을 것이다. 나는 그렇게 확신하고 있다. 그러나 화가 나더라도 나는 거절할 수가 없었다. 내가 화가 났던 것은, 앞으로의 감옥 생활을 어떻게 해나가야 할지, 혹은 더욱 정확히 말하자면 그들과 어떤 관계를 맺으며 살아가야 할지 첫날부터 신중하게 곰곰이 생각하고 있었기 때문이다. 나는 이 모든 환경이 완전히 미지의 것이며, 내가 완전한 암흑 속에 있다는 것을, 그리고 이러한 암흑 속에서는 몇 년도 살 수 없다는 것을 느꼈다. 결국 마음의 준비를 할 필요가 있었다. 물론 나는 무엇보다도 먼저 내 마음의 감정과 양심이 이끄는 대로 솔직하게 행동해야겠다고 결심했다. 그러나 나는 이것도 단순한 경구에 불과한 것일 뿐, 내 앞에는 예기치 않은 실제의 문제들이 나타나리라는 것도 알고 있었다.

그러므로 이미 앞에서 언급했듯이, 주로 아킴 아키미치가 편의를 봐 주던 감옥 안에서의 내 자신의 처신에 대한 이 모든 사소한 염려에도 불구하고 어느 정도는 기분 전환이 되었지만, 두렵고 에는 듯한 우울함이 점점 더 나를 괴롭히기 시작했다. 때때로 황혼 무렵, 노역에서 돌아와 감옥에서 취사장으로 다시 취사장에서 감옥으로 천천히 감옥의 광장을 따라 어슬렁거리고 있는 죄수들을 감옥의 계단 위에서 바라보면서, 나는 '죽음의 집이다!'라고 스스로에게 말하곤 했다. 그리고 그들을 바라보면서 나는 그들의 얼굴과 행동으로 그들이 어떤 사람들이고, 어떤 성격을 가지고 있는지 알아보려고 애썼다. 그들은 내 앞에서 이맛살을 찌푸리거나 아니면 무척 쾌활한 듯이 거닐었으며(이 두 가지 유형이 가장 눈에 띄며, 죄수들의 특징이라고도 할 수 있었다), 욕을 하거나 단순히 대화를 나누거나 아니면 생각에 잠긴 듯 혼자 조용하게 거닐곤 했는데, 어떤 사람들은 피곤하고 권태로운 모습으로, 또 어떤 사람들은(이곳에서조차!) 우월감에 찬 거만한 모습으로 모자를 비스듬히 쓰고 양털 외투를 걸친 채 뻔뻔스럽고 교활한 시선에 철면피 같은 비웃음을 지으며 주위를 둘러보는 자도 있었다. '이 모든 나의 환경은, 즉 나의 현재 세계는,' 나는 생각했다. '좋든 싫든, 그와 더불어 살아야 한다……' 나는 혼자 있는 것이 싫어서 자주 차를 같이 마시곤 했던 아킴 아키미치에게 그들에 관해서 여러 번 물어보려고 했다. 덧붙이자면, 내가 처음 감옥 생활을 하던 시기에는 차가 거의 유일한 식사였다. 차를 거절하는 법이 없던 아킴 아키미치는 M이 내게 잠시 빌려 준, 손수 만들어 우스꽝스러운 작은 양철 사모바르[58]를 직접 준비하기도 했다. 아킴 아키미치는 주로 차를 한 잔만 마셨는데 (그는 자기 잔도 여러 개 가지고 있었다) 조용히 단정하게 차를 마시고는 내게 잔을 돌려주면서[59] 고맙다고 말하며, 곧바로 내 담요를 마무리하려고 일을 시작하는 것이었다. 그러나 그는 내가 알고 싶어하는 것은 말해 주지도 않았을 뿐더러, 내가 무엇 때문에 그렇게 우리 주변에 있는 가까운 죄수들의 성격에 관심을 갖는지 이해할 수 없었기에, 왠지 모를 교활한 미소를 지으며 내 말을 들을 뿐이었다. 이 엷은 미소는 잊혀지지가 않는다. '아니다, 물어보아서 될 일이 아니다. 스스로 겪어 보아야 할 일인 것이다.' 나는 그렇게 생각했다.

나흘째 되던 날은 내가 족쇄를 바꾸러 갔을 때처럼, 죄수들은 아침 일찍부터 감옥 출입문 옆의 초소 앞 광장에 두 줄로 열을 지어 서 있었다. 앞에는 병사들이 죄수들과 얼굴을 맞대고, 그리고 뒤에도 병사들이 실탄을 장전하고, 칼을 꽂은 총을 들고 한 줄로 서 있었다. 병사들은 만일 죄수가 도망치려고 한다면 그들을 사살할 권리가 있었다. 그 대신, 극히 필요한 경우가 아니면 발

---

58) 러시아 고유의 차 끓이는 주전자. 구리 또는 황동으로 되어 있으며, 밑부분에는 나무를 태워 물을 끓일 수 있도록 만들어 두었음.

59) 더 이상 차를 바라지 않는다는 표현임.

포에 대한 책임을 져야 했다. 죄수들의 공개적인 폭동의 경우도 마찬가지였다. 그러나 누가 대놓고 도망을 치려고 생각이나 할 수 있겠는가? 기사(技師)인 공병 장교와 공병 하사관들과 작업 감독관들이 나타났다. 점호를 마치자 재봉 공장으로 가는 죄수들의 일부가 제일 먼저 떠났다. 공병 간수들은 그들과 관계가 없었다. 그들은 보통 노역에서는 독립되어 감옥에서 필요한 모든 의복을 만들고 있었다. 그 다음에는 작업장에서 일하는 죄수들이 떠났고, 또 그 다음에는 주로 잡일을 하는 죄수들이 떠났다. 다른 20명 가량의 죄수들 틈에 섞여 나도 떠났다. 요새 뒤편의 얼어붙은 강 위에 관용 짐배가 두 척 있었다. 쓸모없는 배였지만, 오래된 목재일지라도 못쓰게 되기 전에 분해할 필요가 있었던 것이다. 그러나 이처럼 오래된 재목들은 거의 가치가 없어서 아무런 쓸모도 없었다. 장작이라면 도시에서도 아주 헐값에 사들일 수 있었고, 주위에는 숲도 무척 많았다. 단지 죄수들을 놀릴 수가 없었으므로 일을 내보내는 것이었는데, 죄수들도 그것을 잘 알고 있었다. 그러한 일을 하러 갈 때면 죄수들은 축 늘어지고 권태로운 표정을 지었지만, 만일 일 자체가 요령이 필요하고 가치가 있는 것일 때, 특히 일정한 시간의 한계를 두고 맡겨지는 일이라면 사정은 전혀 달라지게 된다. 그러한 경우에 죄수들은 마치 무엇인가에 영향을 받아, 비록 어떠한 이득도 자신에게 전혀 돌아오는 일이 아니더라도, 조금이라도 일을 빨리 끝내려고 있는 힘을 다 쏟았다. 이런 일은 몇 번이나 봤다. 여기에는 그들의 자존심도 한몫 하게 된다. 하지만 필요보다는 오히려 형식 때문에 하게 되는 지금과 같은 일은 시한 내에 하겠다고 요구하기도 어려운 까닭에, 오전 열한 시가 되어 감옥으로 돌아가라는 신호를 알리는 북소리가 들릴 때까지 꼬박 일을 해야 한다. 따뜻하고 안개가 자욱한 날이어서 눈도 조금씩 녹아내리고 있었다. 비록 옷 밑에 가려 있었지만, 걸을 때마다 가늘고 날카로운 금속성 소리를 울리는 쇠사슬을 철거덕 철거덕 끌며, 우리는 요새 너머의 강변으로 향하고 있었다. 두세 명은 병기창고로 필요한 도구를 가지러 가려고 헤어졌다. 나는 다른 사람들과 함께 가고 있었는데, 왠지 힘이 솟는 것 같았다. 노역이 어떤 일인지 빨리 알고 싶었던 것이다. 죄수들의 노역이란 어떤 것일까? 나는 어떻게 내 인생에서 처음으로 노역을 할 것인가?

　나는 이 모든 것을 상세히 기억하고 있다. 도중에 우리는 턱수염을 기른 어떤 사람을 만났는데, 그가 가다 말고 멈춰 서서 호주머니에 손을 집어 넣자, 우리 죄수들 무리에서 한 명이 재빨리 다가가 모자를 벗어 들고 5코페이카의 적선을 받아서 다시 민첩하게 자기 자리로 되돌아왔다. 그 사람은 성호를 긋고 다시 자기의 길을 향했다. 그 5코페이카는 그날 아침에 흰 빵으로 바뀌어 우리 모두에게 골고루 나뉘어졌다.

이 죄수들의 무리 중에는 언제나 침울하고 말이 없는 사람들도 있었고, 냉담하고 무기력한 사람들도 있었을 뿐만 아니라, 자기들끼리 권태롭다는 듯이 지껄이고 있는 사람들도 있었다. 한 사람만 웬일인지 무척이나 기쁘고 즐거워서 노래를 불렀으며, 길에서 춤이라도 출 것처럼 한 걸음씩 뛸 때마다 족쇄 소리를 울려 댔다. 이 사람은 내가 감옥에 들어온 첫날 아침, 세수를 할 때 물 옆에서 자기가 칸이라는 새라며 생각 없이 우쭐거리던 사람과 말다툼을 벌이던 바로 그 작은 키의 건장한 죄수였다. 이 쾌활한 젊은이는 스쿠라토프라는 자였다. 그는 어떤 상스러운 노래를 불러 대기 시작했다. 나는 지금도 그 후렴을 기억하고 있다.

　　나도 모르는 사이에 결혼을 했다네
　　나는 방앗간에 있었는데.

오직 발랄라이카[60]가 없어서 아쉬웠다.

그의 지나친 쾌활한 기분이 우리들 몇 명의 반감을 이내 불러일으킨 것은 말할 것도 없다. 모욕을 느낀 사람까지 있었다.

"또 짖어 대는군!" 한 죄수가 힐책이라도 하듯 말했지만, 그는 상관없는 일이라는 듯 아랑곳하지 않았다.

"늑대는 한 가지 노래밖에는 모른다고, 그래서 툴라에서 온 녀석이 그 흉내를 내는구먼!" 음침한 사람 하나가 우크라이나 억양으로 빈정거렸다.

"그래, 나는 툴라 놈이다." 스쿠라토프가 이내 반박했다. "너희는 폴타바[61]에

---

60) 3현으로 된 러시아의 민속 악기.
61) poltava : 우크라이나 도시.

서 갈루쉬까⁶²⁾만 먹더니, 목이 메이는 모양이구나."

"거짓말! 네놈이 먹은 것은 어떻고! 짚신으로 양배추 수프를 끓여 먹은 주제에."

"이젠 악마가 총알만 먹이는가 보군." 제삼자가 덧붙였다.

"여보게들, 나는 사실 나약한 사람이라고." 스쿠라토프는 자기의 연약함을 후회라도 하듯, 특히 누구라고도 할 것 없이 막연하게나마 모든 사람들을 향해서 가볍게 한숨을 쉬며 대답했다. "아주 어렸을 때부터 나는 자두와 흰 빵을 체험했지(먹으며 자랐다는 말인데, 스쿠라토프는 일부러 말을 비꼬는 버릇이 있었다). 형제들은 아직도 모스크바에 가게를 가지고 있고, 길거리 상점에서 희망을 가지고 장사를 한다네. 부유한 상인들이지."

"그런데 너는 무슨 장사를 했지?"

"우리는 여러 가지 물건을 가지고 했네. 그때, 들어 보게나, 내가 처음으로 2백을 받은 것은……."

"설마 루블은 아니겠지?" 호기심 많은 한 사람이 말했다. 그는 그런 액수를 듣자 몸을 떨 정도였다.

"아니야, 이 사람아, 루블이 아니고, 막대기라니까. 루카, 이봐 루카!"

"누구한테 루카라는 거야, 너는 루카 쿠지미치⁶³⁾라고 불러야지." 매부리코에 작고 바싹 마른 한 죄수가 마지못해 말했다.

"루카 쿠지미치라고, 그래, 제기랄, 좋다."

"다른 사람은 루카 쿠지미치지만, 너는 아저씨라고 불러."

"뭐, 아저씨라고, 웃기지도 않아. 막 재미있는 이야기를 하려던 참인데. 자, 들어 봐. 내가 모스크바에 잠깐 살 때 있었던 일이야. 그곳에서 열다섯 대나 태형을 받고서 이곳으로 오게 되었지. 그래서 나는……."

"그런데 무엇 때문에 오게 되었지?" 이야기를 열심히 듣고 있던 한 죄수가 말을 가로막았다.

---

62) 우크라이나 지방 사람들이 즐겨 먹는 밀가루 완자.

63) 러시아의 호칭은 이름, 부칭, 성의 순으로 이뤄진다. 부칭은 부친의 이름이 무엇이었다는 것을 알게 해주는데, 주로 존칭을 나타낼 때 이 부칭을 붙여서 부른다. 그러므로 여기서는 이름만 부르지 말고 부칭까지 붙여서 존대를 하라는 뜻.

"건강 증명서 없이 나다니지 말라, 술을 병째 나발 불지 말라, 노름을 하지 말라고들 하기 때문이었지. 그래서 이보게들, 나는 모스크바에서 정당한 방법으로는 부자가 될 수 없었네. 하지만 너무 부자가 되고 싶었지. 그걸 그토록이나 바랐는데, 어떻게 이야기해야 할지 모르겠군."

많은 사람들이 웃음을 터뜨렸다. 스쿠라토프는 확실히 선량하고 익살스러운 사람이라기보다는 어릿광대를 도맡아서 하려는 사람 같았다. 이 음침한 동료들을 즐겁게 하는 것이 자기의 의무라고 생각하듯이 말이다. 물론 당연한 일이지만, 이 때문에 그가 받은 것은 욕설 말고는 없었다. 그는 내가 한번더 잠깐 이야기를 하게 될 이상스럽고 눈여겨봐 둘 만한 부류의 사람이었다.

"그래, 이제 너 같은 녀석은 흑담비 모피 대신 두들겨 맞을 수도 있어." 루카 쿠지미치가 말했다. "옷 한 가지만 해도 1백 루블은 나갈 테니까."

스쿠라토프는 사방을 누더기처럼 덧댄, 아주 오래되고 낡은 털 외투를 입고 있었다. 그는 무관심한 편이었으나, 그 외투를 위아래로 유심히 훑어보았다.

"그 대신 머리는 제법 값이 나간다고, 머리는!" 그가 대답했다. "모스크바를 떠날 때도, 이 머리가 나와 함께 따라와 줘서 얼마나 위안이 되었다고. 잘 있거라, 모스크바여, 매질도 자유로운 정신도 고마웠다. 매맞는 것도 영광이었지! 하지만, 이봐요, 친구, 외투는 봐서 뭘 하나……."

"그럼, 네 머리를 쳐다보라는 거냐?"

"그런데 그 녀석의 머리도 제 것이 아니고, 동냥한 걸 거야." 또다시 루카가 끼어들었다. "죄수 무리들과 같이 추메니[64]를 지날 때, 한푼 적선해 줍쇼 해서 받은 거라고."

"이봐, 스쿠라토프, 너는 무슨 일을 했었지?"

"일은 무슨! 장님들의 길잡이였거나, 사람들을 구슬려서 빈털터리로 만들었겠지." 얼굴을 찌푸리고 있는 사람들 중 한 명이 말했다. "그게 그놈의 일이었지."

"정말이지 나는 장화를 만들어 보려고 했는데." 비꼬는 말에도 스쿠라토프

---

64) 서부 시베리아 마을.

는 전혀 개의치 않고 이렇게 대답했다. "겨우 한 켤레만 만들었을 뿐이야."

"그래, 누가 사갔나?"

"그럼, 하느님도 겁내지 않고, 부모도 공경하지 않는 녀석 하나가 왔지. 천벌을 받았는지, 그걸 사가더군."

스쿠라토프 주변의 모든 사람들이 배를 그러안고 넘어질 정도로 웃어댔다.

"그 다음, 한번 더 일을 했지. 여기서 말이야." 스쿠라토프는 무척이나 냉정한 말투로 계속 말했다. "스테판 표도리치 포모르트프 중위의 장화에 갑피(甲皮)를 붙여 기워 주었지."

"그래, 그가 마음에 들어 하던가?"

"아니, 좋아하지 않더군. 내게 욕을 끊임없이 해대더니, 뒤에서 나를 무릎으로 차버리더라고. 무척 화가 났던 모양이야. 아아, 나의 인생은 거짓이었고, 감옥 생활도 거짓이었어!"

　조금 있으니까
　아꿀리나의 남편이 마당으로 나왔네……

그는 다시금 갑작스레 노래를 부르기 시작했고, 깡충깡충 뛰면서 발로 장단을 맞추기 시작했다.

"쳇, 철딱서니없는 놈 같으니라고!" 내 옆을 걸어가던 우크라이나인이 악의가득한 경멸의 시선으로 그를 흘겨보면서 중얼거렸다.

"저런, 쓸모없는 인간 같으니라고!"

다른 사람이 마침내 심각한 어조로 말을 했다.

정말이지 나는 무엇 때문에 사람들이 스쿠라토프에게 화를 내는지, 그리고 이미 내가 첫날 눈치를 챌 수 있었던 것처럼 대체로 유쾌한 사람들이 경멸을 받고 있는 것 같다는 느낌이 드는지 전혀 이해할 수 없었다. 우크라이나 사람과 다른 사람의 분노는 그들의 성격 탓이라고 생각하지만, 이것은 성격 탓만은 아니다. 분노의 이유는 스쿠라토프에게 자제력이 없다는 것과 거의 잘난 척이라고까지 할 수 있을, 감옥의 모든 죄수들이 물들어 있던 그 허세가 그에게는 없기 때문이다. 한마디로는 그들의 표현을 빌리자면, 그는 '쓸모없는' 인간이었기 때문에 그들이 화를 내는 것이다. 그러나 쾌활한 사람들 모두에게 화를 내는 것은 아니며, 스쿠라토프나 그와 비슷한 사람들에게처럼 모든 사람에게 다 냉대하는 것은 아니었다. 스스로 그렇게 취급받는 사람들이 있게 마련이지만, 선량하고 꾸밈 없는 사람들은 이내 멸시를 당했다. 이러한 사실은 나를 놀라게 했다. 그러나 쾌활한 사람들 중에서도 남에게 덤벼들고 그런 것을 좋아하거나 어느 누구도 용서하지 않는 사람들도 있었다. 바로 그러한 사람들이 존경을 받았다. 그런데 그러한 사람들 중에서 입은 험하지만, 사실은 명랑하고 무척이나 사랑스러운 사람이 한 명 있었다. 나는 그의 이러한 성향을 훨씬 뒤에 가서야 알 수 있었다. 그는 당당하고 키가 컸으며, 뺨에 커다란 사마귀가 있어서 얼굴 표정이 무척 우스꽝스러웠지만 아주 잘생기고 영리한 젊은이였다. 언젠가 그가 공병으로 복무를 했다고 해서 다들 그를 공병이라고 불렀지만, 그는 지금 특별감방에 있다. 그에 대해서는 다시 이야기를 하게 될 것이다.

그러나 쾌활함에 대해 그처럼 화를 내는 우크라이나인처럼, '심각한 사람들'이라고 해서 모두가 다 그렇게 격정을 나타내는 것은 아니다. 감옥에는 우월감과 모든 일에 대한 박식함과 재치와 강직함, 지혜를 과시하고 싶어하는 사람들이 몇 명 있었다. 그런 사람들 중에는 실제로 많은 사람들이 현명하고 강직한 성격을 가지고 있었으며, 자기가 도모하는 것을 성취한 사람들도, 즉 우월감과 자기의 동료들에 대해서 뚜렷한 정신적인 영향력을 미치는 사람들도 있었다. 그러나 이처럼 영리한 사람들 사이에는 종종 많은 적들이 있었는데, 그들 대부분에게는 혐오하는 사람들이 많이 있었다. 하지만 그들은 다른 죄수들을 품위와 관용의 시선으로 바라보았으므로, 쓸데없는 말싸움은 하려고 하지 않았으며, 간수들도 이들을 좋게 보고 있어서 노역에서는 감독과 같은 역할을 하고 있었다. 그들 누구도 노래 따위에 트집을 잡는 일은 없었다. 그런 사람들은 모두 감옥 생활을 하는 중에도 줄곧 내게 무척이나 공손했지만 말수는 아주 적었는데, 그것도 품위를 지키려는 까닭인 것 같았다. 그들에 관해서도 역시 상세하게 이야기해야 될 것 같다.

우리는 강가에 도착했다. 저 아래 강물 속에는 부수어야 될 낡은 짐배 한 척이 얼어붙어 있었다. 강 저편에는 광야가 푸르게 펼쳐져 있었다. 음산하고 황량한 풍경이었다. 나는 모든 사람들이 일을 시작하기를 기다리고 있었지만, 다른 사람들은 이 생각을 하는 것 같지 않았다. 그중에는 강변에 굴러다니는 통나무에 걸터앉아 있는 자들도 있었다. 거의 모두가 시장에서 1푼트에 3코페이카씩 팔고 있는 토산 담배와 담배 쌈지, 그리고 손수 만든 작은 나무관이 달린 짤막한 담뱃대를 장화 속에서 꺼내서 파이프를 피워 대기 시작했다. 호송병들은 쇠사슬처럼 우리를 둘러싸고서, 지루한 표정으로 감시했다.

"누가 이런 배를 부수려고 생각했지?" 한 죄수가 누구에게라고 할 것도 없이 혼잣말처럼 중얼거렸다. "나뭇조각이라도 좋다는 말인가?"

"우리를 무서워하지 않는 사람이 생각해 냈겠지." 다른 사람이 말했다.

"저 농부들은 어디로 가는 거지?" 이전의 물음에는 아무런 대답도 않고 잠자코 있던 첫 번째 사람이, 발자국 하나 없이 온통 새하얀 눈 위를 따라 줄지어 어디론가 가고 있던 농부들의 무리를 가리키며 말했다. 모두들 굼뜨게 그쪽 방향을 바라보면서 아무것도 할 일이 없었으므로 그들을 놀리기 시작했다. 맨 뒤에서 걷고 있던 농부는 무척 우스꽝스럽게 두 팔을 벌리고, 메밀과자처럼 생긴 농사꾼 모자를 쓴 머리를 옆으로 기울인 채 걷고 있었다. 그의 모습은 새하얀 눈 위에 아주 선명하게 드러나 보였다.

"이봐, 페트로비치 형제, 저 휘청거리는 꼴 좀 봐!" 농부의 말투를 흉내내며 한 죄수가 말했다. 재미있는 것은, 죄수들의 반수 이상이 농민 출신이면서도 대부분 농민들을 깔보고 있다는 것이다.

"저 뒤에 있는 녀석을 보라고, 무라도 심는 것처럼 걷고 있어."

"저 멍청한 녀석은 돈이 많을 거야." 다른 사람이 말했다.

모두들 웃기 시작했지만, 웬일인지 귀찮다는 듯 마지못해 웃는 웃음이었다. 그러는 사이에 민첩하고 활달한, 빵 파는 아낙네가 다가왔다.

우리는 방금 전에 받은 5코페이카로 흰 빵을 사서 그 자리에서 공평하게 나누었다.

감옥에서 빵을 거래하고 있던 젊은 사람 한 명은 스무 개쯤 사고 나서는, 원래대로 빵 두 개가 아니라 세 개의 빵을 덤으로 내놓으라고 열심히 우겨대기 시작했다. 그러나 빵 파는 여자는 아랑곳하지 않았다.

"그럼, 그건 안 주나?"

"뭐 말이야?"

"생쥐도 안 먹는 그것 말야."

"저런 나쁜 놈 같으니!" 아낙네는 큰 소리로 외치더니 웃기 시작했다.

마침내 작업 감독인 하사가 몽둥이를 들고 나타났다.

"에이, 이것들이 또 앉아 있네! 시작해!"

"그럼, 이반 마트베이치, 작업량을 정해 주시오." '지도를 하는' 죄수들 중 한 명이 천천히 자리에서 일어나며 말했다.

"아까 일을 할당해 줄 때 듣지 않았어? 배를 뜯어 놓으면 돼, 그게 작업량이다."

마침내 모두들 마지못해 일어나서는 다리를 끌다시피 하며 강 쪽으로 내려갔다. 그때 무리들 속으로, '감독'이 최소한 말만은 그럴듯하게 하는 인간이 나타났다. 배는 함부로 부술 것이 아니라 가능한 한 목재, 특히 길게 드러누워 배 바닥을 나무못으로 고정시키고 있는 가로목은 부수지 말아야 했다. 더디고 지루한 일이었다.

"우선 이 통나무를 먼저 빼내야 해, 자, 어서들 시작하자고!" 감독도 아니고 간수도 아닌 그저 잡일꾼에 불과한 죄수가 말했다. 그는 말수도 적고 얌전한 젊은이로, 그때까지 말없이 있었다. 그는 허리를 굽힌 채 두 팔로 굵은 통나무를 붙들고서 도와줄 사람을 기다렸다. 그러나 아무도 도와주지 않았다.

"아마 너 혼자 잘 들 수 있을 거야! 네가 들지 못하면, 네 할아버지나 곰이 와도 들지 못할걸!" 누군가가 이렇게 중얼거렸다.

"그러면 어떻게 시작할 수 있다는 말이야? 나도 모르겠네……." 주제넘게 굴던 사람이 당황하여 들어올리려던 통나무를 옆에 내려놓으며 중얼거렸다.

"너 혼자서 일을 다 할 수는 없는 법이야. 왜 주제넘게 나서냐?"

"닭 세 마리한테 모이도 제대로 주지 못하는 주제에, 먼저 나서기는…… 참새 같은 놈!"

"이봐, 나는, 나는." 어리둥절해 있던 사람이 변명을 했다. "나는 단지……."

"좋아, 그럼 내가 너희들에게 덮개라도 씌워 줘야 하겠나? 아니면, 이 한겨울에 너희들을 소금물에 절여 줄까?"

또다시 감독 하사가 어디서부터 일을 시작해야 할지 몰라 망설이고 있는 스무 명 가량의 죄수들을 의아한 듯이 바라보며 소리쳤다.

"자, 빨리 시작해!"

"더 이상 빨리 할 수는 없소, 이반 마트베이치."

"너는 지금 아무것도 하고 있지 않잖아. 이봐, 사벨리예프! 말 많은 페트로비치! 너희들한테 말하는 거야, 왜 그냥 서 있는 거야, 눈이라도 팔아먹을 작정이야! ……시작하라고!"

"나 혼자 무엇을 하란 말이오?"

"그러니 작업량을 주시오, 이반 마트베이치."

"몇 번이나 말했잖아, 작업량을 정하지는 않는다고. 배를 해체하면 돌아가도 좋다. 시작해!"

결국 일들을 시작했으나, 내키지 않는지 축 늘어져서 엄두를 내지 못하고 있었다. 감독은 이렇게 건강하고 장대한 일꾼들이 일을 어떻게 시작해야 할지 모른 채 있는 것을 보니 화가 치밀어 오르는 것 같았다. 우선 제일 작은 재목부터 뽑아 내려고 했는데 곧 부러져 버렸다. 감독에게는 '저절로 부서져 버렸다'고 변명을 했지만, 결국 그렇게는 일할 수 없었으므로 무엇인가 다른 방법을 생각하게 되었다. 그래서 무엇을 할 것인가, 어떻게 다르게 시작을 할 것인가, 하고 그들 사이에서 많은 생각들이 쏟아져나왔다. 그러더니 점차 목소리가 커졌고 욕설로 번졌고, 그 이상까지 벌어지는 상태에 이르렀다…… 감독 하사가 또다시 고함을 치고, 몽둥이를 휘둘러 댔지만, 재목은 다시 부러지고 말았다. 마침내 도끼가 부족하며, 다른 도구들도 더 가지고 와야 한다는 것을 알았다. 곧 두 사람의 젊은이가 호송병의 감시 아래 요새로 도구를 가지러 갔다. 그들을 기다리는 동안 나머지 사람들은 모두 조용히 배에 앉아서, 자기 파이프를 꺼내 들고 다시 담배를 피우기 시작했다.

감독 하사도 마침내 침을 탁 뱉었다.

"네놈들에게 따끔하게 일맛을 보여 주겠다! 에이, 더러운 놈들, 더러운 놈들!" 그는 화가 나서 투덜거리면서, 팔을 내젓고 몽둥이를 휘두르면서 요새 쪽으로 갔다.

한 시간쯤 뒤에 고참 하사관이 나타났다. 그는 차분하게 죄수들의 말을 듣고 나서 시간 내로 재목 네 개를 뽑아 내라고 말했지만, 그것들을 부수지 말고 온전히 보전할 것과, 그 외에도 배의 주요한 부분을 해체할 것을 지시했다. 그렇게 일을 마칠 수 있으면 돌아가도 좋다고 말했다. 작업량은 어마어마했다. 그러나 그들이 일을 시작하는 솜씨라니! 게으르고 어물쩍거리던 것은 순식간에 어디론가 사라지고 말았다! 그들은 도끼질을 하고 나무못을 뽑기 시작했다. 도끼가 없는 나머지 사람들은 스무 개의 손으로 그것을 누르기 위해 굵은 장대를 끼워서, 빠르고 기술적으로 가로목을 떼어 냈다. 나도 무척 놀라고 말았는데, 이번에는 완전히 온전하게 하나도 상하지 않은 채로 떼어 낸 것이다. 작업은 열기로 달아오르기 시작했다. 갑자기 모든 사람들이 눈에 띌 정도로 현명해진 것 같았다. 쓸데없는 말을 하는 자도 없었고, 욕을 하는 자도 없다. 각자 해야 할 말, 해야 할 일, 있어야 할 곳, 충고해야 할 것을 알고 있었다. 그들은 북이 울리기 반시간 전에 주어진 작업량을 마쳤다. 죄수들은 피곤했지만, 완전히 만족해서 돌아갔다. 비록 지정된 시간보다 불과 반시간밖에 이득을 볼 수 없었지만 말이다. 그러나 나 자신만은 예외였다는 것을 알았다. 작업할 동안에 그들을 도우려고 내가 어디에 끼려고 해도, 어느 곳에도 자리가 없었고 가는 곳마다 방해가 될 뿐이었으며, 어디서나 욕설을 하다시피하며 나를 몰아내는 것이었다.

하물며 일을 제일 못하는 일꾼이나 자기보다 기민하고 영리한 다른 죄수들 앞에서는 투덜대지도 못하는 보잘것없는 건달까지도, 내가 옆에 있으면 방해가 된다는 구실로 내게 고함을 치거나 나를 쫓아 버릴 권리가 있다고 생각하는 것 같았다. 마침내 민첩한 죄수들 중 한 사람이 내게 직접 거칠게 말했다.

"어디로 기어드는 거야, 저리 꺼져! 부탁하지도 않았는데 얼굴을 들이미는군."

"너는 오갈 데가 없구나!" 금방 다른 사람이 말을 받았다.

"이봐, 당신은 자선함이라도 가지고 다니는 것이 낫겠어." 또 다른 사람이 말을 했다. "담배 연기로 석조 건물을 세우겠다고 돈을 구하러 다니란 말이야. 여기에는 네가 할 일이 없어."

나는 혼자 떨어져 서 있을 수밖에 없었다. 하지만 모든 사람들이 일을 하는데 따로 서 있는 것은 무안하기만 했다. 그래서 그들에게서 떨어져 배의 끝에 있으려니까, 이내 또 고함을 치는 것이었다.

"왜 저런 일꾼을 주는 건지, 저런 자와 무엇을 하란 말이야? 아무것도 할 수가 없잖아!"

물론 이 모든 것은 일부러 그러는 것이었다. 모두에게 기분 전환이 되기 때문이다. 예전의 귀족 앞에서 거드름을 피우는 것이었는데, 그래서 그들은 이런 기회를 즐거워했다.

내가 이미 앞에서 말했듯이 이런 사람들에 대해 어떻게 처신해야 하고 어떻게 행동해야 하나 하는 것들이, 감옥에 처음 들어오자마자 왜 나의 첫 번째 물음이 되었는가는 이제 잘 이해할 수 있을 것이다. 나는 오늘의 작업에서 그랬던 것처럼, 그들과의 이러한 충돌이 자주 일어날 것이라고 예감했다. 그러나 그러한 충돌이 일어나더라도 나는 이때 이미 부분적으로나마 생각해 두었던 내 행동 계획을 바꾸지 않기로 마음먹었다. 그것이 옳다고 믿었다. 즉, 될 수 있는 대로 단순하게 내 나름대로 자유를 지키려 하고, 그들과 가까워지려는 어떠한 노력도 절대로 드러내지 않게 하려고 결심한 것이다. 그러나 그들 스스로가 가까워지기를 바라면 그것은 거절하지 않기로 했다. 그들의 위협과 증오는 절대로 두려워하지 않고, 가능하다면 그것을 모르는 체하기로 했다. 또한 몇 가지 점에서는 결코 그들과 타협하지 않은 채, 그들의 몇몇 습관과 풍습은 결코 인정하지 않겠다고 생각했다. 한마디로 말해서, 그들과 완전히 친구사이가 되지는 않겠다는 것이다. 나는 처음부터 내가 그렇게 한다면 그들이 나를 대번에 경멸할 것이라고 짐작했기 때문이다. 그러나 그들의 관념에 따르면(이것은 뒤에 가서야 확실히 알았지만), 나는 그들 앞에서 나의 귀족 신분을 준수하고 존중해야만 했다. 즉, 편안하게 즐기려 하고, 거드름을 피우고, 그들을 꺼리고, 매사에 불평을 해대고, 손가락 하나 까딱하지 않는 것 말이다. 그런 것들이 그들이 생각하는 귀족이었다. 그들은 물론, 이렇게 했다면 나를 욕했겠지만 속으로는 존경했을 것이다.

그러나 그러한 역할은 내게 맞지 않았다. 나는 결코 그들이 생각하는 그런 귀족이 아니었기 때문이다. 그 대신 나는 그들 앞에서 내가 받은 교육이나 내 사고의 형상을 비하하는 행동은 어떠한 양보도 하지 않겠다고 마음먹었다. 만일 내가 그들의 마음에 들도록 기분을 맞추기 위하여 그들에게 아첨하거나, 그들의 말에 동의하거나, 그들과 허물없이 지낼 뿐만 아니라 그들의 '성질'을 받아들이기 시작했다면, 그들은 내가 겁이 나고 무서워서 그러는 줄 알고 나를 경멸했을 것이 틀림없다. A는 예로 들 수 없다. 그는 소령에게 가곤 했으므로, 그들 스스로가 그를 두려워하고 있었기 때문이다. 또 반대로, 폴란드 사람들이 그러는 것처럼 그들 앞에서 냉담하고 접근하기 어려운 공손함 속에 잠겨 있는 것도 싫었다. 내가 그들 앞에서 즐기려 하고 거드름을 피우고자 하는 것이 아니라, 자기들처럼 일을 하고 싶어한다는 것 때문에 그들이 나를 멸시한다는 것을 이제 나는 아주 잘 알 수 있었다. 비록 그들도 이제는 나에 대한 생각을 바꿔야 할 것이라는 사실도 잘 알고 있었다. 그러나 내가 일터에서 자기들에게 아부를 했다고 생각하고서, 마치 이제는 나를 경멸할 권리를 가지게 되었다는 듯이 생각하는 것, 바로 그런 것이 나를 무척이나 슬프게 했다.

저녁 무렵, 오후의 노역이 끝나고 피곤하고 지쳐서 감방으로 돌아오자, 나는 또다시 걷잡을 수 없는 깊은 슬픔에 휩싸였다. 앞으로도 '얼마나 많은 이런 나날들이 수천 번이나 더 있을 것인지' 이렇게 나는 생각했다. '언제나 그런 날이고, 모든 것이 똑같은 그런 나날들이다!' 이미 어스름이 깃들고 있는 감옥 뒤편의 울타리를 따라 나 혼자 말없이 걷고 있는데, 갑자기 샤리크라는 개가 내게로 곧장 뛰어오는 것을 보았다. 중대, 포병 중대, 기병 중대에 개가 있듯이, 샤리크는 우리 감옥의 개였다. 이 개는 언제부터인지는 알 수 없지만 감옥에서 살고 있었고, 어느 누구의 소유도 아니었다. 그래서 개는 모든 죄수를 주인이라고 생각하고 있었으며, 취사장에서 버리는 음식을 먹고 살았다. 개는 제법 크고, 검은 바탕에 하얀 반점이 있는 집 지키는 개였는데, 그리 늙지도 않았고, 영리해 보이는 눈과 털이 많은 꼬리를 지니고 있었다. 어느 누구도 이 개를 쓰다듬어 준 적이 없고, 어느 누구도 개에게 관심을 가져 본 적조차 없었다.

그러나 나는 여기에 온 첫날부터 이 개를 쓰다듬어 주고 손으로 빵을 던져 주기도 했다. 내가 머리를 쓰다듬어 주면 개는 이내 온순해져서 나를 정겨운 시선으로 바라보고 만족스럽다는 표시로 꼬리를 살랑살랑 흔들어 댔다. 몇 년 만에 처음으로 자기를 귀여워해 주던 나를 오랫동안 보지 못해서였는지, 나를 찾아 죄수들 사이를 이리저리 뛰어다니다가 감옥 뒤에서 나를 찾아내고는 컹컹 짖어 대며 나를 향해 달려들었다. 나는 어떻게 해야 할지 몰랐지만, 그 개에게 입을 맞추고 머리를 끌어안았다. 그 개는 내 어깨에 앞발을 올려놓고 얼굴을 핥기 시작했다. 나는 '아, 내 친구구나. 운명이 내게 보내준!'하고 생각했다. 그래서 나는 그 뒤에도 매번 일터에서 돌아와 이렇게 힘들고 음울할 때면 다른 곳으로 가지 않고, 내 앞에서 껑충껑충 뛰어 대며 기쁘게 짖어 대는 샤리크를 데리고 서둘러 감옥 뒤로 가서는 머리를 쓸어 안고 입을 맞추고 또 맞췄던 것이다. 그럴 때면 감미롭고 동시에 괴로울 정도로 슬픈 감정이 내 마음을 미어지게 했다. 지금 이 세상에 나에게 남은 것이 나를 사랑하고 애착을 가지고 있는 단 하나의 존재, 나의 친구, 나의 단 하나뿐인 친구, 즉 나의 충실한 개 샤리크라고 생각하자, 마치 내 자신의 고통을 자랑하듯 이 사실이 유쾌하게 생각되었다.

7. 새로운 지인들, 페트로프

그러나 세월의 흐름에 따라 나도 이 생활에 조금씩 익숙해지기 시작했다. 새로운 생활의 나날의 사건들도 차츰 나를 당황하게 하는 일이 적어졌다. 여러 일들과 환경, 사람들, 이 모든 것들이 점점 눈에 익숙해지기 시작했다. 이러한 삶과 타협을 할 수는 없었지만, 이제 현실로 인정할 시기였다. 아직 의혹은 남았지만, 그것은 가능한 한 내 자신 속에 깊숙이 묻어 두었다. 나는 정신이 나간 것처럼 감옥을 배회하지도 않았고, 고독해 하지도 않았다. 이제 죄수들의 노골적인 호기심 가득한 눈길도 전처럼 자주 내게 머물지 않았고, 일부러 뻔뻔스럽게 내 뒤를 쫓지도 않았다. 나 역시 그들에게 익숙해졌고, 또한 그렇게 된 것이 무척이나 기뻤다. 나는 이미 감옥 안을 내 집처럼 거닐었고, 나무 침대 위의 내 자리도 알았으며, 죽을 때까지 결코 익숙해지지 않을 것 같았던 그런 물건과도 익숙해진 듯했다.

나는 매주 한 번씩 정기적으로 머리를 반만 깎으러 가곤 했다. 토요일마다 안식 시간[65]에 머리를 깎기 위해 우리는 순번대로 감옥에서 위병소로 불려갔는데 (그때 깎지 않은 사람은 자기 스스로 책임을 져야 했다), 그곳에서는 대대에서 나온 이발사들이 차가운 비누로 우리 머리에 비누칠을 한 다음 무딘 면

---

65) 유대교에서 말하는 토요일의 안식 시간을 의미하나 여기서는 노동을 하지 않는 휴식 시간을 의미함.

도칼로 사정없이 깎았는데, 지금도 그 고문에 대해서는 생각만 해도 소름이 돋는다. 그러나 얼마 안 있어 구제 수단을 발견했다. 아킴 아키미치가 군사범인 한 죄수를 소개해 주었는데, 그는 1코페이카를 주면 자기 면도칼로 누구든지 원하는 대로 깎아 주었으며, 그것으로 돈벌이를 하고 있었다. 많은 죄수들이 감옥의 이발사를 피하기 위하여 그에게로 갔지만, 그렇다고 그도 부드러운 사람은 아니었다. 왜 그런지 모르지만 사람들은 그 죄수 이발사를 '소령'이라고 불렀는데, 어떤 면이 그로 하여금 소령을 연상시키는지 나는 알 수 없었다. 이 글을 쓰는 지금도, 그 소령의 모습이 떠오른다. 그는 키가 크고 여위었을 뿐만 아니라 말이 없는 젊은이였으며 무척이나 우둔하고 항상 일만 했으며, 반드시 손에 가죽 허리띠를 가지고 다녔다. 그리고 이 가죽 허리띠에 대고 밤이고 낮이고 자기의 닳아 빠진 면도날을 갈았는데, 그는 이 일을 마치 자기 인생의 사명인 것처럼 생각하고 그 일에 몰두하고 있었다. 실제로 그는 면도가 잘되거나, 누군가가 면도를 하러 올 때면 무척이나 기뻐했다. 그의 비누는 따뜻했고, 손길도 가벼웠으며, 면도는 마치 벨벳 천처럼 부드러웠다. 그는 분명히 자기의 기술을 즐기고 자랑으로 삼았으며 무뚝뚝하게 돈을 받았다. 기술이 재미있어서 돈 따위 아무래도 좋다는 식이었는데, 실제로도 그러했다. A는 감옥에서 일어난 일에 관해 진짜 소령에게 밀고하다가, 한번은 우리 감옥의 이 이발사 이름을 언급하면서 조심스럽지 못하게 그를 소령이라고 불렀다가, 진짜 소령에게 아주 혹독하게 혼이 난 적이 있다. 소령은 갑자기 사나워지더니 불같이 화를 냈다. "이 더러운 놈아, 소령이라는 게 무엇인지나 알고 있는 거냐!" 그는 자기 방식대로 A를 다루며, 입에서 침을 튀기며 외쳤다. "너는 소령이 무엇인지 아느냔 말이다! 갑자기 감옥의 그 더러운 자식을 내 눈앞에서 감히 소령이라고 부르다니……." 그런 인간과 친하게 지낼 수 있는 것은 A뿐이었다.

감옥 생활의 바로 그 첫날부터 나는 이미 자유에 관해 꿈꾸기 시작했다. 내 감옥 생활이 끝나는 날을 이리저리 공상해가며 세어 보는 것이, 어느덧 나의 즐거운 일과가 되었다. 나는 딱히 다른 어떤 것에 관해서 생각을 할 수가 없었다. 일정 기간 자유를 뺏긴 사람들이라면 누구라도 그렇게 행동할 것이라고 확신한다. 감옥의 다른 죄수들도 나처럼 그렇게 셈을 하고 같은 생각을 하고 있는지는 모르겠으나, 그들의 희망이라는 것이 너무나도 경솔한 것이어서 나는 처음부터 놀라지 않을 수 없었다. 감옥에 갇혀 자유를 뺏긴 자들의 희망은 정당한 방법으로 생활하는 사람들의 희망과는 전혀 다르다. 자유로운 인간도 물론 희망은 있지만(예를 들어 운명을 바꾼다든지, 어떤 계획을 수행한다든지 하는 것 말이다) 살아야 하고, 활동을 해야 한다. 현실적인 삶이 마치 하나의 순환처럼 그를 끌어들이고 있는 것이다.

그러나 죄수들의 경우에는 사정이 다르다. 그곳에도 역시 생활이, 감옥 생활과 징역 생활이 있다고 하자. 그러나 어떤 죄수든 간에, 형기가 얼마이든 간에, 죄수들은 그것을 자기 운명을 긍정할 수 있는 결정적인 것으로, 즉 진실된 삶의 일부로 생각하는 것은 본능적으로 받아들일 수 없다. 어느 죄수도 자신이 '집에 있다'고 느끼는 것이 아니라, 손님으로 왔다고 생각하기 때문이다. 죄수들은 20년을 마치 2년처럼 생각하고 있으며, 쉰다섯의 나이에 출감하면서도 지금처럼 서른다섯의 젊은 사람이라고 굳게 믿는 것이다. 또 '앞으로도 좋은 시절은 있어!' 죄수들은 이렇게 생각하고 모든 의구심과 다른 화나는 생각들을 고집스럽게 몰아낸다. 심지어 특별감방의 무기수들조차 어느 날 갑자기 페테르부르크로부터 '네르친스크[66]의 광산으로 보내고 형기는 ××로 하라'는 허가증이 올지도 모른다고 생각하는 것이다. 그때가 되면 얼마나 좋을까? 첫째, 네르친스크까지는 반년이 걸리고, 감옥이 아니라 다른 죄수들과 함께 가는 것이니 얼마나 좋은가 말이다! 그래서 네르친스크에서 형기가 끝나면, 그때는……. 다른 백발이 성성한 죄수들까지 그런 날을 손꼽아 기다린다고 하니!

토볼스크[67]에서 나는 벽에 묶여 있는 죄수를 본 일이 있었다. 그는 1사젠[68] 길이의 쇠사슬에 묶여 있었고, 침대도 거기에 같이 있었다. 그는 시베리아에서 저지른 어떤 무자비한 범죄 때문에 묶여 있는 것이었다. 5년 동안 묶여 있는 자들도 있고, 10년 동안 묶여 있는 자들도 있었다. 대부분은 강도들이었지

---

66) 동시베리아의 흑룡강, 러시아어로는 아무르 강 근처 도시. 1689년 러시아와 청나라 사이에 맺은 조약으로 유명해짐.
67) 서시베리아 우랄 지방의 도시.
68) 러시아의 옛 척도 단위. 약 2.134미터.

만, 내가 보기에 단 한 명만은 귀족 출신의 죄수로 보였다. 그는 언제 어디선가 군 복무를 했다. 부드러운 미소를 지으며 속삭이듯 말하는 온화한 사람이었다. 그는 우리에게 자기 쇠사슬을 보여 주면서, 침대에 편안하게 누울 수 있는 방법을 보여 주었다. 정말이지 독특한 사람이었다! 그들은 대개 태도가 온순하고 만족한 듯 보이기도 했지만, 어느 한 사람도 형기가 빨리 끝나기를 애타게 기다리지 않는 사람은 없었다. 무엇을 바라는지 하면서 의아하게 생각할지도 모른다. 그 이유는 단지 이렇다. 그때가 오면 낮은 원형 벽돌 천장의 숨막힐 듯이 탁한 방에서 나와 감옥의 마당을 거닐 수도 있고, 그렇다……. 바로 그뿐인 것이다. 감옥 바깥으로는 결코 나갈 수가 없다. 쇠사슬에서 풀려났다 해도 족쇄를 발에 단 채 죽을 때까지 영원히 감옥에 갇혀 있어야 한다는 것은 그들도 알고 있다. 그들은 이것을 알고 있지만, 그래도 하루라도 빨리 사슬을 매달고 있는 자신의 형기가 끝나기를 기대하고 있는 것이다.

만약 이러한 희망조차 없다면, 어떻게 죽거나 미쳐 버리지 않고서 5, 6년을 쇠사슬에 묶여 지낼 수 있을 것인가? 달리 견뎌 낼 수 있는 것이 무엇이 있으랴?

나는 노동이 나를 구할 수 있으며, 나를 건강하게 만들고 육체를 튼튼하게 해줄 수 있다는 것을 느끼고 있었다. 끊임없는 정신적인 불안과 신경성의 초조함, 그리고 감옥 안의 숨막히는 공기가 나를 완전히 황폐하게 만들 수도 있었기 때문이다. '가능한 한 자주 밖에 나가고, 매일 피곤하게 하며, 무거운 짐을 운반하는 것을 배우는 일', 바로 이러한 것들이 최소한 내 자신을 구할 수 있다고 나는 생각했다. '몸을 단련하여 건강하고 활기에 넘치며 힘센 젊은이가 되어 감옥을 나가리라' 하고 말이다. 나는 틀리지 않았다. 일과 운동은 내게 매우 유익했다. 나는 내 동료들 중의 한 명이 (귀족 출신이다) 감옥에서 마치 촛불처럼 소진해 가는 것을 두려움 가득한 마음으로 바라보았다. 그가 나와 함께 감옥에 들어올 때만 해도, 아직 젊고 아름다우며 건강한 사람이었는데, 백발이 성성하고 천식을 앓고 쇠약해져 반은 폐인이나 다름없는 모습으로 감옥을 나간 것이다.

나는 그를 바라보며 생각했다. '아니다, 나는 살고 싶다, 나는 살아야 한다.' 아니다, 처음부터 일에 정을 붙이려 했던 것 때문에 나는 죄수들로부터 따가운 눈총을 받아야 했으며 그들은 오랫동안 경멸과 조소로 나를 괴롭히곤 했다. 그러나 나는 어느 누구도 개의치 않고 일을 했다. 예를 들면 설화 석고를 굽거나 광석을 빻거나 하는 일도 꺼리지 않았다. 바로 이것이 내가 처음으로 배운 일 중의 하나이다. 이 일은 그리 어려운 일이 아니었다. 공사 감독관도 가능하다면 귀족들에게는 일을 덜어 주려고 했지만, 이것은 관대한 것이라기보다는 오히려 공평한 것이었다. 나약해서 힘은 반밖에 없고, 한 번도 일이라고는 해보지 않은 인간에게 규정대로 진짜 노동자들의 입장에서 생각하고 부과한 과업을 요구한다면 그것이 오히려 이상한 일이었으리라. 그러나 이 '장난질'도 매번 이루어지는 것이 아니라, 오히려 은밀히 이루어지고 있었다. 이러한 것은 사방에서 엄중한 감시를 받고 있었기 때문이다. 그러므로 중노동을 해야 할 때도 흔히 있었는데, 그럴 때면 귀족들은 다른 노동자들보다 두 배나 고통을 참아 내야 하는 것은 말할 것도 없다. 석고 일은 대개 서너 명의 노인들이나 약자들에게 할당이 되었고, 우리도 그 속에 포함되는 듯했다. 이 밖에도 일에 능숙한 진짜 일꾼을 딸려 보낸다. 항상 같은 사람으로, 몇 년 동안이나 계속해서 일을 한 알마조프라는 자였다. 냉정하고 거무스름하며 약간 마른 그는 몇 년이 지나도 사람 사귈 줄을 모르는 성미가 까다로운 사람이었다. 그는 우리에게 깊은 증오감을 가지고 있었다. 그러나 그는 우리에게 잔소리를 하는 것조차 귀찮을 정도로 입이 몹시 무거운 사람이었다. 석고를 굽고 빻는 헛간도 가파르고 황량한 강변에 있었다. 겨울에는, 특히 음산한 날에는 강과 저 멀리 반대편의 벼랑을 바라보고 있는 것도 견딜 수 없는 일이었다. 이 황량한 풍경 속에서는 마음을 슬프게 하는 무언가가 있었다. 그러나 끝없이 펼쳐진 설원에 태양이 눈부시게 내리비출 때가 되면 오히려 더 마음이 무겁게 가라앉곤 했다. 그런 때는 건너편 벼랑에서부터 시작하여 마치 연이은 한 장의 식탁보처럼 1천5백 베르스타나 남쪽으로 펼쳐져 있는 이 광야의 어딘가로 그대로 날아가 버리고 싶었다.

알마조프는 대개 말없이 냉랭하게 일을 하기 시작했다. 우리는 그를 진정으로 도와주지 못하는 것에 대해 수치스러운 생각이 들곤 했는데, 그는 일부러 일도 혼자서 하고 우리에게는 아무런 도움도 청하지 않는다. 우리가 그를 도와주지 못하는 것에 대해 죄스러운 감정이 들게 하고, 우리의 무익함에 후회를 하게끔 만드는 식이었다. 일이란 거의 언제나, 석고를 굽기 위하여 가마를 덥히는 일이었다. 석고도 우리가 옮기는 일이 많았다. 다음날 석고가 완전히 구워지면, 가마에서 그것을 꺼내기 시작한다. 우리는 무거운 나무 방망이를 쥐고, 석고가 든 특별한 상자를 앞에 다 놓고 그것을 두드리기 시작한다. 아주 즐거운 일이었다. 잘 부서지는 석고는 순식간에 반짝반짝 빛나는 하얀 먼지로 변하고, 아주 쉽사리 가루가 되어 버리는 것이었다. 우리는 무거운 망치를 휘둘렀고, 그러면 우리 자신도 그렇게 되어 즐거워지는 듯한, 그런 부서지는 소리가 들렸다. 마침내 우리는 피로해지지만, 동시에 가벼운 마음이 되었다. 두 뺨은 붉어지고 혈액은 빨리 순환한다. 그러면 알마조프는 마치 나이 어린 아이라도 바라보듯 우리를 너그러운 시선으로 바라보고 관대한 표정을 지으며 파이프를 피우기 시작한다. 그럼에도 말을 해야 될 때가 되면 그도 중얼거리지 않을 수 없는 듯했다. 그러나 그는 다른 사람들을 대할 때도 그랬고, 본질적으로는 선한 사람인 것 같았다.

나에게 주어진 또 다른 일은 일터에서 연마용 바퀴를 돌리는 일이었다. 바퀴는 커다랗고 무거웠다. 그것을 돌리려면 적지 않은 힘이 들었다. 특히 (직공 출신의) 선반공이 어떤 계단의 난간이라든가 혹은 어떤 관리가 쓰는 관용 대형 탁자의 다리를 세공할 때면, 그것은 거의 통나무와 같아서 더욱 그랬다. 그런 경우 한 사람이 돌리기에는 역부족이어서, 주로 나와 귀족 출신의 B가 가곤 했다. 이 일은 몇 년 동안 계속되었는데, 만일 무엇인가 닦을 것이 있으면 그것은 우리 몫이 되곤 했다. B는 아직 젊지만 몸도 마음도 약해서 가슴앓이를 하고 있었다. 그는 나보다 1년 앞서 자신의 동료들 중, 다른 죄수 둘과 함께 감옥에 오게 되었다. 한 명은 노인으로, 감옥에 있는 동안에도 밤낮을 가리지 않고 줄곧 하느님께 기도를 올렸는데 (이 때문에 죄수들은 그를 무척이나 존경했다), 내가 이곳에 있을 때 죽었다. 다른 한 명은 아주 젊고 신선하며 낯빛이 붉고 힘세며 용감한 젊은이로, 중간 숙박지에서 피로 때문에 쓰러진 B를 데리고 7백 베르스타나 걸어온 자였다. 그 둘 사이의 우정은 지켜볼 만한 것이었다. B는 훌륭한 교육을 받았고 선량하고 덕망 있는 성격을 지니고 있었지만, 병 때문에 몸이 상해 있었고 흥분을 잘 했다. 우리는 둘이서 같이 연마용 바퀴를 돌렸는데, 이 일은 우리 두 사람의 손을 쉬지 않게 만들었다. 이 일은 내게 더할 나위 없이 좋은 운동이 되었다.

　나는 눈 치우는 일도 특히나 좋아했다. 이것은 주로 눈보라가 그친 다음 날에 하는 일이며, 겨울에는 무척 자주 있는 일이었다. 눈보라가 하루종일 그치지 않자, 창문의 절반까지 눈에 묻힌 집도 있었고, 거의 다 눈 속에 파묻힌 집도 있었다. 눈보라가 그치고 태양이 비추기 시작하면, 그때 우리는 무리를 지어, 때로는 감옥의 모든 사람들이 관청 건물에서 눈더미를 치우기 위해 밖으로 나가곤 했다. 모든 사람들에게 삽이 한 자루씩 배급되고 다 같이 할당된 일을 하지만, 때로는 어떻게 처리해야 할지 몰라 놀라고 말 일이 있어도 모두가 정겹게 일을 시작하곤 했다. 방금 내려 표면만 살짝 언 보드라운 눈은 삽으로도 쉽게 뜰 수 있었고, 커다란 덩어리로 주변에 뿌려질 때면 공중에서 반짝거리는 먼지로 변한다. 삽은 태양 속에서 반짝이고 있는 하얀 눈덩이에 파고들었다. 죄수들은 거의 언제나 즐겁게 이 일을 했다. 신선한 겨울의 대기와 운동이 그들을 달아오르게 만들었다. 모든 사람들은 점점 더 흥겨워했고, 웃음소리와 고함소리와 익살이 터져 나왔다. 눈싸움도 시작되지만, 웃음과 흥겨움을 별로 달가워하지 않는 신중한 사람들이 고함을 치는 일도 있어서, 들뜬 마음은 욕설로 끝나는 것이 예사였다.

　나는 조금씩 아는 사람의 범위를 넓혀 갔다. 그러나 내 스스로 먼저 알고 지내려고는 하지 않았다. 나는 아직도 불안정하고 침울했으며 의심이 많았다. 그러므로 나의 교제는 나도 모르게 시작된 것과 다름없다. 처음에 나를 찾아온 사람은 페트로프라는 죄수였다. 나는 '찾아왔다'고 말했는데, 이 말에는 특별한 의미가 있다. 페트로프는 내가 있는 감방과는 동떨어진 특별감방에 살고 있었기 때문이다. 우리 사이에는 아무런 관계도 있을 수 없는 것처럼 보였다. 서로가 공통점이 하나도 없었으며, 있을 수도 없었다. 하지만 처음에 페트로프는 거의 매일같이 내가 있는 감옥으로 나를 찾아오거나, 안식일 기간 동안 가능하면 모든 사람들의 시선으로부터 멀찍이 떨어져 감옥 뒤편을 걷고 있는 나를 불러 세우는 것이 자기의 의무인 것처럼 생각하고 있는 것 같았다. 처음에는 그런 그의 행동이 몹시 불쾌했다. 그러나 그는 결코 마음을 터놓거나 말이 많은 사람이 아니었음에도 그가 찾아오는 것이 나의 마음을 위로하게 되었다. 얼른 보기에 그는 그리 큰 키는 아니었지만 건장한 체격에 행동이 민첩했으며, 안정감이 없어 보이기까지 했다. 창백하지만 꽤 호감이 가는 용모를 하고 있었으며, 넓은 광대뼈와 용맹스러워 보이는 시선, 그리고 희고 열이 고운 작은 이빨과 아랫입술 뒤에는 한 줌의 씹는 담배를 줄곧 물고 있는 그런 사내였다. 담배를 입술 뒤에 물고 있는 것은 많은 죄수들의 버릇이었다. 그는 자기 나이보다도 젊어 보였다. 나이는 마흔이 넘었지만, 30대로밖에 보이지 않았다. 그는 나와 언제나 허물없이 이야기를 하려고 했으며 눈에 띌 정도로 대등한 입장에서, 즉 점잖고 섬세하게 처신하려고 했다. 예를 들어 내가 만일 고독을 즐기고 있다는 것을 알게 되면, 그는 한 2분쯤 이야기하다가 말고는 나를 혼자 남겨 두고 가기도 했는데, 그때마다 내가 상대해준 것에 대한 고맙다는 말을 잊지 않았다. 그러한 것은 감옥의 어느 누구에게도 결코 한 번도 보여 준 적이 없는 행동이었다. 그러한 관계는 우리 사이에서 처음의 며칠 동안만이 아니라 몇 년 동안 계속되었는데, 그가 실제로 나에게 마음을 터놓고 있었는데도 이 관계가 더욱 밀접하게 이루어지지 않은 것은 참으로 이상한 일이었다. 나는 지금도 그가 내게 무엇을 바라고 있었으며, 무슨 이유로 매일같이 찾아왔는지 이해할 수 없다. 물론 얼마 안 있어 그가 나의 물건을 훔친 일도 있었지만, 그것은 전혀 '뜻밖의' 일이었다. 그는 거의 한 번도 내게 돈을 달라고 조른 적이 없었으니까, 결과적으로 내게 찾아온 것은 돈 때문도 아니고 어떤 이익을 취하려고 찾아온 것은 아니었다.

무엇 때문인지 알 수가 없었으나, 나는 그가 항상 나와 함께 감옥에서 살고 있는 것이 아니라, 마치 어딘가 멀리 떨어진 도시에 살고 있어서 새로운 소식을 알고 싶어서 나를 방문하기도 하고, 또한 우리 모두가 어떻게 살고 있는가를 보기 위하여 지나다가 감옥에 들른 것처럼 생각되었다. 그는 마치 누군가를 어딘가에 두고 오거나 거기서 사람들이 자기를 기다리고 있는 것처럼, 아니면 어딘가에 아직 채 끝내지 못한 일이 남아 있는 듯, 항상 어디론가 서둘러 가곤 했다. 그렇지만 공연히 그렇게 서두르는 사람은 아니었다. 그러나 그의 시선에는 조금 이상한 점이 있었다. 그것은 용기와 어떤 조소의 그림자가 담겨 있는 집중된 시선이면서도, 눈앞의 대상을 넘어서 저 먼 곳을 응시하는 그런 시선이었다. 마치 그의 코앞에 있는 대상의 뒤편에서 무엇인가 다른 것을, 그리고 더 먼 곳을 바라보려고 애쓰는 것 같았다. 그것이 그에게 산만

한 인상을 주었다. 나는 가끔 일부러 그의 뒤를 밟은 적이 있었다. 페트로프는 나한테 들렀다가 어디로 가는 걸까? 어디서 누가 그를 기다리는 걸까? 그러나 나한테 들렀다가 그가 그렇듯 성급히 가는 곳은 감옥이나 취사장이었다. 거기서 그는 말하고 있는 사람들 곁에 앉아 귀를 기울이고 경청하기도 했으며, 이따금은 자기 자신도 대화에 끼어들어 무척 열을 올리며 이야기하기도 했지만, 어떤 때는 별안간 입을 다물고 침묵을 지키기도 했다. 그러나 그가 말을 하든 잠자코 앉아 있든 간에, 그곳 역시 지나가다가 우연히 들렀을 뿐 어딘가에는 일이 있고 빨리 그리로 가야 한다는 듯한 모습을 보이곤 했다. 그렇지만 무엇보다 이상했던 것은 그가 결코 한 번도 어떤 일을 가져 본 적이 없다는 것이다. 그는 아무 일도 하지 않고 살고 있었다(물론 노역은 제외하고 말이다). 물론 어떤 기술도 없었기 때문에 그는 돈을 한 푼도 쥐어 본 일이 없었다. 그러나 돈에 대해서는 그다지 궁핍해 하지 않았다. 그러면 그가 나하고는 무엇에 대해 이야기를 주고받았는가? 그의 대화도 그 자신처럼 이상했다. 예를 들어 내가 혼자서 감옥 뒤편을 걷고 있는 것을 보면, 그는 갑작스레 내 쪽으로 휙 하니 방향을 바꾼다. 그는 항상 빨리 걷고, 느닷없이 방향을 바꾸는 버릇이 있었다. 걸어가는 것도 마치 뛰어가고 있는 것처럼 보였다.

"안녕하십니까?"

"안녕하세요?"

"방해나 되는 것은 아닌지요?"

"아닙니다."

"당신께 나폴레옹에 관해 물어보고 싶어서 그럽니다. 그자가 바로 우리 나라에 1812년에 왔던 사람이 아닌가요?"[69] (페트로프는 강제 징용된 소년병 출신이었으므로, 읽고 쓸 줄 알았다.)

"맞습니다."

"대통령이라고 하던데, 그자는 어떤 사람인가요?"[70]

---

[69] 1812년은 러시아와 나폴레옹이 이끄는 프랑스 사이에 전쟁이 일어났던 해임. 1812년은 러시아의 문학과 음악에서 즐겨 다루는 주제가 되었는데, 톨스토이의 《전쟁과 평화》도 1812년을 배경으로 쓰였다.

[70] 나폴레옹 1세의 조카 나폴레옹 3세(1808~1873)는 1848년부터 프랑스 제2공화정의 대통령

그는 언제나 빨리, 단속적으로, 마치 가능하다면 무엇인가에 대해 금방 알아야 한다는 식으로 물어보곤 했다. 마치 최소한의 망설임도 인정하지 않는다는 듯이, 아주 중요한 어떤 사건을 급하게 조사하는 것처럼 물었다.

나는 그가 어떤 대통령이라는 것을 설명하고, 빠른 시일 내에 황제가 되었다는 말도 덧붙였다.

"왜 그랬죠?"

나는 알고 있는 것에 한에서 그것도 설명했다. 페트로프는 내 쪽으로 귀를 기울이면서 재빨리 알아차리고 완전히 이해를 하기라도 한 듯 신중하게 듣고서 있었다.

"과연, 그런데 알렉산드르 페트로비치 씨, 한 가지 더 묻고 싶은데, 팔이 발꿈치까지 닿고 사람만큼이나 키가 큰 그런 원숭이가 있다고들 하던데 사실인가요?"

"그렇습니다. 그런 원숭이도 있지요."

"어떤 원숭이지요?"

나는 내가 알고 있는 한 설명해 주었다.

"그런데 그놈들은 어디에 살고 있지요?"

"열대 지방에 살고 있어요. 수마트라[71]라는 섬에 있습니다."

"그게 아메리카지요? 그곳에서는 사람들이 머리를 밑으로 숙인 채 걸어다닌다고 하던데요?"

"머리를 숙이고 있는 것이 아니에요. 아마도 지구 반대편에 사는 사람들을 말하는 것 같은데요."

나는 아메리카가 무엇인가를 설명하고, 또한 지구 반대편 사람들이 어떠하다는 것도 설명해 주었다. 그는 마치 지구 반대편의 사람들에 대해 듣기 위해 일부러 달려온 것처럼 그렇게 주의 깊게 귀를 기울였다.

"아 참! 그런데 나는 바로 작년에 아레피예프 부관에게서 빌린 라발리에르 백작부인에 관한 책을 읽었습니다. 그것은 사실인가요, 아니면 꾸민 이야기인

이었으나, 1852년부터 자신을 황제로 칭함.
71) 말레이 반도 끝에 위치한 인도네시아 섬.

가요? 뒤마[72]라는 사람이 썼다는데요."

"물론 꾸며 낸 이야기지요."

"그래요. 안녕히 계십시오. 고맙습니다."

그렇게 말하고 페트로프는 사라져 버렸다. 실제로 이러한 종류의 대화 말고는 우리는 거의 아무런 말도 나누지 않는다.

나는 그에 관해 물어보기 시작했다. M은 우리의 이러한 교제를 알고 나에게 경고까지 했을 정도였다. 그는 감옥에 있는 죄수들이 옥에 들어온 첫날부터 자기에게 공포감을 불러일으켰지만, 그들 중에 어느 누구도, 심지어 가진조차도 이 페트로프보다 더 무서운 인상을 자신에게 심어 주지는 못했다고 말했다.

"그 사람은 모든 죄수들 중에서 제일 겁이 없고, 결단성이 있는 사람입니다." M이 말했다. "그는 무슨 일이든 저지를 수 있는 자이지요. 갑자기 변덕스러워지면 그자는 어떤 일도 주저하지 않기 때문에, 죽이고 싶은 마음이 들면 아마 당신도 죽이려고 할 거예요. 간단히 죽이고 나서는 눈썹 하나 까딱하지 않고, 후회도 하지 않을 겁니다. 나는 그가 결코 제정신이 아니라고 생각하고 있습니다."

이러한 평가는 나의 흥미를 더 끌었다. 그러나 M은 웬일인지 왜 자신이 그런 생각을 하게 되었는지는 설명해 주지 않았다. 하지만 참으로 이상한 일이다. 그 뒤 몇 년 동안 페트로프와 알게 되면서 나는 거의 매일같이 그와 이야기를 나누었으며 그는 진심으로 나를 따랐는데(무엇 때문인지는 모르겠으나), 이 몇 해 동안 그는 감옥에서 분별력 있고 어떤 무서운 일도 저지르지 않은 채 살고 있었다. 그러나 나는 매번 그를 보면서 그리고 그와 이야기하면서 정말로 M이 옳았으며, 페트로프라는 사람은 아마도 제일 결단력 있고 겁이 없는 자로, 자기 자신에 대한 어떠한 억제도 모르는 인간이라는 확신이 들기도 했다. 내가 왜 이런 생각을 하게 되었는지는 나 역시 대답할 수가 없다.

미리 말해 두지만, 바로 이 페트로프는 언젠가 태형을 받게 되었을 때 소령을 죽이려고 했는데, 소령이 태형을 집행하기 바로 직전에 자리를 떠났기 때

---

72) 프랑스 작가인 알렉상드르 뒤마(1802~1870)의 《철가면》에 언급된 루이즈 프랑수아 라발리에르(1644~1710) 백작부인을 말함.

문에 죄수들이 말하는 것처럼 '기적처럼 살아났던' 것이다. 또 한번은 아직 감옥에 오기 전이었는데, 훈련할 때 대령이 그를 때린 적이 있었다. 아마도 이 일이 일어나기 전에도 그는 여러 번 매를 맞은 적이 있었겠지만, 그때만큼은 이성을 잃고 백주대낮에 정렬해 있는 대열 앞에서, 자기의 대령을 느닷없이 찔러 죽인 것이다. 그러나 나는 그 사건을 상세히는 모른다. 그는 결코 그 일을 내게 말한 적이 없기 때문이다. 물론 이것은 단순한 충동으로 그의 본성이 별안간 전체적으로 드러난 것이리라. 그러나 그런 일들이 그에게서 일어난 것은 거의 드문 일이었다. 실제로 그는 분별력이 있고 온순하기까지 했다. 격정적이고 타오르는 듯한 열정은 그의 내면에 숨겨져 있었다. 뜨겁게 달아오르는 숯은 끊임없이 재에 뒤덮여 조용히 타오르고 있었다. 그에게서는 다른 죄수들에게서와 같은 자만과 허영심의 자취는 결코 찾아볼 수가 없었다. 그는 다른 죄수들과 다투는 일도 드물었고, 다른 어느 누구와도 친하게 지내는 일이 없었다. 단 시로트킨만은 예외였는데, 그것도 상대가 그에게 필요할 때만 그러했다.

그러나 한번은 그가 아주 심하게 화를 내는 것을 본 적이 있다. 하찮은 물건이지만, 어쩌다 그에게만 주지 않고 빠뜨리고 나누어 준 것이다. 그와 다툰 죄수는 힘이 세고 큰 키에, 악의에 가득 차 있으며, 빈정거리는 것을 좋아할 뿐만 아니라, 겁이라는 것과는 거리가 먼 바실리 안토노프라는 민간인 출신 죄수였다. 그들은 이미 오래전부터 고함을 질러 대고 있었으므로 나는 이번 싸움도 단지 주먹질로 끝이 나리라 생각했다. 왜냐하면 페트로프는 비록 드물기는 하지만, 감옥에서 제일 저질인 죄수들이 그렇듯이 가끔 주먹질도 하고 욕을 하는 사내였기 때문이다. 그러나 이번만큼은 그렇게 하지 않았다. 페트로프는 별안간 하얗게 질리더니, 입술에 경련을 일으키고 푸른 색으로 변하면서 숨이 가빠졌다. 그는 자리에서 일어나 천천히 아주 천천히 소리도 내지 않고 맨발로(여름이면 그는 맨발로 다니는 것을 좋아한다) 안토노프에게 다가가는 것이었다. 별안간 떠들썩한 고함소리가 들리던 감옥 안이 잠잠해지며, 파리의 윙윙거리는 소리까지 들릴 정도였다. 모든 사람들이 숨을 죽이며 지켜봤다.

안토노프가 그를 향해 덤벼들었지만, 그의 얼굴은 사색이 다 되어 있었다……. 나는 더 이상 참지 못하고 감옥 밖으로 나와 버리고 말았다. 계단을 다 내려가기도 전에 피살당하는 사람의 절규가 들리지 않을까 조마조마했다. 그러나 이번에도 아무 일 없이 끝났다. 안토노프는 페트로프가 미처 자기에게 다다르기 직전에 아무 말 없이 재빠르게 문제가 되었던 물건을 그에게 던져 버렸던 것이다(싸움의 발단은 보잘것없는 누더기인 무슨 안감 때문이었다). 물론 한 2분쯤 지나자 안토노프는 결코 자기가 겁을 먹지 않았다는 것을 보여 주느라고 체면상 그에게 욕설을 퍼붓기 시작했다. 그러나 욕을 하든 말든 페트로프는 전혀 개의치 않고 아무런 대답도 하지 않았다. 욕설이야 아무래도 좋았다. 한마디로 그가 이긴 것이었다. 그는 무척이나 만족스러워하면서 그 누더기를 집어 들었다. 30분쯤 지나자 그는 벌써 이전처럼 매우 무료한 표정을 지으며, 마치 어딘가에 자기가 끼어들만한 흥미로운 이야깃거리가 없는지 찾기나 하는 것처럼 감옥 안을 어슬렁거렸다. 그는 모든 일에 흥미를 가지고 있는 것처럼 보였지만 대부분의 경우엔 모든 것에 냉담했고, 아무 일도 하지 않고 감옥 안을 어슬렁거리며 이곳저곳을 기웃거리기만 했다. 실력은 좋아 보였으나, 지금 당장에는 일이 없으므로 어린아이들을 상대로 지루함을 달래는 실력 있는 일꾼들과 비슷할 것 같았다. 나는 또한 그가 어째서 감옥에서 살고 있는지, 어째서 도망치지 않는지 이해할 수가 없었다. 만일 그렇게 하려고 굳게 마음만 먹는다면, 그는 도망가는 것을 주저하지 않았을 것이다. 이성이 페트로프와 같은 사람을 지배하는 것은 그들이 그런 것을 원하지 않을 때 뿐이다.

일단 그렇다면 이 세상 어디서고 그들의 욕망을 가로막는 것은 아무것도 없다. 하지만 나는 그가 아주 쉽게 도망칠 수 있으며, 모든 사람들을 속이고 어딘가의 숲속 혹은 강변의 갈대숲 속에서 일주일 동안은 먹지 않고도 지낼 수 있으리라고 확신한다. 그러나 그는 아직 그런 생각을 하지도, 또 '전적으로' 바라고 있지도 않은 것 같았다. 나는 그에게서 중요한 판단이라든가 특별한 상식 같은 것을 결코 한 번도 발견한 적이 없다. 그런 사람들은 태어날 때부터 한 가지 생각밖에 하지 않는다. 자신들을 무의식중에 이리저리 평생 옮겨 다니게 하는 한 가지 생각 말이다. 그러므로 그들은 자기들이 진정으로 바라던 일을 발견할 때까지 평생을 몸부림치는 것이며, 일단 그렇게 된다면 머리 하나쯤 없애는 것은 아무런 문제도 되지 않는다. 나는 때때로 구타를 당했다고 자기의 상관을 살해한 그런 사람이 여기서는 어떻게 얌전히 태형을 받는지 놀라지 않을 수 없었다. 그는 가끔 술을 들여오다 적발되어 태형을 받곤 했다. 기술이 변변치 못한 다른 모든 죄수들이 그렇듯이 그도 가끔 술을 들여오곤 했던 것이다. 그러나 그가 태형을 받으면서도 가만히 있는 것은 자기도 인정하고 있다는 말로, 즉 자기도 자기의 죄를 잘 알고 있기 때문이라는 말이었다. 만일 그렇지 않다면, 그는 죽는 한이 있더라도 결코 태형을 받으려 들지 않았을 것이다. 또한 내가 그에게 놀란 것은 내게 눈에 보일 정도로 고분고분하면서도 내 돈을 훔쳐간 사실 때문이다.

그에게는 이런 일이 빈번하게 일어났다. 그는 내 성서도 훔쳤다. 내가 한 장소에서 다른 곳으로 가져다 달라고만 부탁했던 것이다. 그 거리는 몇 걸음 되지 않았지만, 가는 도중에 살 사람을 만나자 그것을 그 자리에서 팔아치우고, 그 돈으로 술을 마셔 버렸던 것이다. 술이 너무나 마시고 싶었는지는 모르겠으나, 무척 마시고 싶다는 생각이 들자마자 그렇게 하고 말았던 것이다. 바로 이러한 사람이 단돈 25코페이카를 뺏기 위해 사람을 살해하는 것이다. 내키지 않으면 수십만 루블을 가진 사람도 그냥 내버려두지만, 지금은 25코페이카로 보드카 반병을 마셔야만 했던 것이다. 그날 밤 그는 스스로 자신의 절도 행위를 아무런 후회와 고통 없이, 일상적인 사건에 대해 이야기하듯 아주 태연하게 내게 고백했다. 나는 그 성서가 아쉬운 나머지 그에게 잔소리를 하였다. 그는 천연덕스럽게 오히려 꽤 공손해 보일 정도로 내 말을 듣더니, 성서는 아주 유익한 책이라는 것에 동의하며, 그것이 지금 내 수중에 없다는 것에 대해 진심으로 애석해 했지만, 그것을 훔친 것에 대해서는 조금도 후회의 기미를 보이지 않았다. 그가 자기 자신이 나쁘지 않다고 믿고 있기에, 나는 곧 잔소리를 멈췄다. 그가 내 잔소리를 참고 있었던 것은 아마도 자기의 그런 행동을 비난하지 않을 수 없는 것이라고 생각해서인 듯한데, 그래서 마음의 위로라도 되게끔 속마음을 터놓고 비난을 하라고 내버려두자는 심산인 것 같았다. 그러나 따지고 보면 이 모든 것은 별것도 아니어서, 진실한 사람이라면 이런 말을 하는 것조차 무안할 것이라고 생각하는 듯했다. 그는 대체로 나를 마치 어린애 정도로 취급하며, 이 세상의 가장 보잘것없는 물건조차도 이해할 수 없는 젖먹이 정도로 여기는 것 같았다.

예를 들어 만일 내가 학문과 책 이외의 것을 이야기하면, 그는 내게 대답은 하지만 예의상 그러는 것이며, 극히 짤막한 대답만을 하고 말았다. 그가 나에게 주로 묻곤 하는 이 책 속의 지식들이 그에게 어떻게 도움이 된다는 것인지, 이따금 나는 내 스스로에게 물어보곤 했다. 그와 이런 대화를 나누게 될 때면 그가 나를 조롱하고 있는 게 아닌가 하고 그를 옆에서 바라본 적도 있었다. 그러나 그것은 지나친 생각이었다. 그가 언제나 신중하고 주의 깊게 내 말에 귀를 기울였다고 하더라도, 아주 열심히는 아니어서 가끔은 내 기분을 상하게 했던 것이다. 그는 언제나 정확하고 분명하게 질문을 했지만, 내게서 듣는 대답에는 별로 놀라는 기색도 없었고, 오히려 산만한 모습까지 보였다……. 책에 관한 이야기를 제외하면 내가 아무것도 이해할 수 없을 뿐만 아니라 이해할 능력도 없으므로, 나를 혼란스럽게 만들 필요 없이 다른 사람들과 마찬가지로 머리가 깨지도록 나와는 오랫동안 이야기할 것도 없다고 그는 생각하는 듯이 보였다.

그렇지만 그가 나에게 애정을 가진 것은 분명해서 나도 매우 놀라고 있었다. 그가 나를 아직 완전치 못한 미성년으로 여기고 있었는지, 아니면 나를 약자라고 생각하면서 모든 강한 존재들이 다른 약자들에게 본능적으로 감지하는 그런 독특한 종류의 연민을 나에게 느꼈는지…… 그것은 나도 잘 모르겠다. 그래서 이 모든 것이 그가 내 물건을 훔치는 데는 어떤 방해 요소도 될 수 없었다 하더라도, 그가 물건을 훔치면서도 나를 동정하고 있었다는 것은 확실하다. '체!' 그는 아마도 내 물건에 손을 대면서도 이렇게 생각했을 것이다. '도대체 이 사람은 자기 물건 하나 제대로 건사를 못하는군!' 그러나 그 때문에 그가 나를 사랑하고 있었는지도 모른다. 그가 한번은 무심코 내게 "너무나 선량한 사람"이라고, 그래서 "너무나 순진하고 순진해서 가련할 정도"라고 말했다. "당신을 모욕했다고는 생각하지 마십시오." 1분쯤 지나자 그가 덧붙였다. "진심으로 말하고 있는 겁니다."

이런 사람들이 일생을 사는 동안, 경우에 따라서 어떤 갑작스러운 전체적인 행동이나 변혁의 시기가 오면 별안간 예리하고 굵직한 모습을 나타내 보임으로써, 단숨에 자기의 완전한 실체를 드러내는 경우가 있다. 그들은 달변가가 아니므로 운동의 주모자나 지도자가 될 수는 없지만, 그 일의 중요한 집행자가 되어 그 선두에 서는 것이다. 그들은 유달리 큰소리를 내는 법 없이 그저 시작할 뿐이지만, 그 대신 겁도 없고 주저하지도 않고 제일 먼저 앞장서서 큼직한 걸림돌들을 첫 번째로 뛰어넘는다. 그래서 사람들은 모두가 그들의 뒤를 따르며, 맹목적으로 자기의 머리가 내걸리게 될지도 모를 제일 마지막 장벽까지 돌진한다. 나는 페트로프가 무사히 일생을 마칠 것이라고는 믿을 수 없다. 그는 어느 한순간에 모든 것을 단숨에 끝마쳐 버릴 것이다. 만일 아직까지도 죽지 않고 있다면, 그것은 그런 기회가 아직 오지 않았다는 의미일 뿐이다. 그러나 누가 알겠는가? 아마도 그는 백발이 성성할 때까지 살면서 아무런 목적 없이 이곳저곳을 배회하다가 조용히 늙어 죽어 갈지도 모르는 것이다. 그러나 그가 감옥 전체에서 가장 죽음을 두려워하지 않는 사람이라고 말한 M의 말은 옳은 것 같다.

8. 죽음을 두려워하지 않는 사람들―루츠카

죽음을 두려워하지 않는 사람들에 대하여 말하기란 어려운 일이다. 어디서나 그렇겠지만, 감옥에서도 그런 사람들은 극소수이다. 보기에도 무서운 사람이 있고, 사람들이 말하는 것만 가지고 상상해 보아도 피하고 싶은 사람이 있다. 본능적인 경계심이 나로 하여금 처음부터 이러한 사람들을 피하게 만들었다. 그 뒤에 나는 가장 무서운 살인범에 대해서도 보는 시각이 꽤 바뀌었다. 살인범은 아니지만, 살인을 여섯 번이나 하고 온 사람들보다 훨씬 더 무서운 죄수도 있다. 제일 처음 갖게 되는 생각만으로는 다른 사람의 범죄에 대해 판단하기가 쉽지 않다. 범죄를 저지르는 데는 그만큼 이상한 점이 많이 개입되기 때문이다. 내가 또한 이렇게 말하는 것은 우리나라의 민중들 사이에서 벌어지는 이러저러한 살인사건도 무척이나 놀랄 만한 이유로 인하여 발생하고 있기 때문이다. 게다가 이러한 유형의 살인자들은 꽤 많다. 조용하고 온순하게 살아가고 있는 사람이 하나 있는데, 그는 괴로운 운명을 감내하고 있다. 그를 농민이라거나 농노, 상인 아니면 병사라고 가정해 보자. 갑작스레 그의 마음속에서 무엇인가가 충돌을 일으키며 혼란스러워진다. 그러자 바로 여기에서 이상한 일이 시작된다. 그는 별안간 정상적인 기준에서 벗어나 버리고 만 것이다. 그는 먼저 자기를 억누르고 있던 사람이나 적을 찔렀다. 물론 이것도 범죄이기는 하지만 그래도 이해는 된다. 거기에는 이유가 있었다. 그러나 그 다음에는 적이 아니라, 처음 마주치는 사람마다 모두 죽인다. 심심풀이로 죽이고, 말이 거칠다고 죽이고, 쳐다본다고 죽이고, 숫자를 맞추기 위해 죽이고, 그리고 이런 단순한 일 때문에도 죽인다.

"길에서 물러서, 부딪치지 마, 내가 가는 게 안 보여!" 술에 취하거나 열병에 걸린 사람 그 자체가 되어 버린 것이다. 한 번 금지된 선을 밟고나서는, 이제 신성시되는 것은 아무것도 없다는 데에 즐거움을 느낀다. 그는 마치 모든 권력과 법칙을 단숨에 뛰어넘어 구속도 제한도 없는 자유를 향유하고 있으며, 스스로가 느끼기에 불가능한 공포 때문에 마음이 얼어붙는 것을 즐기고 싶어 못 견뎌 하는 것 같다. 더욱이 그는 가공스러운 형벌이 자기를 기다리고 있다는 것을 잘 알고 있다. 그러므로 이 모든 것은 높은 탑 위에 있는 사람이 자기 발밑에 있는 심연에 마음이 이끌려, 빨리 일을 마무리지어야겠다는 생각에 머리부터 거꾸로 밑으로 뛰어내리려는 심정과 비슷할지도 모른다. 이러한 모든 일은 가장 온순하고, 그전까지는 눈에 띄지도 않던 사람들 사이에서도 일어난다. 그들 중 몇 명은 이런 불안정한 상태 속에 자기 스스로를 내맡기는 경우도 있다. 이전에 학대를 받은 사람일수록 지금은 더욱더 강렬하게 자기를 드러낼 뿐만 아니라, 다른 사람에게 겁을 주고 싶어 못 견뎌 하는 것이다. 그는 이러한 공포를 즐기며, 다른 사람에게 불러일으키는 혐오감 그 자체를 좋아한다. 그는 스스로 '절망한' 척하는데, 이런 '절망한 사람'은 이따금 그 절망을 '해결하고 싶어' 빨리 형벌을 받길 바란다. 이 꾸며낸 절망을 스스로 견뎌내는 것이 매우 힘들기 때문이다. 대부분 이러한 분위기와 모든 위장은 교수대에 갈 때까지 계속되지만 그 다음에는 갑작스레 돌변하게 되는데, 이것은 흥미로운 일이다. 마치 이러한 기간은 실제로 그 때문에 미리 규정된 규칙에 의해서 정해진 것 같은 형식적인 기간이 되고 만다. 거기서 그는 갑자기 온순해지고 기가 꺾여, 마치 겁쟁이처럼 변하고 만다. 그리고 교수대 위에 가서는 흐느끼고 사람들에게 용서를 바란다. 만일 감옥에 와서 그를 보게 된다면 '정말로 이 사람이, 사람을 대여섯이나 죽인 사람이 맞을까?' 하는 생각을 하게 할 정도로 코와 침을 흘리고 학대받는 사람이 되어 있으므로 다시금 놀라게 된다.

물론, 감옥에 와서도 곧바로 온순해지지는 않는 자들도 있다. 여전히 일종의 허세나 오기를 품고 있어서, 나는 너희가 생각하는 그런 사람이 아니다, '나는 여섯이나 죽이고 왔다'고 말하기도 한다. 그러나 결국은 얌전해진다. 때로는 그도 '절망한' 인간이었을 때, 그의 생활에서 한번쯤 있음직한 요란한 술자리나 용감했던 행동들을 회상하면서 우쭐해하기도 하며, 만일 순진한 사람을 만나기라도 하면 그 앞에서 점잖은 체 거드름을 피우며 말하고 싶다는 내색은 전혀 하지 않으면서, 자기 자랑을 내세우고 교만을 떨기도 하는 것이다. 즉, 나는 이러한 사람이다, 하고서 말이다!

그렇지만 이 자만 속에 스며 있는 세심함은 신중하게 나타나고, 그러한 말도 때로는 무의식중에 드러나기도 한다. 얘기하는 사람의 모든 말과 어조 속에서 등장하는 그 교묘한 점잔은 과연 어떤 것인가! 대체 이 사람들은 그런 것을 어디서 배웠단 말인가!

감옥에 들어온 지 얼마 되지 않았던 어느 길고 긴 밤중에, 나는 무료하고 우울한 심정으로 나무 침상 위에 누워 있을 때 그런 이야기 중 하나를 들은 적이 있다. 나는 아직 잘 몰랐으므로 이 이야기꾼이 마치 거대한 사람이며 무서운 악당일 뿐만 아니라, 이제까지 전혀 들어본 적이 없는 강철과 같은 성격을 소유하고 있는 자라고 생각했다. 그때만 해도 페트로프를 조금 우습게 본 것은 사실이었다. 이야기의 주제는 루카 쿠지미치가 자기만족 말고는 결코 아무런 이유도 없이 소령 한 명을 '살해'했다는 것이었다. 이 루츠카[73]는 내가 이미 앞에서 말했었다. 우리 감옥에서 제일 나이가 어리며 키가 작고 몸이 마른 매부리코의 젊은 우크라이나인이다. 그는 원래 러시아인이었지만 남부 지방에서 농노로 태어난 것뿐이었다. 그에게는 실제로 예리하고 오만한 면이 있었다. '새는 작지만 발톱은 날카로웠던 것이다.' 그러나 죄수들은 본능적으로 사람을 본다. 그들은 그를 별로 존중하지 않았고, 감옥에서 말하는 식대로 하면 '그는 그다지 존경받지 못했던 것이다.' 그는 무척이나 자존심이 셌다. 이날 저녁에도 그는 침상에 앉아 루바시카를 깁고 있었다. 재봉이 그의 일이었다. 그

---

73) 러시아에서는 이름, 부칭, 성 말고도 애칭이 있다. 루츠카는 루카 쿠지미치의 애칭이다. 루카, 루츠카는 동일 인물임.

옆에 머리는 나쁘지만 사람 좋고 친절하며 건장하고 키 큰 죄수가 앉아 있었다. 코브일린이라는 자로 나무 침상 위의 이웃이었다. 루카는 그와 이웃하고 있었으므로 자주 다투기도 했는데, 대개 그를 깔보는 것처럼 조소적이며 위압적인 태도를 나타내곤 했다. 코브일린은 둔했으므로 그것을 눈치채지도 못했다. 그는 털양말을 들고서 무관심하게 루카의 말을 듣고 있었다. 루카는 꽤 큰 목소리로 또렷하게 이야기를 했다. 그는 이 이야기를 짐짓 코브일린에게만 하는 척했지만, 다른 사람들도 모두 자기의 이야기를 들어 주었으면 하고 바라는 것 같았다.

"이봐, 들어봐, 나는 우리 고장에서 C[74]시로 추방당했어." 루카는 바느질을 하면서 이야기를 시작했다. "말하자면 부랑자인 셈이지."

"그게 언제였나, 꽤 오래전인가?" 코브일린이 물었다.

"완두콩이 여물면 1년이 되는 거지. 그런데 K[75]시에 왔을 때, 거기서 잠깐 감옥에 갇혔지. 내가 보니까, 나와 같이 한 20명쯤이 같이 앉아 있는데, 모두 키가 크고 건강하며 황소처럼 장대하더구먼. 그런데 이놈 저놈 할 것 없이 얌전하기만 했어. 식사는 형편없었고, 그들의 소령은 마치 자비라도 베풀 듯이 '제멋대로' 굴더군(루츠카는 일부러 말을 비꼬았다). 그렇게 앉아 있기를 하루, 이틀, 그러자 그들이 겁쟁이로 보이더라고. 내가 말했지, '어쩌자고 당신들은 저런 멍청이를 가만 놔두는 거요?' 그랬더니 '그럼, 네가 가서 한번 말해 봐!'라고 말하면서 심지어 나를 비웃기까지 하더란 말이야. 나는 잠자코 있었지."

"이봐, 그런데 거기에 아주 웃기는 놈이 한 명 있었어." 그가 갑자기 코브일린을 제치고 다른 사람들을 향하여 말했다. "그자는 자기가 어떻게 법정에 서게 되었고, 재판관과 어떻게 이야기했는가를 말하면서 울더란 말일세, 자기에게는 자식들과 마누라가 있다고 말이야. 그자는 백발에 뚱뚱했어. 그자가 이렇게 말하더군. '나는 재판관에게 말했지. 아니라고! 그랬더니 이 마귀 새끼 같은 놈이 모든 것을 전부 그대로 써 버리는 거야. 그래서 말했지. 너처럼 돼지 같은 놈은 죽어 버리라고! 그랬더니 그놈은 그것까지 모두 적고 있는 거야! 거기서 나는 정신을 차릴 수가 없게 되었지!' 바샤, 실 좀 줘봐. 감옥 것은

---

74) 키예프 북부의 체르니코프를 말함.
75) 키예프를 말함.

금방 끊어진단 말이야."

"시장에서 산 거야." 실을 주며 바샤가 대답한다.

"우리 공장 실이 더 낫다. 요전에 아나메드니시 네발리다에게 부탁했는데, 그 녀석 어디 근성 나쁜 여자한테서 구해 오는 거 아니야?" 루카가 밝은 곳에서 실을 꿰면서 계속했다.

"아낙네들한테서 구해 오겠지, 말하자면."

"말하자면 아낙네들이라."

"그런데 소령은 어떻게 됐지?" 거의 완전히 잊혀져 있던 코브일린이 물었다.

루카는 그 말만을 기다렸던 것이었다. 그러나 그는 마치 코브일린에게는 주의조차 기울일 필요가 없다는 듯이 자기의 말을 곧 계속하지는 않았다. 조용히 실을 가지런하게 편 다음, 무료하다는 듯이 두 발을 바꿔 포개고서는 마침내 말하기 시작했다.

"마침내 나는 우크라이나 사람들을 불안하게 만들어 소령을 오게 만들었지. 그리고 아침부터 옆사람에게 칼[76]을 부탁해 숨겨 두었어. 만일의 경우를 대비해서 말이지. 소령은 격분해서 달려왔지. '자, 겁낼 것 없다고, 소러시아 친구들!' 내가 말했지. 하지만 그들은 발끝까지 저리는지 부들부들 떨고 있더군. 소령이 취해 가지고 뛰어들어왔어. '누가 여기에 있나! 누가 여기에 있느냐 말이다! 나는 황제고 나는 신이다!'"

"그가 '나는 황제고 나는 신이다'라고 말하자마자, 내가 앞으로 나섰지." 루카는 계속 말을 했다. "소매에 칼을 감추어 두었지. '아닙니다, 각하.' 그러면서 나는 조금씩 조금씩 그에게로 가까이 다가갔어. '아닙니다 각하, 어떻게 각하가 우리의 황제나 신이 될 수 있다는 말입니까?'

'아, 바로 너였구나, 바로 너였어?' 소령이 고함을 쳤어. '이 폭도 같은 놈!'

'아닙니다.' 나는 말하면서 더욱더 그에게로 다가섰어. '아닙니다, 각하. 전지전능하시고 만유에 편재하시는 우리의 하느님이 한 분이시라는 것은 각하도 알고 계시지 않습니까.' 그리고 '우리 위에 계신 황제도 하느님처럼 한 분이십니다, 각하. 그분은 군주이십니다. 에에, 그리고 각하는 단지 소령이실 뿐입니

---

76) 단도(短刀).

다'라고 말했어. '각하는 황제의 자비와 자신의 공로로 우리의 사령관이 되신 것입니다.'

'뭐—뭐—뭐—뭐라고!' 그렇게 꼬꼬댁거리기 시작하더니 말을 못하는 거야. 더듬거리더라고. 무척이나 놀랐던 거지.

'그래, 그렇다고.' 이렇게 말하고 나는 갑자기 그에게 달려들어 그의 배 한가운데다가 칼을 깊숙이 찔러 넣었지. 쉽더라고. 그 녀석은 뒹굴더니, 두 발을 꿈틀거리기만 할 뿐이었어. 나는 칼을 던져 버렸지. '자, 봤어? 이제 그를 일으켜 세워!' 내가 말했지."

여기서 나는 조금 다른 이야기를 하려고 한다. 불행하게도, 옛날에는 '나는 황제고, 신이다'라는 표현과 이와 유사한 다른 모든 표현들이 많은 지휘관들 사이에서 사용되었다. 그러나 이제 그런 표현을 사용하는 지휘관들은 얼마 없고, 아니면 아마도 거의 모두가 전역했을지도 모른다. 또 하나 말해 두는데, 그러한 표현을 써가며 우쭐거리는 것을 좋아했던 지휘관들은 대부분이 하사관에서 진급한 사람들이었다. 장교라는 계급이 그들의 모든 마음속과 동시에 그들의 머리를 뒤집어 놓은 것인지도 모른다. 오랫동안 멜빵 끈 밑에서 고생하고 굴종의 모든 단계를 거쳐 오면서, 별안간 자기가 장교가 되고 지휘관이 되고 고관이 되자 그들은 아직 익숙해지지 못한 처음의 기쁨에 들떠서, 자기의 권위와 가치에 대한 생각을 과장한다. 물론 그것은 자기에게 예속된 하위 계급에 대해서만 그러는 것이다. 그들은 아직도 자신들의 상관 앞에서는 전혀 필요치 않거나 아니면 다른 많은 상관들에게 오히려 반감을 살 만한 그런 비굴함을 이전처럼 여전히 보이는 것이다. 이렇게 비굴한 사람들 가운데는 자기 상관 앞에서 심지어는 특별한 감동에 젖어, 자신들은 하사관 출신이므로 비록 지금은 장교라고 하더라도 '자신의 처지를 항상 기억하겠다'고 서둘러 말해 버리는 자들도 있다. 그러나 그들은 자기보다 낮은 계급의 사람들에 대해서는 거의 무한한 권력을 가진 명령자가 되어 버린다. 물론 지금은 그러한 사람들이, 그러니까 '나는 황제고, 신이다'라고 외치는 사람은 거의 없다.

그런데도 나는 지휘관들의 이런 표현이 다른 모든 하위 계급의 사람들뿐만 아니라 죄수들까지도 격분시킨다는 것은 말해 두고 싶다. 이러한 자기 자신의 거만함과 자기 면책에 관한 과대망상은 아주 고분고분한 사람들에게까지도 증오심을 불러일으키고, 마지막 인내심까지도 뿌리째 없애 버리고 만다. 다행히도 이 모든 사건들은 과거의 일이며, 그 시절에도 상관들에 의해서 엄격히 규제되었던 일이다. 나도 그 몇 가지 실례들을 알고 있다.

대체로 하급자들을 격분시키는 것은 그들과 마주칠 때 드러나는 상급자들의 깔보는 부주의와 기분 나쁜 태도 때문이다. 예를 들어 어떤 사람들은 이렇게 생각한다. 만일 죄수들을 잘 먹여 주고, 잘 다루어서 모든 것을 법대로만 처리하면 만사가 끝이라고 말이다. 이것 또한 잘못이다. 신문이나 학대를 받은 경험의 유무에는 상관없이 사람은 누구나 본능적으로든지 아니면 무의식적으로든지 자신의 인격을 존중받고 싶어 한다. 죄수는 말하지 않아도 자신이 죄수라는 것을, 세상에서 버림받은 사람이라는 것을 잘 알고 있으며, 간수 앞에서의 자기 위치도 알고 있다. 그러나 어떤 낙인이나 족쇄로도 그로 하여금 그가 인간이라는 사실을 잊게 할 수는 없다. 실제로 그는 인간이므로, 결국 그를 인간적으로 대하지 않을 수 없다. 아, 그렇다! '인간적인 대접'은 이미 오래전에 신을 잊었던 그런 사람들조차도 인간으로 만들 수 있는 것이다. 이 '불행한 사람들'이야말로 가장 인간적으로 대해 주어야 한다. 이것이야말로 그들의 구원이자 기쁨이다. 나는 그처럼 선량하고 고결한 상관들을 만난 적이 있다.

나는 그들이 이처럼 학대받고 있는 사람들에게 주었던 영향을 본 적도 있다. 몇 마디의 부드러운 말, 그것만으로도 죄수들은 정신적으로 거의 부활하게 된다. 죄수들은 어린아이들처럼 기뻐하고, 어린아이들처럼 사랑하게 된다. 나는 하나만 더 이상한 것을 지적해 두고 싶다. 죄수들은 지나치게 친밀한 것도, 상관의 '지나친' 친절도 좋아하지 않는다. 그들은 상관을 존경하고 싶어하면서도, 그렇게 되면 또 웬일인지 그를 존경하지 않게 된다. 예를 들어 죄수들은 자기의 상관이 훈장이 있거나 풍채가 좋거나 윗사람으로부터 총애를 받거나, 엄격하고 무게가 있으며 공정하고 자기의 위엄을 지킬 줄 아는 사람이면 마음에 들어 한다. 죄수들은 그러한 상관을 훨씬 사랑한다. 말하자면, 자기의 위엄은 지키고 죄수들을 모욕하지 않는다면 모든 것이 금상첨화인 것이다……

"아마도 그것 때문에 자네, 무척이나 들볶였겠구먼. 그렇지 않은가?" 코브일린이 나지막이 물어보았다.

"흠, 들볶였지. 들볶인 것이 사실이야. 알레이, 가위 좀 줘! 이보게들, 오늘은 어째서 마실 것을 주지 않나?"

"오래전에 다 마셔 버렸지." 바샤가 말했다. "다 마시지 않았다면 줬겠지."

"만약, 만약이라고! 만일 모스크바에서라면 그 '만약'이라는 말에 1백 루블은 받았을 거야." 루츠카가 말했다.

"루츠카, 너는 모두 해서 얼마를 받았지?" 코브일린이 다시 물었다.

"친절한 친구 하나가 1백 5루블을 주더군. 이봐들, 내가 무슨 말을 해야 될지. 나를 아주 죽이려고 들더란 말이야." 루츠카는 또다시 코브일린을 무시한 채 말했다. "내게 1백 5루블을 주려고 나를 잘 차려입혀 데리고 나가더군. 하지만 나는 그때까지 한 번도 채찍 맛을 보지 못했어. 사방에 구경꾼들이 흘러 넘쳤고, 온 도시 사람들이 몰려드는 것 같았어. 도둑이 벌을 받게 될 거다. 살인자다 해서 말이야. 사람들이 얼마나 멍청한지, 어떻게 말해야 좋을지 모르겠군. 치모페이[77]는 내 옷을 벗긴 다음, 나를 눕히고 이렇게 외쳤지. '때릴 테니 정신 똑바로 차려!' 그래서 어떻게 될까 해서 기다려 보았지. 그리고 그가 한 번 내리치자 나는 고함을 지르려고 입을 벌려 보았지만, 고함이 나오지 않았어. 말하자면 목소리가 잠긴 거야. 두 번째 내리치자 믿을지 안 믿을지 모르겠지만, 나는 둘이라고 세는 소리도 듣지 못했어. 제정신을 차렸을 때는 열일곱이라고 세는 소리가 들리더군. 그러고는 네 번이나 나를 고문대에서 끌어내려 놓고 30분씩 쉬게 하더군. 물도 끼얹으면서 말이야. 나는 눈을 부릅뜨고 모든 사람을 바라보면서 생각했어. '여기서 죽는구나……' 하고 말이지."

"그런데 죽지 않았어?" 천진하게 코브일린이 물어보았다.

루츠카는 몹시 경멸하는 듯한 시선으로 그를 빤히 보았다. 이윽고 웃음소리가 울렸다.

"정말 바보 같은 놈이로군!"

"머리가 좀 이상하군." 루츠카가 마치 이런 사람과 이야기를 하고 있었다는 것을 후회라도 하듯 말했다.

---

77) 형리(刑吏).

"정신이 약간 나갔군." 바샤가 확인을 했다.

루츠카는 비록 사람을 여섯이나 죽였고, 그래서 진정으로 무서운 사람이 되고 싶어하는 것 같았지만, 감옥에서는 아무도 그를 무서워하지 않았다…….

9. 이사이 포미치, 목욕탕, 바크루신 이야기

성탄절[78]이 다가왔다. 죄수들은 크리스마스를 엄숙한 마음으로 기다렸으며, 그들을 바라보며 나까지 무엇인가 예기치 않은 일을 기다리게 되었다. 우리는 성탄절 사흘 전에 목욕탕에 가게 되었다. 그때만 해도, 특히 내가 감옥에 있던 첫해만 해도 죄수들을 목욕탕으로 데리고 가는 것은 매우 드문 일이었다.

모두들 기뻐하며 준비했다. 점심을 먹고 난 다음 가기로 되어 있었기 때문에 오후에는 일이 없는 셈이었다. 우리 감옥에서 어느 누구보다도 기뻐하고 들뜬 사람은, 내가 이 이야기의 4장에서 이미 언급했던 유대인 유형수 이사이 포미치 붐슈타인[79]이었다. 그는 아무 생각 없이 멍해지고 감각이 없어질 정도로 땀을 내는 것을 좋아했는데, 내가 옛 기억을 더듬어 우리 감옥의 목욕탕을 회상할 때면(그것은 잊히지 않을 정도의 가치가 있었다), 매번 그 광경의 첫 번째 장면으로 나의 감옥 친구이자 감옥 동거인이었던, 이사이 포미치의 그 즐거워하던 잊을 수 없는 얼굴이 눈앞에 나타난다. 그는 참으로 익살스럽고 우스꽝스러운 사람이었다! 나는 이미 그의 외모에 대해 몇 가지 이야기를 한 적이 있다. 뺨과 이마에 흉측한 낙인이 찍혀 있고 허약하며 주름투성이인 그는 쉰 살쯤 되었고, 바짝 마른 데다가 힘도 없었고 하얀 병아리 같은 몸집의 사내였다. 그의 얼굴 표정에는 항상 어떤 것에도 동요하지 않는 자부심과 만족한 듯한 행복감까지 보였다. 그는 감옥에 들어온 것을 조금도 후회하지 않았다. 그는 보석 세공사였는데, 도시에는 이런 보석 세공사가 없었기 때문에, 늘 도시에 사는 지체 높은 사람들이나 관리들의 주문을 받으며 계속해서 보

---

78) 1918년까지 러시아에서 사용한 율리우스력으로는 12월 25일 성탄절이 1월 7일임.

79) 《작가 일기》에서도 언급되고 있듯이, 러시아 내에서 당시 3백만 명이나 되던 유대인 문제는 신민(神民)이라는 관점에서 도스토옙스키의 창작에 많은 비중을 차지하고 있다. 그러나 《아저씨의 꿈》에 나타나는 것처럼, 유대인들은 붐슈타인과 같이 유머스럽고 구두쇠이지만 천진한 인물로 그려진다.

석세공 일만 하고 있었다. 이런 일을 하면서 그는 그런대로 몇 푼씩 벌 수 있었다. 그래서 그는 궁핍하다기보다는 오히려 유복하게 생활하고 있는 편이었으며, 돈을 모았다가는 감옥의 모든 사람들에게 저당을 잡고 이자를 받으며 돈을 빌려 주었다. 그는 사모바르와 좋은 요뿐만 아니라 찻잔, 또한 한 벌의 식기까지도 가지고 있었다. 도시에 사는 유대인들도 그를 돌봐 주었다. 토요일마다 그는 호송병의 호위를 받으며 도시의 예배당에 가기도 했는데(법에 따라 허용이 되고 있었다), 그렇게 마음 편히 살면서도 '장가'를 들고 싶어 12년의 형기가 어서 끝나기를 학수고대하며 초조해하는 것이었다. 그에게는 소박함과 멍청함, 교활함과 대담함, 단순함과 소심함, 오만함과 뻔뻔스러움이 우스울 정도로 뒤섞여 있었다. 그리고 죄수들이 장난삼아 그를 놀리는 것 말고는 결코 그를 조롱하지 않는다는 점이 나는 참 신기했다. 이사이 포미치는 분명 모든 사람들의 마음을 풀어 줄 뿐만 아니라, 늘 위안이 되고 있었다. "그는 우리에게 한 명뿐인 사람이야, 이사이 포미치를 건드리지 마." 죄수들은 이렇게 말하곤 했으며, 이사이 포미치도 그들이 왜 그런지 잘 이해하고 있어서, 죄수들의 좋은 위안거리라는 것에 대한 자신의 비중에 자부심을 갖고 있음에 틀림없었다. 말을 들어 보니, 그는 우스꽝스러운 모습으로 감옥에 도착한 모양이었다(그는 나보다 먼저 감옥에 왔기 때문에 이것은 다른 죄수들이 나에게 들려준 말이다). 어느 날 저녁 무렵, 일을 끝내고 휴식시간이 되었을 때이다. 유대인 하나가 들어와 지금 위병소에서 머리를 밀고 있으니까, 곧 도착하리라는 소문이 삽시간에 퍼졌다.

　그때까지만 해도 감옥에는 유대인이 한 명도 없었다. 죄수들은 그를 초조하게 기다렸고, 드디어 그가 문 안에 들어서자마자 곧 그를 에워쌌다. 감옥의 하사관 한 명이 그를 민간 감옥으로 데려가서는, 그의 자리를 나무 침상 위에 정해 주었다. 이사이 포미치의 손에는 그에게 지급된 관급품과 자기의 사물을 담은 포대가 들려 있었다. 그는 포대 자루를 내려놓고 침상에 기어올라가 다리를 움츠리며 자리를 잡고 앉았는데, 어느 누구의 얼굴도 보려고 하지 않았다. 그의 주변에서는 그가 유대인이라는 것을 염두에 둔 감옥 식의 농담과 웃음이 울려 퍼지고 있었다. 그때 갑자기 젊은 죄수 한 명이 손에 관급 각반을 덧대어 기운 아주 낡고 더럽고 너덜거리는 자기의 여름 바지들을 들고서,

사람들 사이를 헤치며 앞으로 나왔다. 그는 이사이 포미치 옆에 앉아서 그의 어깨를 툭 쳤다.

"자, 정다운 친구여, 난 자네를 여기서 자그만치 6년이나 기다렸네. 자, 보라고, 많이 줄 수 있지?"

그리고 그는 유대인 앞에 지고 온 누더기를 펼쳐 놓았다.

이사이 포미치는 감옥에 들어올 때부터 자기를 완전히 둘러싸고 비웃는 듯하며, 꼴사납고 흉측스러워 보이는 얼굴들을 하고 있는 이 무리들에게 눈길조차 한번 줄 수 없을 만큼 겁에 질려 한마디 말도 꺼내지 못했다. 그러던 그가 저당물을 바라보고 갑자기 몸을 움찔하더니 민첩하게 손가락으로 누더기를 헤집어 보기 시작했다. 심지어는 불빛에 비춰 보기까지 했다. 모두들 그가 말하기를 기다리고 있었다.

"어때, 은화 1루블 정도는 무리려나? 그만한 가치는 있어!"

저당물을 잡힐 죄수가 이사이 포미치에게 눈짓을 하면서 말했다.

"은화 1루블은 안 돼. 7코페이카라면 몰라도."

이것이, 이사이 포미치가 감옥에서 말한 첫마디였다. 모두들 배를 잡고 웃어댔다.

"7코페이카라! 좋아. 그거라도 줘, 너는 운이 좋은 거야! 이 저당물 조심해. 잘못하다간 내 모가지하고 바꿔야 될지도 모르니까."

"이자가 3코페이카니까 10코페이카를 가지고 와야 돼." 유대인은 돈을 찾느라 손을 주머니 속에 넣고서 슬금슬금 죄수들을 바라보며, 더듬거리고 겁먹은 목소리로 말을 했다. 그는 무척이나 겁을 집어먹고 있었지만, 그래도 장사는 벌고 싶었던 것이다.

"이자가 3코페이카라고? 1년치인가?"

"아니야, 1년이 아니라 한 달 이자야."

"아주 인색한 유대인이로구먼. 그래, 이름은 뭐야?"

"이사이 포미치."

"그래, 이사이 포미치, 너는 앞으로 여기서는 잘 나가게 될 거야! 잘 있게."

이사이 포미치는 다시 한 번 저당물을 검사하고, 죄수들이 계속해서 웃고 있는데도 그 누더기를 접어서 조심스럽게 자기의 포대 속에 담았다.

실제로는 모든 사람이 그에게 호감을 느끼고 있는 듯했으며, 거의 모두가 그에게 빚을 지고 있었는데, 누구 하나 그를 괴롭히는 자는 없었다. 그도 암 탉처럼 온순했으며, 이따금 자신에 대한 다른 사람들의 일반적인 호감을 보고서 거드름을 피우기도 했지만, 그건 악의가 없고 익살스러운 것으로 곧 용서받을 수 있었다. 감옥에 들어오기 전에 많은 유대인을 알고 있었던 루츠카는 가끔 그를 약올렸지만, 결코 악의에서라기보다는 개나 앵무새, 또는 애완동물 등과 장난을 치듯이 재미삼아 그러는 것이었다. 이사이 포미치는 이것을 잘 알고 있어서 조금도 성을 내지 않고 재치 있게 농담으로 받아넘기는 것이었다.

"어이, 유대인, 한 방 먹일 테다."

"네가 나를 한 대 때리면, 나는 열 대를 때릴 테다." 이사이 포미치는 용감하게 대꾸했다.

"옴이나 옮길 망할 자식!"

"옴이면 어때."

"옴 붙은 유대인 놈!"

"아무려면 어때. 옴이 있어도 부자면 됐지. 돈이 있다고."

"그리스도를 팔았지."

"아무려면 어때."

"잘한다. 이사이 포미치, 잘해! 그는 우리에겐 하나밖에 없는 사람이니까, 그를 건드리지 마!" 다른 죄수들이 웃으면서 소리쳤다.

"이봐, 유대인, 네놈을 매질해서 시베리아로 보내 버릴 거야."

"그래, 여기가 시베리아잖아."

"더 멀리 보내 버린단 말이야."

"거긴 하느님 나리도 계신가?"

"그럼, 있고말고."

"그럼 됐어. 하느님 나리도 계시고 돈도 있다면, 어디라도 좋아."

"대단한데, 이사이 포미치, 정말 잘한다!" 이사이 포미치는 그렇게 사람들이 고함을 치고 자기를 보며 웃는 것을 보고서 한층 용기를 돋운다. 그리고 모든 사람의 칭찬을 받자 그는 눈에 띄게 만족스러워하며 온 감옥이 떠나갈 듯, 가느다란 고음으로 노래를 부르기 시작했다.

"라—라—라—라—라!"

그가 감옥 생활을 하는 동안 내내 불러 댔던 이 유일한 노래는, 가사도 없고 괴상하며 우스꽝스러운 멜로디를 담고 있었다. 그 뒤 나와 가까워지면서, 그는 이 노래가 60만 유대인들이 흑해를 건너면서 남녀노소를 막론하고 불렀던 바로 그 노래의 멜로디이며, 이 멜로디는 적에게 이기거나 승리의 제전을 열 때 부르도록, 모든 유대인들에게 대대로 내려져 오는 것이라고 맹세코 단언하는 것이었다.

매주 토요일 전야, 금요일 밤에는 다른 감옥의 사람들도 이사이 포미치가 어떻게 유대교 안식일을 보내는지 구경하기 위해서 일부러 우리 감옥에 들르기도 하였다. 이사이 포미치는 이런 호기심조차 만족스러워할 만큼 악의 없는 자만과 허영심을 보여주는 사람이었다. 그는 조금 아는 체하면서 구석에 자기의 작은 탁자를 놓고서 책을 펼친 다음, 초 두 개에 불을 붙이고 신비스러운 말을 몇 마디 중얼거리면서 자기의 제의(祭衣)를 입기 시작했다(그는 제의를 '제이'라고 발음했다). 이 옷은 평상시에는 정성스레 궤짝에다 보관하고 있는, 양모 옷감으로 만든 현란한 망토였다. 두 손에는 수갑 같은 것을 감아 매고, 머리와 이마에는 나무로 만든 어떤 작은 상자를 붕대로 붙들어매놨으므로, 이사이 포미치의 이마에는 어떤 우스꽝스러운 뿔이 솟아 있는 것처럼 보였다. 그러고 나서 기도를 시작했다. 그는 기도문을 노래하듯이 읽었고, 고함을 치다가 침을 뱉었으며, 사방을 휘둘러보기도 할 뿐만 아니라, 짐승처럼 우스운 몸짓을 하기도 했다. 물론 이 모든 것들은 기도 의식의 하나였으므로 조금도 우습거나 이상스러울 것이 없었는데도 우스웠던 것은, 이사이 포미치가 우리 앞에서 일부러 거드름을 피우거나, 자신의 의식을 자랑하는 것처럼 보였기 때문이다. 그는 이어 갑작스럽게 두 손으로 머리를 감싸 쥐고 울면서 기도문을 읽기 시작하였다. 흐느낌 소리가 격해지자 힘이 빠졌고, 그러자 그는 우는 소리를 내며 언약궤[80]로 장식한 자기의 머리를 책 위로 떨구는 것이었다. 그러더니 큰 소리로 흐느끼다 말고 웃기 시작하는가 하면, 웬일인지 감동적이

---

80) 십계명을 새긴 돌을 넣어 두는 성물함.

며 장중한 목소리로 혹은 행복에 겨워 몹시 쇠잔한 듯한 목소리로 노래하듯 기도문을 읊기 시작했다. 그런 그를 보며 죄수들은 "제정신이 아니군!" 하고 말하곤 했다.

어느 날 나는 이사이 포미치에게 이러한 흐느낌과 갑작스레 행복과 기쁨으로 옮겨 가는 이 장중함은 무엇을 의미하느냐고 물어본 적이 있다. 이사이 포미치는 나에게서 이러한 질문을 받은 것이 매우 기쁜 모양이었다. 그는 흐느껴 우는 것은 예루살렘을 잃은 슬픔을 의미하며, 교리에도 이 부분에서는 가능하면 자기의 가슴을 세게 치고 흐느끼라고 지시한다며 내게 천천히 설명해 주었다. 그러나 이렇듯 세찬 흐느낌 속에서도 이사이 포미치는 마치 우연인 것처럼, 예루살렘으로 유대인들이 귀환하리라는 예언을 '갑작스레' 떠올려야 한다는 것이다(이 '갑작스럽다'는 말도 역시 교리에 씌어 있다고 했다). 그 부분에서는 기쁨과 노래와 웃음을 지체 없이 터뜨려야 하며, 가능하다면 목소리 그 자체로 많은 행복을 표현하고, 얼굴 표정으로 장중함과 고결함을 표현하면서 그렇게 기도서를 읽어야만 한다고 했다. 이런 '갑작스러운' 전환과 그 전환이 절대적인 의무라는 점이 특히 이사이 포미치의 마음에 들었던 것이다. 그는 이러한 가운데 무엇인가 특별하고도 교묘한 책략이 있다고 보고 있었으므로, 과시하는 표정으로 나에게 이해하기 힘든 그 교리의 규칙을 설명해 주었다. 한번은 감방 안에서 한창 기도가 무르익어 가고 있을 때, 소령이 직접 당직 장교와 보초를 데리고 들어온 적이 있었다. 모든 죄수들은 자기의 침상 옆에 일렬로 서 있었으나, 오직 이사이 포미치만이 점점 더 크게 소리지르면서 거드름을 피우며 기도를 하기 시작했다. 그는 기도가 허용되어 있고, 기도를 중단할 수는 없으며, 소령 앞에서 고함을 지르더라도 아무런 위험도 없을 것이라는 것을 알고 있었다. 그러나 그가 소령 앞에서 거드름을 피울 수 있으며, 우리 앞에서도 우쭐댈 수 있다는 것은 다시없는 기쁨이었다. 소령은 불과 한걸음 앞까지 그에게로 다가갔다. 이사이 포미치는 뒤를 향하여 자기의 탁자 쪽으로 몸을 돌리고는 소령의 면전에서 곧장 두 팔을 휘저으며 그 장엄한 예언을 노래하듯 천천히 읊기 시작하는 것이었다. 마침 그때 자기 얼굴에 지극한 행복과 고결함을 표현하도록 교리가 정하고 있는 때였으므로, 그는 천천히 이것을 따르면서 느닷없이 눈을 찡긋거리기도 하고 웃기도 하면서, 소령에게 머리를 끄적이는 것이었다. 소령은 놀란 듯했지만, 드디어는 웃음을 터뜨린 채 얼굴을 맞대고 코앞에서 그를 바보라고 부르며 지나가버렸다. 그러나 이사이 포미치는 점점 더 세차게 고함을 지르기 시작하는 것이었다. 한 시간 정도 지나 그가 저녁을 먹고 있을 때, 나는 그에게 가서 소령이 당신에게 화를 내면 어쩔 셈으로 그렇게 했느냐고 물어보았다.

"어떤 소령을 말하는 겁니까?"

"어떤 소령이냐고? 설마, 몰랐단 말이오?"

"몰랐소."

"바로 당신 앞 한 발자국 거리에 서 있던, 당신 코앞에 서 있던 사람 말이오."

그러나 이사이 포미치는 아주 진지한 얼굴로, 자기는 결단코 어떠한 소령도 본 적이 없다고, 기도를 드리고 있던 그 시간에는 어떤 황홀경에 빠져 있어서 주위에 어떤 일이 일어나는지, 아무도 보지 못했으며, 아무것도 듣지 못했다고 말하는 것이었다.

토요일이면 교리에 적혀 있는 대로 어떻게 해서든 아무 일도 하지 않으려고 애를 쓰면서, 할 일 없이 감옥 안을 서성거리고 있던 이사이 포미치의 얼굴을 지금도 눈앞에서 보는 듯하다. 그가 예배당에서 돌아올 때마다 가당치도 않은 일화들을 얼마나 많이 내게 들려주곤 했는지, 페테르부르크로부터의 말도 안 되는 소식과 소문들을 자기 유대인 친구들이 어느 누구보다도 먼저 들은 것이라고 이해시키며 내게 전해주려고 했는지 모른다.

이사이 포미치에 관해 너무나 많은 말을 하는 것 같다.

그곳에는 온 도시를 통틀어 공중 목욕탕은 두 군데밖에 없었다. 유대인이 경영하고 있던 하나는 한 명당 50코페이카를 내고 들어가는 곳으로, 상류 계급 사람들의 전용처럼 되었다. 또 다른 하나는 주로 대중들이 이용하고 있는 곳으로 낡고 더럽고 비좁은 목욕탕이었는데, 우리가 간 곳은 바로 이 목욕탕이었다. 춥긴 했지만 맑게 개인 어느 날이었다. 죄수들은 요새를 나와 도시를 보는 것만으로도 기뻐했다. 그곳으로 가는 도중 내내 웃음과 농담이 그치질 않았다. 한 소대의 병사들이 장전한 소총을 들고 우리를 호송하느라 온 도시를 놀라게 하고 있었다. 목욕탕에 도착하자 우리는 곧 두 개의 교대조로 나뉘었다. 두 번째 교대조는 첫 번째 조가 목욕을 하는 동안 추운 탈의실에서 기다렸는데, 목욕탕이 좁아서 어쩔 수가 없었다. 그렇게 했는데도 목욕탕은 너무나 좁아서, 어떻게 우리의 반수가 그곳에서 자리를 차지할 수 있었는지 모르겠다. 페트로프는 내게서 떨어지지 않았다. 그는 내가 부탁하지도 않았는데 내 옆으로 다가와 나를 도와주었으며, 심지어는 나를 씻겨 주기까지 하겠다는 것이었다. 페트로프와 같이 바르쿠신도 나를 도와 주었다. 우리 사이에선 둔전병이라는 별명으로 불리던 특별감방의 죄수로, 죄수들 중에서도 가장 밝고 애교가 많다고 앞에서도 말했는데, 실제로도 그런 인물이었다. 나는 벌써 그와 쉽게 친해져 있었다. 페트로프는 내가 옷을 벗는 것도 도와주었는데, 그것은 내가 익숙지 못해 옷을 오랫동안 벗었고, 탈의실도 추워서 거의 마당 한가운데에 있는 것과 다름없었기 때문이다. 미리 말해 두지만, 죄수들이 아직 익숙해지기 전에는 수의 벗는 일이 쉽지 않았다. 첫째, 족쇄 받침을 빨리 풀어야 한다. 이 족쇄 받침은 약 4베르쇼크[81] 길이의 가죽으로 되어 있고, 속옷 위에 발을 죄고 있는 쇠사슬 바로 밑에다 다는 것이었다. 족쇄 받침 없이는 걸을 수가 없었기 때문이다. 이 족쇄 받침 한 벌은 은화 60코페이카 이상의 값어치가 나가는 것이었지만, 죄수들은 그것을 자기의 돈으로 마련했다. 족쇄 고리는 다리를 꽉 조이는 것이 아니라, 고리와 다리 사이에 손가락 하나 정도의 간격이 있었다. 그러므로 쇠가 다리에 부딪히고 쓸리게 되므로, 만일 죄수들에게 족쇄 받침이 없다면 하루 만에 벌써 쓸려서 상처를 입고 말 것이다. 그러나 그 족쇄 받침을 벗는 것은 그리 어려운 일이 아니었다. 보다 더 어려운 것은 족쇄 밑의 속옷을 벗는 일을 배우는 것이었다. 이것이야말로 완전히 하나의 마술이었다. 왼발부터 아래 속옷을 벗는다고 가정하면, 발과 족쇄 고리 사이로 속옷을 통과시켜야 할 필요가 있다. 다음에 왼발이 자유로워지면, 이 속옷을 같은 고리를 통하여 제자리로 올려 통과시키는 것이다. 그러고 나서는 이미 왼발부터 벗은 것을 모두 오른발의 고리를 통과시킨 다음, 오른쪽 고리를 통해 꿴 모든 것을 다시 반대로 자기 쪽으로 통과시킨다. 새로운 속옷을 입을 때도 그런 식으로 해야만 한다. 풋내기들에게는 어떻게 해야 할지 생각조차 하기 어려울 정도다. 이 모든 것을 우리에게 제일 먼저 가르쳐 준

81) 러시아의 옛 척도 단위. 1베르쇼크는 4.445센티미터.

사람은 토볼스크에서 5년 동안이나 사슬에 묶여 있었던 강도 두목 코레네프라는 죄수였다. 그러나 죄수들은 이미 익숙해져 있어서 아무 어려움 없이 이일을 해내고 있었다. 나는 페트로프에게 비누와 목욕 솔을 준비해 달라고 몇코페이카를 주었다. 죄수들에게는 사실 각자 관급의 작은 비누 덩어리가 하나씩 배급되었지만, 그것은 '중류' 사람들의 가정에서 저녁마다 전채에 곁들여나오는 얇은 치즈 조각 두께만 했으며, 2코페이카 정도의 크기에 지나지 않았다. 비누는 탈의장에서 꿀물과 깔라치 흰 빵, 그리고 뜨거운 물과 함께 팔리고 있었다. 죄수들에게는 목욕탕 주인과의 계약에 따라 뜨거운 물이 한 통밖에 허락되지 않았다. 더 깨끗하게 씻고 싶은 사람들은 2코페이카를 내면한 통을 더 살 수 있어서, 그 때문에 일부러 탈의장과 욕실 사이의 벽에 창문을 만들었다. 옷을 벗고 있던 페트로프는 내가 족쇄 때문에 발을 내딛는 것을 힘들어한다는 것을 알게 되자 팔 밑으로 나를 부축해 주었다. '족쇄를 종아리 위로 들어올려야지요.' 마치 아저씨처럼 나를 부축하면서 말하는 것이었다. '거긴 좀 조심하세요, 문지방이 있으니까.' 나는 조금 부끄러운 생각이 들어서 나 혼자 할 수 있다고 페트로프에게 우기고 싶었지만, 그는 내 말을 들으려고 하지 않는 것 같았다. 그는 나를 완전히 어린애로, 미성년으로, 모든 것을 도와주어야만 하는 무능력자로 여기고 있었다. 페트로프는 결코, 절대로하인이 아니었다. 만일 내가 그의 화를 돋운다면, 그는 나를 어떻게 다루어야할지 잘 알고 있는 듯했다. 나를 거들어 주었다고 해서 내가 그에게 돈을 약속한 것도 절대로 아니며 그 스스로도 돈을 요구하지 않았다. 그렇다면 그는왜 이처럼 나를 돌봐 주려고 하는 것일까?

목욕탕 문을 열자마자, 지옥에라도 들어온 듯한 느낌이 들었다. 가로 세로열두 걸음 정도의 길이가 되는 크기의 방에 어림잡아 1백 명 정도의 사람들이 모여 있는 것을 상상해 보라. 적어도 80명은 되었으리라. 왜냐하면 죄수들은 겨우 두 개의 교대조로만 나뉘어 있었는데, 목욕하러 온 것은 모두 2백 명정도의 사람들이기 때문이다. 시야를 뒤덮는 증기, 그을음, 먼지, 그리고 어느곳에도 발 디딜 틈 없는 비좁음. 나는 놀라서 뒤돌아서고 싶었지만, 페트로프가 이내 나를 격려해 주었다. 많은 애를 쓴 끝에 우리는 지나갈 수 있도록 바닥에 앉아 있는 사람들에게 머리를 숙여 달라고 부탁을 해서 겨우 의자가 있는 곳까지 밀고 나갈 수 있었다. 그러나 의자 위의 자리는 모두 차 있었다. 페트로프는 나에게 자리를 사야 한다고 설명했으며, 창문 부근에 앉아 있는 사람과 곧 흥정하기 시작했다. 그는 1코페이카에 자기 자리를 양보하고는 페트로프가 미리 욕탕으로 주먹에 꼭 쥔 채 가지고 들어온 돈을 받았다. 그러고는 이내 어둡고 더럽고 끈적거리는 습기가 거의 손가락의 절반가량이나 쌓여 있는, 내 자리 바로 밑으로 몸을 감추는 것이었다. 그러나 의자 밑에도 모든 자리는 꼭 차 있었다. 거기도 사람들이 우글거리고 있었다. 바닥에는 손바닥만 한 틈바구니도 없었다.

죄수들은 자기의 물통에서 물을 끼얹으며, 앉지도 못한 채 갈고리처럼 등을 구부리고 있었다. 다른 사람들은 그들 사이에서 손으로 물통을 쥐고 선 채로 씻고 있었으므로, 마치 돌출해 있는 벽돌처럼 보였다. 더러운 물이 곧장 밑에 앉아 있는 사람들의 깎은 머리 위로 떨어졌다. 선반이나 선반 쪽으로나 있는 모든 계단에서도 몸을 움츠리거나, 새우등을 하고서 씻고 있었다. 그러나 씻고 있는 사람들은 얼마 없었다. 서민들은 대부분 뜨거운 물이나 비누로 씻는 일이 별로 없다. 한증을 한참 한 뒤에야 찬물을 끼얹는데, 이것이 바로 목욕의 전부인 것이다. 선반 위에 있는 50여 개의 베닉[82]이 한꺼번에 오르내리고 있었다. 모두들 취한 듯이 몸을 철썩철썩 때리고 있었다. 증기는 끊임없이 나오고 있었다. 이미 열기 정도가 아니라, 마치 지옥의 불과 같았다. 바닥을 질질 끄는 1백 개의 쇠사슬 소리에 맞추어, 이 모든 것들이 소리를 지르고 법석을 떠는 것 같았다…… 지나가려고 하는 사람들은 다른 사람의 쇠사슬에 얽히기도 하고 밑에 앉아 있는 사람의 머리에 부딪치기도 했을 뿐만 아니라, 서로 욕을 해대고 부딪친 사람을 자기 뒤로 잡아당기기도 했다. 더러운 물이 사방으로 흘러내렸다. 죄수들은 모두 술에 취한 듯, 어떤 정신적인 흥분 상태에 있었다. 비명과 고함도 울리곤 했다. 물이 들어오는 탈의장 창문 근처에서는 서로를 밀쳐대며, 욕설과 난투가 벌어졌다. 더운물은 그것을 주문한 사람들의 자리에 가기도 전에 바닥에 앉아 있는 사람들의 머리 위에 엎질러졌다. 혹시 있을지도 모를 무질서를 감시하기 위하여, 손에 총을 든 콧수염 더

---

82) 잎사귀 달린 자작나무나 참나무 가지 등을 묶어 만든 싸리비 형태의 나무 채. 이것으로 몸을 두드려 마사지한다.

부룩한 병사의 얼굴이 창문이나 열린 문틈으로 비치곤 했다. 죄수들의 빡빡 깎은 머리와 붉게 달아오른 몸은 몹시 추하게 보였다. 붉게 달아오른 등허리에는 언젠가 맞은 몽둥이와 채찍의 상처가 선명하게 나 있어서, 지금 이 등허리들은 또다시 상처를 입고 온 것처럼 보였다. 소름 돋는 상처들이었다! 그것들을 보자, 내 피부에 오한이 드는 것 같았다. 끊임없이 증기가 들어오고 그것은 짙고 뜨거운 구름처럼 온 욕탕 안을 뒤덮었다. 모든 사람들이 고함을 지르고 바락바락 악을 쓰기 시작했다. 증기의 구름 속에서 매맞은 등허리와, 빡빡 깎은 머리, 불린 팔과 다리들이 어른거리고 있었다. 이사이 포미치는 선반 제일 높은 곳에서 목청껏 깍깍 소리를 지르고 있었다. 그는 정신없이 한증을 하고 있어서, 어떠한 열기도 그를 만족시키지는 못할 것처럼 보였다. 그는 1코페이카를 들여서 때를 밀어 주는 사람을 불렀지만, 그 사람은 더 이상 견디지 못하고 베닉을 던져 버리고 찬물을 끼얹으려고 달아나 버리고 말았다. 이사이 포미치는 지치지도 않고 또 다른 때 미는 사람을 연달아 불렀다. 그는 이러한 경우에는 비용을 생각지 않고 있었으므로 때 미는 사람을 다섯 번이나 바꾸었다. "한증을 아주 잘하고 있군, 잘한다, 이사이 포미치!" 죄수들이 밑에서 그에게 소리쳤다. 이사이 포미치는 지금이야말로 자신이 어느 누구보다도 높으며, 모든 사람들을 이겼다고 느꼈다. 그는 환희에 찬 마음으로 날카롭고 광기 어린 목소리로 자기의 아리아를 불러 제쳤다. "라—라—라—라—" 그것은 다른 어떤 목소리도 제압해 버리고 말았다. 만일 우리 모두가 다 같이 지옥의 불 가운데에 떨어지게 된다면, 그것은 이 자리에서 벌어지는 일들과 무척이나 흡사할 것이라는 생각이 들었다. 나는 페트로프에게 이런 생각을 전하지 않을 수 없었다. 그도 방을 둘러보고는 입을 다물고 있었다.

나는 그에게 내 옆자리를 사주고 싶었지만, 그는 내 발밑에 자리를 잡고 무척 편하다고 거절했다. 한편 바크루신은 그동안 물을 사서 우리에게 필요한 만큼씩 가져다주었다. 페트로프는 머리부터 발끝까지 '아주 깨끗하게' 씻겨 주겠다고 말하면서, 나보고 한증을 하라고 했다. 그러나 나는 한증을 할 엄두가 나지 않았다. 페트로프는 내 온몸을 비누로 씻어 주며 나중에는 "자, 이제 '어린 다리'를 씻어 주지요" 하고 덧붙이는 것이었다. 나는 나 혼자서도 씻을 수 있다고 말하고 싶었으나, 더 이상 그를 거절하지 말고 그가 하자는 대로 모두 맡겨 두기로 마음먹었다. 그가 말한 이 '어린 다리'라는 단어의 애칭[83]에는 노예의 비굴한 억양 따위는 전혀 없었다. 페트로프는 내 다리를 그저 다리라고 부를 수가 없었던 것이다. 아마도 다른 사람들에게는 다리라고 부를 수 있었겠지만, 나한테만큼은 다리라는 단어의 애칭을 쓰는 것 같았다.

나를 씻겨 주고서, 페트로프는 마치 내가 도자기라도 되는 양 예식을 거행하듯 한걸음 내디딜 때마다 나를 부축하고 주의를 주면서 탈의장까지 데려다주었고, 속옷 입는 것을 도와주었을 뿐만 아니라, 끝까지 나를 거들어 주더니, 곧 한증을 하러 목욕탕 안으로 뛰어들어가 버렸다.

우리가 감옥에 도착하자 나는 그에게 차 한잔을 권하였다. 그는 차를 거절하지 않고 다 마신 뒤 고맙다는 말을 했다. 문득 나는 그에게 보드카 반 병을 대접하고 싶었다. 보드카는 우리 감옥에서도 구할 수 있었다. 페트로프는 아주 만족해하면서 술을 마시고는 칵 소리를 내며, 내가 자기의 숨통을 터주었다고 말하며, 마치 자기가 없으면 아무것도 해결할 수 없다는 듯이 황망하게 취사장으로 가버리는 것이었다. 그가 가버리고 나자, 내가 목욕탕에서 차를 마시러 오라고 불렀던, 나의 또 다른 말벗인 공병 바크루신이 나타났다.

나는 바크루신만큼 성격 좋은 사람은 모른다. 분명히 그는 다른 사람을 용서하지 않았으며, 때때로 말다툼을 벌이기도 하고 다른 사람들이 자기의 일에 간섭하는 것을 좋아하지 않았다. 한마디로, 그는 자기 자신을 지킬 줄 알았다. 그러나 그렇다고 오랫동안 말싸움을 벌이는 것은 아니어서, 감옥 속 모든 사람들이 그를 좋아하는 것 같았다. 그가 어느 곳에 가든지 모든 사람들은 그를 기꺼이 맞아들이곤 했다. 도시 사람들도 그를 세상에서 제일 재미있으며 결코 쾌활함을 잃지 않는 사람으로 알고 있었다. 그는 서른 살 안팎의 키가 큰 건장한 체격의 젊은이로, 사마귀가 나 있기는 하지만 잘생기고 소박한 용모를 지니고 있었다. 그는 가끔 만나는 모든 사람들을 흉내내며 우스꽝스럽게 자기의 얼굴을 찌푸리곤 했는데, 그의 주변 사람들은 웃음을 참아 내지 못하곤 했다. 그도 익살꾼 중 한 명이었다. 그러나 웃음을 까탈스럽게 증오하는 사람들에게까지 그러는 것은 아니어서, 어느 누구도 그를 '부질없는 인

---

[83] 러시아어에서는 친근하고 구어적인 표현을 위해 애칭을 사용하는데, 여기서는 다리를 나타내는 '노기'라는 단어 대신 이 단어의 애칭인 '노쥐키'라는 표현을 쓰고 있음.

간'이라고 욕하는 자는 없었다. 그는 혈기와 생명력이 가득 차 있었다. 나는 그를 감옥에 들어온 첫날부터 알게 되었는데, 그는 나에게 자기가 소년병 출신이며, 그 뒤 공병에서 복무를 했고 자기가 몇몇 상관들의 주목과 사랑을 받았다고 무척 자랑스럽게 옛 추억을 더듬으며 말했다. 그러고는 곧 내게 페테르부르크에 관해서 물어보는 것이었다. 그는 책도 읽었었다. 어느 날 내게 차를 마시러 와서는, 아침에 S중위가 소령 욕을 마구 해대더란 이야기를 내 옆에 앉아 하면서 감옥 안의 모든 죄수들을 우선 웃기고 나더니, 자못 만족스럽다는 표정을 지으며 연극을 할 수 있을 것 같다고 내게 말하는 것이었다.

성탄절이 되면 감옥에서는 연극을 한다. 출연을 희망하는 자들도 나오고, 무대 장치도 약간 한다. 도시의 몇몇 사람들은 배우 역할을 맡은 사람들에게 자기 옷을, 여자 옷까지도 주겠노라고 약속을 했으며, 어떤 사병을 통해 어깨 장식이 달린 장교 제복까지도 구할 수 있는 희망이 있었다. 단지 작년처럼 소령이 금지시킬 생각만 없으면 되었다. 그러나 작년 성탄절 때 소령은 제정신이 아니었다. 그는 어딘가에서 노름에 진 데다가, 감옥에서는 장난들을 치고 있었으므로 화가 나 연극을 중지시켰지만, 올해는 아마 방해하고 싶은 생각은 없는 것 같았다. 한마디로 말해서 바크루신은 들떠 있었다. 그가 연극을 하자고 나선 사람 중 한 명이었으므로, 나는 이 연극 공연을 보리라 마음먹었다. 연극이 성공적으로 공연되었으면 하는 바크루신의 소박한 기쁨은 내 마음에도 와 닿았다. 이야기는 꼬리에 꼬리를 물어 우리는 계속 이야기를 나누었다. 그런데 그는 내게 자기가 계속 페테르부르크에서만 근무를 했던 것이 아니라, 거기서 어떤 죄를 저질러 R[84]이라는 곳으로 국경 수비대의 하사관으로 보내졌다고 말하는 것이었다.

"바로 거기서 나는 이곳으로 오게 되었지요." 바크루신은 말했다.

"그런데 무엇 때문에 그렇게 된 거지?" 내가 그에게 물었다.

"무엇 때문이냐고요? 무엇 때문일 것 같습니까, 알렉산드르 페트로비치 씨? 사랑에 빠졌기 때문이죠!"

"하지만 그 때문에 이곳까지 오지는 않을 텐데." 나는 웃으면서 반박을 했다.

---

84) 현재 라트비아의 수도인 발트 해 연안의 리가.

"그건 그렇죠." 바크루신이 덧붙였다. "사실은 그 때문에 그곳의 한 독일 사람을 권총으로 죽였습니다. 그렇지만 그 독일 사람 때문에 유형을 가야 할 가치가 있는 것인지는 한번 생각 좀 해보세요!"

"어떻게 된 일이었지? 말해 보게나, 호기심이 생기는군."

"바보 같은 이야기입니다. 알렉산드르 페트로비치."

"그러면 더욱 좋지. 말해 보게나."

"말할까요? 그럼, 들어 보세요……."

나는 우습다고는 할 수 없지만, 꽤 묘한 살인 사건 이야기를 듣게 되었다…….

"이렇게 된 일이지요." 바크루신이 시작했다. "R이란 도시로 와보니, 독일인들이 좀 많기는 했지만, 크고 훌륭한 도시였습니다. 나는 아직 젊었고 상관의 마음에도 들어서, 모자를 비스듬히 쓰고 빈둥거리며 시간을 보냈습니다. 독일 여자들한테 윙크도 하면서 말입니다. 그런데 거기서 나는 루이자라는 독일 여자에게 마음을 뺏겼습니다. 그녀와 그녀의 숙모는 둘 다 속옷 같은 것을 빠는 세탁부였지요. 숙모는 나이가 꽤 들었고 까탈스러운 여자였지만, 그네들은 그런대로 유복한 편이었습니다. 처음에는 창문을 기웃거리기도 했지만, 그 뒤로는 참된 우정을 나누게 되었지요. 간혹 발음이 분명치는 않았지만, 루이자는 러시아어도 잘하는 편이었고, 그런 여자는 어디서고 결코 한 번도 만나 본 적이 없을 만큼 사랑스러운 여자였습니다. 처음에 나는 이런저런 말을 해보았지만, 그녀는 내게 이렇게 말하는 것이었습니다. '안 돼요, 그럴 수 없어요, 사샤, 나는 당신의 아내가 되기 위해 내 모든 순결을 간직하고 싶어요.' 그러고는 응석을 부릴 뿐 낭랑한 목소리로 웃기만 하는 겁니다……. 정말 순결한 여자였지요. 그렇게 순수한 여자는 본 적이 없어요. 그녀 자신이 먼저 나하고 결혼하고 싶어 안달이었으니까요. 생각해 보세요, 어떻게 결혼하지 않을 수 있겠어요! 그래서 나는 중령한테 청원을 하러 갈 준비를 하고 있었습니다……. 그런데 갑자기 루이자가 만나러 나오지 않는 거예요. 다음번에도, 그 다음번에도 말입니다. 편지를 써서 부쳤는데도 아무런 답장도 없고요. 어떻게 된 건가 생각했지요. 만일 그녀가 나를 속이려고 했다면, 꾀를 부려 편지에 답장을 하거나 만나러 나오거나 했을 텐데 말입니다. 하지만 그녀는 거짓말을 할 만한 여자가 아닙니다. 그녀는 그냥 그렇게 끝내 버리고 말더군요. 생각해 보니까 이건 바로 숙모 짓이더군요. 하지만 숙모에게 갈 용기는 나지 않았습니다. 숙모도 알고는 있었지만, 우리는 몰래 만나고 있었거든요, 살금살금 말입니다. 나는 미친 사람처럼 뛰어다니다 말고 마지막 편지를 썼지요. '만일 이번에도 나오지 않으면, 숙모에게 찾아가겠다'고요. 그랬더니 놀라서 나오더군요. 그리고 울면서 말했습니다. 그녀의 먼 친척으로서 시계방을 하는 부자이지만 이미 중년이 다 된 슐츠라는 한 독일인이 자기와 결혼하고 싶어한다는 거였죠. '나를 행복하게 해주고, 늘그막에 부인도 없이 혼자 살지 않기 위해서'라고 말했다더군요. '그 사람은 나를 사랑하고 있고, 오래전부터 이런 생각을 하고 있었고, 단지 잠자코 준비만 하고 있었다'고 말이지요. 그러더니 그녀는 이렇게 말하는 거예요. '사샤, 그는 부자예요. 그렇다면 나도 행복한 일이지요. 설마 당신이 내 행복을 빼앗고 싶은 것은 아니겠지요?' 내가 가만히 있으니까, 그녀는 울면서 나를 끌어안더군요…….

아, 그녀의 말에도 일리는 있구나 하고 생각했습니다. 설령 내가 하사관이라고 해도, 사병한테 시집을 와서 뭘 하겠습니까? 그래서 나는 이렇게 말했지요. '어쩔 수 없지, 루이자, 헤어지자, 행운을 빌어. 내가 왜 네 행복을 빼앗으려 하겠니. 어때, 그는 좋은 사람인가?' 그렇게 물어보자, '아니에요, 매부리코의 중년 남자예요……' 그녀는 이렇게 말하더니 웃기까지 하는 겁니다. 그대로 헤어졌지만, 난 재수도 없구나 하고 생각했습니다. 그 다음날 아침 나는 그의 점포 근처까지 갔지요. 찾아가는 길은 그녀가 말해 주었으니까요. 유리창 너머로 보니까, 한 독일인이 앉아서 시계를 만들고 있는데 나이는 한 마흔 다섯쯤 되었을까, 매부리코에 퉁방울 눈에다가 깃을 길게 세운 연미복을 입고 있는 모양이 거만스러워 보였습니다. 나는 침을 뱉고, 그 자리에서 유리창을 깨뜨려 버리고 싶었지만…… 생각을 했지요! 가만 내버려두자, 한번 엎지른 물은 다시 담을 수 없지 않은가, 하고 말이지요! 저녁 무렵에 병영으로 돌아왔는데 침상에 누워 있자니, 알렉산드르 페트로비치 씨, 믿으실지 모르겠지만 눈물이 다 나더라고요…….

그렇게 하루, 이틀, 사흘이 지나갔지요. 그동안 루이자는 만나지 않았어요. 그 사이에 한 노파(루이자가 가끔 만나곤 하던 같은 세탁부였던 노파)로부터 독일인이 우리 사이의 사랑을 알게 되어서, 그 때문에 서둘러 구혼하기로 마음을 먹었다는 말을 들었지요. 아니면 2년 정도 더 기다렸을 거라고 말이죠. 그 독일인이 루이자에게서 나하고 더 이상 만나지 않겠다는 맹세를 받아 냈다는 거였죠. 그러면서 지금도 루이자와 숙모를 괴롭히고 있는데, 아직도 루이자가 완전히 그럴 생각을 한 것은 아니어서 지금도 결심을 못하고 있다는 말도 듣게 된 겁니다. 그 노파는 또한 나에게 모레 일요일 아침에 그 독일인이 두 사람을 커피 마시러 오라고 불렀는데, 그 자리에는 예전에는 상인이었지만 지금은 어딘가의 지하실을 지키고 있는 친척 노인 한 명도 올 거라고 말해 주었지요. 아마도 일요일에 그 사람들이 모든 일을 결정하려나 보다 하는 생각이 들자, 화가 치밀어 올라 어찌할 바를 모르겠더군요. 그래서 그날도, 그 다음 날도 나는 오직 그 일만을 생각하고 있었습니다. 이 독일놈을 그냥 죽여 버려야겠다는 생각이 들더란 말입니다.

일요일 아침에, 나는 아침 기도를 하는 둥 마는 둥하고 벌떡 일어나서는 외투를 걸치고 그 독일인의 가게로 향했습니다. 그들 모두를 만나봐야겠다는 생각으로 말입니다. 그러나 왜 그리로 갔는지, 거기서 무슨 말을 하고 싶어서 그랬는지는 나 자신도 모르겠습니다. 하지만 만일의 경우를 대비해서 호주머니에 권총을 집어 넣었지요. 내 권총은 낡아빠진 구식 공이치기식이었습니다. 어렸을 때 쓰던 것이었지요. 이제 이 권총을 발사하는 것은 쉬운 일이 아니었지만, 그래도 총알을 장전했습니다. 그들이 쫓아내거나 폭언을 퍼부을 테니까 그때 권총을 꺼내 들고 그들을 위협해야지 하고 생각했던 거지요. 가 보니, 점포에는 아무도 없었고, 모두들 뒷방에 모여 있는 거예요. 그들 말고는 아무도 없었고, 하녀도 없었습니다. 그 사람에게는 독일인 하녀가 한 명 있었는데, 그녀는 요리사도 겸했지요. 점포를 가로질러 들여다보니, 거기에 문이 하나 있었는데 닫혀 있더군요. 무척이나 낡은 문이었는데, 걸쇠로 잠그게 되어 있는 문이었습니다. 가슴이 두근거리기 시작해서 그 자리에 멈춰 서서 들어 보니까, 그들은 독일어로 이야기들을 나누고 있더군요. 그래서 있는 힘을 다해 한 발로 문을 걷어찼더니 문이 열렸어요. 보니까, 식탁 준비가 되어 있었습니다. 식탁 위에는 커피 주전자가 놓여 있었고, 알코올램프 위에서 커피가 끓고 있었습니다. 건빵도 있었고, 다른 쟁반 위에는 보드카를 담은 유리병과 청어와 소시지와 이름 모를 술병이 놓여 있더군요. 루이자와 숙모는 치장을 하고서 소파에 앉아 있었습니다. 그들의 맞은편 의자에는 신랑 격인 독일인이 머리를 단정히 빗고 연미복의 옷깃을 세운 채 몸을 앞으로 내밀고 앉아 있더군요. 그 옆 의자에는 또 한 명의 독일인이 앉아 있었는데, 늙은 데다가 뚱뚱하고 백발이 성성한 노인으로 잠자코 있기만 했습니다. 내가 안으로 들어가니까 루이자는 얼굴이 창백해지더군요. 숙모는 벌떡 일어났는데, 다시 주저앉더군요. 그 독일인은 얼굴을 찌푸리더니 벌떡 일어나서 느닷없이 이렇게 말했습니다.

'무슨 일이지요?'

나는 당황스러웠지만, 화가 치밀어 오르더군요.

'무슨 일이냐고! 나도 손님이니까 보드카라도 내놔야지. 나는 네 손님이야.'

독일인이 잠시 생각하더니, 이렇게 말하는 것이었습니다.

'앉으시오.'

나는 앉았습니다.

'보드카를 줘.'

'자, 보드카 여기 있소, 마셔요.'

'이봐, 좋은 보드카를 내놓으라고.'

나는 화가 머리끝까지 치밀어 올라 정신이 없었습니다.

'이건 좋은 보드카요.'

나는 그가 무척이나 나를 깔보고 있다는 것에 화가 치밀어 올랐습니다. 다른 일은 제쳐놓고라도 루이자가 보고 있는데 말이죠. 보드카를 단숨에 들이켜고 내가 말을 했지요.

'그래, 독일인. 나한테 무례하게 굴기 시작할 건가? 나는 너하고 친해지고 싶다 이거야. 나는 친해 보자고 너한테 온 거야.'

'나는 당신하고 친해질 수가 없소. 당신은 병사일 뿐이오.'

그러자 화가 치밀어 올랐습니다.

'이런 허수아비, 소시지 같은 놈! 지금 이 순간 내가 너한테 하고 싶은 일을 네놈이 알기나 하는 거냐? 원한다면 권총이라도 한 방 갈겨 줄까?'

나는 권총을 꺼내 들고 그 앞에 서서 총구를 똑바로 그의 머리에 들이댔습니다. 모두들 놀라서 죽었는지 살았는지 가만히 앉아서 두려워하는 불평조차

하지 못했습니다. 독일인은 백지장처럼 몸을 떨며 아무 말도 없이 하얗게 질려 있었고요.

놀란 듯했지만, 곧 정신을 차리고 이렇게 말하더군요.

'나는 당신이 두렵지 않습니다. 당신도 점잖은 사람인 것 같으니 어리석은 짓은 이제 그만두시길 바랍니다. 나는 당신이 두렵지 않습니다.'

'에이, 거짓말 말라고, 무서우면서!'

그러나 웬걸! 그는 권총 밑에서 머리를 움직이지도 않고 가만히 앉아 있는 거예요.

'아니오, 당신은 결코 하지 못할 거요.'

'왜 내가 못한다는 거야?'

'왜냐하면 이것은 엄격히 금지되어 있기 때문입니다. 당신은 이 일 때문에 무거운 벌을 받게 될 테니까요.'

그러니까 이 독일인 바보 녀석에게 악마가 씌었던 거지요! 그자가 스스로 나를 달아오르게만 하지 않았더라도 지금까지 살아 있을 텐데 말이죠. 말다툼을 벌이다가 일이 그만 그렇게 되고 만 거지요.

'네 생각에 내가 못할 것 같단 말이지?'

'못해!'

'내가 못한다고?'

'나한테는 절대로 그런 짓을 하지 못합니다······.'

'그렇다면 맛 좀 봐라, 소시지 같은 놈!'

그렇게 말하고 손가락을 당기자, 그는 의자에서 굴러떨어졌고 다른 사람들은 비명을 지르기 시작하더군요.

나는 권총을 주머니에 넣고, 급히 도망쳤지요. 요새에 들어가자마자 요새 출입문 옆에 있는 쐐기풀밭에 권총을 버렸습니다.

병사(兵舍)에 돌아와 침상에 누워 생각했습니다. 이제 곧 잡으러 오겠지 하고 말입니다. 그런데 한 시간이 지나고 두 시간이 지났는데도 나를 잡으러 오지 않는 겁니다. 어둑어둑해지자 슬픔이 나를 사로잡았습니다. 나는 참을 수가 없어서 밖으로 나갔지요. 어떻게 해서든 루이자를 만나고 싶었습니다. 시계방 옆을 지나가면서 보니까 사람들과 경찰이 있더군요. 나는 노파에게로 가서 루이자를 불러 달라고 했습니다. 얼마쯤 기다릴 것도 없이 곧장 루이자가 달려와서는 내 목에 매달려 울음을 터뜨렸습니다. 그러더니 '모두 내 잘못이에요. 숙모님 말만 듣고.' 이렇게 말하는 것이었습니다. 그녀는 또한 내게 자기 숙모가 그 일 이후 집으로 돌아가더니 완전히 겁을 먹고 병이 나서는 아무 말도 하지 않고 있다고 하더군요. 자기 자신도 아무에게도 말하지 않고, 루이자 보고도 아무 말 하지 말라고 했다는 거예요. 무서웠던 거죠. 그래서 나는 하고 싶은 대로 하라고 내버려두자고 생각했지요. 루이자는 또 이렇게 말하는 겁니다. '그 뒤로는 아무도 우리를 보지 못했어요. 그 사람도 자기의 하녀를 내보내 놓고 있었거든요. 두려웠던 거지요. 만일 그 사람이 나와 결혼하고 싶어한다는 것을 알았다면, 그 여자가 아마 그의 두 눈을 뽑겠다고 달려들었을 테니까요. 집에는 하인들도 한 명도 없었고요. 모두 내보냈어요. 그는 커피도 손수 끓이고 전채도 자기가 준비했어요. 그 친척 노인도 이전부터 말 한마디 없이 살아 온 사람이라 아무 말도 하지 않고, 그 일이 일어나자마자 모자를 집어 들더니 제일 먼저 도망가 버렸어요. 아마 앞으로도 입을 다문 채 살겠지요.'

정말 그랬습니다. 2주 동안 아무도 나를 잡으러 오지 않았고, 아무도 나를 의심하지 않았어요. 바로 이 2주 동안, 알렉산드르 페트로비치 씨, 믿으실지 안 믿으실지 모르겠습니다만, 나는 내 모든 행복을 경험했습니다. 나는 매일같이 루이자를 만났고, 루이자는 내게 애착을 갖고 있었지요! 한번은 울면서 이렇게 말하는 겁니다. '나는 당신이 어디로 가게 되든 당신을 따라갈 거예요. 당신을 위해서라면 뭐든지 버리겠어요!' 이제 나는 죽어도 좋다고 생각했습니다. 그 정도로 그녀가 나를 사랑해 준다니 말입니다. 그런데 2주가 지나자 나는 붙잡히고 말았습니다. 그 노인과 숙모가 일러 바치기로 동의했던 것입니다……."

"그런데 잠깐." 내가 바크루신의 말을 가로막았다. "그 정도라면 기껏해야 10년이나 12년 정도로 민간인들의 유기 죄수 감옥에 갈 텐데. 특별감방이라니, 어떻게 된 일이지?"

"그건 다른 일 때문이죠." 바크루신이 말했다. "내가 군사 재판에 회부되었을 때 신성한 법정에서 어떤 대위 한 명이 모욕적인 말로 나를 형편없이 매도하는 것이었습니다. 나는 화가 나 그에게 이렇게 말했지요. '너, 지금 나한테 욕하는 거냐? 이 비열한 자식, 너는 《정의의 거울》[85]의 거울 앞에 앉아 있다는 것도 모르느냐!' 그래서 재판은 달리 진행되었습니다. 새로이 재판을 시작했고, 모두 한데 몰아서 선고를 받았지요. 4천노리[86]나 걸어서 특별감방에 갇히는 것이었습니다. 나도 벌을 받았지만 대위도 징계를 받았지요. 나는 푸른 거리[87]를 걸었지만, 그는 계급을 박탈당하고 졸병이 되어서 코카서스로 가고 말았지요. 자, 그럼, 알렉산드르 페트로비치 씨, 우리의 연극을 보러 오십시오."

10. 성탄절

마침내 성탄절이 다가왔다. 그 전날부터 죄수들은 거의 노역에 나가지 않았다. 재봉 공장과 작업장에는 나갔지만, 나머지 사람들은 교대 장소에만 잠시 들렀을 뿐, 어디론가 가야 할 곳이 정해져 있었음에도 거의 모든 죄수들은 혼자서 아니면 여럿이서 곧바로 감옥으로 돌아왔다. 점심을 먹은 뒤에는 아무도 감옥 밖으로 나가려고 하지 않았다. 오전 중에도 대부분은 자기 일을 하러 나간 것이지, 관청 일을 하려고 나간 자는 없었다. 어떤 사람은 술을 들여오거나 새 술을 주문하느라 허둥댔고, 어떤 사람은 알고 있는 수다쟁이들을 만나러 가거나 성탄절에 맞추어 전에 끝낸 일에 대한 빚을 걷으러 다니느라 바빴다. 바크루신과 연극에 참가하는 사람들은 아는 사람이라 해도 주로 장교들의 하녀들에게서 연극에 필요한 의상들을 빌리는데 여념이 없었다. 다른 사람들은 남들이 안달을 하고 신경을 쓰는 것처럼 자기들도 안달이 나고 신경이 쓰인다는 표정으로 돌아다녔는데, 예를 들어 몇 명은 어느 구석에서도 돈을 받을 곳이 없으면서도, 마치 자기들도 역시 누구로부터 돈을 받아야 할 것처럼 생각하는 듯했다. 한마디로 말해, 다들 내일이 되면 무엇인가 바뀌고,

---

85) 꼭짓점에 쌍두 독수리로 장식을 한 삼각형 모양의 유리 프리즘. 러시아인의 보호 권리와 공정한 재판에 대한 표트르 대제의 칙령 '공정 준수'를 적어 법률 기관에 걸어 두었던 거울의 일종.

86) 러시아의 거리 단위. 1노리는 1,066미터.

87) 태형을 받는다는 뜻.

뭔가 예기치 않은 일이 일어나리라 기대하고 있는 듯했다.

저녁 무렵, 죄수들의 부탁을 받고 시장에 갔던 상이군인들이 쇠고기나 새끼 돼지부터 거위들까지 갖가지 종류의 많은 식료품을 가지고 왔다. 죄수들 중의 대부분은, 1년 내내 자기의 몇 코페이카까지도 모으는 가장 검소하고 절약하는 사람들까지도 이런 날에는 인색하게 굴지 않고, 맛있는 음식을 충분히 먹는 것이 자기의 의무라고 생각하고 있었다. 내일은 법률에 의해 공식적으로 인정된, 죄수들에게는 참된 축제일이었다. 이날 죄수들은 노역에 나가지 않아도 되며, 그런 날은 1년에 3일[88]밖에 없었다.

누가 알겠는가, 마침내 그러한 날을 맞이하여 이렇듯 버려진 사람들의 마음속에서 얼마나 많은 추억들이 흔들거리고 있는지! 보통 사람들에게는 대제일(大齋日)이 어려서부터 기억 속에 선명히 아로새겨지게 마련이다. 이날은 힘든 노동으로부터의 벗어난 휴식의 날이며, 가족들이 모이는 날이기도 하다. 감옥에서는 괴로움과 슬픔 속에서 그런 날들을 떠올릴 수밖에 없다. 엄숙한 날에 대한 경건한 마음은 죄수들에게서 어떤 형식적인 것으로 변모하게 된다. 몇몇은 놀기에 바빴지만, 그래도 대부분의 사람들은 아무런 일이 없어도, 마치 무슨 일 때문에 바쁜 것처럼 심각해하기도 했다. 그러나 놀기에 바쁜 사람들도 마음 한구석에는 무엇인가 중요한 것을 담아 두려고 애쓰기도 했다……. 웃음은 금지되어 있는 것 같았다. 대개 기분이란 좀스러워지기도 하고, 참지 못하고 초조해지기도 하지만, 이 공통된 분위기를 망친 사람은 모르고 그랬다고 하더라도, 이렇듯 중요한 축제일을 앞두고 불경스럽다고 해서 사람들에게 고함 소리를 듣거나 욕을 먹으며, 화를 돋우기도 하였다. 죄수들의 이러한 분위기는 두드러진 것이어서, 어떤 때는 감동적이기까지 하였다. 이 대제일에 대한 선천적인 빼더라도, 죄수들은 무의식적으로 이 축제일로 자기가 모든 세계와 접하고 있으며, 그래서 자기들은 결코 버림받은 사람도, 죽어 가는 사람도, 빵 부스러기 같은 사람도 아니라는 것을, 감옥에도 다른 사람들에게 있는 것과 같은 것이 있다는 것을 무의식적으로나마 느끼고 있었다. 그것은 눈에 보이고 수긍이 가는 일이었다.

---

88) 성탄절 하루와 부활절 이틀이 감옥의 유일한 휴일.

아킴 아키미치도 열심히 축제일을 맞이할 준비를 하고 있었다. 그에게는 가족에 대한 추억이라는 것이 없었다. 그는 고아로 남의 집에서 자랐으며, 겨우 열다섯이 되자마자 힘겹게 돈벌이를 하게 되었기 때문이다. 그의 인생에는 어떤 특별한 기쁨도 있을 수 없었는데, 그것은 그가 평생 자기에게 주어진 의무에서 조금이라도 벗어나는 것을 두려워하면서 자기 인생을 규칙적이며 단조롭게만 보내 왔기 때문이다. 그렇다고 그가 특별히 신앙심이 깊은 것도 아니었다.

그것은 그의 단정한 품행이 그의 다른 모든 인간적인 재능과 특징과 모든 정열과 바람, 나쁜 것과 좋은 것들을 흡수하고 있는 것처럼 보였기 때문이다. 이 모든 것 때문에 그는 안달을 하거나 흥분하지도 않고, 우울함만으로 아무런 도움도 안 되는 추억에 당황하지도 않은 채, 일단 만들어진 이 영원한 의식과 의무를 수행하기 위해 조용하고 단정한 품행으로 축제일을 맞을 준비를 하고 있었던 것이다. 대체로 그는 머리 쓰는 것을 좋아하지 않았다. 그 의미에도 결코 아랑곳하지 않고, 일단 그에게 제시된 규칙은 성스러울 정도로 정확하게 수행하였다. 만일 그에게 내일 아주 정반대되는 일을 하라고 한다면, 그는 전날 그가 반대되는 일을 했던 것과 마찬가지로 공손함과 세심함을 가지고 그 일을 수행했을 것이다. 한 번, 일생에 오직 한 번, 그는 자기 생각대로 살아 보려고 시도한 적이 있었다. 그 결과가 감옥이었던 것이다. 그에게 이러한 교훈은 무익한 것이 아니었다. 비록 숙명적으로 그는 자기가 어떤 죄를 지었는지 결코 이해할 수 없는 것 같았지만, 그 대신 자기의 모험에서 구원의 계율을 얻게 되었다. 즉 결코 어떠한 상황에서도 판단을 내리지 말라는 것이었다. 그것은 판단하는 것이, 죄수들 사이에서 표현되고 있듯이, '그의 생각으로 되는 일'이 아니기 때문이다. 맹목적으로 의식에 충실했던 그는 죽을 채워 넣고 굽는 축제일용 새끼 돼지 (그는 자기가 직접 했는데 그것을 구울 줄 알고 있었기 때문이다)조차도, 이것이 마치 언제나 사서 구울 수 있는 보통 새끼 돼지가 아니라 특별하게 축제일에 맞춰 나온 새끼 돼지인 양, 미리부터 경건한 마음으로 바라보곤 했다. 아마도 그는 어려서부터 이날 식탁에서 새끼 돼지를 보는 데 익숙해 있었으므로, 만일 이날 한 번이라도 새끼 돼지고기를 먹지 못한다면 자기의 의무를 수행하지 못한 것에 대한 양심의 가책이 평생 남을 것 같다는 생각이 들까 봐 그런지, 이날을 위해서만은 새끼 돼지가 반드시 필요하다고 생각하는 것 같았다.

그는 축제일까지 자기의 낡은 웃옷과 바지를 입고 다녔다. 그런대로 손질은 되어 있는 옷이지만, 무척이나 낡아 있었다. 이제야 알았지만, 넉 달 전에 배급을 해준 새 옷 한 벌은 자기의 궤짝 속에 조심스레 보관하고서는, 축제일에 당당하게 그것을 새로 갈아입고 웃고 싶다는 생각에 지금은 손도 대지 않고 있었다. 그는 정말로 그렇게 했다. 이미 전날 밤부터 그는 새로운 옷을 꺼내어 놓고, 유심히 바라보다가는 먼지를 털어 내기도 하고 훅 불기도 하면서 손질하다가, 그것을 입어 보기도 했다. 이 한 벌의 옷은 그에게 꼭 들어맞았다. 모든 것은 더할 나위 없이 훌륭했으며, 위에까지 모두 단추를 채울 수 있었으며, 옷깃은 마분지로 만든 것처럼 턱밑까지 높이 떠받치고 있었다. 허리 부근도 제복의 허리 부분과 비슷하게 만들어져 있어서, 아킴 아키미치는 만족스러운 듯이 히죽 웃으면서, 이미 오래 전부터 자기가 틈날 때마다 금테로 가장자리를 두른 작은 거울 조각 앞에서 제법 위엄 있게 한 바퀴 돌아보는 것이었다. 웃옷 깃의 훅 하나만이 제자리에 달려 있지 않은 기분이 들었다. 이렇게 생각한 아킴 아키미치는 그 훅을 다시 달려고 마음을 먹고서는, 마침내 갈아 달고 다시 한 번 입어 보았다. 그는 아주 만족스러워 보였다. 그제야 그는 모든 것을 이전처럼 놓고서 안도의 한숨을 쉬면서 내일까지 궤짝 속에 넣었다. 그는 머리도 만족스럽게 면도칼로 깎은 상태였지만, 거울을 유심히 들여다보다가 머리 한구석이 고르지 못하다는 것을 발견하고서, 그 눈에 걸리는 머리카락들을 형식대로 완전히 깎기 위해 지체 없이 '소령'에게로 달려갔다. 비록 내일 어느 누구도 아킴 아키미치를 검사하지 않는다 하더라도, 단지 자기의 마음을 진정시키기 위하여 머리를 밀었던 것이다. 내일을 대비해 자기의 모든 의무를 수행하기 위함이다. 또한 단추와 견장, 그리고 웃옷의 단춧구멍에 대한 경건함은 아주 어렸을 때부터 그의 마음에 절대로 포기할 수 없는 의무로 단단히 머릿속에 각인되어 있으므로, 제대로 된 사람이라면 도달할 수 있는 아름다움의 마지막 단계의 이미지처럼 나타나고 있었다. 모든 것을 다 고치고 나서, 그는 이 감옥의 최고참으로서 건초를 들여오는 일을 지시하기도 하고, 그것을 마룻바닥에 까는 것을 신중히 지켜보기도 하였다. 다른 감옥에서도 사정은 마찬가지였다. 이유는 모르겠으나, 성탄절 전에는 항상 감옥마다 건초를 뿌리곤 했다.[89] 이어서 자기의 모든 일을 마친 아킴 아키미치는 기도를 드린 다음 자기의 침상에 누워서, 되도록 아침 일찍 일어나려고 어린아이처럼 평온하게 잠을 청했다. 다른 죄수들도 모두 그렇게 했다. 다른 감옥에서도 보통 때보다 아주 일찍 잠자리에 들었다. 일상적인 저녁 일도 제쳐놓았고, 노름을 하려고 하는 사람도 없었다. 모두들 내일 아침을 기다리고 있었다.

드디어 그날 아침이 되었다. 아침 일찍, 아직 어슴새벽인데도 북소리가 들리자마자 감옥의 문이 열리고 점호를 하려고 들어온 당직 하사관도 그들 모두에게 성탄절을 축하했다. 죄수들도 마찬가지로 그에게 공손하고 부드럽게 대답했다. 아킴 아키미치를 비롯해, 취사장에 자기의 거위와 새끼 돼지를 가지고 있던 많은 사람들은 서둘러 기도를 마치고 나서 그것이 어떻게 되었고, 잘 구워졌는지, 또 어디에 무엇이 있는지 등등을 성급하게 보러 갔다. 눈과 얼음이 쌓여 있는 우리 감옥의 작은 창문으로는 어둠을 통해 두 군데 취사장의 여섯 가마에서 어슴새벽부터 지핀 선명한 불길이 타오르는 것을 볼 수 있었다. 마당의 어둠을 따라 반외투를 걸치거나, 거기에 팔을 끼기도 하고 또는 그냥 어깨에 걸쳐 입기도 한 죄수들의 모습이 벌써부터 보이기 시작했다. 이들은 모두 취사장으로 가는 사람들이었다. 그러나 그중에는 아주 적은 수이지만, 술장수에게로 가는 자도 있었다. 가장 성급한 패들이었다. 대체로 모두들 예의 바르고 온순하게 처신했으며, 웬일인지 여느 때와는 다르게 격식을 차리고 있었다. 일상적인 욕설도 말다툼 소리도 들리지 않았다. 모든 사람들이 이 위대한 날, 대제일을 이해하고 있었다.

그들 중에는 자기가 아는 사람들에게 축하를 하려고 다른 감옥으로 가는 사람들도 있었다. 거기에서 우정어린 무엇인가가 드러났다. 말이 나온 김에 하는 말이지만, 죄수들 사이에서 우정 같은 것은 거의 찾아볼 수 없다. 나는 일반적인 것을 말하는 것이 아니라, 어떤 죄수가 다른 죄수와 우정을 맺는 개인적인 것을 말하는 것이다. 이와 같은 감정은 감옥에서는 거의 찾아 볼 수 없다는 것, 이것이 바로 두드러진 특징이다. 자유 세계에서는 그런 일이 있

---

89) 예수가 탄생했을 때 외양간의 건초 더미 위에 뉘어졌다는 성서에 따라, 감옥에서도 성탄절이면 마른 건초를 까는 관습이 있음.

을 수 없지만 말이다. 이곳에서는 아주 드문 예를 제외하고, 대개 모든 사람들이 남과 교제를 할 때면 냉담해지고 메마르곤 하는데, 이러한 것은 형식적이고 일정하게 정해진 분위기를 갖게 마련이다. 나도 감옥에서 나갔다. 어슴푸레 동이 트기 시작했다. 별들이 사라지기 시작했고, 서리 같은 가느다란 수증기가 위로 피어오르고 있었다. 취사장 굴뚝에서 연기가 기둥처럼 솟아오르고 있었다. 나와 마주친 몇 명의 죄수들도 자기들이 먼저 기꺼이 공손하게 성탄절 축하 인사를 했다. 나도 축하를 했고, 같은 식으로 대답했다. 그들 중에는 지금까지 한 달 내내 나와 한마디도 나누지 않던 사람들도 있었다.

양털 외투를 어깨에 걸친 군인 감옥의 죄수 한 명이 바로 취사장 옆에서 나를 따라왔다. 그는 마당의 중간에서부터 나를 알아보고 내게 소리쳤다. "알렉산드르 페트로비치! 알렉산드르 페트로비치!" 그는 취사장으로 서둘러 달려왔다. 나는 멈춰 서서 그를 기다렸다. 그는 눈짓으로만 표현을 할 뿐 다른 모든 사람들과도 거의 말이 없던 둥근 얼굴의 젊은이였는데, 나하고도 전혀 말을 나눈 적이 없으며 내가 감옥에 들어온 뒤에도 내게 관심조차 기울이지 않던 사람이었다. 나는 그의 이름도 몰랐다. 그는 내 옆으로 헐떡이며 달려와서는 어딘지 모르게 둔해 보이지만, 동시에 선량한 미소가 깃든 시선으로 나를 바라보았다.

"무슨 일인가요?" 나는 그가 내 앞에 서서 웃음을 지으며 말 한마디 없이 나를 뚫어져라 바라보는 것을 보고, 적지 않게 놀라 그에게 물었다.

"예, 성탄절이라서요……." 그는 이렇게 중얼거리더니 자기도 더 이상 할말이 없는지, 서둘러 취사장으로 가는 것이었다.

여기서 말이 나온 김에 말하면, 그 이후 내가 감옥에서 나올 때까지 나는 한 번도 그와 마주친 적도 없고, 또 한 번도 말을 나눈 적이 없었다는 것이다.

취사장의 뜨겁게 타오르고 있는 페치카 주변에는 서로 밀고 밀리는 혼잡스런 상황이 벌어지고 있었다. 모두들 자신의 요리에서 눈을 떼지 못했다. 요리사는 관급식을 준비하기 시작했는데, 이날은 식사를 일찍 하기로 되어 있었기 때문이다. 그러나 아직 먹기 시작하는 사람은 없었다. 비록 먹고 싶었던 사람도 있었을 테지만, 다른 사람들 앞에서는 체면을 지켰던 것이다. 사제가 오기를 기다리고 있었다. 사제의 기도가 끝나야 비로소 고기를 먹기로 되어 있었기 때문이다. 그 사이 아직 날이 다 밝지도 않았는데, 벌써부터 감옥의 출입문 뒤에서는 "요리사!" 하고 부르는 상등병의 고함이 울려 퍼지고 있었다. 이 고함 소리는 1분마다 한 번씩, 거의 두 시간이나 계속되었다. 도시의 여러 곳에서 감옥으로 보내온 기부 물품을 받기 위하여, 취사장에서 요리사를 불러냈기 때문이다. 상당한 양의 흰 빵과 검은빵, 튀긴 빵, 튀긴 과자, 버터를 넣은 과자, 팬케이크와 그 밖의 유제품 과자 등이 기부 물품으로 들어왔다. 생각해 보니, 도시 전체의 상인과 소시민 출신의 주부치고, 대제일을 '불행한' 죄수들과 함께 축하하기 위해 자기 집에서 만든 빵을 보내지 않은 사람은 한 명도 없었으리라. 사치스러운 기부 물품도 있었다. 예를 들어 우유를 넣고 고운 밀가루로 만든 빵은 아주 많았다. 그러나 아주 초라한 것들도 있었는데, 그것은 보잘것없는 흰 빵과 크림을 바른 두 개의 검은색 과자였다. 가난한 사람이 마지막 남은 한푼을 털어 가난한 사람에게 보내는 선물인 것이다. 모든 기부 물품은 선물과 선물을 보낸 사람을 차별하지 않고, 모두 다 같이 감사하는 마음으로 받았다. 기부 물품을 받는 죄수들은 모자를 벗고 인사를 했으며, 성탄절 인사를 나누며 그것들을 취사장으로 옮겨 놓았다. 선물로 들어온 빵이 벌써 산더미처럼 쌓이자, 각 감방의 고참 죄수들을 불러와 그것들을 각 감방마다 공평하게 나눴다. 그 일에는 아무런 말다툼도 욕설도 없었으며 정직하고 공평하게 진행되었다.

우리 감방에 들어온 것은 우리에게 분배되었다. 아킴 아키미치와 다른 죄수 한 명이 이 일을 도맡았다. 자기들이 직접 나누고, 각자에게 나누어 주었다. 조그마한 불평도, 조그마한 시기심도 결코 없었다. 모두 만족했다. 기부 물품을 숨기거나 혹은 공평하게 분배하지 않았다고 생각하는 사람도 없었다. 취사장에서 자기의 볼일을 마친 아킴 아키미치는 자기의 예복을 들고서 무척이나 정중하게 격식을 차려서 옷을 입으며 단추 하나도 남김없이 모두 채우자, 곧바로 진심 어린 기도를 드리기 시작했다. 그는 꽤 오랫동안 기도를 드렸다. 이미 많은 죄수들이 기도를 드리고 있었는데, 그들은 대부분 나이가 든 사람들이었다. 젊은 사람들 중에는 기도를 드리는 사람이 그다지 많지 않았는데, 선 채로 성호 정도나 그을 뿐이었다. 성탄절이라 해서 특별히 하는 것도 없었다. 아킴 아키미치는 기도를 마치고 나자 내게로 가까이 다가와서 정중하게 성탄을 축하한다고 말했다. 나는 그에게 차를 대접했고, 그는 나에게 새끼 돼지 고기를 주었다. 얼마 있으니 페트로프도 내게 달려와 축하 인사를 했다. 그는 벌써 술을 한잔한 모양인지 숨을 헐떡거리며 달려와서는, 별로 말도 많이 하지 않고 뭔가 기다리고 있다는 표정으로 내 앞에 잠시 서 있더니, 바로 취사장으로 달려가는 것이었다.

그러는 동안 군인 감옥에서는 사제를 맞이할 준비를 하고 있었다. 이 감옥은 내부 구조가 다른 감옥과 달라서 감방 안의 나무침상이 다른 감옥들처럼 중앙에 있는 것이 아니라 양쪽 벽을 따라 이어져 있었다. 따라서 이곳은 가운데에 아무것도 쌓아 올리지 않은 유일한 감옥였다. 아마도 이 감방은 필요한 경우 그 안에다 죄수들을 불러모을 수 있게끔 만들어 놓은 것 같았다. 방 안 중앙에는 깨끗한 수건으로 덮은 조그만 탁자를 놓고, 그 위에 성상을 올려 놓고 등불을 밝히고 있었다. 마침내 십자가와 성수를 든 사제가 도착했다. 사제는 성상 앞에서 기도를 드리고 성가를 부른 다음 죄수들 앞에 섰다. 그러자 죄수들은 공손하게 다가가 십자가에 입을 맞추기 시작했다. 그 다음 사제는 모든 감방을 돌기 시작했으며, 성수를 뿌리며 축성을 했다. 취사장에서 사제는 도시에서도 맛이 좋기로 이름난 우리 감옥의 빵을 칭찬했으므로, 죄수들은 그 자리에서 즉시 사제에게 갓 구워낸 두 개의 신선한 빵을 드리고 싶다고 했다. 빵을 보내기 위해 곧 상이군인 한 명에게 부탁을 했다. 죄수들은 십자가를 처음 맞이했을 때와 같이 경건한 마음으로 배웅했으며, 거의 때를 맞추어 소령과 사령관도 도착했다. 죄수들은 사령관을 사랑했으며, 존경했다. 그는 소령의 수행을 받으며 모든 감옥을 돌면서 만나는 죄수들에게마다 성탄을 축하했고, 취사장에 들어가서는 감옥에서 만든 양배추 수프를 맛보기도 했다. 양배추 수프는 훌륭했으며, 이날을 위해 죄수들 각자에게는 거의 한 푼트나 되는 쇠고기가 배급되었다. 이 밖에도 수수로 만든 죽이 준비되었으며 버터도 충분히 지급되었다. 사령관을 전송하고 나자, 소령은 식사를 하도록 지시했다. 죄수들은 가급적 그와 눈을 마주치려고 하지 않았다. 우리 중 누구도 그의 안경 밑에서 지금도 양 옆을 살피면서 무질서가 없나, 어느 누가 잘못을 저지르지나 않나 하고 휘둘러보는 그의 사악한 시선을 좋아하지 않았다.

모두들 식사를 하기 시작했다. 아킴 아키미치의 돼지고기는 정말 훌륭하게 구워져 있었다. 그러나 어떻게 그런 일이 일어났는지 나로서는 설명할 길이 없지만, 소령이 나가자마자 채 5분도 되기 전에 보통 때와는 다르게 많은 사람들이 술에 취했다. 바로 5분 전만 해도 모든 사람들은 거의 말짱한 상태였는데 말이다. 얼굴이 벌겋게 달아오른 사람들이 많아졌고 발랄라이카도 등장했다. 바이올린을 가지고 있는 폴란드 사람은, 어느새 술 취한 사람에게 하루 종일 고용되어 그의 뒤를 따라다니며 유쾌한 춤곡을 켜기도 했다. 대화는 점점 취기를 띠고 시끄러워지기 시작했다. 그러나 별다른 큰 소동 없이 식사를 마쳤다. 모두들 포식을 했다. 노인들과 나이가 지긋한 사람들은 대부분 곧바로 낮잠을 자러 갔다. 아킴 아키미치도 대제일에는 식사를 마치자마자 곧바로 한잠 자야 한다고 생각하는 듯, 예외가 아니었다. 스타로두보프스키의 구교도 노인 한 명은 잠시 선잠을 자다가 벽난로 위로 기어올라가 성서를 펼쳐 놓고 밤늦도록 거의 쉬지 않고 기도를 올렸다. 그는 죄수들의 공통적인 술주정을 '추태'라고 했는데, 그 모습을 보기가 힘들었던 것이다. 체르케스 사람들은 모두 계단에 앉아 호기심 반, 경멸 반의 시선으로 술 취한 사람들을 바라보고 있었다. 나는 누라를 만났다. "야만,[90] 야만!" 그는 사람들이 신을 공경하지 않는 데 대한 분노로 고개를 흔들면서 내게 말했다. "오오, 야만! 알라 신께서 노하시겠다!" 이사이 포미치는 고집스럽고 거만한 표정으로 자기 자리에서 촛불을 밝힌 채 축제일 같은 것은 안중에도 없다는 듯이 일을 하기 시작했다. 한쪽 구석에서는 노름판이 벌어지기 시작했다. 그들은 상이군인을 겁내지는 않았지만 되도록이면 모른 척해 주려고 하는 하사관의 검열을 대비해서는 감시인을 세워 두었다. 당직 장교는 이날만은 세 번이나 감옥을 들여다보았다. 그러나 그가 나타났을 때, 죄수들은 이미 술 취한 사람들을 숨겨 놓았고 노름판도 치워 버렸으므로, 그 자신도 작은 소란에 대해서는 눈감아 주려고 마음먹은 것 같았다. 이날만큼은 술에 취해 주사를 부리는 것쯤은 작은 소란으로 간주되었다. 소란은 점점 커져갔다. 여기저기서 말싸움도 시작되었다. 그러나 대부분은 술에 취하지 않은 상태였으므로, 이들이 술 취한 사람들을 보살

---

90) 타타르족의 방언으로 나쁘다는 의미.

퍼 주었다. 반면에 취한 사람들은 한없이 마셔 댔다. 가진은 승리의 기쁨에 취해 있었다. 그는 의기양양하게 자신의 침상 주위를 어슬렁거리며 돌아다녔다. 그는 그때까지 감옥 바깥의 눈 속 어딘가 은밀한 장소에 보관해 두었던 술을 침상의 자기 자리 밑에 감춰 놓고 거드름을 피우고 있었으며, 자기한테 구매자들이 찾아오는 것을 보며 능청스런 웃음을 짓고 있었다. 그 자신은 정신이 아주 멀쩡했으며, 술 한 방울도 입에 대지 않았다. 그는 먼저 죄수들의 주머니에서 돈을 다 긁어 모은 다음, 성탄절의 끝부분에 가서야 한바탕 놀아 볼 심산이었다. 감옥마다 노랫소리가 울려 퍼지기 시작했다. 그러나 취기는 이미 이성을 잃을 만큼 달아올라 있었으므로, 노래는 머지않아 곧 눈물로 바뀌고 말았다. 많은 사람들이 양털 외투를 어깨에 걸치고, 자기의 발랄라이카를 가지고 다니면서 씩씩한 모습으로 줄을 튕겨 댔다. 특별감방에는 여덟 명으로 구성된 합창단이 있었다. 그들은 발랄라이카와 기타 반주에 맞추어 구성지게 노래를 불렀다. 민요는 그다지 많이 부르지 않았는데, 나는 그들이 씩씩하게 불러 댄 노래 하나를 기억하고 있다.

  젊은 처녀인 나는 어제
  술잔치에 있었어요.

여기서 나는 지금까지 들어 보지 못한 이 노래의 새로운 변주를 들었다. 노래 끝에는 몇 소절이 덧붙어 있었다.

  젊은 처녀인 나는
  집 안을 치우고
  수저를 씻다가
  개숫물을 야채 수프에 엎지르고 말았네.
  문설주를 잘라 내어
  만두를 구웠네.

부르던 노래는 대개 죄수들의 노래라고 불리던 노래였다. 그러나 누구나 알고 있는 노래였다. 그 노래 가운데 하나는 〈전에는……〉이라는 노래로, 바깥 세상에서는 귀족처럼 재미있게 살던 사람이 지금은 감옥에 들어와 있다는 것을 묘사한 재미있는 노래였다. 이렇게 묘사되어 있다. 전에는 〈크림과 샴페인〉을 섞어 조리하던 그가 지금은…….

> 내게 양배추와 물만 주어도
> 나는 걸신들린 듯이 먹어 치우네.

이것도 알려진 노래인데, 한창 유행하고 있었다.

> 전에 나는 쾌활한 젊은이였네.
> 돈도 꽤나 있었지.
> 이제 돈은 다 날려 버리고
> 감옥 안에 처박히고 말았네…….

이런 노래들이었다. 다만 감옥에서는 '카피탈[91]'이라고 발음하지 않고, '코피탈'이라고 발음했다. '코피치[92]'라는 단어에서 파생된 것이다. 다른 하나는 순전히 감옥에서만 불렸는데, 제법 알려져 있는 것 같았다.

> 하늘에 빛이 비치고
> 새벽 북소리가 울려 퍼지면
> 죄수장이 문을 열고
> 서기가 점호를 하러 온다.

> 벽에 가려 아무도 우리가 여기서
> 어떻게 살고 있는지 보이지 않지만,
> 천상의 창조주, 하느님이 우리와 함께하시니

---

91) 노래 가사에서는 돈으로 번역.
92) 저축하다, 모으다라는 러시아어 동사 원형.

우리는 여기서도 죽지 않으리.

더 슬픈 노래도 있었다. 그러나 선율이 아름답다. 아마도 어떤 유형수가 지은 것이리라. 가사가 유치하고 글자도 틀린 곳이 많았기 때문이다. 지금도 그중 몇 행은 기억하고 있다.

> 내가 태어난 고향을
> 내 두 눈은 보지 못하리.
> 무고한 고통을
> 이제 나는 영원히 받을 운명.
> 지붕에서 올빼미가 울어,
> 숲을 따라 메아리 치네.
> 내 가슴은 슬픔에 잠겨 있고,
> 나 더 이상 그곳에 가지 못하리.

이 노래는 감옥에서 자주 불렸지만 합창이 아니라 독창이었다. 술을 마셨을 때, 자주 감옥의 계단에 앉아 손으로 턱을 괴고 생각에 잠겨 높은 가성으로 흥얼거리는 것이다. 이 노래를 들으면 왠지 가슴이 미어질 것 같았다. 이곳 죄수들은 목소리가 좋았다.

그 사이 벌써 저녁 어스름이 깔리기 시작했다. 슬픔과 우수와 악취가 취기와 방탕 사이에 뒤섞여 어렴풋이 나타나고 있었다. 한 시간 전만 해도 웃고 있던 사람이 끝을 볼 듯 술을 마시고 나서는 어딘가에서 흐느끼고 있었다. 벌써 두 번이나 싸움을 벌이는 사람도 있었다. 또 어떤 사람은 얼굴이 하얗게 질린 채 간신히 두 발로 버티고 서서 비틀거리며 감옥마다 돌아다니다가 싸움을 걸기도 하였다. 술기운이 올라도 시비를 걸지 않는 사람들은 친구들 앞에서 자기 감정을 토로하고, 취기로 인한 슬픔을 털어놓으려고 쓸데없이 친구들을 찾아다녔다. 이 불쌍한 사람들은 모두가 다 즐거운 마음으로 이 대제일을 보내고 싶었던 것이다. 그러나 맙소사! 그런 사람들에게 이날은 슬프고 힘겨운 날이 아닌가. 모든 사람들은 결국 이날을 마치 어떤 희망에 속아서 보낸 것과 다름없었다. 페트로프는 벌써 두 번이나 나에게 달려왔다. 그가 하루 종일 마신 술이라고 해봐야 너무 조금이라서, 거의 마시지 않은 것과 같았다. 그러나 그는 마지막 순간까지, 무엇인가 예기치 않았던 축제 기분이 나게 하는 즐거운 일이 반드시 일어날 것처럼 뭔가를 기다리고 있었다. 비록 그가 그런 내색을 하지는 않았지만 그의 눈을 보면 알 수 있었다. 그는 이 감옥에서 저 감옥으로 피로한 기색도 없이 열심히 돌아다녔다. 그러나 어떤 특별한 일은 아무것도 일어나지 않았다. 눈에 띄는 것은 정신이 나가 버린 취기와 술에 취한 쓸데없는 욕설 뿐이었다. 시로트킨도 빨간색의 새 루바시카를 깔끔하고 단정하게 차려입고서 감옥마다 돌아다니고 있었고, 그도 역시 무엇인가를 차분하고 순진하게 기대하고 있는 듯했다. 감옥 안은 조금씩 혐오스러워지고 참을 수 없게 되었다. 물론 우스운 일도 많이 있었지만, 나는 웬일인지 슬퍼져서 그들 모두가 안쓰러웠으며, 그들 사이에 있다는 것이 괴롭고 답답했다. 저쪽에서는 죄수 둘이 누가 누구에게 한턱을 내야 한다며 다투고 있었다. 그들은 이미 오랫동안 다투고 있어서 마치 싸우고 있는 듯이 보였다. 특히 한 죄수는 다른 죄수에게 오랜 원한을 가지고 있는 것 같았다. 그는 푸념을 늘어놓으면서, 잘 돌아가지도 않는 혓바닥으로 그 사람이 공정치 못한 행동을 했음을 증명하려고 애썼다. 반외투를 팔았다느니, 작년 사육제 기간에 돈을 숨겼다느니 하는 것들이었다. 그 밖에도 아직 뭔가 있는 듯했다……. 비난을 퍼붓고 있던 사람은 키가 크고 건장한 젊은이로, 머리도 나쁘지 않고 온순했는데, 술에 취하기만 하면 자기의 괴로움을 털어놓기 위하여 누군가에게 귀찮게 매달렸다. 그가 욕설로 불평을 해대는 것은 그 다음에 상대방과 더 친해지려는 마음에서인 것 같았다. 상대방은 건강하고 땅딸막한 작은 키에 얼굴이 둥근 교활하고 경험이 많고 노련한 사람이었다. 그는 아마도 자기 동료보다 술을 많이 마신 것 같았지만, 그다지 취해 있지는 않았다. 그는 개성이 있고 부자로 소문난 사람이었지만, 웬일인지 지금은 화를 잘 내는 자기 친구를 거스르지 않는 것이 상책이라고 생각했는지 그를 데리고 술장수에게로 갔다. 그 친구는 그가 당연히 자기를 데리고 가야 한다고 주장했던 것이다. 그러고는 "만일 네가 정직한 사람이면 말이다"라고 횡설수설했다. 술장수는 술을 달라고 하는 사람에게는 약간의 경의를 표했지만, 화를 잘 내는 친구에게는 경멸의 빛을 보이며 술잔을 꺼내 술을 따랐다. 그것은 이 사람이 자기의 돈으로 마시는 것이 아니라, 남에게 대접을 받는 것이어서 더욱 그랬다.

"아니야, 스쵸프카, 이건 당연한 거야." 화를 잘 내는 친구가 자기에게 술을 낸 사람을 바라보면서 말했다. "넌 나한테 빚을 졌으니 말이야."

"난 너하고 공연히 말싸움하고 싶지 않아!" 스쵸프카가 말했다.

"아니, 스쵸프카, 넌 지금 속이고 있어." 처음 말한 사람이 술장수에게 술을 받으며 우겼다. "왜냐하면 너는 내게 빚을 지고 있어. 양심도 없고, 너는 두 눈도 네 것이 아니야, 모두가 빌린 거라고! 이 비열한 녀석아, 스쵸프카, 확실히 말하는데 넌 비열한 놈이야!"

"그런데 뭘 그렇게 흐느끼고 있는 거야, 술이 엎질러졌잖아! 따라 줬으면 마셔야 할 게 아니야!" 술장수가 화를 잘 내는 친구에게 소리 질렀다. "난 내일까지 네 앞에 서 있을 수는 없어!"

"그래, 마시지, 떠들지 마! 성탄을 축하해, 스테판 드로페이치!"

그는 손에 술잔을 받쳐들고서, 지금 자기가 비열한 놈이라고 불렀던 스쵸프카에게 상냥하게 고개를 살짝 꾸벅거리며 말했다. "부디 백년 장수하거나, 여태 살아온 것은 계산에 넣지 말고!" 그는 훌쩍 다 들이켜고, 큭 하더니 입을 닦았다. "전에는 나도 무척이나 마셔 댔지." 그가 심각한 표정을 지으며, 누구 특정한 사람이 아니라 거기 있는 사람들 모두가 들으라는 듯이 말했다. "하지만 이젠 나도 나이가 들어서 말이야. 고마워, 스테판 드로페이치."

"천만에."

"그런데 스쵸프카, 계속 말해야겠어. 네놈이 진짜 비열한 놈으로 내 앞에 나타난 것 말고도, 나는 한말씀 더 해야겠다 이 말이야……."

"나도 말하려던 참이다, 이 주정뱅이놈아." 스쵸프카가 더 이상 참지 못하고 스테판의 말을 가로막았다. "자, 내 말을 똑바로 듣고 잘 생각해 봐. 네놈에게 이 세상의 절반을 주겠다. 세상의 절반은 네가, 나머지 절반은 내가 갖는 거다. 꺼져, 더 이상 네놈을 만나지 않을 테다. 지긋지긋해!"

"그러고선 돈을 갚지 않으려고?"

"너한테 더 이상 줄 돈이 뭐가 있다고 그러는 거야, 이 술꾼아?"

"에이. 다른 세상에서는 네놈이 직접 돈을 갚으러 와도 받지 않을 거다! 내 돈은 일하고 땀을 흘려 가며 굳은살까지 박이면서 번 돈이다. 다른 세상에서 네놈은 내 5코페이카 때문에 후회하고 말거다."

"어서 꺼져!"

"무엇 때문에 떼미는 거야, 가만있어."

"가, 어서 가!"

"이 비열한 놈!"

"개만도 못한 놈!"

또다시 술을 마시기 전보다 훨씬 심한 욕설이 오가기 시작했다.

한편 침상 위에는 동료 두 명이 떨어져 앉아 있었다. 한 명은 키가 크고 건장하며 뚱뚱한 진짜 도살꾼으로 얼굴이 새빨갰다. 감정이 무척 상해 있었는지 그는 곧 울 것만 같았다. 다른 한 명은 나약하고 가냘프며 마른 데다가 콧물이라도 흘릴 것 같은 매부리코에, 땅바닥을 향하고 있는 돼지 눈같이 작은 눈을 가진 사람이었다. 이 사람은 요령도 있고 교육도 받았고, 원래 서기 일을 했던 사람이었다. 그가 자기 친구를 조금 깔보듯이 대하고 있었는지 그 친구는 속으로는 무척이나 불쾌했던 모양이다. 그들은 온종일 서로 같이 술을 마셨다.

"그가 감히 내게 해붙이더라고!" 뚱뚱한 친구가 서기를 붙들고 있던 왼손으로 그의 머리를 심하게 흔들며 소리쳤다. '해붙였다'는 말은 때렸다는 뜻이다. 하사관 출신의 뚱뚱한 친구는 호리호리한 자기 친구를 내심 부러워하고 있었는데, 이 두 사람은 서로 주거니받거니 비위에 거슬리는 말을 해서 스스로를 과시하고 있었다.

"내가 자네한테 하는 말인데, 자네도 옳지 않아……" 서기는 고집스럽게 그에게 눈길조차 주지 않은 채, 무슨 사정이 있는 것처럼 땅만 바라보며 말하기 시작했다.

"그가 감히 내게 해붙였다고, 듣는 거냐!" 그는 다정한 친구의 머리를 더욱 끌어당기면서 말을 가로막았다. "이 세상에 너 하나만이 내게 남아 있는 사람이야, 알아? 그래서 내가 너한테만 말하는 거야. 그가 감히 내게 해붙이더라고……!"

"다시 말하지만, 그런 언짢은 핑계는 자네 머릿속에 수치심만 심어 놓을 거야” 서기는 가늘고 정중한 목소리로 반박한다. “그것보다는 자네도 솔직하게 인정하는 편이 나을 거야, 자네가 변덕이 심해서 취하면 그런 생각이 드는 거라고 말이야······.”

뚱뚱한 친구는 몇 걸음 뒤로 물러서서, 취한 눈으로 자만심 가득한 서기를 멍하게 바라보더니, 별안간 느닷없이 자기의 큰 주먹으로 서기의 작은 얼굴을 있는 힘을 다해 갈기는 것이었다. 그렇게 아침부터 이어진 우정은 끝이 나버렸다. 다정했던 친구는 정신을 잃고 마루 밑으로 굴러떨어져 버리고······.

그때 내가 알고 있는 특별감방의 죄수 한 명이 우리 감옥으로 들어왔다. 그는 무척 선량하고 쾌활한 젊은이일 뿐만 아니라, 머리도 나쁘지 않고 별다른 악의 없는 시큰둥한 표정을 짓고 있는, 지극히 순박해 보이는 사람이었다. 이 사람이 바로 내가 감옥에 들어온 첫날 취사장에서 밥을 먹고 있을 때, 부유한 농민이 있는 곳을 찾아가 자기는 ‘야심’이 있다고 말하면서 나와 함께 차를 마셨던 사람이다. 그는 마흔 살 정도로 유난히 두툼한 입술과 퉁퉁한 큰 코에 여드름이 군데군데 나 있고, 두 손에 발랄라이카를 들고서 되는 대로 줄을 퉁기고 있었다. 그의 뒤를 마치 아첨꾼처럼, 그때까지만 해도 내가 잘 알지 못했던, 몸집이 매우 작고 초라하면서도 머리는 커다란 죄수가 따라다니고 있었다. 그러나 그에게는 아무도 관심을 기울이지 않았다. 그는 이상스럽기도 하고 의심이 많으며, 줄곧 입이 무거울 뿐만 아니라 심각하기도 한 사람이었다. 그는 재봉소에 일을 하러 다니고 있었는데, 누구하고도 어울리려고 하지 않는 외톨이로 살아가기 위해 애쓰고 있는 듯이 보였다. 그러나 지금은 취해서 그림자처럼 바를라모프에게 붙어 다녔다. 그는 몹시 흥분해서 바를라모프의 뒤를 따라가며 두 손을 휘두르며 주먹으로 벽과 나무 침상을 치기도 하면서 거의 울음을 터뜨리려고 했다. 하지만 바를라모프는 자기 옆에 그런 사람이 있다는 것조차 아랑곳하지 않는 것처럼 바라보지도 않았다.

이 두 사람이 이전에는 서로가 거의 아무런 왕래도 없었다는 것은 주목할 만하다. 그들에게는 일로 보나 성격상으로 보나 공통점이 하나도 없었기 때문이다. 그들은 부류도 달랐고, 사는 감옥도 달랐다. 사람들은 작은 죄수를 불킨이라고 불렀다.

바를라모프는 나를 보고 히죽 웃으며 하얀 이를 드러냈다. 나는 벽난로 옆

내 침상 위에 앉아 있었다. 그는 나의 맞은편 쪽에 조금 떨어져 서 있었는데, 무엇인가를 생각하는 듯하다가 몸을 비틀거리면서 고르지 못한 걸음걸이로 내게 다가왔다. 그리고 한 손을 허리에 얹고 온몸을 거들먹거리더니, 발랄라이카의 줄을 살짝 퉁기면서 장화를 신은 발로 박자를 맞추며 천천히 부르기 시작했다.

> 둥근 얼굴, 흰 얼굴,
> 박새처럼 노래 부른다.
> 사랑스러운 그대여,
> 아름다운 장식을 단 공단 옷을
> 입고 있으니
> 더욱 아름답구나.

아마도 이 노래가 불킨을 격분시킨 것 같았다. 그는 두 팔을 휘저으며, 모두를 향해 외치기 시작했다.

"모든 게 다 거짓말이야, 이봐들, 이 사람은 아무렇게나 지껄이는 거야! 한마디도 진실이 없어, 모두가 거짓말이야!"

"알렉산드르 페트로비치 노인!" 바를라모프는 내게 입이라도 맞추려고 뛰어들 듯한 기세로, 교활한 미소를 지으며 나를 바라보면서 말했다. 그는 꽤 취해 있었다. '노인장 어쩌고……'라는 말은 존경의 의미로, 시베리아 전역에 걸쳐 보통 사람들 사이에서 널리 사용되었으며, 20대의 사람들에게도 쓰이곤 했다. '노인'이라는 말은 경의를 표현하는 존경의 의미로, 아부를 뜻하기도 했으니 말이다.

"아 예, 안녕하십니까, 바를라모프 씨."

"어느 날이나 마찬가지군요. 성탄을 축하하는 사람은 아침 일찍부터 취해 있습니다. 죄송합니다!" 바를라모프가 노래하듯 말했다.

"모든 것이 거짓말이야. 이 사람이 또 거짓말을 하는군!" 불킨이 절망적인 어조로 침상을 손으로 치면서 고함을 쳤다. 그러나 바를라모프는 그에게 한마디도 대꾸하지 않기로 작정한 듯 보였는데, 이 점이 무척이나 우스웠다. 왜냐하면 불킨은 무슨 영문인지는 모르겠지만, 자신에게는 바를라모프가 말하는 것이 '모두 거짓'처럼 여겨졌는지, 아침나절부터 그와 붙어 다니며 짓궂게 굴었기 때문이다. 그는 그림자처럼 바를라모프의 뒤를 따라다니며, 그가 하는 말마다 트집을 잡고 두 손을 비비고 쥐어짜기도 하고 피가 나도록 벽과 나무 침상을 두들기며, 바를라모프가 말하는 것은 '모두 거짓'이라는 점을 납득시키려고 애쓰고 있는 것 같았다. 만일 그에게 머리카락이라도 있었다면, 아마도 그는 비탄에 잠긴 나머지 그것을 뽑아 버렸을지도 모른다. 그는 마치 바를라모프의 모든 행동에 대해 자신이 책임을 져야 할 의무가 있다는 듯이 처신했으며, 바를라모프의 모든 결점은 자기 양심의 책임이라고 생각하는 듯했다. 그러나 바를라모프는 전혀 그를 거들떠보지도 않으려는 것이 우스웠다.

"모든 것이 거짓말이야, 거짓말, 거짓말! 한마디 말도 제대로 맞는 것이 없어!" 불킨이 악을 썼다.

"그래, 그것이 네게 어쨌단 말이지?" 죄수들이 웃으면서 물었다.

"알렉산드르 페트로비치 씨, 당신한테만 말하는 건데, 나도 젊었을 때는 미남이어서 처녀들이 나를 아주 좋아했습니다……." 별안간 이렇다저렇다 이유도 없이 바를라모프가 말하기 시작했다.

"거짓말? 또 거짓말!" 불킨이 째지는 듯한 소리를 내면서 말을 잘랐다.

죄수들이 웃음을 터뜨렸다.

"하지만 나는 처녀들 앞에서 무뚝뚝했지요. 빨간 루바시카에 벨벳 천으로 만든 승마용 바지를 입고서 브트일킨 백작처럼 이렇게 누워서 스웨덴 사람들처럼 술에 취하고, 한마디로 말해서, 하고 싶은 대로 하고 살았지요!"

"거짓말!" 불킨이 단호하게 말했다.

"그때만 해도 나에게는 아버지에게서 물려받은 2층짜리 석조 건물이 한 채 있었습니다. 그런데 2년 만에 이 집을 날려 버리는 바람에 남은 거라곤 기둥도 없는 문뿐이었지요. 돈이란 비둘기 같은 것이라서, 날아오나 싶으면 날아가 버리고 말죠!"

"거짓말!" 또다시 불킨이 단호하게 말했다.

"그래서 정신을 차리고 부모님께 눈물의 탄원서를 보냈지요. 어쩌면 돈이라도 보내 주실까 해서요. 내가 부모님의 뜻을 거스르기만 했다고 썼습니다. 공경도 하지 못하고. 그런데 편지를 보낸 지 벌써 7년째나 됩니다."

"그럼, 답은 없었소?" 나는 웃으면서 물어보았다.

"예, 없었습니다." 그는 갑자기 웃음을 터뜨리면서, 코를 내 얼굴에 점점 가까이 갖다 대더니 대답했다. "알렉산드르 페트로비치 씨, 하지만 난 이곳에 좋아하는 여자가 있습니다……."

"당신에게? 좋아하는 여자가?"

"오누프리예프도 이렇게 말하지 않던가요. '내 애인은 곰보에다 얼굴도 못생겼지만, 대신 옷은 많이 가지고 있지. 하지만 네 애인은 얼굴이야 이쁘다만은 거지라서 동냥자루를 들고 다니지'라고요."

"설마?"

"정말로 거지예요!" 그가 대답하면서 몸을 비꼬고 들리지 않을 정도로 킥킥 웃었다. 감옥 안의 다른 죄수들도 웃음을 터뜨렸다. 사실 그가 어떤 거지 여자와 관계를 맺고 있으며, 그녀에게 반년 동안 겨우 10코페이카만을 주었다는 것을 죄수들은 다 알고 있었다.

"그래서 어떻게 됐지?" 나는 너무나 지겨워서 빨리 벗어나고 싶은 마음에 이렇게 물었다.

그는 잠시 입을 다물더니, 알랑거리는 듯한 시선으로 나를 바라보며 나지막하게 말했다.

"이렇게 다 털어놨으니 내게 술 한잔 주지 않으시렵니까? 알렉산드르 페트로비치 씨, 나는 오늘 종일 차만 마셨거든요." 그는 돈을 받으면서 감동한 듯 덧붙였다. "오늘 마신 차가 요동을 쳐서 천식에 걸리고 배 속에서는 병소리가 나더라고요……."

그런데 바를라모프가 돈을 받아 내자, 불킨의 마음의 혼란은 극에 달한 것 같았다. 그는 절망해서 금방이라도 울 것 같은 몸짓을 했다.

"이봐, 모두들!" 그는 극도로 흥분을 해서 감옥에 있는 다른 모든 사람들을 향해 소리쳤다. "저자를 좀 봐! 모두 거짓말이야! 그가 말하는 것은 모두 거짓말이야!"

"그게 뭐 어째서?" 죄수들은 그가 화내는 것을 보자 놀라서 외쳤다. "너도 이해 안 가는 놈이구나!"

"거짓말을 하게 내버려둘 수는 없어!" 불킨이 두 눈을 부라리며 있는 힘을 다해 주먹으로 침상을 치면서 외쳤다. "그가 거짓말하는 것이 싫단 말이다!"

모두들 웃음을 터뜨렸다. 바를라모프는 돈을 받자 나에게 인사를 한 다음 비틀거리는 발걸음으로 급하게 감옥을 빠져나갔는데, 아마도 술장수에게로 가는 것 같았다. 바로 그때, 그는 처음으로 불킨이 생각난 모양이었다.

"자, 가자!" 그가 문지방에 멈춰 서서 불킨에게 마치 무슨 볼일이라도 있다는 듯이 말했다. "바보 같은 놈!" 그는 자기 앞에서 화를 내고 있는 불킨을 먼저 내보내며 이렇게 덧붙여 말하고는 다시 발랄라이카를 켜기 시작했다……

그러나 이 악몽같은 혼란을 어떻게 다 적을 수 있단 말인가! 마침내 질식할 것 같던 하루도 끝이 났다. 죄수들은 나무 침상 위에서 괴롭게 잠을 자고 있다. 꿈속에서 그들은 다른 날보다도 더 심하게 말을 하고 헛소리도 한다. 곳곳에서는 아직도 노름을 벌이는 자도 있다. 오랫동안 기다리던 축제가 끝난 것이다. 내일부터는 분주해질 것이고, 또다시 노역을 시작해야 할 것이다……

11. 연극

성탄절 다음의 셋째 날 저녁, 우리의 첫 번째 연극 공연이 있었다.[93] 연극을 공연하기 위한 사전 준비는 정말로 힘들었지만, 배우들이 모든 일을 스스로 처리했기 때문에 나머지 사람들은 어느 누구도 상황이 어떠하며 무슨 일을 해야 하는지도 알 수 없었다. 어떤 연극이 공연될지도 알 수가 없었으니 말이다. 배우들은 2, 3일 동안 노역을 나갈 때마다 가능한 한 더 많은 의상들을 구하려고 애를 썼다. 나를 만나면서도 바크루신은 만족스럽다는 듯이 손가락으로 소리만 낼 뿐이었다. 아마 소령의 기분이 좋은 모양이었다. 그러나 그가 연극에 관해서 알고 있는지 우리는 전혀 몰랐다. 만일 그가 알고 있다고 하더라도, 정식으로 연극을 허락해 준 것인지, 아니면 모든 것이 질서 정연한 가운데 이루어졌다는 것을 알고서, 그러한 죄수들의 의견에 손을 흔들어 주면서 잠자코 있기로 마음먹은 것인지 알 길이 없었다. 나는 그가 연극에 대해서 알

---

93) 도스토옙스키는 유형 생활 중 죄수들의 연극에서 실제로 연출을 맡아 보았으며, 당시 시베리아의 옴스크에는 극장이 없어서 죄수들 연극에는 일반인들도 적지 않은 관심을 보였다고 한다.

고 있었다고 생각한다. 모를 리가 없었다. 그러나 만일 자기가 금지라도 시킨다면 오히려 상황이 더욱 악화될 것이라는 사실을 깨닫고 방해하지 않기로 했는지도 모른다.

　죄수들도 장난을 치고 술에 취하는 것보다는 어떤 것에 몰두하는 편이 훨씬 나을 것이라는 생각에서 말이다. 그러나 내가 소령이 그러한 생각을 담아 두고 있을 것이라고 추측해 보는 것은, 그 생각이 가장 자연스럽고 틀림없으며 건전하기 때문이다. 그러나 이렇게도 말해 볼 수 있다. 만일 죄수들에게 이런 축제일에 연극 같은 것이나 혹은 이와 유사한 어떤 일이 없다면, 오히려 당국이 먼저 나서서 그런 일을 추진해 보아야 한다고 말이다. 그러나 우리의 소령은 다른 사람들과는 전혀 다른 사고방식을 가진 사람이라, 소령이 연극에 대해서 무엇인가를 알고서 그것을 허가해 주었다고 상상한다면, 그것이 나의 커다란 잘못이라는 것은 지극히 당연한 일이다. 우리 소령 같은 사람은 어디서나 누군가를 억누르려 하고 무엇인가를 빼앗으려 하며, 누군가의 권리를 박탈하려 드는 사람, 간단히 말해서, 어디서고 규칙만을 따지는 사람인 것이다. 이러한 점은 도시 전체에도 잘 알려져 있는 사실이었다. 말하자면 이러한 압박 때문에 감옥에서 폭동이 일어난다고 해도 그에게는 문제가 아니었다! 폭동을 일으키면 형벌로 다스리면 되고(그것이 소령과 같은 인간의 사고방법이다), 협잡꾼 죄수들에게는 엄격함과 문자 그대로 끊임없는 법규의 적용으로 대처하면 되는 것이니, 바로 이것이 필요한 전부인 것이다! 이러한 법규의 무능한 집행자는 법률의 정신과 의미를 하나도 이해하지 못한 채, 문자 그대로 법률을 집행한다는 것이 오히려 일을 무질서로 끌어들일 수 있을 뿐만 아니라, 다른 결과는 결코 이끌어 낼 수 없다는 것을 이해하지도, 또 이해할 능력도 없다. '법률에 그렇게 씌어 있는데, 더 이상 뭐가 필요하단 말이냐?' 이렇게 말하는 그들은 법률 말고 건전한 사고, 냉정한 판단이 자신들에게도 필요하다는 사실 때문에 적잖게 놀라게 된다. 특히 냉정한 판단은 그들 대부분에게는 아무 쓸모없는 것일 뿐만 아니라 선동적인 사치물이자 구차하고, 참을 수 없는 것이다.

　그러나 여하튼 고참 하사관은 죄수들이 하는 일에 반대하지 않았고, 죄수들에게 필요한 것은 단지 그뿐이어서, 그 뒤에는 아무래도 좋았다. 내가 확신을 가지고 단언하는데, 연극과 그것을 허락받은 데 대한 감사의 마음이 축제일 동안 감옥에서 어떤 한 건의 심각한 무질서나, 악의에 찬 말다툼, 도둑질도 일어나지 않게 한 원인이었다는 것이다. 나도 연극이 금지된다는 이유 하나 때문에 술 취한 사람들이나 말다툼하고 있는 사람들을 달래고 있는 것을 목격한 적이 있다. 하사관은 죄수들에게서 조용히 하고 얌전히 굴겠다는 언약을 받아 냈다. 죄수들은 기꺼이 동의하고 신성한 것으로서 그 약속을 지켰다. 죄수들은 자기들의 말을 믿어 준 것을 무엇보다도 기뻐했다. 그러나 한마디 해 두어야 할 것은, 연극을 허락한다고 해서 당국에서 비용을 대는 것도 아니고, 어떤 희생을 하는 것도 아니라는 사실이다. 그리고 장소를 미리 울타리로 둘러 쳐놓는 것도 아니므로, 극장을 만들고 치우는 데는 기껏해야 15분이면 끝났다. 연극은 한 시간 반쯤 진행될 것이지만, 갑자기 상부에서 연극 공연을 금지하는 명령을 내리더라도 순식간에 일을 끝마쳤을 것이다. 의상은 죄수들의 상자 속에 숨겨 놓고 있었다. 그러나 어떻게 극장이 세워지고, 어떤 의상이 있었는지를 말하기 전에, 나는 먼저 연극의 프로그램, 즉 공연하게 될 연극에 관해서 말해야겠다.

특별히 인쇄된 공연 프로그램은 없었다. 그러나 두 번째, 세 번째 공연에는 바크루신이 쓴 프로그램이 한 장 있었다. 그것은 우리 연극의 첫 번째 공연에 참석을 해서 자리를 빛내 주었던 장교들이나, 다른 귀한 손님들을 위한 것이었다. 귀한 손님들은 대개가 위병 장교였지만, 때로는 당직 장교까지 온 적도 있었다.

또한 공병 장교도 한 번 얼굴을 보인 적이 있었는데, 프로그램은 바로 이러한 손님들이 참석할 경우를 대비해서 만든 것이었다. 추측해 보건대, 감옥 극장에 대한 소문은 요새뿐만 아니라 멀리 도시에도 퍼졌을지 모른다. 도시에는 극장이 하나도 없었기 때문이다. 연극 애호가들이 연극을 한 번 상연했다는 소식을 듣긴 했지만, 그것도 단 한 번 공연했을 뿐이었다. 죄수들은 어린아이처럼 조그마한 성공에도 기뻐했으며 우쭐거리기까지 했다. '누가 알겠는가.' 죄수들은 속으로 혼자 생각하기도 하고, 서로 이야기하기도 했다. '어쩌면 상부에서도 알고 찾아와 볼지도 모른다. 그때는 죄수들이 어떤지도 보게 되겠지. 우리의 연극은 어떤 허수아비나 떠다니는 배나, 걸어다니는 곰과 양 같은 것을 등장시키는 단조로운 군인들 연극이 아니다. 여기서는 배우들이, 진짜 배우들이 훌륭한 희극을 연기하고 있다. 그런 극장은 도시에도 없다. 아브로 시모프 장군 댁에서 어떤 연극 공연이 한 번 있었고, 앞으로도 한 번 더 있을 거라고 말들을 한다. 그러나 그것은 오직 의상만이 그럴듯했을 뿐, 대사로 말하면 어찌 우리와 견줄 수 있겠는가! 만일 주지사의 귀에까지 들어간다면. 악마라고 어쩔 수 있겠어? 자기도 와서 보고 싶어 안달일 거야. 도시에는 극장이 없으니까……'

한마디로 죄수들의 공상은, 특히 첫 번째 공연의 성공 뒤에는 축제 동안 극도에 이르러, 상이라도 받든가 아니면 노역 시간을 단축해야 한다든가 하는 생각까지 했지만, 그러면서도 거의 이와 동시에 자기 자신들을 비아냥거리기도 했다. 말하자면 그들은 아이들이었다. 그중에는 마흔이 넘은 사람들이 있었는데도, 그들은 완전히 아이들이었던 것이다. 프로그램이 없었지만 나는 상연되는 연극의 중요한 흐름은 이미 알고 있었다. 첫 번째 소품은 '연적 필라트카와 미로쉬카[94]'라는 것이었다. 바크루신은 연극이 상연되기 일주일 전부터, 자기가 맡은 필라트카라는 역이 페테르부르크에서도 보기 드물 정도로 공연이 잘 될 거라고 내 앞에서 자랑하고 있었다. 그는 감옥마다 돌아다니며 부끄럽지도 않은지 연민이 가득한 어조로 우쭐거리기도 했는데, 가끔 느닷없이 완전히 얼이 빠진 것처럼 '연극식으로', 즉 자기의 역에 나오는 말을 꺼내곤 하는 것이었다. 그가 꺼낸 말이 우습든 우습지 않든 사람들은 모두 웃음을 터뜨렸다. 그러나 그런 때도 죄수들은 자제를 하고, 위엄 지키는 것을 잊지 않았다. 바크루신의 등장과 앞으로 있을 연극에 대한 그의 이야기에 환호를 보내는 사람들은 아주 어리거나 풋내기거나 자제심이 없는 사람들 아니면, 자기들의 권위가 이미 확고하게 서 있는 비중 있는 죄수들이었다. 왜냐하면 비록 가장 하찮은(감옥 식의 표현에 따르자면, '가장 꼴사나운'이라는 의미) 것이라 할지라도 그것이 무엇이든지 간에, 그들은 이제 자기의 감정을 직선적으로 표현해도 전혀 두렵지 않았기 때문이다. 나머지 사람들은 소문을 듣고 말거나 아니

---

94) 네 명의 구혼자와 한 명의 여자 사이에서 벌어지는 소극으로, 페테르부르크의 알렉산드린 스키 극장에서는 이미 1830년대 초부터 이 연극을 상연했으며, 고골의 《네프스키 거리》에서도 이 연극에 대한 언급이 나오고 있음.

면 잠자코 있었으며 이러쿵저러쿵 이야기하지도 않았고 반대도 하지 않았으며, 연극에 관한 소문에는 꽤나 냉담해지려고 하면서 오히려 시큰둥하기까지 했다. 그런데 막상 때가 되어 연극이 상연되는 바로 그날이 되자 사람들은 모두 관심을 갖기 시작했다. 무슨 연극이야? 우리가 한다고? 소령은 뭐래? 재작년처럼 성공할 수 있을까? 등등. 바크루신은 모든 배우들이 잘 선발되었으며, 모두가 '적격'이라고 내게 장담했다. 또한 다 준비되었고, 시로트킨이 필라트카의 약혼녀 역할을 맡는다고 한다. 잘 보라고, 그가 여자 옷을 입으면 어떤지! 그는 눈을 찡긋하고 혀를 차면서 말했다. 자선가인 지주 부인은 장식이 달린 옷에 숄을 두르고 우산을 받쳐들고 나오며, 자선가인 지주는 견장이 달린 장교 제복에 지팡이를 들고 오게 되어 있었다. 그 뒤 두 번째 소극은 '대식가 케드릴[95]'이라는 드라마였다. 나는 제목이 무척이나 재미있어서, 이 소극에 관해 여러 차례나 물어보았지만, 내용을 미리 알 수는 없었다. 이 소극은 책이 아니라 어떤 '수기'에서 발췌한 것으로 그 도시의 교외에 살고 있는 어떤 퇴역 하사관에게서 얻은 것이며, 그도 한때는 군인 연극에 참가하기도 한 사람이라는 사실만 알 수 있었다. 러시아의 후미진 도시나 현에서는 지금까지 아무에게도 알려지지 않았으며, 어디에서도 결코 한 번도 인쇄된 적이 없는 그런 연극 대본이 나타나는 경우가 실제로 있었다. 그것은 어디선가 제 발로 나타나서는, 러시아 내에서도 알려진 지역의 민중 연극에 없어서는 안 될 부속품이 되어 버리는 것이다. 여기서 내가 '민중 연극'이라고 말한 것은, 함축된 부분이 있다. 우리의 연구자들 중 어느 한 명이 지금도 존재하고 있으며, 결코 무가치하지 않은 민중 연극에 대한 연구를 보다 새롭고 신중하게 착수한다면 좋을 것이라는 생각이 든다. 나는 이곳의 감옥 연극에서 보았던 모든 것들을 죄수들 스스로가 연출했던 것이라고는 믿고 싶지 않다. 여기에는 전설의 계승뿐만 아니라 기억을 통해 오랫동안 입에서 입으로 구전된 개념과 기법들의 정착도 필수적이다. 이러한 것들은 병사들이나, 도시 공장의 근로자들이나, 알려지지 않은 어느 가난한 도시의 서민들에게서도 찾아야만 한다. 그러

---

95) 이 연극 대본은 치호느라보프가 간행한 《1672~1725년 러시아 연극 작품집》에 수록된 '돈 후안과 돈 페드로의 코미디'에서 발췌. 돈 페드로는 페드릴로로 나중에 러시아식 발음인 케드릴로 바뀜.

한 것들은 또한 농촌과 현청소재지인 도시의 대지주들의 저택에도 보존되어 있다. 생각해 보면, 수많은 오래된 각본들은 이 지주들의 하인을 통해서 기록에 남겨져 러시아 전역에 퍼진 것이나 다름없다.

이전의 지주들과 모스크바의 귀족들에게는 농노 출신의 배우들로 구성된 자기들 전용 극장이 있었다. 바로 이 극장에서 우리의 민중 극예술이 시작되었으며, 그러한 특징에는 의심의 여지가 없다. '대식가 케드릴'만 하더라도, 내가 아무리 애를 썼어도, 무대에 악마가 나타나서 케드릴을 지옥으로 데리고 간다는 것 말고는, 그것에 관해서 실제로 볼 때까지는 아무것도 알 수가 없었다. 그래도 케드릴이라는 이름이 무엇을 의미하는지, 그리고 왜 키릴이 아니고 케드릴인지? 이것이 러시아에서 벌어지는 사건인지 아니면 외국에서 벌어지는 사건인지 나는 끝내 미리 알아낼 수 없었다. 마지막으로는 '음악 반주에 맞춘 무언극'이 상연될 예정이었다. 물론 이 모든 것들은 무척이나 호기심을 끄는 것이었다. 배우는 모두 열다섯 명이었는데, 그들은 모두 활발하고 사내다웠다. 그들은 혼자 중얼거리며 연습을 하기도 했고, 때로는 감옥 뒤에 숨어서 남의 눈을 피해 연습하기도 했다. 말하자면, 그들은 우리 모두를 무엇인가 예기치 못하고 독특한 것으로 놀라게 하고 싶었던 것이다.

노역을 하는 보통날에는 밤이 되자마자 감옥 문이 일찍 잠겨 버린다. 그러나 성탄절에는 예외로, 저녁 점호 전까지는 닫지 않았던 것이다. 이러한 특전은 전적으로 연극을 위해 베풀어졌다.

축제일 동안 감옥에서는 매일 저녁이 되기 전에 한 사람을 위병 장교에게 보내 공손하게 부탁을 하곤 했다. '연극을 허락해 주시고, 오랫동안 감옥 문을 잠그지 말아 주십시오.' 그러면서 또 이렇게 덧붙이는 것이다. '어제도 연극이 있었는데, 오랫동안 문을 잠그지 않았습니다. 그리고 아무 일도 없었고요.' 위병 장교는 이렇게 생각한다. '분명 어제는 아무 일도 없었다. 그런데 오늘도 아무 일 없을 거라고 약속할 정도니, 자기들이 알아서 조심하겠다는 말이군. 게다가 만일 연극을 허락하지 않으면(그들은 유형수들이니 무슨 짓을 할지 모르잖아?), 악에 받쳐서라도 일부러 무슨 짓을 저지를지도 모르고, 위병들에게 해코지할지도 모르지.' 마지막으로 이런 생각도 한다. '보초를 서는 것은 지루한 일이야. 연극을 한다면, 그것도 병사들의 연극이 아니라 죄수들의 연극이라면 죄수들은 재미있는 사람들이니까 구경을 하면 즐거울 테지.' 게다가 위병 장교는 가서 볼 권리가 있다.

당직 장교가 온다. '위병 장교는 어디 있지?' '감옥에서 죄수들을 점호하고, 감옥 문을 닫으려고 갔습니다.' 솔직한 대답이고, 솔직한 변명이다. 그렇게 해서 위병 장교들은 매일 밤, 축제일이 계속되는 동안 내내 연극을 허락해 주었고, 저녁 점호 전까지 감옥을 닫지 않았다. 죄수들도 위병들의 방해가 없을 것이라는 사실을 미리 알고 안심하고 있었다.

저녁 6시가 지나 페트로프가 나를 데리러 왔으므로 우리는 같이 연극을 보러 갔다. 우리 감옥에서는 체르니코프의 구교도와 폴란드 사람들을 빼놓고는 거의 모두가 연극을 보러 갔다. 폴란드인들은 마지막 연극이 상연되는 1월 4일에야 보러 가기로 마음먹었는데, 그것도 연극이 훌륭하며 즐거울 뿐만 아니라, 아무런 위험도 없다는 것을 많은 사람들에게 충분히 듣고 나서였다. 폴란드인들의 결벽증도 죄수들을 결코 화나게 하지는 않았고, 오히려 그들은 1월 4일에 사뭇 정중한 영접까지 받았다. 그들을 위해 가장 좋은 자리를 비워 두었던 것이다. 체르케스인들과 특히 이사이 포미치에게는 우리의 연극이 정말로 즐거운 것이어서, 이사이 포미치는 매번 올 때마다 3코페이카를 냈는데, 마지막에는 접시에다 10코페이카를 올려놓으며 얼굴에는 자못 행복한 표정까지 지어 보였다. 배우들은 연극에 든 비용과 개인적인 '후원'이라는 차원에서 누가 얼마를 내든 관객들로부터 그 돈을 거두어들였다. 페트로프는 아무리 극장 안이 입추의 여지 없이 붐빌지라도 내게는 제일 좋은 자리 하나를 비워 둘 것이라고 장담했다. 그 이유는, 자신이 다른 누구보다도 부자여서 돈을 많이 낼 것이고, 게다가 누구보다도 연극을 잘 이해하리라고 믿었기 때문인 듯하다. 그리고 사실 그렇게 되었다. 그러나 우선 극장 내부와 구조부터 먼저 설명하기로 한다.

무대가 세워진 우리의 군용 죄수실은 열다섯 걸음 정도의 길이였다. 마당에서 계단을 올라가면 덧문이 있고, 그 덧문에서 감옥 안으로 들어가게 되어 있었다. 내가 이미 위에서 말한 바처럼, 이 길쭉한 감옥은 독특한 구조로 되어 있었다. 나무 침상이 벽면을 따라 펼쳐져 있었으므로, 방 안의 중간은 텅 비어 있었다. 층계가 있는 출구로부터 가장 가까운 방의 절반은 관객들에게 내주고, 다른 감옥으로 통하고 있는 나머지 절반은 무대로 사용되고 있었다. 무엇보다도 나를 놀라게 만든 것은 바로 막(幕)이었다. 막은 열 걸음 정도의 폭으로 감옥을 가로지르고 있었다. 막은 실제로도 놀랄 만큼 호화스러웠다. 더욱이 나무와 정자와 연못과 별들이 그림물감으로 그려져 있었다. 그것은 죄수들이 조금씩 주거나 기부한 낡고 새로운 천 조각으로 만들어져 있었다. 그것은 죄수들의 낡은 각반이나 루바시카를 한 장의 커다란 천에 잇댄 것이었으며, 모자라는 마지막 부분은 여러 곳의 사무소와 관청에 부탁해서 구한 종이로 겨우 메워 놓았다. 우리의 칠장이들 중에서는 브률로프라 불리는 A가 제일 뛰어났는데, 거기에 고안을 하고 그림을 그리고 채색을 하는 데 무척이나 신경을 썼다. 효과는 놀랄 정도였다. 그러한 화려함은 제일 음침하고 잔소리가 심한 죄수들까지도 기쁘게 해주었는데, 그들은 연극을 보러 오자마자 마치 제일 열렬하게 학수고대를 했던 아이들처럼 한 명도 예외 없이 그렇게 되어 버렸다. 모두가 몹시 만족해서 뽐내고 싶은 마음들이었으리라. 조명은 몇 조각으로 자른 기름 촛불로 대신했다. 막 앞에는 취사장에서 가지고 온 두 개의 긴 의자가 놓였고, 그 긴 의자 앞에는 하사관의 방에서 가지고 온 의자 서너 개가 놓여 있었다.

의자는 만일의 경우, 즉 고급 장교들이 왔을 때를 대비한 것이었다. 긴 의자들도 하사관들이나, 공병 서기, 감독, 장교 계급은 아니지만 우연히 감옥에 올지 모를 그 밖의 관리들을 위해 준비해 놓은 것이었다. 일은 예상한 대로 되었다. 외부 방문객들은 이 축제 기간 동안 내내 끊이질 않았다. 날에 따라 많거나 적거나 했지만, 마지막 상연이 있는 날만큼은 긴 의자에도 남아 있는 자리가 하나도 없었다. 그리고 마지막으로, 긴 의자 뒤에는 죄수들이 방문객들에 대한 경의의 표시로 모자를 벗고, 방 안의 무더운 공기 때문에 숨이 막힐 지경이었지만, 그래도 반외투나 재킷을 입은 채 서 있었다. 물론 죄수들을 위한 자리는 매우 적었다. 특히 맨 뒷줄은 말 그대로 한 사람이 다른 사람 위에 앉을 정도로 복잡했는데, 나무 침상뿐만 아니라 무대 뒤까지 사람들로 가득 차는 바람에, 마침내 연극을 보러 계속해서 찾아오곤 했던 애호가들은 다른 감옥으로 가서 보았는데, 그중에는 무대 뒤편에서 들여다보는 연극을 좋아하는 사람도 눈에 띄었다.

감옥의 앞쪽 절반은 얼마나 비좁은지 생각조차 할 수 없는 것이어서, 그것은 최근 내가 목욕탕에서 보았던 그 비좁은 북새통과 견줄 만한 것이었다. 입구의 덧문은 열린 채, 영하 20도가 넘는데도 역시 사람들로 붐비고 있었다. 죄수들은 우리, 나와 페트로프를 뒷줄보다도 훨씬 잘 보이는 바로 그 긴 의자 뒤까지, 앞으로 나갈 수 있게 해주었다. 그들은 내가 이런 연극말고 다른 연극도 많이 본, 연극에 정통한 사람이자 애호가라고 생각했으며, 바크루신이 요새 줄곧 나한테서 자문을 구하고 경의를 표하는 것을 보고서 지금처럼 내게 자리를 내주는 아량을 베푸는 모양이었다. 이를테면 죄수들은 허영심이 많고 극도로 경박한 사람들일지도 모른다. 그러나 이 모든 것들은 일부러 그러는 것이었다. 죄수들은 노역에서 나를 자기들의 형편없는 조수라고 놀려 댈 수 있었던 사람들이다. 알마조프는 우리 앞에서 설화석고 굽는 솜씨를 뽐내면서 귀족들을 경멸의 눈초리로 바라볼지도 모른다. 그러나 그들이 우리를 못살게 굴고 조롱하는 데는 다른 요소도 섞여 있었다. 우리가 한때 귀족이었으며, 그들이 좋은 기억을 간직하고 있을 리 없는 그들의 옛 상전과 같은 계층의 사람들이었기 때문이다. 그러나 지금 이 연극에서 그들은 내가 지나가도록 옆으로 피해 주고 있었다. 그들은 내가 연극에 대해선 자기들보다도 훨씬 더 잘 판단할 수 있으며, 자기들보다도 더 많이 보고 더 잘 안다는 것을 인정하고 있는 것이다. 그들 가운데 나에게 호의를 갖지 않는 자들까지(나는 그것을 알고 있다), 지금은 내가 그들의 연극을 보고 칭찬해 주기를 바라며, 아무런 혐오의 감정 없이 나에게 자리를 내주었다. 나는 지금 그때의 추억을 회상하며 앉아 있다. 생각해 보면, 그때 나는 나 자신에 대한 그들의 공명정대한 판단에는 절대로 비굴한 감정이 아니라 오히려 자존심이 깃들어 있다고 느꼈던 것 같다. 우리 민족의 가장 숭고하고 단호한 성격의 특징은 정의감과 그 갈망이다. 어느 곳에서나 무슨 일이 일어나더라도, 그것이 가치가 있건 없건 수탉처럼 달려드는 습성이 그들의 결점은 아니다. 표면에 뒤집어쓰고 있는 껍질을 벗겨 버리고, 아무런 편견없이 신중하게 그 알맹이만을 가까이서 바라보면 된다. 그러면 민중들에게서 생각지도 못했던 것들을 보게 될 것이다. 현자들도 민중에게는 가르칠 것이 많지 않다. 단언하건대, 오히려 반대로 현자들이 민중에게서 배워야만 하는 일이 많이 있다.

우리가 극장으로 갈 준비를 하고 있을 때, 페트로프는 내가 돈을 많이 낼 테니까 내게 앞자리를 내줄 것이라고 어린아이처럼 말했다. 정해진 가격은 없었다. 모두가 저마다 능력껏 내고 싶은 대로 냈다. 돈을 접시에 거둘 때 보면, 거의 모두가 조금씩, 혹은 2코페이카짜리도 내곤 했다. 그러나 만일 돈 때문에 내게 앞자리를 내준다면, 내가 다른 사람들보다 돈을 많이 낼 것이라는 생각 때문에 그랬다면, 그런 생각에는 또 얼마나 많은 자존심이 배어 있었겠는가! '너는 나보다 부자다, 그러니 앞으로 가라. 비록 여기서는 우리 모두가 평등하지만, 너는 돈을 많이 내겠지. 따라서 너와 같은 관객들은 배우들로서는 환영이다. 또 너한테 제일 좋은 자리를 준 것은 우리 모두는 여기에 돈 때문에 온 것이 아니라 경의를 표하러 온 것이니까. 그러니까 우리는 스스로 자신을 구별해야 한다.' 진정한 자만심이란 바로 이런 생각 속에 들어 있는 것이다! 이것은 돈에 대한 존경이 아니라, 자기 자신에 대한 존경심인 것이다. 일반적으로 감옥에서는 돈과 부에 대해 어떠한 존경심도 찾아볼 수 없었다. 특히 죄수들 전체를, 아무런 개인적인 구분 없이 다수로, 또는 하나의 무리로 본다면, 그것은 당연한 것이다. 그들을 따로따로 떼어놓고 보더라도, 생각해 보면 돈 때문에 겸양을 떠는 사람은 단 한 명도 찾아볼 수 없었다. 물론 나한테 돈을 달라고 조르던 사람은 있었다. 그러나 이러한 구걸도 직접적으로 돈을 얻는 데 있다기보다는 장난과 사기적인 경향이 짙었다. 오히려 유머와 순진함이 있었다. 내가 이해를 할 수 있도록 표현하고 있는지 잘 모르겠다……. 그러나 연극에 관해서 잊고 있었으니, 본론으로 돌아가 보자.

막이 오를 때까지 방 안 전체는 이상스레 활기 찬 모습이었다. 우선 사방에서 조이고 짓눌러서 납작하게 된 관객들은 얼굴에 초조하고 들뜬 표정을 지으며 막이 오르기를 기다리고 있었다. 뒷줄 쪽에는 그야말로 사람과 사람이 포개져서 꿈틀거리고 있었다. 그들 대부분은 취사장에서 통나무 장작을 가지고 왔다. 그리고 그 굵은 장작을 벽에다 간신히 세워 놓고는 그 위에 올라가서, 두 손은 앞에 서 있는 사람의 어깨를 잡은 채 자기 자리에 매우 만족해하면서, 위치를 바꾸지도 않은 채 그렇게 두 시간이나 서 있었다. 또 두 발로 벽난로나 계단의 아래 발판을 딛고서 앞 줄 사람들에게 기댄 채 줄곧 서 있는 사람도 있었다. 이 사람들은 맨 뒷줄의 벽 옆에 있는 사람들이었다. 측면에는, 악대 아래에 많은 사람이 침상으로 기어올라가 있었다. 그곳도 좋은 자리였다. 다섯 명가량의 사람들은 벽난로에 기어올라가 그곳에 누워서 아래를 내려다보았다. 여기야말로 특별석이다! 다른 쪽 벽의 창 문턱에도 늦어서 좋은 자리를 차지하지 못한 사람들이 빼빽하게 올라가 있었다. 모두들 조용하고 얌전하게 굴었다. 그들은 자신의 가장 좋은 면을 상관이나 손님들에게 보여 주고 싶었던 것이다. 모든 사람들의 얼굴에는 무척 순박한 기대감이 나타나고 있었으며 너나없이 열기와 후덥지근한 공기 때문에 얼굴은 홍조를 띠고 축축하게 젖어 있었다. 이들의 일그러지고 낙인 찍힌 이마와 볼에서, 지금까지 음침하고 찡그리고 있던 이들의 눈길에서, 때때로 무섭게 번뜩이는 이들의 두 눈에서, 어린아이처럼 즐겁고 사랑스러우며 순수한 만족의 경이로운 광채가 반짝이고 있었다! 모두들 모자를 벗고 있어서, 오른쪽에서 보면 모든 사람들의 머리가 빡빡 밀려 있는 것처럼 보였다. 무대에서는 드디어 바쁘게 움직이고 소리가 들려왔다.

이제 막이 오르고 있다. 악단이 연주를 시작한다....... 이 악단에 대해서는 언급할 필요가 있다. 측면의 나무 침상을 따라 여덟 명의 악사들이 자리잡고 있다. 두 대의 바이올린(하나는 감옥에 있는 것이고, 다른 하나는 요새의 누군가에게서 빌려 온 것이며, 악사는 이곳의 죄수였다)과 세 대의 발랄라이카가 있었는데, 모두 손수 만든 것이었다. 두 대의 기타와 콘트라베이스 대신 손북도 있었다. 바이올린은 삐걱대는 소리만 내고 있었고, 기타 연주도 시시했지만, 대신 발랄라이카는 실로 멋졌다. 줄을 켜는 손가락의 기민함은 정말로 교묘한 마술에 견줄 만했다. 악대는 무도곡만을 연주하고 있었다. 곡조가 마치 춤이라도 출 듯한 부분에 이르자, 발랄라이카를 켜는 사람은 발랄라이카의 판을 손가락으로 두드리기 시작했다. 음조, 취향, 연주, 악기를 다루는 법, 곡조 표현의 특징, 모두 독창적인 것으로, 죄수 특유의 것이었다. 기타를 치는 사람들 중 한 명도 자기의 악기에 관해서는 진정한 고수였다. 이 사람이 바로 자기 아버지를 살해한 귀족 출신 죄수였다. 손북은 거의 기적이라 아니 할 수 없었다. 손가락 위에서 빙빙 돌리기도 하고, 엄지손가락으로는 그 가죽을 돌려 보이기까지 했다. 연속적이기도 하고, 단조롭게 울리기도 하는 소리들이 들리기도 했고, 별안간 이 강렬하고 명징한 소리들은 무수히 많은 완두콩들처럼 나지막하게 전율하고 속삭이는 듯한 음향들을 흩뿌리고 있었다. 드디어 두 대의 아코디언도 나타났다.

솔직히 말해서, 나는 그때까지 이렇듯 단순한 민중 악기들이 이런 소리를 내리라고는 전혀 생각해보지 못했다. 소리들의 화음, 연주의 호흡, 그리고 특히 모티프의 본질에 대한 훌륭한 재연과 그것의 성격을 이해하는 정신들은 그저 놀라울 뿐이었다. 나는 그때 처음으로 러시아의 낙천적이며 대담한 춤곡 속에 깃들어 있는, 그 끝없는 낙천성과 용맹스러움을 완전히 이해할 수 있었다. 드디어 막이 올랐다. 모든 사람들이 움직이기 시작하며 한걸음씩 앞으로 내디뎠으며, 뒤에 있는 사람들은 뒤꿈치를 들고 섰다. 어떤 사람은 통나무에서 떨어지기도 했다. 한 사람도 남김없이 다 입을 벌리고 두 눈으로 주시하고 있었다. 완전한 침묵에 휩싸였다…… 연극이 시작된 것이다.

내 옆에는 알리가 자기의 형제들과 다른 나머지 체르케스 사람들 무리 속에 섞여 서 있었다. 그들은 연극에 몹시 심취를 해서, 거의 매일 밤 연극을 보러 오곤 했다. 이슬람 교도들이나, 타타르인들은 모두 연극에 심취하는 것 같다는 생각을 나는 여러 번 했다. 그들 곁에는 이사이 포미치도 몸을 움츠리고 있었는데, 막이 오르자마자 온몸이 시각과 청각으로, 그리고 기적과 기쁨의 순박하고 탐욕적인 기대로 굳어진 것 같았다. 만약 그러한 그의 기대에 어긋나면 그는 매우 유감스러워 했을 것 같다. 유순한 알리의 얼굴은 천진하고 아름다운 기쁨으로 빛나고 있었고, 나는 그러한 그의 얼굴을 보는 것이 무척이나 즐거웠다. 그래서 나는 배우가 우스꽝스럽고 절묘한 행위를 해서 모든 사람들이 폭소를 터뜨릴 때, 매번 알리 쪽으로 시선을 돌려 그의 표정을 주시하곤 했다. 그러나 그는 나를 보지 않았다. 그에게 나는 관심 밖이었다. 내 바로 왼쪽에 항상 이맛살을 찌푸리고 불만족스러운 듯한 표정을 지으며 푸념만 하는 중년의 죄수가 서 있었다. 그도 역시 알리를 주목하고 있었으며, 몇 번이나 미소를 띠며 그를 바라보았다. 그 정도로 알리는 귀여웠다. 이 죄수는 왠지 모르겠지만 그를 '알리 세묘니치'라고 불렀다.

'필라트카와 미로쉬카'가 시작되었다. 필라트카(바크루신)는 정말 훌륭했다. 그는 자신의 역을 놀랄 만큼 정확하게 연기했다. 그는 자신의 대사 한마디 한마디와 일거일동에 깊이 몰두해 있는 것이 분명했다. 그다지 중요하지 않은 대사와 몸짓일지라도 그는 거기에 자신이 맡은 배역의 특징과 정확하게 부합되는 의미와 생각을 부여하고 있었다. 이러한 노력과 연구에 그의 놀랍고 진실한 명랑함과 소박함, 자연스러움을 덧붙여 본다고 하자. 그러고 나서 당신이 바크루신을 보게 된다면 그가 대단한 능력을 타고난 배우라는 것에 두말할 것도 없이 찬성할 것이다. 나는 필라트카를 모스크바와 페테르부르크에 있는 극장[96]에서 여러 번 보았고, 그래서 단언하지만 필라트카를 연기했던 수도의 두 배우들도 바크루신을 능가하진 못했다. 그에 비하면 그들은 겉모습은 농민이었지만, 진정한 농민은 아니었던 것이다. 그들은 너무 지나치게 농민답게 보이려고 했다. 게다가 바크루신은 경쟁심 때문에 흥분해 있는 상태였다. 왜냐하면 모든 죄수들이 두 번째 공연에서 케드릴 역을 포트킨이 할 것이라고 알고 있었고, 그가 바크루신보다 훨씬 재능이 있다고 여기고 있었기 때문이다. 그래서 바크루신은 이 때문에 어린아이처럼 고민을 하고 있던 중이었다. 그는 여러 번 나에게 와서 그런 분한 마음을 털어놓았다. 막이 오르기 두 시간 전부터 그는 열병에 걸린 사람처럼 떨고 있었다. 관객들이 한바탕 웃음을 터뜨리고 군중 속에서 '잘한다. 바크루신! 대단해!' 하는 외침이 들려오면 그의 얼굴은 행복으로 빛났고, 두 눈에는 진정한 영감이 반짝였다. 미로쉬카와의 키스 장면에서 필라트카가 그에게 먼저 '입을 닦아!' 하고 소리치고는 자신도 입을 닦았을 때는 매우 익살스러워서 웃음을 자아내게 했다. 모두들 배를 쥐고 웃어댔다.

그러나 무엇보다 나의 흥미를 끈 것은 관객이었다. 그곳에서는 모두들 편안한 마음가짐을 하고 있었다. 그들은 자신들의 기쁨에만 열중하고 있었다. 격려하는 외침이 더욱 자주 울려 나왔다. 동료를 툭 건드리고서도 아무런 염려가 없다는 듯이 옆에 서 있는 사람을 보지도 않은 채 그에게 자신의 인상을 재빠르게 털어놓는 사람이 있는가 하면, 우스꽝스러운 장면이 나오면 노골적으로 즐거움에 가득 찬 얼굴을 군중들에게로 돌려 모두가 웃고 있다는 것을 확인하려는 듯이 모두를 둘러보고는 한 손을 흔들면서 바로 무대 쪽으로 몸을 돌리는 사람도 있었다. 또 혀와 손가락으로 소리만 내며 한곳에 조용히 서

---

96) 모스크바는 말리 극장을, 페테르부르크는 알렉산드린스키 극장을 의미함.

있을 수 없는 사람도 있었다. 어디로 가야 할지 몰랐기 때문에 발을 동동 구를 뿐이었다.

극이 끝나 갈 무렵, 관객의 화기애애한 분위기는 절정에 달했다. 나는 조금도 과장하고 있는 것이 아니다. 감방, 족쇄, 감금, 앞으로의 길고 긴 우울한 날들, 음침한 가을날의 물방울 같은 단조로운 생활 등을 상상해 보라. 그리고 주위의 모든 압박과 구속된 생활의 무거운 꿈을 잊어버리고 잠시나마 편안하고 즐거운 시간이 허락되고, 이미 벌어지고 있는 것 같은 커다란 연극 공연이 허용되었다고 상상해 보라. 더욱이 이 연극 공연은 온 마을 사람들을 깜짝 놀라게 할 정도였다. 자, 어떠냐? 우리 죄수들이 얼마나 대단한지 알겠지? 자랑할 수 있을 만큼 굉장했다. 예를 들어 그들은 와니카 오트페트 혹은 네트베타예프나 바크루신이 몇 년 동안 매일 입고 있던 옷과는 다른 옷을 입고 나오는 것을 보는 것이 즐거웠다. "저게 죄수야. 족쇄를 절그럭거리던 바로 그 죄수야. 그런데 지금은 연미복을 입고 중절모를 쓰고 망토를 입고 나왔어", "마치 관리 같잖아. 수염도 붙이고 가발도 썼군. 봐봐, 주머니에서 빨간 손수건을 꺼내 흔들고 있군, 나리처럼. 정말 나리와 똑같아" 하며 모두들 들떠 있었다. 자선가인 지주는 견장이 달린 낡아빠진 부관의 제복을 입고 휘장이 붙은 모자를 쓰고 나와서 큰 호응을 받았다. 이 역할은 희망자가 둘 있었다. 그리고 믿을지 모르겠지만, 둘 다 그 배역을 맡기 위하여 어린애처럼 서로 무섭게 싸움을 했다. 둘 다 어깨술이 달린 장교복을 입고 여러 사람 앞에 서고 싶었던 것이다! 그래서 다른 배우들이 그들을 말리고 다수결로 그 배역을 네트베타예프에게 주었지만, 그렇게 된 것은 그가 좀더 나리다운 데가 있다거나 훌륭하게 연기할 것이기 때문이 아니라, 네트베타예프가 여러 사람에게 자기는 지팡이를 가지고 무대로 나가서 진짜 나리와 일류 멋쟁이처럼 지팡이를 흔들기도 하고 땅에 동그라미를 그려 보이기도 하겠다고 맹세했기 때문이다. 와니카 오트베트는 이런 연기를 할 수 없었다. 무리도 아니다. 그는 이제껏 진짜 나리를 한 번도 본 적이 없는 것이다.

그리고 실제로 네트베타예프는 부인을 동반하고 관객 앞에 나오자마자 어디서 구해 왔는지 가느다란 갈대 지팡이로 재빠르게 땅에 동그라미를 그리는 것을 되풀이하였다. 아마도 그는 이러한 동작을 상류 사회의 신사와 더없는 멋쟁이와 맵시꾼들의 특징으로 여기고 있는 듯했다. 분명히 어렸을 때, 그것은 그가 어렸을 적에, 그러니까 하인의 아들로서 맨발로 걸어다녔을 때, 훌륭한 차림의 신사가 지팡이를 휘두르면서 걷는 모습을 보고 그 모습에 매혹되었는지도 모른다. 그리고 그 인상이 오랫동안 그의 뇌리에 새겨져 있다가 서른 살이 된 오늘날, 온 감옥의 사람들을 매혹하고 사로잡기 위하여 옛날의 모든 기억을 떠올린 것 같다. 네프베타예프는 자기 동작에 몰두하여 어느 것도, 또 어느 쪽도 바라보지 않고 대사를 할 때에도 눈을 돌리지 않은 채 다만 지팡이와 그 끝만을 응시하고 있었다. 자선가인 지주 부인도 나름대로 몹시 경탄할 만했다. 왜냐하면 그녀는 보기에도 정말 넝마 같은 낡아빠진 모슬린 옷을 입고, 손과 목을 드러낸 채 얼굴에 연지와 분을 잔뜩 바르고, 옥양목으로 만든 실내모를 턱에 잡아매고, 한 손에는 파라솔, 다른 손에는 색종이로 만든 부채를 들고 연방 부채질을 하고 있었기 때문이다. 관객들은 일시에 웃음을 터뜨리며 부인을 맞이했다. 그녀 역시 참지 못하고 몇 번이나 웃고 말았다. 지주 부인을 연기한 사람은 이바노프라는 죄수였다. 여자 분장을 한 시로트킨은 매우 가련해 보였다. 대사를 주고받는 것도 잘 맞았다. 한마디로 연극은 모두에게 만족을 주고 막을 내렸다. 비난은 없었으며, 또한 있을 수도 없었다.

　다시 한 번 〈그리운 집이여, 나의 집이여〉[97]라는 간주곡이 연주되고, 다시 막이 올랐다. 이번에는 케드릴이다. 케드릴은 어쩐지 돈 후안과 흡사하다. 결국 마지막에는 주인과 하인이 지옥으로 악마에게 끌려 가는 것이다. 한 막은 완전히 공연되었지만, 이것은 분명 단편이다. 시작도 끝도 없다. 그래서 이해할 수 없었고, 뜻도 통하지 않았다. 장면은 러시아의 어느 주막이다. 주막 주인이 외투를 입고 못쓰게 된 둥근 중절모를 쓴 나리 한 사람을 방으로 데려간다. 그 뒤를 따라 하인 케드릴이 가방과 파란 종이에 싼 암탉을 들고 뒤따른다. 케드릴은 반코트를 입었고, 하인다운 모자를 쓰고 있다. 바로 이 사람이 대식가이다. 그 역은 바크루신의 경쟁자인 포트킨이라는 죄수가 맡았고, 나리 역에는 역시 첫 번째 극 공연에서 자선가의 지주 부인 역을 했던 이바노프가 맡았다. 주막 주인은 네트베타예프가 하고 있고, 방 안에는 악마가 살

---

97) 러시아 민중들 사이에 구전되어 오는 민요.

고 있다고 경고한 뒤 나가 버린다. 음침하고 잔걱정이 많은 나리는 그것을 벌써부터 알고 있었다고 속으로 중얼거리고, 케드릴에게 짐을 풀고 저녁을 준비하라고 분부한다. 케드릴은 겁쟁이에다가 대식가이다. 악마에 대한 이야기를 듣고 그는 하얗게 질려 나뭇잎 떨듯 몸을 떤다. 그는 도망치고 싶지만 주인이 무섭다. 뿐만 아니라 저녁도 먹고 싶다. 그는 음탕하고 우둔하고 나름대로 교활한 데다, 겁이 많고 매사에 주인을 속이고 동시에 주인을 두려워한다. 이것은 하인으로서는 특이한 유형이며, 거기에 분명치는 않지만 레포렐로[98]의 특징이 어딘지 모르게 나타나 있으며 실제로 매우 충실하다. 뛰어난 재주를 가지고 있는 포트킨은 내가 보기에도 바크루신보다 더 훌륭한 배우였다. 물론 나는 이튿날 바크루신을 만났지만, 그 이야기는 하지 않았다. 그가 너무 슬퍼할 것 같았기 때문이다.

나리 역을 맡은 죄수도 나쁘지 않았다. 그는 헛되이 종잡을 수 없는 말을 뇌까리고 있었지만, 발음은 정확하고 힘이 있었으며, 몸짓도 적당했다. 케드릴이 가방을 치우고 있는 동안 나리는 생각에 잠겨 무대를 거닐며, 자신의 방랑도 오늘 밤으로 끝날 것이라고 모두 들을 수 있게 큰 소리로 말한다. 케드릴은 호기심을 가지고 귀를 기울이기도 하고 이맛살을 찌푸리기도 하고 독백(aparté)을 하는데, 한마디 할 때마다 관객을 웃긴다. 그는 나리가 불쌍하지도 않지만 단지 악마에 대해서 들었기 때문에 어떤 것인지 알고 싶어서 나리에게 말을 걸어 귀찮게 물어본다. 마침내 나리는 언젠가 곤경에 처했을 때 지옥에 도움을 구했던 적이 있는데 악마들이 자신을 도와 구해 주었으며, 오늘이 기한이기 때문에 어쩌면 악마가 약속대로 자신의 혼백을 부르러 올지도 모른다고 설명했다. 케드릴은 더욱 겁을 먹는다. 그러나 나리는 조금도 정신을 잃지 않고 그에게 저녁을 준비하라고 명령한다. 저녁이라는 말을 듣게 되자 케드릴은 정신을 차리고 닭도 내오고 술도 내온다. 그리고 슬금슬금 닭고기를 뜯어서 맛을 본다. 관객은 웃음보를 터뜨린다. 그때 문소리가 나고 바람이 덧문을 흔든다. 케드릴은 겁에 질려 거의 제정신이 아니면서도 도저히 삼킬 수 없는 큰 닭고기 조각을 입 안에 넣는다. 다시 사람들이 웃는다. '준비되었나?'

---

98) 프랑스의 극작가 앙리 모네의 희극에 나오는 하인.

나리는 방 안을 거닐면서 소리친다. 케드릴이 대답한다. '이제 곧 나리……, 준비하고 ……있어요.' 그리고 자신이 먼저 식탁에 앉아 태평하게 주인의 식사를 먹기 시작한다. 관객들은 하인의 민첩함과 교활함, 주인의 우둔함을 재미있어 하는 것 같았다. 포트킨도 정말 칭찬할 만한 가치가 있었다. '이제 곧 나리, 준비하고 있어요' 라는 대사는 정말로 훌륭했다. 그는 식탁에 앉아서 게걸스럽게 먹기 시작하고, 나리의 발소리가 들릴 때마다 자신의 속임수를 들킬까 봐 겁을 내었다. 그리고 나리가 휙 돌아서자마자 그는 식탁에 숨어서 닭고기를 잡아당긴다. 드디어 그는 자신의 허기를 대충 채우고 나리를 생각해야 할 때다. '케드릴, 아직인가?' 나리가 다시 소리친다. '됐는뎁쇼' 하고 케드릴은 나리 몫이 거의 남아 있지 않음을 깨달으면서도 힘차게 대답한다. 접시에는 실제 닭다리 한쪽만 남아 있을 뿐이다. 나리는 침울하게 걱정스러운 표정으로 아무것도 눈치채지 못하고 식탁에 앉아 있다. 그런데 케드릴은 냅킨을 가지고 나리 의자 뒤에 선다. 그리고 그가 관객을 향하여 몸을 돌리고 나리의 우둔함을 비웃으면서 말하는 한마디 한마디, 몸짓, 찌푸린 얼굴 표정 하나하나는 관객에게 주체할 수 없는 웃음을 자아내게 한다. 그런데 나리가 막 식사를 하려고 하자 악마들이 나타난다. 이때부터는 전혀 이해할 수가 없다. 게다가 악마들은 너무나도 뜻밖이다. 측면의 무대 장치에서 문이 열리면서 뭔가 하얀 것이 나타난다. 그런데 머리 대신에 촛불이 켜진 초롱이 있다. 또 다른 하나도 초롱을 머리에 이고 손에는 낫을 들고 있다. 왜 초롱이 낫을 들었을까? 왜 악마가 흰옷을 입고 있는 걸까? 아무도 이해할 수 없다. 더욱이 아무도 이것에 대해 생각해 보지 않는다. 어쩌면 생각하지 않는 것이 당연한지도 모른다. 나리는 매우 용감하게 악마들을 향해 몸을 돌리며 그들에게 함께 갈 준비가 되어 있다고 소리친다. 그러나 케드릴은 토끼처럼 겁을 내어 책상 밑에 기어들어가 있으면서도 식탁 위의 병을 집는 것을 잊지 않는다. 악마들은 잠깐 무대에서 사라진다. 케드릴은 식탁 밑에서 기어 나온다. 그러나 나리가 다시 닭고기를 집어 들려고 하자마자 또다시 세 명의 악마가 다시 방 안에 나타나서 나리의 목덜미를 잡아 지옥으로 데려간다. '케드릴! 살려 줘!' 나리는 소리친다. 그러나 케드릴은 아랑곳하지 않는다. 그는 이번에는 병이며, 접시, 심지어 빵까지 식탁 밑으로 끌어당긴다. 그러나 지금 그는 혼자다. 악마도 없고 나리도 없다. 케드릴은 기어 나와서 주위를 살핀다. 그의 얼굴에 회심의 미소가 번진다. 그는 교활하게 실눈을 뜨고는 나리의 자리에 앉아서 관객에게 고갯짓을 하고 낮은 목소리로 말한다.

'자, 이제 혼자다…… 나리도 없다고!'

나리가 없다는 그의 말에 모두가 웃는다. 그러나 그는 여전히 반쯤 속삭이듯이 관객을 향해 은밀하게 그리고 눈을 치켜뜨며 점점 더 즐거워하면서 덧붙인다.

'나리는 악마들에게 잡혀 갔어……!'

관객의 기쁨은 끝이 없다! 나리가 악마들에게 잡혀 갔다고 말하는 표정 말고는, 케드릴은 정말로 손뼉을 치지 않을 수 없을 만큼 교활하고도 비웃는 듯한 거드름을 피우며 얼굴을 찌푸리고 말했던 것이다. 그러나 케드릴의 그런 행복도 오래가진 못했다. 그가 병마개를 따서 컵에 술을 한 잔 막 따라 마시려 하자 악마들이 갑자기 돌아와서 발끝으로 살금살금 그의 뒤로 다가가 그를 붙잡았다. 케드릴은 목청껏 소리친다. 그는 무서운 나머지 돌아볼 수도 없다. 물론 저항할 수도 없다. 양 손에 든 병과 컵도 놓을 수가 없다. 두려운 나머지 입을 벌린 채 그는 30초 동안 관객을 향해 눈을 부릅뜨고 앉아 있는데, 겁에 질린 듯한 그 익살스러운 표정을 그림으로도 그릴 수 있을 것 같다. 그럴 듯하게 겁쟁이의 표정을 재미있게 연기하면서 그는 그림이라도 되는 듯이 앉아 있다. 결국 그도 끌려간다. 그는 술병을 든 채 발을 구르고 계속해서 외쳐 댄다. 그의 외침은 무대에서 사라진 뒤에도 공명처럼 계속 울린다. 그러나 막이 내리고 모두들 소리 내어 웃으며 기뻐한다……. 오케스트라는 카마린스카야[99]를 연주하기 시작한다.

시작은 조용하고 겨우 들릴 정도이지만, 모티프가 발전하면서 차츰 박자가 빨라진다. 발랄라이카의 공명판을 따라 힘찬 음이 울려 퍼진다……. 이것은 온 힘을 다하여 연주하는 카마린스카야여서, 사실 글린카가 우연히 우리 감옥에 와서 들었어도 좋아했을 것이다. 그 음악에 따라 무언극[100]이 시작된다.

---

99) 표도르 글린카(1803~1857)가 작곡한 민간 무도곡이며 반농노제의 내용을 담고 있다. 도스토옙스키는 1849년경부터 그의 음악을 접한 것으로 알려져 있음.
100) 이 팬터마임은 고골의 '성탄 전야'에 나오는 에피소드를 각색한 것.

카마린스카야는 무언극(팬터마임)이 계속되는 동안 멈추지 않는다. 농가의 내부가 등장한다. 무대에는 방앗간 주인과 그의 아내가 있다. 방앗간 주인은 한쪽 구석에서 마구를 수선하고 있고, 다른 한쪽 구석에서는 그의 아내가 리넨을 짜고 있다. 아내 역은 시로트킨이며 방앗간 주인은 네트베타예프이다.

솔직히 말하는데, 우리의 무대 장치는 매우 빈약하다. 이번에도 또 그 이전의 공연에서도 마찬가지로 관객은 눈으로 보는 것보다도 자신의 상상으로 채워 넣어야 한다. 뒷면엔 벽 대신 무슨 양탄자인지 말에 씌우는 덮개인지를 걸어 놓았다. 오른쪽에는 조잡한 칸막이가 있다. 왼쪽에는 아무것도 없어서 침상의 판자가 보인다. 그러나 관객들은 관대해서 현실을 상상력으로 채우는 것에 동의하고 있었으며, 더욱이 죄수들은 오히려 이런 점에 특별한 재능을 가지고 있었다. '마당이라고 말하면 마당으로 여기면 되는 거야. 방이면 방이고, 헛간이면 헛간이다. 마찬가지다. 격식을 차릴 것이 아무것도 없다.' 젊은 아내로 분장한 시로트킨은 매우 귀여웠다. 관객들 사이에서 칭찬하는 소리가 자주 들려온다. 방앗간 주인은 일을 마친 뒤 모자와 채찍을 집고 아내에 다가가, 그녀에게 동작으로, 나는 나가야 하니 만약 내가 없는 동안에 누구를 끌어들이면 그때는…… 하고 채찍을 들어 보인다. 아내는 듣고 난 뒤 고개를 끄덕인다. 아무래도 이 채찍은 그녀에게 매우 익숙한 모양이다. 왜냐하면 아내는 남편 몰래 바람을 피우고 있다. 남자가 퇴장한다. 그가 문 뒤로 사라지자마자 아내는 그 뒤에 대고 주먹으로 위협하는 흉내를 낸다. 이때 문을 두드리는 소리가 나더니 문이 열리며 이웃집 사내가 나타난다. 역시 방앗간 남자이며 긴 웃옷을 입고 턱수염을 기른 농부다. 그의 손에는 선물로 가져온 빨간 손수건이 있다. 여자는 웃는다. 이웃 사내가 그녀를 안으려고 하자 다시 노크소리가 난다. 어디에 숨지? 그녀는 당황하여 책상 밑에 이웃 사내를 숨긴다. 그리고 자신은 다시 실 잣는 추를 집는다. 또 다른 남자 친구가 들어온다. 이 사람은 군복을 입은 서기다. 여기까지의 무언극은 흠잡을 데가 없었다. 동작도 정확했다. 배우들의 이러한 즉흥적인 연기를 보면서 경탄하면서도 이런 생각이 들기도 한다. 얼마나 많은 재능과 실력이 우리 러시아에서 가끔은 아무런 쓸모없이 부자유와 힘겨운 운명 속에서 파멸해 가는가 하고 말이다.

그러나 서기 역을 맡은 죄수는 아마도 시골 연극이나 지주의 노예극단에서 있었는지도 모르겠다. 그래서 그는 우리의 모든 죄수들이 자기 역을 이해하지 못하고 있으며, 무대 위에서 걸어야 하는 방법대로 걷지 않는다고 생각한 모양이다. 그래서 그는 고대 영웅이 나오는 극에서 보이는 모습으로 등장했다. 길게 한 걸음을 내디디고, 미처 다른 쪽 발을 움직이기 전에 갑자기 섰다가 머리와 상체를 뒤로 젖히고 주위를 도도하게 살펴보고는 다른 한 발을 내딛는다. 만일 그러한 걸음걸이 동작이 고대 영웅들에게 우스운 것이었다면, 희극 무대에서 군복 입은 서기에게는 더욱 우스꽝스러운 것이리라. 그러나 우리 관객들은 그저 그러한 동작이 거기에 필요한 것이려니 생각하는지, 키가 크고 마른 서기의 긴 걸음을 최고의 완성된 형태로 아무런 비평 없이 받아들였다. 서기가 무대 중앙에 막 나오자마자 다시 노크소리가 들렸다. 서기는 어디에 숨어야 하는가? 궤짝이 마침 열려 있다. 서기는 궤짝 안으로 들어가고, 아내는 서둘러 그 궤짝을 뚜껑으로 덮는다. 이번에는 특별한 손님이 나타났다. 그 역시 이 여자에게 빠져 있는데, 그는 브라만교[101] 승려로 승복까지 입고 있다. 참을 수 없는 웃음이 관객 속에서 터져 나온다. 브라만 승려 역은 죄수 코쉬킨이 했는데, 아주 훌륭하게 연기했다. 그의 모습은 브라만 승려 그대로였다. 그는 몸동작으로 마음속을 다 털어놓는다. 그는 하늘로 손을 번쩍 올리고 그것을 가슴에 갖다 댄다. 그러나 그가 자신의 감상에 젖으려 하자마자 또다시 큰 소리로 문을 두드리는 소리가 들린다. 두드리는 소리를 들으니 남편이 돌아온 것을 알 수 있었다. 놀란 아내도 제정신이 아니고, 브라만 승려도 미친 듯이 뛰어다니며 숨겨 달라고 애원한다. 여자는 잽싸게 그를 옷장 뒤로 밀어 넣고, 문을 여는 것도 잊어버린 채 물레 있는 곳으로 뛰어가 실을 짜기 시작한다. 남편이 문을 두드리는 소리도 들리지 않고, 아내는 너무 놀라서 손에 들지도 않은 실을 꼬기도 하고 마루에 떨어진 방추를 줍지도 않고 그냥 돌리고 있다. 시로트킨은 이렇듯 당황하는 모습을 매우 훌륭하게 연기해 내었다. 한편 남편은 문을 발로 차 부수고는 채찍을 손에 든 채 아내에게 다가온다. 그는 모든 상황을 이미 눈치채고 감시하고 있었던 것이다. 그래서 대뜸 손가락을 세 개 내밀어, 그녀가 세 사람을 숨기고 있음을 나타내 보인다. 잠

---

101) 고대 인도에서 브라만 계급을 중심으로 발달한 종교.

시 후 숨은 사람들을 찾는다. 그는 우선 이웃 사내를 찾아서 주먹을 날리고는 방에서 쫓아낸다. 겁에 질린 서기는 달아나려고 머리로 궤짝 뚜껑을 쳐드는 바람에 스스로 발각되고 만다. 남편은 그를 채찍으로 내리친다. 그러자 서기도 좀전의 고전적인 걸음걸이는 온데간데없이 재빨리 뛰어 도망간다. 브라만 승려만이 남는다. 남편은 오랫동안 그를 찾는다. 마침내 옷장 구석에서 찾아낸다. 그리고 그에게 정중히 절을 하고 턱수염을 잡아당겨 무대 중앙으로 끌고 나온다. 브라만 승려는 자신을 방어하려고 발버둥치며 '저주받을 놈! 저주받을 놈!' 하고 외친다(이것은 이 무언극에서 나온 유일한 말이다). 그러나 남편은 들은 체도 안 하고 브라만 승려를 마음껏 두들겨 팬다. 이번에는 자신의 차례라고 생각한 아내는 꼬던 실이랑 방추를 내던지고 방에서 도망친다. 물레들이 바닥에 쏟아지고 죄수들은 마구 웃는다. 나를 쳐다보지도 않은 채 알리는 내 손을 잡아당기며 소리친다. "보세요, 브라만, 브라만을!" 그는 웃느라고 더 이상 말을 잇지 못한다. 막이 내린다. 그리고 이어서 다른 극이 시작된다……

그러나 모든 극에 대해서 여기에 다 쓸 수는 없다. 연극은 두세 개 정도 더 있었다. 모두가 우습고 재미있는 것들이었다. 그것이 죄수들 자신의 창작은 아닐지라도 적어도 그 작품에 죄수들의 정신은 깃들어 있었다. 거의 모든 배우들이 나름대로 즉흥적인 연기를 하기 때문에, 다음날 공연에서는 같은 역을 다르게 연기하기도 했다. 마지막 무언극은 환상적인 것으로 발레로 끝났다. 그것은 장례식 장면이었다. 브라만 승려가 수많은 추종자들을 거느리고 관 위에서 여러 가지 기도를 올리고 있지만, 아무런 도움도 되지 않는다. 끝으로 '태양이 지다'라는 음악이 울리고 죽은 자는 살아난다. 그리고 모두들 기쁜 나머지 춤을 추기 시작한다. 브라만 승려가 죽은 자들과 함께 어우러져 춤을 추지만, 이는 브라만 춤과는 완전히 다른 형태의 춤이다. 그렇게 그날의 공연은 끝이 나고, 다음날 저녁까지 해서 완전히 막을 내리게 된다. 우리 모두는 만족해하면서 배우를 칭찬하기도 하고 하사관에게 감사하기도 하며 각자 감옥으로 돌아간다. 다투는 소리는 전혀 들리지 않는다. 모두들 일찍이 없던 만족감으로 행복에 젖어서 여느 때와는 다르게 고요한 마음으로 잠이 든다. 무슨 일 때문에 그렇게 느껴지는 것일까? 이것은 내 상상에서 나온 꿈이 아니다.

　이것은 진실이고 사실이다. 이 같은 불행한 사람들에게도 잠시나마 자기 식대로 시간을 보내고 인간답게 즐기고, 한순간이라도 감옥 같지 않은 삶을 허락받는 것만으로, 그들은 잠시나마 정신적으로 변화하게 되는 것이다. 그러나이미 깊은 밤이다. 나는 흠칫 놀라며 우연히 눈을 떴다. 노인은 '여전히' 난롯가에서 기도를 드리고 있다. 아마도 그의 기도는 새벽까지 계속될 것이다. 알리는 내 곁에서 조용히 자고 있다. 나는 잠들면서 그가 그의 형제들과 함께연극에 관해 이야기하며 즐거워하던 모습을 떠올리고, 나도 모르게 평온히잠든 그의 천진한 얼굴을 들여다본다. 조금씩 나는 모든 것을, 오늘 하루, 축제, 한 달 내내 있었던 일들을 생각해 본다. 고개를 들고 나는 관급품으로 나누어 준 6분의 1푼트의 초, 가늘게 떨리는 희미한 그 불빛으로 자고 있는 내동료들을 둘러보았다. 그들의 파리한 얼굴과 초라한 침상과 어찌할 수 없는극도의 빈곤함을 물끄러미 바라보았다. 마치 이 모든 것이 추악한 꿈의 계속이 아니라 실제로 현실이라는 것을 확인하고 싶은 듯이. 그렇다. 이것은 사실이었다. 누군가의 신음 소리가 들린다. 누군가 손을 둔탁하게 뒤로 젖혔고, 쇠사슬이 철그렁거렸다. 어떤 사람은 꿈속에서 가위에 눌렸는지 잠꼬대를 했고, 벽난로 위에서 노인은 모든 '정교도'들을 위해서 기도를 드리고 있었다. '주예수 그리스도여, 우리를 불쌍히 여기소서……'라는 그의 나지막하고 고요하며 길게 울리는 기도소리가 들렸다.

　'나는 영원히 이곳에 있는 것이 아니다. 다만 몇 년만 있으면 된다!' 나는 이렇게 생각하고 다시금 베개를 베고 잠을 청했다.

2부

1. 병원

축제가 끝나자마자 나는 병이 들어 근처 군 병원에 입원했다.[1] 병원은 요새에서 반 베르스타[2] 떨어진 곳에 있었다. 긴 단층 건물인 병원에는 노란색 페인트가 칠해져 있었다. 여름 내내 수리 공사를 시작했는데, 그것 때문에 막대한 양의 도료가 소비되었다. 병원의 넓은 구내에는 부속 건물과 의사의 사택, 기타 용도에 쓰이는 건물들이 자리잡고 있었다. 건물 본관은 오직 병실들로만 이루어져 있었다. 병실은 많았지만 죄수들이 입실할 수 있는 병실은 통틀어 두 개뿐이었고, 항상 만원이었다. 특히 여름은 더욱 심해서 침대를 방에 몰아넣어야만 했다. 우리 병실에는 온갖 부류의 '불행한 사람들'로 가득 차 있었다. 우리뿐만 아니라 곳곳의 감옥에 수감되어 있는 갖가지 군사범, 기결수, 미결수, 호송 중인 죄수들도 있었다. 더욱이 교정대 출신도 왔다. 교정대는 죄를 범했거나 군인으로서의 자질을 기대하기 어려운 보병 대대의 병사들을 훈육하기 위한 곳이었지만, 기이하게도 2, 3년이 지나면 그들은 매우 보기 드문 파렴치한이 되어 나왔다. 우리 감옥에서는 병에 걸린 죄수는 통상 아침에 자신의 병세를 하사에게 신고한다. 그러면 하사가 기록부에 병세를 기록하여 기록부와 함께 호송병을 딸려 환자를 대대 의무실로 보낸다. 의무실의 의사는 요새 내에 있는 모든 군 부대에서 호송되어 온 환자들을 예진하고, 확실히 환자라

---

1) 도스토옙스키는 유형 생활 동안 간질병 때문에 실제로 병원에 입원한 적이 있다. 1854년 2월 22일 자기 형 미하일에게 보낸 편지에서 이렇게 밝히고 있다. '병원에 며칠간 입원을 했습니다. 간질병 때문이었는데, 신경 쇠약 증세도 있고, 다리에는 류머티즘 증세도 나타나고 있습니다.'

2) 미터법 시행 전의 러시아의 거리단위. 1,067km.

고 인정되는 자만을 병원으로 보내도록 선별하였다. 기록부에 기입을 하고 나서, 나는 모든 동료 죄수들이 오후 노역을 위해 감옥에서 나가고 난 뒤 한 시가 지나서야 병원으로 보낸다. 병든 죄수들 대부분은 가능하다면 수중에 돈과 빵을 가지고 갔다. 그날은 병원에서 제공하는 식사가 없기 때문이다. 나는 그 외에 아주 작은 칼과 담뱃갑, 부싯돌과 부시도 장화 속에 몰래 지니고, 죄수 생활에서는 이례적이라고 할 수 있는 미지의 새 생활에 대해 적지 않은 호기심을 가지고 병원 안으로 들어갔다.

따뜻했지만 음산하고 우울한 날이었다. 병원 같은 건물들은 특히 더욱더 사무적이고 음침하고 우울해지게 되는 그런 날들 중의 하루였다. 나는 호송병과 함께 진찰실로 들어갔는데, 그곳에는 구리로 만든 목욕통이 둘 있고 호송병이 딸린 두 명의 다른 미결수들이 먼저 와서 기다리고 있었다. 위생병이 들어와 피곤하다는 듯이 게으른 표정으로 우리를 바라보고는 몹시 굼뜨게 당직 의사에게 보고하러 갔다. 즉시 나타난 의사는 진찰을 하면서 매우 온화하게 대해 주었고, 우리 이름이 적혀 있는 '환자 기록표'를 우리에게 건네주었다. 그 다음에 있을 병명의 기록과 약 처방전, 식사 등에 관련된 기록들은 죄수 병동을 담당하고 있는 주임 의사들 가운데 한 명에게 맡겨진 일이었다. 나는 이미 오래전에 죄수들이 죄수 병동 담당 의사를 침이 마르게 칭찬하는 것을 들은 적이 있다. "아버지 이상이야!" 죄수들은 입원이 결정되었을 때 이것저것을 물어보자, 이렇게 대답하는 것이었다. 그러는 사이 우리는 옷을 갈아입었다. 우리가 입고 갔던 옷과 속옷은 압수되었고, 우리는 병원용 속옷으로 갈아입었으며, 게다가 긴 양말과 슬리퍼, 실내모, 그리고 리넨도 아니고 헝겊 조각 같은 것도 아닌 천으로 안감을 댄 갈색의 두꺼운 환자용 나사 실내복을 지급받았다. 한마디로 말해서 실내복은 더러울대로 더러운 것이었지만, 자리를 잡고 나자 나는 그것도 고맙다고 생각하였다.

그 뒤 우리는 높고 청결하며 아주 긴 복도의 끝에 자리잡고 있는 죄수 병동으로 인도되었다. 겉보기에도 매우 경탄할 만큼 깨끗했고, 첫눈에 들어오는 모든 것이 반짝였다. 어쩌면 내가 감옥에서 왔기 때문에 그렇게 느껴졌을지도 모른다. 두 명의 미결수는 왼쪽 병실로 들어가고, 나는 오른쪽 병실로 들어갔다. 철근 빗장으로 채워진 문 옆에는 총을 든 보초가 있었고, 그 옆에는 교대병이 서 있었다. 병원 보초 담당인 젊은 하사관은 나에게 입실하도록 명령했고, 나는 길고 폭이 좁은 방으로 들어섰다. 양쪽의 긴 벽을 따라 침대가 스물두 개 정도 나란히 놓여 있었고, 그중 서너 개만이 아직 비어 있었다. 침대는 녹색이 칠해진 목재로, 러시아 땅에 사는 사람이라면 누구나 모르는 사람이 없을 정도의, 마치 운명처럼 절대로 빈대를 피해 갈 수 없게 만들어진 그런 침대였다. 나는 창문이 나 있는 한쪽 구석에 자리를 잡았다.

앞에서도 말했듯이 이곳에는 우리 감옥의 죄수들도 입원해 있었다. 그들 중 몇 명은 이미 나를 알거나 혹은 나를 모르더라도 최소한 나를 이전에 본 적이 있는 죄수들이었다. 그러나 미결수와 교정대 환자들은 훨씬 더 많았다. 침대에서 일어날 수조차 없는 중환자들은 그만큼 적었다. 병세가 가벼운 환자들이나 회복기에 접어든 다른 환자들은 침대에 앉아 있기도 하고 방 안을 따라 앞뒤로 걸어다니기도 했다. 어슬렁거리기에 충분한 공간이 두 줄의 침대 사이에 있었기 때문이다. 병실에는 숨막힐 듯한 병원 특유의 냄새가 지독하게 배어 있었다. 한구석에는 거의 하루 종일 난로가 피워져 있었지만, 공기는 오히려 여러 가지 메스꺼운 발산물과 약 냄새로 가득 차 있었다. 내 침대에는 줄무늬 덮개가 씌워져 있었다. 나는 그 덮개를 벗겨 보았다. 덮개 밑에는 삼베 안감을 댄 나사 이불과 그다지 깨끗하지 못한 두꺼운 시트가 깔려 있었다. 침대 옆으로 조그마한 탁자가 있고, 탁자 위에는 주전자와 주석으로 만든 찻잔이 하나씩 놓여 있었다. 이 모든 것들은 모두 체면치레로 나에게 지급된 작은 수건으로 덮여 있었다. 탁자 아래에는 선반도 있었다. 그곳은 차를 마시는 사람들이 사용하는 찻주전자와 크바스[3] 등을 담는 나무 단지를 보관하는 곳이었다. 그러나 환자들 중에는 차를 마시는 사람이 매우 적었다. 그에 비해 누구나 거의, 심지어는 폐결핵 환자들조차도 예외 없이 파이프와 담배쌈지를 가지고 있었는데, 그것은 침대 밑에 감추어져 있었다. 의사나 의료진들은 거의 한 번도 그것을 찾아내려고 하지 않았으며, 파이프를 물고 있는 모습을 보더라도 모른 척했다. 그러나 환자들도 들키지 않으려고 항상 조심하였고, 담배를 피울 때는 꼭 난롯가로 갔다. 밤이 되면 침대에서 마음놓고 담배

3) 러시아인들이 즐겨 마시는 음료.

를 피워 댔는데, 밤에는 아무도 병실에 오지 않기 때문이었다. 병원 보초들의 감독인 장교를 제외한다면 말이다.

그때까지 나는 단 한 번도 병원에 입원해 본 적이 없었기 때문에 모든 주위 환경이 말할 수 없이 새로웠다. 나는 죄수들이 나에 관해 얼마쯤 호기심을 가지고 있음을 알아챘다. 이곳의 죄수들은 이미 나에 대해 들어 알고 있었고, 그래서인지 학교에 갓 입학한 신입생이나 관공서의 청원인을 보는 듯이 우월감이 담긴 시선으로 나를 무척이나 무례하게 훑어보곤 했다. 내 오른쪽에는 미결수로, 예전에는 서기 일을 했으며 어느 퇴직 대위의 사생아였다. 그는 화폐 위조 때문에 재판을 받았는데, 1년 가까이 누워 있었다. 아무데도 아파 보이지 않는 데도 자신에게 동맥류[4]가 있다고 의사를 속였다. 결국에 그는 목적을 달성했다. 징역과 체형은 그를 피해 갔고, 그는 어딘가에 있는 병원 부속 시설에 수용되기 위해 1년이 지난 뒤 T[5]로 보내졌다. 이 사람은 건장하고 다부진 스물여덟 살의 청년이었다. 그는 엄청난 사기꾼에다가 법률에 관해 속속들이 알고 있었고, 매우 약삭빠르며 지나치게 넉살이 좋은 인물일 뿐만 아니라, 자신만만하고 병적일 정도로 자신감에 차 있는 사람으로, 스스로를 세상에서 가장 청렴하고 윤리적인 사람이자 어떤 죄도 지은 적이 없고, 언제나 도의적 신념을 가지고 살고 있는 사람이라고 믿고 있었다. 그는 나에게 말을 걸었고, 호기심을 가지고 나에게 질문도 하고 병원의 규정에 관하여 매우 상세하게 설명해 주기도 하였다. 제일 먼저 자신이 대위의 아들이라는 사실을 밝힌 것은 말할 것도 없다. 귀족은 아니더라도 적어도 '괜찮은 가문 출신'으로 자신을 알아주기를 열렬히 바라는 것 같았다.

그 사람 다음으로 나에게 접근한 사람은 교정대에서 온 환자 중의 하나로, 그는 유형 생활을 하는 귀족들을 많이 알고 있다는 것을 입증하기 위해 그들의 이름과 부칭을 일일이 호명했다. 이 사람은 백발이 성성한 군인으로, 그의 말이 모두 거짓이라는 것이 얼굴에 역력히 드러나고 있었다. 그의 이름은 체코노프였다. 그는 내가 지닌 돈을 노리고 아첨을 떠는 것이 분명했다. 그는 차와 설탕이 든 내 꾸러미를 보자 곧 찻주전자를 빌려 와 차를 끓여 주겠다며

---

4) 동맥 벽이 손상되어 동맥 일부가 늘어나는 증세.
5) 토볼스크를 말함.

내 심부름을 자처했다. 내 찻주전자는 M이 일 때문에 병원에 들르는 죄수들 중 누군가에게 들려 보내기로 되어 있었다. 그러나 체크노프는 모든 일을 감쪽같이 속인 것이다. 그는 수단 좋게 찻주전자와 찻잔까지 구해 와 물을 끓이고 차를 우려냈다. 한마디로 눈물겨울 정도의 봉사였다. 그의 그런 낌새를 알아채고 지체 없이 환자들 중 한 명에게서 곱지 않은 비웃음이 날아들었다. 눈총을 던진 환자는 내 맞은편에 누워 있는, 우스치얀체프였다. 그는 폐결핵 환자로, 체형이 무서워 담배를 가득 넣은 술 한 컵을 들이키고는 고의로 폐병을 일으킨 미결수 군인이었다. 그에 대해서는 내가 이미 앞의 어딘가에서 언급한적이 있다. 그때까지 그는 묵묵히 누워 가쁜 숨을 몰아쉬며, 주의 깊고 심각하게 나를 주시하기도 하고, 분노가 가득 찬 눈빛으로 체크노프를 노려보기도 하였다. 정도를 지나쳐 짜증스럽기까지 한 체크노프의 성실함은 우스꽝스럽기까지 해서 그의 분노를 더욱 자극하였다. 마침내 그는 더 이상 참지 못하고 화를 내고야 말았다.

"이런 천한 놈 같으니. 주인 하나 제대로 찾았군!" 그는 쇠약해진 체력 때문에 숨가쁜 목소리로 더듬거리며 말했다. 그는 이제 자기 인생의 마지막 남은 며칠을 보내고 있는 참이었다.

체크노프가 불끈해서 그에게로 몸을 돌렸다.

"누구보고 천한 놈이라는 거야?" 그는 경멸하듯 우스치얀체프를 바라보며 말했다.

"네놈이 천한 놈이라고!" 그는 마치 체크노프를 비난할 권리를 가진 것처럼 자신에 찬 어조로 말을 했으며, 그러한 이유 때문에 그에게 마지막 힘이 남아있었던 것 같다.

"내가 천한 놈이라고?"

"그래, 바로 너! 이봐들, 좀 들어 보게나, 저놈은 자기가 그렇다는 것을 몰라. 놀라기까지 하는 꼴이라니!"

"그런데 그게 너하고 무슨 상관이냐! 잘 봐, 저 사람은 환자잖아. 마치 손이 없는 거나 마찬가지라고. 알다시피 하인 없는 생활에는 익숙하지가 않아. 그런데 시중드는 게 뭐가 나빠! 이 돼지털 주둥이 같은 놈아!"

"누가 돼지털 주둥이라는 거야?"

"너말고 누구겠어."

"나라고?"

"그렇다니까."

"그럼 너는 미남이냐? 까마귀 알 같은 상판을 한 주제에…… 나더러 돼지털 주둥이라니."

"너는 돼지털 주둥이 같은 놈이야! 너는 하느님에게 버림받은 거야. 그렇게 앓다가 죽고 말 테니까 거기서 횡설수설 말고 힘내 봐. 기운 좀 차려 보라고."

"뭐라고! 나는 장화한테 머리를 숙이지 짚신에게는 숙이지 않아.[6] 우리 아버지가 그런 분이셨고, 그것이 유언이셨지. 나는…… 나는……."

그는 계속 말하고 싶었지만 몇 분간 피를 쏟으며 심한 기침을 했다. 곧 그의 좁은 이마에는 보기에도 안쓰럽게 식은땀이 흠뻑 배어 나왔다. 기침이 말을 막지 않았다면 할 말이 더 많았을 것이다. 그의 눈에서는 아직 상대를 비난하고자 하는 기색이 엿보였다. 그러나 기운이 없어진 탓인지 그는 단지 손을 흔들어 댈 뿐이었다……. 결국 체크노프도 그를 잊어버리고 말았다.

나는 폐병 환자의 적대감이 체크노프보다는 오히려 나를 향하고 있음을 느꼈다. 남의 시중을 들어 잔돈푼이라도 얻으려는 체크노프의 심산에 대해서는 아무도 분개하거나 몹시 경멸스럽다는 눈초리로 바라보지는 않았다. 그가 단지 돈 때문에 이런 짓을 한다는 것은 누구나 알고 있었다. 이러한 계산에 대해 소박한 민중은 결코 좀스럽게 굴지 않았으며 분별 있게 일을 구별지을 줄도 알았다.

실제로 우스치얀체프는 나를 마음에 들어 하지 않았다. 비록 내가 어떠한 시중도 원하지 않았고, 또 그에게 어떠한 요구도 하지 않았는데도, 쇠고랑을 차고 있는 상황에서도 나리처럼 하인이 없으면 살아갈 수 없이 보이는 내가 마음에 들지 않았던 것이다. 사실, 나는 언제나 나 스스로 모든 것을 하려 했고, 더욱이 일도 하지 않는 손을 가진 유약한 귀족의 인상에서 벗어나려고 애쓰고 있었다. 만일 한마디해야 한다면, 이러한 이유의 일부에는 어느 정도의 자존심이 작용하기도 했다는 점이다. 그러나 어떻게 항상 그런 일이 벌어

---

6) 장화는 귀족들을 말하고, 짚신은 일반 농민들을 비유적으로 표현.

지게 되는지 이해할 수는 없지만, 나는 내게 친절을 베풀며 시중을 들려는 여러 사람들을 거절할 수 없었고, 그들은 언제나 자진해서 내게 접근했으며, 결국에는 완전하게 나를 지배하고야 마는 것이었다. 그러므로 오히려 그들이 내 상전이며 나는 그들의 하인인 꼴이 되었지만, 겉으로 보이는 나의 모습은 어찌 된 셈인지 하인 없이는 살아갈 수 없는 귀족 나리가 되어 있었다. 이것은 나에게도 매우 화가 나는 일이었다. 그러나 우스치얀체프는 폐병 환자이며 신경이 예민한 사람이었다. 다른 환자들은 무관심한 태도에 다소 경멸하는 기색까지 보이고 있었다. 지금도 기억하고 있지만, 모두들 어떤 특별한 일에 관심을 기울이고 있었다. 죄수들이 서로 주고받는 말을 통해 알게 된 것이지만, 바로 그날 밤에 태형을 받고 있는 미결수 한 사람이 끌려온다는 것이었다. 죄수들은 호기심을 가지고 이 신입 죄수를 기다리고 있었다. 그의 체형은 가벼운 것이라며 기껏해야 5백 대 정도라고 말했다.

　나는 서서히 주위를 둘러보았다. 내가 알아낸 것은 대부분의 환자들이 이 지방의 풍토병인 괴혈병이나 눈병을 앓고 있다는 사실이었다. 이 병실에도 그런 환자들이 몇 명 있었다. 그 밖의 진짜 환자들은 열병이나 각종 종기, 폐병 같은 병을 앓고 있었다. 이곳은 다른 병실과는 달리 많은 종류의 병을 가진 환자들, 성병 환자들까지 한데 섞여 있었다. 내가 '진짜' 환자라고 말한 것은 어디가 아프지도 않은데 다만 '휴식하기' 위해 입원한 사람도 몇 명 있었기 때문이다. 의사들은 침대가 많이 비어 있는 경우에는 동정심 때문에 그런 자들도 기꺼이 받아 주었다. 영창이나 감옥에서의 구금 생활은 입원 생활에 비하면 극도로 형편없었으므로, 많은 죄수들은 질식할 듯한 공기와 병실에서 갇혀 지내는 생활에도 병원에 입원하려고 애썼다. 더구나 병원에 입원하는 것에 특별한 애착을 가진 자들도 있었다. 특히 교정대 출신들이 그런 부류의 대부분이었다. 나는 호기심을 가지고, 이 새로운 동료들을 주의 깊게 살폈다. 그러는 중에 특히 내 호기심을 자극한 사람은 나와 같은 감옥에서 온 폐결핵 환자로 마지막 숨을 거두어 가고 있던 미하일로프였다. 그의 침대는 우스치얀체프로부터 침대 하나 옆이라 바로 내 맞은편이었다. 2주 전에 나는 그를 감옥에서 보았다. 이미 오래전부터 이 병을 앓고 있던 그는 치료를 받으러 진작에 왔어야 할 환자였다. 그러나 그는 무엇 때문인지 끈질기게 계속 치료를 거부하다가 크리스마스가 되어서야 병원에 오게 되었다. 그 뒤 3주 동안 인간을 태워 버리는 듯한 폐병 말기의 소름 끼치는 고통 속에서 죽어 가고 있었다. 그동안 무섭게 변해 버린 그의 얼굴이 나를 놀라게 했다. 내가 수감 생활을 시작하면서부터 보았던 그의 얼굴은 왠지 눈길을 끌었었다. 그의 바로 옆에는 늙은 교정대 군인이 누워 있었다. 그는 형언할 수 없는 불쾌감을 주는 더러운 사람이었다……. 일일이 모든 환자들을 설명해야 할 필요는 없다. 그럼에도 내가 이 노인을 떠올리는 것은 분명한 이유는 없지만, 그때 당시 나에게 인상적인 모습을 보여 주었기 때문이며, 짧은 시간 안에 죄수 병실에서 볼 수 있는 몇 가지 특징을 알 수 있는 기회를 주었기 때문이다. 내가 기억하기로는, 이 노인은 지독한 코감기에 걸려 있었다. 일주일 내내 재채기를 해댔으며, 자면서까지도 재채기를 했다. 연거푸 다섯 번에서 여섯 번을 재채기하면서 그는 '젠장, 이런 형벌이 어디 있을까!'라고 말하곤 했다. 한번은 그가 침대에 앉아 더 세차고 시원하게 재채기를 하기 위해 걸신 들린 듯이 쌈지에서 담배를 꺼내 코에 쑤셔 넣고 있었다. 그러고는 1백 번도 넘게 빨아서 누더기가 된 무명 손수건에 대고 실컷 재채기를 해댔다. 그때 그의 코는 잔주름투성이가 되어 심하게 일그러진 형상이 되었으며, 침이 괸 시뻘건 잇몸과 함께 늙어서 삭아 버린 꺼먼 이빨이 드러나 보였다. 그는 재채기를 하고 나면 곧바로 손수건을 유심히 들여다보며 손수건에 튀긴 가래침을 살피고는, 천천히 그것을 관급품인 자신의 갈색 환자복에 문질렀다. 그러고 나면 가래침은 고스란히 옷에 묻게 되고, 손수건에는 가래침에 의한 약간의 습기만이 남게 된다. 그는 일주일 내내 그런 짓을 되풀이하였다. 관급품인 환자복을 희생시켜 가며 자신의 손수건을 아끼려는 인색하고 게으른 그의 행동에 다른 죄수들은 조금도 불평하지 않았다. 게다가 그들 중 누군가가 뒤이어 그 옷을 입어야 하는데도 말이다.

이처럼 우리의 민중은 극도로 태연하고 무관심한 사람들이다. 노인의 행동에 몹시 불쾌해진 나는 즉시 혐오감과 호기심을 가지고 무의식적으로 내가 입고 있는 환자복을 살펴보기 시작했다. 환자복에서는 이미 지독하고 역겨운 냄새가 나고 있었다. 윗옷은 이미 내 체온으로 따뜻해져서, 갖가지 약과 연고 냄새를 지독하게 풍기고 있고 이상한 고름 냄새까지 나는 것 같았지만, 이것은 오히려 당연한 일이다. 왜냐하면 아주 오래전부터 이 환자복은 환자들의 어깨를 벗어나 본 적이 없었을 테니까. 그런가 하면 실제로 환자복의 안감은 외용 물약이나 터진 종기에서 흘러나온 진물 등 알 수조차 없는 온갖 액체로 얼룩져 있었다. 죄수 병실에 체형을 당하고 등이 상처투성이가 된 환자가 들어오는 일은 매우 빈번한 일일 테고, 그들을 외용 물약으로 치료한 뒤, 젖은 셔츠 위에 그냥 환자복을 입히는 데 어찌 더러움을 피할 수 있단 말인가. 얼룩지고 더러워지는 것은 당연한 일일 것이다. 그래서 나는 감옥에 있던 몇 년 동안 병원에 입원하게 될 때마다(사실 나는 여러 번 입원했다). 매번 꺼림칙한 마음으로 환자복을 입곤 했다. 제일 싫었던 것은 환자복 속에서 통통히 살이 오른 기름진 이를 보게 되었을 때였다. 죄수들은 오락삼아 이를 잡곤 했는데, 두껍고 뭉툭한 죄수들의 손톱 밑에서 죽을 운명인 이 동물이 툭 소리를 내며 죽는 순간, 사냥꾼이라도 된 듯 죄수들의 얼굴에는 매우 흡족한 표정이 떠오르곤 했다. 우리의 사랑을 받지 못한 것이 또 하나 있으니, 그것은 바로 빈대였다. 죄수들은 언제나 길고 무료한 겨울밤에는 대대적으로 빈대 소탕을 위해 법석을 떨었다. 병실은 고약한 냄새만 빼고는 겉보기에 꽤 깨끗해 보이지만, 안을 살펴보면, 즉 보이지 않는 곳의 청결은 내놓고 자랑할 만한 것이 못되었다. 그러나 환자들은 이것에 익숙해져 있었고 오히려 당연하게 여겼으므로, 청결을 위한 규율도 제시된 것은 없었다. 하지만 규율에 대해서는 나중에 다시 언급하겠다.

　체크노프가 나에게 차를 끓여 주자마자(미리 말해 두지만, 병실의 물은 한번에 일주일 분량이 운반되는데, 병실의 불결한 공기 속에서는 빨리 상할 수밖에 없었다), 문이 요란스럽게 열리더니 방금 체형을 받은 병사가 호위병에 의해 끌려 들어왔다. 내가 체형을 받은 자를 보게 된 것은 이때가 처음이었다. 물론 그 뒤부터는 자주 보게 되었지만 말이다(때로는 극심한 체형을 받고 실려 오는 자도 있었다). 그럴 때마다 죄수들은 오히려 자신의 처지에 대해 위안을 받기까지 하였다. 우리는 대개 그런 사람들을 엄숙함이 감도는 긴장감과 숙연한 표정으로 맞이했다. 그러면서도 죄의 경중과 체형으로 맞은 매수에 따라 그들을 대하는 양상은 조금씩 달랐다. 심하게 얻어맞았거나 이름이라도 떨친 중죄수들에게는 지금 끌려온 신출내기 탈영병과 같은 범죄자보다 특별한 존경과 주의를 기울였다. 그러나 어떠한 경우에도 특별한 동정이나 연민이나 자주적인 관심 등은 보이지 않았다. 끌려온 자가 도움없이 도저히 견딜 수 없는 경우에는 아무 말 없이 그를 도와주고 돌보아 주었다. 간호병들도, 매맞은 사람이 능숙하고 경험 많은 사람들의 손에 넘겨진다는 것은 이미 알고 있었다. 대체로 도움이라는 것은 찬물에 적신 시트나 찢긴 등에 걸쳤던 루바시카를 필요할 때마다 자주 갈아입혀 주는 것인데, 체형을 받은 사람 스스로가 자신을 돌볼 길이 없을 때 특히 그랬다. 이 밖에도 부러진 몽둥이 때문에 등에 이따금씩 남겨지는 상처에서 능숙하게 가시를 뽑아 주기도 했다. 가시를 뽑아내는 일은 환자에게 무척이나 고통스러운 일이었다. 그러나 체형을 받은 사람들이 고통에 비상한 인내심이 있는 것에 대해 나는 언제나 놀라곤 했다. 지독하게 맞고 왔지만, 한 사람도 신음 한 번 내지 않았다! 단지 얼굴만은 완전히 변해 새하얗게 질려 있으며, 두 눈은 타오르면서도 불안감으로 인해 초점을 잃은 채 입술은 떨고 있었다. 그래서 이 불쌍한 죄수는 이빨로 거의 피가 배어날 만큼 입술을 일부러 깨물고 있었다.

이번에 끌려온 병사는 스물세 살 난 건강하고 아담한 몸집을 가진 젊은이로, 키가 크고 거무스름한 피부에 잘생긴 얼굴이었다. 그의 등에는 몽둥이의 흔적이 선명히 남아 있었다. 허리띠 위까지 알몸이었고, 어깨에는 젖은 시트가 얹혀 있었다. 알몸에 젖은 시트를 씌운 탓에 그는 열병이라도 걸린 사람처럼 팔다리를 떨었으며, 1시간 30분가량 병실을 이리저리 돌아다녔다. 나는 그의 얼굴을 찬찬히 훑어보았다. 그는 그 순간 아무 생각이 없는 것처럼 보였으며, 상처입은 야수처럼 거친 눈망울을 이상하게 번득이고 있었다. 그러면서도 무엇인가에 그 시선을 고정시킨다는 것이 매우 힘겨워 보이기도 했다. 순간 나는 그가 내 앞에 놓인 차를 유심히 쳐다보고 있다는 생각이 들었다. 그 차는 뜨거웠으며, 찻잔에서 김이 오르고 있었다. 그런데 불쌍하게도 그는 추위에 이를 딱딱 부딪치며 떨고 있었다. 나는 그에게 차를 권했다. 그는 아무 말 없이 뚜벅뚜벅 내게 걸어와 찻잔을 들고서 설탕도 넣지 않고 선 채로 마셔 버리는 것이었다. 더욱이 그는 매우 서두르는 듯했으며, 왠지 나를 보지 않으려고 애써 노력하는 것이었다. 차를 다 마시고 나자, 그는 아무 말 없이 찻잔을 내려놓고는 내게 고개를 끄덕이지도 않고 다시 병실의 여기저기를 걸어다니기 시작했다. 지금의 그가 예의를 차려 말을 건네거나 인사할 형편이란 말인가! 다른 죄수들까지도 웬일인지 그와 말하기를 꺼려했다. 처음에 그를 도와줄 때와는 달리 이제는 그에게 주의를 기울이지 않으려고 노력했다. 아마도 잡다한 질문이나 '동정'으로 그를 괴롭히지 않는 것이 좀더 그를 안정시키는 방법이라고 생각한 듯했고, 그 역시도 이에 만족하고 있는 것 같았다.

그러는 사이 날은 어두워졌고, 사람들은 촛대에 불을 켰다. 죄수들 중에는 자기 소유의 촛대를 가진 자도 있었으나, 아주 소수였다. 마침내 의사의 저녁 회진이 끝난 뒤 당직 하사가 들어와 환자들을 점호하고 나자 밤에 쓸 야간용 용변기를 병실에 놓고 병실 문을 잠갔다……. 기껏해야 문에서 두 발자국 떨어진 복도에 변소가 있음에도 용변기를 밤새 병실 안에 놓아 둔다는 것을 알게 되자 나는 매우 놀랐다. 그러나 그것은 규칙이었다. 고작 1분 정도 허용되는 것으로 낮에는 죄수들이 병실에서 나갈 수 있었지만, 밤에는 어떤 이유가 있어도 병실을 나가는 것은 절대로 허용되지 않았다. 죄수 병동은 여느 병실과 달랐다. 환자 죄수들은 여전히 병중에도 감금당하는 벌을 감수하고 있었던 것이다. 누가 처음에 이런 규정을 만들어 놓았는지는 알 수 없다. 단지 내가 아는 것이라고는 이런 규정에서 인간미라고는 전혀 찾아볼 수 없으며, 가장 무익하고 형식적인 규정의 본질을 드러낸다는 것이다. 물론, 이는 의사들에 의해 만들어진 규정은 아니었다. 되풀이해서 말하지만, 죄수들은 의사들을 아낌없이 칭찬하고 있었으며, 그들을 자신의 아버지처럼 여기고 존경했다. 그것은 어떤 죄수이건 간에 의사들로부터는 모두 친절과 위안을 받고 있기 때문이었다. 모두에게서 소외당한 어느 죄수는 의사들의 친절한 말과 부드러운 손길에 성실함과 진실함이 스며 있음을 격찬하기도 하였다. 그러한 정성과 친절은 없어도 좋았다. 왜냐하면 의사들이 그런 태도를 보이지 않고 거칠고 무례하다 해도 누구 하나 그들을 탓하지 않을 것이기 때문이다.

그러므로 이것은 의사들이 진정한 인간애에서 비롯된 선의를 보여 주고 있음을 확인하는 것이다. 물론 의사들은 환자가 죄수거나 그렇지 않거나 간에, 높은 신분의 모든 다른 병자들과 마찬가지로 맑은 공기가 필요하다는 것을 알고 있다. 이를테면 회복기에 접어든 다른 병동에 있는 환자들은 자유롭게 복도를 걸어다니거나 적절한 운동을 할 수 있었고, 질식할 듯한 냄새로 가득 찬 폐쇄된 병실의 공기와는 다른 신선한 공기를 호흡할 수도 있다. 용변기가 아니더라도 이미 병실의 공기가 탁해져 있는 판에, 환기가 절대적으로 필요한 환자들이 들어찬 더운 실내에 그것까지 갖다 놓았으니 환자들에게 얼마나 해로웠을까를 생각하면 지금도 소름이 오싹 끼치며 메스꺼워진다. 내가 앞에서 죄수는 와병 중에도 죄를 지니고 있다고 말했지만, 이러한 규정이 단지 형벌만을 위한 것이라고는 생각하지 않는다. 물론 이것은 나의 일방적이고 무의미한 비방이다. 아픈 사람을 벌할 필요는 없다. 만일 그래야 한다면, 결과로 봐서도 해로운 수단이 될 만한 뭔가 지독하고 엄격한 형벌이 당국에 요구되었을 것이다. 어떤 것이 필요할까? 그러나 유감스럽게도 다른 수단을 사용할 필요성은 어떤 것으로도 설명될 수 없었으며, 설명이 있을 수 있는 가능성조차 생각할 수 없었다. 대체 무엇으로 이런 소용없는 참혹함을 설명하면 좋을까? 죄수가 의사를 기만하고 병자로 가장하여 병원에 실려 와서 밤의 어둠을 틈타 도주할지도 모른다는 의구심 때문일까? 이러한 모든 의구심들의 부조리를 진지하게 입증한다는 것은 거의 불가능한 일이다.

도대체 어디로 도망간단 말인가? 어떻게? 무엇을 입고 달아난단 말인가? 낮에 한 명씩 내보내는 변소 출입은 밤에도 허용해야 하지 않겠는가. 문에는 장전된 총을 가진 보초가 서 있다. 말 그대로 변소는 보초로부터 두 발짝 거리에 떨어져 있고, 변소까지 호송하는 경우라도 잠시도 그에게서 눈을 떼지 않는다. 변소에는 이중 창틀에 쇠창살이 끼워진 창문이 하나 있을 뿐이다. 또한 그 창문과 죄수 병실의 창 아래 정원에는 밤새 보초가 지키고 있다. 창문으로 나가려면 창틀과 창살을 부서뜨려야 한다. 누가 이것을 내버려두겠는가? 그러나 설령 탈주자가 보초병을 아무도 모르게 죽일 수 있다고 하자. 그리고 창문을 부순다고 가정한다 해도 보초 가까이에는 병실 간수들이 자고 있으며, 문에서 몇 발짝 떨어진 다른 죄수 병실 옆에서도 보초들이 총을 들고 서 있고, 또한 그 주변에 다른 교대병과 수위들이 있다는 것을 염두에 두어야 한다. 그리고 한겨울에 긴 양말에 슬리퍼를 신고 환자복을 입은 채 어디로 달아난단 말인가? 이렇듯 탈주의 가능성이 전혀 없는데도 건강한 사람보다도 신선한 공기가 더욱 필요한 환자들, 어쩌면 인생의 마지막 몇 시간일지도 모르는 환자들을 무엇 때문에 그토록 답답하게 가두어 놓아야 하는 것일까?

도대체 무엇 때문일까? 나는 아무리 생각해도 이해할 수 없었다······.

그러나 '무엇 때문에?'라는 질문을 하고, 말이 여기까지 나온 바에, 나는 수년 동안 수수께끼 같은 사실로 내게 남아 있으며, 지금껏 어떠한 형태로든 그 해답을 얻지 못하고 있는 궁금증 하나를 떠올리지 않을 수 없다. 이 기록을 계속 이어나가기에 앞서, 우선 단 몇 마디라 할지라도 이 의문에 대해 이야기하지 않을 수 없다. 나는 어떤 기결수에게도 채워 놓는 피할 수 없는 족쇄에 대해 이야기하려고 한다. 내가 여기에 있는 동안 폐병 환자들까지도 족쇄가 채워진 채 내 눈앞에서 죽어 갔다. 그러나 모두들 이 족쇄에 익숙해져 갔고, 기정 사실처럼 족쇄를 어찌할 수 없는 신체의 일부쯤으로 여기게 될 정도로 익숙하게 되었다. 의사들조차도 중병 환자, 특히 폐병에 걸린 죄수만이라도 족쇄를 풀어 주는 것에 대해 당국에 한번이라도 건의해 볼 생각조차 하지 않는데, 어느 누가 이 문제를 생각해 보겠는가? 족쇄 자체로는 그 무게가 그리 무거운 것이 아닐지도 모른다. 보통 족쇄는 7푼트에서 12푼트 정도이다. 10푼트 정도라면 건강한 사람에게는 무거운 중량이 아니다. 그러나 사람들은 내게 수년 동안 족쇄를 차게 되면 이로 인해 발이 야위는 듯하다고 말하곤 했다. 이것이 사실인지는 모르지만, 어느 정도 맞는 말인 듯하다. 10푼트의 적은 중량이라고 할지라도 항상 발에 감겨져 있는 그 무게가 늘 체중을 비정상적으로 가중시킴으로써 오랜 시간이 지난 뒤라면 분명히 해로운 결과를 가져올지도 모른다······ 그러나 건강한 사람에게는 아무것도 아니라고 해도 병자에게도 아무렇지 않다고 말할 수 있을까? 보통 일반 환자는 아무런 문제도 아니다. 그러나 되풀이해 말하지만, 중병 환자나 족쇄가 없더라도 이미 손과 발이 여윌 대로 여위고 더욱이 지푸라기조차 잡기 힘겨운 폐병 환자들에게도 그렇다는 말인가? 그리고 사실 의료 당국이 폐병 환자에게만이라도 족쇄의 부담을 덜어 주려 했다면, 이는 분명 위대한 자선 행위가 되었을 것이다. 만약 누군가가 죄수는 악인이며 자선을 베풀어 줄 가치조차 없다고 말한다고 해서, 이미 천명(天命)을 다한 자에게도 형벌을 가중시킬 필요가 정말 있는 것인가? 정말이지 단지 형벌만을 위해서 이루어지는 일이라고는 믿을 수 없다. 법정에서도 폐병 환자에게는 체형을 면제하고 있다. 결국 여기에는 무엇인가 선결구명(先決救命)과 같은 중요하고 비밀스러운 조치가 함축되어 있다는 말이다. 그런데 어떤 조치란 말인가? 이해하기가 어렵다. 사실 폐병 환자의 탈주 따위는 걱정할 필요가 없다. 특히 눈에 띄게 병세가 깊어지는 것을 의식하면서 누가 탈주를 생각해 낸단 말인가? 탈주하기 위해 폐병을 가장하여 의사를 속이는 것은 불가능하다. 폐병은 그럴 수 있는 병이 아니다. 한눈에 알 수 있기 때문이다. 말이 났으니 말이지만, 죄수에게 족쇄를 채우는 것은 단지 탈주를 방지하기 위한 것일까? 절대 그렇지 않다. 족쇄란 굴욕감을 주는 하나의 벌이다. 굴욕감과 고통, 육체와 정신에 가해지는 형벌일 뿐이다. 적어도 그렇게 생각할 수 있다. 실상 탈주하려고 마음먹으면, 족쇄는 아무런 방해 요소가 되지 않는다. 매우 서툴고 재주 없는 죄수라 할지라도 큰 어려움 없이 족쇄를 풀기도 하고 돌로 나사를 빼낼 수도 있다. 족쇄는 절대로 아무런 예방책이 될 수 없다. 만약 족쇄가 기결수를 벌하기 위한 수단이라면, 다시 한 번 이렇게 묻지 않을 수 없다. '죽어 가는 자에게도 과연 형벌이 필요한 것인가?'

그리고 이런 기록을 쓰고 있는 지금도 예전에 죽어 가던 폐병 환자 한 명이 선명히 떠오른다. 그는 바로 내 맞은편에 누워 있다가 내가 병원에 온 지 사흘 만에 죽어 버린 우스치얀체프와 가까이 있던 미하일로프라고 기억된다. 지금 그에 관한 이야기를 하게 된 것은, 그의 죽음으로 인해 뇌리에 박힌 인상과 상념들이 무의식적으로 되풀이되는 것인지도 모른다. 그러나 나는 미하일로프에 대해 거의 몰랐다. 그는 스물다섯 살가량의 젊은 청년으로, 큰 키에 호리호리하고 눈에 띄는 단정한 용모를 지니고 있었다. 그는 특별감방에 수감되어 있었고, 이상하리만치 말수가 적고 항상 조용하여 왠지 모르게 슬퍼 보이기도 했다. 그는 분명 감옥 안에서 '시들기' 시작했을 것이다. 적어도 죄수들은 그렇게 말하고 있었고, 대부분 그에 대해 좋은 인상을 간직하고 있었으며 그리워하였다. 사실 나는 그의 아름다운 두 눈만을 기억하고 있을 뿐인데, 왜 그가 그토록 선명하게 기억나는지 모르겠다. 그는 활짝 갠 어느 추운 날 오후 세 시쯤 숨을 거두었다. 그때 태양은 푸른빛이 감도는 성에 낀 병실의 유리창에 비스듬히 빛을 드리우고 있었다. 그 빛의 무리는 불행한 자에게도 쏟아지고 있었다. 그는 의식을 잃은 채 오랜 시간 매우 고통스러워하며 죽어 갔다. 아침부터 이미 그의 시력은 곁에 다가오는 사람조차 분간하지 못할 정도로 나빠졌다. 사람들은 그가 매우 고통스러워하는 것을 보고는 어떻게든 좀

편하게 해주려고 애썼다. 그는 목이 쉰 채 거친 숨을 몰아쉬고 있었다. 숨을 쉴 때마다 그의 가슴은 공기가 부족한 듯이 높게 부풀어올랐다. 그는 이불과 옷가지들을 걷어차 버리더니 결국에는 루바시카까지 쥐어뜯었다. 그는 루바시카조차 무겁게 느껴졌던 것이다. 사람들은 그를 도우려고 루바시카를 벗겨 주었다. 앙상하게 뼈만 남은 손과 발, 등에 붙은 뱃가죽, 앙상히 드러난 가슴, 마치 해골을 그려 놓은 듯한 그의 기다란 몸은 차마 볼 수 없었다. 그의 몸에 남겨진 것이라곤 주머니에 든 나무 십자가와 족쇄뿐이었고, 이미 그 족쇄에서 말라빠진 두 발을 빼낼 수 있을 정도였다. 그가 죽기 30분 전이 되었을 즈음에 우리 모두는 소리를 낮추어 소곤거리며 이야기했다. 걸어다니는 사람은 발소리를 죽여 가며 옮겨 다녔다. 다른 화제에 대해서만 몇 마디 이야기를 주고받을 뿐, 사람들은 이따금 쉰 목소리를 내며 죽어 가는 사람을 응시하고 있었다. 마침내 그는 힘이 없어 허우적거리는 손으로 가슴에 얹힌 부적 주머니를 뜯어내기 시작했다. 마치 그것의 무게조차도 감당하기 어렵고 그것이 그를 불안하게 하고 압박하고 있다는 듯이 사람들이 부적 주머니를 벗겨 주었다. 10분 뒤, 그는 죽었다.

우리는 문을 두드려 보초에게 그의 죽음을 알렸다. 간수가 들어와 죽은 자를 무심히 바라보더니 위생병을 부르러 갔다. 외모에 꽤나 신경을 쓴 듯한 행복해 보이는 위생병이 곧 나타났다. 그는 침울한 병실을 크게 울리며 빠른 걸음으로 죽은 자에게 다가갔다. 그리고 이런 경우를 대비해 미리 준비라도 해 놓은 듯한 야릇한 표정을 보이면서, 그의 맥을 짚어 보기도 하고 여기저기 만져 보더니 손을 흔들고는 나가 버렸다. 그리고 이내 위병에게 죽음을 알리러 갔다. 죽은 죄수는 특별감방에 속한 중죄인이어서, 사망 보고 역시 특별한 절차가 필요했다. 위병들을 기다리는 동안 죄수들 가운데 누군가가 죽은 자의 눈을 감겨 주는 게 낫지 않겠냐고 낮은 목소리로 말했다. 다른 죄수가 그의 말에 깊이 공감하여 죽은 자에게 조용히 다가가 눈을 감겨 주었다. 그는 베개에 떨어져 있는 십자가를 보자 그것을 집어 다시 미하일로프의 목에 걸어 주었다. 그리고 성호를 그었다. 그사이 죽은 자의 얼굴은 굳어지고 햇살은 여전히 그를 비추고 있었다. 입은 반쯤 벌어져, 두 줄의 희고 건강한 치아가 잇몸에 달짝 붙은 입술 아래서 반짝이고 있었다. 드디어 철모를 쓰고 단검을 든 위병 하사와 그의 뒤를 따라 두 명의 간수가 들어왔다. 그는 사방에서 쏟아지는 죄수들의 따가운 시선을 이해할 수 없다는 듯한 표정을 지으며, 서서히 느린 걸음으로 죽은 자에게 다가갔다. 그러자 그는 두려움을 느낀 듯이 우뚝 멈춰 섰다. 오직 족쇄만을 걸친 깡마른 알몸이 그를 위협했던 것이 분명했다. 그는 갑자기 철모를 벗고 굳이 그럴 필요가 없었는데도 크게 성호를 그었다. 준엄한 백발의 군인다운 얼굴이었다. 백발의 체크노프가 거기에 서 있었던 것을 기억한다. 그는 내내 말 없이 하사의 얼굴을 뚫어지게 바라보며 야릇한 호기심을 가지고 그의 일거수일투족을 주시하고 있었다. 그러나 그와 눈이 마주치자 체크노프는 갑자기 자기의 얇은 입술을 떨기 시작했다. 그는 웬일인지 입술을 이상하게 일그러뜨리더니, 이빨을 드러낸 채 죽은 자를 보고 있는 하사에게 고개를 숙이며 재빠르게 말하는 것이었다.

"이 녀석에게도 어머니는 있었군!" 그러고는 저쪽으로 가버렸다.

이 말 한마디는 나의 가슴을 후벼파듯이 느껴져 기억하고 있다. 그런데 무엇 때문에 그가 그런 말을 했을까, 왜 그런 말이 머리에 떠올랐을까? 시체는 이미 옮겨지기 시작했고, 침대도 같이 들어올려졌다. 지푸라기가 사각거리는 소리를 내었고, 족쇄가 마루에 부딪히는 둔탁한 소리가 정적을 깨며 울렸다……. 사람들은 숨을 죽인 채 그 소리에 귀를 기울이고 있었고, 시체는 운반되었다. 그러자 갑자기 사람들은 큰 소리로 이야기하기 시작했다. 이미 복도에서는 하사가 대장장이를 부르러 누군가를 보내는 소리가 들려왔다. 죽은 자에게서 족쇄를 떼내야만 했던 것이다…….

그러나 나는 또다시 본론에서 벗어났다…….

2. 병원(계속)

의사들은 오전에 병실 회진을 돌았다. 열 시가 좀 지나면 주임 의사를 대동하여 그들 모두가 함께 우리 병실에 나타나지만, 그들이 오기 한 시간 전쯤에도 우리를 담당하는 의사가 다녀간다. 그 당시 우리를 담당했던 의사는 실력 있는 젊은 의사로, 상냥하고 친절해서 죄수들은 모두 그를 아끼고 있었는데, 한 가지 흠이 있다면 그것은 '지나치게 수줍어하는 것'이었다. 실제로 그는 말수가 상당히 적었고, 오히려 우리 앞에 서는 것이 수줍기라도 한 듯 얼굴이 붉어지기도 하며, 환자가 부탁하기도 전에 식사를 바꾸어 주기도 했는데, 약까지도 부탁한 대로 지어 줄 준비가 되어 있다고 생각될 정도였다. 그러나 그는 훌륭한 청년이었다. 러시아에서는 많은 의사들이 민중의 사랑과 존경을 받고 있으며, 내가 알기로도 이것은 사실이라는 것을 인정할 필요가 있다. 그러나 의사나 비싼 약품에 대한 민중의 일반적인 불신을 감안한다면, 방금 앞서 한 말은 역설이 된다는 것도 나는 알고 있다. 사실 민중은 여러 해 동안 중병으로 고통받으면서도 의사에게 가거나 병원에 가거나 입원하기보다는, 주술사나 민간요법에 의한 치료를 하고 있다. 이것도 결코 경시해서는 안 된다. 그러나 이것 말고도 그렇게 하는 이유에는 분명히 중요한 상황적 요소들이 내포되어 있다. 이는 의사와는 상관없이, 관료적이며 형식적인 잔재가 남아 있는 모든 것을 불신하는 민중의 사회적 성향 탓이다. 이 밖에도 민중은 병원에 대한 갖가지 불합리한 풍문과 공포의 소문, 때로는 허튼 소문에 그치는 것이 아니라 근거가 있어 보이는 그런 소문들로 인해 편견을 갖게 되며, 피상적인 두려움도 가지게 된 것이다. 그러나 무엇보다도 민중을 병원으로부터 멀어지게 하는 주요 원인은, 병원의 독일식 규정과 입원해 있는 동안 함께 있을 낯선 사람들, 엄격한 식사의 제한, 위생병과 의사들의 사무적인 냉담함, 수술과 시체 해부 등에 대한 놀라움과 걱정이 앞서는 까닭이다. 게다가 민중은 귀족들이나 병원에 가는 것이며, 의사도 귀족이라고 생각하고 있다. 그러나 의사들과 친숙해짐에 따라(비록 예외가 없는 것은 아니지만 대부분은) 이 모든 공포는 금방 사라진다. 내가 보기에 이것은 우리를 담당하고 있는 의사와 같은 젊은 의사들에게 그 공을 돌려야 할 것이라고 생각한다. 대부분의 의사들은 민중에게 존경뿐만 아니라 사랑까지 받고 있다. 적어도 내가 쓴 것은 여러 지방에서 직접 보고 경험한 것으로, 다른 장소에서는 전혀 다른 상황이 벌어지고 있다고 생각할 수 있는 근거를 가지고 있지 않기 때문이다. 물론 어떤 외딴 지역에 있는 의사들은 뇌물을 받기도 하고, 자기의 병원을 악용할 뿐만 아니라 환자를 천시하기도 하며, 의사라는 직분의 본질적인 책임도 완전히 잊었을지 모른다. 물론 있을 수 있는 일이다. 그러나 나는 현재, 우리 시대 의학계에 존재하고 있는 정신이나 성향의 보편적인 상황을 이야기하고 있다는 편이 나을 것 같다.

양의 무리 속에 섞인 늑대들, 일에 대한 방관자들이 자신에 관한 변명을 늘어놓거나, 오히려 자신들의 입장만을 생각하여, 예를 들어 그들을 그렇게 몰아넣은 어쩔 수 없는 '상황' 탓으로 돌리려고 한다 해도 그것은 정의롭지 못한 일이며, 더욱이 박애심을 저버린 것은 지탄을 면할 수 없을 것이다. 박애심과 온화함, 환자에게 보여 주는 가족과 같은 연민은 이따금 다른 어떤 약보다도 필요하다. 이제는 우리를 몰고 가는 상황에 대한 불평을 냉정하게 중지해야 할 때이다. 우리의 많은 것이 상황에 의해 규정되는 것은 한편으로는 맞는 말이라고 가정한다 해도, 전부는 아니다. 이따금 교활하고 세상일에 능란한 사람이라면, 특히나 현혹하는 글이나 말재주가 있는 사람이라면 더욱더 자신의 비겁함과 약점을 교묘하게 감추며 환경의 영향만을 주장하고 나설 것이다. 또다시 내 이야기는 주제에서 벗어나고 말았지만, 민중이 더욱 불신하고 적대시하는 것은 의사보다도 오히려 의료 행정이라는 점을 말하고 싶었을 뿐이다. 의사들이 실제 어떤지를 알게 된다면 선입견은 버리게 된다. 병원의 이런저런 상황이 아직까지 많은 점에서 민중의 생각에 부응하지 못하고 있으며, 규정 자체가 민중에게 익숙하지 못하기 때문에 친밀감과 신의를 얻지 못하고 있는 것이다. 적어도 내가 받은 인상으로는 그렇다.

우리의 주임 의사는 언제나 환자들 앞에 멈춰 서서, 개개인을 주의 깊게 진찰하고 상태를 물어보기도 하면서 약 처방이나 음식을 지시했다. 때때로 그는 아무데도 아프지 않은 환자를 알아차리기도 했다. 그러나 죄수들이 노역에서 벗어나고 싶어하는 것이나, 딱딱한 판자 대신 푹신한 잠자리를 원하는 것, 창백하고 쇠약해진 미결수들로 만원이 된(언제나 러시아 전지역의 미결수들은 창백하고 쇠약해져 있다. 이는 그들의 정신적, 물질적 상태가 기결수보다 더 열악함을 나타내는 것이다) 눅눅한 감방이 아니라 따뜻한 방 안에 있고 싶어하는 것 등을 알고 있기 때문에, 우리의 담당 의사는 아무 말 없이 페브리스 카타르할리스[7]라는 병명을 차트에 기록하고, 때로 일주일씩이나 입원해 있는 것을 모르는 척해주었다. 우리 모두는 이 페브리스 카타르할리스를 비웃었다. 모두들 이것이 의사와 환자 사이에 이루어지는 모종의 속임수로 우리끼리 통

---

7) febris catarrhalis : 인후 열병이라는 뜻의 라틴어로 목이 좀 부었다는 말.

용되는 꾀병을 뜻한다는 것을 잘 알고 있었다. 죄수들 스스로 페브리스 카타르할리스를 '예비적 통증'이라고 번역하였다. 가끔은 마음 약한 의사들을 악용하여 강제로 쫓겨날 때까지 입원하고 있는 환자도 있었다. 그럴 때 우리 담당 의사의 처신은 볼 만했다. 그는 환자에게 건강해졌으므로 곧 퇴원 수속을 하라고 직접 이야기하는 것을 왠지 겸연쩍은 일로 여기며 겁내기까지 하였다.

원칙적으로 그에게는 타이르거나 설득할 필요가 전혀 없이 환자 기록 카드에 사나트 에스트[8]라고 적어 아주 간단히 퇴원시킬 수 있는 권리를 갖고 있었는데도 말이다. 처음에 그는 꾀병 환자에게 암시를 주었다가, 나중에는 거의 부탁하듯이 말하였다. "퇴원할 때가 되지 않았나? 이제 자네는 건강하다네. 병실이 만원이라서 말이야." 등등. 그때부터는 환자 자신이 양심의 가책을 느껴 곧 퇴원 신청을 하게 된다. 주임 의사 역시 박애심 많고 청렴한 의사였지만(이 사람도 환자들의 사랑을 받았다), 우리 담당 의사와는 비교할 수 없이 엄격했으며 결단성이 있었던 탓에, 경우에 따라서는 매우 가혹하기도 했다. 그러나 그 나름대로 그러한 점이 우리에게는 존경의 이유가 되었다. 그는 우리의 주임 의사가 다녀가고 나면, 병원의 모든 의사들을 데리고 나타났다. 역시 한 사람씩 환자를 진찰하고, 특히 중병 환자들에게는 신중했으며, 항상 그들을 격려하는 친절하고 진심 어린 위안의 말을 하기도 하였다. 이로 인해 그는 모든 환자에게 좋은 인상을 심어 준 것이다. '예비적 통증'으로 진단받은 자들도 적대시하거나 쫓아내려 하지는 않았다. 그러나 만약 환자 스스로가 너무 고집을 부리거나 하면 그 자리에서 퇴원시켰다. "보아하니, 자넨 충분히 쉰 것 같군. 이제 그만 가지, 염치란 걸 알아야지"라고 말하면서 말이다. 일반적으로는 노역, 특히 여름에 노역하기를 꺼리는 게으른 자들이나 체형 집행을 기다리는 미결수들이 고집을 피우며 병원에 남으려고 했다. 나는 이런 고집을 부리다가 잔인한 방법으로 퇴원을 강요당했던 한 사람을 기억하고 있다.

그는 눈병 때문에 병원에 왔다. 충혈된 눈의 참을 수 없는 통증을 호소하고 있었다. 의사들은 그의 눈에 연고, 거머리, 어떤 부식 액체를 굳혀 바르며 치료했으나, 병세는 호전될 기미가 보이지 않고 여전히 충혈되어 있었다. 점차

---

8) Sanat est : 건강이라는 뜻의 라틴어.

의사들은 꾀병이라는 것을 눈치채기 시작했다. 왜냐하면 염증이 악화되지도 않지만 좋아지지도 않은 채, 계속 처음과 같은 상태로 남아 있었으므로 의심하지 않을 수 없었던 것이다. 죄수들은 그가 스스로 고백한 것은 아닐지라도 꾀병을 부리고 있으며, 의사들을 속이고 있다는 것을 이미 오래전에 알고 있었다. 이 사람은 잘생긴 청년이었으나 왠지 좋은 느낌을 주지는 못했다. 늘 표정이 어둡고 의심이 많은 데다 그 누구와도 이야기하는 적이 없고, 흘겨보는 듯한 시선으로 모든 사람을 피하는 행동을 했기 때문이다. 내가 기억하기에, 죄수들 중에는 그가 무슨 일이라도 저지르지 않을까 하고 걱정하던 자도 있었을 정도였다.

그는 군인이었는데 엄청난 도둑질을 하는 바람에 고발되어 1천 대의 체형을 언도받고 교정대로 보내졌던 것이다. 앞서 말한 바와 같이 미결수들은 체형 집행을 지연시키기 위해 끔찍한 일들을 저지르곤 했다. 이를테면, 형 집행 전날 관리나 동료 죄수들을 칼로 찔러 죽여 새로운 재판에 회부됨으로써 두 달 정도 집행을 연기시키려는 목적을 달성하는 것이다. 그들은 두 달 정도 뒤에 형벌이 두세 배가 될 것에 대해서는 생각하지도 않는다. 단지 지금 당장 며칠이라도 두려움에서 벗어나면 그만이었다. 일단 벗어나기만 하면, 나중에 무슨 일이 생겨도 상관없다는 식으로 포기해 버리는 것이다. 우리는 그를 경계해야 한다고 서로 수군대기도 하였다. 밤에 누군가를 죽일지도 모르기 때문이다.

그러나 이것은 말뿐이었고, 그의 옆 침대를 쓰는 죄수들도 특별히 그를 경계하는 것 같지는 않았다. 그들은 그가 밤마다 벽돌 가루와 뭔가 다른 것으로 눈을 문지르는 것을 보았다. 아침이 되어 눈이 다시 충혈되도록 말이다. 마침내 주임 의사가 관선법(串線法)을 시술해야 한다고 그에게 겁을 주었다. 이것은 이미 모든 의료 수단을 동원해 보았지만 오랫동안 별 차도를 보이지 않자 시력을 회복시키기 위해 의사들이 취하는 고통스럽고 괴로운 마지막 수단으로, 말에게처럼 환자에게 관선을 하는 치료법이었다. 그래도 이 불쌍한 사내는 낫고 싶지 않았다. 그는 고집이 세거나 지나치게 겁이 많은 성격이거나 둘 중 하나임에 틀림없었다. 관선법은 몽둥이로 맞는 것에 비하면 덜할지 몰라도 고통스럽기는 역시 마찬가지였다. 의사는 환자의 목 뒷덜미 살가죽을 잡히는 대로 손으로 잡고, 잡은 살을 칼로 째서 상처를 낸다. 목덜미에 길고 커다란 상처가 생기게 되면, 이 상처에 거의 손가락만 한 굵기로 꼬아 만든 삼끈을 넣고 꿰맨다. 그러고는 날마다 정해진 시간에 이 노끈을 움직이게 함으로써 상처는 살을 찢으며 계속 생겨나게 되어 있다. 이것은 상처가 아물지 않고 계속 덧나게 하려는 처사이다. 그런데도 이 불쌍한 사내는 며칠간이나 고집스럽게도 이 고통을 참고 버티다가 마침내 퇴원하는 데 동의하고야 말았다. 하룻밤 사이에 그의 눈은 완치되었고, 목의 상처가 아물자마자 1천 대의 태형을 맞기 위해 위병소로 돌아갔다.

물론 형벌 전의 시간은 괴롭다. 이 공포심을 소심하거나 겁이 많기 때문이라고 말하는 것은 무책임한 단정일 수도 있을 만큼 괴로운 것이다. 여하튼 지금 당장 맞고 싶지 않다는 이유 때문에 두세 배의 형벌을 감수하는 것은 더욱 괴로운 일일지도 모른다. 그러나 기억하기로, 그런 가운데서도 남은 체형을 서둘러 받아 버리고 재판에서 완전히 벗어나기 위해, 처음 맞은 등의 상처가 아물기도 전에 자진해서 퇴원을 신청하는 사람도 있었다. 미결수로 감옥에 갇혀 있는 것은 다른 모든 유형 생활보다도 비교할 수 없을 정도로 괴로운 것이었다. 그러나 기질의 차이 말고도 그런 용기를 갖게 하는 가장 중요한 요소는 체형과 형벌에 이미 익숙해져 있다는 사실이었다. 맞는 데 익숙해지면, 정신도 육체도 단단하게 무장되어 있어서 벌받는 것을 거의 사소한 불편함 정도로 여길 만큼 냉소적인 태도를 취할 수 있게 된다. 일반적으로 이것은 믿을 만한 사실이다. 우리 죄수 중 특별감방 출신의 알렉산드라[9]라고 불리는, 세례를 받은 칼미크[10] 사람이 있었다. 그는 특이한 성격에 거짓말을 잘하고 그지없이 대담하면서도 선량한 사람으로, 4천 대나 맞은 이야기를 하곤 하였다. 그는 여느때처럼 웃으면서 농담을 섞어가며 말했지만, 그때는 완전히 진지한 얼굴이었다. 그가 만약 몸이 영글지 않은 어릴 때부터 채찍 밑에서 자라지 않았다면, 문자 그대로 유목민 생활 내내 등에 채찍 상처를 달고 살지 않았다면, 아마도 4천 대를 결코 참을 수 없었을 것이라는 말이었다. 말하는 도중 그는 마치 자신이 채찍을 맞으며 성장한 것에 감사하는 것처럼 보였다. "사사

---

9) 알렉산드르는 남자 이름이고, 알렉산드라는 여자 이름임.
10) 몽고족 계통의 유목민.

건건 맞기만 했지요. 알렉산드르 페트로비치." 그는 어느 날 저녁에 불 앞에서 내 침대에 걸터앉으며 이렇게 말했다. "나 자신을 기억할 수 있는 시간 이후로 15년 동안 나는 무슨 일이든 상관없이 얻어맞았어요. 날마다 몇 번씩 때리고 싶은 사람이면 누구든 나를 때렸거든요. 그래서 맞는 것에는 이골이 났지요." 어떻게 그가 군인이 되었는지는 알 수 없다. 어쩌면 말했을지도 모르는데, 기억이 나지 않는다. 이 사람은 영원한 부랑자이며 탈주병이었다. 다만 그의 이야기 중에서 기억하고 있는 것은, 그가 관리를 죽인 뒤 언도받은 4천 대의 체형을 말할 수 없이 두려워했다는 것이다.

　"나는 사람들이 나에게 혹독한 벌을 주리라는 것을 알고 있었죠. 아마도 살아서 나오지 못할 정도로 말이지요. 아무리 이력이 붙었다 해도 4천 대라는 건 농담이 아니죠! 더욱이 관리는 악에 받쳐 있었고! 확신할 수 있었지요. 절대 무사히 지나갈 수 없다는 것을요. 살아날 수 없다는 것을요. 그래서 처음에 나는 세례를 받으려고 했지요. 용서받을지도 모른다고 생각했거든요. 사람들이야 그래 봤자 소용없다고 말했지만, 나는 세례를 받으면 조금은 불쌍하게 여겨 주리라 생각해서 그대로 실행했지요. 세례를 받고 알렉산드라라는 세례명까지 받았지만 몽둥이는 몽둥이일 뿐이었어요. 조금도 봐주는 것이 없고 치가 떨리게 하더군요. 나는 '두고 보자, 내가 너희 모두를 감쪽같이 속이고 말 테다'라고 속으로 다짐했지요. 결국 알렉산드르 페트로비치, 내가 어떻게 했을 거라고 생각해요? 나는 시체 흉내를 잘 내거든요. 아예 죽어 버린 시체가 아니라 금방이라도 숨이 넘어갈 것 같은 순간의 흉내 말이지요. 사람들이 나를 데리고 가서 1천 대를 때렸지요. 나는 초조해져서 고함을 질렀어요. 곧 이어 1천 대가 다시 시작되자 정말 끝이구나, 아찔해지더군요. 머릿속은 윙윙 울리고 다리는 힘없이 꺾였지요. 내 계획을 실행할 때가 온 거예요. 나는 땅에 쓰러졌어요. 눈은 초점을 잃고 얼굴은 파래지고 숨을 쉬지 않았어요. 입에는 거품을 물었어요. 의사가 와서는 곧 죽을 거라고 말하더군요. 나는 병원으로 옮겨졌어요. 그러나 금방 살아났지요. 그런 일이 두 번 반복되자 그들은 약이 올랐어요. 나에게 매우 화가 나고 말았지요. 그들을 두 번이나 속인 거예요. 세 번째에도 나는 1천 대를 맞고 기절했지요. 마지막 남은 1천 대를 맞을 때는 한 대 한 대가 마치 칼로 심장을 쑤시는 듯했고, 한 대 맞는 고통이 세 대 맞는 꼴이 되도록 그들은 무지하게 때렸어요. 그들은 나에게 적의를 가졌던 거예요. 인정사정없던 마지막 1천 대는(빌어먹을……), 마치 3천 대를 맞는 것과 다름이 없었지요. 얼마 남지 않아서 내가 쓰러지지 않았더라면(2백 대 정도 남아 있었는데), 죽을 때까지 때렸을지도 몰라요. 나는 고통을 참을 수 없어 다시 그들을 속이게 된 거지요. 그들은 내 속임수를 또다시 그대로 믿었어요. 믿을 수밖에 없었죠. 의사까지 속았으니까요. 나머지 2백 대는 더 심한 것이었어요. 다른 때의 2천 대를 맞는 것보다 더 고통스러웠으니까요. 빌어먹을, 그렇게 때렸지만 나를 끝장낼 수는 없었어요. 왜냐하면 어려서부터 몽둥이로 맞고 자란 덕분이지요. 그 때문에 나는 오늘날까지 그렇게 맞고도 살아 있는 거예요. 아! 난 엄청나게 맞고 자랐어요. 살면서 내내 맞기만 했지요." 그는 이야기를 끝내면서 슬픈 생각에 잠긴 듯이 몇 번이나 맞았는지를 헤아리려는 듯하면서 덧붙였다. "아니야, 몇 번 맞았는지 셀 수 없어. 어떻게 세겠어. 수가 모자랄 만큼인데!" 그는 나를 보더니 웃었는데, 너무나 선량한 웃음이라 나 역시 웃지 않을 수 없었다. "알렉산드르 페트로비치, 당신은 아십니까? 내가 지금도 밤중에 꿈을 꾸면, 반드시 맞는 꿈을 꾼다는 것을. 도무지 다른 꿈은 꾸어지지 않아요." 그는 실제로 밤중에 자주 소리를 지르곤 했다. 큰 소리를 지를 때면 죄수들이 그를 다급히 흔들어 깨우기도 했다. "왜, 무엇 때문에 소리를 지르고 그래!" 하면서. 그는 마흔다섯 살 정도의 나이에 키는 크지 않지만 덩치 좋은 사나이로, 넉살 좋고 명랑해 보이며 죄수들과의 관계도 좋았지만, 훔치는 것을 매우 좋아하는 탓에 우리에게도 많이 맞곤 했다. 그러나 우리 중 도둑질하지 않은 사람이 누가 있으며, 그로 인해 맞지 않은 자가 몇 명이나 있겠는가?

　나는 여기에 한 가지를 덧붙이려고 한다. 나는 맞은 사람이 자기를 때린 사람과 그 사람이 어떻게 자기를 때렸는지에 관해서 이야기할 때, 남다른 선량함과 선의를 가지고 이야기하는 그 천진함을 보고 항상 놀라곤 했다. 내 심장이 세차게 고동치고 떨릴 정도의 이야기를 하면서도 조금도 증오나 원한의 흔적을 찾아볼 수가 없었다. 그들은 대개 어린애처럼 웃으면서 이야기를 했다. 이를테면 M이 나에게 맞은 이야기를 해준 적이 있는데, 그는 귀족이 아니었으므로 5백 대를 맞았다고 했다. 나는 다른 사람에게서 이 이야기를 듣고 그에게 직접 물어보았다. 맞은 적이 있었다는 게 사실이며 어떻게 맞았는지에 대해서 말이다. 그는 뭔지 모를 내면의 고통이라도 있는 듯이 나를 보지 않으려고 애쓰면서 대답했지만, 얼굴을 붉혔다.

　잠시 뒤 그가 나를 바라보았을 때, 그의 눈은 증오의 불길로 이글거렸고 입술은 분노로 파르르 떨리고 있었다. 나는 그가 자신의 과거사에서 이 한 페이지를 절대 잊지 못하는 것이라고 느꼈다. 그러나 대부분의 죄수들은(예외가 없다고는 말하지 않겠다) 이것을 전혀 다르게 보고 있었다. 나는 때때로 죄수들이 자신들과 비슷한 처지의 사람에 대해서가 아니라 관리들에게 죄를 저질렀을 경우, 스스로를 죄인이라고 여기지도 않고 벌을 받아야 한다고 인정하지도 않는다고 생각했다. 그들 중 대부분이 자기는 전혀 죄가 없다고까지 생각하고 있었다. 자신이 속해 있는 무리들에게 죄를 저지르고도 양심의 가책이라고는 찾아볼 수 없는 것은, 이미 앞에서 말했다. 그러니 관리에게 죄를 저지른 경우는 말할 것도 없다. 여기에는 일종의 독특하고 실제적인, 또 사실적이라고 말하는 편이 더 나을 이유가 있다고 나는 종종 느껴 왔다. 이를테면 죄수들은 관리에게 죄를 범했을 경우에도 늘 자신이 옳다고 생각하는 경향이 있었다. 범죄 그 자체에 관한 문제는 전혀 생각하지 않고 실제로 관리가 그의 범죄를 보는 시각이 자신과 완전히 달라서 벌을 받았다고, 관리는 그에 대한 보상을 해야 할 의무가 있다고 생각하는 것이다. 여기에 서로간의 갈등이 있었다. 범죄자는 자신들이 같은 계층 사람들에 의해 재판을 받을 경우에는 변호받을 수 있다 믿고 조금도 의심하지 않는다. 대부분 자신의 동료와 형제들, 같은 민중들에게 저지른 죄가 아닌 이상은 충분히 변호받을 수 있다고 믿고 있다. 그러기에 그의 양심은 편안하고 하나도 거리낄 것이 없어 정신적으로 혼란스러워하지도 않는다. 이것이 중요한 점이다. 그는 의지할 뭔가가 있다는 것을 의식하고 있다. 그래서 증오나 원한을 품지 않으며 자기에게 일어나는 일을 피할 수 없는 사실로 받아들인다. 그 사실은 그가 처음도 아니고 마지막도 아닌 매우 오래전부터 미리 정해져 있었던 것으로, 수동적이긴 하지만 계속되는 투쟁의 양상으로 이어질 것이다. 어떤 병사도 터키 군과 싸울 때 개인적으로 터키 병사를 증오하지는 않는다. 그러나 그들은 칼로 베고 찌르고 총을 쓴다.

그렇다고 해서 맞은 사실을 이야기할 때 보이는 죄수들의 모습을 그저 냉정하거나 무관심한 것으로만 이해해서는 안 된다. 예를 들면, 제레바트니코프 중위에 대해서 이야기할 때는 그리 대단한 것은 아니더라도 분명 분개하기도 했다. 나는 입원하자마자 제레바트니코프 중위에 대해서 죄수들을 통해서 알게 되었다. 나중에 나는 우연히 그를 보았다. 그가 우리 병원에서 위병 근무를 하고 있을 때였다. 그는 약 서른 살가량으로, 키가 크고 뚱뚱하고 기름진 몸집에 포동포동하고 불그스레한 볼과 하얀 치아를 가졌으며, 노즈드료프[11]처럼 입을 크게 벌리고 웃는 사람이었다. 얼굴을 보는 것만으로 세상에서 가장 무분별한 사람이란 것을 알았다. 그는 체형 집행관으로 자주 임명되었는데, 몸소 몽둥이로 때리거나 채찍으로 벌하는 것을 열광적으로 좋아했다. 덧붙여 말하자면, 내가 제레바트니코프를 그때 당시 집행관 중에서도 가장 괴팍한 사람으로 보고 있었던 것처럼, 죄수들도 벌써부터 그를 괴물로 여기고 있었다. 옛날에, 물론 그다지 먼 옛날은 아니어서 '기억은 생생하지만, 믿기는 어려운[12] 시절에는 자신의 일에 애착을 가지고 충실하게 수행하려는 사람들이 그 사람 말고도 많이 있었다. 그러나 대부분은 자신의 일을 단순하게 받아들였으며 특별한 매력을 가지고 하지는 않았다. 그런데 중위는 때리는 일에서는 극도로 세련된 미식가였다. 그는 자신이 보유하고 있는 때리는 기술을 정열적으로 사랑했고, 전적으로 예술로서 사랑했다. 그는 그 일을 무척 즐겼다. 마치 향락에 지친 로마 제국 시대의 귀족처럼, 자신의 지방 낀 무기력한 정신을 다소나마 자극하고 즐겁게 하기 위해서 각종 소일거리나 해괴한 매질 방법을 고안해 내는 것이었다. 여기에 벌을 받아야 하는 죄수가 끌려왔다고 가정해 보자. 제레바트니코프가 집행관이다. 굵은 몽둥이를 들고 길게 정돈하여 서 있는 사람들을 보기만 하여도, 그는 가슴이 두근거렸다. 그는 스스로 만족하면서 행렬을 훑어보고는 각자에게 충실히 양심적으로 자신의 일을 수행해야 한다는 것을 강조하며 훈시하고 있다. 그렇지 않으면…… 그러나 병사들은 이미 '그렇게 하지 않으면' 어떻게 되리라는 것을 잘 알고 있다. 그 만약에 끌려온 죄수가 그때까지 제레바트니코프를 알지 못했거나 그에 대한 소문을 들

---

11) 고골의 《죽은 혼》에 나오는 귀족.
12) 그리보예도프의 《지혜의 슬픔》에 나오는 한 구절.

은 적이 없었다는 것을 알게 되면 중위는 그에게 농담을 걸곤 한다. 물론 이런 경우는 백의 하나에 해당한다. 이러한 일을 생각해 내는 것에 관해서는 중위는 잔꾀가 끝이 없는 풍부한 지혜를 가진 사람이었다. 모든 죄수는 알몸으로 총대에 묶인 채 하사관들에게 끌려 푸른 거리[13]를 통과하게 된다. 그러면 그 순간 모든 죄수들은 하나같이 눈물을 흘리며 애원하는 목소리로 집행관에게 조금이라도 선처해 줄 것과 너무 가혹하게 하지는 말아 달라고 빌기 시작한다.

"각하," 불쌍한 죄수가 외친다. "용서해 주십시오. 그리고 친아버지가 되어 주세요. 제가 언제까지나 당신을 위해 하느님께 기도하게 해주십시오. 제발 한번만 봐주세요. 자비를 베풀어 주세요."

제레바트니코프는 이런 기대를 하고 있었다. 그는 바로 처벌을 중지시키고 죄수에게 사뭇 동정하는 듯한 표정을 지으면서 대화를 시작한다.

"그러나 이보게." 그는 말한다. "그렇게 말해도, 내가 뭘 할 수 있단 말인가? 벌하는 건 내가 아니라, 법이야!"

"각하! 이 모든 것이 각하의 손에 달렸습니다. 제발 자비를 베풀어 주십시오!"

"그럼, 너는 내가 너를 불쌍하게 여기고 있지 않다고 생각하는군. 네가 맞는 것을 내가 즐기기라도 한단 말인가. 나도 인간이야. 내가 인간 같지 않단 말인가?"

"각하, 그건 당연한 거지요. 당신은 아버지이시고, 우리는 어린애지요. 제 친아버지가 되어 주세요." 죄수는 한 가닥 희망을 품으면서 애원한다.

"그래, 자네도 잘 생각해 보게나. 생각할 정도의 머리는 있을 것 아닌가. 나도 인간으로서 너 같은 죄인에게 관대하게 대해야 하는 것 정도는 알고 있어."

"정말 옳은 말씀이십니다, 각하."

"그래, 어떤 죄를 지었더라도 사람을 미워하지는 말아야지. 그러나 중요한 건 내가 아니라 법이야! 나는 하느님과 조국에 봉사하는 사람이야. 만약 법을 어기고 너를 적당히 봐준다면 죄를 짓는 거야. 이 점을 잘 생각해 보라고!"

---

13) 두 줄로 늘어선 병사들 사이를 지나가며 몽둥이 세례를 받는 태형을 말함.

"각하!"

"그래도 안 돼! 이렇게 하는 것도 너를 위해서니까! 내가 죄를 짓는 것은 알지만, 그러나 할 수 없다……. 너를 측은히 생각해 이번만은 죄를 가볍게 해 줬다가, 만일 그 때문에 나쁜 일이라도 벌어지면 어쩌겠는가? 내가 만일 너를 동정해서 죄를 가볍게 해 주면, 너는 그것에 맛을 들여 또 죄를 저지를 것이다. 그때는 어떻게 하겠는가? 우선 내 마음이……."

"각하! 앞으로는 절대로 그런 일을 하지 않겠습니다! 창조주이신 하느님 앞에서처럼 맹세합니다……."

"좋아! 앞으로는 좋은 일만 하겠다고 나에게 맹세하는 거지?"

"네. 갈기갈기 찢어져도, 저세상에 가서라도……."

"그런 맹세는 마라, 불경스러우니까. 그럼, 나는 네 말을 믿어 보겠다. 약속하는 거지?"

"각하!"

"그럼, 좋아. 네가 고아이기 때문에 용서해 준다. 너는 고아지?"

"고아입니다, 각하. 넓은 세상에 오로지 혼자, 아버지도 어머니도 없습니다."

"좋아, 네가 고아라 용서해 준다. 이것이 마지막이니 그리 알아라……. 이자를 데려가." 이렇게 그는 부드러운 음성으로 덧붙이므로, 죄수는 이 은혜에 어떻게 감사해야 할지 모른다.

그러나 행렬은 무섭게 움직이기 시작한다. 죄수를 끌어낸다. 북이 울리고 몽둥이가 올라간다…….

"쳐라!" 제레바트니코프의 명령이 떨어진다. "이놈을 태워. 껍질을 벗겨. 타도록 때려 줘! 더 세게 이 고아를, 더 세게 이 사기꾼을! 위치시켜, 위치시켜!"

열광하는 그의 호령에 병사들은 힘껏 죄수를 때리고 불쌍한 사나이는 눈에 불꽃을 튀기면서 비명을 지르기 시작하지만, 제레바트니코프는 대열을 뛰어다니며 배꼽을 쥐고 웃어댄다. 나중에는 보는 사람이 가여울 정도이다. 그는 기뻐하고 있는 것이다. 그에게는 죄수의 비명과 절규가 우스꽝스러운 것이다. 이따금 그 야멸친 웃음을 멈추고 다시 외친다. "이놈의 껍질을 벗겨. 타도록 태워, 이 사기꾼을, 고아를……."

그는 이 밖의 여러 가지 다른 방법들도 궁리해 냈다. 죄수는 형장에 끌려

나갈 때면 언제나처럼 애원하기 시작한다. 제레바트니코프가 이번엔 거드름을 피우거나 이맛살을 찌푸리지 않고 직접 말하는 것이다.

"이봐. 나는 적법한 처벌을 하는 거라고. 네가 그만한 죄를 지었으니까. 그렇지만 너를 위해서 총대에 붙잡아 매는 것만큼은 면해 주마. 너는 혼자 푸른 거리를 걸으면 돼. 지금까지 없었던 선처야. 네가 되도록 빨리 줄 사이를 빠져나가면 그만큼 몽둥이를 덜 맞을 수도 있어. 어때? 해보겠나?"

죄수는 미심쩍어하면서 생각한다. '어떻게 하지?' 그는 속으로 생각한다. '어쩌면 그편이 더 나을지도 몰라. 내가 빨리 뛰기만 하면 훨씬 덜 맞겠지. 고통이 다섯 배쯤 덜 거야. 몽둥이를 다 맞지는 않을 테니까 말이야.'

"좋습니다. 나리, 해보겠습니다."

"그래, 나도 찬성이다. 때려! 정신 바짝 차려! 한눈 팔지 마!" 그는 병사들에게 소리친다. 한 개의 몽둥이도 죄인의 등을 그냥 스쳐 가지는 않으리라는 걸 알면서도 말이다. 병사들도 역시 만약 헛치기라도 하면 나중에 무슨 일을 당할지 잘 알고 있다. 물론, 죄수는 온 힘을 다해 푸른 거리를 달려나가려고 하지만 열다섯 명의 열을 빠져나갈 수는 없다. 몽둥이는 북의 연타처럼 일제히 쏟아진다. 소리치고 비명을 지르며 불쌍한 사나이는 칼에 베인 것처럼, 총알에 맞은 것처럼 쓰러지고 만다. 그리고 죄인은 이렇게 말하며 천천히 파랗게 겁에 질린 채 땅에서 일어난다. "안 되겠습니다, 각하! 법대로 하는 것이 낫겠습니다." 이 모든 장난을 미리 알고 있어서 일이 이렇게 끝나리라는 것을 짐작하고 있던 중위는 소리 내어 웃어댄다. 그의 모든 오락거리와 우리 사이에서 오고 가는 그의 이야기를 여기에 다 쓸 필요는 없을 것 같다.

하지만 죄수들 사이에서, 스메칼로프 중위에 대해 이야기를 할 때는, 태도도 어조도 기분까지도 달라지곤 했다. 그는 지금 소령이 임명되기 전에 전임자로서 우리 감옥의 지휘를 맡았었다. 죄수들은 제레바트니코프에 관한 이야기를 꺼낼 때면 화를 내거나 하지 않고 무관심한 듯 이야기했지만, 모두들 그의 행동을 좋아하거나 칭찬하는 것이 아니라 분개하고 있었던 것이 분명하다. 어쩌면 경멸하고 있었는지도 모른다. 그러나 스메칼로프에 대해서는 즐거운 듯이 이야기했다. 그는 체벌을 좋아하지 않았기 때문이다. 그에게는 제레바트니코프와 닮은 점이 없었다. 그렇다고 그가 한 발짝 물러나 채찍을 면제시켜 준 것은 아니다. 중요한 것은 그의 채찍 자체가 우리에게는 왠지 감미롭고 사랑스러운 것으로 여겨진다는 것이다. 이 사람은 그 정도로 죄수들을 사로잡는 능력이 있었다! 하지만 무엇으로 그럴 수 있단 말인가? 무엇으로 그는 그런 인기를 얻었단 말인가? 사실 우리 죄수들은, 아마 러시아 모든 민중이 그런지도 모르겠으나, 위로하는 말 한마디에 어떤 고통도 잊어버릴 준비가 되어 있는 사람들이다. 나는 지금, 어느 편에 서서 그것을 분석하는 것이 아니라 사실을 말하고 있다. 이 한 민중들에게 인기를 얻는 것은 결코 어려운 일이 아니었다. 그러면서도 스메칼로프 중위의 인기는 '특별한 것'이었다. 그에게 맞은 기억을 떠올리는 순간에도 모욕감은 전혀 들지 않았다. 죄수들은 "아버지도 필요 없어!"라고 말하며, 지금의 사령관 부관과 전에 일시적으로 대행을 했던 스메칼로프를 비교하고서 한숨까지 내쉬는 것이었다. 그리고 '좋은 사람이었어!'라고 말하기도 했다.

그는 정말 순수하고 선량한 사람이었다. 더욱이 그는 선량했을 뿐만 아니라 상관으로서 관대히 처신할 줄도 알았다. 왜 그랬을까? 모두 그를 좋아했던 것은 물론 아니다. 그를 비웃는 사람도 있기는 했다. 그러나 중요한 것은 스메칼로프는 죄수들에게 '자기를 동료'의 한 사람으로 생각하게 하는 방법을 알고 있었다는 것이다. 이것은 탁월한 수완, 아니 더 정확히 말해서 타고난 재능으로서 자신조차 의식하지 못한 것이었다. 이상하게도 이러한 사람 중에는 선량하지 않음에도 수완이 뛰어나 인기를 얻기도 하는 이들이 있다. 이들은 까다롭지도 않고 아랫사람에 대해 거들먹거리지 않는다. 여기에 이유가 있는 게 아닐까! 그들에게는 하얀 손을 가진 귀족의 자제 같은 구석이 없다. 오히려 특별히 우리 민중이 태어나면서부터 지니게 되는 평민다운 냄새가 난다. 그런데 우리 민중은 이 냄새에 얼마나 민감한가! 그들은 이 냄새를 위해 무엇도 아끼지 않는다! 만약 민중과 다른 특별한 삶의 냄새를 가지고 있기라도 하다면, 그들은 그것이 아무리 고질적인 것이라 해도 민중에게 자비로운, 인기 있는 인간이 되기 위해 고칠 준비가 되어 있다. 이러한 마음가짐에 비록 자기 방식대로라도 선량하기까지 하다면 어떨까? 그렇다면 그 인간의 가치는 무한한 것이다! 스메칼로프 중위는 앞에서 말한 대로, 때로는 심하게 형을 집행하는 경우도 있었으나 이로 인해 원한을 갖게 하지 않았을 뿐만 아니라, 오히려 반대로 오랜 시간이 지난 뒤에도 즐거운 마음과 웃음을 가지고 채찍질을 회상할 수 있게 하는 능력을 가지고 있었다. 스메칼로프는 거의 장난치는 일이 없었다. 예술적 상상력이 부족했기 때문이다. 사실 장난다운 것이 하나가 있긴 했다. 그것은 근 1년 동안 되풀이해서 써먹은 수법이었다. 아마도 그것은 단 한 가지였으므로 귀엽게 느껴졌는지도 모른다. 사실 단순한 것이었다.

예를 들어, 죄수가 끌려온다. 스메칼로프는 미소를 띠고 농담을 하면서 집행 장소에 나와서는 죄수에게 뭔가를 묻는다. 개인적인 일이나 가족에 관한 것, 감옥 생활 같은 형벌에 아무런 관계도 없는 것을 묻는데, 여기에는 무슨 목적이 있거나 장난하려는 의도가 있는 것은 아니다. '그는 다만 이러한 일들에 관해 알고 싶을 뿐이다.' 스메칼로프는 채찍을 가져오고 의자에 앉는다. 파이프에 불을 붙인다. 파이프는 몹시 긴 것이었다. 죄수는 애원하기 시작한다……. "안 돼, 누워 있어. 무슨 일이야 있겠나……." 스메칼로프는 말한다. 죄수는 한숨을 쉬며 다시 눕는다. "그런데 자네, 기도문은 외울 줄 아나?" "알고말고요, 각하. 우리는 세례받은 사람입니다. 어릴 때부터 외웠습니다." "그럼, 외워 보게." 죄수는 무엇을 외워야 할지 알고 있으며, 무슨 일이 생기게 될지도 알고 있다. 왜냐하면 이러한 장난은 지금까지 서른 번이나 다른 죄수들에게 실행해 온 것이기 때문이다. 그리고 스메칼로프 자신도 죄수가 그것을 알고 있으며, 누워 있는 제물 위에서 채찍을 들고 서 있는 병사들까지도 싫증이 나도록 들었다는 것을 알고 있다. 그런데도 역시 그것을 되풀이하려는 것이다. 왜냐하면 그는 이 장난이 무척 마음에 들고, 자신의 문학적 자존심을 걸고 창조했다고 생각하고 있기 때문이다. 죄수는 기도문을 외우기 시작하고 병사들은 채찍을 갖고 기다린다. 스메칼로프는 의자에서 몸을 숙인 채 한 손을 들어 파이프조차 피우기를 중단하고 정해진 구절이 나오기를 기다린다. 죄수는 마침내 몇 줄 외운 뒤 '천국으로'라는 구절에 이른다. 여기가 그 대목이다. '잠깐!' 중위는 볼을 붉히며 감동적인 몸짓으로 채찍을 든 자를 향해 외치는 것이다. '갖다 줘.'

그리고 그는 몸을 비비꼬며 큰 소리로 웃어댄다. 주위에 서 있는 병사들도 웃기 시작한다. 때리는 자도 웃고, '갖다 줘' 하는 구령과 함께 채찍이 공중에서 휘휘 소리를 내며 면도날처럼 등을 후려칠 순간인데도 맞는 사람은 금방 웃음이 터질 것 같다. 스메칼로프는 자신이 창작해 낸 '천국으로' '갖다 줘' 하는 대구가 몹시 만족스러웠고, 압운까지 밟고 있는 것이 더욱 마음에 들었다.

이렇게 스메칼로프가 만족해하며 형장에서 나가면 형을 받은 자도 큰 고통을 느끼지 않고 사뭇 만족스럽게 생각하며 물러간다. 그리고 30분 뒤에는 감옥 안에 지금까지 서른 번이나 되풀이된 장난이 이번에 서른한 번째로 시도된 것이 화제로 오른다. '한마디로 좋은 사람이야. 멋진 사람이야!'

때로는 선량한 중위를 생각하면 이내 일종의 마닐로프 기질[14]이 떠오른다.

"흔히 있는 일이었지." 어떤 죄수가 그에 관한 기억 때문에 얼굴에 미소를 띠고 이야기하곤 했다. "그는 가운을 입고 자기 방의 창가에 앉아서 차를 마시기도 하고 담배를 피우기도 했어. 내가 모자를 벗어 인사를 하면 내게 물었지. '아크쇼노프, 어디 가나?'"

"'네, 일하러 갑니다. 미하일 바실리치, 우선 일은 해야 하니까요.' 그렇게 말하며 미소를 지었지……. 한마디로 정말 좋은 사람이야!"

"그런 사람은 찾아보기 힘들지!" 듣고 있던 사람 중의 누군가가 이렇게 말을 덧붙였다.

3. 병원(계속)

내가 지금 체형(지금 여기서 쓰고 있는 체형과 형벌에 관한 모든 것들은 나의 시대에 있었던 일들이다. 이제는 모든 것이 바뀌었고, 또 바뀌어 가는 중이라고 한다)에 관한 것과 이 흥미로운 임무를 집행하는 사람들에 대한 이야기를 시작한 것은, 병원에 입원하자마자 처음으로 이러한 모든 일에 대한 분명하고 뚜렷한 개념을 얻을 수 있었기 때문이다. 이전까지는 이러한 이야기들을 단지 소문으로만 들었을 뿐이다. 두 병실에는, 이곳 도시와 부근 일대에 흩어져 있는 각 보병대와 교정대 그 밖의 각 군 부대에서 체형을 받은 미결수들이 호송되어 왔다. 입원 초기, 나는 내 주변에서 일어나고 있는 모든 것들을 탐욕스러울 정도로 주시하고 있었다. 나에게는 이해할 수 없었던 규정들, 특히 체형을 받은 자와 이를 기다리고 있는 사람들은 나에게 매우 강한 인상을 심어 주었

---

14) 고골의 《죽은 혼》에 나오는 주인공 마닐로프의 감상적이며 낭만적인 세계관.

다. 이들이 내겐 흥분과 놀라움의 대상이었다. 그래서 나는 그때 당시 생소한 모든 것들을 상세히 탐색하려 하였으며, 다른 죄수들이 주고받는 대화에도 귀를 기울이고 때로는 질문을 하기도 해서 나름대로의 견해를 가지려고 노력했던 것을 기억하고 있다. 더욱이 나는 형의 언도와 집행의 등급과 집행 과정의 분위기, 이것들에 대한 죄수들의 생각을 알고 싶었다. 또한 체형을 받으러 가는 도중의 죄수들의 심리 상태를 상상해 보려고 애썼다. 앞에서도 말했지만, 체형을 기다리는 동안에 아무렇지도 않은 사람은 거의 없다. 게다가 체형을 받아 본 경험이 있는 사람이라 할지라도 예외는 아니다. 일반적으로 언도받은 체형을 기다리는 사람에게는 한결같이 어떤 날카로운, 모든 정신적인 것을 짓눌러 버리는 육체적 고통에 대한 공포감과 도저히 어쩔 수 없는 본능적인 두려움이 생기게 마련이다. 나는 이후에도 징역 생활을 하는 몇 년간, 언도받은 형의 절반을 받고 입원했다가 등의 상처가 나으면 다음날 나머지 절반을 받기 위해 퇴원하는 미결수들을 흔히 보았다. 이렇듯 언도받은 체형의 수를 절반으로 나누어 집행하는 것은 입회한 의사의 소견에 따르는 것이다. 만약에 선고받은 형량이 많아서 한 번에 다 맞을 수 없다고 판단되면 두 번이나, 세 번에 걸쳐 집행하게 된다. 이러한 판단 역시 의사의 소견에 달려 있다. 일반적으로 5백 대, 1천 대 혹은 1천5백 대는 한 번에 맞게 되지만, 2천이나 3천 대가 되면 두 번, 세 번으로 나누어 맞게 된다. 처음 맞고 나서 등의 상처를 치료하다가 나머지를 맞으려고 병원에서 나가는 날이나, 그 전날은 일반적으로 침울하고 암담한 표정으로 가라앉기 마련이다. 이들에게는 일종의 정신적 공포감이나 불안한 정서 상태가 나타나게 된다. 그런 사람들은 입을 다물고는 침묵으로 일관한다. 무엇보다 흥미로운 것은 다른 죄수들도 그런 상태의 죄수들과는 절대 이야기하지 않으려 하고, 그를 기다리고 있는 체형에 대해서도 말을 꺼내지 않으려고 애쓴다는 점이다. 사소한 말이든 위로의 말이든 하지 않았을 뿐만 아니라, 그들에게 관심조차 가지지 않으려고 애쓰는 것이 역력했다. 물론 이것은 체형을 기다리는 사람들을 위한 배려였다. 그러나 예외도 있다. 이를테면 앞에서 말한 오를로프이다. 처음 절반을 맞고 난 뒤에 그는 등이 낫지 않아 빨리 퇴원할 수 없는 것을 유감스러워했던 사람이다. 왜냐하면 될 수 있는 대로 남은 형을 빨리 받고 다른 죄수와 함께 정해진 유형지로 가는 도중에 탈출하려 했기 때문이다. 그가 이런 목적을 염두에 두고 있다는 사실을 어느 누구도 눈치채지 못했다. 그는 원기 왕성하고 정열적인 천성을 가진 사람이었다. 그는 자기 의도를 드러내지 않으려고 애쓰고 있었지만 만족해하는 모습으로 보아 매우 흥분한 상태에 있었다. 처음 체형을 받기 전에 그는 꼭 죽을 것만 같다고 생각했다. 체형의 수를 언도받기 전에 이미 무성한 소문을 들었으며 그때 이미 죽을 각오까지 하고 있을 정도였다. 그러나 체형의 반을 받고 난 뒤 용기를 갖게 되었던 것이다.

그는 내가 지금껏 그렇게 심한 상처를 본 적이 없을 만큼 반은 죽은 상태로 병원에 실려 왔다. 그러나 그는 기쁜 마음으로 '아직은 살아갈 수 있다. 소문은 거짓이었으며, 그 정도의 몽둥이 세례는 이겨 낼 수 있다'는 것을 확인하고 오랜 미결감 생활 뒤엔 끝없는 길, 탈출, 들판과 숲 등 자유로워질 수 있다는 희망을 꿈꾸기까지 하였다……. 그러나 퇴원한 지 이틀 만에, 그는 처음 들어와 누웠던 침대에서 죽고 말았다. 나머지 절반의 매를 견디지 못했던 것이다. 그러나 죽음에 대해서는 이미 앞에서 말했다.

하지만 죄수들은 체형을 기다리며 고통스러운 낮과 밤을 보냈더라도 막상 맞을 때는 남자답게 의연하게 받아들이곤 했다. 아무리 겁이 많은 자도 예외는 아니었다. 나는 그들이 병원에 온 첫날, 죽을 지경으로 맞았다 할지라도 신음 내는 것을 들어 본 적이 거의 없다. 일반적으로 민중은 고통에 강한 법이다. 나는 고통의 정도에 대해 여러 번 물어본 적이 있다. 고통이 얼마나 심한 것이며, 그 무엇에 비교할 수 있는지 명쾌하게 알고 싶었던 것이다. 사실 무엇 때문에 이런 것을 알고 싶어했는지는 모르겠다. 그러나 쓸데없는 호기심만은 아니었던 것으로 기억된다. 되풀이하지만, 그들을 볼 때마다 두근거리는 심장 고동을 느끼며 놀라움을 금하지 못했다. 그러나 누구에게 물어보아도 만족할 만한 대답은 얻어낼 수 없었다. 다만 채찍으로 맞은 사람들의 말에 의하면, 불에 타는 듯한 느낌, 또 타오르고 있는 불 위에서 등을 태우고 있는 느낌이라는 것이 내가 얻어낸 전부였을 뿐이다. 그 무렵 나는 M과 가까워지자 그에게도 그 일을 물어보았다. "아픈가?" 그는 대답했다. "몹시 아프지요, 타는 느낌이 들어요, 불처럼. 마치 뜨거운 불로 등을 지지는 것 같습니다." 한마디로 말하면, 채찍으로 맞는 체형에 관한 대답은 누구에게 묻든 늘 같은 것이었다. 이로써 나는 그때 아주 특이할 만한 한 가지 사실을 알아낸 것을 기억한다. 믿을 만한 것인지에 대해서는 확신할 수 없지만, 많은 죄수들이 주장했던 일반적인 것이었다. 그것은 언도받은 체형의 횟수가 많은 경우, 사용되는 방법 중에서 가장 견디기 어려운 것이 채찍으로 맞는 것이라는 사실이다. 이것은 언뜻 보기에 불합리하고 있을 수 없는 일일지도 모른다. 5백 대나 4백 대를 채찍으로 맞을 경우 사람이 죽을 수도 있다. 하물며 5백 대 이상이라면 거의 죽고 만다. 1천 대라면 제아무리 건강한 사람이라 할지라도 한 번에 맞을 수는 없다. 몽둥이로 5백 대를 맞는 거라면 생명에 지장 없이 견뎌낼 수 있다. 몽둥이로는 1천 대라면 그다지 건강한 사람이 아니더라도 생명에 지장 없이 견뎌낼 수 있다. 2천 대라 해도 표준 정도의 몸집을 가진 사람이라면 죽지는 않는다. 죄수들은 거의 모두가 몽둥이보다 채찍이 훨씬 고통스럽다고 말한다. '채찍은 쓰리거든, 그래서 고통이 더 심하지'라고 그들은 말하곤 했다. 물론 채찍이 몽둥이보다 더 고통스럽다. 채찍은 더 강하게 살갗을 자극하고 신경을 건드림으로써 참을 수 없을 정도로 치를 떨게 만들기 때문이다.

나는 지금은 어떤지 모르지만 얼마 전만 해도 사람을 채찍으로 때릴 수 있는 권한을 가지고, 드 사드 후작[15]과 브린빌리에르 부인[16]을 회상하며 흡족해하던 귀족들이 있었음을 안다. 그러나 내가 생각하기로는 그러한 만족에는 귀족들을 매료시키는 뭔가가 있기도 했겠지만, 일말의 고통도 있었을 것이라고 믿고 싶다. 세상에는 피에 굶주린 호랑이 같은 사람도 있긴 하다. 한 번이 마력을 경험한 사람, 하느님에 의해 자신과 같이 인간으로 창조된 형제들의 육체와 피, 영혼을 지배하고, 더할 수 없는 모욕으로 그들을 멸시할 수 있는 권력을 경험해 본 사람은 그 자체에 도취하게 된다. 포악함은 습관이다. 이것은 차차 발전하여 마침내는 병이 된다. 내가 말하고 싶은 것은, 아무리 훌륭한 인간이라 해도 이러한 습관 때문에 짐승처럼 우매해지고 광포해질 수 있다는 것이다. 모름지기 피와 권력은 인간을 눈멀게 하는 법이다. 거만과 방종

---

15) 알퐁스 프랑수아 드 사드, 프랑스 낭만주의 소설가(1740~1814). 그로부터 사디즘이라는 용어가 생김.

16) 프랑스의 후작 부인으로, 재산 상속을 목적으로 부친과 두 형제를 살해한 살인범. 1676년에 처형된 것으로 알려짐.

이 심해지고 급기야는 받아들이기 어려운 비정상적인 현상도 달콤하게 받아들이게 된다. 폭군 앞에서 인권과 시민권은 박탈되고, 인간으로서의 가치 회복과 소생의 가능성은 거의 사라지고 만다. 게다가 이러한 독선적 행위는 사회 전체에도 영향을 끼치게 된다. 권력이란 마약과 같은 것이기 때문이다. 이런 현상에 대해 무관심한 사회는 이미 그 기초가 위협받고 있는 것과 다름없다. 한마디로 말해서, 타인을 때릴 수 있는 권력을 가질 수 있다는 것은 사회악의 하나이며, 사회에 내재하는 모든 문명적인 짝과 모든 시도들을 제거하는 가장 강력한 수단이며, 사회 붕괴의 필연적이며 돌이킬 수 없는 완전한 근거인 것이다.

실제로 체형을 집행하고 있는 형리는 사회에서 멸시받고 있기는 하지만, 신사적인 형리라면 다르다. 얼마 전에 이처럼 전제적이고 포악한 체형을 반대하는 의견이 나오기는 했지만 여전히 추상적으로 책 속에서만 언급되는 형편이다. 그런 의견을 내놓는 사람조차도 자신의 마음속에서 독재에 대한 유혹을 뿌리 뽑지 못하고 있는 경우가 대부분이기 때문이다. 모든 공장주, 사업경영자는 자신의 노동자가, 또는 그 가족 모두가 오직 자신들에게만 의존할 수밖에 없다는 사실만으로도 극적인 만족감을 느낀다. 이것은 틀림없는 사실이다. 인간은 타고난 천성에서 쉽사리 변화할 수 없으며 피를 통해 물려받은, 말하자면 모유를 통해 전해진 것을 쉽게 저버릴 수 없다. 그리고 그렇게 신속한 변화는 없다. 물려받은 원죄를 인식하기는 매우 어렵다. 여기에서 벗어나야만 한다. 그러나 결코 간단한 일은 아니다.

나는 형리들에 대해 이야기하고자 한다. 형리가 될 수 있는 특성의 싹은 현대인이라면 누구나 거의 가지고 있다. 그러나 인간의 야수성이 누구에게나 똑같이 자라나는 것은 아니다. 만일 동물적 속성이 성장 과정에서 다른 모든 자질보다 우수하다면, 그는 물론 포악하고 무서운 사람이 될 것이다. 형리에는 두 가지 부류가 있다. 하나는 자진해서 되는 경우, 또 하나는 마지못해 의무적으로 하는 경우이다. 자발적으로 하는 형리가 모든 면에서 후자의 형리보다 더 악독한 것은 말할 것도 없다. 사람들은 자발적인 형리들을 혐오하고 증오하며 거의 미신적인 공포심을 가지고 그들을 멀리하거나 무시한다. 같은 형리에 대해 누구에게는 거의 미신적이라 할 정도로 공포심을 갖게 된다. 그러나 반면에 다른 형리에게는 긍정이라도 하는 듯 무관심을 갖게 되는 것은 도대체 왜일까? 세상에는 이해하기 어려운 일들이 있게 마련이다. 나는 이러한 사람들을 알고 있다. 선량하고 정직하며 사회에서 존경받는 사람이면서도, 채찍을 맞는 사람이 비명을 지르지 않거나 기도하지도 않고 용서도 빌지 않는다면, 이를 그냥 보아 넘기지 못한다. 체벌을 받는 사람은 당연히 비명을 지르고 애원해야 하는데 맞는 사람이 그렇게 나오지 않으면, 그 형리는 다른 일에서는 선량할지 모르나 그것으로 인해 모욕을 느끼는 것이다. 처음에 그는 가볍게 체형을 집행하려 했더라도 "각하, 아버지. 용서해 주십시오. 영원히 하느님을 위해 기도하게 해주세요" 하는 판에 박힌 말이라도 애원의 말이 나오지 않으면, 그 애원을 듣기 위해서라도 50대를 더 추가하여 때리고, 애원의 말을 들으려 한다. "별수 없어, 뭘 모르는 탓이야!"라며, 그는 내게 진지한 태도로 말한 적이 있었다.

마지못해 의무 때문에 하는 형리에 관해서는 누구나 알고 있듯이, 이들은 유형지를 배정받은 기결수들이었다가 형리로 남게 된 사람들이다. 처음 형리가 되면서 다른 고참 형리들에게 일을 사사받고, 계속 감시를 받으면서 영원히 감옥에 남아 있는 것이다. 그러나 감옥 안에 자기만의 공간을 따로 배정받고 가정생활도 할 수 있게 되어 있다. 물론 살아 있는 인간이 기계는 아니다. 의무적으로 때린다 할지라도 때로는 화를 내기도 하고 자신을 못마땅해 하면서 때리기도 한다. 그러나 그런 형리에게는 어느 때라도 맞는 자에 대한 개인적인 증오심은 없다. 하지만 때때로 자신이 하는 일에 대한 능숙함과 기술 정도를 동료들이나 대중 앞에서 과시하려는 마음이 그의 자만심을 자극하기도 한다.

그가 마음을 쓰는 것은 기술적인 부분이다. 뿐만 아니라 그는 자신이 세상에서 버림받았으며, 어디를 가더라도 미신적인 공포의 대상이 되고 있음을 잘 알고 있기 때문에, 과시하려는 마음이 그의 동물적인 속성을 교사(敎唆)하여 난폭해지는 데 영향을 끼치지 않는다고는 단언할 수 없다. 삼척동자도 그들이 '부모로부터 버림받은 자들'이라는 것을 잘 알고 있다. 이상한 일이지만, 내가 만난 형리들은 모두 비상한 자존심과 오만함을 가진 이성적이고 진보적인 사람들이었다. 그 오만함이 그들을 향한 멸시에 대한 반작용으로 생긴 것인지,

또는 맞는 자에게 심어 주었던 공포감 때문에 생긴 것인지는 모르겠다. 어쩌면 때리기 위해 대중 앞에 나타날 때의 극적이고 과시적인 모습에서 느끼는 기분이 오만함을 조성한 것이 틀림없다.

나는 언젠가 얼마 동안 어떤 형리와 가끔 만나서 그를 가까이에서 관찰할 수 있었던 것을 기억하고 있다. 그는 중키에 마르고 단단한 몸집, 마흔 정도의 나이에 쾌활하고 이지적인 얼굴에 곱슬머리였다. 그는 언제나 부자연스러우리만큼 침착하고 정중했다. 겉으로 보아서는 신사적인 태도를 유지하고 항상 대답할 때도 간단명료하며 사려깊게, 그리고 친절하게 이야기했다. 그러나 그 친절함에는 언뜻언뜻 거만스러운 기미가 엿보이곤 했다. 위병 장교들과 이야기하는 것도 자주 보았는데, 장교들의 태도에서도 그를 존중하는 듯한 인상을 받았다. 그는 이런 사실을 알고 있어 상관 앞에서는 일부러 자신의 공손함과 순박함 등으로 자신의 가치를 두 배로 느끼게 할 수 있는 태도를 보여 주려고 했다. 그와 이야기하는 상관이 친절하면 친절할수록 그의 태도가 공손함에도 더욱 도도하게 보이는 듯했다. 나는 이럴 때마다, 그가 이야기하고 있는 상관보다 자신을 더 높게 여기고 있는 것을 확실히 알았다. 그의 얼굴에 그런 속셈이 씌어 있었다. 이따금 무척 무더운 여름날에 그는 길고 굵은 몽둥이를 들고 호송병의 감시 아래 도시의 개를 때려잡기 위해 파견되기도 했다. 이 도시에는 주인 없는 개들이 무척 많았는데 그 숫자가 매우 빠른 속도로 번식하고 있었다. 무더운 여름이면 개들이 위험 대상이 되므로 이를 방지하기 위해 당국의 명령으로 형리를 내보내는 것이다. 그러나 이런 보잘것없는 일조차도 그를 비천하게 만들지는 않았다. 그는 피곤에 지친 감시병과 함께 도시의 거리를 당당히 누비면서 마주치는 부녀자들과 아이들에게 위협적인 모습을 보여 주었고, 지나가는 사람들을 깔보듯 바라보는 그의 태도도 매우 볼만한 것이었다.

게다가 형리들의 생활은 자유로웠다. 그들에게는 돈이 있어서 잘 먹고, 술도 마실 수 있다. 돈은 뇌물로 충당된다. 재판에서 체형을 선고받은 일반 미결수들은 어떤 수를 써서라도 형리에게 뇌물을 바친다. 때로는 돈이 있어 보이는 미결수에게 형리들이 상당한 금액을 요구하기도 한다. 30루블 정도, 경우에 따라서는 그 이상을 받기도 한다. 또한 매우 부유한 자와는 흥정을 벌이기도 했다. 물론 약하게 때릴 수 있는 권한이 형리에겐 없다. 그 책임은 자신이 지게 되기 때문이다. 그런데도 죄수에게는 뇌물의 대가로 심하게 때리지 않을 것이라고 약속한다. 그러나 이런 제안에 승낙해야 된다. 그렇지 않으면 인정사 정없이 맞아야 한다. 세게 때리는 것은 전적으로 형리의 자율에 맡겨진 것이다. 어떤 경우에는 가난한 죄수들에게도 많은 뇌물을 요구하기도 한다. 그러면 친척들이 와서 흥정하기도 하고 애원하기도 한다. 여하튼 형리를 만족시키지 않으면 좋을 것이 없다. 이런 경우가 대개는 관습적으로 가지고 있는 형리에 대한 미신적인 공포 때문이라고 생각한다. 형리에 대해 얼마나 기괴한 소문이 많았던가! 더구나 죄수 자신들도 형리가 일격에 자신들을 죽일 수도 있다고 이야기하곤 했다. 그렇다면 이것은 언제 입증된 적이라도 있는가? 그러나 없다고는 할 수 없다. 사람들은 지나칠 정도의 확신을 가지고 이야기하고 있었다. 형리 자신이 한 번에 사람을 죽일 수도 있다고 확언하는 말을 들은 적도 있다. 또한 사람들은 형리가 있는 힘껏 죄수의 등을 때려도 상처도 남지 않고, 맞는 사람이 고통을 느끼지 않게 할 수도 있다고 이야기하기도 했다. 이미 이러한 마술 같은 기술이나 솜씨에 대해서는 너무나 많은 이야기가 알려져 있다. 그러나 살살 때려 달라는 부탁으로 뇌물을 받은 경우라도, 처음 한대는 있는 힘껏 세게 때린다. 이것은 그들간의 관습으로 되어 있다. 그 다음부터는 좀 약하게 때리는 것이다. 더욱이 미리 뇌물을 받은 경우에는 더욱 그러하다. 그러나 처음의 일격은 뇌물을 받았건 안 받았건 마찬가지다. 왜 이런 관례가 생기게 되었는지 알 수는 없다. 추측건대 처음 강한 매를 맞음으로써 뒤에 이어지는 약한 매질이 그만큼 덜 아프다는 계산에서 면역성을 주기 위함인지 혹은 맞는 사람 앞에서 위엄을 부리기 위한 것인지, 아니면 공포심을 조장하여 자신의 존재를 단숨에 알려주려고 하는 것인지 알 수 없다. 여하튼 때리기 전에 형리는 묘한 흥분 상태를 느끼고, 스스로를 마치 권력자인 것처럼 착각하는 것이다. 그는 이 순간만큼은 배우이다. 대중은 그를 보고 놀라기도 하고 두려움에 떨게 된다.

   그는 자기 희생물에게 첫 번째 매질을 하기에 앞서 "정신차려, 때린다!" 하고, 이러한 경우에 으레 하는 운명적인 말을 외치면서 기쁨을 느끼는 것이다. 인간의 본성이 어디까지 왜곡될 수 있는지는 상상하기 어려운 일이다.

병원에 와서 처음 얼마동안 나는 죄수들의 이러한 이야기에 열심히 귀를 기울였다. 침대에 가만히 누워 있는다는 것은 누구에게나 극도로 지루한 일이다. 그날이 그날 같고, 그날이 그날 같다! 아침에는 의사의 회진이 있고, 회진이 끝나면 바로 점심 식사, 물론 식사 시간은 즐겁다. 먹는 일은 입원 생활 중 매우 즐거운 위안거리이다. 식사는 환자의 상태에 따라 다양하게 나왔다. 어떤 환자는 껍질을 벗긴 곡물이 섞인 수프를 받기도 하고, 어떤 이는 죽만 받고, 또 다른 사람은 많은 사람들이 선호하는 밀가루 죽을 받는 자도 있었다. 오랜 병으로 환자들은 약해져 있어서 맛있는 음식을 먹는 일을 좋아했다. 회복기에 있거나 거의 건강해진 사람들은 삶은 쇠고기 한 덩어리를 받기도 했는데, 우리 사이에서는 이것을 '황소'라고 불렀다. 가장 좋은 식사는 괴혈병 환자의 식사였다. 그것은 고추냉이와 파 등이 섞인 쇠고기 요리였는데, 때때로 보드카 한 잔이 곁들여지기도 했다. 빵도 병세에 따라서 검은 빵과 반만 흰 빵이 나오는데, 둘 다 잘 구워져 있었다. 병세에 따른 식사 분량의 당위성과 엄격함은 환자들의 실소를 살 뿐이었다. 물론 아무것도 먹지 않으려는 환자도 있었다. 그런 경우 식욕이 왕성한 사람이 먹고 싶은 것만 골라 먹기도 했다. 개중에는 식사를 바꾸는 환자들도 있어서 정해진 것과는 다른 식사를 하게 마련이었다. 유동식을 해야 하는 환자가 쇠고기나 괴혈병 환자용 식사를 하기도 하고, 크바스를 마시기도 하고, 약 대신에 맥주를 사서 마시기도 했다. 그중에는 두 사람분의 식사를 하는 환자도 있었다. 이러한 음식들은 교환되기도 하고 돈으로 매매되기도 했다. 쇠고기가 들어간 식사는 꽤 비싸서 지폐[17]로 5코페이카나 했다. 만약 우리 병실 안에서 파는 사람이 없을 경우에는 간수를 다른 죄수 병실로 보내서 사오게 하기도 하고, 그곳에도 없으면 일명 '자유실'이라 불리는 군인 병실로 가기도 했다. 파는 사람은 언제나 있게 마련이다. 그들은 빵만 남겨 두고 돈을 챙겼다. 어차피 가난하기는 마찬가지였지만, 그중에서도 좀 여유가 있는 사람은 흰 빵이나 그 밖의 맛있는 것들을 사오라고 시장으로 사람을 보내기도 하였다. 우리 간수는 아무 불평 없이 이런 부탁을 잘 들어주었다. 식사가 끝나고 나면 가장 지루한 시간이 된다. 모두들

---

17) 러시아에서 1767~1843년에 발행되었던 지폐.

어쩔 수 없이 잠을 자기도 하고 수다를 떨기도 하며 지껄이기도 하고 뭔가를 소리 내어 이야기하기도 한다. 새 환자가 들어오지 않는 날은 더욱 지루했다. 새 환자가 들어오면 기분전환이 된다. 특히나 그를 아는 사람이 아무도 없을 경우에는 더욱 그랬다. 그를 주시하면서 그가 누구인지 왜, 어디서 무슨 죄로 들어왔는지를 알아보려고 애를 썼다. 이런 경우에는 특히 호송 중이던 사람에 대해서 호기심이 대단했다. 이들은 대체로 뭔가 재미있는 이야기는 해도 개인적인 이야기는 하지 않았다. 이에 대해 본인이 이야기하지 않는 한 절대로 누구도 물어보는 법은 없었다. 어디서 왔는지? 누구하고 왔는지? 오는 도중에 별일은 없었는지? 어디로 가는 길이었는지? 이런 것만 물을 뿐이었다. 간혹 새로운 이야기를 듣고 있다가 지나가는 말로 자신의 처지를 이야기하는 경우도 있긴 했다. 호송되는 사람들에 관한 것, 호송대장이나 호송대에 관한 것 등을 말이다. 체형을 받은 죄수들도 저녁 무렵이 되면 병실에 끌려들어온다. 이들은 언제나 강한 인상을 주는데, 이것에 대해서도 이미 앞에서 말했다. 그러나 이런 경우가 날마다 있는 것이 아니기에, 새 환자가 들어오지 않는 날은 병실 분위기가 매우 시들해지고 따분해져서 서로의 얼굴마저도 싫증이 나는지 말다툼까지 벌이곤 하였다. 그러기에 우리는 미친 사람이 정신감정을 받기 위해 끌려오는 것도 재미있어했다. 간혹 형벌을 피하기 위해 미친 사람처럼 행세하는 속임수는 체형을 지연시키기 위해 미결수들이 종종 사용하는 방법이었다. 이들 중 몇몇은 들통이 나기 전에 스스로 위장하려는 책략을 바꾸고는 2, 3일이 지난 뒤 돌연히 제정신으로 돌아와 점잖아져서는 불쾌한 표정으로 퇴원 신청을 하곤 했다. 죄수들도 의사들도 그때까지 그의 속임수를 드러내어 책망하거나 모욕하거나 하는 일은 없었다. 아무 말 없이 퇴원시켜 보낸다. 그리고 2, 3일 뒤 체형을 치르고는 다시 돌아오는 것이었다. 그러나 그런 경우는 아주 드물었다. 하지만 진짜 미친 사람이 정신 감정을 받기 위해 들어오면, 병실의 죄수들 모두가 그야말로 천벌을 받는 것이나 다름없었다. 생글생글 웃으며 활기차게 소리치고 춤추고 노래하는 미친 사람이 처음 들어올 때 죄수들은 환호하며 그를 맞이한다. '이거 재미있겠군!' 하면서 방금 들어온 그 광대를 주시한다. 그러나 나는 그 불쌍한 사람을 보기가 매우 곤혹스러웠던 기억이 난다. 나는 단 한 번도 미친 사람을 보면서 냉담할 수가 없었다.

하지만 처음에는 환호를 받았던 이 미친 사람이 저지르는 말할 수 없이 우스꽝스럽고 소란스러운 장난도 한 이틀이 지나면 모든 사람들을 싫증나게 하고, 더 지나면 참을 수 없게 된다. 언젠가 미친 사람이 우리 병실에 3주가량 입원해 있었는데, 그때는 우리 모두가 병실을 탈출하고 싶은 심정이었다. 언젠가 또 하나의 미치광이가 끌려왔었다. 그가 나의 뇌리에 강한 인상을 새겨놓았던 것이다. 내가 감옥에 온 지 3년째 되던 해에 있었던 일이었다. 수감 첫해 아니 몇 달이 지난 어느 봄날, 나는 동료 한 명과 함께 2베르스타 떨어진 벽돌 공장에 일하러 다닌 적이 있다. 다가오는 여름에 대비하여 벽돌 굽는 가마를 수리해 두어야만 했다. 어느 날 아침 공장에서 M과 B가 나에게 오스트로지스키라는 사람을 소개시켜 주었다. 그는 오래전부터 공장 감독으로 일하고 있는 폴란드 출신의 하사관으로 예순 살 정도의 노인이었는데, 키가 크고 마른 몸집에 선량한 인상과 자신감 있는 태도를 보이고 있었다. 그는 평민 출신으로 1830년대에 주둔하고 있던 부대의 소속 병사로 시베리아에 와서 오래전부터 근무하고 있었다. M과 B는 그를 좋아했고 존경했다. 그는 항상 가톨릭 성서를 읽고 있었다. 나는 그와 이야기를 몇 번 나눈 적이 있는데, 그는 매우 조리 있고 부드럽게 더욱이 재미있게 이야기했고, 말할 때는 선량함이 담긴 그윽한 시선으로 상대방을 바라보았다. 그 뒤로 2년간 나는 그를 만나지 못했다. 단지 그가 무슨 사건에 연관되어 조사를 받고 있다는 소문을 들었을 뿐이었다. 그런데 돌연히 그가 미친 사람이 되어 우리 병실에 들어왔던 것이다. 그는 고함을 지르고, 큰 소리로 웃어댔으며, 몹시 저속한 몸짓으로 카마린스카야 흉내를 내면서 온 방 안을 춤추며 누비고 다녔다. 죄수들은 환호성을 질렀지만 나는 매우 언짢았다. 사흘 뒤, 우리 모두는 그를 어떻게 해야 좋을지 당혹스럽게 되어 버렸다. 그는 말다툼에, 싸움질, 또 고래고래 소리를 지르고, 한밤중에도 노래를 불러 댔다. 도무지 쉴 새도 없이 모든 사람을 역겹게 하는 불쾌한 행동을 계속했다. 그는 아무도 두려워하지 않았다. 그에게는 구속복[18]을 입혔는데 그것이 오히려 우리에게 폐가 되었다. 3주 동안 몇 번이나 우리

---

18) 미친 사람을 구금할 때 몸을 조이려고 입히는 윗옷.

병실에 있던 사람들 모두는 그 환자를 다른 죄수 병실로 옮겨 달라고 주임 의사에게 부탁했다. 다른 병실 또한 다른 미친 사람 한 명을 우리 병실로 옮겨 달라고 청하고 있던 터였다. 그러나 끊임없이 고함치고 난폭하게 구는 미친 사람 두 명을 한 병실에 둘 수 없었기에, 우리는 격일로 미친 사람을 서로 바꿔 가며 지내 보기로 하였지만 결과는 좋지 못했다. 마침내 그 두 미친 사람이 어디론가 가버리고 난 뒤에야 비로소 우리는 모두 긴 안도의 한숨을 내쉬었다……

나는 또 한 사람의 괴팍한 미친 사람을 기억하고 있다. 어느 여름날, 건강해 보이기는 하지만 얼굴이 곰보 자국으로 흉측하게 얽은 40대 중반 가량의 미결수가 들어왔다. 엷은 막으로 덮인 듯한 조그맣고 빨간 눈은 대단히 우울하고 새침해 보였다. 그는 내 옆의 침대를 썼는데, 매우 얌전하고 온순했으며 누구와도 이야기하지 않았고 무언가 골똘히 생각하는 듯했다. 그러나 날이 저물기 시작하자 그는 갑자기 내게 다가오더니 매우 은밀한 목소리로 이야기하기 시작했다. 며칠 뒤면 2천 대의 체형을 맞게 되어 있지만 G대령[19]의 딸이 그 일에 손쓰고 있기 때문에 체형을 받지 않아도 될 것이라는 내용이었다. 나는 어리둥절하여 그를 바라보면서, 그런 문제는 대위의 딸이라도 관여할 수 없는 일이라고 대꾸해 주었다. 그때만 해도 나는 아무것도 모르고 있었다.

나는 그를 일반 환자로 생각하고 있었던 것이다. 그래서 그에게 어디가 아파서 왔느냐고 물었다. 그는 왜 이곳에 왔는지 모르며, 자신은 건강하고 대위의 딸이 자신에게 반했다는 말을 반복하는 것이었다. 그의 말에 의하면, 2주 전쯤 그녀가 마차를 타고 감옥 옆을 지나가는 순간, 그는 창살이 끼워진 창문으로 밖을 내다보고 있었는데, 바로 그때 그녀가 자기를 보자마자 첫눈에 반해 버렸다는 것이다. 그래서 그녀는 그때부터 온갖 구실로 세 번이나 감옥에 왔는데, 처음에는 아버지와 함께 위병 근무를 하고 있는 장교인 오빠를 면회하러 왔고, 두 번째는 어머니와 보시(布施)를 하러 왔는데, 그녀가 이때 자신을 지나쳐 가면서 사랑하고 있다고, 구해 주겠노라고 속삭였다는 것이다. 물론 제정신이 아닌 상태로 꾸며 낸 망상에 지나지 않지만, 체형을 면할 수 있

19) 옴스크 요새 사령관이었던 A.F. Grave(1793~1864) 대령으로 알려짐.

다고 믿고 있었다. 그는 그녀의 열렬한 사랑에 대해 확신에 찬 어조로 조용히 말했지만, 어처구니없는 이야기라는 것은 알았다. 그래도 형편없는 외모에 오십을 바라보는 나이의 사람에게서 사랑에 빠진 소녀의 낭만적인 이야기를 들으니 묘하게 가슴이 설레기도 했다. 또한 체형에 대한 두려움이 이런 영향까지 줄 수 있다는 것이 새삼스러웠다. 아마도 그는 실제로 창가에서 누군가를 보았을 것이다. 그리고 매시간 깊어만 가는 공포로 인해서 안에 품고 있던 광기가 그 순간 출구와 형식을 찾아 이런 식으로 분출된 것인지도 모를 일이다. 이 불쌍한 군인은 어쩌면 전 생애를 통해 한 번도 대령의 딸 같은 신분의 여자를 생각해 본 적이 없을 것이다. 그래서 그는 지푸라기라도 잡으려는 마음에 본능적으로 그녀를 상대로 하여 한 편의 소설을 엮어 낸 것이리라. 나는 묵묵히 그의 이야기를 듣고 나서, 다른 환자들에게 그 말을 전해 주었다. 그러나 다른 사람이 호기심을 가지고 접근하자 그는 부끄러운 듯이 입을 다물어 버렸다. 다음날 의사가 오랫동안 그를 진찰하며 이것저것 물었을 때 그는 아무데도 아프지 않다고 대답했고, 실제로도 별 이상을 발견하지 못해 퇴원을 시키게 되었다. 차트에 사나트 에스트라고 쓴 것을 우리가 안 것은, 의사가 이미 퇴원을 시킨 뒤라 사실을 전할 수 없었다. 게다가 우리 자신도 실제 진상이 어떤 것인지 정확히 알 수 없었던 탓에 머뭇거렸던 것이다. 모든 책임은 아무 설명도 없이 그를 병원에 보낸 관리들에게 있는 것이다. 관리들은 그에 대한 소견서를 대충 훑어보고, 실제 그의 광기를 믿기 어려웠으므로 검진받게 하기 위해 무작정 보냈던 것인지도 모르겠다. 여하튼 불쌍한 사나이는 그로부터 이틀 뒤에 체형을 받으러 끌려갔다. 그에게는 그러한 상황이 몹시 뜻밖의 일이었을 것이고 매우 당황했을 것이다. 그는 마지막 순간까지 면제되리라고 믿고 있었으므로 형리들의 대열에 이르러서는 "살려 줘!" 하고 외쳐 댔다. 매를 맞은 뒤에 그는 마침 우리 병실에 빈 침대가 없어 다른 병실로 들어갔다. 그러나 나는 그가 여드레 동안이나 어느 누구와도 말 한마디하지 않고 흥분한 채 무척이나 슬퍼했다는 것을 들어서 알고 있었다…… 그 뒤 등의 상처가 아물고 나자 그는 어디론가 보내졌다. 그 다음에 나는 그에 관한 이야기를 전혀 듣지 못했다.

대체로 치료와 약에 관해서 언급하자면, 내가 아는 한 경상 환자들은 거의 의사의 지시에 따르지 않고 약도 제대로 복용하지 않았지만, 중환자들은 치료받는 것을 무척 좋아해서 처방받은 물약과 가루약을 정확하게 복용하고 있었다. 그러나 우리가 무엇보다 좋아했던 것은 외과적 치료였다. 흡종(吸鍾)[20]이나 거머리를 이용하거나 껍질, 방혈 등의 수단으로 치료하는 외과적 방법을 우리는 좋아했고, 왠지 믿음을 가지고 그것을 받아들이며 기꺼이 수용하려고 했다. 여기에서 나를 흥미롭게 했던 이상한 일 가운데 하나가 있다. 몽둥이와 채찍의 무서운 고통은 의연한 인내심으로 참을 수 있는 사람들이, 병을 이용해 피를 뽑아내는 치료를 받을 때는 인상을 찌푸리며 겁먹은 듯 중얼거리기도 하고 신음까지 내는 것이었다. 마음이 약해진 탓인지, 한번 그래 보는 것인지, 어떻게 설명해야 할지 모르겠다. 사실 피를 뽑아내는 흡종을 사용하게 된 데는 특별한 사연이 있었다. 순식간에 피부를 절개하는 기계는 간호병이 오래전에 분실했거나 부주의로 파손시켰는지, 또는 수명이 다 되어 깨져버린 것 같다. 그래서 간호병은 세모날[21]로 피부를 째고 피를 뽑아야만 했다. 피를 뽑아내기 위해 흡종을 사용하려면 병 하나당 열두 군데 정도 살갗을 째야 한다. 기계를 사용할 때는 통증이 없었다. 열두 개의 칼날이 순식간에 피부를 뚫기 때문에 통증을 느끼지 못하는 것이다. 그러나 세모날은 달랐다. 세모날은 비교적 매우 느리게 피부를 절개하므로 통증이 느껴지는 것이다. 예로 흡종 열 개를 이용하여 피를 뽑으려면 120개의 상처를 내야 하는데, 이를 동시에 한다면 아플 것이다. 나도 그 처치를 받아 본 적이 있다. 물론 아팠고 화도 났지만 신음을 낼 만큼 참을 수 없을 정도는 아니었다. 그래서인지 건강한 몸집에 몸을 비틀며 신음 소리를 내는 사람을 보고 있노라면 우습기까지 했다. 대체로 이런 사람들은 뭔가 신중한 일을 할 때는 침착성과 평온함을 보이다가도 아무런 할 일이 없을 때는 우울해지고 집에서 변덕을 부리며, 먹지도 않고 트집만 잡아 욕설까지 해대는 사람에 비유할 수 있을 것이다. 그에게는 모든 것이 불만스럽고 못마땅하며 괴롭기까지 한 것이다. 한마디로 말해서 운이 좋아서 정신이 이상해진 자이며 주변에서도 쉽게 만날 수 있는 부류라고 이야기한다. 그런데 이러한 현상은 서민들 사이에서도 자주 볼 수 있다.

---

20) 피를 뽑아내기 위해 사용하는 작은 유리 기구.
21) 양날의 끝이 뾰족한 의료용 칼.

종종 우리 병실에서는 이와 같은 사람들을 동료 죄수들이 놀려 대기도 하고 맞대 놓고 욕을 하기도 한다. 그러면 그들은 욕 먹기를 기다리기라도 한 듯 금방 신음 소리를 뚝 그치고 조용해진다. 특히 우스치얀체프는 이런 자들을 좋아하지 않았고 언제나 꾸지람과 욕설을 하기 일쑤였다. 이는 물론 병으로 인한 히스테리 같은 것일 수도 있지만, 한편으로는 우둔함으로 생기는 일종의 즐거움이거나 욕구일 수도 있다. 그는 처음엔 정색한 표정으로 상대방을 직시하고 있다가 근엄함이 섞인 목소리로 훈계하기 시작한다. 그는 마치 병실 내의 질서와 공동체 의식 등을 감독하려고 파견된 사람처럼 행동하며 모든 일에 참견했다.

"무슨 일에나 참견을 하는군." 죄수들은 웃으면서 이렇게 말했다. 그러나 모두들 그를 너그럽게 보아주며 그와 말다툼하는 것을 되도록 피하고 이따금 웃기만 할 뿐이었다.

"어지간히 지껄이는군! 짐수레 세 대로도 다 싣지 못하겠어."

"뭘 지껄인다는 거야? 바보 앞에선 모자를 벗을 필요가 없는 법이야. 그것도 몰라. 세모날에 찔렸다고 떠들 거 뭐 있어! 단것이 좋으면 쓴것도 먹어야 할 때가 있는 거야. 곧 참란 말야."

"그런데 그게 너와 무슨 상관이지?"

"이봐." 죄수들 중 한 사람이 끼어들었다. "피를 빼내는 건 까짓거 아무것도 아니야. 나도 해본 적 있어. 그보다는 귀를 오래 잡아당겼을 때가 더 아프지."

모두들 웃음을 터뜨렸다.

"그럼, 넌 잡아당겨진 적이 있어?"

"자넨 없었나? 나야 당연히 있었지. 그럼."

"어쩐지 귀가 뻗쳤다 했더니."

실제로 이 샤프킨이라는 죄수는 귀가 지독하게 길고, 양쪽으로 비죽하게 뻗쳐 있었다. 그는 부랑자였지만, 아직 젊고 영리하며 조용한 사나이였다. 항상 유머가 섞인 진지한 말씨 때문에 그의 이야기는 더욱 익살맞게 느껴졌다.

"아니, 네 귀가 잡아당겨졌는지 내가 알 게 뭐야, 게다가 어째서 내가 그런 것에 신경을 써야 하지? 이 돌대가리 같은 놈아!" 우스치얀체프는 화가 난 듯이 샤프킨에게 덤벼들었다. 그는 샤프킨뿐만 아니라 모든 사람이 들으라고 말했지만 샤프킨은 그를 거들떠보지도 않았다.

"누가 귀를 잡아당겼지?" 누군가가 물었다.

"누구냐고? 뻔하지, 경찰서장이지. 그게 말이야. 내가 이리저리 떠돌아다닐 때였어. 우리는 K시에 갔는데, 그때는 둘이었어. 나하고 또 한 사람. 그는 떠돌이로 예핌이라고 불렀지. 도중에 톨미나 마을 농가에서 약간 벌었어. 그런 마을이 있었지, 톨미나라는. 마을에 들어서서 사방을 둘러보고 한탕해서 달아나려고 마음먹었어. 주위가 들판이라 사방으로 도망치기에 좋았거든. 알다시피 도시에서는 좀 곤란해. 우리는 우선 선술집에 들어갔어. 주위를 살펴보니까 팔꿈치가 해진 독일 옷을 입은, 햇볕에 몹시 탄 사람이 우리한테 다가오더군. 그리고 몇 마디를 늘어놓는 거야. 그러더니 '실례지만, 서류[22]를 가지고 있나요?' 이렇게 묻더군.

'아니, 그런 거 없소.' 내가 대답했지.

'그래요. 사실 우리도 그래요' 하면서 이렇게 말하더라고. '난 이곳에 친구가 두 사람 있지만 모두 두견새 장군[23] 밑에서 일하고 있소. 그래서 염치없이 부탁합니다만, 우리는 이미 취하기는 했지만, 아직 돈이 들어오지 않아서요. 그러니까 반 쉬토프[24]쯤 더 먹게 해줄 수 없소?' 하잖아.

'좋고말고' 그러고는 우리도 같이 마셨지. 그때 그들이 우리에게 어떤 일을 제의했지. 그러니까 도둑질을 말이야. 교외에 부유한 어떤 시민이 살고 있는데 무척 가진 게 많다고 해서 우리는 밤중에 가기로 했지. 그러나 우리 다섯 명은 그 집에 가자마자 날이 새기도 전에 붙잡혔어. 경찰서에 끌려가서 서장 앞에 세워졌어. 자신이 직접 신문을 한다고 하더군. 서장이 파이프를 물고 나오자 구레나룻을 기른 건장한 녀석이 차까지 내오더군. 그래서 앉았지. 그런데 거기엔 우리 말고도 이미 세 사람이 끌려와 있었는데, 역시 떠돌이들이었어. 떠돌이들이란 재미있는 인간들이야. 기억하고 있는 게 아무것도 없거든. 머리가 나빠서 모두 잊었다고만 하는 거야. 그러자 서장이 나를 빤히 보며 '너

---

22) 여권을 뜻함.
23) 두견새가 우는 숲 속에 살고 있다는 뜻. 그가 말하고 싶었던 것은 자기들도 역시 부랑자라는 것임.
24) 약 0.6리터.

는 누구야?' 하고 묻더군. 마치 통 속에 입을 들이대고 짖어 대는 듯한 음성이었어. 하지만 뻔하지, 나도 다른 녀석들이 대답한 대로 말했지. '아무것도 아는 것이 없습니다. 각하 나리,[25] 몽땅 잊었습니다요.'

　서장은 '넌 기다리고 있어. 더 물어볼 게 있으니까. 왠지 너는 낯이 익은데' 하며 눈을 부릅뜨고 나를 노려보더군. 그런데 나는 본 적이 없는 상판이더라고. 그는 아랑곳없이 다른 녀석에게 '넌 누구야?' 하고 다시 물었지.

　다음은 그가 이야기해 준 대화이다.

"뺑소니입니다. 각하."

"뭐? 뺑소니가 네 이름이란 말이야?"

"그렇습니다. 각하."

"좋아. 뺑소니라, 그럼 넌?" 세 번째 놈에게 물었다.

"전 그의 뒤에서죠, 각하."

"이름이 뭐냐고 묻는 거야."

"그러게 말입니다. 전 그의 뒤에서입니다, 각하."

"멍청한 놈, 누가 그런 이름을 지어 주었어?"

"좋은 사람들이 지어 주었습니다, 각하. 세상에는 좋은 사람도 있거든요, 각하."

"그 좋은 사람이 대체 누구야?"

"글쎄, 잘 기억나지 않습니다. 각하, 제발 관대히 봐주십쇼."

"다 잊어버렸단 말야?"

"다 잊었습니다."

"그래도 부모는 있었겠지? 아버지는 기억하고 있겠지?"

"틀림없이 있긴 했겠지만. 각하, 역시 기억나지 않습니다. 있기는 있었던 것 같은데요. 각하."

"그럼, 도대체 넌 지금까지 어디에서 살았지?"

"숲에서요, 각하."

---

25) 제정 러시아 시대의 경칭. 영관급 및 경찰서장과 같은 6, 7, 8등 문관이 여기에 해당됨.

"계속 숲에서 살았나?"

"쭉 숲 속입죠, 각하."

"그럼, 겨울에는?"

"겨울은 본 적도 없습니다, 각하 나리."

"좋아. 다음은 너다. 이름은?"

"도끼입니다. 각하."

"그럼, 넌?"

"하품하지 말고 갈아라입니다. 각하."

"다음은?"

"무딘 칼을 갈아라라고 합니다. 각하."

"너희는 기억하고 있는 게 아무것도 없어?"

"아무것도 없습니다. 각하."

"경찰서장은 서서 웃고 있었고, 그들도 그를 보고 웃었지. 하지만 때로는 이가 부러지도록 얻어맞을 때도 있었어. 경찰서장이란 원래 뚱뚱하고 덩치가 좋거든.

'이놈들을 유치장에 처넣어.' 그가 말했지. '내가 뒤에 다시 취조하겠다. 그런데 너는 여기 남아!' 이건 나에게 하는 말이었어. '여기 와서 앉아!' 그래서 보니까 테이블에 종이와 펜이 있지 않은가. '대체 이놈이 어쩔 셈인가?' 이런 생각이 들더군. 그런데 '책상 앞에 앉아, 펜으로 써!' 하더라고. 그리고 내 귀를 붙잡고 마구 잡아당기는 거야. 난 악마가 사제를 보듯이 놈의 얼굴을 뚫어지게 보며 '각하, 전 글을 못 씁니다'라고 말했지만 이렇게 말하더군. '그래도 써!'

'불쌍하다고 생각해 주십시오. 각하 나리' 하면서 아무리 부탁해도 '써! 쓸 수 있는 데까지 써!' 이렇게 말하면서 내 귀를 마구 잡아당기더니 거기다 비틀기까지 했다고. 아예 3백 대를 회초리로 맞는 게 더 낫다는 생각이 들었어. 눈 앞에 불빛이 번쩍이더군. 그래도 계속 '써! 쓰라고!'만 하는 거야."

"뭐야? 머리가 어떻게 된 거 아니야?"

"아니야. 정신이 나간 게 아니야. 실은, 얼마 전 T마을 관청에서 일하던 서기가 공금을 횡령하고 달아났다더군. 그런데 그놈의 귀가 좀 컸던 모양이야. 여러 곳에 수배령이 내렸지. 재수없게도 내가 비슷하게 생겼는지 시험해 볼 생각이었던 거야. 글을 쓸 수 있는지, 필체가 어떤지를……."

"과연, 대단한 놈이군! 아프던가?"

"아프다고 했잖아."

일제히 웃음을 터뜨렸다.

"그래, 썼나?"

"뭘 쓴단 말야? 나는 종이에 펜을 대고 머뭇머뭇거렸지. 그러자 그 작자가 체념해 버리더군. 그러고는 뺨따귀를 열 대쯤 맞고 석방되었지. 물론 유치장으로 말이야."

"실제로 쓸 줄은 아나?"

"원래는 썼었지. 그런데 사람들이 펜으로 잘 쓰게 되니까, 난 까맣게 잊어버렸어……."

이런저런 이야기로, 좀더 정확히 말하자면 자질구레한 잡담으로 우리의 지루한 시간은 흘러갔다. 얼마나 지루한 날들이었던가! 그날이 그날인, 너무나 똑같은 지루하고 긴 날들이었다. 아무 책이라도 한 권 있었다면! 그러면서도 나는 특히 수감 초기에는 자주 병원에 왔다. 때로는 아프기도 했지만 단지 쉬러 올 때도 있었다. 감옥에서 빠져나왔던 것이다. 뭐라 해도 감옥은 병원보다 더 견디기 힘들었다. 특히 정신적으로 괴로웠다. 나 같은 귀족에 대한 증오, 적의, 싸움, 질투, 끊임없는 트집, 악의에 차고 위협적인 얼굴들! 그러나 병원에서는 모두가 똑같은 입장에서 훨씬 사이좋게 지낼 수 있었다. 하루 중 가장 우울할 때는 날이 저물어 하나둘 불이 켜지기 시작하는 저녁 무렵이었다. 모두들 일찍 잠자리에 든다. 멀리 문가에 밝혀 둔 촛불만이 한 점의 선명한 빛을 발할 뿐, 우리가 누운 곳은 어두컴컴하다. 질식할 듯한 공기가 답답해진다. 어떤 이는 잠을 못 이루고 일어나, 무슨 생각에 잠긴 듯이 실내모를 쓴 채 머리를 떨어뜨리고 한 시간 반을 침대에 앉아 있기도 한다. 그런가 하면, 그 사람을 한 시간 내내 바라보면서 그가 무슨 생각을 하는지 알아맞혀 보려고 애쓰는 사람이 있기도 하다. 역시 시간을 메우기 위한 것이다. 그런가 하면 공상에 잠겨 지난 시간을 회상하기도 하고, 상상 속에서 크고 선명한 그림을 그리기도 한다. 이 구체적인 모든 것들은 이 시간이 아니면 기억할 수도, 느낄 수도 없는 것들이었다. 또는 미래에 대하여 생각해 보기도 한다. 어떻게 출옥하게 될까? 어디로 갈까? 언제가 될까? 고향에는 언제 되돌아갈 수 있을까? 이런 생각을 계속 하다 보면 마음속에 희망이 흔들거리기도 한다……. 어떤 이는 잠이 들기 위해 수를 세기도 한다. 1, 2, 3…… 그 사이 가물가물 잠이 든다. 수를 3천까지 세고도 끝내 잠을 못 이룬 적도 있었다. 누군가 몸을 뒤척인다. 우스치얀체프가 심한 기침을 하고는 꺼지는 듯한 신음 소리를 내면서 '하느님, 저는 죄인입니다'라고 중얼거린다. 쥐죽은 듯 고요한 밤에 병자의 부서지는 듯한 괴로운 신음 소리를 듣는 것은 오싹한 일이다. 저기 어느 구석에서도 누군가가 잠들지 못하고 상대방과 이야기를 나누고 있다. 신세 타령, 지난 일들, 방황하던 시절의 이야기, 아이, 아내 등 이전의 생활에 관한 이야기들이 펼쳐진다. 아련히 속삭이는 소리를 가만히 들어보면 다시는 되돌릴 수 없는 과거를 이야기하는 것이며, 이야기를 하는 그 자신도 버림받은 사람이었음을 뼈저리게 느끼게 된다. 상대방은 묵묵히 듣고 있다. 조용하고 단조로운 속삭임은 마치 먼 시냇물이 흐르는 소리처럼 들려온다……. 이 긴 겨울밤에 들었던 한 편의 이야기를 나는 지금도 기억할 수 있다. 처음에 이 이야기는 내가 마치 열병을 앓고 누워서 궂은 꿈을 꾸고 있는 것처럼 느껴졌고, 열 때문에 환상이 떠오르는 것이 아닌가 하는 생각이 들기도 했다…….

4. 아쿨카의 남편—어느 죄수의 이야기

밤은 이미 깊어 열한 시가 지났다. 나는 가물가물 잠이 들려다 말고 문득 잠에서 깨어났다. 저 멀리 놓여 있는 촛대의 어스름하고 희미한 불빛이 병실을 비추고 있었다……. 거의 모두가 잠들어 있었다. 우스치얀체프 역시 자고 있었다. 정적 속에서 그의 가쁜 숨결과 숨을 내쉴 때마다 목구멍에 걸리는 가래 소리가 들릴 뿐이다. 불현듯 멀리 떨어진 현관 쪽에서 오고 있는 교대 위병의 무거운 발소리가 울려왔다. 총대가 마루에 부딪혀 철컥 소리를 낸다. 문이 열리고, 상등병이 조심스레 들어와 환자들을 세어 보았다. 1분 뒤 병실 문은 다시 닫히고, 교대한 위병만을 남기고 근무를 마친 위병이 돌아가자 주위엔 다시 정적이 스며들었다. 그때야 비로소 나는 그다지 멀지 않은 왼쪽 편에서 두 사람이 자지 않고 소곤거리고 있는 것을 알아챘다. 병실에서는 이런 일이 자주 있었다. 바로 옆 침대에 누워 있으면서도 몇 날, 몇 달을 한마디도 하지 않고 지내다가 별안간 한밤의 적막한 분위기에 이끌려 서로 이야기를 시작하고, 한 사람이 다른 사람에게 자기의 과거를 모조리 털어놓는 것이다.

그들은 이미 오래전부터 이야기하고 있는 것 같았다. 처음에는 귀를 기울이지도 않았고, 그 뒤부터도 다 들리는 것은 아니지만, 점차 익숙해져서 조금씩 알아들을 수 있었다. 나는 잠들지 않았기에 듣지 않을 수 없었다……. 한 사람은 침대에 반쯤 누워 고개를 들고 상대방의 목을 향한 채 열심히 이야기하고 있었다. 그는 흥분하지 않고는 견딜 수 없었던 것 같다. 그러나 듣는 사람은 음울하게 거의 무관심한 태도로 침대에 앉아, 두 다리를 뻗고 이야기를 듣고 있다는 최소한의 예의 표시로 음음 소리를 내며 연방 담배를 꺼내어 코에 쑤셔 넣고 있었다. 그는 체레빈이라는 교정대에서 온 50대의 병사로, 무뚝뚝하게 유식한 척하며 쌀쌀맞게 훈수를 두길 좋아하고 자만심이 강한 어리석은 사나이였다. 이야기를 하는 시쉬코프는 아직 서른도 되지 않은 청년으로 나와 같은 민간인 감옥의 죄수이며, 재봉소에서 일하고 있었다. 그때까지 나는 이 청년에게 특별한 주의를 기울이지 않았고, 감옥으로 돌아가서도 내내 무엇 때문인지 마음이 끌린 적이 없었다. 그는 허풍스럽고 변덕스러운 사나이었다. 이따금 아무 말 없이 침울했다가는 난폭해지기도 하고, 다시 몇 주일씩 입을 다물기도 했다. 그러다가는 느닷없이 쓸데없는 온갖 일에 말참견을 하고 사소한 일에 흥분하여 이 감방 저 감방을 돌아다니면서 말을 전하고, 실없는 이야기를 지껄여 미친 사람 취급을 받기도 했다. 그러면서도 사람들이 때리기라도 하면 이내 조용해지는 겁이 많고 유약한 청년이었다. 모두 어딘지 모르게 그를 멸시하고 있었다. 그는 몸집이 작고 마른 편이며 유난스레 불안한 빛이 감도는 눈동자는 가끔 멍청히 생각에 잠긴 듯 초점이 흐려지곤 했다. 그는 무엇인가 이야기를 할 때면 처음에는 열광적으로 시작하여 손까지 흔들어 대다가는, 이야기 도중에 별안간 멈추거나 다른 새로운 이야기에 빠져들어 열을 올리는 탓에 시작했던 이야기는 까맣게 잊어버렸다. 그는 자주 말다툼을 했는데, 그럴 때마다 상대편이 자신에게 저지른 잘못을 질책하고 책망하면서 금방이라도 울 것처럼 울먹이면서 이야기했다……. 그래도 그는 발랄라이카는 훌륭하게 연주했으며, 연주하는 것을 좋아했다. 또 축제 때는 춤도 췄다. 춤도 잘 추워서 남이 시키면 추었던 것이다. 그는 귀가 얇아 남의 말을 잘 들었다. 이는 본성이 고분고분해서라기보다는 교제 수단으로 상대방의 비위를 잘 맞추려는 데 지나지 않았다.

나는 한참 동안은 그들이 무엇을 이야기하는지 알 수 없었다. 그래서 처음에는 그가 이야기하려는 주제에서 벗어나 다른 방향으로 빠져들고 있다고 생각했다. 그는 체레빈이 자신의 이야기에 관심이 없다는 것을 알면서도, 자신의 청중이 온 주의를 기울여 자기 이야기를 듣고 있다고 믿으려 애쓰는 것 같았는데, 그렇지 않다는 것을 인정하는 것은 그에게 고통스러운 일이었을 것이다.

"종종 시장에 가곤 했지요." 그는 말을 이었다. "모두 고개를 숙이며 존경하고 있었습니다. 한마디로 부자였기 때문이지요."

"장사를 했었나?"

"그래요, 장사를 했지. 우리는 가난했습니다. 알거지였지요. 여편네들은 채소밭에 물을 주려고 강에서부터 비탈길을 힘겹게 올라다니면서 뼈 빠지게 일을 해도, 가을에는 양배추 국거리 하나도 거두지 못하는 형편이었어요. 처참했지요. 그런데 그는 넓은 땅을 가지고 있어서 소작인을 거느리고 경작을 시키고 있었고, 하인을 세 명이나 두고, 양봉도 치고 있어서 꿀도 팔았으며, 가축도 사고팔았지요. 그래서 우리 고장에서는 꽤 존경받고 있었어요. 칠십이나 된 노인이라 몹시 늙었고 뼈가 굽고 백발이 성성했지만 몸집은 컸습니다. 이 노인이 여우 모피 코트를 입고 시장에 나타나면, 모두들 굽실거리고 인사를 하며 '건강하세요, 영감님. 안쿠짐 트로피미치'라고 말했지요. 그러면 그도 '자네도 잘 지내나' 하고 대답을 하는 겁니다. 그는 누구라도 업신여기지 않았고, 인사를 받으면 '자네, 일은 어떤가?' 하고 묻기도 했지요. '저희야 마냥 그 타령입니다. 영감님은 어떠십니까?' 하면 '마찬가지지, 죄 지으면서 무의도식하며 살고 있어'라고 대답했지요. 우리는 '부디 건강하세요, 안쿠짐 트로피미치'라고 덧붙였지요. 누구 하나도 소홀히 하지 않으면서 응수하는 그의 말 한마디 한마디는 1루블짜리였지요. 그는 읽고 쓸 줄도 알고 박식했으며 성서를 속속들이 읽었습니다. 노파를 앞에 앉히고는 '잘 들어 마누라, 깨달아야 해'라고 말하며 설교를 시작하지요. 노파라고는 해도 나이가 많지 않았어요. 아이를 원해서 두 번째 부인을 얻었으니까요. 첫 번째 부인에게서는 아이가 없었거든요. 두 번째 아내인 마리야 스테파노브나는 두 명의 아이를 낳았고 아직 어렸어요. 막내인 바샤는 예순 살에 난 아이였고, 첫째인 딸 아쿨카는 그때 열여덟 살이었어요."

"그게 자네 마누라로군."

"잠깐, 우선 필카 모로조프의 이야기부터 해야 돼요. 그는 안쿠짐 노인에게 불평을 하기 시작했지요. 자기 몫을 달라는 거였어요. '4백 루블을 주지 않을 건가? 내가 당신의 하인인가? 당신과 함께 장사하고 싶지 않아. 아쿨카를 얻는 것도 싫어. 난 요즘은 노는 걸 배웠어. 지금은 부모도 다 돌아가셨으니 돈이 거덜났다고. 나는 용병으로 군에 입대해서 10년쯤 뒤에는 장군이 되어 당신 앞에 돌아올 거야.' 이렇게 말하자 안쿠짐 노인은 그에게 돈을 주고 깨끗하게 계산을 끝냈습니다. 왜냐하면 필카의 아버지가 노인하고 함께 동업을 했기 때문이거든요. '너도 건달이 되었구나.' 노인이 말하자 그 녀석은 '내가 건달이 되든 말든 무슨 상관이오, 백발 늙은이 주제에. 당신은 우유를 송곳으로 찍어 먹는 방법이나 배워 두시지. 돈 한두 푼에도 인색하게 굴며 아무리 너저분한 것이라도 밥줄에 도움이 될까 싶어 긁어모으고 있지 않느냐고. 나는 그걸 보면 침이라도 뱉어주고 싶어. 어디 실컷 모아 보라고. 마지막엔 악마까지 사들일 테지. 그래도 나는 오기가 있어. 그리고 당신 딸 아쿨카는 데려가지 않겠어. 그렇잖아도 난 그녀와 이미 잤어……'라고 말하는 거예요.

'뭐라고? 이 정직한 아버지에게 소중한 딸을 모욕하는 말을 잘도 하는구나. 언제 그 애하고 잤어? 뱀 같은 도둑놈, 너는 시추치야[26]의 피를 물려받은 놈이야.' 그러면서 노인은 부들부들 떨었지요. 그러자 필카는 말했어요.

'뭐야, 그럼 당신의 아쿨카가 나한테뿐만 아니라, 아무에게도 시집을 못 가도록 해주겠어. 그러면 미키타 그리고리치도 데려가지 않을 거야. 그 여자는 순결하지 않으니까. 당신 딸은 헌 계집이야. 우리는 가을부터 그런 사이였다고. 그런데 지금은 새우를 1백 마리 준다 해도 싫어. 지금 당장 줘봐. 데려가나

---

26) 러시아에서 나는 바닷가 고기 비슷한 담수어. 여기서는 필카의 교활함을 비유하고 있음.

안 데려가나······.'

그런 뒤 그 녀석은 돈을 쓰기 시작했지요. 대단한 놈이지! 도시 이곳저곳을 누비며 지축이 흔들릴 정도로 친구들을 잔뜩 모아서 석 달이나 부어라 마셔라 돈을 탕진하고 알거지가 되었습니다. '나는 돈을 다 쓰면 집을 팔 거야. 모두 팔 거야. 그리고 용병이 되어 군에 입대하든지 방랑자가 되든지 할 거야.' 이런 소리를 입버릇처럼 했지요. 아침부터 저녁까지 거나하게 취해서 방울 단 두 필의 말이 끄는 마차를 타고 돌아다녔지요. 여자들도 그를 무척이나 따랐습니다. 토르바[27]도 기막히게 연주했어요."

"그럼, 그 녀석은 오래전부터 아쿨카와 깊은 관계였단 말인가?"

"기다려 보세요. 먼저, 그때 당시 나도 아버지를 잃었습니다. 어머니가 꿀과자를 굽기도 하고 안쿠짐 가게에서 일을 하기도 하며 살았지만, 우리네 살림은 궁색했어요. 그나마 숲 건너편에 땅뙈기가 조금 있어 보리 농사를 짓고 있긴 했지만, 아버지가 돌아가신 뒤 나 역시 방탕하게 되어 자신을 낭비하고 있었지요. 어머니를 윽박질러서 돈을 빼앗고 그랬으니까요······."

"나빴군. 어머니를 윽박지르다니, 큰 죄야."

"여하튼 나는 아침부터 밤까지 마셔댔습니다. 아직 집은 가지고 있었어요. 비록 무너져 가고 있긴 했지만, 우리 집이었지요. 그러나 토끼가 들어와 활개 치고 다닐 만큼 세간살이라곤 하나도 없었지요. 어떤 때는 너무 배가 고파서 넝마 조각을 씹으면서 일주일을 꼼짝 않고 앉아 있기도 했습니다. 어머니는 늘 나에게 잔소리를 했지요. 그러나 나는 아랑곳하지 않았어요······. 그때, 나는 필카 모로조프와 어울려 다녔습니다. 아침부터 저녁까지 그와 함께 있었지요. 필카는 '이봐, 기타 치면서 춤춰 봐. 내가 누워서 돈을 던져 줄게. 나는 굉장한 부자거든' 하고 말하기도 했습니다. 그가 무슨 짓인들 못했겠어요. 다만 도둑질만큼은 하지 않았습니다. 그가 말하기를 '나는 도둑이 아니야. 정직한 인간이라고' 하더군요. 어느 날, '이봐, 같이 가서 아쿨카의 집 대문에 타르를 칠해 주자.[28] 왜냐하면 미키타 그리고리치한테 시집가지 못하게 하고 싶으니까. 지금은 이 일이 제일 중요해'라고 말했습니다. 노인은 이전부터 미키

---

27) 발랄라이카 같은 러시아 고유의 탄주 악기. 19세기 후반에는 거의 사용되지 않았음.
28) 그 집의 여자가 정숙하지 못하다는 것을 암시하는 러시아 풍습.

타 그리고리치에게 딸을 시집보내고 싶어했지요. 미키타도 늙은 홀아비로 안경을 쓴 장사꾼이었어요. 그는 아쿨카에 관한 소문을 듣고는 '안쿠짐 트로피미치, 이 나이에 결혼을 한다는 것이 좀 쑥스럽습니다'라고 하면서 망설였지요. 우리는 그녀의 집 대문에 타르를 발랐어요. 그녀는 가족에게 호되게 맞았죠……. 그녀의 어머니 마리야 스테파노브나는 '죽여 버릴 거야!'라고 외쳐 댔지요. 노인은 노인대로 한탄했습니다. '옛날같이 정직한 가부장 시대에 이런 일이 벌어진다면 딸을 장작불에 태워 죽였을 거야. 세상 말세야.' 그 이후로 아쿨카가 온 거리에 들리도록 울부짖는 소리가 자주 들렸어요. 아침부터 저녁까지 매질을 한 겁니다. 그런데도 필카는 시장 바닥 전체에 다 들릴 만큼 큰소리로 떠들고 다녔어요. '아쿨카는 좋은 여자야. 같이 술 마시며 즐기기에는 훌륭한 아가씨. 멋지게 차려입고 가서 누구를 사랑하냐고 물어봐! 나는 세상 사람이 다 아니까 기억하고 있을 테지' 하고요. 언젠가는 물통을 이고 가는 아쿨카를 보고 내가 소리친 적이 있습니다. '안녕하십니까? 아쿨카 쿠지모브나, 좋아 보이는군요. 지금은 누구랑 붙어먹으십니까?' 하고 희롱했더니 그녀는 눈을 크게 뜨고 나를 빤히 보면서 나뭇잎 떨듯 부르르 떨더군요. 나를 본 것뿐인데 그녀의 어머니는, 그녀가 나에게 헤픈 짓을 하는 줄 알고 악을 썼지요. '무슨 수작을 부리고 있는 거야? 뻔뻔한 년 같으니라고!' 그리고 그날도 그녀는 다시 두들겨 맞았습니다. 꼬박 한 시간을 맞더군요. 노파는 '때려죽일 거야, 너 같은 건 내 딸도 아무것도 아니야'라고 했지요."

"그러니까 행실이 나쁘다는 거지."

"더 들어 보세요. 그때 나는 늘 필카와 같이 다니면서 술만 마시다가 어느 날 대자로 누워 있었는데, 어머니가 와서는 욕을 해대며 이러는 거예요. '어쩌자고 허구한 날 나자빠져 있는 거야? 악당 같은 놈아! 장가라도 가라, 아쿨카라도 얻어라. 그 집에서는 지금 너를 반대할 처지도 못 될 거고, 지참금으로 3백 루블을 준다는구나.' 그래서 내가 어머니에게 '그녀는 이미 그렇고 그래, 모르는 사람이 없어' 하니까, '바보 같은 소리, 결혼하면 그만이야. 너도 그녀가 평생 죄지은 듯이 살면 좋지 않겠냐. 우리도 지참금으로 살림을 펼 수도 있고 말이야. 내가 이미 스테파노브나와 상의해 보았다. 매우 좋아하더구나' 하더라고요. 어머니의 그 말에 나는 조건을 달았지요. '그럼, 20루블을 책상 위에 놓아 봐. 그러면 결혼할 테니까.' 거짓말처럼 들릴지 모르겠지만, 결혼식을 올릴 때까지 계속해서 술을 마셨어요. 그런데 필카 모로조프가 위협하면서 '아쿨카 남편이라고! 네 갈비뼈를 부러뜨리고 말겠어. 마음만 내키면 나는 네 마누라와 매일 밤 잘 거야' 하더군요. 그래서 나는 '집어치워, 개 같은 자식!' 이러면서 맞섰지요. 그러나 그는 나를 조롱하며 온 거리를 누비고 다녔어요. 나는 집으로 뛰어가서는 억지를 부렸지요. '지금 당장 50루블을 순순히 내놓지 않으면 결혼하지 않을 테야!'"

"자네에게 딸을 주긴 했나?"

"내게요? 당연하죠. 우리도 형편없는 집안은 아니었어요. 우리 아버지가 돌아가실 무렵에 화재 때문에 파산하긴 했지만, 그렇지 않았다면 그 집보다 더 잘 살았을걸요. 언젠가 안쿠짐이 '당신들은 가난뱅이야'라고 말하기에, 나도 '당신의 집 대문은 타르투성이더군요'라고 쏘아 주었죠. 그는 내게 이렇게 소리를 치더군요. '뭐야, 네가 누구 앞이라고 우리한테 건방을 떨어? 딸이 몸을 버렸다는 증거를 대봐. 퍼지는 소문을 일일이 막을 수는 없지만, 싫으면 관둬. 썩 꺼져. 단, 내가 줬던 돈은 모두 가져와!' 그래서 나는 미트리 비코프를 필카한테 보내서, 세상 사람들에게 그의 비리를 폭로하겠다고 전하는 것으로 그와의 관계를 끊었어요. 난 결혼식을 올리게 될 때까지 아무런 방해 없이 술에 취해 지내다가 결혼식 당일이 되어서야 겨우 제정신을 차렸습니다. 결혼식에서 돌아와 자리에 앉자, 작은아버지 미트로판 스체파니치가 '자랑할 것은 아니지만 맺어진 인연이니 할 수 없어'라고 말하셨어요. 안쿠짐 노인도 술에 취하여 울음을 터뜨렸고요. 눈물이 수염을 타고 흘렀지요. 그런데 그때 내가 무슨 생각을 하고 있었는지 아세요. 나는 결혼식 전에 준비했던 채찍을 주머니에 감추고 그녀를 때려 줄 생각을 하며 즐거워하고 있었어요. 순결하지 않은 여자가 시집을 오면 어떻게 되는지 보여 주고, 내가 세상 사람들이 다 아는 사실을 모르고 결혼한 바보가 아니라는 것을 보여 주려고……."

"저런! 그런 걸 그 여자도 알고 있었다는 말이군……."

"아니에요, 잠깐만 기다려 보세요. 우리 고장에서는 식이 끝나면 신랑신부를 외진 방에 데려다 놓고, 다른 사람들은 술을 마십니다. 우리 역시 외진 방에 남겨지게 되었죠. 그녀는 얼굴에 핏기 하나 없이 창백한 얼굴로 앉아 있었습니다. 긴장하고 있었던 거죠. 머리칼까지도 흰 리넨처럼 하얗게 보일 정도였어요. 아쿨카는 눈만 크게 뜨고 가만히 앉아 있었어요. 있는지 없는지 모를 정도로요. 마치 벙어리와 함께 있는 듯했어요. 정말 묘한 여자예요. 나는 채찍까지 준비하여 침대 머리맡에 두었는데, 그녀는 하나도 더럽혀지지 않은 채 내게 시집을 온 것이었습니다.”

“뭐라고!”

“정말이에요. 그녀는 정숙한 가문의 정숙한 처녀였다고요. 그런데도 왜 그런 괴로움을 참아 왔을까요? 왜 필카는 온 세상에 그녀를 모욕하고 다녔을까요?”

“그러게……”

“나는 당장 침대에서 내려가 그녀 앞에서 무릎을 꿇고 두 손을 모으고 빌었지요. ‘아쿨카 쿠지모브나! 나를 용서해. 바보였어. 당신을 오해하고 있었어. 용서해 줘. 이 비열한 놈을 용서해.’ 그녀는 나를 보면서, 두 손을 내 어깨에 포개더니 웃는 얼굴로 눈물을 흘리더군요. 그리고 울다가는 웃고……. 나는 사람들에게 가서 소리를 지르며 말했지요. ‘필카 모로조프놈, 어디 두고 보자, 만나기만 해봐라. 죽여 버릴 테니까.’ 노파 부부는 매우 기뻐서 누구에게 감사 기도를 해야 할지 허둥거렸고, 어머니는 그녀의 발밑에 쓰러지듯이 하며 엉엉 울었습니다. 하지만 노인은 이러더군요. ‘이런 줄 알았으면 귀여운 딸을 너 같은 놈에게 시집보내지 않았을 텐데.’ 그리고 첫째 일요일에 우리는 함께 교회에 갔지요. 나는 양모피 모자를 쓰고 얇은 나사의 긴 겉옷에 우단 바지를 입고, 그녀는 토끼 모피로 된 새 외투에 비단 두건을 두르고 갔습니다. 잘 어울렸지요. 모두들 부러워했습니다. 나나 아쿨카나 사람들 앞에서 우쭐대거나 또는 비방할 필요는 없었지요. 소심하게 우스운 짓을 할 것까지는 없었으니까요.”

“그거 괜찮군.”

“더 들어 보세요. 나는 결혼식 바로 다음 날 술이 취한 채 손님들한테서 벗어나 정신없이 달려 시장으로 갔어요. ‘필카 모로조프, 그 망나니를 데려와, 그 비열한 놈을 이리로 끌고 와!’ 나는 온 시장을 이렇게 소리 지르며 다녔지요. 시장통에서 외쳤던 겁니다. 술에 취해 있었지요. 그러다가 블라소프 가게 근처에서 장정 세 명에게 붙잡혀 집으로 끌려왔지요. 도시 곳곳에 소문이 퍼져 시장에 오는 여자들마다 '들었어? 아쿨카가 처녀였대' 하며 수군거리기 시작했어요. 그런데 얼마 뒤 필카가 내게 나타나 사람들 앞에서 놀렸어요. '아내를 팔게나. 그럼 술을 마실 수 있어. 우리 병사 야쉬카는 결혼하고도 아내와 자지 않고 3년 동안 술만 마셨지.' '넌 나쁜 놈이야!' 내가 소리치자 '그렇다면 너는 바보야. 술 취한 너를 사람들이 결혼시킨 거야. 그런데 네가 뭘 제대로 어떻게 알겠어?'라고 말하는 겁니다. 나는 다시 집으로 달려가 악을 썼지요. '당신들은 술에 취한 나를 결혼시켰어요.' 어머니가 말리려고 했습니다. '어머니의 귀는 돈으로 덮여 있어요. 아쿨카를 데려와요!' 그리고 나는 그녀를 때리기 시작했어요. 때리고, 또 때리고 내 다리가 휘청거릴 만큼이요. 두 시간이나 실컷 두들겨 주었지요. 그녀는 3주 동안이나 일어나지 못했어요."

"물론 그랬겠지." 체레빈은 느릿느릿 대꾸했다. "적당히 때려야지, 여자는…… . 그런데 그녀가 정부와 같이 있는 것을 목격하기라도 했나?"

"아니오, 본 적은 없어요." 시쉬코프는 잠시 말을 멈추었다가 괴로워하며 말을 이었다. "얼마나 화가 나는지. 사람들 모두 날 놀려댔어요. 주범은 필카였어요. '네 여편네는 남한테 보이기 위한 본보기야.' 그가 이렇게 말하더군요. 나를 손님으로 부르고는 '이 녀석 마누라는 마음씨 착하고 예의 바르고 선량하고 아무에게나 웃는다구. 여기 이놈처럼 말이야. 그런데 그놈은 자신이 그녀의 집 대문에 타르를 칠한 사실을 잊어버렸지' 이렇게 떠드는 거예요. 그러더니 거나하게 취해서 앉아 있는 내 머리채를 느닷없이 잡더니, '아쿨카의 남편, 춤춰 봐, 내가 네 머리칼을 이렇게 잡아 줄게, 춤을 춰. 나를 위해서' 하더군요. '이 나쁜 놈 같으니' 하고 내가 외쳤지요. 그랬더니 그 녀석은 또 이렇게 말하는 거예요. '친구들을 데리고 아쿨카에게 가서 네가 보는 앞에서 네 마누라를 채찍으로 때려 줄 거야. 내가 하고 싶은 만큼.' 믿든 안 믿든 나는 한 달 동안 집을 비우는 것이 두려웠어요. 갑자기 그 녀석이 나타나서 망신을 줄까 봐서요. 그래서 난 더욱 아내를 때렸죠……."

"그런데 왜 그렇게 때렸지? 손은 묶어도 입은 봉할 수 없지. 너무 심하게 때리는 건 좋지 않아. 때리고도 잘 타이르고 귀여워해 줘야지, 그게 아내거든."

시쉬코프는 잠시 말이 없었다.

"화가 나서 그랬어요." 그는 다시 이야기를 시작했다. "또, 그게 습관이 되었어요. 서 있는 게 꼴보기 싫다거나 걸음걸이가 마음에 안 든다거나 하는 트집을 잡아서 어떤 날은 아침부터 저녁까지 때리기도 했어요. 때리지 않으면 마음이 개운하지 않았어요. 그녀는 늘 말없이 앉아 창문을 바라보며 울곤 했어요……. 너무 울어서 불쌍한 마음이 들기도 했지만 그래도 때렸어요. 어머니는 늘 아내 편을 들어 '이 악당 같은 놈. 감옥에 끌려갈 놈' 하며 욕을 했지요. 그러면 나는 '죽일 거야, 누가 한마디라도 이러쿵저러쿵 하는 걸 용서하지 않겠어. 왜냐하면 나를 속여서 결혼시켰으니까' 하고 더 대들었지요. 처음에는 안쿠짐 노인도 일부러 찾아와 '네놈은 아직도 하느님이 어떤 분이신지 모르는구나. 나는 네놈을 법정에라도 세워야겠다. 너를 고소하겠어'라고 말했지만, 결국 관계를 끊어 버리더군요. 다시는 오지 않았어요. 그녀의 어머니 마리야 스테파노브나는 매우 부드럽게 나를 타일렀지요. 어느 날인가는 눈물을 흘리며 애원했어요. '귀에 거슬릴지 모르겠지만, 이반 세묘니치, 길게 말하지 않을 테니 이것만은 들어주게나.' 하면서 머리를 떨어뜨리고는 '제발 관대하게 내 딸을 용서해 주게. 나쁜 사람이 그 애를 놓고 입방아 찧는다고 해도 숫처녀였다는 것은 자네도 알지 않은가……' 하며 머리가 땅에 닿도록 숙이고는 우는 거예요. 그러나 나는 거드름을 피우며 '나는 당신들 말을 듣고 싶지 않아요. 내가 하고 싶은 대로 하겠어요. 나도 나 자신을 어떻게 할 수 없어요. 필카 모로조프는 내 친구지요. 제일 친한……'이라고 말했습니다."

"그렇다면 다시 함께 어울렸단 말인가?"

"천만에요! 그 녀석에게는 가지 않았어요. 그는 완전히 술독에 빠졌지요. 그러다가 알거지가 되자 누군가에게 몸을 팔았지요. 그 집 맏아들 대신 군에 가기로 결정했답니다. 우리 고장에서는 누구 대신 군에 가게 되면 입대하는 날까지 그 집 식구들이 그 사람을 떠받들게 되어 있어요. 돈은 입대하는 날 받게 되지만 그때까지는 그 집에서 살면서 집주인처럼 행세하기도 하지요. 한 반년 정도요. 그 행세는 이루 말할 수 없는 것이 보통이에요. 나는 너희 아들 대신 군대에 가는 것이니까, 말하자면 당신들의 은인이라는 거죠. 나를 극진히 대접해야 하며 그렇지 않으면 거절하겠다고 하는 거죠. 필카도 그 집에서 제멋대로 행동했어요. 그 집의 딸과 함께 자기도 하고 식사를 하고 난 뒤에는 매일같이 주인의 수염을 잡아당기기도 하면서 하고 싶은 대로 굴었습니다. 그는 날마다 목욕 준비를 시켰는데 욕탕까지 여자들이 안아다 줘야 했어요. 취해서 집에 오는 날이면 길 한복판에서 '문으로 들어가기 싫군. 담을 헐어라'라고 소리를 질렀어요. 어쩔 수 없이 문 옆의 담을 헐어야 했으며, 그제야 그리로 들어가는 것이었지요. 그러다 마침내 입대할 날이 되었어요. 거리에 온통 사람들이 몰려나와서는 필카 모로조프가 군대에 간다고 떠들어댔지요. 사방에서 그에게 인사를 하더군요. 마침 그때 아쿨카가 채소밭에서 돌아오는 것을 우리집 대문 근처에서 필카가 보았어요. 그러자 필카는 '잠깐만!' 소리치더니 마차에서 뛰어내려 곧장 그녀에게 달려가 땅에 엎드려 절을 하는 거예요. '소중하고 귀여운 아쿨카, 2년 동안 너를 사랑하고 있었지만, 지금 나는 군악대의 환송을 받으며 군에 가는 처지가 되었어. 나를 용서해 줘. 너는 정숙한 여자였어. 너에게는 정말 미안해. 모두 내 잘못이야.' 그리고 그는 다시 한 번 이마가 땅에 닿도록 절을 하더군요. 아쿨카는 처음에는 마치 넋이 나간 듯 멍하니 서 있다가 곧 그에게 허리 굽혀 절하면서 말했어요. '당신도 나를 용서해 줘요. 당신도 착한 사람이에요. 나쁜 사람이라고는 생각하지 않아요.' 나는 그녀를 따라 집으로 들어가서는 말했죠. '이 개 같은 년, 그 녀석한테 뭐라고 지껄인 거야?' 그러자 거짓말 같겠지만 그녀는 두 눈 똑바로 뜨고 나를 보면서 이렇게 말했어요. '나는 지금 그를 이 세상에서 누구보다 사랑하고 있어요.'"

"저런……!"

"나는 그날 하루 종일 아내와 한마디도 하지 않았죠……. 저녁 무렵이 되자 나는 말했어요. '아쿨카! 너를 살려 두지 않을 테다.' 밤에도 나는 잠을 자지 못하고 현관으로 나와 크바스를 마셨어요. 새벽이 오는 것을 보았지요. 나는 집 안으로 들어가서 말했어요. '아쿨카, 밭으로 갈 테니 준비해.' 나는 벌써부터 갈 채비를 하고 있었고, 어머니도 알고 좋아하셨지요. '잘됐다. 듣자 하니 추수 때인데, 일하는 사람이 사흘이나 배앓이를 하고 있다는구나.' 나는 마차에 말을 매면서 한마디도 하지 않았어요. 마을을 벗어나면 소나무 숲이 나오고, 숲을 따라 15베르스타쯤 가다 보면 숲이 끝나면서 우리 땅이 있었어요. 숲을 3베르스타 정도 갔을 때, 나는 말을 세웠어요. '일어나 아쿨카, 너에게 마지막이 왔어.' 그녀는 내 앞에 서서 놀란 듯 나를 바라보더니, 아무 말도 없더군요. '이젠 네가 지겨워.' 나는 이렇게 말하고 숱이 많고 긴 그녀의 머리채를 휘어잡았어요. 그런 채로 나는 뒤에서 두 무릎으로 그녀의 몸뚱이를 꽉죄고는, 칼을 꺼내서 그녀의 얼굴을 뒤로 젖힌 뒤 목을 그어 버렸지요…… 그녀가 비명을 지르자 피가 솟구쳐 올랐습니다. 나는 칼을 내던지고 그녀를 두팔로 안아 땅에 눕히고 큰 소리로 통곡을 했어요. 아내도 나도 비명을 지르고 소리치고. 그녀가 내게서 벗어나려고 발버둥치자 나는 온통 피로 범벅이되었어요. 얼굴, 손 할 것 없이 피투성이가 되었습니다. 나는 겁에 질려 그녀를 내던지고 말도 내버려둔 채 마구 뛰었어요. 집 뒷문에 이르러 목욕탕으로 들어갔지요. 목욕탕은 낡아서 오랫동안 쓰지 않았는데, 나는 선반 밑으로 기어들어가 밤이 될 때까지 숨어 있었어요."

"그럼 아쿨카는 어떻게 된 거야?"

"그녀도 나를 따라 집으로 오려고 했나봐요. 나중에 거기서 1백 걸음쯤 떨어진 곳에서 발견되었다니까요."

"그럼 완전히 죽지는 않았단 말이군."

"그렇지요……" 시쉬코프는 잠시 머뭇거렸다.

"혈관이라는 게 있지." 체레빈이 말했다. "만약 이 혈관을 처음부터 아주 끊은 게 아니라면, 사람은 버둥거리기만 하고 아무리 피가 많이 나와도 죽지는 않는 거야."

"근데 그녀는 죽었어요. 저녁때 시체가 발견되었지요. 신고한 녀석이 있어서 나는 수배를 당했고 한밤중에 그 목욕탕에서 잡혔지요…… 그로부터 4년째 여기서 이렇게 지내게 된 거죠." 그는 아무 말 없이 있다가 덧붙였다.

"음…… 물론 때리지 않는다고 해서 좋은 것은 아니야!" 체레빈은 뿔담배를 꺼내면서 설명하듯 식상하고 냉정한 어조로 이야기하기 시작했다. 그는 간격을 두며, 오랫동안 담배를 빨아들이고 있었다. "그래도 젊긴 젊군." 그는 말을 이었다. "그래도 자넨 무척이나 바보 짓을 한 거야. 나 역시 아내와 정부가 만나는 현장을 목격했지. 나는 그때 아내를 헛간으로 데려가 밧줄에 묶고는 말고삐 줄을 두 겹으로 꼬았지. '네 년은 누구하고 일생을 언약했지? 누구하고 언약했느냐고?' 하면서 말고삐 줄로 때리고 또 때렸지. 한 시간 반을 줄기차게 때렸더니 아내는 '당신 발을 씻으세요. 그러면 그 물을 마실 테니까 용서해 줘요' 하더군. 오브도치야라는 여자였지."

5. 여름철

어느덧 4월 초가 되어 성주간(聖週間)[29]이 가까워 오고 있었다. 차츰 여름철 노역이 시작될 것이다. 태양은 날이 갈수록 따사롭고 선명했으며, 대기는 봄 내음을 풍기며 생명체들을 자극하고 있었다. 족쇄를 찬 사람들이라도 다가오는 아름다운 날들에 대해 설레는 마음을 갖게 되고, 그것에 묘한 희망과 동경, 애수를 품게 된다. 어쩌면 쓸쓸한 가을이나 겨울보다는 작열하는 태양빛 아래서 자유에 대한 희망이 더 강해지는 것인지도 모른다. 모든 죄수들에게서도 이 같은 분위기를 느낄 수 있었다. 그들은 화사한 날을 기뻐하면서도, 동시에 답답해하고 막 소리지르고 싶어지기도 한다. 실제로 봄이 되면 감옥 안에서 다른 때보다도 자주 싸움이 벌어지는 것만 봐도 알 수 있다. 소음과 외침, 소동이 잦아지고 사건이 끊임없이 이어진다. 그런가하면 노역에 나가서는 이르티시 강[30]의 저쪽, 푸르게만 보이는 먼 곳을 하염없이 바라보며 생각에 잠기는 사람도 있다. 또 맞은편에는 1천5백 베르스타나 되는 자유로워 보이는 키르기스의 드넓은 초원이 펼쳐져 있다. 누군가가 깊은 숨을 들이쉬는 소리가 들린다. 광활한 초원의 자유로운 공기를 호흡하며 족쇄에 갇혀 시들어 가는 영혼을 달래 보려는 한숨일 것이다. "빌어먹을!" 마침내 죄수는 이렇게 말하면서 실현되기 힘든 망상을 털어 버리려는 듯이 거칠게 삽을 잡는가 하면, 다른 곳으로 옮겨야 하는 벽돌을 잡기도 한다. 그러나 잠시 뒤에는 순간적으로 엄습해 왔던 상념을 성격에 따라 금방 잊어버리고 웃거나 욕을 하기 시작한다. 그렇지 않으면, 필요 이상의 열성을 가지고 주어진 일에 몰두하기도 했다. 마치 내부에서 그를 억압하고 짓누르는 무엇인가를 노역의 괴로움에 몰두함으로써 극복하려는 것 같았다. 이 같은 사람들은 대부분 한창때의 나이로 넘치는 활력과 강한 체력을 가지고 있는 사람들이었다…… . 이런 계절에 족쇄가 얼마나 무거울까! 이것은 지금 시적인 감상에 젖어서 하는 말이 아니라, 내가 실제로 보고 느낀 것을 확신하는 것이다.

---

29) 그리스도의 수난을 기념하는 부활절 전의 한 주간.
30) 옴스크 지방을 가로지르는 강.

그 밖에도 따사롭고 화사한 햇살로 인한 설레임이 아니더라도 무한한 생명력으로 소생하는 주위의 자연을 온몸과 마음으로 느끼며 자연의 소리를 듣게 되면, 폐쇄된 감옥과 간수, 타인의 자유가 더욱더 고통스럽게 느껴지는 법이다. 더욱이 봄이라는 계절은 시베리아와 온 러시아가 첫 종달새의 울음과 함께 방랑 생활을 시작하는 때이기도 하다. 신의 은총을 입은 사람이라면 바로 지금 감옥에서 도망쳐 숲에서 구원을 받을 수도 있는 계절이다. 숨 막히는 감옥, 재판, 족쇄와 체형에 신물이 나 가고 싶은 곳으로, 좀더 나은 곳으로 자신의 의지에 따라 돌아다닌다. 신이 은총을 베푸신 곳에서 먹고 마시고, 밤에는 숲이나 들에서 이렇다 할 근심거리 없이, 감옥의 근심도 없이, 마치 숲 속의 새처럼 하늘의 별들하고만 밤 인사를 나누며, 신의 보호 아래 평온하게 잠이 든다. 어떤 사람들은 '두견새 장군의 휘하에 들어가는 것'이 때로는 힘들고 허기지고 지치는 때도 있다고 말했다. 때로는 며칠 동안 빵 구경도 못하는 경우도 있고, 남의 눈을 피해 숨어 다녀야 하기도 하고 도둑질, 강도, 때로는 살인까지 해야 하는 때도 있다. 시베리아에서 '유형수들은 어린애처럼 보는 것마다 갖고 싶어 한다'고 이야기들을 한다. 이 속담은 숲에서 방랑하며 사는 사람들에게도 적용될 수 있다. 이런 부랑자들은 강도가 아님에도 항상 도둑질을 하게 된다. 물론 천성이 그렇다기보다는 오히려 필요에 의해서 도둑질을 하는 것이다. 습관이 된 부랑자도 있다. 어떤 사람은 감옥의 형량을 마치고 유형 생활을 하다가도 도망을 친다. 유형 이주[31]를 해서 살게 되면 생활이 안정될 만큼 보장이 되는 것 같은데도 그렇지가 않다! 항상 어딘가에 마음을 빼앗기고 어디론가 이끌려 가는 것이다. 숲에서의 생활은 배고프고 불안정한 삶이지만 자유와 모험이 풍부하게 배어 있는 생활이다. 이를 한번 경험해 본 사람은 뭔가 은밀하고 신비로운 마력에 매혹되어, 이주 유형수가 되어 모범적인 가장이 되겠다고 다짐했던 온순하고 고지식한 사람도 돌연히 숲으로 도망하는 경우가 있다. 또한 결혼해서 아이도 생기고 5년간이나 한곳에 정착하여 살고 있다가도, 어느 날 아침 갑자기 행방불명이 되어 가족과 동네 사람들을

---

31) 1822년에 제정된 유형법에 의하면 유형수는 징역수, 강제 이주수, 추방수의 세 종류로 나누어진다. 징역수는 시베리아 감옥에 수감되어 노역을 하고 형기를 마치면 강제 이주수(유형 이주민)가 되어 시베리아 경작지 일부를 분배받고 평생을 시베리아에서 살아야 함.

당황하게 만드는 사람도 있다.

우리 감옥에도 이러한 도망자가 한 명 있다는 것을 나도 들어서 알고 있었다. 그 사나이는 특별한 죄를 지은 것도 아니다. 적어도 사람들이 그에 대해 이야기할 때 죄에 관해서는 이야기한 적이 없다. 그런데 그는 평생 도망만 다니고 살았다는 것이다. 그는 다뉴브 강 너머 남러시아 국경에도 갔었고, 키르기스의 초원으로 동부 시베리아의 코카서스로 곳곳을 돌아다녔다. 거의 안 가본 곳이 없었다. 만약 그가 다른 상황에 놓여 있었더라면 이처럼 정열적인 여행 기질을 감안하여 그를 로빈슨 크루소처럼 여겼을지도 모른다. 그러나 그에 대한 이야기는 다른 죄수들에게서 들은 것이며, 그는 감옥에서 거의 말을 하지 않았다. 꼭 필요한 몇 마디만 할 뿐이었다. 쉰 살 정도의 농부인 그는 무척 작고 온순하고 침착했으며, 바보로 보일 만큼 온화한 얼굴에 무감각한 표정을 하고 있었다. 여름이 되면 그는 햇볕 쬐는 것을 좋아했으며, 다섯 발짝만 떨어져도 들리지 않을 정도로 언제나 조용하게 콧노래를 흥얼거렸다. 그의 얼굴 모습은 나무로 깎아 만든 듯 무표정했는데 적게 먹는 편이어서 항상 빵만 먹었다. 그래서 단 한 번도 흰 빵이나 술 한 병을 사 본 적이 없었다. 하기야 돈도 있을 리 없지만, 그보다도 계산이나 할 수 있는지 모르겠다. 그는 모든 일에 완전히 무관심했다. 그럼에도 그는 감옥에서 키우는 개에게 손수 먹이를 주곤 했는데, 우리 중에서는 개에게 먹이를 주는 사람이 그 말고는 아무도 없었다. 대개 러시아 사람들은 개 기르는 것을 좋아하지 않는다. 사람들이 이야기하기를 그에게는 아내, 그것도 두 번씩이나 얻은 아내가 있었고, 아이들도 어딘가 있다고 하는데…… 그가 무엇 때문에 감옥에 왔는지 나는 알지 못했다. 우리 모두는 그가 여기서도 도망칠 것이라고 예상하고 있었다. 그러나 탈출 시기가 안 되었는지, 나이를 먹은 탓인지, 그는 그를 둘러싼 모든 불가사의한 세계에 방관자 같은 태도를 취하면서 얌전히 지내고 있었다. 그러나 안심할 수는 없다. 도대체 도망갈 필요가 뭐가 있는지, 도망가서 무슨 이득이 있는 것인지, 그런 생각이 들지도 모르지만, 그래도 역시 숲 속의 방랑 생활은 감옥 생활에 비하면 천국과 같을 것이다. 이것은 납득할 만한 일이다. 다른 어느 것과도 비교할 수 없는데, 비록 괴롭기는 해도 자신만의 충만한 자유가 있기 때문이다. 그래서 러시아의 죄수들이 어디에 가서 산다고 할지라도 봄은 오고, 봄의 햇살이 대지를 어루만지기 시작하면 들뜨게 마련이다.

　그러나 모두가 도망갈 궁리를 하는 것은 아니다. 실제로 탈옥의 어려움, 살패했을 때의 처벌 등이 두려워 탈주를 감행하는 자는 1백 명 중 한 명 꼴이라고 할 수 있다. 그러나 반면에 나머지 아흔아홉 명은 어떻게든 달아날 수 있다면, 어디론가 갈 수 있다면 하는 막연한 생각만 할 뿐이다. 이런 기대감, 가능성에 대한 상상만으로 마음을 달래는 것이다. 어떤 사람은 이전에 탈옥했던 일을 떠올려 마음을 달래기도 한다. 내가 지금까지 말한 것은, 기결수의 이야기이다. 그러나 물론, 과감히 탈옥을 실행에 옮기는 자들은 미결수들이 단연코 많다. 형기가 정해진 기결수들은 죄수 생활 초기에 특히 탈옥을 생각한다. 그러다가 2, 3년을 감옥에서 보내고 나면, 그동안 견뎌왔던 시간들을 소중히 여기게 되고, 탈옥했다가 실패할 위험을 생각하여 모험보다는 빨리 형기를 마치고 유형지로 이주하는 안정성을 택하게 되는 것이 보통이다. 탈옥은 실패할 확률이 높다. 그러므로 '자신의 운명을 바꿀 수 있는' 자는 열 명 중 한 명이다. 기결수들 중에서도 탈옥을 실행에 옮기는 자들이 있기는 하지만, 이 경우는 다른 사람과 비교해서 매우 긴 형기를 선고받은 죄수들이다. 15년, 20년은 무한한 시간처럼 여겨진다. 이같이 무한대처럼 느껴지는 시간을 선고받은 죄수들은 10년쯤을 감옥에서 보냈다 하더라도 언제나 운명을 바꿀 꿈을 꾸고 있다. 그러나 마지막에 가서는 얼굴에 남은 죄수 표시의 낙인이 도주를 방해하기도 한다. '운명을 바꾼다는 것', 이것은 기술적인 전문 용어이다. 만일 탈옥하다가 발각되어 심문을 받게 되면, 죄수들은 자신의 운명을 바꾸고 싶었다고 대답한다. 조금은 교과서적인 표현이지만, 이러한 탈옥 행위와는 문자 그대로 그들의 심정에 그대로 들어맞는다. 어떤 도망자들도 자신이 완전히 자유로워질 거라고 생각하지는 않는다. 거의 불가능하다는 것은 누구나 알고 있다. 그러나 탈옥하다 붙잡혀 다른 감옥에 갇히든지 유형지로 보내지든지, 방랑 도중에 범한 새로운 죄로 다시 재판에 회부되든지 간에, 한마디로 말해서, 아무데라도 좋으니 이젠 진절머리나도록 지긋지긋한 현재의 감옥만 아니라면 어디라도 좋겠다는 심정인 것이다. 도망자들은 여름에 운좋게 겨울을 지낼 수 있는 대책을 특별히 세우지 않으면, 예를 들어 도망자들을 숨겨주고 벌이를 하는 사람들을 만나지 못했거나 살인이라도 해서 어디서나 생활

할 수 있는 타인의 여권을 구하지 못하면, 모두들 체포되지 않더라도 가을쯤 되면 떼지어 도시나 감옥에 자진해서 나타나 부랑자로 다시 감옥에 갇히게 된다. 그러다가 또다시 여름이 되면 도망갈 궁리를 하는 것이다.

봄은 나에게도 많은 영향을 주었다. 기억하기로 나는 자주 말뚝 사이의 틈새로 걸신들린 듯이 바깥세상을 내다보며 서 있기도 했으며, 울타리에 머리를 기울인 채 요새 부근에 새파랗게 돋아나는 풀잎과 푸른빛으로 짙어져 가는 하늘을 하염없이 바라보기도 하였다. 불안과 우수는 나날이 심해지고 감옥은 내게 점점 더 저주스러운 대상이 되어 버렸다. 내가 귀족이라는 이유로 처음 몇 해 동안 끊임없이 동료들에게서 받은 증오는 견디기 힘든 것이었으며, 내 삶 전체를 해치고 말았다. 나는 처음 몇 년 동안은 아픈 데도 없이 병원에 자주 가서 입원하곤 했다. 그것은 감옥에서 벗어나 끊임없이 계속되는, 무엇으로도 해결할 수 없을 만큼 골이 깊어진 증오심으로부터 탈피하기 위해서였다. "너희는 쇠로 된 주둥이로 쪼아 대며 우리를 괴롭혔어!" 죄수들은 귀족 출신들에게 이렇게 말하곤 했다. 그래서 나는 감옥에 있는 서민층 사람들을 부러워하기도 했다. 그들은 누구와도 쉽게 친해졌다. 이런 이유로 자유의 신기루이며, 충만한 대지의 기쁨인 봄이 내게는 우울하고 왠지 초조하게까지 느껴졌다. 대재기(大齋期)[32]가 끝날 무렵, 아마도 6주째였던 것 같다. 나도 재계(齋戒)[33]하게 되었다. 감옥에서는 대재기 주간에 맞추어 첫째 주부터 고참 하사에 의해 일곱 조로 나누어서 순서대로 재계하도록 되어 있었다. 이리하여 각 조는 30명쯤 편성되었다. 재계 주간이 나는 무척 마음에 들었는데, 그 이유는 이 기간 중에는 노역에서 면제되기 때문이다. 우리는 감옥에서 그다지 멀지 않은 곳에 있는 교회에 한달에 두 번이나 세 번 나갔다. 나는 이미 오랫동안 교회에 가지 못했다. 어려서부터 보아 온 대재기의 근행(勤行), 엄숙한 기도, 이마가 땅에 닿을 만큼 허리를 굽혀 올리는 예배, 이 모든 것들은 아련히 사라졌던 어린 시절의 추억을 되새기게 해주었고, 그때 받았던 인상들까지도 떠오르게 했다.

이른 아침, 간밤에 얼어붙은 대지를 밟으면서 위병과 함께 하느님의 집으로

---

32) 러시아 정교에서 부활절 전 6주 동안 근행기.
33) 교회에 가서 고백 미사와 영성체를 하는 러시아 정교 의례.

가던 때의 야릇한 기쁨을 나는 지금도 잊을 수 없다. 위병은 교회 안에 들어가지 않았다. 교회 안에서 우리는 맨 뒤 문가에 무리를 지어 서 있었기 때문에, 낭랑한 부제(副祭)[34]의 목소리가 가늘게 들리고 사제의 법의와 대머리만이 이따금씩 군중 속에서 언뜻 보일 뿐이었다. 그때 나는 어린 시절에 보았던 평민들의 무리를 떠올렸다. 그들은 입구에 서서 서로 밀치고 있었다. 또한 훌륭한 견장을 단 군인과 살찐 나리와, 눈이 번쩍 뜨일 만큼 현란하게 차려입거나 더없이 신앙심이 깊은 귀부인들에게 길을 내주던 모습도 기억이 났다. 귀부인들은 반드시 앞자리의 좋은 좌석에 앉으려고 늘 싸움이라도 할 기세였다. 그때 나는 그 입구에서 올리는 기도와 우리가 올리는 기도와는 차이가 있다고 느꼈다. 그 사람들은 겸손하게 이마가 땅에 닿도록 열심히 머리를 숙여, 자기의 보잘것없음을 비굴할 정도로까지 의식하고 있는 것 같았기 때문이다.

그런데 이제는 내가 그런 자리에 서게 된 것이다. 아니 같은 처지라고는 할 수 없다. 우리에겐 족쇄가 채워져 있고, 죄인이라는 딱지가 붙어 있었으니까 말이다. 사람들은 모두 우리를 피하고 무서워하는 것 같았다. 내가 기억하기에, 우리는 언제나 보시를 받았는데, 그럴 때마다 나는 왠지 모르게 유쾌해지며 대단히 기분이 좋았다. 이러한 이상스러운 만족감에는 뭔가 미묘하고 특별한 느낌이 숨어 있었다. '그래, 좋은 게 좋은 거지'라고 생각하고 있었던 것이다. 죄수들은 열심히 기도를 드렸다. 그들은 모두 교회에 올 때마다 가진 돈을 털어서 초를 사서 헌납하기도 하고 헌금을 바치기도 했다. '나도 인간이 아닌가.' 아마도 돈을 내면서 이렇게 생각하거나 느꼈으리라. '하느님 앞에서는 모두가 평등해……' 아침 예배에서 우리는 성찬식에 참여했다. 사제가 두 손에 성배(聖杯)를 들고 '……우리 비록 죄인이지만 받아주소서'[35] 하고 기도서의 한 구절을 읽자, 모든 죄수들은 이 말을 문자 그대로 해석해 자신들을 가리키는 것으로 생각하며, 족쇄를 절그럭거리면서 바닥에 엎드렸다.

마침내 부활절이 되었다. 우리에게도 달걀 한 개와 우유 섞인 밀빵 한 조각을 주었다. 도시에서도 자선품들이 밀려들었다. 또다시 십자가를 가지고 사제들이 찾아오고, 당국 관리가 방문하고, 따뜻한 수프가 나오고, 술을 마시고

---

34) 미사 집전시 사제를 도와주는 신부.
35) 러시아 정교에서 사용하는 바실리 벨리게(330~379) 기도서의 한 구절.

빈둥거릴 수 있는 한가로움, 이 모든 것이 크리스마스 때와 비슷했다. 차이가 있다면, 감옥의 정원을 산책할 수 있고 햇볕을 쬘 수 있다는 것이었다. 정원은 겨울보다 훨씬 밝고 넓게 느껴졌지만 왠지 더 쓸쓸한 듯 느껴졌다. 길고 긴 여름날은, 특히 공휴일이기라도 하면 더욱 견디기 어려웠다. 평일에는 적어도 일하면서 하루를 짧게 느낄 수가 있기 때문이다.

여름철 노역은 실제로 겨울보다는 훨씬 힘들었다. 노역은 건축에 관계되는 일들이 많았다. 죄수들은 집을 짓거나, 땅을 파고, 벽돌을 구웠다. 어떤 이는 자물쇠 직공, 목수 일, 관사를 수선하는 일을 맡았고, 또 다른 이들은 벽돌을 만들기 위해 공장에 다녔다. 우리는 이 일을 가장 힘들게 생각했다. 벽돌 공장은 요새에서 3, 4베르스타 정도 떨어진 곳에 있었다. 여름에는 아침 6시가 되면 50명 정도의 죄수들이 벽돌 공장으로 갔다. 이 작업은 아무 기술이 없거나, 어떤 기술 조합에도 속해 있지 않은 사람들이 뽑혔다. 그들은 각자 빵을 가지고 갔다. 왜냐하면 점심을 먹기 위해 오려면 왕복 8베르스타나 되는 길을 걸어야 하기 때문이다. 그래서 아예 저녁이 되어 감옥으로 돌아와서 식사를 하기도 했다. 작업량은 하루 분량씩 주어졌는데 그것은, 죄수들이 하루 종일 씨름을 벌일 만한 양이었다. 처음에는 진흙을 파서 날라 놓고 물을 길어다가 진흙을 개는 구덩이에서 개야 한다. 그러고는 갠 진흙으로 2백 개나 250개 정도의 벽돌을 만들어야 한다.

나는 공장에 두 번밖에 가지 않았다. 공장에서 저녁 늦게 돌아오는 사람들은 녹초가 되었고, 여름 내내 쉴 새 없이 가장 힘든 일을 한다는 구실로 다른 사람에게 불평을 늘어놓았다. 아마 그렇게 떠들어대면 쌓인 울분이 어느 정도 가라앉는 모양이었다. 개중에는 오히려 기꺼운 마음으로 공장에 가는 사람도 있었다. 일하는 곳이 이르티시 강변에 있는 탁 트이고 넓은 교외라는 것이 첫째 이유였다. 무엇보다 주위를 둘러볼 수 있어 기분이 좋고, 요새처럼 막혀 있지 않다! 자유롭게 담배를 피울 수도 있고 반시간쯤 달콤한 낮잠을 잘 수도 있었다. 나는 평소에는 요새인 내 작업장에서 일했으나, 때때로 석고 굽는 곳에 가기도 하고 건축 현장에서 벽돌을 지고 나르는 인부로 일하기도 했다. 그럴 경우, 벽돌을 이르티시 강변에서부터 병사 숙소 건축 현장까지 70사젠[36] 정도를 운반한 적도 있었다. 이 일을 두 달 동안 계속했다. 벽돌을 운반할 때 쓰이는 새끼줄 때문에 내 어깨는 계속 벗겨졌지만, 나는 오히려 이 일이 마음에 들었다. 왜냐하면 체력이 좋아졌기 때문이다. 처음에 나는 한 개당 8푼트의 무게가 나가는 벽돌을 8장밖에 운반하지 못했다. 벽돌은 1장이 500그램 정도의 무게였다. 나중에는 11장에서 15장까지도 운반할 수 있게 되었는데, 그것이 무척 기뻤다. 감옥에서는 갖가지 물질적인 불편이 수반되는 저주스러운 생활을 견뎌 내기 위해서, 육체적 힘이 정신적인 힘에 못지않게 필요한 것이다.

그리고 나는 감옥에서 나간 뒤에도 오래도록 살고 싶었다…….

그러나 단지 몸이 단련된다는 이유만으로 벽돌 나르는 일을 좋아했던 것은 아니다. 나 역시 이르티시 강변에 갈 수 있었기 때문이다. 내가 이 강변에 대해 그토록 자주 말을 꺼내는 것에 다른 이유는 없다. 다만 그 강변에서만이 신의 세계가, 순결하고 투명한 저 먼 곳이, 황량함으로 내게 신비스러운 인상을 불러일으켰던 인적 없는 자유의 초원들이 보였기 때문이었다. 또한 이 강변에서 요새를 등지고 서 있으면, 요새가 보이지 않았다. 우리가 일하던 장소는 대부분 요새 안이거나, 그 근처였다. 처음부터 나는 이 요새가 싫었는데, 특히 몇 개의 건물이 그랬다. 사령관의 부관인 소령이 기거하는 관사는 왠지 거부감이 들고 저주스럽기까지 했다. 그래서 나는 그 앞을 지날 때마다 매번 증오에 찬 시선을 보내곤 했다. 그런데 강변에서는 이 모든 것을 잊을 수 있어 좋았다. 죄수들이 감옥의 창을 통해 자유 세계를 동경하듯이 끝없이 펼쳐진 황량한 광야를 바라보곤 하였다. 무한히 펼쳐진 푸른 하늘에서 이글거리는 태양, 키르기스 강변에서 퍼져 오는 키르기스인의 아련한 노랫소리, 이 모든 것이 내게는 더할 수 없이 소중했다. 검게 그을고 낡은 유목민의 천막이 보이기도 했다. 천막 근처에서 피어오르는 연기, 양 두 마리를 데리고 뭔가 바쁘게 일하고 있는 키르기스의 여인도 보인다. 그 정경들은 궁핍하고 투박하긴 해도 자유로워 보였다. 그러다가 문득 푸른 창공을 날아가는 이름 모를 새를 보면서, 그 새의 비상을 좇아 시선을 옮기기도 하였다. 새는 수면 위를 살짝 차고

---

36) 약 150미터.

오르며 창공으로 사라지는가 하면 다시 아주 작은 점으로 아른거렸다……

이른 봄, 강변의 돌 틈새에 핀 초라하고 가녀린 꽃들까지도 애처로울 정도로 내 주의를 끌었다. 유형 생활 첫해에 느낀 우수는 견디기 힘든 것이었으며, 몸서리쳐질 정도로 나를 괴롭혔다. 이러한 심경 때문에 첫해에는 주변의 상황에 대해 많은 것을 모르고 지냈다. 나는 눈을 감고 보지 않으려고 했다. 나를 미워하는 동료 죄수들 중에도 겉으로는 증오하는 듯하면서도 의외로 사려 깊고 감정이 풍부한 좋은 사람이 있다는 것을 알지 못했다. 독기에 찬 말속에 아무런 가식이 없는 상냥한 말이 섞여 있는데도, 나 이상으로 고뇌하며 살아온 영혼에서 나오는 진가를 가진 온유함과 친절한 애정이 스며 있다는 것을 알지 못했다.

그러나 누구에게 이런 이야기를 늘어놓을 수 있겠는가? 나는 피로에 지칠 대로 지쳐 노역에서 돌아오는 것이 매우 기뻤다. 그날 밤은 푹 잘 수 있겠다라고 생각하면서 말이다. 감옥 생활 중 여름은 겨울에 비해 더욱 고통스러웠다. 그러나 때때로 기분좋은 저녁이 있을 때도 있었다. 온종일 감옥에 내리쬐던 태양이 지고 나면, 선선해지면서 차가운 초원의 밤(낮에 비해)이 찾아왔다. 저녁이 되면, 죄수들은 감방 안에 갇히기 전까지 삼삼오오 짝을 지어 정원을 산책한다. 그러나 대부분은 취사장에 모인다. 그러고는 감옥에서 벌어지는 중요 사건들을 화제로 토론하기도 하고, 뭔가 소문을 캐기도 한다. 이 소문은 대개 시시한 것이지만, 세상과 고립되어 사는 죄수들의 비상한 관심을 환기시켜 주는 것이었다. 예를 들면 우리 감옥의 사령관 부관인 소령이 해임된다는 등의 소문이 퍼진다. 죄수들은 아이들처럼 쉽게 믿는다. 그들 자신은 이런 소문이 거짓이며, 소문을 유포한 사람이 유명한 허풍쟁이이며 못 믿을 사람이라는 것을 잘 알고 있다. 실제 그 죄수는 크바소프라는 사람으로 오래전부터 그의 말은 누구도 믿지 않았으며, 그는 하는 말마다 거짓말이었다. 그런데도 사람들은 모두 그 소문에 참견하여 이러쿵저러쿵 같이 떠들어댄다. 그리고 마지막에는 크바소프의 말을 믿었던 것에 분개하고 자신을 부끄럽게 여기는 것이다.

"대체 누가 그의 목을 자른다는 거야." 누군가 소리친다. "목이 두툼해서 웬만해서는 떨어지지도 않을걸!"

"그렇지만 그의 위에는 상관이 있잖아!" 다른 사람이 대꾸한다. 이 사람은 다혈질에 약삭빠르게 생긴, 세상에서 보기 드문 뛰어난 말싸움꾼이다.

"까마귀는 서로 눈을 쪼지 않는다고!" 구석에서 혼자 수프를 먹고 있던 머리가 하얗게 센 사나이가 마치 혼잣말처럼 시큰둥한 표정으로 참견한다.

"어쨌거나 상관이 그를 해임해야 할지 말지 당신에게 물어보러 오지는 않아."

네 번째 사람이 발랄라이카를 가볍게 퉁기면서 퉁명스럽게 덧붙인다.

"왜 안 그렇다는 거야?" 두 번째 사람이 분개하며 덤벼들었다. "우리처럼 가난한 사람들이 모여 청원하면 이유를 물어보겠지. 그러면 모두 확실하게 말해야 해. 그런데 우리는 떠들기만 하고, 일이 닥치면 살금살금 뒤로 물러나고 말거든!"

"그럼, 너는 어떻게 생각해?" 발랄라이카를 켜던 사람이 말한다. "이 유형 생활 말이야."

"얼마 전에도" 말싸움 좋아하는 사람이 이야기를 들어 보지도 않고 열이 나서 계속한다. "밀가루가 좀 남아 있길래 부스러기까지 박박 긁어 모아서 팔러 보냈지. 그런데 탄로가 난 거야. 죄수장이 밀고한 거지. 당연히 압수당했지. 이런 것이 절약이라는데, 그게 맞는 일이라고 할 수 있나?"

"그럼 자넨 누구에게 호소하겠다는 거야?"

"누구냐고? 앞으로 올 검찰관한테지."

"어떤 검찰관?"

"여보게들, 이건 사실인데 검찰관이 온단 얘기가 있어." 쾌활한 성격의 젊은 사나이가 끼어들었다. 그는 배운 티가 나는 서기 출신으로 '라발리에르 공작부인'이라는 책이나 그와 비슷한 종류의 책을 읽고 있었다. 그는 항상 명랑한 익살꾼이었지만, 약간의 지식과 세상사에 밝은 데가 있었기 때문에 존경을 받기도 했다. 검찰관이 온다는 말에 모두가 호기심을 가지고 들떠 있는 것에는 아랑곳없이, 그는 곧장 취사 담당 요리사에게 간(肝)이 있는지 물어보았다. 요리사들은 이따금 간과 같은 물품을 팔고 있었다. 돈이 있는 죄수들은 커다란 간 덩어리를 사다가 그것을 구워 잘게 썰어 죄수들에게 팔았다.

"2코페이카짜리, 4코페이카짜리?" 요리사가 묻는다.

"4코페이카짜리를 줘. 모두가 부러워하게 해줄 거야!" 죄수가 대답하고는 덧붙인다. "여보게들, 장군이 페테르부르크에서 와서 시베리아 전역을 순시할 거야. 사실이라고. 사령부에서 들었어."

이 소식은 비상한 관심을 불러일으켰다. 한 15분 정도, 온통 그 이야기뿐이었다. 검찰관이 어떤 사람일지, 관등은 무엇이며, 이 지방의 사령관보다 상관인지에 관한 얘기들이었다. 죄수들은 관등 이야기와 장군 등에 관하여 누가 더 상관이며, 실세는 그들 중 누구에게 있는지 격렬하게 이야기하다가 한심스럽게 다투기도 하고 욕설까지 하게 된다. 대체 그들에게 무슨 이득이 있어 그러는 것일까? 의문스러울 테지만 장군뿐만 아니라 상관에 대한 상세한 지식은 죄수가 되기 전의 사회적 지위와 교양, 지식의 정도를 가늠하는 척도가 된다. 일반적으로 등급이 높은 상관에 대한 이야기는 감옥에서 가장 품위 있고, 무게 있는 화제로 여겨지는 것이다.

"이봐, 그러니 소령을 해임하러 온다는 것도 사실일 거야." 작은 몸집에 붉은 얼굴을 하고, 다혈질인 데다가 어눌하게 이야기하는 크바소프가 말한다. 소령의 해임에 관한 소문을 처음으로 퍼뜨린 것도 이자였다.

"상납을 해야지!" 이미 야채수프를 다 먹은 머리가 하얗게 센 죄수가 무뚝뚝하게 대꾸한다.

"상납을 해야 돼." 다른 사람이 말을 이었다. "그는 돈을 조금밖에 못 모았거든! 여기 오기 전에 부관은 대대에 있었지. 언젠가는 사제장의 딸과 결혼하려고 했지."

"그런데 못했어. 문전 박대를 당한 거야. 가난하기 때문이었지. 그런 녀석이 어떻게 신랑이 된담! 그 빈털터리는 부활절 때 카드 도박으로 모두 날렸지. 페지카가 얘기해 주더군."

"그래, 그렇게 탕진하지 않아도 돈이란 날개 돋친 듯이 날아가는 건데."

"이봐, 나는 아내도 있었어. 가난뱅이는 결혼하는 게 아냐. 결혼을 해도 밤이 짧거든!"[37] 여기서 말참견을 했던 스쿠라토프가 끼어든다.

"무슨 소리야! 우린 자네 이야길 하고 있어." 서기 출신의 명랑한 청년이 이

---

37) 러시아의 속담으로, 먹고 살아야 하는 일에 쫓겨 마음 편히 잘 여유가 없다는 뜻.

야기한다. "그런데 크바소프, 확실히 말해 두겠는데 넌 아주 바보야. 정말로 부관이 장군에게 뇌물을 줄 거라고 생각하는 거야? 부관 따위를 보려고 페테르부르크에서 여기까지 올 것 같으냐고. 그래서 자네가 바보라는 거야."

"뭐라고? 장군이 뇌물을 받지 않는다고?" 무리 중에서 회의적인 어조로 끼어들었다.

"그래 받지 않아. 받으려면 크게 받지. 조금은 안 받아."

"물론 크게 받겠지. 자리가 높으니까."

"장군은 항상 받고 있어." 크바소프가 딱 잘라 말한다.

"그럼, 자네도 준 적이 있어?" 잠자코 이야기를 듣던 바크루신이 비웃듯이 말한다. "그 사람을 본 적이나 있어?"

"보고말고."

"거짓말."

"네 말이 거짓말이지."

"여보게들, 그가 장군을 보았다니까. 그가 알고 있는 장군에 대해 들어 보자고. 자, 말해 봐. 나는 장군을 다 알고 있어."

"난 지베르트 장군을 본 적이 있지." 크바소프가 웬일인지 애매하게 대답한다.

"지베르트? 그런 장군은 없어. 지베르트는 네가 등짝을 맞을 때 너를 보고 있었지. 그때 그는 겨우 중령이었어. 네가 겁을 먹어서 장군으로 착각한 거지."

"잠깐, 내 말을 들어 주게." 스쿠라토프가 외친다. "이미 결혼한 내 말은 들을 필요가 있어. 그런 장군은 분명 모스크바에 있어. 독일 태생의 러시아인이지. 매년 성모 승천제[38]가 되면 러시아 사제에게 참회하곤 했지. 그런데 그는 오리처럼 물을 마셔. 날마다 마흔 잔씩이나 모스크바 강물을 마신다고. 듣기로는 무슨 병을 고친다나 봐. 장군의 부하에게 들었어."

"그렇게 물을 마신다면 배 속에서 붕어들이 살고 있겠군." 발랄라이카를 켜던 죄수가 말한다.

"그만하면 됐어! 진지하게 이야기하는데 한다는 소리가…… 그런데 그 검찰

---

38) 구력 8월 15일 전 2주간의 제기.

관이라는 작자는 어떤 사람이지?" 불안해 보이는 어느 죄수가 걱정스럽게 묻는다. 이 사람은 경기병 출신의 노인이며, 이름은 마르티노프이다.

"잘도 거짓말만 하는군!" 회의론자 중의 하나가 말한다.

"어디서 얻어듣고 어디다 꿰맞추는 거야? 모두 쓸데없는 소리에 불과해."

"아니야, 거짓이 아니야!" 지금껏 침묵하고 있던 쿨리코프가 단정하듯이 말했다. 쿨리코프는 오십에 가까운 나이로 단정한 얼굴을 하고 있었지만, 어딘지 모르게 사람들을 멸시하고 거드름을 피우는 듯이 보이는 도도한 사람이다. 그는 그러한 자신을 자랑스러워하기도 했다. 그는 집시의 피가 섞였으며 말을 치료하고 돈을 버는 수의사였는데, 감옥에서는 술을 팔고 있었다. 영리하고 세상일에 훤한 그는 무척이나 상냥하게 말을 했다.

"이거 사실이야." 쿨리코프가 침착하게 말을 잇는다. "나는 벌써 지난주에 들었어. 아주 대단한 장군이 와서 시베리아 전역을 시찰한다더군. 말할 것도 없이 그에게 뇌물을 바치겠지만, 우리 팔눈이는 그렇게는 못할 거야. 그는 옆에도 가지 못할걸. 이봐, 장군도 장군 나름이지. 별의별 것들이 있기는 해. 내 말은 우리 소령은 어떤 경우든 해임되지는 않을 거라는 거야. 이건 분명해. 우리는 말할 수 있는 처지도 못 되고, 관리는 관리대로 동료를 고소할 수 없잖아. 검찰관은 감옥을 시찰한 뒤 아무 일도 없다고 보고하게 될 거야......"

"그렇다 해도 소령은 겁먹고 있어. 아침부터 취해 있잖아."

"저녁에도 또 마실 거라는군. 페지카가 말했어."

"검은 개는 씻어도 흰 개가 되지 않아. 그 녀석이 술 취해 있는 게 어제 오늘 시작된 일은 아니잖아?"

"그러니 장군이 어떤 조치도 취하지 않으면 어쩌지? 그렇다면 그 바보 녀석과 다를 바가 없잖아." 죄수들은 흥분해서 저마다 한마디씩 하는 것이었다.

검찰관에 관한 소식은 순식간에 감옥에 퍼졌다. 죄수들은 정원을 산책하면서 서로에게 이 소식을 전했다. 개중에는 무관심과 침묵으로 좀더 신중하다는 것을 보이려 하는 사람도 있고, 그런가 하면 아예 무관심한 자도 있었다. 감방 입구 층계에는 발랄라이카를 가진 죄수들도 자리를 잡고 있어서, 어떤 이는 계속 듣고 어떤 이는 노래를 부르고 있었지만, 모두들 이날 저녁에는 매우 흥분한 상태였다.

아홉 시가 지나자, 우리 모두는 점호를 받고 각자의 감방으로 들어갔으며 문을 자물쇠로 잠갔다. 밤은 짧았다. 게다가 새벽 네 시에 기상을 해야 했다. 그런데도 열한 시 이전에는 도저히 잠자리에 들 수 없었다. 그때까지는 항상 시답잖은 잡담을 하기도 하고 겨울밤에 하는 노름을 하는 경우도 있었다. 한밤중은 참기 힘든 열기와 질식할 듯한 답답함의 연속이었다. 열어 놓은 창문으로 밤의 찬 공기가 불어오긴 했지만, 죄수들은 밤새도록 판자 침상에서 악몽에 시달리는 것처럼 몸을 뒤척거린다. 벼룩 떼가 사방에서 달려들었다. 벼룩은 겨울에도 있고, 그 수도 결코 적지 않지만 봄이 되면 무서운 기세로 번식한다. 이런 사실에 대해서야 이전부터 듣고 있었지만, 실제 경험하기 전에는 믿기지 않았다. 여름이 가까워 오면 가까워 올수록 벼룩으로 인한 고통은 더욱 심해졌다. 그러나 사실상 벼룩에도 익숙해질 수 있다. 이것은 내가 직접 경험한 바이지만, 익숙해진다 해도 괴롭기는 마찬가지이다. 벼룩 때문에 누워서도 열병에 걸린 것처럼 잠을 잘 수 없었으며, 마치 악몽을 꾸는 것처럼 느껴졌다. 드디어 새벽녘이 되어 벼룩의 활동이 한풀 꺾이고 나면 신선한 아침 공기를 받으며 달콤하게 잠에 빠지기 시작한다.

그러나 얼마 안 되어 느닷없이 감옥 문에 달린 북이 무자비하게 울려 퍼진다. 아침이 시작되는 것이다. 반코트를 걸치면서 죄수들은 마치 그것을 세어 보기라도 하듯, 크고 선명하게 울리는 북소리를 저주에 찬 심정으로 들어야 한다. 잠이 덜 깬 몽롱한 의식으로 내일도 모레도 자유로워지는 그날까지 몇 년이나 더 계속되어야 한다는, 참기 어려운 상념을 떠올리기도 한다. 도대체 언제쯤 자유로워질 수 있을까? 그런 자유는 어디에 있는가? ……하지만 일어나야 한다. 사람들은 옷을 입고 서둘러 노역장으로 나간다. 정오쯤에는 한 시간 정도 낮잠을 잘 수 있으리라 기대하면서 말이다.

검찰관에 대한 소문은 사실이었다. 소문은 나날이 사실로 굳어졌고, 드디어 페테르부르크에서 어느 훌륭한 장군이 시베리아를 시찰하기 위해 이미 토볼스크에 도착해 있다는 것이 확인되었다. 매일 새로운 소문이 감옥으로 전해졌다. 도시로부터 여러 소식도 전해졌다. 모두들 겁을 먹고 있으며 좋은 면만 보여 주려고 한창 바쁘다는 소식이었다. 고급 관리들 사이에서는 환영식과 무도회, 연회를 준비하고 있다고 하였다. 죄수들은 몇 팀으로 나뉘어 요새 안의 도로 정비, 울타리와 말뚝을 새롭게 단장하는 일, 벽을 수리하여 칠하기도 했다. 한마디로 말해서 짧은 시간에 최대한 뜯어고쳐서 좋은 면만 보여 주려는 겉치레 행사가 벌어진 것이다. 우리는 이 속셈을 잘 알고 있었으므로 서로 더욱 열을 올리며 이야기를 이어갔다.

우리의 공상은 끝없이 펼쳐졌다. 만약 장군이 수감 생활이 만족스러운지에 대해 묻는다면 '이의'를 표시하자는 데까지 계획했다. 그러나 여전히 의견 충돌로 다투고 욕설을 했다. 부관인 소령도 흥분하고 있었다. 감방에 수시로 와서 더 크게 소리치고, 청결과 정리 정돈을 트집잡아 잔소리를 했다. 그러는 동안 예상하고 있던 작은 사건이 하나 발생했는데, 이 사건으로 소령은 화를 내기는커녕 오히려 기뻐했다. 사건이란 어느 죄수가 싸움을 하다가 상대편 죄수의 가슴, 거의 심장 한가운데를 송곳으로 찌른 사건이었다.

찌른 사람은 로모프라는 죄수이며, 부상을 당한 사람은 가브릴카라고 불리는 사람으로 고질적인 부랑자였다. 그에게 다른 별명이 또 있었는지는 기억이 나지 않는다. 우리는 항상 그를 가브릴카라고 불렀다.

로모프는 K군(郡) T촌의 부유한 농민이었다. 로모프 씨네 일가는 늙은 아버지와 세 아들, 삼촌이 함께 살고 있었다. 농민으로서는 잘사는 편이었다. 그들은 30만 루블이나 되는 지폐[39]를 재산으로 모았다는 소문이 자자했다. 땅을 경작하기도 하고 가축을 키우거나 장사를 했지만, 중요한 수익 사업은 고리대금업과 도망자 은닉, 그리고 장물을 사는 일 등의 좋지 않은 일 등에 손을 대고 있었다. 그 군에 살고 있는 농민의 절반 이상이 그들에게 돈을 빌리고 있어서, 그들의 노예나 다름없었다. 그들은 영악하고 비열한 인간들로 소문이 나 있던 터에, 언젠가 고위 신분의 한 신사가 여행 도중 그들 집에 머물렀을 때, 노인과 개인적인 친분을 맺고 노인의 영민함과 수완을 치켜세운 일이 있고 난 뒤부터는 더욱 오만 방자해졌다. 그들은 무작정 당국의 감시가 자신들에게 미치지 않을 것이라고 생각하고, 불법 행위를 드러내 놓고 빈번하게 하기 시작하였다. 모두들 지탄을 하며 그들이 지옥에 떨어졌으면 하고 바라게 되었다. 그러나 그들의 콧대는 높아만 갔다. 경찰서장이나 관리는 그들에

---

39) 1769~1843년 러시아에서 발행한 태환(兌換) 지폐를 말함.

게 이제 아무것도 아니었다. 그러다가 그들은 큰 실수를 하여 파산하게 되었다. 그것도 어떤 비밀스러운 범죄나 불법을 저질러서가 아니라, 오히려 억울한 죄 때문이었다.

그들은 마을에서 10베르스타 떨어진 곳에 큰 농장, 시베리아식으로 말하자면 개간지를 가지고 있었다. 가을의 문턱에 선 어느 해, 오래전부터 키르기스 사람 여섯 명이 소작인으로 농장에서 살고 있었는데, 하룻밤 사이에 모두 몰살을 당한 것이다. 재판이 열렸고 오랜 시간을 끌었다. 재판 과정에서 로모프 집안의 좋지 않은 일들이 드러났다. 로모프 가족은 고용인을 살해한 용의자로 고발되었던 것이다. 그들이 말을 해서 감옥 전체에서도 이 사건을 알고 있었는데, 고용인에게 지급해야 할 임금이 너무 많이 밀려 있었고, 대부호이긴 했지만 탐욕스럽고 인색했기 때문에, 품삯을 주지 않으려고 키르기스인을 죽였다는 혐의를 받았다는 것이다. 예심과 공판을 거치면서 그들의 재산은 먼지처럼 날아갔다. 노인은 죽었고 아들들에게는 유형이 선고되었다. 아들 중 한 명과 삼촌이 12년형을 선고받고 우리 감옥으로 온 것이다. 그런데 어찌 된 일인가? 키르기스인들의 죽음에 대해서 그들은 완전한 무죄였다. 같은 감옥에 있는 가브릴카가 나중에 자백을 했다는 것이다. 가브릴카는 대단한 망나니에 부랑자였지만 유쾌한 성격에 대담한 청년이었는데, 이 모든 범죄를 자신이 저질렀다고 자수한 것이다. 그가 정말 자수했는지 나는 직접 듣지 못했지만, 감옥에 있는 사람들 모두가 그렇다고 믿었다. 가브릴카는 부랑자 시절부터 로모프 일가와 관계를 맺고 있었고, 탈영하여 부랑자로 떠돌다가 짧은 형기를 선고받고 감옥에 왔다. 그는 다른 세 명의 부랑자와 함께 키르기스인들을 죽이고 한몫 잡은 다음, 개간지에서 약탈하려고 생각했던 것이다.

이유는 모르겠지만, 죄수들은 왠지 로모프 일가를 좋아하지 않았다. 그들 중에서 조카 하나는 영리하고 사교성이 있는 청년이었지만, 가브릴카를 송곳으로 찌른 삼촌은 농부로서 우둔하고 툭하면 싸우려 들었다. 삼촌은 이전부터 여러 사람과 잘 다투었고 보기 좋게 실컷 얻어맞기도 하였다. 그와는 반대로 가브릴카는 명랑하고 사교적인 성격이라 모두가 좋아했다. 로모프 집안의 두 사람은 그가 진범이며 그로 인해 감옥에 왔다는 것을 알고 있으면서도 그와는 싸우는 일이 없었다. 하지만 어울리는 일도 없었다. 가브릴카 역시 그들에게 어떠한 관심도 갖지 않았다. 그런데 별안간 가브릴카와 삼촌이 어느 별 볼일 없는 아가씨 때문에 싸움을 벌였다. 가브릴카는 여자가 자기에게 마음이 있다고 떠벌리기 시작했고, 삼촌은 질투한 나머지 그 화창한 정오에 그를 송곳으로 찌른 것이다.

로모프 집안사람들은 재판을 받으면서 재산을 많이 날렸지만 감옥에서도 여전히 부유하게 지냈다. 웬만큼 돈을 가지고 있는 듯했다. 그들은 사모바르도 가지고 있었고, 차도 마셨다. 우리 소령은 이런 사실을 알고 그 두 사람을 극도로 미워했다. 소령은 눈에 띄게 그들을 트집잡아 못살게 굴었다. 로모프 집안사람들은 이것을 뇌물을 받기 위한 술책이라고 생각했으나 주지는 않았다.

물론 로모프가 송곳을 좀더 깊이 찔렀다면 가브릴카는 죽었을 것이다. 그러나 가벼운 상처로 끝났다. 이것은 곧 소령에게 보고 되었다. 내가 기억하기에, 소령은 말을 타고 숨가쁘게 달려왔다. 아무리 봐도 흡족한 듯한 표정이었다. 그는 친자식이라도 대하듯 지나치게 상냥한 목소리로 가브릴카에게 말했다.

"어때, 친구. 병원까지 걸어갈 수 있겠나? 안 되겠지, 말을 타고 가는 게 좋겠어. 말을 마차에 매!" 가브릴카는 다급히 하사관에게 소리쳤다.

"저는 아무렇지도 않습니다, 각하. 살짝 찔렸을 뿐입니다."

"너는 몰라. 잘 모른다고. 두고 봐라. 찔린 곳이 위험해. 덧나게 될지도 몰라. 심장 바로 밑이잖아. 도둑놈 같으니!" 그는 로모프 쪽을 향해 고함을 치기 시작했다. "두고 봐라, 이놈! 혼 좀 날 테니. 위병 초소감옥으로 보내 주지!"

실제로 소령은 절호의 기회를 잡은 것이었다. 로모프는 재판을 받았고, 상처가 매우 경미하긴 했지만 살해 의도가 명백하다는 이유로 부역 기간이 연장되었으며, 1천 대의 체형이 선고되었다. 소령은 매우 만족스러워했다…….

드디어 검찰관이 도착했다.

그는 도시에 도착한 지 이틀 뒤에 우리 감옥에도 시찰하러 왔다. 때마침 휴일이었다. 이미 며칠 전부터 우리는 깨끗이 청소하고 광이 나도록 닦았다. 죄수들은 머리도 새로 깎고 희고 말끔한 수의를 입었다. 여름에는 규칙에 의해 리넨으로 만든 흰 윗옷과 바지를 입고 있었다. 각자의 등에는 지름이 약 2베르쇼크 되는 검은 동그라미가 꿰매져 있었다. 죄수들은 고관이 말을 걸었을 때, 어떻게 대답해야 할지 꼬박 한 시간이나 연습했다. 총연습을 하기도 했다. 소령은 당황한 듯이 바쁘게 뛰어다녔다. 장군이 도착하기 한 시간 전부터 모두 장승처럼 바지 선에 두 손을 고정시킨 채 제자리에 서 있어야 했다. 오후 한 시가 되자 드디어 장군이 도착했다. 그는 서부 시베리아 전역에 있는 관리들의 간담이 서늘해진 것도 무리가 아닐 만큼 매우 위엄 있는 태도를 보이고 있었다. 그는 근엄한 태도로 당당히 들어왔다. 그를 따라 몇 명의 장군과 대령, 지방 관리들로 이루어진 수행원들의 긴 대열이 이어졌다. 이중 연미복에 단화를 신은 키가 크고 잘생긴 문관이 한 명 있었는데, 그도 역시 페테르부르크에서 왔으며 아주 자연스럽게 자유롭게 행동하고 있었다. 장군은 종종 그에게 극히 공손한 투로 말을 걸었는데 대단히 정중한 태도였다. 문관이면서도 그토록 훌륭한 장군에게 그런 존중을 받는 것이 죄수들에게는 매우 흥미롭게 여겨졌다! 나중에 우리는 그 문관의 성과 그가 어떤 인물인가를 알게 되었지만, 그 당시 죄수들 간에는 굉장한 이야깃거리였다. 붉은 여드름투성이의 얼굴에 충혈된 눈으로 오렌지색 옷깃까지 달고 장승처럼 서 있는 소령은 장군에게 특별히 호감 가는 인상을 주지는 못했던 것 같다. 높은 신분의 방문객에게 특별한 존경을 표시하기 위해 그는 안경도 벗고 있었다. 그는 조금 떨어져 당겨진 활 시위처럼 잔뜩 긴장한 채 서 있었지만, 장군의 지시가 있을 땐 총알같이 뛰어나갈 수 있도록, 즉 좋은 기회를 포착하기 위해 만반의 태세를 갖추고 대기하고 있었다. 그러나 아무 소용도 없었다. 장군은 묵묵히 감옥을 둘러보고, 취사장에 들러서는 수프까지 맛보는 것 같았다. 수행원들이 나를 손짓하며 장군에게 뭐라고 했다. 귀족 출신인데 이러이러한 사람이라고 말하는 것 같았다.

"아!" 장군은 그제야 아는 척했다. "그래, 지금 그는 어떻게 지내고 있는가?"

"지금은 잘 지내고 있습니다. 각하!" 수행원들이 대답했다.

장군은 고개를 끄덕이더니 2분 뒤에 감옥을 나가 버렸다. 물론 그가 가고 나자 죄수들은 얼떨떨하고 어리둥절하기는 했지만, 뭔가 석연치 않은 기분이 들었다. 소령을 비난하는 말을 한마디도 꺼내지 못한 것은 말할 것도 없다. 물론 소령은 그렇게 되리라는 것을 미리부터 확신하고 있었겠지만 말이다.

6. 감옥의 동물들

얼마 안 가 감옥에서는 그네드코[40]를 사들였는데, 그것은 어떤 높은 사람들의 방문보다도 훨씬 더 죄수들을 기쁘게 만들었고 기분전환을 시켜 주었다. 우리 감옥에서는 물을 길어 나르고 쓰레기 등을 운반하는 데 말을 사용하고 있었고, 이 말을 관리하기 위해 죄수 한 사람이 딸려 있었다. 그 죄수도 물론 감시받으면서 말을 부리고 있었다. 말이 하는 일은 아침, 저녁으로 무척 많았다. 그 전에 있던 그네드코는 아주 오랫동안 일해 왔다. 그 말은 온순했지만 몹시 약해져 있었다. 성 베드로 제일을 하루 앞둔 어느 맑은 아침, 그네드코는 저녁때 쓸 물통을 나르는 도중 쓰러져서 그대로 몇 분 만에 숨을 거두고 말았다. 모두들 애석해하며 둥글게 모여들어 다투기도 하고, 이런저런 말을 주고받기도 했다.

우리 중의 퇴역 기병 출신이나 집시, 수의사들이 말과 관련된 여러 특별한 지식을 늘어놓으며 서로 욕설까지 퍼붓고 있었지만 그네드코는 끝내 살아나지 않았다. 이미 시체가 되어 버린 그네드코의 배는 부풀어올라 있었고, 모두들 그렇게 하는 것이 의무인 양 손가락으로 배를 꾹꾹 눌러 보았다. 하느님의 의지가 만든 이 사건은 곧 소령에게 보고되었고, 오늘 지체 없이 새 말을 사오기로 결정되었다. 성 베드로 제일 아침, 예배가 끝난 뒤 죄수들이 모두 모여 있을 때 팔려고 내놓은 말들이 끌려왔다. 당연한 일이지만, 말을 구입하는 일만큼은 죄수들에게 맡겼다. 죄수들 중에는 진짜 말 전문가들이 많이 있었고, 이전부터 이런 일만을 해오던 250명의 눈을 속인다는 것은 쉬운 일이 아니기 때문이다. 키르기스인, 말 장수 집시, 일반 시민들이 모여들었다. 죄수들은 새 말들이 앞에 나타나기를 매우 초조하게 기다렸다. 그러면서 아이처럼 들떠서 떠들어대고 있었다. 무엇보다 즐거운 것은 실제 '자신의 돈'으로 '자신의 말'을 사는 듯한 기분과, 살 수 있는 완전한 권리를 가지고 있는 듯한 기분을 만끽할 수 있다는 점이었다. 세 필의 말이 끌려오고 끌려서 나갔는데, 마침내 네 번째 말에 이르러 일은 결정되었다. 말을 끌고 온 중개업자들은 다소 놀라움을 감추지 못하고, 겁에 질린 듯 사방을 두리번거리기도 하고 연방 자신을 데

---

40) 밤색 말에 대한 일반적인 호칭.

리고 온 감시병을 돌아보기도 하였다. 세상 사람들이 한 번도 발을 들여 놓은 일이 없는 감옥 안에서 머리를 박박 깎고 얼굴에 낙인이 찍힌 2백여 명의 죄수들이 족쇄를 찬 채 와글와글 떠드는 광경은, 확실히 보는 사람으로 하여금 두려운 감정을 느끼게 했으리라.

죄수들은 말이 끌려올 때마다 한 마리 한 마리 검사하는 데 갖가지 교묘한 방법을 다 동원하였다. 말의 어느 곳을 주시하든지, 말의 어떤 부분을 만지든지, 그들은 마치 이 일로 인해 감옥에서 내려지는 물질적 혜택이 있기라도 한 듯, 사무적이고 진지하며 다소 걱정스러운 표정을 짓고 있었다. 체르케스인들은 말 등에 올라타 볼 정도였다. 그들은 눈에 힘을 주며 하얀 이를 드러내고 매부리코의 거무튀튀한 얼굴을 끄덕이며 알아들을 수 없는 자기네 말을 뇌까리기도 했다. 러시아인들 중에는 마치 체르케스인 눈동자에 뛰어들고 싶기라도 한 듯, 온 신경을 기울여 그들의 말에 귀 기울이고 있는 자도 있었다. 말뜻은 이해할 수는 없어도 눈짓으로라도 어떤 결정이 내려지는지, 이 말이 마음에 드는지 안 드는지 알아내려는 것이었다. 그러나 이 정도의 격한 긴장감이 아무런 관계없는 방관자의 눈에는 왠지 이상하게 보일 수도 있을 것이다. 자신의 동료 죄수들 중 몇몇 사람들 앞에서는 불평 한마디 못할 정도로 온순하고 무시당하던 어떤 죄수가 거기서 무엇 때문에, 자신의 말을 살 것처럼 그렇게 조바심을 내고 있는지 이해할 수 없었다. 그에게는 어떤 말을 사든 마찬가지가 아닌가 하는 생각이 들었다. 체르케스인 말고 말에 대해 잘 알고 있는 사람은, 말 장수를 했거나 집시였던 사람이다. 그래서 이들에게 제일 좋은 자리와 결정의 우선권이 주어지곤 했다. 특히 이전에 집시였고 말 도둑이면서 말 장수이기도 했던 쿨리코프와, 최근에 감옥에 들어왔으며 이미 쿨리코프에게서 도시의 단골을 몽땅 빼앗아 버린 독학 수의사인 교활한 시베리아 농부 사이에 점잖은 싸움이 벌어졌다. 사건 전말을 이야기하자면 이러했다. 독학 수의사는 도시 사람들에게 꽤 인기가 있어서 도시의 시민이나 상인뿐 아니라 고위층 사람들까지도 말이 병에 걸리기만 하면 도시에 있는 수의사들을 제쳐 두고 일부러 우리 감옥으로 데려와서 그에게 부탁했다. 그러나 이 시베리아 농부 욜킨이 오기 전까지 쿨리코프는 경쟁자가 없는 실력자였고 많은 단골을 독점하여 두둑한 사례금을 받고 있었다. 그는 무척이나 잘난 듯이 허풍을 떨며 사람들을 기만했지만, 모두가 말뿐이었으며 아는 것은 별로 없었다.

그러나 그는 사례금 덕분에 우리 중에서도 비교적 귀족 같은 생활을 하고 있었다. 그렇지만 그는 연륜, 재치, 두둑한 배짱 때문에 감옥의 죄수들에게 존경을 받기도 하였다. 우리는 그의 말을 잘 듣고 잘 따랐다. 그러나 그는 말수가 적어서, 아주 중요한 경우에만 매우 상냥한 말투로 한마디씩 할 뿐이었다. 그는 눈에 띄게 멋을 부리고 있었지만, 실제로 정력도 넘쳤다. 그는 이미 꽤 나이가 들었지만, 무척 잘생기고 아주 현명한 사람이었다. 우리 귀족 출신들에게는 공손했지만 동시에 이상하리만큼 위엄도 갖출 줄 알고 있었다. 때문에 내 생각에는 그가 잘 차려입고 백작으로 가장하여 수도에 있는 어느 클럽에 간다고 해도, 그는 당황하지 않고 휘스트[41] 카드놀이에 잘 어울리고 이야기할 때마다 품위를 보일 것이므로, 저녁 내내 그가 백작이 아니고 부랑자라는 사실을 사람들은 눈치채지 못할 거라는 생각이 들었다. 농담으로 한 말이 아니다. 그만큼 그는 정말로 똑똑하고 눈치가 빨라 상황 판단을 잘하는 사람이었다. 게다가 행동까지도 우아했다. 그는 세상의 온갖 풍파를 다 겪었을 테지만, 그의 과거는 미지의 어둠으로 덮여 있었다. 여기서도 그는 특별감방에 수용되었다. 그런데 농민이긴 하지만 꽤 교활하고 50세의 분리파 교도 욜킨이 나타남으로써 수의사로서의 쿨리코프의 영광은 산산조각이 나버렸다. 두 달 만에 욜킨은 쿨리코프의 단골을 거의 빼앗았으며, 쿨리코프가 가망 없다고 단념한 말의 병까지도 쉽게 고쳤다. 또한 도시에 있는 수의사들이 포기한 말도 치료했다.

욜킨은 다른 사람들과 같이 화폐를 위조한 죄로 감옥에 들어왔다. 그 나이로 그런 일에 가담하고 싶었을까! 그는 자신을 비웃으면서 진짜 금화 세 개를 들여서 고작 금화 하나에 해당되는 위조 화폐를 만들었다고 이야기해 주었다. 쿨리코프는 욜킨이 수의사로서 성공한 것에 대해 적잖은 모욕을 느꼈으며, 죄수들 사이에서도 이전의 그의 명성은 차츰 빛을 잃어 가고 있었다. 그는 교외에 애인이 있었는데, 그녀는 벨벳 천의 소매 없는 외투를 입고 다녔으

---

41) 네 명이 하는 카드놀이.

며 은 귀고리, 팔찌, 가장자리를 장식한 장화 등을 신고 다니며 멋을 냈다. 그런데 갑자기 수입이 줄어드는 바람에 술 밀매자로 전락하지 않을 수 없었다. 사람들은 이 모든 정황으로 보아 그네드코를 사는 데서 이 두 적수의 격투가 벌어질 게 틀림없다고 기대심에 지켜보고 있었다. 모두들 호기심으로 몸이 들썩거렸다. 이 적수 두 명은 저마다 자기편을 가지고 있었고, 각 편의 우두머리들은 이미 흥분한 상태로 욕설을 주고받기 시작했다. 욜킨도 능글맞은 얼굴에 비웃음의 미소를 띠고 있었다. 그러나 의외의 결과가 나왔다. 쿨리코프는 욕을 할 생각조차 없이 그 대신에 오히려 고단수의 행동을 취했다. 그는 양보의 뜻을 표시하며 경쟁자의 비판적 의견을 정중히 받아들이는 태도를 보이다가 상대방의 한마디를 꼬투리 잡아 집요하지만 겸손하게 잘못을 지적하고 나서, 욜킨이 냉정을 되찾고 다시 이야기할 틈을 주지 않고 무엇이 잘못된 것인지 단번에 알 수 있도록 분명하게 증명해 보였다. 한마디로 말해 욜킨은 정말 뜻하지 않게 기습적으로 한 대 맞은 격이 되었으나, 결국은 그의 승리였다. 하지만 쿨리코프 편에서도 만족하고 있었다.

"아니야, 이 친구야. 저자가 순순히 질 것 같아? 자신을 지킬 방법쯤은 알고 있다고. 대단해!" 한 사람이 말했다.

"욜킨이 더 많이 알아!" 다른 사람이 대꾸하긴 했지만 조금은 수그러드는 말투였다. 그러자 양편 모두 갑자기 놀랄 만큼 양보하는 어조로 이야기하기 시작했다.

"아는 게 아냐. 단지 손재주가 뛰어난 거야. 그러나 쿨리코프도 가축에 관해서는 조금도 뒤지지 않아."

"대단해!"

"그렇고말고."

마침내 새 그네드코를 골라 사들이게 되었다. 새 그네드코는 어린 말로 튼튼했고 수려하며 매우 귀여운 모습을 지닌 멋진 말이었다. 어느 것이든 흠잡을 데가 없는 말이었다. 처음에 부른 값이 30루블이었는데, 25루블로 해달라고 모두들 열심히 오랫동안 값을 깎기도 했다. 그러다가 그들은 스스로도 우스꽝스럽다는 생각을 했다.

"네 바구니에서 돈을 꺼내 줄 건가?" 누군가가 이렇게 말했다. "왜들 흥정을 하고 그래?"

"관청 돈인데 아까울 게 뭐 있어?" 다른 사람이 소리쳤다.

"하지만 그건…… 모두 조합 돈이야……."

"조합이라고! 우리 같은 바보는 씨를 뿌리지 않아도 알아서 저절로 자란다니까."

마침내 28루블에 합의를 보고 소령에게 보고한 뒤 돈을 내고 그네드코를 감옥으로 데려오게 되었다. 곧바로 빵과 소금[42]을 주고, 새 그네드코를 관례대로 감옥으로 데려온 것은 물론이다. 이때 그네드코의 목덜미를 살짝 치거나 콧등을 어루만져 보지 않은 죄수는 아마 하나도 없을 것이다. 그날 중으로 우리는 그네드코를 마차에 묶어 물을 운반하게 하고, 모두들 그 모습을 신기한 듯 바라보았다. 물을 운반하는 마차를 부리는 로만은 새 말을 누구보다도 더 만족스럽게 바라보았다.

로만은 오십에 가까운 농부로 말수가 적고 성품이 착실한 사람이었다. 대부분 러시아 마부들은 착실하고 말수 적은 사람이 많은데, 말에 대한 지속적인 관심이 인간에게 그런 성격을 형성시켜 주기라도 하는 모양이다. 로만은 조용하고 과묵하며 누구에게나 친절한 사내로 코담배를 계속 빨아들여 냄새를 맡고는 했는데, 그는 언제부터인가 감옥에 있는 그네드코를 돌봐 주고 있었다. 이번에 새로 산 그네드코는 세 번째였다. 우리는 '가풍'을 지키듯이 감옥에는 밤색 털의 그네드코가 안성맞춤이라고 믿고 있었다. 그래서 얼룩말 같은 것을 사들인 적은 한 번도 없었다. 언제부터인가 물을 운반하는 마차의 마부 직책은 언제나 로만에게 맡겨져 있었고, 다른 죄수들 중 누구도 그 자리를 차지하려고 하지 않았다. 이전의 그네드코가 죽었을 때도 로만의 실책이라고 여기는 사람은 하나도 없었으며, 소령도 마찬가지였다. 그저 하늘의 뜻이려니 생각했고, 로만은 훌륭한 마부임에 틀림없다고 믿었다. 죄수들은 대체로 거친 민중이지만 오가며 자주 그네드코를 쓰다듬어 주었다. 그럴 만도 한 것이, 강에서 돌아온 로만이 하사가 열어 준 문을 닫을 동안 그네드코는 물통을 단 채 문 앞에서 곁눈으로 로만을 바라보고 서서 그를 기다린다. 그러다 로만이

---

42) 빵과 소금은 환영한다는 표시이며 이것을 맛보게 하는 러시아의 풍습.

"혼자 가!" 말하면 그네드코는 혼자 취사장까지 가서 취사 당번과 청소원이 양동이를 가지고 올 때까지 기다리는 것이다.

"훌륭해! 그네드코." 사람들이 칭찬한다. "혼자 오다니…… 말도 잘 알아듣는군."

"정말이야. 짐승이라도 말을 다 알아들어!"

"대단해. 그네드코!"

그네드코는 마치 이런 말을 이해하고 칭찬받은 것에 흡족해하는 것처럼 머리를 흔들며 코를 실룩거린다. 그러면 반드시 누군가 빵과 소금을 갖다 주고, 그네드코는 그것을 먹고는 다시 머리를 흔든다. 마치 이렇게 말하는 것 같았다.

"난 너를 알고 있어, 안다고! 나는 귀여운 말이고, 너는 좋은 사람이야!"

나 역시 그네드코에게 빵을 갖다 주는 게 좋았다. 그리고 그의 잘생긴 콧등을 보는 것이 즐거웠고, 재빠르게 먹을 것을 물어 올리는 부드럽고 따뜻한 입술이 내 손바닥에 닿는 느낌이 뭐라 표현할 수 없을 만큼 좋았다.

일반적으로 우리 죄수들은 동물을 좋아하고 잘 키울 수 있었으므로, 가능하기만 하다면 감옥에서 많은 수의 가축과 새들을 기꺼이 길렀을 것이다. 어쩌면 이 일만큼 죄수들의 난폭하고 거친 성격을 부드럽게 바꿀 수 있는 효과적인 방법도 없을 것이다. 그러나 그것은 허용되지 않았다. 죄수들의 규칙상으로나 장소의 문제를 보아서도 허용되지 않았던 것이다.

그러나 우연히도 내가 감옥에 있을 당시에는 늘 동물이 몇 마리쯤 있었다. 그네드코 말고도 개가 있었고, 거위, 염소 바시카와 얼마 동안은 독수리도 있었다.

제일 오래 우리 감옥에 함께 있었던 것은 앞에서도 말한 샤리크라는 영리하고 온순한 개였다. 이 개는 나와 매우 친했다. 그러나 다른 죄수들은 개를 부정한 동물로 생각하는 것이 일반적이었기 때문에 개에게 별 주의를 기울이지 않았고 당연히 샤리크를 잘 돌보아 주지도 않았다. 그래서 샤리크는 혼자 있을 때가 많았고 마당에서 잠을 자고 취사장에서 나오는 남은 음식들을 먹고 살았다. 그 개는 누구에게도 특별한 관심을 받고 있지 않으면서도 감옥에 있는 모든 죄수를 알고 있었으며, 그들을 주인으로 여기고 있었음에 틀림없다. 왜냐하면 죄수들이 노역에서 돌아올 시간이 되어 위병소에서 "상병!" 하고 외치는 소리를 들으면 문으로 달려가서 모두를 반갑게 맞이했고, 꼬리를 흔들면서 쓰다듬어 주기를 기다리기라도 하듯 한 사람 한 사람을 애교 있는 눈으로 쳐다보기 때문이다. 그런데도 오랫동안 나 말고는 아무에게도 귀여움을 받아본 적이 없었다. 그래서 샤리크는 누구보다도 나를 좋아했다. 그 뒤에 언제였는지 잘 기억할 수는 없지만 우리 감옥에 벨카라는 또 한 마리의 개가 나타났다. 그리고 세 번째 쿨체프카는 내가 손수 길렀는데, 언젠가 노역에서 돌아오면서 아직 강아지였던 것을 주워 온 것이었다. 벨카는 묘한 개였다. 이 개는 마차에 깔려 등이 안으로 구부러져 있어 멀리서 뛰어가는 모습을 보고 있으면 마치 몸이 붙은 두 마리의 흰 동물이 뛰고 있는 것처럼 보인다. 또한 온몸이 옴투성이였고, 눈에는 눈곱이 끼고 꼬리는 털이 거의 하나도 없이 밋밋한 데다가 언제나 엉덩이에 찰싹 붙이고 있었다.

벨카는 처량한 운명 때문인지 온순하기만 했다. 한 번도 짖거나 으르렁대지 않았으며 그럴 기력도 없어 보였다. 더욱이 빵 때문에 감옥 뒤에 살고 있었는데, 우리 중 누군가를 보기만 하면 몇 발자국 떨어져 있어도 '자, 마음대로 하시오. 보시다시피 나는 반항하지 않습니다'라는 순종 표시라도 하듯 등을 대고 뒤로 벌렁 누워 버리는 것이었다. 모든 죄수들은 이 모양을 보고는 의무라도 되는 양 "비겁한 놈" 하면서 장화로 걷어찬다. 그러나 벨카는 끽 소리도 하지 않고 있다가 너무 아프면 불쌍하게 끙끙댈 뿐이었다. 마찬가지로 무슨 볼일인가 있어 감옥으로 달려오다가도 샤리크나 다른 개들을 만나기라도 하면 역시 벌렁 누워 버린다. 언젠가는 귀가 처진 커다란 개가 벨카를 보고 크게 짖어 대며 으르렁거리자 벨카는 벌렁 자빠져서 꼼짝도 하지 않았다. 그러나 개들은 상대편이 보여 주는 굴복과 순종을 좋아하므로 사나운 개는 곧 누그러져서 뭔가 생각하는 듯이 발 앞에 누워 있는 얌전한 개에게 가서 대단한 흥미를 가지고 온몸 구석구석의 냄새를 맡아 보았다. 그때 온몸을 떨면서 벨카는 무슨 생각을 하고 있었을까? '도둑놈 같으니! 날 물어뜯을 건가?' 아마도 이런 생각을 한 게 틀림없다. 그러나 그 개는 냄새를 실컷 맡고 나서는 특별한 재미를 느끼지 못했는지 내버려두고 가버렸다. 그러면 벨카는 벌떡 일어나 언제나 그랬던 것처럼 쥬치카인가 하는 암캐를 쫓아다니는 무리를 따라 절룩거리며 달려갔다. 쥬치카하고 친해지기란 도저히 가망이 없는 줄 알면서도 언제나 멀리서 절룩거리며 따라다녔다. 불행 속의 유일한 위안인지도 모른다. 이미 벨카는 명예를 생각하는 일은 포기한 것 같았다. 미래에 대한 모든 희망을 상실한 채 오직 빵만을 위해 살고 있는 듯했으며, 자기 스스로도 이것을 알고 있는 것이다. 한번은 내가 벨카를 쓰다듬어 준 적이 있었다. 이 일이 벨카에게 매우 뜻밖이었으므로 갑자기 팔다리를 쭉 뻗고 땅에 주저앉아 온몸을 부들부들 떨었으며, 감동한 나머지 크게 끙끙 소리를 내었다. 나는 측은한 생각이 들어 자주 쓰다듬어 주었다. 이후로 벨카는 나를 보기만 하면 끙끙 소리를 내었다. 멀리서라도 나를 보기만 하면 병적으로 울부짖듯 짖어 댔다. 그러나 결국은 감옥 건너편 둑에서 다른 개들에게 물려 죽고야 말았다.

쿨체프카는 성격이 완전히 달랐다. 내가 뭣 때문에 눈도 뜨지 않은 강아지를 작업장에서 감옥으로 데려왔는지는 나도 모르겠다. 나는 그놈을 먹이고 기르는 것이 즐거웠다. 샤리크는 곧 쿨체프카와 친해져서 보호자가 되었고, 잠도 함께 잤다. 이 쿨체프카가 조금 커지자 샤리크는 자기 귀를 물어 당기게도 하고 털을 물어뜯게도 하면서, 마치 큰 개와 강아지가 노는 보통의 모습처럼 같이 놀았다. 이상하게도 이 쿨체프카는 키는 크지 않고 몸통만 길고 굵게 자랐다. 털은 곱슬거리는 밝은 잿빛에 가까웠고, 귀 한쪽은 밑으로 처지고 또 한쪽은 위로 쫑긋 솟았다. 이 개는 모든 새끼 동물이 그렇듯이 발랄하고 귀여웠으며, 주인을 보면 기뻐서 짖어 대고 얼굴을 핥으려고 뛰어오르기도 하면서 자신의 감정을 있는 그대로 남김없이 보여 주려고 했다. '이 기쁨을 보여 주려면 체면치레 같은 것을 차려야 할 이유가 하나도 없다'는 것처럼 말이다. 그는 내가 어디에 있든지 간에 "쿨체프카!" 부르기만 하면, 마치 땅에서 솟아나기라도 한 듯 어느 구석에서든 뛰어나와 환희의 외침을 지르며 공같이 구르다가 나중에는 뒤로 벌렁 눕곤 했다. 나는 이 작은 영물을 말할 수 없이 사랑했다. 그의 운명은 기쁨으로만 가득 차 있다고 느껴졌다. 그러던 어느 화창한 날, 부인용 반장화 제조와 가죽 재단을 하고 있는 네우스트로예프라는 죄수가 이 개에게 특별한 관심을 갖게 되었다. 무엇인가가 갑자기 그를 자극했던 모양이다. 그는 쿨체프카를 불러서 털을 쓰다듬어 주고 편히 바닥에 눕혔다. 아무런 의심도 없이 쿨체프카는 행복에 젖어 끙끙거렸다. 그런데 다음 날 아침, 이 개는 사라져 버리고 말았다. 나는 오랫동안 개를 찾았지만 물 속으로 사라진 건지, 아무런 자취도 찾을 수 없었다. 그러나 2주 뒤 모든 것이 밝혀졌다. 네우스트로예프는 개 털이 탐이 났던 것이다. 그래서 가죽을 벗겨 이것을 재단해서는 법무장관 부인에게 주문받은 겨울용 벨벳 반장화의 안에 대고 만든 것이다. 반장화가 완성되자 그는 내게도 보여 주었다. 모피는 훌륭했다. 가엾은 쿨체프카!

우리 감옥에는 가죽 재단을 하는 죄수들이 많았으므로 좋은 털을 가진 개들을 데려와도 금세 사라져 버리곤 했다. 어떤 사람은 훔쳐 오기도 하고 사오기도 했다. 지금도 기억하고 있지만, 한번은 취사장 뒤에서 뭔가 소곤거리면서 열심히 이야기하고 있던 두 사람을 본 적이 있다. 그들 중 한 명은 분명 비싼 종자로 보이는 크고 멋진 개를 묶은 끈을 잡고 있었다. 어떤 엉큼한 하인이 주인집에서 개를 끌어내어 우리 감옥의 구두장이에게 은화 30코페이카에 판 것이다. 그 죄수들은 바로 그 개를 죽이려고 의논을 하던 참이었다. 여기는 그런 일을 하기에는 안성맞춤의 장소였다. 가죽을 벗겨 낸 뒤, 감옥 맨 뒤에 있는 크고 깊은 하수구에 죽은 몸뚱이를 던져 버리면 그만이었다. 그래서인지 이 하수구에서는 더운 여름이면 심한 악취가 풍겼는데, 단지 이따금씩만 청소를 할 뿐이었다. 불쌍한 개는 자신에게 닥쳐올 운명을 알고 있는 것 같았다. 주위를 살피는 불안한 눈초리로 번갈아 우리 셋을 바라보았고, 가끔씩 털이 북실북실한 꼬리를 흔들어 대며 우리의 마음을 돌려 보려고 애쓰는 것 같았다. 나는 다급히 그 자리를 떠났고, 물론 그들은 그 일을 무사히 끝냈을 것이다.

한번은 우연하게도 거위를 키우게 되었다. 누가 그것들을 데려왔는지 주인이 누구인지는 알 수 없지만, 한동안 거위들은 죄수들의 위안거리가 되었으며, 그것은 도시에까지 소문이 날 정도였다. 거위들은 감옥 안에서 부화되었고, 취사장에서 먹이를 얻어먹고 살았다. 갓 부화한 새끼가 어느 정도 자라면 꽥꽥거리며 무리를 이루어 죄수들과 함께 노역에 따라가는 게 습관이 되었다. 북이 울리고 노역에 나갈 대열이 출구 쪽으로 걸어가면, 거위들은 꽥꽥 소리를 내며 날개를 한껏 펴고 쪽문의 높은 문턱을 넘어 우리를 따라 뛰어온다. 그리고 쪽문 오른쪽에 일렬로 정렬하여 일의 배치가 끝나기를 기다린다. 언제나 인원수가 제일 많은 노역조에 가담하여 노역장에서 멀지 않은 곳의 풀을 뜯어먹었다. 노역이 끝나고 감옥으로 돌아올 때는 그들도 함께 돌아온다. 요새 내에 거위가 죄수들과 함께 노역 나간다는 소문이 퍼지게 되었다. "봐요, 죄수들이 거위를 데리고 가네요." 그들은 서로 떠들어댔다. "어떻게 길들였을까?" "이건 거위 먹이요." 그중에는 이렇게 먹을 것을 주는 사람도 있었다. 그러나 죄수들은 거위들이 이렇게 따르는 데도, 재계일이 다가오자 몽땅 잡아먹어 버렸다.

그 대신 염소 바시카는 특별한 사건만 없었다면 잡혀먹히지는 않았을 것이다. 역시 어디서 누가 데려왔는지 알 수 없었지만, 어느 날 불쑥 작고 흰 염소 새끼가 감옥에 나타났다. 며칠 동안 우리 모두는 염소를 보살펴 주었고 염소는 모두에게 위안이 되고 기쁨이 되었다. 기를 이유도 찾아냈다. 감옥 안에 마구간이 있기 때문에, 그곳에서 염소를 길러도 나쁘지 않다는 것이다. 그러나 염소는 마구간에서 살지 않고 처음에는 부엌에서, 나중에는 온 감방을 이리저리 돌아다니면서 살게 되었다. 이 동물은 아주 우아하고 장난을 매우 좋아하는 동물이었다. 염소는 부르면 곧 달려왔고, 의자나 책상 위에 뛰어오르기도 하고 죄수들과 밀고 당기기도 하며 언제나 활기차고 유쾌하게 지냈다. 한번은 이미 뿔이 예리하게 자랐을 때였는데, 다른 방 죄수들과 감옥 입구 계단에 모여 앉아 있던 바바이라는 레즈긴[43] 사람이 염소와 씨름을 해보려는 생각을 품었다. 염소와 그는 오랫동안 이마를 맞대고 대치하고 있었다. 이것은 죄수들이 염소와 즐겨 하던 오락이었다. 그러다 바시카가 갑자기 입구 계단 맨 위로 올라가서 바바이가 잠깐 한눈을 판 사이에 갑자기 뒷발을 세우고 앞발을 모았다가 힘껏 뛰어내려 바바이의 뒤통수를 쳤고, 바바이는 계단에서 공중제비를 돌듯 굴러떨어졌다. 그곳에 있던 사람들과 특히 바바이는 이것을 무척이나 재미있어 했다. 한마디로 말해, 바시카는 누구나 좋아하지 않을 수 없었다. 바시카가 어느 정도 자라자 죄수들은 심사숙고한 끝에 바시카에게 어떤 수술을 해주기로 하였다. 수술은 수의사 죄수들이 능숙하게 해치웠다. "이젠 바시카에게서 냄새가 나지 않을 거야!"라고 죄수들은 말하였다. 그 뒤

---

43) 코카서스 지방에 있는 다게스탄 종족의 총칭.

바시카는 놀라울 정도로 살이 찌기 시작했다. 마치 잡아먹기 위해서 키우고 있는 가축처럼 죄수들은 열심히 바시카에게 먹이를 주었다. 마침내 바시카는 유난히 살집이 좋은 데다 뿔이 길게 자란 훌륭한 염소가 되었다. 때때로 그는 체중을 이기지 못하고 비틀거리면서 걸어다니기도 했다. 또한 죄수들과 함께 노역을 나가면서 죄수들과 오가는 행인을 웃기기도 하였다. 이따금 죄수들은 강변에서 노역을 하게 되면 연한 버드나무 가지를 꺾기도 하고 나뭇잎을 모으기도 하고 둑에 핀 꽃을 따기도 하여 이것으로 바시카를 장식해 주었다. 뿔에는 가지와 꽃을 감아 주고 몸에는 둥글게 만든 화환을 걸어 주었다. 이렇게 하여 감옥으로 돌아오는 길에는 화려하게 장식한 바시카가 앞장을 서고 죄수들이 뒤를 따르면서 지나가는 사람들에게 자랑이라도 하는 듯했다. 염소에 대한 애정이 깊은 나머지 어떤 죄수는 아이처럼 '바시카의 뿔을 금으로 칠해 줄 수 없을까?' 하는 생각을 할 정도였다. 그러나 이것은 어디까지나 말뿐이었고 실행되지 않았다. 언젠가 나는 이사이 포미치 다음으로 감옥에서 제일가는 도금사로 알려진 아킴 아키미치에게 정말 염소 뿔을 도금할 수 있는지 물어본 기억도 난다.

그는 염소를 찬찬히 살펴보고 곰곰이 생각하더니 대답했다. "못할 것도 없지만 오래가지 못할 뿐더러 쓸데없는 짓이야." 그래서 그 일은 그렇게 흐지부지되었다. 이렇듯 바시카는 늙어 죽을 때까지 죄수들과 함께 오랫동안 살 것 같았다. 그러나 어느 날 노역에서 여느 때처럼 화려하게 장식하고 죄수들 앞에 서서 감옥으로 돌아 오는 도중에, 어디론가 나가는 소령과 마주쳤다. "서라!" 소령은 소리쳤다. "누구 염소야?" 죄수들이 설명을 했다. "뭐라고? 감옥에서 염소를 키우다니! 그것도 내 허락 없이 말야! 하사!" 하사가 뛰어왔다. 그러자 염소를 당장 죽여 버리라고 명령했다. 그래서 염소를 죽여서 가죽은 벗겨서 시장에 팔고, 판 돈은 국고 보관의 죄수 적립금에 넣고 고기는 수프를 만들라는 것이었다. 죄수들은 안타까워하며 이런저런 말들을 했지만 아무도 명령을 어길 용기는 없었다. 바시카는 그 하수구 옆에서 도살되었고, 고기는 죄수 중 한 사람이 1루블 50코페이카를 내고 사들였다. 바시카를 산 죄수는 고기를 구워서 한 점씩 나누어 죄수들에게 팔았다. 고기는 별미였다.

우리 감옥에는 얼마 동안 독수리가 있었던 적도 있다. 그것은 그다지 크지 않은 독수리였다. 누군가가 상처를 입혀 기진맥진해 있는 것을 감옥으로 데려온 것이다. 죄수들이 독수리 앞에 둘러섰다. 독수리는 날지 못했는데, 오른쪽 날개는 땅에 늘어지고 한쪽 다리는 부러져 있었다. 독수리가 강한 경계심 가지고 주위를 둘러보던 시선과 어이없이 죽고 싶지 않다는 모습을 보이기라도 하듯, 갈고리처럼 구부러진 부리를 벌리고 있는 모습이 지금도 기억난다. 모두가 자기를 내려다보는 것이 시큰둥해져서 흩어지기 시작하자, 독수리는 상처입은 다리를 질질 끌면서 성한 쪽 날개를 퍼덕이며 넘어지고 고꾸라지면서 감옥 맨 끝 구석으로 가더니 말뚝에 몸을 기대고 숨어 버렸다. 그곳에서 독수리는 석 달 동안이나 살고 있었지만, 한 번도 그 구석에서 나오지 않았다. 처음에 죄수들은 종종 독수리를 들여다보면서 개를 부추겨 장난을 걸기도 하였다. 그러자 샤리크는 맹렬히 덤벼들 기세였으나, 가까이 가는 것이 두려운 것처럼 보였다. 죄수들이 보기에는 이것 또한 재미있었다. "과연 독수리답군!" 죄수들은 말했다. "안 물러서는데!"

그 뒤 샤리크도 심하게 독수리를 괴롭히기 시작했다. 상대가 상처를 입은 것을 알자 두려움이 사라진 것인지, 사람들이 부추길 때마다 독수리의 상처난 날개를 물었다. 그럴 때면 독수리는 안간힘을 써서 발톱과 주둥이로 방어하며, 더욱 구석으로 들어가 몸을 웅크린 채 상처 입은 왕처럼 호기심에 차서 구경 나온 죄수들을 오만하고 날카롭게 쏘아보았다. 나중에는 모두 독수리에 대한 장난도 시들해져서 한동안 내버려둔 채 잊고 있었다. 그러나 매일 독수리 가까이에는 몇 점의 고기와 물을 담은 단지가 놓여 있었다. 누군가 그를 돌보아 주었던 것이 분명하다. 처음에 독수리는 이것을 먹으려 하지 않았다. 며칠은 입도 대지 않았지만, 결국 먹게 되었다. 그러나 사람들의 손에서 받아먹거나 사람들이 보는 앞에서는 절대로 먹지 않았다. 나는 여러 번 먼 발치에서 그를 관찰한 적이 있다. 주위에 아무도 보이지 않아 혼자라고 생각이 들면독수리는 구석에서 나와 울타리를 따라 열두 발짝쯤 되는 멀지 않은 곳까지 절룩거리며 걸어갔다가, 도로 제자리로 갔다가 다시 나오곤 했다. 마치 걸음연습을 하고 있는 듯했다. 그러다가 나를 보면 그는 즉시 안간힘을 다해 절룩거리며 깡충깡충 뛰어 자기 자리로 돌아가서, 머리를 곤두세우고 부리를 벌린 채 털까지 세우고는 전투 태세를 갖추는 것이었다.

나는 아무리 상냥하게 해도 독수리의 마음을 누그러뜨릴 수가 없었다. 독수리는 물어뜯고 난폭했으며 내가 주는 고기는 거들떠보지도 않았고, 나를 볼 때마다 적의에 찬, 찌를 듯한 눈초리로 노려보기만 하였다. 독수리는 혼자서 쓸쓸하게 죽음을 기다리며 아무도 믿지 않고 누구와도 친해지려고 하지 않았다. 얼마 뒤 죄수들은 독수리에게 다시 관심을 갖게 되었다. 거의 두 달 동안은 아무도 관심을 갖거나 걱정해 주지 않다가 느닷없이 독수리에 대한 연민이 생겼던 모양이다. 누구랄 것도 없이 독수리를 풀어 주어야 한다고 이야기하기 시작했다. "이왕 죽을거라면 감옥 밖에서 죽게 하자." 누군가 말했다.

"물론이야. 독수리는 자유로운 야생 동물이니까 감옥에 익숙해질 수 없어." 다른 사람이 맞장구를 쳤다.

"당연하지. 새는 우리와는 달라." 또 한 사람이 덧붙였다.

"무슨 쓸데없는 소리. 새는 새고 우리는 인간이야."

"독수리는 숲의 왕이야……." 스쿠라토프가 말을 하려 했지만 이번에는 아무도 들으려 하지 않았다.

그리하여 점심 식사가 끝난 뒤 노역 시간이 되었음을 알리는 북소리가 울리자 죄수들은 독수리를 잡아 감옥 밖으로 데려갔다. 매우 난폭하게 굴었으므로 부리를 손으로 꽉 쥐고 둑길까지 갔다. 열두 명 정도 되는 노역조 전원이 독수리가 어디로 갈 것인지 끝까지 보려고 했다. 이상한 일이지만, 죄수들은 무척 만족스러워하고 있었다. 자신들에게도 잠시나마 자유가 주어진 기분이었던 것이다.

"빌어먹을 놈, 선의를 베풀어 주려는데 물려고만 하네!" 독수리를 잡고 있던 사나이가 거칠게 반항하는 새를 애정 어린 눈으로 바라보면서 말했다.

"빨리 놔줘. 미키트카!"

"독수리를 잠시라도 가두지 말자. 어서 빨리 자유롭게 해주자고. 진짜 자유 말이야. 자유!"

죄수들은 독수리를 둑길 위에서 초원으로 놔주었다. 늦가을의 음산한 날이었다. 바람은 황량한 초원을 따라 휘익 불어 제멋대로 자란 누렇게 마른 풀숲을 부스스 흔들고 있었다. 독수리는 상처 입은 날개를 퍼덕이며 곧장 내달렸다. 어디든 간에 우리로부터 한시 바삐 벗어나고 싶은 것 같았다. 죄수들은 풀숲 사이로 독수리의 머리끝이 아른거릴 때까지 호기심 어린 시선으로 그의 뒤를 쫓고 있었다.

"어이가 없군!" 한 사람이 만감이 교차하는 듯한 어조로 말문을 열었다.

"뒤돌아보지도 않아!" 다른 사람이 거든다. "한 번도 돌아보지 않아. 아예 도망치고 있군!"

"아니 그럼, 감사 인사라도 하려고 돌아올 줄 알았나?" 세 번째 사람이 말했다.

"당연하지 않은가? 자유야, 자유를 느낀 거지."

"자유 농민처럼 된 거다, 이 말이야."

"벌써 안 보이는데……!"

"왜 그러고 서 있는 거야? 빨리 가!" 감시병이 소리를 질렀다. 모두들 아무 말 없이 노역장으로 발길을 옮겼다.

7. 항의

이 장(章)을 시작하면서, 이미 고인이 된 알렉산드르 페트로비치 고랸치코프 씨에 대한 기록의 발행인은 독자들에게 다음과 같은 사항을 알려야 한다고 생각한다.

《죽음의 집의 기록》 첫 장에서 귀족출신의 한 부친 살해범에 대해 잠깐 이야기를 한 적이 있다. 그 사나이는 때때로 죄수들이 자신들이 저지른 범죄에 대해 매우 무관심하게 이야기하곤 하는 그런 예로 들 수 있다. 또한 이자가 재판관 앞에서 자신의 범죄를 인정하지는 않았지만, 사건의 상세한 부분까지 모두 알고 있는 이야기로 판단해 보면, 그의 범행이라고 믿지 않을 수 없을 정도로 명백하다는 것도 이야기했다. 그들은 '기록'의 작가에게 말하기를, 범인이 완전히 방탕한 생활을 했으며 빚에 쪼들리고 있었고, 그래서 부친 사후의 유산을 탐하여 자신의 아버지를 죽였다고 말했다. 또한 이 부친 살해범이 이전에 근무했던 도시 전체가 이 사건에 대해 한결같은 이야기를 했다. 이 마지막 사실에 관해서 '기록'의 발행인도 충분히 믿을 만한 정보를 가지고 있다. 게다가 '기록'에는, 감옥에서 살인자가 항상 가장 즐거운 심적 상태에 있었으며 들떠 있었고, 결코 바보는 아니지만, 매우 무분별하고 경박하고 사리를 분별하지 못하는 자일 뿐, '기록'의 작가는 그에게서 어떤 특별한 잔인성 같은 것도 눈치채지 못했다는 것이다. 여기에 이런 말도 덧붙여 있다. '물론 나는 이 범죄를 믿지 않았다.'

그런데 최근에 《죽음의 집의 기록》의 발행인은 시베리아로부터 범인이 정말로 무죄였으며, 10년 동안을 헛되이 징역으로 고통받았다는 것과 그의 무죄가 재판을 통해 공식적으로 밝혀졌다는 소식을 입수하였다. 또한 진범이 검거되어 자백하였다는 것과 이 불운한 사람은 이미 감옥으로부터 자유롭게 되었다는 사실도 알게 되었다. 발행인은 이 소식의 신빙성에 대해서는 결코 아무런 의심도 할 수 없다…….

더 이상 덧붙일 것은 없다. 이 사실이 얼마나 비극적인 일인가에 대해서, 그런 끔찍한 죄명으로, 아직 젊은 나이에 파괴되어 버린 인생에 대해서 더 이야기하고 확대시킬 것은 아무것도 없다. 사실은 너무나도 분명하고, 그 자체로도 너무나 놀라운 일이다.

또한 우리가 생각하기에 만일 그러한 사실이 가능했다면, 그러한 가능성 자체가 이미 죽음의 집의 정경을 특징짓고 완성하는 데에 더욱 새롭고 매우 분명한 성격을 덧붙이는 것이리라.

그러나 이제는 이야기를 계속하자.

나는 이미 앞에서 마침내 감옥에서 나 자신의 처지에 익숙해졌다고 말한 바 있다. 그러나 이 '마침내'라는 말은 무척이나 고통스럽고 괴로운 길을 통해 너무나도 천천히 이루어졌다. 실제로 내게는 감옥 생활에 '익숙해지기' 위해서 거의 1년이란 기간이 필요했으며, 그 1년은 내 삶에서 가장 힘든 시기였다. 그래서 그 기간은 내 기억 속에 선명하게 새겨져 있다. 내가 느끼기에, 나는 이 1년의 매시간을 순서대로 기억하고 있는 것 같다. 또한 나는 다른 죄수들처럼 쉽게 익숙해질 수 없었다는 것을 이미 이야기한 적도 있다. 잊을 수도 없지만, 이 최초의 1년 동안 나는 종종 이런 생각을 했었다. '그들은 어떨까? 어떻게? 그들은 정말로 익숙해진 걸까? 정말로 아무렇지도 않을까?' 이러한 의문들이 나를 온통 지배하고 있었다. 내가 이미 말한 바 있지만, 모든 죄수들은 감옥을 자신의 집처럼 여기는 것이 아니라 마치 여인숙이나 혹은 행군 도중인 듯이, 또는 어떤 휴식 장소에 머무는 것처럼 생활하고 있었다. 종신형을 선고받은 사람들은 공연히 바쁘게 움직이거나 애수에 잠겨 있었는데, 그들 각자는 그 어떤 불가능한 것을 남몰래 그리워하고 있었다. 비록 털어놓고 말을 하지 않아도, 계속적인 불안감이 눈에 드러나 보이는 것이었다. 이따금 헛소리처럼 근거 없는, 더욱 놀라운 것은 언뜻 보기에 가장 현실적인 사람들의 생각 속에도 종종 깃들어 있는, 가끔 무의식적으로 말해지고 있는 그런 희망들의 이상스러운 열렬함과 조급함, 이 모든 것이 이 장소에 독특한 형태와 특성을 부여했으며, 어쩌면 이러한 성격들이 그곳의 가장 본질적인 특성으로 규정지을 수 있는 것일지도 모른다. 감옥이 아닌 곳에서는 느낄 수 없는 특수한 분위기였다. 여기서는 모두가 몽상가여서 싫어도 눈에 보였다.

공상은 감옥이 대다수의 죄수들에게 음울하고 음침하고 어떤 건강치 못한 모습을 부여했던 까닭에 병적인 것으로 느껴졌다. 죄수들 대부분이 말이 없고, 증오라 할 만큼의 적의를 보이며, 자신의 희망을 겉으로 드러내는 것을 좋아하지 않았다. 정직함과 솔직함은 멸시를 받았다. 희망이 실현 불가능하면 할수록, 이 불가능성을 몽상가 자신이 더 많이 느끼면 느낄수록, 그는 더욱더 집요하고 의도적으로 마음속에 그것들을 숨겨 두었다. 그러나 그것을 포기할 수는 없었다. 어쩌면 어떤 사람은 속으로 그것을 부끄럽게 여겼을지도 모르지만, 누가 알겠는가. 러시아인의 기질 속에는 긍정적이고 낙천적인 면이 있는 데 반해 자신을 낮추는 속성도 농후하다…… 아마도 자신에 대한 이런 항구적인 숨겨진 불만족 때문에, 타인과의 일상적인 관계에서 조급함이 나타나기도 하고, 불화와 서로에 대한 조소가 나타나기도 한다. 예를 들어, 만약에 그들 중에서 갑자기 좀더 순진하고 성급한 어떤 이가 튀어나와서, 어떤 기회에 모든 사람이 품고 있는 생각을 소리 내어 이야기하고 공상과 희망을 말해 버린다면, 죄수들은 당장에 그를 거칠게 에워싸며 중단시키고 비웃을 것이다. 그러나 내가 생각하기에는, 그런 박해자들 중에서 가장 열성적인 자들이 바로 그 사람보다도 더 많이 자신의 공상과 희망에 매달려 있을지도 모른다. 이미 이야기했지만, 이들 대부분은 마치 가장 멍청한 바보를 바라보듯이 순진하고 단순한 이들을 바라보았으며, 모욕적으로 그들을 대했다.

여기에서는 모두가 선하고 자존심 없는 사람을 멸시해 버릴 만큼 까다롭고 자존심이 강했다. 그래서 단순하고 순진한 수다쟁이를 빼고는 나머지는 모두 말이 없었으며, 선한 이와 악한 이들, 음울한 이와 밝은 이들로 분명하게 나뉘었다. 음울하고 악의에 찬 이들은 비교할 수 없을 정도로 많이 있었다. 만약에 그들 중에서 천성적으로 말 많은 사람들이 있다면, 그들은 모두 불안정한 허풍쟁이들이며, 불안하고 질투심 많은 사람들일 것이다. 자신의 마음과 자신만의 비밀은 어느 누구에게도 겉으로 나타내지 않으면서도, 다른 사람의 일에는 뭐든지 관심이 있었다. 그러나 이것은 널리 퍼지지는 않았고 받아들여지지도 않았다. 소수에 불과한 선한 이들은 조용했고, 자신의 희망을 마음속에 조용히 용해시켰지만, 음울한 자들보다 더 많이 희망에 의지했고 그 희망에 대한 믿음이 강했던 것은 말할 것도 없다. 그럼에도 내가 생각하기에 감옥에는 완전히 절망해 버린 또 하나의 부류가 있었다. 예를 들어, 스타로두보프의 공동체에서 온 노인도 그런 부류였다. 어쨌든 그런 사람들은 매우 적었다. 노인은 겉으로 보기에는 평온했다(나는 이미 그에 대해 이야기했다). 그러나 몇 가지 증상으로 보아 추측하건대, 그의 정신은 끔찍한 상태인 것 같았다. 그러나 그에게는 나름의 구원과 출구가 있었고, 그것은 바로 기도와 순교에 대한 이상이었다. 또 한 사람, 성서를 너무 지나치게 읽다가 미쳐서 소령에게 벽돌을 들고 달려들었던 죄수도 아마 마지막 희망마저도 저버려 절망에 빠진 사람 중 하나일 것이다. 그러나 아무런 희망 없이 살아간다는 것은 불가능하므로, 그도 자기 식대로의 인위적인 순교 속에서 출구를 찾아냈다. 그가 말하기를, 자신은 단지 고난을 받아들이려는 마음으로 악의 없이 소령에게 덤벼들었다는 것이다. 누가 알겠는가! 그 당시 그의 마음속에 어떤 심리적인 움직임이 일어났는지. 어떤 목적과 그 목적을 향한 의욕 없이 사람은 살아갈 수 없는 것이다. 목적과 희망을 잃은 사람은 슬픔으로 인해 악인으로 변해 버린다……. 우리 모두에게 목적은 바로 자유이고, 감옥으로부터의 해방이었다.

나는 지금 우리 감옥에 있는 죄수들을 분류해 보려고 노력하지만, 과연 이런 일이 가능한가? 심지어 가장 교묘하고 추상적인 사상의 결론과 비교해 본다 하더라도, 현실은 끝없이 다양하기 때문에, 분명하고 큼직큼직하게 구별하기는 어렵다. 현실은 세분화를 지향한다. 그것이 어떻든지 모두에게처럼 우리에게도 고유한 인생이 있고, 획일적이고 공식적인 삶이 내면적이고 자신만의 고유한 삶인 것이다.

그러나 이미 내가 부분적으로 이야기했듯이, 나는 감옥에 온 처음 얼마 동안은 이 생활의 내면적인 깊이로 파고들 수 없었고, 또 그런 방법도 몰랐다. 그래서 그 당시, 생활의 모든 외적인 현상들이 나를 견딜 수 없는 슬픔으로 괴롭혔다. 나는 때때로 나처럼 이렇게 고통받는 자들을 괜히 증오하기 시작했다. 심지어 그들을 부러워하고 운명을 원망했다. 내가 그들을 부러워했던 것은, 비록 본질적으로는 그들도 나처럼 회초리와 몽둥이에 의해 어쩔 수 없이 강제로 맺어진 이 동료 집단과 억압된 공동생활을 지겨워하고 혐오스러워하고 각자가 속으로는 모두를 외면하고 있었지만, 그래도 그들은 동료애를 나누고 있었으며 서로를 이해한다는 것이다. 다시 말하지만, 악의에 차 있는 순간에 찾아 들었던 이 질투의 감정은 그 나름대로의 정당한 이유가 있었다. 실제로 귀족이나 교육받은 이들도, 모든 농부들처럼 징역과 감옥 생활이 똑같이 힘든 것이라고 말하지만 이는 절대로 잘못된 생각이다. 나는 최근에 이러한 추정에 관해 듣기도 하고 읽어 보기도 하였다. 이 추정의 근거는 믿을 만한 것이며 인도주의적인 것이다. 모두가 인간이라는 것에는 변함이 없다. 그렇다 하더라도 이 사상은 너무 추상적이다. 너무나 많은 실제적인 조건들이 외적으로 간과되었으며, 이러한 조건들은 현실 자체에서만 이해할 수 있는 것이다.

내가 이런 이야기를 하는 것은 귀족이거나 교육받은 쪽이 보다 더 느낌이 섬세하다거나 더 병적이라거나, 더 진화되었기 때문이라는 것은 아니다. 어떤 주어진 수준에 사람들의 정신과 수준 정도를 맞추기란 어려운 것이다. 심지어 이 경우에는 교양 자체도 척도가 될 수 없다. 무엇보다 나는 고통받는 사람들 중에서도, 가장 교육받지 못하고 가장 압박받은 계층일지라도, 정신적으로 가장 섬세하게 발달한 인물을 만날 수 있다는 것을 증명하려는 것이다. 감옥에서는 때때로 이런 경우가 있다. 어떤 죄수를 몇 년 동안 알고 지내다가, 그를 사람이 아니라 짐승이라고 판단하고 경멸하는 경우가 종종 있다. 그러나 갑자기 뜻하지 않은 기회에 그의 영혼이 무의식적으로 겉으로 드러나는 것을 보고, 마치 두 눈이 열리는 것 같고 도저히 자신이 처음에 목격하고 들은 것을 믿지 못할 정도로, 당신은 그의 영혼 속에서 자신과 다른 사람의 고통에 대한 분명한 이해와 어떤 풍요로운 감성과 정신을 보게 될 수도 있다. 물론 반대의 경우도 있다. 때로는 야만성과 냉소주의가 교양과 공존하는 것이다. 그 야만성과 냉소주의는 당신이 선하든, 선입견을 가지고 있든 당신에게 혐오감을 불러일으키고 당신의 마음속에서 어떤 변명이나 핑계도 찾을 수 없다.

나는 또한 습관, 생활 양식, 그리고 음식 등의 변화에 대해서는 아무것도 이야기하지 않았다. 물론 상류 사회 출신의 사람들은 농부들보다 힘든 생활을 했다. 농부들은 자유로운 상태에서는 자주 굶주림에 시달렸지만 감옥에서는 적어도 배부르게 마음껏 먹을 수 있는 것이었다. 이것에 대해서 더 이상 거론하지는 않겠다. 하지만 본질적으로는 습관의 변화가 전체적으로 무의미하고 최악의 일은 아니며, 다른 불편함과 비교해 보았을 때, 이러한 모든 부조리가 의지가 강한 사람에게는 작은 일이라고 가정한다 하더라도, 거기에도 고생이 있는 법이고, 그것에 비하면 앞에서 말했던 것은 아무것도 아닐 뿐더러 감옥의 불결함에도, 억압에도, 빈약하고 더러운 음식물에도 개의치 않게 된다는 것을 뜻한다. 가장 미끈한 하얀 손들과 가장 연약한 응석받이도 얼굴에 흐르는 땀 속에서 하루를 일하고 나면, 검은 빵도, 바퀴벌레가 든 야채수프라도 먹을 것이다. 징역살이를 하던 옛날의 하얀 손에 대한 유머 넘치는 죄수들의 노래에도 언급되듯이 이런 것들엔 익숙해질 수 있다.

나에게 물과 양배추만 준다면
관자놀이가 찢어지도록 먹어 보려네.

아니 이것보다도 더 중요한 것은, 감옥에 새로 들어온 이들 모두가 도착한 후 두 시간만 지나면 다른 모든 죄수들처럼 '자신의 집'에 있는 것처럼 느낄 뿐더러, 죄수 조합의 동등한 권리를 가진 조합의 일원이 된다는 것이다. 모든 사람들이 그를 이해하고 그 자신 또한 모든 사람을 이해하며, 모두가 서로를 알게 된다. 모든 사람은 그를 '자기들'처럼 여기게 된다. 그러나 '좋은 집안' 출신이나 귀족들과는 그렇게 되지 않는다. 아무리 그가 정당하고 선하고 현명하더라도, 모든 사람들은 한패가 되어 그의 복역 기간 내내 그를 증오하고 멸시하게 될 것이다. 그를 절대로 이해하려고 하지 않는다. 더 중요한 것은 그를 믿을 수 없다는 점이다. 그는 그들의 친구도 동료도 아니고, 몇 년이 지나서 결국 그를 모욕하지 않게 된다 하더라도, 역시 그는 그들의 동료가 되지 못하며 영원히 자신의 소외와 고독을 처절히 인정하게 될 것이다. 이러한 소외는 때때로 죄수들의 입장에서는 악의 없이 이루어지는 것이고, 저도 모르게 행동하는 수도 있다. 그는 자신들과 같지 않다는 것, 단지 그것뿐이다. 같은 계층 사람들과 살지 못하는 것만큼 끔찍한 일도 없다.

타간로크[44]에서 페트로파블로프스크[45] 항으로 이주한 농부는 바로 거기서 러시아 농부와 똑같은 사람을 발견하게 되고, 바로 그와 이야기해서 친해지게 되고, 두 시간쯤 뒤에는 아마도 하나의 오두막 또는 막사에서 가장 친밀하게 살아가게 될 것이다. 그러나 출신 좋은 사람들에게는 경우가 다르다. 그들은 가장 깊은 심연에 의해 민중들과 거리를 두고 있다. 이러한 점은 '출신 좋은 사람'이 갑자기 외부적인 상황에 의해 이전의 특권을 상실하고 민중들과 생활을 같이 해야만 하는 변화가 주어졌을 때만 '완벽히' 지각할 수 있다. 비록 평생을 민중과 일한다 하더라도, 예를 들어 조건으로 제약을 받는 행정적인 형식 때문에 비록 40년 동안이나 매일같이 그들과 일 속에서 생활한다 하더라도, 또는 은인의 모습이나 어떤 의미에서 아버지의 모습으로 우호적으로 지낸다고 하더라도, 결코 민중의 본질이라는 것을 알 수 없는 것이다. 모든 것이 단순한 착각이고 그 이상은 아무것도 아니다. 나의 견해를 읽으면서 모든 사람들이 단호하게 내가 과장하고 있다고 이야기할 것이라는 것을 알고 있다. 그러나 나는 이것이 옳다고 확신한다. 나는 책이나 관념을 통해서가 아니라 현실 속에서 이것을 확신했고, 이 확신을 검증할 매우 충분한 시간을 가지고 있었다. 결국 이것이 얼마만큼 옳은 것인가는 뒷날 모두가 알게 될 것이다…….

마치 일부러 그런 것처럼 사건들은 처음부터 내 관찰을 확인시켜 주었고, 내 신경을 병적으로 예민하게 만들었다. 이 첫여름에 나는 거의 혼자 외로이 감옥 안을 배회하였다. 나는 내가 징역수들 중에서 결코 같은 처지에서 친해진 것은 아니라 하더라도 사랑할 수 있고, 뒷날에는 나를 사랑하게 될 사람

---

44) 크림 반도로 둘러싸인 아조프 해(海) 연안 항구 도시. 안톤 체홉의 출생지.
45) 캄차카 해 부근의 항구 도시.

들을 인정하고 구별할 수 있는 그러한 정신 상태가 아니었다는 것을 이미 이야기했다. 나에게도 귀족 출신 친구들은 있었지만, 이러한 동료애조차도 내 마음으로부터 모든 부담을 덜어 주지는 못하였다. 어디를 쳐다보아도 도망갈 곳이 없는 것처럼 느껴졌다. 바로 여기에 처음부터 감옥에서 나의 소외와 고립된 처지를 가장 잘 알려준 사건이 하나 있다.

이미 8월로 접어들던 여름, 어느 맑고 더우며 분주한 평일의 열두 시경, 보통 때처럼 모두가 점심 식사 뒤의 일과에 앞서 쉬고 있을 때, 갑자기 감옥의 모든 죄수들이 마치 한 사람처럼 일어나서 감옥의 마당에 정렬하기 시작하였다. 나는 이 순간까지 아무것도 몰랐다. 그 당시에 나는 나 자신 속에 깊이 빠져들어 있곤 해서, 주위에서 무슨 일이 일어났는지 거의 눈치채지 못하고 있었다. 그러나 감옥에서는 이미 3일 전부터 은밀하게 움직이고 있었던 것이다. 어쩌면 이러한 움직임은 훨씬 이전부터 시작되었는지도 모른다. 이것은 죄수들의 이야기를 통해서 알게 된 것이고, 그와 더불어 최근에 죄수들이 보여 준 잦은 불평과 음울함, 특히 악의에 차 있던 상황을 보고 나중에 내가 짐작했던 것이다. 나는 이것이 힘든 노동과 지루하고 긴 여름날들과 숲과 자유에 대한 본능적인 갈망, 충분히 잠들 수 없는 짧은 밤들 때문이라고 생각했다. 아마도 이 모든 것들이 하나가 되어 폭발하는 것 같았는데, 이러한 폭발의 실마리가 된 것은 식사 문제였다. 이미 며칠 전부터 감옥에서는, 특히 점심과 저녁 뒤에, 죄수들이 취사장에 모여서 크게 불평하거나 욕하기도 하였으며, 취사 죄수들에게 불만을 품어 심지어는 그들 중의 한 사람을 교체해 보기도 하였으나, 얼마 안 되어 새로운 사람을 몰아내고 예전 사람을 다시 불러서 데려왔다. 한마디로 모두가 무언지 모를 불안에 사로잡혀 있었다.

"일은 힘든데, 내장만 먹인다니까." 취사장에서 누군가가 불평을 했다.

"싫으면 블라만제[46]를 주문해." 다른 이가 이어받았다.

"이봐, 나는 내장이 든 수프를 아주 좋아해, 아주 맛있거든." 세 번째 사람이 끼어들었다.

"맛이 좋다니! 그러면 자넨 계속 같은 내장만 먹어도 맛있다는 거냐?"

---

46) 크림으로 만든 흰 젤리.

"물론 우리는 지금 고기를 먹어야 하는 때야." 네 번째 사람이 말했다. "우리는 공장에서 죽도록 일만 해. 일한 뒤에는 배부르게 먹고 싶단 말이야. 내장이 어디 음식이야?"

"내장이 아니라, 우세르지예[47]가 든 거야."

"이 허파도 마찬가지야. 내장과 허파는 똑같은 것 아닌가? 이걸 어떻게 음식이라고 할 수 있어! 이상하지 않아?"

"그래, 음식이 형편없어."

"십중팔구 자기들 호주머니를 불리려는 수작이겠지."

"네 머리로는 알 수 없는 일이야."

"그럼, 누구의 머리로 알아? 그렇지만 어쨌든 배는 내 거야. 모두 항의하자. 그럼 뭔가 되겠지."

"항의를?"

"그래."

"넌 뭘 몰라. 항의했다고 맞게 될 거야. 바보 자식아!"

"그 말이 맞아." 지금까지 잠자코 있던 다른 사람이 투덜거리며 덧붙였다. "서두르면 망치게 되는 거야. 항의하게 되면, 처음에 무엇을 말할 것인지부터 말해 봐, 이 멍청아."

"그래, 얘기하지. 만약에 모두가 간다면, 나는 그때 모두와 함께 이야기할 거야. 말하자면 굶주림에 대해서 말이지. 우리 중에는 자신의 돈으로 먹는 사람도 있지만, 나라에서 주는 것만으로 견디는 사람도 있어."

"어이 없는 놈이로군! 남의 것을 넘보다니."

"남의 떡에 눈독들이지 말고, 더 일찍 일어나서 자신의 힘으로 벌어 먹을 생각해 봐."

"생각해 보라고……! 나는 너와 머리가 셀 때까지 겨뤄 볼 거야. 그렇지, 팔짱 끼고 앉아 있고 싶다는 걸 보니, 너는 부자란 거냐?"

"예로쉬카는 부자지. 개도 있고 고양이도 있고."

"이봐, 앉아서 무엇을 얻겠다는 거야! 그들의 바보 짓을 흉내내는 것은 이제

<hr />

47) 러시아어로 오세르지예라고 발음하는 허파라는 뜻의 단어를 죄수들은 우스갯소리로 우세르지예, 즉 열심이라는 뜻의 단어와 대치시켜 말하고 있음.

충분해. 그들이 우리의 껍질을 벗기고 있는데, 왜 가만히 있는 거야?"

"왜냐고! 너는 씹어서 입에 넣어 주어야 한다는 거냐? 씹은 것을 먹는 것이 습관이 되었어. 바로 여기가 징역살이라는 것이 무엇이냐에 대한 대답이다!"

"이것이 결론이야. 민중은 다투고, 그러는 사이에 사령관은 살 찌는 거지."

"바로 그거야. 팔눈이 자식은 뚱뚱하게 살이 쪘어. 회색 말도 한 쌍 샀고."

"더구나 술은 싫어해."

"최근에는 수의사와 카드 때문에 싸움을 한판 벌였대."

"밤새도록 카드를 하다가 두 시간 동안이나 주먹질을 했대. 페지카가 그러더군."

"그래서 허파가 든 수프인 건가?"

"어이구 이 바보놈들아! 이런 상태로는 몰려갈 수도 없겠다."

"그러나 어떻든 모두 몰려가서, 그놈이 어떤 변명을 늘어놓는지 들어나 보자. 우기면 되는 거야."

"말이라고! 그놈은 네 뺨따귀를 후려갈기고는 그것으로 그만일 거야."

"게다가 재판에 넘길 걸⋯⋯."

한마디로 말해 모두가 흥분해 있었다. 이즈음은 우리의 식사가 정말로 너무 형편없었다. 그리고 여러 가지 좋지 않은 일까지 겹쳤다. 그러나 중요한 원인은 모두가 공통적으로 품고 있는 우울한 기분과 늘 있는 숨겨진 괴로움이었다. 죄수들은 원래 특성상 싸움을 좋아하고 소동을 일으키기 쉬운 성격이지만, 모두가 함께 또는 커다란 무리를 이루어 떼지어 일어나는 것은 드문 일이었다. 그것은 항상 의견이 저마다 다른 것이 원인이었다. 그들 각자가 이것을 스스로 느끼고 있었다. 바로 이 때문에 우리에게는 실행보다 욕설이 많았다. 그러나 이번의 동요는 그냥 지나가지 않았다. 무리를 지어 모이기 시작하였고, 감옥 여기저기에서 떠들기 시작하였으며, 소령의 추악한 비밀이 모조리 폭로되었다. 악의에 차서 욕하며 끄집어냈다. 그리고 모든 감추어진 사실들을 들추어냈다. 그중에서도 특히 몇 사람이 흥분했다. 모든 구체적인 사건에는 항상 선동자와 주모자가 나타나게 마련이다. 이 경우에, 즉 항의할 경우에 주모자는 대개 개성이 강한 사람이다. 어느 감옥에서든, 공동생활 전체에서든, 집단에서도 마찬가지다. 이들은 특별한 인물이며, 어디서나 서로 비슷하다. 이런 사람은 열정적이고 정의를 갈망하며, 가장 순진하고 정직한 형태로 그 정의가 즉각적이고 확고하게 지체 없이 실현될 것이라 믿는 것이다. 이러한 사람은 다른 이들보다 어리석기보다는 그들 중에서 매우 현명한 사람에 속한다. 그러나 그들은 지나치게 혈기가 왕성해서 치밀하거나 용의주도하지는 못하다. 이런 모든 경우에 대중을 민첩하게 다룰 줄 알고 일을 성사시킬 수 있는 사람이 등장한다면, 이런 사람은 이미 민중의 지도자나 선천적인 통솔자의 유형, 즉 우리에게는 매우 드문 선도자임이 분명하다.

그러나 내가 이야기하는 이 항의의 주모자나 선동자들은, 거의 언제나 실패하고 이것 때문에 일이 끝난 뒤에 감옥이나 징역을 가게 된다. 그들은 자신의 열정으로 인해 실패하지만, 동시에 그 열정 때문에 대중을 움직이는 힘을 가지게 된다. 결국 사람들은 그들 뒤를 기꺼이 따르게 되는 것이다. 그들의 정열과 단순한 분노는 모두를 움직이고, 결국에는 가장 망설이는 자들까지도 그들에게 가담한다. 성공에 대한 그들의 맹목적인 확신은, 심지어 가장 완고한 회의주의자들까지도 유혹한다. 종종 이러한 확신은 남들이 보기에 어떻게 사람들이 뒤따를 수 있을까 싶을 정도로 불확실하고 근거가 미약함에도 모두를 끌어들이는 것이다. 그러나 중요한 것은 아무것도 두려워하지 않고, 선두에 서서 나간다는 것이다. 그들은 황소처럼 뿔부터 들이대고 돌진한다. 대부분의 경우 일에 대한 전술도 알지 못할 뿐더러 빈틈없는 준비도, 실제 경험으로 얻은 지혜도 없다. 이런 사람이라면 아무리 범속하고 비열한 인간일지라도 목적을 달성하고 물속에서도 젖지 않고 나오는 것쯤은 쉬울 것이다. 또한 그들은 즉시 뿔을 부러뜨리고 만다. 평상시의 생활에서 이러한 민중은 성질이 급하고 투덜거리고 곧잘 흥분하고 참을성이 없다. 게다가 그들의 힘의 일부를 구성하고 있으면서도 가장 끔찍한 것은 편협한 성격이다. 또 무엇보다 유감스러운 것은 직접적인 목적 대신에 종종 엇나간 목적을 위해 돌진한다는 것이고, 중요한 일 대신에 사소한 일에 매달린다는 것이다. 그것이 그들을 파멸시킨다. 그러나 대중은 그들을 이해하고 있으며 여기에 그들의 힘이 있다……. 그러나 우선 '항의'란 무엇을 뜻하는가에 대해서 좀더 설명해 둘 필요가 있으리라…….

  우리의 감옥에는 항의 때문에 들어온 몇 사람이 있었다. 이번에도 그들이 가장 흥분하였다. 특히 전에 경기병으로 근무하였던 마르티노프라는 사람은 다혈질에 참을성이 없고 의심 많은 사람이었지만, 정직하고 바른 사람이었다. 다른 또 한 사람은 바실리 안토노프였는데, 그는 흥분을 해도 뭔가 모르게 냉정해 보였고 오만한 눈초리에 거만하게 비꼬는 웃음을 짓는 매우 견문이 넓은 사람으로, 정직하며 바른 사람이었다. 그러나 모두를 다 열거할 수는 없다. 그만큼 그런 사람들이 많았다. 그들 중에서 페트로프는 이리저리 배회하며 많은 무리에게로 가서 귀를 기울였고, 말을 별로 많이 하지는 않았지만 분명히 흥분하고 있었고, 사람들이 정렬하기 시작하였을 때 감옥에서 맨 먼저 달려나갔다.

  그러자 우리의 감옥에서 상사직을 대신 맡고 있던 하사가 놀라서 바로 달려왔다. 정렬이 끝나자, 죄수들은 정중하게 감옥 안의 사람들 모두가 소령과 이야기하기를 원하며, 몇 가지 문제에 대해서 사적으로 그에게 전해달라고 부탁하였다. 하사의 뒤를 따라 모든 상이군인들도 나와서 감옥의 맞은편, 다른 쪽에 정렬해 섰다. 상사가 맡게 된 위임은 너무나 긴급한 것이었으므로 그를 공포로 몰아넣었다. 그러나 그는 지체 없이 소령에게 보고하지 않을 수 없었다. 왜냐하면 첫째, 이미 감옥 전체가 떼지어 일어난 것이라면 더 나쁜 상황이 발생할 위험이 있다. 모든 당국자들은 감옥에 대해서라면 어쩐지 지나치게 겁쟁이가 되는 것이다. 둘째, 혹시 아무 일도 일어나지 않는다 하더라도, 즉 모두가 바로 마음을 바꿔 먹고 흩어진다고 하더라도, 하사는 즉각적으로 모든 사건 경위를 당국에 보고해야 한다. 상사는 공포로 창백해지고 덜덜 떨면서 죄수들을 훈계하려는 시도도 아예 포기한 채 소령에게 서둘러 갔다. 지금은 그들과 대화라는 것이 통하지 않는다는 것을 알아차렸던 것이다.

  나는 전혀 아무것도 모른 채 정렬하기 위해서 나왔다. 사건의 전말을 안 것은 나중이었다. 그 당시 나는 무슨 점호가 있는 줄로 생각하였다. 그러나 점호를 할 위병들이 보이지 않자 이상해서 주위를 둘러보기 시작하였다. 사람들의 얼굴은 흥분되어 있었고, 초조해 보였다. 어떤 사람들은 심지어 창백해 보이기까지 하였다. 모두들 소령 앞에서 어떻게 협상할 것인가에 대해 궁리하면서 불안한 듯이 입을 다물고 있었다. 나는 모든 사람들이 나를 보고 놀랐지만, 말없이 외면하고 있다는 것을 알아챘다. 그들에게는 내가 그들과 정렬해 있다는 것이 이상해 보이는 것 같았다. 그들에게는 나 역시 항의를 한다는 사실이 믿기지 않는 듯했다. 그러나 곧 내 주위에 있던 거의 모든 사람이 다시 나에게 시선을 돌렸다. 모두가 의아스럽게 나를 응시했다.

"너는 여기에 어쩐 일이지?" 몇 사람 건너 다른 사람들보다는 좀 멀리 서 있던, 지금까지 나를 항상 '당신'이라고 존칭을 쓰며 정중하게 대했던 바실리 안토노프가 나에게 물었다.

나는 무엇인가 예기치 못한 일이 일어나려고 한다는 것을 깨달았지만, 이것이 무엇을 뜻하는 것인지 이해하려고 노력하면서, 영문을 몰라 그를 바라보았다.

"사실 네가 나설 자리가 아니야. 감옥으로 돌아가." 그때까지 나와는 거의 한마디도 안했지만, 선량하고 조용한 성격의 군인 출신인 어떤 젊은이가 이야기했다. "네가 상관할 일이 아니야."

"그래도 모두 정렬하고 있는데." 나는 그에게 대답했다. "나는 점호하는 줄 알았소."

"제기랄, 또 기어 나왔군." 한 사람이 소리쳤다.

"무쇠 콧대라니까." 다른 사람이 말했다.

"밥벌레 같으니라고!" 참을 수 없는 모욕적인 말투로 세 번째 사람이 말했다. 이 새로운 욕설은 모두에게 웃음을 터뜨리게 했다.

"그래도 취사장에서는 은총을 받는 몸인걸." 누군가가 덧붙였다.

"그들에게는 어디를 가나 천국이야. 여기는 감옥이지만, 그들은 흰 빵을 먹으면서, 새끼 돼지까지 산다고. 너는 특별한 것만을 먹고 있어. 도대체 여긴 왜 참견하는 거야?"

"여긴 당신이 나설 자리가 아니오." 쿨리코프가 나에게로 거리낌없이 다가오면서 말했다. 그는 내 손을 잡아서 대열로부터 끌어냈다.

그러는 그의 얼굴은 창백했고 검은 눈을 번뜩이며 아랫입술을 꾹 깨물고 있었다. 그는 냉정하게 소령을 기다릴 수 있는 자는 아니었다. 그러나 나에겐 이런 경우, 즉 그가 자신을 드러내 보여야만 하는 이런 경우에, 쿨리코프를 바라보는 것이 너무나 즐거운 일이었다. 그는 매우 거만한 태도를 보이면서도 할 일은 틀림없이 해치웠다. 내가 느끼기에 그는 아마 사형장에 가더라도 멋을 부리고 세련되게 하고 갈 것 같았다. 모두가 나에게 '너'라고 말하고 나를 욕하고 있는 지금도 그는 일부러 정중하게 나를 대하고 있는 것처럼 보였고, 그러면서도 그의 말은 어쩐지 우쭐하고 매우 오만해서 어떠한 반대도 용납할 것 같지 않았다.

"우리는 여기에 우리의 일 때문에 있는 것입니다. 알렉산드르 페트로비치, 당신은 여기에 있어도 할 일이 없습니다. 어디든 가서 좀 기다리는 게 낫겠습니다……. 저기 취사장에 당신의 동료들이 있군요. 저리로 가시오."

"아홉 번째 기둥 밑으로 가게나. 거기에는 절름발이 안치프카가 살고 있는데!" 누군가가 말을 받았다.

취사장의 높은 창문을 통해서 정말로 나는 내 동료인 폴란드인들을 보았다. 게다가 내가 느끼기에, 거기에는 그들 말고도 많은 사람들이 있는 것 같았다. 겸연쩍어진 나는 취사장으로 향했다. 내 뒤에서 그들의 웃음과 욕설과 혀 차는 소리(죄수들은 휘파람을 대신해서 사용하였다)가 울려 나왔다.

"마음에 들질 못했군!…… 쯧쯧쯧! 내버려둬!……"

이제까지의 수감 생활 이후 이때처럼 모욕적인 때는 없었고, 그래서 이번에는 참을 수 없을 만큼 괴로웠다. 그러나 어쩔 수 없는 노릇이었다. 취사장 입구에서 T가 나를 맞이하였다. 귀족 출신으로 대단한 학식은 없지만, 굳건하며 관대한 마음을 가진 청년으로 B를 매우 사랑하고 있었다. 죄수들도 그만은 특별 취급을 하고 있었고, 심지어 그를 사랑하기도 하였다. 그는 용감하고 남자답고 힘 있는 사람이었고, 이것은 그의 모든 행동에서 드러났다.

"당신 어떻게 된 거요, 고란치코프." 그는 나에게 소리쳤다. "이리로 오세요!"

"도대체 저기서 무슨 일이 일어난 것입니까?"

"그들은 항의를 하는 겁니다. 정말로 몰랐단 말입니까? 물론 그들은 실패할 거예요. 누가 죄수들을 믿겠습니까? 주모자들을 색출할 거예요. 만약 우리가 거기에 있게 되면, 물론 우리에게 우선적으로 폭동에 대한 죄를 뒤집어씌울 거요. 기억하세요. 무엇 때문에 우리가 여기에 오는지. 그들은 단지 태형에 처해지겠지만, 우리는 재판에 회부될 거요. 소령은 우리 모두를 증오하고 있고 우리를 파멸시키는 것을 기뻐할 거요. 그에게는 우리 자체만으로도 증거 확보가 되는 거요."

"그리고 죄수들은 우리의 목을 갖다 바칠걸." 우리가 취사장으로 들어섰을 때, M이 덧붙였다.

"걱정할 건 없어. 인정사정 봐주진 않을 테니까!" T가 참견했다.

취사장에는 귀족들을 제외하고도 많은 사람들이 있었다. 모두 30명 정도였다. 그들 모두는 항의하기를 원치 않아서 남아 있는 자들이었다. 어떤 사람들은 두려움 때문에, 또 어떤 사람들은 모든 항의가 전혀 소용없는 것이라 굳게 믿었기 때문이다. 여기에 아킴 아키미치도 있었는데, 그는 완고하였으므로 근무의 올바른 흐름과 정상적인 집행을 방해하는 모든 종류의 항의에 선천적으로 적대감을 가지고 있었다. 그는 그 항의가 어떻게 되어 가는지에 대해 전혀 걱정하지 않을 뿐더러, 오히려 당국의 질서와 의지의 필연적인 승리를 확신하면서 과묵하고 기분 나쁠 정도로 평온하게 일이 끝나길 기다리고 있었다. 여기엔 또한 이사이 포미치도 있었는데, 그는 매우 불안해하며 기가 죽어서 겁을 먹고 우리의 대화에 열심히 귀를 기울이고 있었다. 그는 완전히 불안에 휩싸여 있었다. 여기에는 또한 평민 출신의 모든 폴란드 죄수들이 귀족들과 합류하고 있었다. 그리고 항상 말이 없고 겁이 많은, 몇몇 연약한 성격의 러시아인들도 있었다. 그들은 다른 이들과 같이 나갈 용기는 없지만, 일이 어떻게 끝날 것인지를 걱정스럽게 기다리고 있었다. 끝으로 겁쟁이는 아니지만 항상 침울하게 굳어 있는 죄수들도 몇 있었다. 그들은 이 모든 일이 무의미하며, 이 일로 해서 더 나빠지는 것 말고는 아무것도 일어나지 않는다는 것을 고집스럽고도 결벽하게 믿기 때문에 남아 있었다. 그러나 내가 보기에, 그래도 그들은 역시 자신들을 어쩐지 어색하게 느끼고 있으며, 완전히 자신하고 있지는 못하는 것처럼 보였다. 그들은 여전히 항의에 대해서 전적으로 옳은 일이라고 이해하고 있었으며, 나중에 증명된 것이긴 하지만 자신들은 공동생활의 낙오자이며, 요새의 소령에게 동료들을 팔아넘긴 변절자라 생각하고 있었다. 여기에는 욜킨도 보였다. 그는 가장 교활한 시베리아의 농부인데, 위조지폐를 만들다 감옥에 들어왔으며, 수의사 쿨리코프에게서 단골을 빼앗은 사람이다. 스타로두보프 마을의 노인도 또한 여기에 있었다. 요리사들은 한 사람도 빠지지 않고 결연히 취사장에 남아 있었다. 그들 역시 행정 당국의 일부에 속한다는 소신 때문에 당국에 반대하여 나선다는 것이 도리가 아닌 것으로 생각되었기 때문일 것이다.

"그런데," 나는 머뭇거리듯 M 쪽을 돌아보면서 말했다. "이들을 제외하고는 거의 모두가 나갔습니다."

"그게 우리와 무슨 상관이란 말이오?" B가 투덜거렸다.

"만약 우리가 나간다면, 우리는 그들보다 1백 배는 더 위험을 무릅쓰게 될 거요. 게다가 무엇을 위해서란 말이오? 나는 저 강도패들을 증오하오 Je haïs ces brigands.[48] 그리고 당신은 한순간이라도 저들의 항의가 성공할 것이라고 생각해 본 적이 있단 말이오? 그런 어리석은 일에 참견하고 싶다니 대단한 열정이구려?"

"저런다고 무슨 소용이 있겠어." 죄수 중에서도 고집스럽고 화를 잘 내는 노인이 말을 받았다. 그러자 같이 있던 알마조프는 서둘러 그에게 동의를 표했다.

"태형이나 쉰 대쯤 맞을 뿐이지. 그 밖에는 아무 일도 없을 거야."

"소령이 온다!" 누군가가 소리치자, 모두들 황급히 창문 쪽으로 달려갔다.

소령은 몹시 격노하여 벌겋게 달아오른 얼굴에 안경을 낀 채 뛰어왔다. 그는 말없이 그러나 단호하게 대열로 다가갔다. 이런 경우에도 그는 정말 대담했고 결코 당황하지 않았다. 하지만 그는 거의 항상 반쯤 취해 있었다. 오렌지 빛 띠를 두른, 기름때가 배어 번들거리는 군모와 더럽혀진 은빛 견장들까지 이 순간에는 어쩐지 불길하게 보였다. 그의 뒤를 서기 샤트로프가 따라오고 있었다. 그는 우리 감옥에서 매우 중요한 역할을 하는, 실상 감옥의 모든 것을 통제하고 소령에게까지도 영향력을 행사할 정도의 매우 교활하고 똑똑한

---

48) M이라 하는 이 폴란드 사람은 1846년 10년의 징역형을 선고받고 유형 중이던 폴란드의 혁명가 알렉산드르 미레츠키를 말한다. 이 죄수들의 항의 소동은 1850년 4월 24일 도스토옙스키가 이곳의 유형지에 도착한 지 얼마 되지 않았을 때 발생했다. 도스토옙스키가 실제로 죄수들의 대열에 끼어 있다가 빠져나와 이 미레츠키를 만나자, 불어로 '나는 저 강도패들을 증오한다'고 말했다고, 도스토옙스키는 《작가 일기》(1876년 2월)에서 밝히고 있음.

사람이지만 나쁜 사람은 아니었다. 죄수들도 그에게는 호의를 가지고 있었다. 그 뒤를 따라 하사도 나타났는데, 그는 이미 무서운 질책을 받은 것이 분명했고, 그보다 열 배나 더한 것을 받을 각오가 되어 있는 표정이었다. 또 그 뒤로 감시병이 있었는데, 서너 명 뿐이었다. 소령을 부르러 보냈던 바로 그 순간부터 군모를 벗고 있던 죄수들은, 모두 자세를 바로 하고 각자 발을 옮겨 대열을 바로잡았다. 그들은 소령의 첫마디, 그보다 첫 고함 소리를 기다리면서 제자리에 얼어붙은 듯이 서 있었다.

그 고함은 느닷없이 시작되었다. 두 마디째부터 소령은 온 목청을 다하여 쇳소리가 나도록 소리를 질렀다. 그는 이미 매우 격노해 있었다. 창문에서 우리는 그가 어떻게 대열 사이를 뛰어다니고 돌진하고 신문하는지를 볼 수 있었다. 그러나 거리가 멀었기 때문에 신문 내용이나 죄수들의 대답은 들리지 않았다. 그가 쇳소리를 내며 소리치는 것만 들릴 뿐이었다.

"폭도들 같으니라고……! 태형이다……. 선동자들……! 네놈이 선동자냐……? 네놈이 선동자냔 말이다!" 그는 누군가에게 소리소리 질렀다.

대답은 들리지 않았다. 그러나 1분 뒤에 우리는 한 죄수가 나와서 위병소로 향하는 것을 보았다. 그리고 다시 1분 뒤에 그의 뒤를 이어 다른 사람이 따라갔고, 다음은 세 번째 사람이 뒤따랐다.

"모두를 재판에 넘기겠다! 너희들 모두! 그런데 취사장에 있는 건 누구야?" 그가 열린 창으로 우리를 보더니 고함쳤다. "모두를 이리로 와! 한 사람도 남김없이 이리로 쫓아내!"

서기 쟈트로프가 우리가 있는 취사장으로 왔다. 취사장에 있던 사람들은 항의에 가담하지 않았다는 것을 이야기했다. 그는 즉시 돌아가서 소령에게 보고했다.

"항의하지 않았다고?" 그는 기쁜 듯이 두 단계나 어조가 누그러진 목소리로 말했다. "그래도 상관없어, 모두들 이리로 끌어내!"

우리는 밖으로 나왔다. 나는 어쩐지 우리가 나가는 것이 껄끄럽게 느껴졌다. 모두들 같은 생각인 것처럼 고개를 수그리고 나갔다.

"야, 프로코피예프! 욜킨도, 그리고 너, 알마조프…… 멈춰, 여기서, 한데 뭉쳐서 서란 말이야" 소령은 조급하지만 부드러운 목소리로, 우리를 친절히 둘러보면서 말했다. "M, 너도 여기에…… 됐다, 적어라. 샤트로프! 당장 만족하는 사람과 불만족하는 사람 모두를 한 사람도 빼지 말고 따로 적어서 내게 명부를 가져와. 나는 너희 모두를 넘기겠어……. 재판에! 이 악당들!"

명부는 효과가 있었다.

"우린 만족합니다!" 항의하는 무리 속에 있던 누군가가 무척이나 머뭇거리는 듯한 목소리로 침울하게 외쳤다.

"뭐, 만족한다고! 누가 만족하나? 만족하거든, 이리 나와."

"만족해요, 만족합니다!" 몇몇의 목소리가 이어졌다.

"만족한다? 그러면 너희를 누군가가 선동했나? 그러면 선동자가 있겠군, 폭도 말이야? 그놈들이 더 나쁘다……!"

"세상에, 이게 무슨 꼴이야!" 무리 속에서 누군가의 목소리가 울렸다.

"누구야, 누가 소리쳤어, 누구야?" 소령은 소리가 들렸던 쪽으로 달려가면서 아우성쳤다. "너지, 라스토르구예프, 네가 소리친 거지? 위병소 영창으로 보내 줄 테다!"

부은 듯한 얼굴에 키가 큰 라스토르구예프라는 젊은이가 나와서 천천히 위병소로 향했다. 그가 소리를 친 것은 아니었지만 소령에게 지적당했기 때문에 그는 부정하려고 하지도 않았다.

"잘 먹어서 기름이 끼니까 버릇이 없어졌군!" 소령이 그의 뒤에 대고 소리를 질렀다. "그렇게 뒤룩뒤룩 살찐 못난 얼굴은 사흘도 못 갈걸……! 이제 너희 모두를 색출하겠다! 만족하는 사람은 나와!"

"만족합니다, 각하!" 몇십 명 정도 되는 목소리들이 침울하게 울렸다. 나머지들은 고집스럽게 침묵하고 있었다. 그러나 소령이 바라던 바는 이루어졌다. 분명히 그 자신도 일을 빨리 수습하는 것이 이로웠고, 끝낼 수 있는 핑계가 있어야 했던 것이다.

"그럼 이제는 '모두'가 만족하는 건가!" 그가 서둘러서 말했다. "보아하니 이건 분명 선동자들의 짓이야! 분명히 너희 중에 선동자들이 있어!" 샤트로프 쪽을 향해서 그는 계속했다. "이 일은 좀더 자세히 조사해야겠어. 그러나 지금은…… 지금은 작업장으로 갈 시간이다. 북을 쳐라!"

그는 직접 조를 나누는 일에 참가했다. 죄수들은 묵묵히 침울하게 작업장으로 흩어졌고, 적어도 한시 바삐 소령의 눈앞에서 사라질 수 있다는 것에 만족한 듯했다. 소령은 일을 분담한 뒤에 즉각적으로 위병소에 들러서 '선동자들'을 처리했다. 그러나 너무 가혹하게 한 것은 아니었다. 오히려 서두른 편이었다. 나중에 듣기로는, 그들 중 한 사람이 용서를 구했더니, 소령은 당장 그를 용서했다는 것이다. 겉으로 보기에 소령은 기분이 나쁜 것 같았으며, 어쩌면 내심 적잖게 겁을 먹고 있었는지도 모른다. 어떠한 경우에도 항의란 것은 미묘한 문제이다. 그 항의의 상대가 상부의 당국이 아니라 소령 자신이기 때문에 죄수들의 불평이 항의라고 할 것까지는 없지만, 어쨌든 쉽지 않고 좋지 않은 문제인 것이다. 특히 모든 죄수가 들고일어났다는 것이다. 어떻게든 일을 무마시켜야만 했다. '선동자들'은 곧 석방되었다. 다음날부터 음식도 나아졌다. 그러나 오래 지속된 것은 아니었다. 소령은 처음 얼마 동안은 감옥을 자주 둘러보고, 무질서한 점들을 지적하였다. 우리의 하사는 여전히 놀라움에서 벗어나지 못한 듯이 걱정스럽고 불안한 얼굴로 돌아다녔다. 한편 죄수들도 항의가 있은 뒤에는 오랫동안 진정하지 못하였지만, 이제는 전처럼 동요하는 것이 아니라 말없이 불안해하거나 무엇인가를 걱정하고 있었다. 그들 중에는 고개까지 떨어뜨리고 의기소침해진 사람도 있었다. 그런가 하면 이야기조차 하고 싶지 않다는 투로 사건을 비난하기도 했다. 그러나 대부분의 사람들은 항의했던 것에 대해 스스로 자신을 벌주기라도 하려는 듯이 짓궂게 큰 소리로 자기 자신을 비웃었다.

"자, 이봐, 데려가, 물어 버려!" 한 사람이 이야기했다.

"뭘 비웃는 거야, 어서 일이나 해!" 다른 이가 덧붙였다.

"고양이 목에 방울을 매달겠다던 쥐가 어디 있나?" 세 번째 사람이 말했다.

"알다시피, 우리는 떡갈나무 몽둥이로 맞아야 해. 모두가 다 맞지 않은 것만으로도 다행이야."

"너는 앞으로 더 많은 것을 알아야 해. 그리고 가능한 한 입을 적게 놀리는 게 좋아!" 누군가가 심술궂게 주의를 주었다.

"네가 누구를 훈계하는 거야, 선생이라도 되나?"

"당연한 일을 가르쳐 주는 거야."

"그래, 넌 도대체 어떤 인간이길래 참견하는 거야?"

"나는 아직 사람이다. 그러면 너는?"

"개도 뜯어먹지 않는 찌꺼기, 그게 너야."

"그건 바로 네놈이지."

"됐어, 됐어. 그만들 해! 무엇 때문에 소리지르는 거야!" 다투고 있는 그들을 향해 사방에서 소리쳤다…….

그날 저녁, 즉 항의를 한 바로 그날 작업장에서 돌아오면서 나는 감옥 뒤에서 페트로프를 만났다. 그는 나를 찾고 있었던 것이다. 그는 나에게 다가와서 무엇인가 두세 마디의 분명치 않은 감탄사 같은 것을 중얼거리더니 곧 방심한 듯 입을 다물고 기계적으로 나와 나란히 걸어갔다. 이날의 모든 일들이 내 가슴에 고통스럽게 남아 있었고, 아마도 페트로프가 나에게 무엇인가를 설명해 주리라고 생각했다.

"말해 보시오, 페트로프." 나는 그에게 물었다. "당신들은 우리에게 화를 내는 것은 아니오?"

"누가 화를 냅니까?" 그가 마치 정신이 든 것처럼 물었다.

"죄수들이 우리에게…… 우리 귀족들에게."

"그런데 무엇 때문에 우리가 왜 당신들에게 화를 냅니까?"

"우리가 항의하러 나가지 않아서 말이오."

"하지만 무엇 때문에 당신들이 항의해야 합니까?"

그는 내 말을 이해하려고 애쓰면서 물었다. "당신들은 자신들의 돈으로 먹고 있잖아요."

"아, 세상에! 당신들 중에서도 자기 돈으로 먹는 사람이 있지만, 항의를 하러 나가더군요. 그러니 우리도 그렇게 했어야 했던 것이오……. 동료로서 말이오."

"그래요……, 그런데 어떻게 당신들이 우리의 동료입니까?" 그가 의아해하며 다시 물었다.

나는 당황하여 그를 바라보았다. 그는 확실히 나의 말뜻을 알지 못했고, 내가 무엇을 얻고자 했는지를 이해하지 못했다. 그러나 그 대신에 나는 그 순간 그를 완전히 이해했다. 이미 오래전부터 나의 마음속에 불분명하게 생겨나 나를 따라다녔던 하나의 상념이 이제서야 처음으로 확실하게 밝혀졌고, 나는 지금까지 막연하게 추측했던 것을 분명하게 깨달았던 것이다. 설령 내가 흉악범이거나 종신형을 받은 죄수거나 특별 감옥의 죄수라도, 그들은 나를 동료로 받아들이지 않을 것이란 사실을 이해했던 것이다. 그러나 이 순간 내 기억에 강하게 남은 것은 그의 표정이었다.

"당신들이 어떻게 우리의 동료입니까?" 그의 질문에는 너무도 꾸밈 없는 소박함과 솔직한 의아스러움이 스며 있었다. 나는 생각해 보았다. 그 말 속에 어떤 비꼼이나 악의나 비웃음이 있는 것은 아닌가? 아무것도 없었다. 단지 동료가 아니다, 그것뿐이었다. 너희는 너희 길로 가라, 우리는 우리의 길이 있다. 너희에겐 너희의 일이 있고, 우리에게는 우리의 일이 있다는 것뿐이다.

사실 그대로였다. 나는 항의 사건이 있은 뒤에 그들이 우리를 괴롭히고 못살게 굴 것이라고 생각했지만, 그런 일은 결코 없었다. 어떠한 질책도, 질책 같은 암시도 우리는 듣지 못했으며, 특별한 악의도 더해지지 않았다. 단지 경우에 따라 조금씩 괴로움을 당했지만, 그것은 이전에도 당했던 것이고 그 이상 아니었다. 게다가 항의하기를 원치 않아서 취사장에 남아 있던 사람들이나, 모두가 만족한다고 가장 먼저 소리쳤던 이들에 대해서도 조금도 화를 내지 않았다. 심지어는 이 일에 대해서 아무도 입을 열지 않았다. 특히 마지막 일을 나는 이해할 수 없었다.

8. 동료들

내가 특히, 처음 한동안은 '귀족 출신' 동료들에게 더 끌렸던 것은 말할 것도 없다. 그러나 나는 우리 감옥에 있던 세 명의 러시아 귀족 출신 죄수 중에서도(아킴 아키미치, 스파이 A, 부친 살해범으로 알려졌던 남자) 아킴 아키미치하고만 이야기하며 알고 지냈다. 고백하자면 내가 그에게 접근했던 것은 이른바 절망 때문에 헤어나기 힘든 깊은 우수에 사로잡혀 있던 순간, 그 말고는 누구도 접근할 상대가 없다고 여겼기 때문이다. 앞 장에서 나는 우리의 모든 죄수들을 몇 그룹으로 분류하려고 했다. 그러나 지금 아킴 아키미치를 생각해 보면, 또 하나의 타입을 첨가해도 좋을 듯싶다. 그 타입에 드는 사람은 오직 그 한 사람뿐이었다는 것도 사실이다. 이 타입은 완전히 무관심한 죄수들이었다. 완전히 무관심하다는 것은, 자유로운 상태에서 살든 감옥에서 살든지 그들에겐 마찬가지란 말이다. 물론 우리에겐 있지도 않은 일이고 있을 수도 없는 일이지만, 아킴 아키미치는 예외였다. 그는 심지어 마치 평생을 감옥 안에서 살 것처럼 살림도구까지 다 갖추어 놓고 살고 있었다. 그의 주위에는 방석, 베개, 세간을 비롯한 모든 것이 오래 쓸 수 있도록 견고하게 집약되어 놓여 있었다. 그것들 속에는 임시적인 것이나 노숙을 위한 것은 전혀 없었다. 감옥에서 보내야 할 시간이 아직 많이 남아 있었던 것은 사실이지만, 그가 한 번이라도 출옥에 대해 생각해 본 적이 있는지는 자못 의심스러울 정도였다. 그러나 그가 현실과 타협한다 하더라도, 그것은 물론 진심이라기보다 체념하는 것이었을 테지만, 그에게는 매한가지인 것이다. 그는 선량한 사람이었고, 내가 감옥에 들어간 초기에는 충고와 여러 배려로 나를 도와주기까지 하였다. 그러나 사실대로 말하면, 그는 내게 이따금 무의식적으로, 특히 내 감옥 생활의 초기에는 헤아릴 수 없을 만큼 세찬 우수와 슬픈 기분을 들게 했다. 그러나 나는 그러한 우수 때문에 그와 이야기하기 시작했다. 비록 신경을 건드리거나 참기 어려운 말, 또는 악담이라 하더라도 살아 있는 인간의 말을 듣고 싶었던 것이다. 그리고 둘이 함께 우리의 운명을 한탄이라도 하고 싶었다. 그러나 그는 말이 없었고, 자신의 램프에 불을 붙이거나, 이야기를 하더라도 몇 년 전에 그들에게 사열이 있었고, 누가 사단장이었고, 그의 이름과 부칭은 무엇이었으며, 그가 사열에 만족했는지 어떤지, 사격병들의 신호가 어떻게 변했다든가, 그런 것을 낮은 소리로 차근차근 이야기하는 것이었다.

더욱이 이 모든 것을 마치 물이 한 방울 한 방울씩 떨어지듯 일률적이고 기계적인 목소리로 이야기하는 것이었다. 그는 나에게 코카서스의 어떤 전투에 참가하여 대검(帶劍)에 붙이는 '성 안나' 훈장을 받았다는 사실을 이야기하면서도 거의 아무런 감정이 없는 듯했다.

다만 '성 안나'를 발음할 때 그의 목소리가 특히 무겁고 엄숙했으며, 심지어 어떤 비밀스러운 것을 이야기하는 듯이 낮았을 뿐이다. 그리고 이 말을 한 뒤, 무슨 까닭인지 잠시 침묵을 지키며 근엄하게 앉아 있었다. 나는 이 첫해에 어리석게 굴었던 때가 있는데, 이유 없이 아킴 아키미치를 증오하게 되어 그와 머리를 맞대고 판자 침대에서 견뎌야 하는 운명을 말없이 저주하였다(그리고 항상 이러한 순간은 왜 그런지 갑자기 일어났다). 그리고 항상 한 시간 정도 지나면, 나는 매번 이것을 스스로 질책하곤 했다. 그러나 그것은 첫해뿐이었다. 결국 나는 완전히 아킴 아키미치의 영혼과 화해하였고, 나의 지난날의 어리석음을 부끄럽게 여겼다. 겉으로 보기에 우리는 서로를 이해했으며, 한 번도 말다툼을 한 적은 없었다.

이러한 세 명의 러시아인들 말고 우리 감옥에는 외국인 여덟 명이 있었다. 그들 중 몇 명과는 매우 짧지만 긴밀하고 만족스러운 교제를 하였는데 모두와 그런 것은 아니었다. 그들 중 가장 뛰어난 사람은 매우 병적이고 배타적인데다 편협했다. 나는 그들 중 두 명과는 결국 이야기하는 것도 중단하고 말았다. 그들 가운데 교양이 있는 사람은 단지 세 명뿐이었다. B,[49] M,[50] J[51] 노인이다. 이 노인은 전에 어딘가에서 수학 교수를 지냈으며, 선량하고 훌륭하지만 매우 괴짜였고, 교육을 받았음에도 아주 편협했다. M과 B는 노인과는 달랐다. M과 나는 처음부터 매우 좋게 지냈다. 결코 나는 그와 다툰 적이 없었고 그를 존경하였지만, 그를 사랑하거나 그에게 끌릴 수는 없었다. 이 사람은 뿌리 깊은 불신감에 싸여 세상사를 나쁘게 보고 있었지만 자신을 매우 잘 다스릴 줄 알았다. 이것은 매우 놀라운 능력이긴 했지만 나는 그런 것이 마음에 들지 않았다. 그는 누구 앞에서도 자신의 심정을 결코 털어놓지 않을 사람이라고 느껴졌다. 그러나 내가 오해한 것일 수도 있다. 아무튼 그것은 강한 개성이고 더없이 고결한 것이었다. 사람을 대할 경우에 그의 독특하고 어떤 면에서는 예수회[52]와 같은 교활함과 조심성은 내면화된 깊은 회의심을 나타내고 있었다. 또한 그는 내면의 이중성 때문에 마음속으로 괴로워하고 있었다. 그것은 회의심과 독자적인 확신과 희망에 대한 굳건하고도 무엇에도 굴하지 않

---

49) 요세프 보그슬라프스키(1816~1859). 시베리아에 1846년경, 유형 온 폴란드 혁명가. 도스토옙스키는 실제로 시베리아의 유형 기간 동안 이들과 접촉할 수 있었음.

50) 알렉산드르 미레츠키를 말함. 앞에서는 M으로 표기되었음.

51) 요세프 죠호프스키(1801~1851). 바르샤바 대학의 수학 교수. 혁명을 선동한 죄목으로 1848년부터 10년의 유형 생활을 함.

52) 주로 철학과 신학을 연구하는 로마 가톨릭의 한 수도회로, 도스토옙스키는 이 예수회의 신부들에게 줄곧 강한 적대감을 보여 오곤 했다. 《카라마조프 형제들》 중 대심문관의 전설에서도 묘사하고 있듯, 도스토옙스키는 이 예수회가 기독교를 왜곡하는 데 앞장을 섰다고 여기고 있음.

는 깊은 신앙과의 대립이었다. 그는 모든 생활면에서 원만한 편이었음에도 B 와 그의 친구 T[53]와는 화해할 수 없는 적대심을 가지고 있었다. B는 폐병이 있고 화를 잘 내며 신경질적이었지만, 본성은 매우 선량하고 느긋하기까지 했다. 그의 다혈질적인 성격은 때때로 매우 참기 힘들고 변덕스럽게 변하기도 했다. 나는 이 성격을 참을 수 없었기에 결국 B와 갈라서게 되었지만, 그렇다고 해서 그에 대한 사랑이 멈춘 것은 아니었다. 반면 M과는 다투지도 않았지만, 그를 사랑한 적도 없었다. 으레 그렇듯이 B와 헤어지자 바로 T와도 헤어지게 되었다. 그는 내가 앞 장에서, 우리의 항의에 대해 이야기하면서 언급했던 바로 그 젊은이였다. 이것은 내게 매우 유감스러운 일이었다. T는 비록 교육을 받지는 못했지만, 선량하고 용기 있고 한마디로 훌륭한 젊은이였다. 문제는, 그가 B와 갈라서는 사람들을 그 즉시 자신의 적으로 간주할 만큼 B를 사랑하고 존경했다는 것이다. 내가 느끼기에 그는 오랫동안 친분을 쌓아 왔으면서도 B 때문에 M과도 결국 헤어지고 말았다. 어쨌거나 그들은 건강하지 못한 정신에 화를 잘 내고 안절부절못하는 데다 의심이 많았다. 무리도 아니다. 그들은 매우 어려웠고, 감옥 생활을 우리보다 훨씬 힘들어했다. 그들은 조국으로부터 멀리 떨어져 있었다. 그들 중에는 10년이나 20년의 장기형을 받고 온 사람들도 있었다. 그러나 그들이 보여 주는 반목의 중요한 요인은 편견을 가지고 주위 사람들을 대하며, 죄수들의 야만성에만 관심을 두고 어떤 장점이나 인간다운 면을 찾지 못한다는 데 있었다. 이 또한 이해할 수 있는 것으로, 그들은 환경의 힘과 운명에 의해 이러한 불행한 관점을 가지게 되었던 것이다. 감옥에서의 우수와 고민이 그들을 질식하게 했다는 것은 말할 것도 없다. 그들은 체르케스인이나 타타르인들, 이사이 포미치에게는 다정하고 상냥했지만 나머지 죄수들은 혐오스러워하며 피하곤 했다. 단지 스타로두보프 마을의 구교도 노인만이 그들에게 깊은 존경을 받고 있었다. 그러나 주목할 만한 사실은 내가 감옥에 있는 모든 기간 동안, 죄수들 중 누구도 그들의 출신이나 신앙이나 생각의 방법 등에 대해서 비난하는 사람은 없었다는 것이다. 비록 매우 드물긴 하지만, 우리 민중은 외국인, 주로 독일인들에 대해 그러한

---

53) 시몬 토카르제프스키(1821~1899), 폴란드의 혁명가.

비난을 하는 경우가 있다. 그러나 독일인들에게도 비웃어주는 것이 고작이었다. 오히려 러시아 민중에게 독일인은 매우 희극적인 사람들로 비치는 것 같다. 그러면서도 우리 죄수들은 러시아인들보다 훨씬 더 정중하게 그들을 대했고, 그들을 '건드리지' 않았다. 그러나 내가 느끼기에 그들은 한 번도 이러한 사실을 인정하거나 염두에 두려고 하지 않았다. 나는 T에 대해 이야기를 시작했다. 그는 첫 번째 유형지로부터 우리 요새로 옮겨질 때, 건강과 체력이 약해서 거의 반도 못 와서 지쳐 버린 B을 업고 왔다는 바로 그 사내이다. 그들은 처음에 U-고르스크[54]로 보내졌다. 그들이 얘기하기로는, 거기서는 편했다고 한다. 즉 우리가 있던 요새보다 훨씬 나았다는 것이다. 그러나 그들은 다른 도시의 유형수들과 아무 죄 없는 내용의 편지를 주고받기 시작하였고, 이 때문에 그들 세 사람은 최고 당국의 감시가 더 수월한 우리 요새로 이송되었던 것이다. 세 번째 동료는 J였다. 그들이 오기까지 M은 감옥에서 혼자였다. 그렇게 그는 유형의 첫 해를 외롭게 보내야만 했다!

이 J는 내가 앞에서도 말했던, 항상 하느님께 기도하는 바로 그 노인이었다. 우리 정치범들은 모두 젊은 사람들이었고, 몇몇은 아주 젊었다. 다만 한 사람, J만이 이미 오십이 넘었다. 이 사람이 성실한 것은 말할 것도 없지만, 조금 이상했다. 그의 동료들인 B와 T는 그가 고집 세고 터무니없다고 하면서 그를 매우 싫어하고, 심지어는 이야기도 하지 않으려고 하였다. 이 경우에 그들이 얼마나 옳았는지는 모르겠다. 대체로 사람들은 자신들이 원해서가 아니라 강제로 모인 곳에서는 자유스런 상태에서보다 더 자주 서로 싸우고 증오하는 일이 많다. 어디서나 그렇겠지만, 여러 상황이 그들을 부추기는 것이다. 실제로 J는 둔하고 불쾌한 사람이었다. 다른 동료들도 그와는 어울리지 않았다. 나는 그와 한 번도 다툰 일이 없지만 그렇다고 특별히 친한 것도 아니었다. 그는 자신의 전공인 수학을 잘 알고 있는 것 같았다. 그가 나에게 러시아어로 스스로 고안한 어떤 특별한 천문학의 체계를 설명하려고 애썼던 것을 기억하고 있다. 사람들이 내게 이야기하기를, 그는 언젠가 이것을 발표한 적이 있었으나, 학계에서 비웃음만 샀다고 했다. 내가 느끼기에 그는 다소 이성을 잃은 것처

---

54) 이르티시 강 하류와 중국과의 국경 지대에 위치한 우스치 카멘노고르스크 요새.

럼 여겨졌다. 그는 하루 종일 엎드려 하느님께 기도했고, 그것 때문에 감옥 전체의 존경을 받았으며, 그 존경은 죽을 때까지 계속되었다. 그는 병원에서 중병을 앓다가 우리가 보는 앞에서 죽었다. 그는 우리 요새에 당도해 소령과 첫 대면을 하면서부터 죄수들의 존경을 받게 되었다. U—고르스크에서부터 우리 요새까지 오는 동안 그들은 면도를 하지 못하고 수염도 제멋대로 길어 있는 상태에서 곧장 소령 앞으로 끌려갔다. 소령은 이러한 규칙 위반에 대해 미칠 듯이 화를 내었다. 그러나 이것은 전혀 그들의 죄가 아니었다.

"도대체 그 꼴이 뭐야!" 소령은 화를 내기 시작했다. "이건 부랑자들이야. 강도 같은 놈들이라고!"

J는 그 당시, 아직 러시아어를 잘 이해하지 못해 당신들은 부랑자들이냐 아니면 강도들이냐는 질문을 받았다고 착각하고는 이렇게 대답했다.

"우리는 부랑자들이 아니라, 정치범들입니다."

"뭐—라—고! 네가 감히 말대꾸하는 거야? 내게 함부로 지껄이다니!" 소령은 악을 썼다. "위병소로 끌고 가! 태형 1백 대를, 지금, 지금 당장 때려!"

노인은 체벌을 받았다. 그는 회초리를 맞으며 이로 자기 팔을 깨물면서 조그만 비명도, 신음도 하나 내지 않으면서 요동치지도 항변하지도 않고, 매를 참아 냈다. 그러는 동안 B와 T는 감옥으로 들어갔다. 거기에는 이미 M이 문 앞에서 그들을 기다리고 있다가 그때까지 한 번도 그들을 본 적이 없는, 그들을 향해 곧장 달려와 목을 끌어안았다. 소령의 처사에 흥분한 그들은 J에 대해 그에게 모든 것을 이야기했다. 나는 M이 이 사건에 대해 나에게 이야기해 주던 것을 지금도 기억하고 있다.

"정신이 없었어." 그가 말했다. "나는 나에게 무슨 일이 일어났는지 알 수 없었어. 오한이 나서 몸을 떨었지. 나는 문 옆에서 J를 기다리고 있었어. 그는 처벌받았던 위병소에서 곧장 나올 테니까. 그런데 갑자기 작은 문이 열리면서 J가 나왔지. 창백해진 얼굴과 떨리는 새하얀 입술로, 아무도 응시하지 않으면서, 귀족이 벌을 받았다는 것을 알고 마당에 모인 죄수들 사이를 지나 감옥으로 들어갔지. 그리고 곧장 자기 자리로 들어가 한마디도 하지 않고 무릎을 꿇고는 신께 기도하기 시작했어. 죄수들은 매우 놀라고 감동하기까지 했지." M은 말을 계속했다. "고향에 아내와 아이들을 남겨 둔 백발의 노인이 치욕적인 벌을 받은 뒤 무릎을 꿇고 기도하는 모습을 보고, 나는 감옥 밖으로 달려나가서 두 시간 동안이나 뭘 하고 다녔는지 모르겠어. 화가 나 제정신이 아니었어."

이때부터 죄수들은 J를 존경했고, 항상 그에게 공손하게 대했다. 그가 채찍을 맞으면서도 소리치지 않았다는 점이 특히 마음에 들었던 것이다.

그러나 모든 진실은 말해야 할 필요가 있다. 결코 이 한 가지 일로 시베리아 당국의 귀족 출신 유형수에 대한 대우를 비판해서는 안 된다는 점이다. 그 유형수가 러시아인이건 폴란드인이건 마찬가지이다. 이 예는, 단지 운 나쁘게 악한 사람을 만날 수 있다는 것을 알려주는 데 지나지 않는다. 만일 이러한 악한 사람이 어느 요새의 독립된 사령관으로 있었다면, 유형수가 그의 미움을 살 경우에 그 유형수의 운명은 분명 불행한 처지에 놓이고 말았을 것이다. 그러나 다른 많은 사령관들의 태도와 기분을 좌우하는 시베리아의 최고 사령관이 귀족 유형수들을 매우 조심스럽게 대하며, 심지어 평민 출신의 다른 죄수들과 비교해 볼 때 매사에 그들을 관대히 대한다는 것은 인정하지 않을 수 없다. 이유는 분명했다. 첫째로, 최고 당국자들도 역시 귀족들이었다. 둘째는 이전에 귀족 출신 유형수들이 매질을 거부하고 집행자들에게 달려들어 이것으로 인해 끔찍한 일이 벌어진 적이 있었기 때문이다. 세 번째로, 이것이 주된 요인인 듯하지만, 약 35년 전쯤, 갑자기 귀족 유형수의 거대한 무리[55]가 시베리아에 이송된 일이 있었다. 이 유형수들은 30년 동안 시베리아 전역에서 바르게 행동하여 재평가되었기 때문에, 당국은 이미 오래된 관습과는 무관하게 일반 죄수들과는 다른 관점으로 귀족 범죄자들을 대하게 되었던 것이다. 최고 사령관의 뒤를 따라서, 그 아래의 사령관들도 같은 눈으로 보게 되었다. 그것은 물론 상부의 시각과 태도를 본받아 따라 하고 그것에 복종하기 때문일 뿐이었다. 그러나 이러한 관급 지휘관들 대부분은 편협하고, 상부의 명령을 못마땅하게 여기고 속으로는 비난하면서도, 자신들의 명령이 방해받지 않는 것을 매우 좋아했다. 그러나 이것이 완전히 허용된 것은 아니었다. 나는 그렇게 생각하는 확실한 근거를 가지고 있으며, 그것은 다음과 같은 이유 때문이다. 내가 속해 있던 제2부류는 요새에 감금되어 군사 당국의 감독을

---

55) 1825년 12월 14일에 일어난 12월당 사건의 관련자들인 데카브리스트들.

받고 있었고, 나머지 두 유형, 즉 제3부류(공장 죄수)와 제1부류(광산 죄수)와는 비교할 수 없을 만큼 더 힘들었다. 그 부류는 귀족뿐만 아니라 다른 죄수들에게도 더 힘들었는데, 그것은 그 부류의 지도부와 체제가 모두 군대식이고 러시아의 죄수 중대와 많이 닮았기 때문이다. 군사 지도부는 삼엄하였고 규율은 더 엄격했으며, 항상 쇠사슬을 차고 감시를 받았으며, 언제나 자물쇠가 채워져 있었다. 다른 두 부류는 그렇게까지 엄중하지는 않았다. 적어도 우리 동료 죄수들은 그렇게 말했다. 더욱이 우리 사이에는 법에 통달한 사람도 있어, 법에 따르면 극형으로 되어 있다고 할지라도 제1부류에 기꺼이 가고자 했을 것이고, 심지어 이것에 대해 수많은 꿈도 꾸었을 것이다. 그러나 사람들은 러시아에 있는 죄수 중대에 대해서는 고통스러운 곳이라고 이야기하곤 했으며, 러시아 전역을 통틀어 요새마다 있는 죄수 중대보다 더 열악한 곳은 없다고 했다. 따라서 시베리아 유형 생활은 그에 비하면 천국이라는 것이다. 결과적으로 우리 감옥과 같이 규율이 엄격하고, 군 지도부 아래 있고, 지역 총사령관 바로 눈앞에 있으며, 더욱이 직접적인 연관은 없으나 친관적(親官的)인 사람들이 근무에 대한 악의나 질투로 인해서 어떤 지휘관들이 죄수를 관대히 취급하고 있음을 비밀리에 밀고할 준비가 되어 있는 곳에서조차(흔히 있는 일이었다), 다른 죄수들을 보는 것과 조금 다른 눈으로 귀족 출신 죄수들을 바라보고 있다면 제1부류와 제3부류에 있는 죄수들은 훨씬 더 혜택을 받았을 것이고, 더욱더 다른 관점에서 대우를 받았을 것이다. 따라서 나는 내가 있던 곳을 기준으로 시베리아 전체를 판단해야 한다고 생각한다. 제1부류와 제3부류의 죄수들로부터 나에게까지 들어오는 이런 모든 소문과 이야기들은 나의 결론을 뒷받침하고 있다. 실제로 우리 감옥에서는, 지도부가 귀족들 모두를 더 주의 깊고 조심스럽게 지켜보고 있었다. 작업과 규율에 대해서는 확실히 어떠한 혜택도 없었다. 같은 작업과 같은 족쇄, 또 같은 자물쇠를 쓰는 등, 한마디로 말해 모든 죄수들과 똑같았다. 적당히 한다는 것도 있을 수 없었다. 내가 알기로 이 도시에서도 '그리 오래되지 않은 과거'에 많은 밀고자들과 음모가 있어 서로서로를 함정에 밀어 넣었으며, 당국도 자연스럽게 밀고를 두려워하게 되었다고 한다. 그러한 상황에서 어떤 죄수에게 관용을 배풀었다는 밀고보다 더 무서운 것이 있었겠는가! 그래서 모두 그런 밀고를 두려워하였고 우리도 모든 죄수들과 같이 생활하고 있었지만, 체형에 관해서는 어느 정도 예외가 있었다. 만약에 우리가 어떤 일을 저질렀다면 즉 어떤 죄를 지었다면, 우리는 당연히 태형을 받았을 것이다. 근무에 대한 의무와 체형에 관한 평등이 이것을 요구하기 때문이다.

그러나 우리를 함부로 태형에 처하지는 않았지만, 일반 죄수들에게는 경솔하게 대우했다. 이것은 특히 하급 장교들이나 기회만 있으면 명령하려고 위세를 떠는 인간인 경우에는 더욱 그러했다. 사령관이 J의 사건을 알고 매우 격노하여, 앞으로는 폭력을 자제할 것을 소령에게 경고했다는 것이 우리에게 알려졌다. 나는 모든 죄수들에게서 이 소식을 들었다. 또한 우리는 소령을 신뢰하고 그를 능력 있는 실무자로 여기며, 총애하던 지역 총사령관도 이 사건을 알고는 그를 몹시 문책했다는 것도 알게 되었다. 결국 우리의 소령도 수긍하고 말았다. 예를 들어, 그가 A의 밀고로 인해 미워했던 M을 태형에 처하려고 구실을 찾고 그를 다그치고 밀탐하기도 하였지만 결코 그렇게 할 수가 없었다. J에 대한 사건이 전 도시에 알려지자 여론은 소령에게 불리해졌다. 많은 이들은 그를 비난하고 어떤 이들은 심지어 불쾌감을 나타내기도 하였다. 나는 이제서야 소령과의 첫 만남을 떠올린다.

우리, 즉 나와 같이 수감생활을 시작했던 다른 귀족 출신 유형수들과 토볼스크에 있었을 때 나는 이미 소령의 비뚤어진 성격에 대해 듣고 매우 놀랐다. 그 당시 거기에선 귀족 출신으로 25년형을 받은 유형수들이 깊은 동정심을 가지고 우리를 맞이해 주었으며, 우리가 이송 죄수 수용소에 있을 때 우리와 줄곧 친교를 나누며 미래의 우리 사령관에 대해 미리 귀띔을 해주었다. 그리고 소령의 박해로부터 우리를 보호하기 위해 아는 사람들을 통해서 그들이 할 수 있는 모든 것을 해주겠노라고 약속했다. 실제로, 당시 아버지와 함께 머물기 위해 러시아로부터 온 지역 총사령관의 세 딸들은 그들로부터 편지를 받았는데, 그 편지는 우리를 위해서 지역 총사령관에게 쓴 것이라고 생각된다. 그러나 지역 총사령관이 우리를 위해 무엇을 할 수 있다는 말인가? 그는 단지 소령에게 좀더 신경을 써주라고만 말했을 뿐이다. 오후 2시쯤에 나와 나의 동료들은 이 도시에 도착하였고, 감시병들은 우리를 곧장 우리의 인솔자에게로 데려갔다. 우리는 소령을 기다리면서 현관에 서 있었다. 그러는 사이에 이미 감옥의 하사를 부르러 갔고, 하사가 나타나자마자 소령도 나타났다. 붉은색 여드름이 난 심술궂은 그의 얼굴은, 우리에게 매우 우울한 인상을 심어 주었다. 마치 잔인한 거미가 거미집에 걸려든 불쌍한 파리를 향해 달려나온 것 같았다.

"너는 이름이 뭐야?" 소령이 내 동료에게 빠르고 날카롭게 단속적으로 물었다. 분명히 우리에게 강한 인상을 심어 주려는 것 같았다.

"아무개입니다."

"너는?" 소령은 안경을 낮게 세운 뒤 나를 향해서도 물었다.

"아무개입니다."

"하사! 당장 이들을 감옥으로 데려가서 위병소에서 형사범들처럼 머리의 반만 즉시 깎아. 족쇄는 내일 다시 달고. 이 외투는 뭐야? 어디서 났지?" 토볼스크에서 우리에게 지급했던, 등에 노란 원이 그려진 회색 외투에 주의를 돌리면서 갑자기 소령이 물었다. 우리는 그의 빛나는 안경 앞에 서 있었다. "이것은 새로운 형태인데! 분명히 새로운 유형이야! 또 만든 모양이군…… 페테르부르크에서 온 것인가……?" 소령은 우리를 차례차례 이리저리 돌아서게 하면서 말했다. "이들한테 아무것도 없었어?" 그는 갑자기 우리를 호위했던 헌병들에게 물었다.

"개인 소유의 옷가지가 있습니다. 각하." 순간적으로 긴장한 탓인지 떨리는 목소리로 헌병이 대답했다. 모두가 소령을 알고 있었으며 모두가 그에 대해 얘기하고 있었고, 그는 모두를 두렵게 하고 있었던 것이다.

"모두 회수해. 그들에게 속옷만 주고, 그것도 흰색으로만. 색깔 있는 것은 모두 몰수해. 그리고 나머지 모두는 경매에 부쳐. 돈은 수입 장부에 적어 둬. 죄수에게 사유물은 허락되지 않는다." 그는 우리를 엄격하게 바라보면서 말을 이었다. "주의해. 잘 행동해야 해! 내 귀에 들리지 않도록! 그렇지 않으면…… 체(體)—형(刑)—이다! 사소한 잘못이라도 태—형—이다……!"

이러한 대접에 익숙지 못했던 나는 이날 저녁 내내 거의 앓아 누울 지경이었다. 게다가 내가 감옥에서 본 것으로 인해 충격은 더욱 강해졌다. 감옥에 들어온 것에 관해서는 내가 이미 앞에서 말한 것과 같다.

지금 말한 대로 우리는 작업장에서 일반 죄수들에 비해 어떠한 관용도, 어떠한 일의 면제도 받지 못했다. 당국은 그럴 엄두를 내지 못했던 것이다. 그러나 한 번, 그렇게 해주려고 시도한 적은 있었다. 나와 B는 서기(書記)로 석 달을 꼬박 공병대 사무실에 다녔다. 그러나 비밀리에 이루어진 것이었고, 공병대장의 배려였다. 아마 그것은 알 만한 사람은 모두 알고 있었겠지만, 일부러 모르는 척했을 것이다. 이 일은 G가 지역 사령관으로 재직할 때 일어난 일이다. G중령은 마치 하늘에서 우리에게 내려온 것처럼 잠시, 내 기억이 맞는다면 6개월이 넘지 않는, 어쩌면 더 짧은 기간 동안 우리 곁에 있다가 죄수들 모두에게 특별한 인상을 남기고 러시아로 떠나갔다. 죄수들은 그를 사랑한 것이 아니라, 만약 이러한 말을 사용할 수 있다고 한다면, 그것이야말로 신처럼 숭배한 것이라고도 볼 수 있다. 그가 어떻게 이렇게 할 수 있었는지 나는 알지 못하지만, 그는 처음부터 우리를 사로잡았다. "아버지, 아버지다! 친아버지도 필요 없다!" 그가 공병대를 지휘하던 기간 동안 죄수들은 내내 그를 이렇게 불렀다. 내가 보기에 그는 술을 즐겨 마셨고, 그리 크지 않은 키에 대담하고 자신 있는 눈초리를 하고 있었다. 그러면서도 거의 상냥할 정도로 죄수들에게 너그러웠고, 실제로 문자 그대로 아버지처럼 죄수들을 사랑하였다. 무엇 때문에 죄수들을 그렇게 사랑했는지는 모르겠지만, 그는 죄수를 보면 상냥하게 유쾌한 말을 건네고, 그들과 농담하며 장난도 했다. 더욱이 중요한 것은, 그가 상관이기 때문에 보여 주는 고압적인 태도나 너그러움 같은 것은 전혀 풍기지 않았다. 이것은 바로 죄수들도 자신의 동료이자 자신과 같은 사람이라는 의식이었다. 그러나 그가 그만큼 본능적인 민주주의를 실천하는데도, 죄수들은 한 번도 그 앞에서 무례한 태도라든가 허물없는 태도는 취하지 않았다. 오히려 그 반대였다. 이 사령관과 마주치면 죄수의 얼굴이 밝아졌고, 그가 죄수에게 다가서면 죄수는 모자를 벗고 웃으면서 그를 바라보고 있는 것이다. 만약 그가 말이라도 걸면 마치 1루블을 선사받은 것과 같은 기분이 된다. 그런 인기 있는 사람들이 있게 마련이다. 그는 젊은이답게 행동하며 똑바로 늠름하게 걸어다녔다.

"독수리다!" 죄수들은 그에 대해 이렇게 말하곤 했다. 물론 그는 무엇으로도 죄수들의 일을 가볍게 해줄 수 없었다. 그는 단지 공병 작업의 일부를 감독하고 있었고, 그 일은 다른 사령관들 때도 정해진 규율에 따라 변함없이 실시되고 있었다. 다만 작업장에서 우연히 일찍 일이 끝난 작업 분담조를 만나게 되면 남은 시간을 잡아두지 않고 북 치기 전에 그들을 풀어 주는 일이 종종 있을 뿐이었다. 그가 죄수에게도 인간적인 신뢰를 가지고 있고, 대개의 상관들이 갖는 멸시하는 듯한 태도가 그에게는 전혀 없다는 것이 죄수들의 마음을 사로잡은 것이다. 만약에 그가 1천 루블을 잃어버렸다고 하자. 그것을 우리 중 제일가는 도둑이 발견했더라도 그에게 다시 가져갔을 것이라고 나는 생각한다. 그렇다. 나는 이것을 확신한다. 그러기에 우리가 미워하는 소령과, 우리의 독수리 사령관이 크게 싸웠다는 것을 알았을 때, 죄수들이 얼마나 깊은 관심을 보였겠는가.

이 일은 독수리 사령관이 도착한 지 한 달 만에 일어났다. 우리의 소령은 그의 옛 동료였다. 그들은 오랫동안 헤어져 있다가 다시 만났다. 그리고 떠들썩하게 술을 같이 마시다가 갑자기 심하게 말다툼을 하더니 갈라서게 되었다. 그들이 싸운 뒤에 G사령관은 소령에게 대천지원수가 되었다. 듣기로는, 이때 그들은 주먹질까지 했다는 것이다. 그러나 이러한 일은 우리 소령이라면 있을 수 있는 일이다. 그는 종종 그렇게 싸우곤 했다. 그 소식을 듣자 죄수들은 이루 말할 수 없이 기뻐했다. "팔눈이가 그분과 어울릴 수가 있겠어! 그는 독수리지만, 우리의 소령은……" 그리고 기록하기에는 적절치 못한 단어들을 덧붙이는 게 일상이었다. 우리는 누가 누구를 때렸는가에 관해서 극도의 관심을 가지고 있었다. 만약 그들의 싸움에 관한 소문이 믿을 만한 것이 못 된다면(그러한 일이 있을 수도 있다), 내가 느끼기에 우리의 죄수들에게는 매우 유감스러운 일이었을 것이다. "아니야, 분명히 사령관이 이겼을 거야, 몸은 작지만 단단하니까. 듣기로는 그놈이 사령관을 피하기 위해서 침대 밑으로 기어들어갔다는군." 그러나 곧 G는 떠났으며 죄수들은 다시 침울해졌다. 이 감옥의 공병대장은 모두 훌륭한 사람들이었다. 내가 있는 동안 서너 명이 교체되었다. 그러나 죄수들은 말했다. "다시는 그런 사람을 만나지 못할 거야. 독수리였어, 우리를 지켜주는 독수리였어." 이렇게 G는 우리 귀족 모두에게도 매우 호의적이었고, 말기에는 나와 B가 사무소에 나와 일하도록 이따금씩 부르기도 했다.

G가 떠난 뒤에도 이것은 더욱 규칙적인 형태로 이루어지게 되었다. 공병들 중에 우리에게 매우 호감을 가졌던 사람들(그중에서도 특히 한 사람)이 있었

다. 우리는 그곳에 다니면서 서류들을 정서하는 동안에 필체도 제법 좋아졌는데, 갑자기 지역 총사령관으로부터 우리를 이전의 작업장으로 돌려보내라는 명령이 내려왔다. 누군가가 벌써 밀고를 한 것이었다! 그러나 이 편이 나았다. 우리는 사무소 일에 싫증이 나기 시작했던 것이다. 그 뒤로도 나와 B는 2년을 거의 떨어지지 않고 같은 작업장, 주로 수선소에서 일하였다. 우리는 자주 이야기했다. 우리의 희망에 대해서, 신념에 대해서. 그는 훌륭한 사람이었다. 그러나 그의 신념은 때때로 이상하고 독선적이었다. 어떤 사람들, 특히 매우 똑똑한 사람들에게는 종종 완전히 역설적인 관념에 사로잡혀 있을 때가 있다. 그래서 그것 때문에 인생에서 너무나 많은 어려움을 겪는다. 그러나 그것은 무척 비싼 값을 치르고 얻어낸 것이기 때문에 그것으로부터 떨어진다는 것은 너무 힘들고 거의 불가능한 것일 수도 있다. B는 고통스럽게 모든 반박을 받아들이고는 날카롭게 대답하곤 했다. 그러나 많은 점에서 그가 옳았을지도 모른다. 뭐라 할 수도 없지만, 결국 우리는 헤어졌다. 이 이별은 나에게 참을 수 없는 고통을 주었다. 우리는 이미 많은 것을 공유하고 있었던 것이다.

그런데 M은 해가 갈수록 어쩐지 점점 더 우울해지고 침울해졌다. 우울증이 그를 사로잡은 것이다. 내가 감옥에 들어 온 초기에는 그가 더 정보에 민감하고 나보다 훨씬 외향적이었다. 그때 그는 3년째 감옥 생활을 보내고 있었다. 그는 나보다 먼저 감옥에 들어와 있었으므로 알 수 없었던 2년 동안의 세상일에 대단한 흥미를 가지고 나에게 이것저것 물어보고 열심히 듣고 흥분하곤 했다. 그러나 해가 지남에 따라 그의 마음속은 굳어 가기 시작했다. 빨갛게 타는 숯불이 재에 덮이고 만 것이다. 그 속에서 분노는 점점 더 자라났다. "나는 저 불한당들을 증오한다(Je haïs ces brigands)." 그는 죄수들을 증오스럽게 바라보면서 이 말을 자주 했다. 그 무렵 나는 죄수들을 알기 시작해 계속해서 그들을 변호했지만, 아무런 효과도 없었다. 그는 내가 이야기한 것을 이해하지 못했다. 때때로 아무 생각 없이 동의하기도 했지만, 다음날이면 다시 반복했다. "나는 저 불한당들을 증오한다(Je haïs ces brigands)." 종종 우리는 프랑스어로 이야기하곤 했는데, 이 때문에 작업 감독을 했던 공병의 한 사람인 드라니쉬니코프는 어떤 생각으로 그랬는지 모르지만 우리를 위생병이라고 불렀다. M은 자신의 어머니에 대해 생각할 때만 생기가 돌았다. "어머니는 늙고

병들었네." 그는 나에게 이야기했다. "어머니는 세상에서 나를 가장 사랑하는 분이지. 그러나 나는 여기에서, 어머니가 살아 계시는지 돌아가셨는지도 모르고 있네. 어머니는 내가 대열 사이를 걸어가는 태형을 당했다는 사실을 알기만 해도 돌아가실 텐데……." M은 귀족이 아니었고, 유형을 받기 전에 체형을 받았던 것이다. 이 일을 떠올릴 때마다 그는 이를 악물고는 다른 쪽을 보려고 했다. 그는 요즈음 더 자주 혼자 다니곤 했다. 어느 날 오전 열한 시경쯤, 사령관이 그를 불렀다. 사령관은 싱글벙글 웃으면서 그에게 왔다.

"M, 자네 오늘 무슨 좋은 꿈이라도 꾸었나?" 사령관이 물었다.

"어머니한테 편지를 받는 꿈을 꾸었습니다." 그는 대답했다.

"더 좋은 일이야. 더 좋은 일!" 사령관은 대꾸했다. "너는 이제 자유야! 네 어머니가 청원을 했고…… 그게 받아들여졌어. 이것이 어머니의 편지다. 그리고 이것이 너에 대한 사면장이야. 당장 감옥에서 나가라."

M이 우리한테 돌아와서는 말했다. "얼마나 놀랐는지 몰라요. 가슴이 찔린 듯한 기분이었다니까요." 그러면서도 그는 여전히 이 뜻밖의 소식에서 제정신을 차리지 못한 채 얼굴이 창백해지기까지 했다. 우리는 그를 축복해 주었다. 그는 떨리고 차가워진 손으로 우리의 손을 잡았다. 많은 죄수들 또한 그를 축하해 주었고, 그의 행운을 기뻐해 주었다.

그는 유형 이주지역으로 나가서는 우리 도시에 머물러 있었다. 곧 그에게 일자리가 주어졌다. 처음에 그는 종종 우리 감옥으로 와서 할 수 있는 한 우리에게 다양한 소식을 전해 주었다. 특히 정치문제에 관심이 많았다.

나머지 네 명 중, 즉 M과 T, B와 J를 제외하고 둘은 아직 매우 젊었으며, 형량도 짧았고, 그다지 교양은 없지만 정직하고 순박하며 성실한 사람들이었다. 세 번째 A는 너무나 평범해서 아무것도 독특한 데가 없는 사람이었으며, 네 번째 사람인 B–M은 중년의 나이로 실로 모두에게 매우 불쾌한 인상을 주었다. 그가 어떻게 그런 부류의 범죄자들에 속하게 되었는지 모르는 일이며, 그도 이것을 부정하고 있었다. 그는 한두 코페이카 정도씩 셈을 속여 부자가 된 구멍가게 주인의 수단과 습관을 가지고 있었으며, 거칠고 천한 소상인 계급의 근성을 가진 사람이었다. 그리고 어떠한 교육도 받지 못했으며, 자신의 일 말고는 어느 것에도 관심을 기울이지 않았다. 그는 칠장이였으며, 칠장이 중에서도 대단한 실력자였다. 당국은 곧 그의 능력을 알게 되었고, 전 도시에서 벽과 기둥 칠을 위해 B—M을 원하기 시작하였다.

2년 동안 그는 거의 모든 관공서의 사무소들을 칠하였다. 사무소의 담당자들은 자신의 돈으로 그에게 돈을 지급하였고, 그래서 그는 가난하지 않게 살고 있었다. 그러나 무엇보다도 좋은 점은 그와 함께 작업하기 위해 다른 동료들을 보낸 것이다. 그와 함께 지속적으로 작업했던 세 명 중에서 두 명은 그에게서 기술을 배웠으며, 그들 중 하나인 T는 그에 못지않은 기술을 익히게 되었다. 또한 관사를 차지하고 있던 우리의 소령도 자신의 차례가 되자 B—M을 불렀고, 그에게 모든 벽과 천장에 무늬를 넣어 칠하라고 명령했다. B—M은 지역 총사령관의 관사에서도 하지 않는 엄청난 노력을 여기서 쏟아부었다. 소령의 관사는 나무로 된 단층짜리 건물이었고 상당히 낡아서 외부는 매우 초라했다. 그러나 내부는 궁전처럼 칠해져서 소령은 매우 기뻐했다……. 그는 손을 비비면서 이제는 아무래도 결혼해야겠다고 말했다. "이런 집이 있는데 결혼하지 않을 수 없지"라고 그는 매우 심각하게 덧붙였다. 그는 B—M에게 큰 만족을 표시했으며, 더불어 그와 함께 일했던 다른 사람들까지도 마음에 들어 했다. 작업은 한 달 동안이나 계속되었다. 이 한 달 동안 소령은 우리 모두에 대한 자신의 견해를 완전히 바꾸었고, 우리를 변호하기 시작했다. 한번은 갑자기 J를 감옥에서 자기에게 오라고 부른 일까지 있었다.

"J!" 소령은 말했다. "내가 너를 모욕했다. 나는 너를 이유도 없이 태형에 처했어. 나도 그것을 알고 있어. 후회하고 있다네. 이것을 이해할 수 있겠나? 나는, 내가, 이런 내가 후회하고 있다고!"

J는 이해한다고 대답했다.

"네가 이해할 수 있어? 내가, 너의 상관인 내가 말이다. 네게 용서를 빌기 위해서 너를 불렀단 말이다. 이것을 느낄 수 있나? 내 앞에 있는 '너는' 누구냐? 벌레! 어쩌면 벌레만도 못할지 몰라! 너는 죄수란 말이야! 그러나 나는 하느님의 자비(내가 감옥에 있을 때만 하더라도 이러한 축어적인 표현은 소령뿐만 아니라, 주로 하사관 계급에서 진급한 하급 장교들도 많이 사용했다)로 된 소령이야! 이것을 이해하겠는가 말이야?"

J는 그것도 이해한다고 대답했다.

"좋아, 그럼 이걸로 너와 화해한 거다. 하지만 너는 느낄 수 있나? 이 의미를 충분히, 완전하게 이해할 수 있는가? 이것을 이해하고 마음에 새길 수 있는가? 단지 상상이라도 해봐. 나는, 나는 소령이란 말이야……"

J는 이 모든 장면을 직접 나에게 이야기해 주었다. 결국 주정뱅이에 부조리하고 무뢰한 같은 이 사람에게도 인간다운 감정은 있었던 것이다. 그의 생각과 교양 정도를 고려해 보면, 그런 행동은 매우 관대한 태도라고까지 여길 수 있었다. 그러나 어쩌면 술기운이 많이 작용했을지도 모르는 일이다.

하지만 그의 꿈은 실현되지 않았다. 소령은 관사 수리가 끝난 뒤, 그렇게 굳게 결심했음에도 결혼을 하지 못했다. 결혼은커녕 재판에 회부되었고, 퇴역 명령이 내려졌다. 엎친 데 덮친 격으로 과거의 죄상까지 폭로되었다. 이전에 그는 도시에서 시장을 지냈던 것으로 기억되는데…… 그러한 타격이 예기치 않게 그를 덮친 것이다. 감옥에서는 죄수들이 이 소식을 듣고 기뻐서 어쩔 줄 몰랐다. 그날은 축제의 날이었고, 승리의 날이었다! 사람들이 말하기를, 소령이 늙은 아낙네처럼 울부짖으며 눈물을 흘렸다고 한다. 그러나 이미 엎질러진 물이었다. 그는 퇴역을 하자 회색 말 두 필을 팔아 버리고, 그 다음은 모든 재산을 처분하였으며, 매우 궁색한 신세가 되었다. 나중에 우리는 낡은 문관 외투에 휘장이 달린 모자를 쓴 그를 만났다. 그는 심술궂게 죄수들을 노려보았다. 그러나 그가 제복을 벗는 순간부터 그의 모든 위엄은 사라졌다. 제복을 입은 그는 천둥이고 신이었지만, 외투를 입은 그는 갑자기 아무 가치도 없어지고, 마치 하인처럼 되어 버린 것이다. 이러한 인간들에게 제복이란 얼마나 많은 의미를 지니는 것인지, 참으로 놀라운 일이다.

9. 탈옥

지역 사령관의 부관인 소령이 경질되자마자, 우리 감옥에서는 근본적인 개혁이 이루어졌다. 징역이 폐지되고, 그 대신 러시아의 죄수 중대를 기반으로 하는 군 당국의 죄수 중대가 설립된 것이다. 이것은, 이제 우리 감옥에는 제2부류의 징역 유형수가 더 이상 들어오지 않는다는 것을 의미했다. 이때부터 우리 감옥은 일률적으로 군 관계의 죄수들만 수용하게 되었고, 이들은 다른 군인들처럼 군인으로서의 기본권이 박탈되지 않은 사람들로, 단기간의 형량(최고 6년까지)을 복역하고 출감하면 다시 그들이 속해 있던 부대로 돌아가게 되어 있었다. 그러나 다시 죄를 저지르고 감옥에 들어온 자들은 이전처럼 20년형을 선고받았다. 우리 감옥에는 이러한 변화가 있기 전에도 군 관련 죄수들이 수용되어 있었는데, 그들은 다른 장소가 없었기 때문에 우리와 함께 지내고 있었다. 그러나 이제는 감옥 전체가 군사범 수용소가 된 셈이다. 하지만 모든 권리를 박탈당하고 낙인이 찍히고, 머리를 절반이나 깎인 이전의 일반 죄수들이 형기를 완전히 마칠 때까지 여전히 감옥에 남아 있었던 것은 물론이다. 새로운 죄수들이 들어오지 않고 남은 죄수들은 조금씩 형기를 마치고 출감할 것이므로, 10년 정도가 지나면 우리 감옥에는 한 사람의 죄수도 남아 있지 않을 것 같았다. 특별감방은 그대로 남아 있었고, 그곳에는 시베리아에 가장 힘겨운 징역 유형소가 설치될 때까지 중형을 받은 군 죄수들이 가끔 이송되어 왔다. 그런 식으로 우리의 생활은 본질적으로 전과 다름없이 계속되고 있었다. 같은 감옥에, 같은 노역에, 거의 같은 규율에, 단지 관리 당국이 바뀌고 복잡해졌을 뿐이다. 죄수 중대 사령관으로 참모 장교[56]가 임명되고, 그 밑에 순번제로 당직하는 네 명의 위관이 임명되었다. 상이군인 제도도 폐지되고, 그 대신 하사 열두 명과 취사 담당 하사 한 명을 두게 되었다. 죄수들을 열 명씩 한 조로 묶어서, 물론 이름뿐이었지만 그들 중에서 상병을 뽑았다. 아킴 아키미치도 물론 스스로 자원을 한 상병이었다. 새로운 제도와 간부들과 죄수들을 포함한 감옥 전체는 이전처럼 최고 지도부인 사령관의 감독 아래 있었다.

　이것이 개혁의 전부였다. 물론 우리 죄수들은 처음에는 매우 동요하고, 소문이 나돌고 제멋대로 추측하기도 하고, 신임 간부를 비판하기도 하였다. 그러나 본질적으로 모든 것이 이전과 같은 것임을 알고는 진정되었고, 우리의 생활도 이전처럼 흘러가게 되었다. 그러나 무엇보다도 중요한 것은 이전의 소령에게서 모두가 해방되었다는 것이다. 모두들 한숨 돌리고 생기를 되찾은 것 같았다. 이제 무서워 겁에 질린 모습은 사라졌다. 필요한 경우라면, 죄를 진 자 대신에 죄 없는 사람이 실수로 벌을 받더라도 당국과 이야기해서 해명

---

56) 제정 러시아 시대의 소령에서 대령까지의 영관급 장교.

할 수 있다는 것을 알게 되었다. 이전의 상이군인이 하사로 바뀌었음에도, 술은 이전과 같은 방법으로 판매되고 있었다. 이러한 하사들은 대부분 자신의 처지를 잘 이해하고 있는 분별 있는 사람들이었다. 그러나 그들 중 몇 사람은 처음부터 거드름을 피웠고, 물론 경험이 없어서겠지만 군인을 대하는 것처럼 죄수들을 대하려고 했다. 그러나 그들도 곧 그러한 생각에 문제가 있다는 것을 깨닫게 되었다. 너무나 오랫동안 깨닫지 못하는 사람들에게는 죄수들이 직접 문제의 본질을 깨닫게 해주었다. 때로는 상당히 격한 충돌도 있었다. 예를 들어, 하사를 꾀어내어 같이 술을 마신 다음에 보고를 하는 것이었는데, 함께 마신 거니까 결국은…… 하는 식으로 넘어가곤 했다. 그렇게 되면 결국 하사들은 술병을 운반하고 보드카를 파는 것을 모른 체하거나, 더 심하게 표현하면 보지 않으려고 노력하게 된다. 게다가 이전의 상이군인들처럼, 그들도 시장에 가 흰 빵이나 쇠고기나 기타의 것들, 즉 커다란 위험 없이 가져올 수 있는 것들을 사다 주었다. 무엇을 위해서 제도가 이렇게 바뀌고 죄수 부대를 구성하였는지 나는 알 수 없었다. 이것은 나의 징역 생활 후반에 일어난 일이었다. 그러나 나는 아직도 이 새로운 질서에서 2년을 더 지내야만 했다…….

내가 감옥에서 보낸 모든 세월, 이 생활을 모두 기록해야 하는가? 그렇게는 생각하지 않는다. 만약 순서대로 계속해서 일어난 모든 일과 이 시기에 내가 보고 경험한 모든 것을 기록한다면, 아마도 지금까지 쓴 것보다 세 배, 네 배나 더 많은 페이지들을 써야 할 것이다. 그러나 그런 기록은 결국 너무나 단조로운 것이 될 것이다.

특히 독자가 각 장에 쓰인 내용을 통해 제2부류의 유형 생활에 대해 어느 정도 만족할 만한 개념을 얻고 나면 모든 사건들이 더욱더 한결같다고 느끼게 될 것이다. 나는 우리 감옥 전체와 내가 이 시기에 경험했던 모든 것을 일목요연하고 분명하게 하나의 광경으로 제시하고 싶었다. 그러나 이 목적을 달성했는지 그 여부는 모른다. 그리고 어떤 의미에서 그것을 판단하는 것은 나 자신이 아니다. 그러나 여기서 끝내도 좋을 것 같다. 게다가 이러한 기억들이 떠오를 때면, 나는 종종 견딜 수 없는 우수에 사로잡힌다.

게다가 내가 모든 것을 다 기억할 리는 없다. 오랜 세월이 지난 것들은 기억에서 흐려지는 것도 사실이다. 사실 내가 완전히 잊어버린 일들도 많다. 예를 들면, 나는 그날이 그날처럼 흡사했던 모든 날들을 우수에 싸여 서글프게 보냈다는 것을 기억한다. 이렇듯 길고 지루한 날들이, 마치 비가 온 뒤에 지붕에서 빗방울이 한 방울씩 떨어지듯 한결같이 단조로웠다는 것을 기억하고 있다. 단 하나, 부활과 갱생과 새로운 생활에 대한 강렬한 갈망만이 나를 지탱할 수 있게 해준 힘이었음을 기억하고 있다. 그리고 결국 참아 냈다. 나는 기다렸다. 하루하루를 세어 나갔다. 아직 날짜가 1천 일이나 남았지만, 자신을 위로하면서 하루씩 세어 나갔다. 하루를 보내고 묻어 버리면서 다음 날이 오면, 이제는 1천 일이 아니라 9백99일이 남았다고 기뻐했다. 이 몇 년 동안에 수많은 동료가 있었음에도 나는 극도로 고독했고, 결국은 이 고독조차 사랑하게 되었다는 것을 기억한다. 정신적으로 고독했던 나는 내 지난 모든 생애를 되돌아보았고, 아무리 사소한 것이라도 모든 것을 다시 취해서 나의 과거를 깊이 음미해 보고 용서 없이 엄격하게 자신을 평가해 보았으며, 그리고 때로는 이러한 고독을 나에게 보내 준 운명에 감사하기까지 했다. 이러한 고독이 없었다면 자신에 대한 어떠한 반성도 지난 생애에 대한 엄격한 비판도 없었으리라. 그리고 그 당시 얼마나 많은 희망으로 내 심장이 두근거렸는지! 이전에 했던 어떠한 실수나 방종도 나의 미래 생활에 다시는 없을 것이라고 나는 생각하고 결심하고 맹세했다. 나는 미래의 모든 계획을 세우고, 꼭 지킬 것을 다짐했다. 내 마음속에는 이 모든 것을 실행하고 실행할 수 있으리라는 맹목적인 믿음이 생겨났다. 나는 기다렸고, 성급하게 자유를 부르고 있었다. 나는 새로이, 새로운 투쟁에서 자신을 시험해 보고 싶었다. 때때로 발작에 가까운 초조감에 사로잡혔……. 그러나 그 당시의 내 정신 상태를 지금 돌이켜본다는 것은 고통스러운 일이다. 물론 이 모든 것은 나 혼자만의 일이지만……. 그러나 내가 이것을 기록하였던 것은, 만약 청춘의 힘이 넘치는 한창때에 감옥에 들어가게 된다면 누구에게나 일어날 수 있는 일이기 때문에 모든 사람이 이것을 이해하리라고 생각했기 때문이다.

그러나 이런 것이 무슨 소용이란 말인가……! 그보다 도중에 갑자기 이야기가 끝나지 않도록, 좀더 계속하는 것이 낫겠다.

문득 떠오른 생각인데, 정말로 누구도 감옥에서 도망치는 것이 불가능하며, 내가 감옥에 있는 동안 누구도 도망친 사람이 없었는가?라고 누군가가 물을 수도 있을 것이다. 이미 적은 바대로, 감옥에서 2, 3년을 지내 본 죄수는 이 기간을 가치 있게 생각하여 모험이나 위험 부담 없이 남은 기간을 치르고 나서, 법에 따라 유형 이주지에 나가서 사는 것이 낫다는 타산적인 생각을 하게 된다. 그러나 그러한 타산을 하는 것은 짧은 형기로 들어온 죄수들의 경우이다. 장기수는 위험을 감수할 준비가 되어 있을 수도 있다……. 그러나 우리 감옥에서는 어찌된 일인지 이러한 경우가 없었다. 죄수들이 너무 겁이 많아서였는지, 아니면 특히 감시가 심하고 군대식이어서였는지, 우리 도시의 지형이 여러모로 부적합해서였는지(초원 지대이자 개활지였다). 아무튼 뭐라고 말하기도 어렵고 이유를 모르겠다. 내가 생각하기에는 이 모든 것들이 원인이었던 것 같다. 실제로 우리 감옥에서 도망치기란 어려웠다. 그런데 내가 있을 당시 단 한 번 그러한 일이 일어났다. 두 명이, 더욱이 중형을 받은 죄수들이 위험을 무릅쓰고 감행했던 것이다.

소령이 바뀐 뒤, A(감옥에서 소령의 첩자 노릇을 하던 사람)는 보호자를 잃은 외톨이 신세가 되고 말았다. 그는 아주 젊었지만, 성격은 세월이 흐름에 따라 경직되고 굳어지고 있었다. 이 사람은 대체로 뻔뻔스럽고 대담했으나 사려 깊은 면도 있었다. 만약 그에게 자유를 준다 해도 첩자 노릇을 계속하면서 여러 가지 비밀스러운 방법으로 돈벌이를 할 테지만, 이제는 이전처럼 어리석은 실수로 붙잡혀 감옥 신세를 지는 실수를 다시는 하지 않을 것이 분명했다. 그는 감옥에서 여권 위조도 조금 배워 두었다. 그러나 확실하다고는 말할 수 없다. 죄수들로부터 들었을 뿐이다. 소문에 의하면, 그는 소령의 부엌에 드나들 때부터 이미 이런 종류의 일을 했고 이것으로 많은 수입을 올렸다고 한다. 한마디로 그는 자신의 운명을 바꿀 수 있다면 어떤 짓도 결행할 수 있는 사람이었다. 나는 그의 마음을 조금 알 수 있는 기회를 가졌다. 그의 냉소주의는 너무나 뻔뻔하고 냉혹했으며, 말할 수 없이 차가운 조소에 이르기까지 상대방에게 참기 어려운 혐오감을 불러일으켰다. 만약 그가 포도주 한 잔을 마시고 싶은데 누군가의 목을 베어야만 그 한 잔을 얻을 수 있다면 그는 반드시 베어 버렸을 것이라고 생각한다. 단지 이것을 아무도 모르게, 조용히 할 수만 있다면 말이다. 감옥에서 그는 실속을 챙기는 방법을 배운 것이다. 특별감옥의 죄수 쿨리코프가 눈독을 들인 것도 바로 이 사나이였다.

이미 쿨리코프는 앞에서 이야기했다. 그는 젊지는 않지만 활동적이고, 삶에 대한 집착이 강할 뿐더러 다방면에 비상한 능력을 가진 사람이었다. 그에게는 힘이 있었고, 오래 살고 싶어했다. 이러한 사람들은 나이가 지긋이 들어도 여전히 살고 싶어 한다. 어째서 이 감옥에는 탈옥하는 사람이 아무도 없는가 하는 의혹을 가지게 된다면, 나는 가장 먼저 쿨리코프를 의심스럽게 바라보게 될 것이다. 그러나 그 쿨리코프가 결행한 것이다. 누가 누구에게 더 큰 영향을 끼쳤는지, A가 쿨리코프에게 영향을 끼친 것인지 쿨리코프가 A에게 영향을 준 것인지 알 수는 없지만, 둘 다 비슷비슷했고, 이런 일에서 둘은 어울리는 한 조였다. 그들은 친해지게 되었다. 내가 보기에, 쿨리코프는 A가 여권을 위조할 수 있을 것이라고 계산했던 것 같다. A는 귀족 출신에 상류 사회 사람이었으므로, 러시아에 도착하기만 한다면 위험에 처했을 때 여러 가지 도움을 받을 수 있으리라 기대했는지도 모른다. 그들이 어떻게 계획을 짜고, 어떠한 희망을 가졌는지 누가 알겠는가. 그러나 그들의 희망이 시베리아 유랑 생활의 일상적인 구습을 벗어나 있었던 것은 확실하다. 쿨리코프는 타고난 배우로 인생에서 다채로운 여러 가지 역할을 선택하고 소화해 낼 수 있으며, 많은 일에 희망을 가질 수 있는 사람이었다. 이런 사람들이 감옥을 답답하게 여기는 것은 당연했다. 그들은 탈옥하기로 약속했다.

그러나 호송병 없이 탈옥하기란 불가능했다. 호송병을 함께 끌어들여야만 했다. 요새에 주둔하고 있는 어느 부대에 폴란드인이 근무하고 있었다. 그는 정력적인 사람이었고 젊지는 않았지만, 씩씩하고 진지해서 더 나은 조건에서 근무할 수도 있을 만한 사람이었다. 젊었을 때, 그는 시베리아에서 근무한 지 얼마 안 되어 고향에 대한 참을 수 없는 그리움 때문에 탈영한 적이 있었다. 그는 붙잡혀 2년 정도 죄수 부대로 보내졌다. 다시 부대로 돌아왔을 때, 그는 생각을 고쳐먹고 열심히 온 힘을 다해 근무하기 시작했다. 그 덕분에 그는 상병이 되었다. 그는 자신의 가치를 알고 자신을 과신했고, 공을 세워 자신의 이름을 널리 알리려는 마음이 강했다. 자신의 가치를 아는 사람답게 자신감이 넘쳤다. 나는 이 당시 몇 번인가 우리의 호송병들 사이에 있는 그와 마주친 적이 있다. 폴란드인들도 그에 대해 나에게 몇 마디 해주었다. 내가 보기에 이전의 향수는 가슴 깊숙이 감춰 둔 채 깊은 증오로 변해 있는 것 같았다. 이 사람은 어떤 것도 결행할 수 있었다. 그를 동조자로 점찍은 쿨리코프의 선택은 탁월했다. 그의 성은 콜레르였다. 그들은 탈옥할 협의를 하고 날짜를 정했다. 그날은 6월의 더운 어느 날이었다. 이 도시의 기후는 상당히 단조로워서, 여름에는 날씨가 계속 뜨거웠다. 이것이 유랑자에게는 안성맞춤이었다. 물론, 그들이 요새에서 곧바로 도망친다는 것은 절대로 불가능했다. 도시 전체가 사방이 트인 곳에 위치해 있었기 때문이다. 주위에는 상당히 먼 곳까지 숲이라고는 없었다. 우선 보통 옷으로 갈아입어야 했고, 그러기 위해서는 쿨리코프가 오래전부터 은신처로 삼고 있던 변두리까지 가야만 했다.

변두리에 살고 있는 그의 친구들이 이 비밀을 알고 있었는지 어떤지는 모르겠다. 나중에 재판에서도 이 점은 완전히 밝혀지지 않았지만 가담했으리라 짐작할 수 있다. 그해 도시 변두리의 한구석에 이제 막 일을 시작한 바니카 타니카라는 별명을 가진 젊고 아름다운 여자가 살고 있었는데, 그녀는 사람들에게 희망을 주었고, 그 계획이 성사되도록 해주기도 했다. 사람들은 그녀를 불꽃이라고도 불렀다. 내가 보기엔 그녀도 이 일에 어느 정도 가담했던 것 같다. 쿨리코프는 1년 동안이나 그녀에게 많은 돈을 쏟아부었다. 우리의 용사들은 아침에 작업 할당에 나가서 교묘하게 일을 꾸며 실킨이라는 난로공이자 미장공 죄수와 함께, 군인들이 오래전에 야영 나가고 없는 빈 부대 막사의 벽을 칠하러 나가게 되었다. A와 쿨리코프는 운반자로 그를 따라가게 되었다. 콜레르는 호송병이 되었다. 죄수 세 사람에 두 명의 감시병이 딸려 가게 되어 있었는데, 콜레르가 고참이자 연륜 있는 상병이었기 때문에 감시에 대한 교육과 훈시를 위해서 신병이 함께 가게 되었다. 아마도 우리의 탈옥수들은 콜레르에게 강한 영향을 끼쳤던 것 같고, 그 역시 그들을 신뢰했던 것 같다. 그 당시 장기간의 우수한 근무 성적을 가지고 있던 총명하고 진지하고 분별력 있는 그가 그들과 행동을 함께하기로 결정한 것을 보면 말이다.

그들은 막사에 도착했다. 아침 여섯 시경이었다. 그들 말고는 아무도 없었다. 한 시간 정도 일한 뒤에, 쿨리코프와 A는 실킨에게 작업장에 다녀오겠다고 말했는데, 첫째는 누구를 만나야 하고, 둘째는 부족한 연장을 가져와야 하기 때문이라는 것이었다. 실킨에게는 빈틈없이, 되도록 자연스러운 태도를 취해야만 했다. 그는 모스크바 태생으로 모스크바 상인 출신의 난로공이었으며, 교활하고 약삭빠르며 영리하고 말이 적은 사나이였다. 겉으로 보기에는 허약하고 여위었다. 그는 평생을 모스크바 식으로 조끼와 실내옷을 입고 보낼 수 있었지만, 운명은 달리 주어졌다. 오랜 방랑 뒤에 그는 우리 감옥의 특별 감옥, 즉 가장 끔찍한 군사범의 부류에 들어가게 된 것이다. 무엇 때문에 그가 그런 상황에 처하게 되었는지 모르지만, 나는 그에게서 특별히 불만스러운 기색을 발견하지 못했다. 그는 온순하고 눈에 띄지 않게 행동했다. 때때로 몸을 가누지 못할 정도로 취하기도 했지만, 그럴 때도 처신을 잘했다. 물론 그가 비밀을 눈치채고 있지는 못했지만, 그의 눈은 날카롭게 빛나고 있었다. 그래서 쿨리코프는 그에게 그들이 어제부터 작업장에 숨겨 두었던 포도주를 가지러 간다는 눈짓을 했다. 이 말이 실킨을 움직였다. 그는 아무런 의심도 없이 그들과 헤어졌고, 신병 한 명과 남아 있게 되었다. 쿨리코프, A, 콜레르는 도시의 변두리를 향해 달리기 시작했다.

30분이 지났다. 나갔던 세 사람은 아직 돌아오지 않았다. 그제야 실킨은 아차 싶어서 깊은 생각에 잠겼다. 그는 온갖 고초를 다 겪은 사람이었다. 그는 상황을 되짚어 보기 시작했다. 쿨리코프는 어쩐지 평소 때와는 달랐다. A는 두 번 정도 그와 속삭이는 것 같았고, 쿨리코프가 그에게 적어도 두어 번 눈짓하는 것을 보았던 것이 문득 떠올랐다. 그제야 그는 모든 것을 알게 되었다. 콜레르도 어쩐지 좀 수상했다. 그들과 떠나면서, 신병에게 그가 없을 때 어떻게 행동해야 하는지를 잠시 훈계했는데, 어쩐지 자연스럽지 못했던 것 같았다. 적어도 그 태도가 평소 콜레르답지 않았다. 한마디로, 생각하면 생각할수록 의심이 갈 만한 것 투성이었다. 그러는 사이에 시간은 흘러갔고 그들은 돌아오지 않았다. 실킨의 불안은 극에 달했다. 그는 이 일로 자신이 얼마나 위험하게 될지 잘 알고 있었다. 당국에서는 우선 그를 의심할 것이다. 서로 상호 합의하에 그가 알면서도 동료들을 보내 주었다고 생각할지도 모른다.

만약 그가 쿨리코프와 A가 사라진 보고를 지체한다면 그만큼 혐의도 깊어질 게 틀림없다. 시간을 낭비할 때가 아니었다. 그는 최근 쿨리코프와 A가 어쩐지 특별히 가까워져서 자주 속삭이고 사람들 눈에 띄지 않는 감옥 뒤로 자주 드나들던 것도 기억해 냈다. 또한 그는 그때부터 그들에게서 무엇인가 수상쩍었던 점들을 모두 떠올렸다……. 그는 살피듯이 호송병을 바라보았다. 호송병은 총에 팔을 기댄 채 하품을 하고 있었고, 아무 생각 없는 모습으로 코를 손가락으로 후비고 있었다. 그래서 실킨은 자신의 생각을 그에게 말할 필요가 없다고 생각하고, 공병대 작업장으로 뒤따라오라고만 간단히 이야기했다. 작업장에 가서 도망자들이 거기에 왔는지 안 왔는지를 물어볼 필요가 있었다. 거기에서는 아무도 보지 못했다고 했다. 실킨의 모든 의혹이 해결되었다. 실킨은 '만약 쿨리코프가 종종 그랬듯이 변두리에 단순히 술 마시러 놀러 간 것이라면, 아니, 그럴 리가 없다. 그렇다면 그에게 숨길 필요 없이 알렸을 거야'라고 생각했다. 실킨은 작업을 중단하고 막사에도 들르지 않고 곧장 감옥으로 달려갔다.

실킨이 상사에게 가서 자초지종을 이야기했을 때는, 이미 9시가 되어가고 있었다. 상사는 너무 당황해서 처음에는 이것을 믿으려고도 하지 않았다. 물론 실킨도 그에게 이 모든 것은 추측과 의혹이라고 말했을 뿐이었다. 그러나 상사는 소령에게로 곧장 달려갔고, 소령은 즉시 사령관에게 달려갔다. 15분 뒤에는 이미 모든 필요한 조치가 취해졌다. 지역 총사령관에게도 보고되었다. 죄수들은 중죄인이었고, 그들 때문에 페테르부르크에서 심한 문책이 내려올 수도 있었다. 사실인지 아닌지는 모르지만 A는 정치범에 속해 있었으며, 쿨리코프는 특별감방, 즉 가장 위험한 죄수이자 군사범이기도 했다. '특별감방' 죄수가 도망친 예는 이제껏 없었다. 게다가 규칙에 의하면 '특별감방'의 모든 죄수에게는 작업장에서 죄수 한 명에 두 명, 또는 적어도 한 명씩의 감시병이 따라다녀야 했다. 이 규칙이 지켜지지 않았던 것이다. 따라서 좋지 않은 일이 일어날 것은 뻔했다. 인근의 모든 마을 사무소에 연락병이 뛰어다니며 탈옥수를 알리고, 그들의 인상착의를 곳곳에 돌렸다. 그들을 추적하고 체포하기 위해 카자크들을 보냈다. 주위의 군과 현에도 통보되었다……. 한마디로 모두가 매우 당황했던 것이다.

그러는 동안 우리 감옥 안에서는 다른 종류의 동요가 일어나기 시작했다. 죄수들은 노역장에서 돌아오자마자 문제가 발생했다는 것을 바로 알았다. 이 소식은 모두에게 빠르게 퍼졌다. 모두들 이 소식을 어떤 특별하고 비밀스러운 기쁨을 가지고 받아들였다. 모든 죄수들의 가슴은 뛰기 시작했다……. 이 사건은 감옥 생활의 단조로움을 깨고 개미집을 파헤쳤다는 것 말고도, 모두의 가슴속에 묻어 둔 채 오랫동안 잊고 있었던 탈옥에 대한 열망의 한 가락을 울리게 한 것이다. 이로 인해 그들의 마음속에 이상한 친밀감을 불러일으켰던 것이다. 모두의 가슴속에서 희망, 용기, 자신의 운명을 바꿀 수 있다는 가능성과도 비슷한 그 어떤 것이 움트기 시작한 것이다. '도망친 이들도 사람이 아닌가? 어쨌단 말인가?……' 이러한 생각 때문에 모두들 생기를 되찾았고, 도전하는 듯한 모습으로 서로를 바라보았다. 그들은 자기도 모르게 자신만만하고 오만하게 하사관들을 보기 시작했다. 감옥으로 지체 없이 담당자들이 달려온 것은 말할 것도 없다. 심지어는 사령관까지 도착했다. 우리 죄수들은 용감해져서 대담하게, 심지어는 멸시하는 듯한 태도로 '우리는 이렇게 일을 해낼 수 있다'는 무언의 시위와 엄격한 위엄을 드러내며 그들을 맞이하였다. 그 당시 우리는 상급 관리가 오리라는 것을 당연히 짐작할 수 있었고, 또한 즉시 수색이 벌어질 것이라는 것도 추측하고 있었기 때문에 그전에 모든 것을 숨겨 놓았다. 이러한 경우 당국은 항상 일이 터진 다음에야 떠들어 댄다는 것을 잘 알고 있었다. 이번에도 그랬다. 대단한 혼란이 일어났다. 모든 것을 뒤지고, 모든 것을 들추어냈지만, 물론 아무것도 발견해 내지 못했다. 오후 노역을 나갈 때는 호송병의 숫자가 증가되었다. 저녁에 보초들은 매 분마다 감방을 돌았다. 보통 때보다 점호가 자주 실시되었지만 이 경우에는 보통 때보다 두 배나 더 잘못 세곤 했다. 이 때문에 다시 혼란이 일어났다. 죄수들을 마당으로 내몰고 다시 세는 것이다. 그 다음에는 다시 감방마다 점호를 했다……. 한마디로 성가신 일만 늘어난 것이다.

그러나 죄수들은 태연한 얼굴로 불평 한마디 하지 않았다. 그들 모두 그 일에는 전혀 관심이 없는 것처럼, 그런 경우에 항상 그렇듯이 저녁 내내 평소와는 다르게 자중하고 있었다. '말하자면, 이럴 때는 누구에게도 트집을 잡혀서는 안 되지' 하는 속셈인 것이다. 당국은 당연히 '감옥에 공범자들이 남아 있는 게 아닐까?'라고 생각했다. 그러고는 죄수들을 감시하고 그들의 이야기에 귀 기울일 것을 명령했다. 그러나 죄수들은 비웃을 뿐이었다. '자신의 공범자들을 남긴다니, 그럴 리야 있겠어!' '이런 일은 비밀리에 해야 되는데, 그렇지 않으면 될 수도 없는 일인데.' '쿨리코프와 A가 이런 일에 흔적을 남길 사람들인가? 교묘하게 비밀리에 잘 해치울 거야. 그들은 산전수전 다 겪은 사람들이잖아. 잠긴 문도 빠져나갈 수 있는 사람들이야!' 한마디로, 쿨리코프와 A는 대단한 영광을 누리고 있었고, 모두 그들을 자랑스럽게 여기고 있었다. 탈옥수들의 업적은 감옥이 사라지더라도 죄수들의 먼 후손들에게까지 전해질 것처럼 여겨졌다.

"대단한 재주야!" 어떤 사람이 말했다.

"우리는 탈옥하지 못할 거라고 생각했는데, 그들이 탈옥하고 말았어······!" 다른 사람들이 덧붙였다.

"탈옥했다고!" 주위를 거만하게 둘러보면서, 세 번째 사람이 끼어들었다. "그런데 탈옥한 게 누군지나 알아······! 너와 상대가 될 것 같아?"

다른 때 같으면 이런 말을 들은 죄수는 즉시 도전에 답하여 자신의 명예를 지켰을 것이다. 그러나 지금은 얌전하게 잠자코 있었다.

"실제로 모든 사람이 쿨리코프와 A 같지는 않아. 우선 자신을 돌아보는 게 중요해······."

"이봐, 우리는 도대체 왜 여기에 살고 있는 거야?" 취사장의 창문가에 서서 조용히 손바닥으로 턱을 괴고 앉아 있던 네 번째 사람이 기운은 없지만, 만족스럽다는 목소리로 노래 부르듯이 이야기하면서 침묵했다. "무엇 때문에 여기 있는 거야? 살아 있다 해도 사람이 아니고, 죽는다고 해도 부처가 될 수는 없어, 제기랄!"

"세상일이란 장화 같은 것이 아니야. 발에서 벗어 버릴 수 있는 것이 아니란 말이다. 뭐가 제기랄이야?"

"쿨리코프는 저렇게······." 흥분을 잘하는 젊은 풋내기 중 하나가 물고늘어졌다.

"쿨리코프라고!" 그때 다른 한 죄수가 거만한 태도로 그 젊은이를 멸시하듯이 흘겨보면서 되받았다. "쿨리코프라······!"

즉, 이 말은 쿨리코프 같은 사나이가 그리 흔하겠느냐는 뜻이었다.

"그런데, 이봐, A도 대단한 사람이야, 정말 대단해!"

"그럼! 그 사람은 쿨리코프도 손가락 사이에서 흔들어 댈 인간이야. 결국 찾지 못할 거야!"

"이봐, 지금쯤 그들이 멀리 도망갔을지 궁금하군······."

그리고 이때 그들이 얼마나 멀리 갔을지, 어느 방향으로 도망갔을지, 그들이 어디로 가는 게 제일 안전한지, 어떤 마을이 가까울지에 대한 대화가 오갔다. 그 부근을 잘 아는 사람들이 끼어들었다. 모두들 호기심에 차서 이야기를 들었다. 인근 마을 주민들에 대해 이야기하면서 내린 결론은, 도시와 가깝게 살면서 영악해진 사람들이므로 탈옥수를 숨겨 주기는커녕 붙잡아 관에 넘겨 줄 게 뻔하다는 것이었다.

"여보게들, 여기에 살고 있는 농부들이란 약아빠진 사람들이야. 우―우―우, 농부들이란!"

"경솔한 농부놈들!"

"시베리아 농부들은 도무지 인정이 없어. 잡히기만 하면 죽일 거야!"

"그래도 우리 죄수들은……."

"물론 여기서는 누가 잡히느냐야, 우리 편도 보통내기는 아니니까 말이야."

"죽지만 않는다면, 소문이 들릴 텐데."

"무슨 생각을 하는 거야? 붙잡혔다는 거야?"

"나는 그들이 결코 붙잡히지 않을 거라고 생각해!"

책상을 치면서 흥분을 잘하는 사람 하나가 말했다.

"흐음, 꼭 되돌아올 것 같아."

"나도 그렇게 생각해." 스쿠라토프가 끼어들었다. "내가 부랑자가 된다면, 나는 결코 붙잡히지 않을 거야!"

"너 같은 놈이!"

웃음소리가 나기 시작했고, 다른 사람들은 듣고 싶지도 않다는 표정이었다. 그러나 스쿠라토프는 이미 흥분하고 있었다.

"결코 붙잡히지 않을 거라니까!" 그는 정색을 하고 말했다. "여보게들, 나는 종종 나에 대해 생각하고는 스스로에게 놀랄 때가 많아. 조그만 틈으로도 빠져나갈 수 있고, 잡히지 않을 것 같단 말이야."

"아마 배가 고파서 농부에게 빵을 얻으러 가게 될걸."

모두들 웃었다.

"빵을 얻으러 간다고? 실없는 소리 하지 마!"

"이봐, 너는 실없는 소리 안 했단 말야? 너는 바샤 아저씨와 한 패가 되어 사람을 죽이고 여기 오게 된 거지."(즉 , 어느 농부 또는 아낙네가 가축을 병들어 죽게 하는 주문을 퍼뜨렸다고 의심을 하여 살해했다. 우리 감옥에는 실제로 그런 살인자가 있었다.) 웃음소리가 점점 더 커졌고, 신중한 사람들은 아직도 못마땅하다는 듯이 그들을 바라보았다.

"거짓말 마!" 스쿠라토프가 소리쳤다. "그건 미키트카가 멋대로 소문을 낸 거야. 그것도 내가 아니야. 바시카야. 나는 말리든 것뿐이야. 나는 모스크바 사람이고, 어렸을 때부터 떠돌아다니는 생활에 단련되었어. 그때 성당에서 일을 하는 사람이 나에게 읽고 쓰기를 가르치면서 귀를 잡아당기곤 했는데 '불쌍히 여기소서, 하느님. 당신의 커다란 은혜로······ 어쩌고저쩌고' 되풀이 하곤 했어. 그러면 나는 그를 흉내내서 '당신의 은혜로 나를 경찰에 넘기소서······ 어쩌고저쩌고'이라고 외곤 했지. 어릴 때부터 나는 이런 짓을 하기 시작했던 거야."

또다시 모두들 웃기 시작했다. 그러나 스쿠라토프는 바로 이것을 원했던 것이다. 그는 어릿광대 역할을 하지 않고는 못 배기는 사람이었다. 그들은 곧 그를 내버려두고 다시 심각한 이야기가 시작되었다. 나이 든 사람들과 이러한 일에 통달한 사람들이 더 많은 의견을 내놓았다. 좀더 젊고 더 온순한 사람들은 그저 그들을 바라보면서 희색이 만면하여 귀를 기울이기 위해 머리를 들이밀 뿐이었다. 취사장도 사람들이 모여 있었다. 물론 하사관들은 여기에 없었다. 그들이 있었다면, 이런 이야기가 나올 리가 없었다. 나는 사람들 중에서도 특히 즐거워하고 있는 타타르인 마메트카를 발견했다. 별로 크지 않은 키에 광대뼈가 튀어나온 무척이나 우스꽝스러운 얼굴을 한 사람이었다. 그는 러시아어를 한마디도 할 줄 모르고, 다른 사람들이 무슨 말을 하는지 거의 알아듣지 못했지만, 무리들 사이에 끼여 고개를 들이밀고 듣고 있었다. 게다가 그 역시 말할 수 없이 기쁜 모양이었다.

"어떠냐, 마메트카, 야크시?"[57] 모든 사람에게 외면당해서 아무것도 할 말이 없어진 스쿠라토프가 그에게 달라붙었다.

"야크시! 아, 야크시!" 우스꽝스러운 머리를 스쿠라토프에게 끄덕이면서, 마

---

57) 알아듣겠느냐는 뜻의 타타르어.

메트카가 신이 나서 중얼거렸다. "야크시!"

"그들을 못 잡을 것 같지? 이오크?"[58]

"이오크, 이오크!" 이번에는 양손을 흔들어대면서 지껄였다.

"말하자면, 네가 하는 말은 거짓말이고, 나는 못 알아듣겠다는 뜻이지, 그렇지?"

"그래, 그래, 야크시!" 고개를 끄덕이면서 마메트카는 말을 받았다.

"아니, 또 야크시야!"

그리고 스쿠라토프는 그의 모자를 퉁겨 소리를 내면서 눈까지 눌러쓰고는 어리둥절한 마메트카를 남겨 둔 채 기분좋은 상태로 취사장을 나갔다.

일주일 내내 감옥에서는 엄중한 단속을 하고 주변 지역에서는 대대적인 추적과 수색이 계속되었다. 어떤 정보망이 있었는지는 모르겠지만, 죄수들은 수시로 정확하게 감옥 밖에서 벌어지는 당국의 활동에 대한 모든 정보를 입수했다. 처음 며칠 동안의 모든 정보들은 도망자에게 유리한 것이었다. 아무런 소식이 없다는 것뿐이었다. 도망자들의 운명에 대한 모든 불안은 사라졌다. "아무것도 발견하지 못할 것이고, 아무도 잡히지 않을 거야!" 우리는 스스로 만족한 듯 말을 서로 주고받았다.

"소용없는 일이야, 총알이야!"[59]

"안녕히들 계시오, 으르렁대지들 말고, 곧 돌아오리다!"

우리는 주위의 농부들이 모두 끌려나와서 의심스러운 모든 장소와 숲과 협곡을 감시한다는 것을 알고 있었다.

"바보같은 놈들." 죄수들이 비웃으면서 말했다. "그 농부들 중에는 반드시 도와주는 사람이 있을 테고, 지금쯤이면 그의 집에서 지내고 있을 거야."

"그렇고말고, 틀림없어!" 다른 사람이 말했다. "빈틈이 있을 리 없어. 미리 모든 것을 준비했겠지."

근거 없는 추측에 근거 없는 소문이 발생하듯이, 탈옥수들은 벌써 도시 변두리로 잠입해 있을지도 모른다고 했다. 그리고 어떤 지하실에 숨어 있다가 '소란'이 사라지고 머리를 기를 때까지 기회를 엿보고 있을 것이라고 말하기

---

58) 그렇지 않느냐는 뜻의 타타르어.
59) 아무 흔적도 없이 총알처럼 사라졌다는 뜻.

시작했다. 그러다가 반년이나 1년 정도를 지나면 그곳에서 나올 것이라는 얘기였다…….

　한마디로 말하면, 모든 죄수들은 어떤 낭만적인 정신 상태에 있었던 것이다. 그런데 갑자기 도망친 지 8일 정도 지났을 때, 뜻하지 않게 발자취를 발견했다는 소문이 돌았다. 물론 달갑지 않은 소문은 웃어 넘겨 버렸다. 그러나 그날 저녁 소문은 사실로 확인되었다. 죄수들은 동요하기 시작했다. 다음날 아침 이미 그들을 붙잡아서 이송 중이라는 말이 도시 전체에 나돌기 시작했다. 점심을 먹고 나자 좀더 자세한 세부 사항이 알려졌다. 그들은 70베르스타쯤 떨어진 어느 마을에서 붙잡혔다는 것이다. 결국 정확한 소식을 입수하게 되었다. 상사가 소령에게 갔다 와서는 저녁 무렵에 그들을 요새에 있는 위병소 감옥에 곧바로 감금할 것이라고 자신 있게 선언했던 것이다. 이제 의심할 여지가 없었다. 이 소식이 죄수들에게 던진 충격을 전하기란 쉽지 않다. 처음에는 모두가 마치 화가 난 것 같았다가, 그 다음에는 낙담하는 것 같았다. 그러고는 어쩐지 비웃는 듯한 태도를 드러냈다. 그리고 쓰디쓴 웃음을 짓기 시작했는데, 그것은 잡은 사람에 대한 것이 아니라 잡힌 사람에 대한 것이었고, 처음에는 몇몇이었지만 나중에는 거의 모두가 웃기 시작했다. 그러나 주관이 뚜렷하고 성실하며 진지한 소수의 죄수들은 예외여서, 경멸하는 듯한 시선을 경박스러운 대중에게 보내며 자신의 생각을 가슴에 품고 침묵했다.

　한마디로 그들은 쿨리코프와 A를 이전에 치켜세웠던 만큼이나 이제는 깎아내렸고, 오히려 위안삼아 비방까지 하는 것이었다. 마치 그들이 모두를 모욕했다는 식이었다. 멸시하는 듯한 말투로, 그들이 너무 배가 고파서, 그 배고픔을 참지 못하고 빵을 얻기 위해 마을의 농부에게로 내려간 거라고 말하기도 했다. 이 말은 부랑자들에게는 가장 큰 굴욕이었다. 하지만 이 말은 틀렸다. 탈옥수들은 쫓겨서 숲 속에 숨어 있었다. 사방에서 사람들이 숲을 에워쌌다. 그들은 탈출할 가망성이 없다는 것을 알고는 자진해 투항했다. 더 이상 어쩔 수가 없었던 것이다.

　저녁때, 실제로 그들이 손과 발이 묶인 채 헌병과 함께 이송되어 왔을 때, 감옥 안의 죄수들은 그들이 어떻게 될 것인지를 보려고 철책 쪽으로 달려나갔다. 물론 위병소 옆에 있던 소령과 사령관의 마차 말고는 아무것도 볼 수 없었다. 탈옥수들은 비밀실에 갇혀 족쇄가 채워졌고, 다음 날 일찍 재판에 회부되었다. 죄수들의 조소와 멸시는 바로 사라졌다. 탈옥수들이 겪은 자세한 상황을 알게 되고, 투항하는 것 말고는 아무것도 할 수 없었다는 것을 이해했기 때문이다. 죄수들은 재판의 경과를 진심으로 걱정하게 되었다.

"1천 대쯤 맞게 될 거야." 어떤 사람이 이야기했다.

"어디 1천 대로 끝나겠어!" 다른 사람이 말했다. "맞아 죽게 될 거야. A는 1천 대를 맞을지도 모르지만, 다른 사람은 맞아 죽게 될 거야. 이봐, 그는 특별감방 출신이거든."

그러나 이 예상은 빗나갔다. A는 겨우 5백 대로 끝났다. 이전의 선행적인 행동과 초범이라는 것이 고려되었던 것이다. 쿨리코프는 1천5백 대 정도의 태형을 받은 것 같다. 상당히 관대한 처벌이었다. 그들은 현명한 사람들이었으므로 재판에서 아무도 남의 이름을 거론하지 않았고, 아무 데도 들르지 않고 감옥에서 곧장 탈옥했다고 분명하고 정확하게 이야기했다. 누구보다도 나는 콜레르가 가여웠다. 그는 모든 것을, 마지막 희망까지도 잃었으며, 누구보다도 많은 2천 대의 태형을 받고, 다른 곳으로 이송되었다. A는 동정을 받아 가벼운 처벌을 받았다. 의사들이 이 사람을 도와주었던 것이다. 그러나 그는 병원에서 이제는 어떤 일이라도 할 준비가 되어 있고, 이보다 더한 일도 할 수 있다고 큰소리를 치며 추태를 보였다고 한다. 쿨리코프는 여느 때와 조금도 다름없이 진지하고 당당하게 행동했으며, 벌을 받고 난 뒤에 감옥에 돌아와서는 한 번도 그곳을 떠나 본 적이 없다는 듯이 돌아다녔다. 그러나 죄수들의 눈은 달라졌다. 쿨리코프는 언제 어디서나 항상 처신을 잘했음에도 죄수들은 이제 그를 존경하지 않게 되었고, 친구처럼 허물없이 그를 대하게 되었다. 한마디로 말해 탈옥이 실패로 끝난 다음 쿨리코프의 명성은 땅에 떨어진 것이다. 성공이란 사람들 사이에서 그만큼 큰 의미를 갖는 것이다…….

10. 출옥

이 모든 것들은 나의 감옥 생활 중에서 마지막 해에 일어났던 일들이다. 이 마지막 1년은 거의 첫해만큼이나 나의 머릿속에 선명히 남아 있는데, 특히 출감을 앞둔 마지막 며칠은 더욱 그렇다. 그러나 무엇에 대해 상세히 말해야 할까? 이 마지막 1년 동안 유형 생활이 빨리 끝나기를 기다리는 모든 초조함에도, 지난 수감 생활의 모든 시간들보다 훨씬 편하게 지낼 수 있었다는 것만 기억될 뿐이다. 그 첫 번째 이유는, 이미 죄수들 중에, 결국 나를 좋은 사람이라고 믿어 준 많은 친구들과 지인들이 생긴 것이다. 그들 대부분은 나를 믿고 따르며, 나를 진심으로 사랑했다. 어느 호송병은 나와 나의 동료를 감옥에서 전송하면서 거의 울음을 터뜨릴 뻔했으며, 우리가 출감한 뒤에 한 달 정도 이 도시에 머무르며 어느 관사에 사는 동안 우리를 보기 위해서 거의 매일같이 들르곤 했다. 그러나 끝까지 냉담하고 불쾌한 사람들도 있었는데, 그들은 나와 한마디라도 이야기하는 것이 힘들게 여겨지는 것 같았다. 왜 그런지는 모르겠다. 우리 사이에는 어떤 장벽이 놓여 있는 것처럼 여겨졌다.

감옥 생활의 마지막 무렵, 나는 그때까지의 감옥 생활 중 어느 시기보다도 많은 특혜를 누렸다. 그 도시에서 근무하던 군인들 가운데 아는 사람과 옛날의 학교 동창들도 있다는 것을 알게 된 것이다.[60] 나는 그들과의 관계를 되살렸다. 그들을 통해서 더 많은 돈을 가질 수 있었고, 고향으로 편지를 할 수 있었으며, 심지어 책도 구할 수 있었다. 책 한 권 못 읽은 지가 이미 몇 년이나 되었고, 그래서 감옥에서 처음으로 읽었던 책이 나에게 불러일으켰던 그 이상스럽고 동시에 마음 설레게 하던 느낌을 정확히 표현하기란 쉬운 일이 아니다. 나는 그 책을 감옥이 닫히던 저녁때부터 읽기 시작해서 새벽녘까지 밤새워 읽었던 것을 지금도 기억한다. 그 책은 어느 잡지의 한 호(號)였다. 마치 세상으로부터의 소식들이 나에게로 날아드는 것 같았다. 이전의 모든 생활이 내 앞에 선명하고 밝게 되살아났다. 나는 읽은 것을 통해서 추측해 보려고 애썼다. 나는 자유로운 생활로부터 얼마나 많이 뒤처져 있는가? 내가 없는 동안 얼마나 변했는가? 지금 그들을 동요시키는 것은 무엇이고, 지금은 어떠한 문제가 사람들의 관심을 끌고 있는가? 이런 것들을 추측하려고 애썼다. 한 단어 한 단어에 매달리며 행간을 읽어 갔고, 숨겨진 의미와 이전의 생활에 대한 암시를 찾으려고 애썼다. 이전의 내가 살던 시기에 사람들을 동요시켰던 문제들의 자취를 찾아내려 했다. 그러나 이제는 자신이 그러한 생활과는

---

60) 실제로 옴스크에는 도스토옙스키가 졸업한 페테르부르크 공병 학교 출신들이 근무하고 있었으며, 그들은 도스토옙스키를 면회하고 도와주었다.

무관하게 되었으며, 이제는 아주 인연이 먼 사람이 되었다는 사실을 인식하고는 매우 서글퍼하기도 했다. 새로운 것에 적응해야만 했고, 새로운 세대를 알아야 했다. 특히 아는 사람의 이름이나, 이전에 가깝게 지내던 사람의 이름이 기사에서 발견되면 나는 달려들어 읽었다……. 그러나 내가 모르는 새로운 이름들도 많이 나와 있었다. 새로운 활동가들이 나타난 것이다. 나는 열정적으로 그들을 알려고 노력했다. 내게 있는 그러한 책들이 적고 책들을 구하기가 어렵다는 것이 유감스러울 뿐이었다. 이전의 소령이 있을 때는 감방으로 책을 들여오는 것조차 위험했다. 수색시에 즉시 심문을 당했을 것이다. "이 책들, 어디서 났지? 어디서 가져왔어? 당연히 외부와 접촉을 했지……?" 그러한 질문들에 내가 뭐라고 대답할 수 있겠는가? 그래서 책 없이 지내는 동안 나는 하는 수 없이 자신 속으로 깊이 침잠해서 스스로에게 질문을 던지고 그것들을 풀려고 노력했으며, 때때로 그 때문에 괴로워하기도 했다……. 그러나 이 모든 것을 어떻게 다 전할 수 있겠는가……!

나는 겨울에 감옥으로 들어왔으므로, 감옥을 나가는 것도 겨울이어야 하며 들어온 달과 같은 달, 같은 날이 되어야 한다. 얼마나 초조하게 겨울을 기다렸으며, 여름이 끝나고 나무에서 잎들이 시들어 가고, 초원에서 풀들이 없어지는 것을 얼마나 황홀하게 바라보았는지 모른다. 그러나 이미 여름이 지나가고 가을 바람이 불기 시작했다. 그리고 첫눈이 날리기 시작했다……. 마침내 오래도록 기다리던 그 겨울이 온 것이다! 이따금 내 가슴은 자유에 대한 커다란 예감 때문에 깊고 강하게 두근거리기 시작했다. 그러나 이상한 일은 시간이 흐를수록, 형기가 끝나 갈수록 나는 더욱더 참을성이 많아지는 것이었다. 마지막 며칠 무렵에는 스스로 놀라서 나 자신을 질책할 정도였다. 내가 무척이나 냉정하고 무심한 사람이 되어 버린 것 같은 기분이 들었다. 휴식 시간에 마당에서 마주치던 많은 죄수들이 나에게 말을 걸고 축하해 주었다.

"이제 곧 자유의 몸이 되어 나가게 되셨군요. 알렉산드르 페트로비치 씨. 우리만 남겨 놓고서 말입니다."

"그렇지만, 마르티노프, 당신도 곧 나가잖소?" 내가 대답했다.

"저 말입니까! 아직 멀었어요! 저는 아직 여기서 7년 동안이나 고생해야 됩니다……."

그리고 속으로 한숨을 쉬면서 잠시 멈췄다가 마치 먼 미래를 바라보듯이 공허한 눈초리를 보내는 것이었다……. 그렇다. 많은 사람이 진심으로 기뻐하며 나를 축하해 주었다. 모든 사람이 이제까지보다 더 친근하게 나를 대하는 것처럼 느껴졌다. 어쩌면 더 이상 나는 그들의 동료가 아닌 것 같았다. 그들은 이미 나와 작별하고 있었다. 귀족 출신의 폴란드인 K는 조용하며 겸손한 젊은이였는데, 그도 나와 마찬가지로 휴식 시간에 마당을 걸어다니는 것을 매우 좋아했다. 그는 깨끗한 공기를 호흡하고 운동으로 건강을 지키며 숨막히는 감옥의 밤에 나타나는 모든 해로움을 보상하고 있었다. "나도 초조하게 당신의 출감을 기다렸어요." 그는 어느 날 산책에서 나와 마주치자 웃으면서 나에게 말했다. "당신이 나가게 되면, 그땐 '내 형기가 1년 남았다는 것을' 알게 되니까요."

여기서 잠깐 지적하자면, 감옥에서는 공상에 잘 빠지기도 했고 또 세상과 격리되어 있었던 탓에, 우리에게 자유는 현실의 자유, 즉 실제로 현실에서 누리는 자유보다도 왠지 더 자유롭게 느껴졌다. 죄수들은 현실적인 자유의 개념을 과장하였지만, 이것은 모든 죄수에게 너무나 자연스럽고도 본질적인 것이었다. 어떤 다 헐어빠진 옷을 입은 이름도 없는 병사라도 죄수들에 비하면 우리에게는 거의 왕처럼 자유로운 인간처럼 보이게 마련이었다. 그것은, 바로 그가 머리도 깎이지 않고 족쇄도 감시병도 없이 다니기 때문이었다.

드디어 출감을 하루 앞둔 저녁의 황혼이 깃들 무렵, 나는 '마지막'으로 철책을 따라 우리 감옥 전체를 돌아다녀 보았다. 이 몇 년 동안 몇천 번이나 이 철책들을 따라 돌았던가! 이곳 감옥 뒤는 유형 생활을 하던 첫해에 내가 혼자 외로이 상처를 입고 배회했던 곳이다. 그 무렵에, 나는 몇천 일이 남았는지 세던 일을 기억하고 있다. 세상에, 얼마나 오래전 일인가! 여기, 바로 이 구석은 우리의 독수리가 갇힌 몸으로 누워 지내던 곳이다. 여기가 이따금 페트로프를 만나던 곳이다. 그는 지금도 내게서 떠나지 않고 있다. 그는 나에게 달려와서는, 마치 나의 생각들을 추측해 보려는 듯 조용히 내 뒤를 따라오며 속으로 무언가 놀라고 있는 것 같았다. 마음속으로 나는 거무스름한 우리 감옥 통나무 건물들에 작별을 고했다. 감옥 생활을 시작하던 '그때' 이것들은 얼마나 불쾌한 인상으로 나를 절망하게 했는지 모른다. 당연히 그때에 비해서 그것들도 이제는 낡았겠지만, 나에게는 그렇게 느껴지지 않았다. 그리고 이 벽 속에 얼마나 많은 젊음이 헛되이 매장되었으며, 여기서 얼마나 위대한 힘들이 덧없이 사라져 버렸는가! 이제는 모든 것을 말해야만 한다. 실로 이 사람들은 비범한 인물들이었다. 어쩌면 이곳에 세상에서 가장 힘 있고 가장 유능한 사람이 있었을지도 모른다. 그러나 강력한 힘들이 덧없이 사라져 갔다. 그것도 변칙적이고 불법적이며 되돌릴 수 없이 사라져 갔다. 하지만 그것은 누구의 죄란 말인가?

정말로 누구의 죄인가?

다음 날 아침 일찍 막 동이 트기 시작하자, 모두 작업장으로 출발하기 전에 나는 죄수들과 작별하기 위해서 감옥 전체를 돌아다녔다. 그들은 굳은살이 박힌 억센 손들을 나에게 반갑게 뻗쳤다. 참으로 친한 동료처럼 손을 따뜻하게 잡아 준 사람도 있었다. 그러나 그건 소수의 사람이었다. 대부분이 내가 이제는 그들과 완전히 다른 사람이 된다는 것을 이미 잘 알고 있었다. 도시에 나의 지인들이 있다는 것과 내가 여기서 곧장 '나리'들에게로 보내져서, 대등한 자격으로 그러한 나리들과 나란히 앉게 될 것이라는 사실을 알고 있었다. 그래서 비록 상냥하게 웃으며 작별 인사를 했지만, 동료로서는 거리가 먼, 마치 나리에게 대하는 태도였던 것이다. 어떤 사람들은 나를 외면했고, 나의 작별 인사에 냉담하게 대했다. 심지어 어떤 사람은 증오가 담긴 시선으로 나를 노려보기도 하였다.

북이 울렸고 모두 작업장으로 출발했지만, 나는 감옥에 남았다. 이날 아침 수실로프는 누구보다도 일찍 일어나서 나에게 차를 준비해 주기 위해서 무척이나 바쁘게 움직였다. 가엾은 수실로프! 그는 내가 나의 헐어빠진 죄수복과 루마쉬카와 족쇄 받침과 몇 푼의 돈을 그에게 주었을 때, 울음을 터뜨렸다. "나는 이것이 필요 없어요, 이런 것은 필요 없어요!" 그는 떨리는 입술을 간신히 억누르며 말했다. "내가 당신 같은 분을 잃다니, 알렉산드르 페트로비치, 당신 없이 여기서 누구를 의지하면 좋을지!" 마지막에 나는 아킴 아키미치와도 작별을 했다.

"당신도 얼마 남지 않았군요!" 나는 그에게 말했다.

"나는 아직 멀었어요. 나는 아직 여기 더 있어야 해요." 그는 나의 손을 쥐면서 말했다. 나는 달려가서 그의 목을 껴안았고, 우리는 입을 맞췄다.

　죄수들이 노역에 나간 지 10분 정도 지나서, 우리는 절대로 감옥에 되돌아오지 않을 것을 맹세하면서 감옥에서 나왔다. 그 우리란 나와, 그리고 나와 함께 감옥에 들어왔던 나의 동료 두 사람을 말한다. 우선 대장장이에게로 가서 족쇄를 풀어야 했다. 그러나 이제 총을 든 호송병은 우리와 동행하지 않았다. 하사관이 우리를 안내했다. 공병 작업소에 있는 우리의 죄수들이 족쇄를 풀어 주었다. 나는 동료를 풀어 줄 때까지 기다렸다가 모루로 다가갔다. 대장장이들은 나를 돌려 세우더니, 뒤에서 나의 발을 들어올리고는 족쇄를 부수었다⋯⋯. 그들은 바쁘게 움직였다. 좀더 능숙하고 기분좋게 해내고 싶었던 모양이다.

　"쇠못, 쇠못을 처음에 먼저 비틀어야 해⋯⋯!" 나이 든 사람이 지시했다. "쇠못을 세워, 그래 그렇게, 좋아⋯⋯. 이제는 망치로 때려⋯⋯."

　족쇄가 떨어졌다. 나는 그것을 들어올렸다⋯⋯. 나는 그것을 손에 들고 마지막으로 한번 보고 싶었다. 지금까지 그것이 내 발에 있었다는 것이 새삼스레 놀라웠다.

　"자, 하느님의 은총과 함께하게나! 안녕히!"

　죄수들은 또박또박 한마디씩, 거칠지만 마치 무엇인가에 만족스러운 듯한 목소리로 말했다.

　그렇다, 하느님의 은총과 함께! 자유, 새로운 생활, 죽음으로부터의 부활⋯⋯ 이 얼마나 영광스러운 순간인가!

Bednye lyudi

가난한 사람들

거참, 세상의 소설가들이란 정말 곤란한 족속들이다! 무언가 유익하고, 기분 좋고 마음을 즐겁게 해주는, 그런 것을 쓰기는커녕 지하에 숨겨져 있는 비밀이란 비밀은 깡그리 다 파헤칠 뿐이지 않은가! 그러니까 차라리 그 작자들이 무엇인가 쓰는 것을 금지해야 한다. 정말 그것을 읽을라치면……무심코 생각에 잠기게 되고—결국에 가서는 온갖 망상이 떠오른다. 정말 어떻게 해서든 그 작자들이 뭔가 쓰는 것을 금지해야 한다. 무슨 일이 있어도 깨끗이 금지해 버려야 한다.

V.F. 오도옙스키 공작

4월 8일

나에게 더없이 소중한 바르바라!

어제 저는 행복했습니다. 너무나 행복했습니다. 정말 말할 수 없이 행복했지요. 평생에 한 번일지언정 당신 같은 고집쟁이가 내 말을 들어주었으니까요. 밤 8시쯤 잠에서 깨어(당신도 아시다시피, 나는 퇴근하고 들어와서 한두 시간 자는 걸 좋아합니다) 촛불을 켜고 종이를 펼쳐 놓고 펜을 깎다가 문득 눈을 뜬 순간, 제 가슴은 나도 모르게 두근두근 뛰기 시작했습니다! 역시 당신은 저의 소원을, 내 마음속으로부터의 소원을 알아 주셨군요! 보니까 당신 방 창문의 커튼 자락이 약간 들리고 봉숭아 화분이 놓여 있지 않겠어요? 그때 제가 넌지시 비친 것과 꼭 같이 말이에요. 더구나 당신의 얼굴까지 언뜻 창문가에 보인 듯하더군요. 당신도 그 방에서 이쪽을 바라보며 제 생각을 해주시는 듯한 기분이 들었습니다. 그래서 당신의 다정한 얼굴을 좀더 분명히 확인하지 못한 것이 매우 유감스러웠습니다! 저 역시 눈이 밝던 시절도 있었답니다. 정말 나이는 먹을 게 아니더군요! 이젠 항상 눈앞이 침침해서 밤에 부업으로 뭘 좀 쓰기만 해도, 다음날 아침엔 그만 눈이 빨갛게 충혈돼서 남 앞에 나가는 것도 주눅이 들 정도입니다. 하지만 제 머릿속에는 당신의 미소가, 그 부드럽고 상냥한 미소가 환하게 떠올랐습니다. 그리고 내 가슴은, 바렌카, 기억하시는지요, 제가 당신에게 키스하던 때를. 그때와 똑같은 기분이 들었습니다. 그뿐 아니라 당신이 귀여운 손끝으로 나를 놀리는 시늉을 한 듯한 기분마저 들었다니까요. 아닙니까, 장난꾸러기 아가씨? 다음 편지에 반드시 그 일에 대해서 자세히 써주십시오.

그건 그렇다치고 바렌카, 당신 창문의 커튼 자락을 들어 올린다는 신호법을 어떻게 생각하십니까? 멋있죠? 전 일을 하려고 책상 앞에 앉아 있어도, 잠자리에 들어 있어도, 잠에서 깨어나도 거기서 당신이 나를 잊지 않고 생각하고 있다, 그리고 건강하게 즐거운 기분으로 지내고 있다는 것을 분명히 알 수 있으니까요. 당신이 커튼을 내리면, 그것은 즉 안녕히 주무세요, 마카르 씨, 이제 잘 시간이에요! 라는 것이고, 커튼을 올리면, 안녕하세요, 마카르 씨, 잘 주무셨나요? 라든가, 어디 편찮으신 데는 없으시나요, 전 덕분에 건강하게 잘 지내고 있어요!라는 것이 되니까요. 어떻습니까, 바렌카, 멋지지 않아요? 이젠 편지도 필요 없어요! 정말 좋은 생각이죠? 게다가 그걸 내가 생각해 냈단 말입니다! 어떻습니까, 바르바라, 이런 일에 있어서는 저도 제법이죠?

그런데 바르바라, 말씀드리겠습니다만, 어젯밤은 생각보다 훨씬 푹 잘 수 있어서 기분이 무척 좋았습니다. 대개 이사한 지 얼마 안 되는 새집에서는 좀처럼 잠이 오지 않는 법인데 말이에요. 그건 모든 게 잘 정리돼 있는 것 같으면서도 실제로는 그렇지 않기 때문이겠죠! 오늘 아침은 정말 상쾌하게 한결 젊어진 기분으로 일어났습니다—마음은 즐겁고 신이 나서 들떴습니다! 이봐요. 바렌카, 어째서 오늘 아침은 이렇게 멋있을까요! 창문을 활짝 열자 태양은 빛나고, 새들은 지저귀고, 공기는 봄향기로 가득하고 주위의 자연은 모두 싱싱하게 되살아나고 있는 겁니다—아니 그뿐 아니라, 그 밖의 모든 것이 봄답게 걸음을 맞추고 있지 않겠어요. 오늘은 꽤 즐거운 공상까지 해봤습니다만, 바렌카, 그건 전부 당신에 대한 공상이었지요. 저는 당신이, 하늘을 나는 새라고 생각해 보았습니다. 사람을 위로해 주고, 자연에 운치를 더해 주기 위해 창조된 새라고 말입니다. 바렌카, 나는 그때 이런 것을 생각해 보았지요. 이 세상의 걱정스럽고 고된 삶 속에서 허덕이며 살아가는 우리 인간이 하늘을 나는 저 새들의 마음처럼 편하고 죄없는 행복을 부러워함은 당연하다고 말이에요. 그 밖에 이와 비슷한 공상을 이것저것 생각해 보았습니다. 그러니까 말하자면, 모두가 다 엉뚱한 비교지요. 바렌카, 전 책을 한 권 가지고 있는데 그 속에도 이와 똑같은 이야기가 상세하게 쓰여 있습니다. 이런 말을 하는 것은 인간의 공상이란 정말 여러 종류가 있다는 것을 말하고 싶었기 때문입니다. 더구나 지금은 봄이니까 사람들이 생각하는 것도 전부 유쾌하기만 하고, 재치 있고 재미있는 것들뿐입니다. 마음속에 떠오르는 공상도 달콤한 것이며,

모든 것이 장밋빛으로 싸여 있습니다. 제가 이런 말을 지루하게 늘어놓는 것도 그 때문입니다만, 실은 이게 모두 그 책에 있는 말들입니다. 그 책에서 작자는 그런 희망을 시로 나타내어 이렇게 쓰고 있습니다.

　　왜 나는 새가 되지 못했을까.
　　하늘을 자유롭게 나는 매가 되지 못했을까!

　대체로 이런 구절입니다. 그 책에는 그 밖에도 여러 가지 생각이 적혀 있지만 그런 건 아무래도 좋습니다! 그런 것보다 바르바라, 당신은 오늘 아침 어딜 가셨었죠? 제가 아직 출근할 준비도 하기 전에 당신은 마치 봄철의 작은 새처럼 방에서 뛰어나와 무척 즐거운 듯한 표정으로 뜰 안을 지나가시더군요. 그런 당신의 모습을 바라보고 있는 것은 정말 즐거운 일이었지요!

　이봐요, 바렌카, 바렌카! 그렇게 우울해하지 말아요! 눈물을 흘린다고 해서 슬픔이 사라지는 것은 아니니까요. 나는 그것을 잘 알고 있습니다. 지금까지의 경험으로 알고 있지요. 이젠 당신도 마음이 가라앉았고 건강도 많이 좋아지셨지요. 참, 당신의 표도라는 어때요? 정말 그녀는 마음씨 착한 사람이지요! 바렌카, 지금 당신이 그녀와 어떻게 지내고 있는지, 모든 것이 만족스러운지, 제발 편지로 알려 주십시오. 표도라는 말이 좀 많은 편이지만 바렌카, 그런 것에 신경쓰지 마십시오. 그 점은 당신이 관대하게 봐 주세요. 어쨌든 그녀는 매우 마음씨 착한 여자니까요.

　우리 하숙집 하녀인 체레자에 대해서도 벌써 편지에 썼지만―이 여자 역시 마음씨가 착하고 믿을 수 있는 여자지요. 그런데 전 우리의 편지 때문에 무척 걱정을 했답니다! 어떻게 편지를 주고받을까 고민하고 있는데, 마침 하느님께서 우리 두 사람의 행복을 위해 체레자를 보내 주셨군요. 그녀는 정말 착하고, 온순하고 말수가 적은 여자입니다. 그런데 이 하숙집 주인 마누라는 몰인정한 여자여서, 체레자를 마치 걸레조각같이 부려먹고 있는 겁니다.

　그건 어찌 되었든 간에 바르바라, 어쩌다 내가 이런 빈민굴에 굴러떨어지고 말았는지! 하여간 살기에는 너무 지독한 곳입니다. 전에는 알다시피, 나도 산새처럼 검소하고 조용한 생활을 했습니다. 방에 파리가 한 마리만 날아도 그 날갯소리가 들릴 정도였죠. 그런데 여기서는 모두 커다란 소리로 떠들어 대서 그야말로 시끄럽기 짝이 없습니다! 참, 당신은 아직 이 하숙집 구조가 어떻게 되어 있는지 모르지요? 우선 어두컴컴하고 불결한 긴 복도를 상상해 주십시오. 오른쪽은 창문 하나 없는 벽이고 왼쪽에는 방문이 연달아 여관집처럼 한 줄로 쭉 늘어서 있답니다. 모두 셋방인데 어디나 방이 한 칸뿐이고, 거기서 두세 사람씩 살고 있지요. 그저 뒤죽박죽입니다—영락없는 노아의 방주지요! 하긴 모두 다 선량한 사람들인 모양이며 상당히 교양도 있고 학식도 있는 것 같습니다. 관리가 한 사람 있습니다만(어떤 관청의 문서과에 있는 모양입니다) 굉장한 독서가이고 호메로스니 브람베우스니, 그 밖의 여러 작가에 대해 이야기하기도 하고, 어떤 일에도 일가견을 갖고 있는 총명한 인물입니다! 장교도 두 사람 있습니다만 그들은 트럼프만 하고 있습니다. 그리고 해군 소위도 한 사람 있고 영국인 교사도 있습니다. 우선 기다려 주십시오. 기분 전환이 되도록, 다음 편지에는 그 친구들에 대해 풍자적으로 써드릴 테니까요. 그자들의 생활을 자세히 묘사해 드리죠. 안주인은 몸집이 작고 꾀죄죄한 노파인데 온종일 헐렁한 실내복을 걸친데다 슬리퍼만 신은 꼴로 뛰어다니면서 아침부터 밤까지 체레자에게 잔소리만 합니다.

저는 부엌에 살고 있습니다. 아니 좀더 정확하게 말하면, 부엌 옆에 방이 하나 있는데, 바로 그 방에서 지내고 있다는 게 정확하겠지요(미리 말씀해 드립니다만 이 부엌은 깨끗하고 밝아서 매우 훌륭합니다). 이 방은 조그맣고 조촐한 한 귀퉁이라고 할 수 있습니다만…… 아니, 이쪽이 더 나을지도 모릅니다. 그러니까 이 집 부엌은 창문이 세 개나 달려 있어 아주 널찍한데, 안쪽 벽과 나란히 칸막이를 하나 더 만들어 가지고 독립된 방을 또 하나 만든 것이죠. 모든 게 널찍하고 창문도 있어서 무척 편리하게 되어 있습니다. 한마디로 이게 바로 저의 보금자리입니다. 그렇다고 해서 이상하게 지레짐작을 하셔서 무슨 말 못할 사정이라도 있지나 않나 하는 생각은 하지 마십시오. 그야 물론, 어쨌든 부엌은 부엌 아니냐!고 말씀하실지도 모르겠습니다만, 분명히 전 부엌에다 칸막이를 하고 살고 있으며 그런 것은 아무래도 상관없습니다. 전 모든 사람들 곁을 떠나 혼자서 검소하게 살고 있으니까요. 저는 이 방에 침대와 테이블과 옷장을, 그리고 의자 두 개를 놓고 벽에는 성상을 걸었습니다. 물론 이보다 좋은 하숙집도 있겠죠. 아니, 어쩌면 훨씬 더 좋은 데가 있을지도 모릅니다. 하지만 가장 중요한 것은 편리하다는 것입니다. 사실 제가 여기 이러고 있는 건 모두 편리하다는 이유 때문만이니까, 당신도 다른 이유는 상상하지 말아 주십시오.

　당신 방의 작은 창문과는 안뜰을 사이에 두고 마주보고 있습니다. 안뜰이라고 해도 좁아서 오다가다 당신을 쉽게 볼 수도 있겠죠—이것은 저와 같은 불행한 사람에게는 무엇보다도 즐거움이 되는 것입니다. 게다가 방세도 쌉니다. 거기서는 제일 나쁜 방도 식사를 포함해서 지폐로 35루블이나 합니다. 도저히 제 지갑 사정에 맞지 않아요! 그런데 제 방은 지폐로 7루블, 식사는 은화 5루블로서, 합계가 24루블 반입니다.[1] 전에는 꼭 30루블씩 지불하고 있어서 그 때문에 여러 모로 절약을 했었죠. 차만 해도 늘 마실 수는 없었는데, 이번에는 차와 설탕값이 생긴 셈입니다. 어쩐지 창피한 느낌이 드는 것 같군요. 게다가 여기 사람들은 모두 상당한 생활을 하고 있으므로 더더욱 부끄럽습니다. 이래서 마치 남 때문에, 허세 때문에, 체면 때문에 차를 마시는 것 같습니다만, 바렌카, 전 기분파가 아니니까 그런 것에는 신경을 쓰지 않습니다. 글쎄 한번 생각해 봐요. 용돈도 조금은 필요하고 거기다 신발이니 의복 값이니 제하고 나면 대체 얼마가 남겠습니까. 이것으로 벌써 저의 월급은 다 달아나 버리죠. 그러나 저라는 인간은 불평하지 않고 만족해하고 있습니다. 이것으로도 꾸려 나갈 수 있으니까요. 사실 이미 몇 년 동안이나 이렇게 견뎌 왔습니다. 가끔 보너스도 나오니까요. 그럼 안녕, 나의 천사여! 전 어제 당신을 위해 봉숭아 화분 두 개와 제라늄을 사왔습니다. 뭐, 그리 비싼 건 아닙니다. 어쩌면 당신이 목서(木犀)를 좋아하는지 모르겠습니다. 그렇다면 알려 주십시오. 목서도 꽃집에 있으니까. 제발 부탁이니 모든 걸 자세하게 써보내 주십시오. 하지만 제가 이런 방에 산다고 해서 이상하게 추측하거나 의심하진 말아 주십시오. 어쨌든 편리하다는 그 점에 유혹되었을 뿐이니까요. 이래 봬도 전 저금도 하고 있단 말입니다. 조금씩 돈을 모으고 있으니까 약간의 돈쯤은 언제든지 손안에 있습니다. 제발, 파리 날개만 닿아도 다치는 그런 약하디약한 남

---

[1] 당시 은화 1루블은 지폐 1루블의 약 세 배 반의 가치가 있었음.

자라고 생각진 말아 주십시오. 전혀 그렇지 않아요. 저라는 인간도 제법 배짱이 있고 건실하고 온건한 영혼을 가진 인간에 어울리는 성격의 소유자이니까요. 안녕, 나의 천사여! 커다란 종이에 그럭저럭 두 장이나 쓰고 말았군요. 벌써 출근해야 할 시간이 되었습니다. 당신의 귀여운 손등에 키스하면서 펜을 놓습니다.

당신의 가장 비천한 종이며 가장 충실한 친구
마카르 데부시킨

〈추신〉 한 가지 부탁드릴 게 있습니다. 되도록 상세하게 편지해 주십시오. 이 편지와 함께 과자를 1파운드 보내 드립니다. 아무쪼록 많이 드십시오. 그러나 부디 저의 일 때문에 걱정하시거나 불평은 하지 말아 주십시오. 바렌카, 그럼 또 다음에. 안녕!

4월 8일
친애하는 마카르 데부시킨!
정말, 자꾸 이러시면 당신과 싸우는 수밖에 없어요. 친절하신 마카르, 정말 당신에게서 선물을 받는다는 건 괴롭습니다. 그런 선물이 당신에게 얼마나 값비싼 것인지, 그 때문에 얼마나 무리하고 계시는지, 가장 필요한 것까지도 절약하고 계시다는 것을 분명히 알고 있으니까요. 이제까지 몇 번이나 말씀드린 바와 같이 전 아무것도 필요 없습니다. 또 지금까지 당신이 저를 위해 힘써 주신 은혜도 현재로서는 갚아 드릴 수가 없는걸요. 그런데 왜 그런 화분 같은 건 보내셨죠? 글쎄, 봉숭아 정도라면 또 모르지만 제라늄은 뭐하러 사셨어요? 제가 자칫 잘못해서 한마디 무심히 입 밖에 내기만 하면 당신은 금세 이 제라늄처럼 사버리고 마는군. 아마 비싸겠죠? 하지만 정말 멋있군요! 귀여운 십자형의 새빨간 꽃. 이렇게 훌륭한 제라늄을 어디서 구하셨어요? 전 그것을 창문 한가운데 눈에 제일 잘 띄는 곳에 두었어요. 앞으로는 방바닥 위에도 작은 받침을 놓고 그 위에도 많은 꽃을 늘어놓겠어요. 이건, 제가 부자가 된 뒤의 이야기지만 말이에요. 표도라는 무척 좋아하고 있지요. 우리 방도 지금은 마치 천국 같답니다―깨끗하고 밝고! 그런데 과자는 또 뭐하러 주셨죠? 하지만 솔직히 말씀드려 전 편지를 읽고 나자 곧 깨달았어요. 천국이니, 봄이니, 향기가 그윽하니, 새들이 지저귀느니 하는 걸 보니 무슨 별다른 일이 생겼구나, 하고 말이에요. 여기서 시가 나오지 않을 리 없다고 생각했죠. 하지만 마카르, 사실이지 당신 편지에는 시만 빠져 있더군요! 섬세한 감각도, 장밋빛 공상도―모든 게 갖추어져 있는데도 말씀이에요! 그런데 커튼에 대해선 전 몰랐어요. 아마 화분을 바꿔 놓다가 저절로 말려올라간 모양이에요. 미안해요!

　그런데 마카르 씨, 아무리 저를 속이려고 하셔도, 어떤 변명을 하셔도 소용없어요. 돈을 자기 혼자 쓰시는 것처럼 보이려고 아무리 자기 수입을 계산하셔도 저의 눈을 속일 수는 없습니다. 당신이 정말 필요한 것까지 저 때문에 희생하고 계시다는 건 뻔한걸요, 뭐. 첫째, 무엇 때문에 그런 방을 빌리려고 생각하셨죠? 그곳은 시끄러워서 도저히 안정이 되지 않을 텐데요. 비좁고 불편하지 않겠어요? 당신은 혼자서 조용히 계시는 걸 좋아하시는데, 거기서는 모든 게 복잡하니까요. 당신 월급으로 보면 훨씬 더 좋은 생활을 할 수 있을 거예요. 표도라의 이야기로는, 당신은 전에는 지금과 비교도 안될 만큼 좋은 생활을 하고 계셨다고 합니다. 설마 당신은 여태까지의 인생을 지금처럼 남의 집 한쪽 구석을 빌려서 고독하게 즐거움도 없이 누구에게서도 다정하고 상냥한 인사조차 받지 못하고 비참하게 살아 오신 건 아니겠지요? 마음씨 고운 마카르, 전 그런 생각을 하면 당신이 가엾어 못 견디겠어요! 부디 자기 몸이나마 잘 돌봐 주세요. 눈이 나빠지셨다고 하셨죠. 그러시다면 촛불 밑에서 뭘 쓰시는 건 그만두세요. 쓰실 필요가 있으신가요? 당신이 열심히 일하신다는 건, 그렇게 하지 않아도 위의 상관들도 잘 알고 계실 거예요.

　다시 한 번 간청합니다만, 제발 저 때문에 쓸데없는 돈일랑 쓰지 마세요. 당신이 저를 사랑하고 계시다는 것도, 당신이 그다지 부자가 아니시라는 것도 저는 잘 알고 있으니까요……. 오늘 아침은 저 역시 매우 기분좋게 일어났습니다. 아주 유쾌한 기분이었어요. 벌써부터 남의 일을 맡아하던 표도라가 저의 일거리까지 얻어 와 주었습니다. 저는 매우 기뻐서, 잠깐 옷감을 사러 나갔다 와서는 곧 일을 시작했습니다. 아침 내내 마음속이 상쾌하고 정말 즐거웠습니다! 하지만 지금은 또 어두운 생각만 떠올라 와서 기분이 우울하고 마음이 아픕니다.

아, 도대체 저는 어떻게 되는 걸까요, 제겐 어떤 운명이 기다리고 있는 것일까요! 이런 불안한 환경에서 장래에 대한 희망도 없고 자기 몸에 닥쳐 올 것을 상상도 하지 못한 채 살아 간다는 건 괴롭습니다. 지나간 일은 돌이켜보는 것도 무서울 지경입니다. 추억을 하나씩 잠깐 떠올리는 것만으로도 가슴이 찢어질 만큼 슬픈 일뿐입니다. 나를 파멸시킨 간악한 사람들을 저는 앞으로도 한평생 원망할 겁니다!

어두워졌군요. 이젠 일을 시작해야겠습니다. 좀더 여러 가지 이야기를 쓰고 싶지만 시간이 없어요. 기한을 정한 급한 일이 있어서요. 서둘러야 되겠어요. 편지란 참 좋은 것입니다. 뭐니뭐니해도 기분 전환이 되는걸요. 그건 그렇고, 왜 우리집에 한 번도 안 오시는 건가요? 마카르, 어째선가요? 이번엔 가까이 이사 오셨고, 가끔은 한가한 시간도 있을 텐데요. 꼭 한 번 오시기 바라요.

당신네 하숙집의 체레자를 만났습니다. 어쩐지 무척 약해 보이는 게 불쌍하기에 20코페이카를 주었어요. 참, 깜박 잊을 뻔했군요. 당신의 생활 상태에 대해서 반드시 모든 걸 될 수 있는 대로 자세히 편지에 써주세요. 당신 주위에 어떤 사람이 있으며, 그 사람들과는 사이좋게 지내고 계시는지 어떤지. 하나도 빠짐없이 모두 알고 싶습니다. 아시겠죠? 꼭 써보내 주세요! 오늘은 일부러 커튼 자락을 들어올려 놓겠어요. 제발 일찌감치 주무시도록 하세요. 어젯밤엔 늦게까지 당신 방에 불이 켜져 있더군요. 그럼 안녕! 오늘은 쓸쓸하고 서글프고 우울해 못 견디겠어요! 정말 견딜 수 없는 하루였어요! 안녕!

당신의
바르바라 도브로셀로바

4월 8일

친애하는 바르바라!

정말 그렇습니다, 바렌카, 이 불행한 저의 신상에도 그런 불우한 날이 닥쳐 왔습니다! 이봐요, 바렌카, 당신은 이 늙은이를 놀렸군요! 하기야 나쁜 건 나 자신이고 모든 게 나의 잘못이긴 했지만. 머리칼도 엉성한 늙은이가 아모르(사랑)니 뭐니 하고 주책없는 말을 하지 말았어야 하는 거예요…… 그리고 한 가지만 더 말씀드리겠습니다만, 사람이란 때때로 매우 이상한 것이죠, 무척 이상한 것이란 말입니다! 나의 신성한 바르바라, 사람이란 일단 지껄이기 시작하면 무슨 소리를 떠들어 댈지 모르는 겁니다! 그 결과가 어떻게 되나, 거기서 어떤 일이 일어나느냐 하면, 전혀 아무런 일도 일어나지 않을 뿐 아니라 오히려 어처구니없는 결과만을 초래하는 겁니다! 저는 말입니다, 바렌카, 절대로 화내고 있는 건 아닙니다. 다만 모든 걸 생각해 보니 울화가 치밀어 못 견딜 뿐입니다. 당신을 향해 그런 바보같은 말을 신이 나서 썼다는 게 아무래도 울화가 치밀 뿐입니다. 오늘은 사무실에도 의기양양해서 출근했습니다. 마음속이 환하게 빛나고 있는 듯한 기분이었지요. 아무 까닭도 없이 가슴속이 축제 같은 즐거움으로 가득 차고 무척 유쾌했죠! 서류를 뒤적이기 시작했을 때도 원기 왕성했었는데—그런데 그 결과가 어땠는지 아세요? 나중에 찬찬히 주위를 둘러보니까 모든 게 잿빛으로 어둠침침하고 전과 조금도 다름이 없었습니다. 여전한 잉크 자국, 변함없는 책상과 서류, 게다가 나 역시 여전히 옛날 그대로였습니다. 그렇다면 무엇 때문에 페가수스를 타고 하늘을 나는 그런 흉내를 냈을까요? 아니 하여간 어떻게 이렇게 되었을까요? 태양이 빛나고 하늘이 푸르게 개어 있었기 때문일까요? 그러나 창문 밑의 안뜰에서는 언제나처럼 야단법석을 하고 있으니 봄의 훈기고 뭐고 있을 리가 없었죠! 그러니까 그렇게 생각한 것은 내 머리가 멍해 있었기 때문일 뿐입니다. 사실, 얼토당토 않은 말을 지껄일 때가 있는 겁니다. 쓸데없는 정열이 넘쳐서 그렇게 되는 것이죠. 집에 돌아왔을 때는 걸어왔다기보다 겨우 기다시피해서 왔다는 편이 좋겠지요. 어째선지 머리가 쪼개질 듯이 아프기 시작했습니다. 어쩌다가 두통이 생긴 거겠지요(어쩌면 등으로 바람이 들어가 감기에 걸렸는지도 모릅니다). 봄이 왔다고 기뻐서 그만 바보같이 얇은 외투를 입고 나갔던 겁니다. 하지만 바렌카, 당신도 내 마음을 오해하고 있군요! 내 고백을 완전히 뒤바꿨어요. 바르바라, 나는 아버지 같은 애정, 정말 순수한 아버지 같은 심정에 이끌려 그것을 썼던 겁니다. 왜냐하면 당신이 고아라는 쓰라린 처지에 있기에 나는 당신을 위해 친아버지를 대신하는 노릇을 하고 있기 때문에 말입니다. 이것은 진심으로 순수한 심정에서, 친척의 한 사람으로 말씀드립니다. 어쨌든, 내가 '사돈의 팔촌'이라고나 할 아주 먼 친척이라도 역시 친척은 친척이니까요. 아니 현재로는 가장 가까운 친척이고 보호자인 것입니다. 왜냐하면 당신은 당연한 권리로써 위안과 보호를 바랐던 사람들에게 배신당하는 굴욕을 당했기 때문입니다. 그리고 또 시에 대한 이야기입니다만 나 같은 늙은이가 시를 짓는 연습을 하다니 당치도 않은 일입니다. 시 같은 건 시시한 것이지요!……요즘은 학교에서 아이들이 시를 쓰면 매를 맞으니까요……. 글쎄 그 정도라니까요, 바렌카.

바르바라, 당신은 무엇 때문에 나에게 편리니 안정이니 하고 온갖 것을 써 보내셨습니까? 대체로 나라는 인간은 까다롭지도 않고 고집쟁이도 아니어서 여태까지 결코 지금보다 좋은 생활을 한 적은 없습니다. 그러니까 이렇게 늙은이가 되어 가지고 좋고 나쁘고 할 까닭이 있겠습니까? 먹을 것은 먹고 입을 것은 입고 신을 것은 신고 있으니까 새삼스럽게 야심 따위는 없습니다! 제가 백작 집안의 귀둥이 아들도 아닐 테고 말입니다! 아버지는 귀족 출신이 아니었고, 대가족을 거느리면서 수입은 나보다도 적었습니다. 전 결코 고생 모르고 키워진 자식이 아닙니다. 하기야 솔직하게 말해서, 전에 있던 하숙집이 지금 집과는 비교도 안될 만큼 훌륭하고 훨씬 널찍했었죠. 물론 지금 거처도 나쁠 것은 없으며, 어떤 점에서는 오히려 유쾌하기조차 하고 제법 변화가 있다고 해도 좋을 겁니다. 그래서 전 그 점에 대해서는 아무런 불평도 없습니다만 역시 전에 있던 집에 미련이 있는 건 사실입니다. 우리 늙은이들은, 즉 나이 먹은 인간이란 것은 옛것에 대해 육친과 같은 애착을 갖고 있기 때문입니다. 그 방 역시 아담한 것이어서 벽은…… 아니 무엇 때문에 이런 말을 시작하는지 모르겠습니다—그 벽은 평범한 것이고 아무데도 특별한 점은 없었습니다. 다만 지난 추억이 하염없이 상념에 잠기게 하는군요……. 이상한 일입니다—괴로웠던 일도 추억이 되고 보니 어쩐지 즐겁게 생각됩니다. 불쾌했던 일도 화를 냈던 일도 추억 속에서는 좋지 않은 면은 어쩐지 깨끗이 사라지고 매혹적인 모습이 되어 떠오르니까요. 바렌카, 우리는 즉 저와, 지금은 이미 세상을 떠난 하숙집의 늙은 안주인은 조용하게 살았습니다. 지금은 이 노파에 대해서도 슬픈 마음으로 회상하고 있습니다! 매우 마음씨 좋은 여자여서 방세도 싸게 해주더군요. 언제나 칠십 센티미터 길이나 되는 긴 뜨개바늘로 갖가지 헝겊 조각을 맞붙여 짜서 담요를 만들고 있었습니다. 단지 일이라곤 그것밖에 없었지요. 등잔불은 두 사람이 같이 쓰고 있었으므로 우리는 한 책상에서 일을 했습니다. 손녀인 마샤는—나는 갓난아이 때부터 그 애를 알고 있었습니다만—지금은 벌써 열서너 살 되는 소녀가 되었습니다. 어쨌든 매우 장난꾸러기이고 쾌활한 아이여서 늘 우리를 웃게 해 주었지요. 우리는 세 식구였어요. 긴 겨울밤 같은 때는 곧잘 둥근 테이블을 둘러싸고 앉아 차도 마시고 일도 했었죠. 노파는 이 마샤가 심심해하여 장난을 저지를까 봐 흔히 옛날이야기를 들려 주곤 했지요. 그런데 그 옛날이야기가 얼마나 재미가 있었는지! 어린아이들뿐 아니라 분별 있고 똑똑한 어른까지도 넋을 잃고 들을 정도였지요. 정말입니다! 이렇게 말하는 나 역시 담배를 피우면서 내 할일도 잊은 채 가만히 귀를 기울일 정도였으니까요. 그럴 때 그 장난꾸러기는 장밋빛 볼을 작은 손으로 괴고 귀여운 입을 멍하니 벌린 채 가만히 듣고 있었습니다. 그리고 조금이라도 무서운 이야기가 나오면 할머니한테 꽉 달라붙고 말지요. 우리는 그런 마샤를 보는 게 여간 재미나지 않아 촛불이 다 타는 것도, 밖에서 눈보라가 휘몰아치는 소리도 듣지 못할 정도였습니다. 우리는 즐겁게 살고 있었던 거예요, 바렌카. 그렇게 20년 가까이나 살고 있었던 거죠. 원, 세상에, 뭐 때문에 이런 이야기를 지루하게 늘어놓았는지 모르겠군요! 아마 당신은 이런 이야기에는 별로 흥미가 없을 겁니다. 제게도 역시 그렇게 즐거운 추억은 아닙니다. 특히 지금과 같은 해질녘에는 말이에요. 체레자는 뭔가를 부스럭거리고 있고, 나는 머리가 아픈데다가 이젠 등허리까지 아픕니다. 그리고 이러한 상념마저 이상하게 병든 것 같습니다. 바렌카, 오늘 저는 우울합니다. 그런데 당신은 어쩌면 그런 말을 써보내셨습니까? 제가 어떻게 당신 집에 가겠습니까? 세상 사람들이 보기라도 하는 날이면 하나하나 캐내어 가지고 터무니없는 소문을 퍼뜨리고 흉을 보고 당치도 않은 얘기들을 할 것이 틀림없습니다. 차라리 나의 천사여, 그러기보다는 내일 밤 교회의 기도식에서 만납시다. 그 편이 훨씬 현명하고 우리 두 사람을 위해서도 안전할 겁니다. 그런데 바렌카, 이런 편지를 썼다고 해서 저를 나무라지 말아 주십시오. 다시 읽어 보았습니다만 전혀 걷잡을 수 없는 말만 늘어놓았군요. 바렌카, 난 별로 아는 게 없는 늙은입니다. 젊었을 때 공부를 하지 않았고, 또 지금 새삼스럽게 공부를 시작한대도 아무것도 머리에 들어 오지 않을 것 같습니다. 솔직히 말해서 저는 무엇을 쓰는 것이 그다지 잘 되지는 않습니다. 좀더 재미있게 쓰려고 해도 우스꽝스럽게 써진다는 것을 누가 지적해 주거나 웃음거리가 되지 않더라도 나 스스로 잘 알고 있습니다. 오늘은 당신이 창가에 있는 걸 보았습니다. 커튼을 내리고 있는 참이었지요. 그럼 안녕. 몸조심하십시오! 안녕히, 바렌카.

마음으로부터의 당신의 벗
마카르 데부시킨

〈추신〉 바렌카, 전 이제 누구에 대해서도 풍자적인 것은 쓰지 않겠습니다. 이제 나이도 나이니까 이유도 없이 농담할 수는 없는 거죠! 게다가 그런 짓을 하면, 나 자신이 웃음거리가 될 뿐이니까요.

4월 9일
경애하는 마카르 데부시킨!
어쩜 당신은 부끄럽지도 않으세요? 당신은 저의 친구이고 은인이기도 한 분인데, 그렇게 쓸데없는 걱정을 하시고 변덕을 부리시다니요? 설마 제게 화를 내고 계시는 건 아니시겠죠! 실은 제가 곧잘 경솔한 짓을 하긴 합니다만, 설마 당신이 저의 말을 가시 있는 농담으로 곡해하시리라고는 생각조차 못했어요. 제발 저를 믿어 주세요. 절대로 당신의 나이나 인격을 놀릴 생각은 조금도 없었으니까요. 이렇게 된 것은 저의 경솔함, 아니 그보다도 너무 심심했기 때문이었다고 하는 게 좋겠군요. 정말 사람이란 심심하면 무슨 일을 생각해 내는지 모르겠어요. 그리고 또 전 당신 역시 그 편지 속에서 농담하고 계신다고만 생각했던 거예요. 제가 당신의 기분을 상하게 해드렸다고 생각하니 정말 슬퍼지는군요. 당신은 저의 은인이고 선량한 벗인걸요. 저를 냉정하고 은혜도 모르는 여자라고 의심하신다면 그건 오해예요. 전 당신께서 저를, 악인들의 박해와 증오 속에서 지켜주신 은혜의 고마움을 마음속에 깊이 새기고 있습니다. 전 죽을 때까지 당신을 위해 하느님께 기도드리겠습니다. 저의 기도가 하늘에 닿아서 하느님이 귀 기울여 주신다면 당신은 반드시 행복해지실 거예요.

오늘은 매우 기분이 좋지 않습니다. 몸이 자꾸 추워지고 열이 나고 있습니다. 표도라가 걱정해 주고 있습니다. 친애하는 마카르, 당신은 우리집에 오시는 걸 부끄러워하고 계시지만 그런 건 쓸데없는 짓이에요. 다른 사람들에게야 아무 상관도 없는 일 아닙니까! 당신은 저와 친한 분인걸요. 단지 그뿐인걸요. 뭐!…… 그럼 안녕히, 오늘은 더 이상 아무것도 쓸 것도 없고, 쓸 수도 없어요. 몸이 너무 좋지 않기 때문입니다.

거듭 부탁드립니다만, 아무쪼록 제게 화내지 마세요. 그리고 제가 언제나 당신을 존경하고 깊은 호의를 품고 있다는 것을 믿어 주세요.

누구보다도 당신의 충실하고 유순한 종
바르바라 도브로셀로바

4월 12일
친애하는 바르바라!
도대체 어떻게 된 겁니까! 당신은 번번이 저를 놀라게 하시는군요. 전 언제나 편지를 쓸 때마다 몸을 조심하도록, 옷을 얇게 입지 않도록, 날씨가 좋지 않은 날에는 외출하지 말 것 등등, 만사에 조심하라고 써보냈는데 아무래도 당신은 내 말을 듣지 않는 모양이군요. 정말 당신에게는 꼭 어린아이 같은 점이 있어요! 당신은 몸이 약하단 말입니다. 볏짚처럼 약하디약하단 말입니다. 난 분명히 그걸 알 수 있지요. 잠깐 바람만 쐬도 곧 감기에 걸리고 말잖아요. 그러니까 주의해야 합니다. 스스로 자기 몸을 조심하고, 위험한 일은 피하도록 해서 친구를 슬프게 하거나 걱정시키지 않도록 해주십시오.

당신은 저의 생활 상태와 환경을 자세히 알고 싶다고 하셨죠. 그럼 당장에 기꺼이 알려 드리겠습니다. 우선 처음부터 순서를 따라 이야기하겠습니다. 첫째, 이 집의 깨끗한 정면 현관에는 계단이 있습니다만, 그것은 아주 평범한 것입니다. 그러나 그 바깥 계단은 깨끗하고 밝고 널찍하며 무쇠와 마호가니로 되어 있습니다. 그 대신 뒷계단에 대해서는 더 이상 묻지 마십시오. 그것은 질척질척하고 더러운 나선형 계단인데 층계는 부서지고, 그 벽으로 말할 것 같으면 스치기만 해도 끈적거리는 기름 때가 손에 잔뜩 묻어서 떨어지지 않을 정도니까 말입니다. 계단의 층계참에는 트렁크, 의자, 부서진 책장 같은 것이 뒹굴고 있고, 여기저기 넝마 조각이 널려져 있으며 창문 유리도 깨어져 있습니다. 그 밖에 온갖 불결한 쓰레기와 달걀 껍데기와 생선 찌꺼기 따위가 들어 있는 통이 놓여 있어 고약한 냄새를 풍기고 있지요…… 그러니까 한마디로 말해서, 아주 지독한 곳입니다.

방의 구조에 대해서는 이미 말씀드렸듯이 두말할 것도 없이 편리하게 되어 있습니다. 정말입니다. 하지만 방 안은 어쩐지 갑갑합니다. 고약한 냄새가 날 정도는 아니지만 굳이 말한다면 음식물이 쉰 듯한, 이상하게 코를 찌르는 달고 시큼한 냄새가 나기 때문입니다. 처음에는 약간 기분이 좋지 않지만 그런 건 대수로운 게 아닙니다. 다른 것도 그렇습니다만, 한 2분만 지나면 이 냄새도 없어지고 마니까요. 왜냐하면 자기 몸에서도 이 이상한 냄새를 풍기게 되므로 결국 그 냄새에 익숙해지고 말기 때문이죠. 그래서 이 집에서는 방울새도 이내 죽고 맙니다.

해군 소위는 지금까지 그 새를 다섯 마리나 샀습니다만 아무래도 이 집 공기 속에서는 살아가는 게 무리인 듯 합니다. 부엌은 크고 널찍하고 아주 밝습니다. 물론 아침나절에는 생선이나 고기를 굽기도 하고 그 근처 어디에나 물을 쏟기도 하고 뿌리기도 해서 약간 이상한 냄새가 납니다만, 그 대신 밤만 되면 그야말로 천국입니다. 그리고 또 이 부엌에는 언제나 낡은 속옷 따위가 빨랫줄에 주렁주렁 매달려 있습니다. 제 방은 부엌과 가깝기 때문에, 아니 가깝다기보다 거의 맞붙어 있으므로, 이 속옷에서 나는 악취로 약간 고민거리가 되고 있습니다. 그러나 이제는 아무렇지도 않습니다. 살면 정든다고 하지 않습니까.

친애하는 바렌카, 이 집은 도무지 아침 일찍부터 시끄럽기 짝이 없습니다. 사람들이 일어나 쿵쿵거리며 걸어다니는 소리, 문 두드리는 소리—출근할 사람과 볼일이 있는 사람들이 전부 깨어서 나오기 때문입니다. 이윽고 모두들 차를 마시기 시작합니다. 이곳의 사모바르[2]는 대부분이 안주인의 것인데, 몇 개 되지도 않아서 우리는 차례대로 쓰고 있습니다. 차례를 어기고 찻주전자를 앞으로 내민다면 당장에 끓는 물을 뒤집어쓰게 됩니다. 실은 나도 처음에 그렇게 하다가…… 아니 도대체 어쩌자고 이런 말을 쓰기 시작했는지 모르겠군요……. 저는 그때 그 자리에서 여러 사람과 사귀게 되었습니다. 제일 먼저 사귀게 된 것은 해군 소위입니다. 이 해군 소위는 정말로 솔직한 성격이어서 아버지 얘기, 어머니 얘기, 툴라의 배심원한테 시집간 누이동생 이야기, 크론슈타트[3] 시에 대한 이야기 등 모든 걸 숨김없이 얘기해 주었습니다. 그리고 무엇이든 제 힘이 되어 주겠다고 약속하고 즉시 차 마시는 시간에 초대해 주더군요. 그래서 찾아가 보니, 그는 언제나 여럿이서 트럼프를 하는 방에 있었습니다. 저에게도 차를 대접하고 같이 내기 트럼프를 하자는 것이었습니다. 그자들이 나를 비웃었는지 어떤지는 모르겠습니다. 다만 이 친구들은 밤새도록 트럼프를 했고 제가 들어 갔을 때도 계속하고 있었던 거죠. 분필과 트럼프 카드, 그리고 눈이 아플 만큼 자욱한 담배 연기가 방 안에 가득 차 있었습니다. 전 그 패에 끼지 않았습니다. 그러자 그 친구들은 저를 보고 철학 냄새 나는 말이나 씨부렁거리는 사람이라고 놀려 대더군요. 그러고는 누구 한 사람 제게 말을 걸지 않더군요. 하지만 제겐 그편이 더 좋았습니다. 이젠 그 친구들한텐 가지 않습니다. 그건 도박입니다. 틀림없는 도박입니다! 그리고 예의 문서과 관리쪽에도 매일 밤 모임이 있습니다. 그러나 이쪽은 점잖고 악의가 없으며 섬세하여 매사가 고상합니다.

그런데 바렌카, 또 한 가지 알려 드리겠습니다만 이 집의 안주인은 정말 호감이 가지 않는 여자일 뿐 아니라 진짜 마귀 할멈 같습니다. 당신은 체레자를 만나셨죠. 그런데 그 애의 꼴이 어떻던가요? 꼭 털 뽑힌 병아리처럼 바싹 말랐죠? 이 집에는 심부름꾼이라곤 체레자와 팔리돈 둘뿐입니다. 팔리돈에게는 어쩌면 다른 이름이 있는지도 모르겠습니다만, 그렇게 부르면 대답하고 누구나 그렇게 부르고 있습니다. 머리는 빨갛고 눈은 사팔뜨기인데다 코는 납작하죠. 핀란드 사람답게 거친 사나이로서, 언제나 체레자와 말다툼을 벌여

---

2) 러시아 특유의 물 끓이는 주전자의 일종.
3) 코트린 섬의 러시아 군사 도시.

자칫하면 주먹다짐까지 벌어질 지경입니다. 어쨌든 대체적으로 말해서 이곳은 내게 있어 그다지 살기 좋은 곳은 못 됩니다……. 밤에도 모두 한꺼번에 잠자리에 들어서 조용해졌으면 좋겠는데, 절대로 그런 일은 없습니다. 언제든지 반드시 어디선가 깨어 있어서 트럼프를 하고 있고 때로는 입에 올리기도 부끄러운 그런 일조차 있습니다. 이제는 저도 그럭저럭 익숙해졌습니다만, 그렇다고는 해도 이런 소돔과 같은 악덕한 집에 처자를 거느린 사람이 함께 살고 있는 데는 놀랄 지경입니다.

어느 가난한 사람이 온 집안 식구를 거느리고 방 하나를 빌려 살고 있는데, 그 방은 다른 방과 붙어 있지 않고 반대쪽 구석에 외따로 떨어져 있습니다. 무척 얌전한 사람들이죠! 그 사람들에 대한 소문은 누구 하나 무엇 하나 들은 적이 없으니까요. 이 사람들은 작은 방 안에 다시 칸막이를 하고 살고 있어요. 그 집 주인은 7년쯤 전에 무슨 이유에선지 직장에서 쫓겨나 지금은 일정한 직업이 없는 관리입니다. 성은 고르쉬코프라하며 흰 머리가 듬성듬성 난 자그마한 몸집의 사나이인데, 보기에도 안되어 보일만큼 기름때가 흐르는 누더기 같은 옷을 입고 있습니다. 내것보다도 훨씬 형편없지요. 어쨌든 비참한 꼴을 한 가엾은 사나이로(우린 가끔 복도에서 마주칩니다만) 무릎은 물론이고, 손도 머리도 덜덜 떨고 있습니다. 그렇지만 그게 병 때문인지 아닌지는 모르겠습니다. 늘 불안해하고 누구든 상관없이 남을 두려워해서 구석으로만 다닙니다. 저도 때로는 무척 소심할 때가 있습니다만 이 사람은 훨씬 더 심하다니까요. 가족은 아내와 아이들이 셋 있습니다. 맏아들 역시 아버지와 똑 닮은 약골입니다. 부인은 예전에는 상당한 미인이었던 모양으로 아직도 그 모습이 남아 있지만, 가엾게도 누더기를 걸치고 다닙니다. 이 집 안주인에게 빚이 있다는 이야기도 들었습니다. 그래서 그런지 안주인도 이 식구에 대해서는 그다지 친절하게 대하지 않습니다. 또 소문으로는 그 고르쉬코프에게는 어떤 불상사가 있어서 그 때문에 실직했다는 것 같지만 그게 민사 사건인지 형사 사건인지, 아니면 예심까지 간 것인지 그런 사정은 전혀 모르겠습니다. 어쨌든 그들의 고생이란 도저히 말로 다할 수 없을 지경입니다! 방 안은 언제나 잠잠하고 조용해서 사람이 살고 있는 것 같지도 않습니다. 글쎄 아이들 소리조차 들리지 않는 것입니다. 아이들이 떠들고 장난치는 일도 벌써 오랫동안 본 적이 없는데, 이건 분명 불길한 징조라고 할 수 있을 겁니다. 어느 날 밤 나는 이 사람들이 사는 방 앞을 지나간 적이 있습니다. 그때는 전에 없이 하숙집이 조용해서 안에서 흐느껴 우는 소리가 들리더니 속삭이는 소리가 들리고, 곧 다시 흐느끼는 소리가 들리더군요. 분명히 누가 울고 있는 모양인데 그게 너무 조용하고 애처롭게 들려서 나는 가슴이 찢어지는 것 같았습니다. 그날 밤은 이 가엾은 사람들의 생각이 머리에서 떠나지 않아 잠도 제대로 잘 수 없었습니다.

그럼 안녕히, 더없이 소중한 바렌카! 난 내가 할 수 있는 한 열심히 썼습니다. 오늘은 온종일 당신 생각만 하고 있습니다. 당신 일이 걱정이 되어서 가슴이 아픕니다. 당신에게 따뜻한 외투가 없다는 걸, 난 잘 알고 있으니까요. 나는 이 페테르부르크의 봄이 죽기보다 싫습니다. 바람과 진눈깨비가 휘몰아치는데 안 그렇겠습니까, 바렌카? 한시바삐 온화한 날씨가 나를 구해 주기만을 손꼽아 기다리고 있습니다. 제발, 바렌카, 내 글에서 흠을 찾아내지 마십시오. 문체니 뭐니 하는 건 없으니까요. 그런 건 조금도 없으니까요. 좀더 어떻게 잘 쓸 수 있으면 좋지만! 어떻게든 당신을 위로해 주려고 머리에 떠오르는 대로 쓰고 있습니다. 그야 뭐 내게 학식이 있다면야 별문제지만, 내가 받은 학문 따위 서푼어치의 가치도 없는 거니까요.

언제나 변치 않는 당신의 벗
마카르 데부시킨

4월 25일

친애하는 마카르 데부시킨!

오늘은 사촌동생인 샤샤를 만났습니다. 무서운 일이에요! 가엾은 그 애는 당장에라도 파멸할 것 같지 뭡니까! 이건 다른 데서 들은 얘깁니다만 안나 표도로브나는 여전히 저에 대해 이곳저곳을 다니면서 캐묻고 있는 모양이에요. 아무래도 그녀는 언제까지고 나를 뒤쫓아다닐 모양인가 봐요. 그녀는 '나를 용서하고' 과거의 일은 모두 잊어버리고 싶다, 곧 나를 찾아오겠다고 말하고 있다는군요. 그녀는 또, 당신은 저의 친척도 아무것도 아니고 가장 가까운 친척은 자기니까, 당신은 우리 가정 문제에 끼어들 권리도 없을 뿐더러, 제가 당신의 동정을 받아 당신이 보내 주시는 생활비로 살고 있는 건 부끄럽고 도리에도 어긋난 일이라고 말하고 있답니다……. 그리고 또, 제가 자기 호의를 잊어버렸다느니, 저와 우리 어머니를 굶어 죽지 않게 살려 주었다느니, 2년 반 동안이나 우리를 먹여 살리고 빚까지 안 받기로 해주었다느니 한다는 겁니다. 하지만 그녀는 어머니를 용서해 주려고는 하지 않았거든요! 그 사람들이 내게 어떤 짓을 했는지, 가엾은 어머님이 아셨다면! 하지만 하느님은 아실 거예요! ……안나 표도로브나의 말을 빌리면, 전 바보여서 자기 자신의 행복을 잡을 수 없었다는 거예요. 그녀는 나를 행복하게 해주려고 했을 뿐이고 그 밖에는 아무런 나쁜 짓을 하지 않았으며 나 자신이 자기 명예를 지킬 수 없었다. 아니 그럴 마음이 없었다고 말하고 있어요. 그렇담 도대체 누가 나쁜 거죠? 농담도 분수가 있지! 그녀는 이런 말도 하고 있습니다. 브리코프 씨의 태도는 틀림없이 정당하며, 여자라고 아무하고나 결혼할 수 있는 건 아니라고……. 하지만 뭣 때문에 제가 이런 말을 썼죠? 친애하는 마카르, 이런 거짓말을 참을 수 없어요! 지금 제가 어떻게 되었는지 저 자신도 모르겠어요. 전 떨면서 눈물을 흘리며 울부짖고 있습니다. 이 편지는 두 시간이나 걸려서 쓴 것입니다. 적어도 그녀는 저에게 미안하다고 말해 줄 거라고 생각하고 있었습니다. 그런데 아직도 그런 식으로 나오다니! 그러나 부디 그렇게 걱정하지는 말아 주세요, 저의 벗, 오직 한 사람의 구원자이신 마카르! 표도라의 말은 항상 과장이 심합니다. 전 아프지 않습니다. 어제 어머니 제사로 볼코보 마을에 갔을 때 감기에 걸렸을 뿐이니까요. 당신은 그렇게 부탁드렸는데도 함께 가주시지 않으셨지요. 아아, 가엾고 가엾은 어머니, 당신이 다시 살아나셔서 그 사람들이 제게 한 소행을 알기만이라도 해주신다면 얼마나 위안이 될까요…….

V.D

5월 20일

사랑하는 바렌카!

포도를 조금 보내 드립니다. 이건 회복기의 환자에게 좋다고 하며, 의사도 갈증을 푸는 데 좋다고 합니다. 그리고 또 어제 장미꽃을 원하셨기에 그것도 보내 드립니다. 그건 그렇고 식욕은 있습니까, 바렌카? 그게 제일 중요한 일입니다. 하지만 다행스럽게도 모든 게 무사히 끝났습니다. 이제 우리의 불행도 완전히 끝장이 났군요. 하느님께 감사를 드립시다! 그런데 책 말입니다만, 현재로서는 어디에서도 찾을 수 없더군요. 그 대신 그 사람들의 말로는 매우 좋은 책이 한 권 있다고 합니다. 굉장히 고상한 문장으로 씌어 있고 훌륭한 것이라는데, 저도 아직 읽어 보진 못했습니다. 우리 하숙집에서는 모두가 읽을 만한 책이라고 칭찬하고 있습니다. 나도 읽고 싶다고 했더니 곧 빌려 주겠다고 합니다. 하지만 당신이 정말로 읽어 주실는지요? 이런 일에 있어서는 당신도 상당히 식견이 있어 당신 취미에 맞는 걸 구한다는 게 여간 힘드는 일이 아니거든요. 난 당신이라는 사람을 잘 이해하고 있습니다. 당신에겐 분명히 시가 필요하겠죠. 한숨이니 사랑의 속삭임이니 하는 거 말입니다. 아니, 좋습니다. 그런 시도 구해 보죠. 분명히 거기에는 좋은 시구만을 추려서 노트한 것도 한 권 있었으니까요.

내 생활은 모든 게 잘 돼 가고 있습니다. 아무쪼록 제 걱정은 마십시오. 표도라가 제 일에 대해 당신에게 한 얘기는 전부 엉터리입니다. 그건 거짓말이라고 말해 주십시오. 그 수다쟁이에게 반드시 그렇게 말해 주십시오! 새로 맞춘 옷을 판 적은 절대로 없습니다. 생각만 해도 알 게 아닙니까. 그런 걸 팔 이유가 어디 있겠습니까? 전 보너스로 은화 40루블이 나오게 돼 있으니까, 그 옷을 팔아야 할 이유는 전혀 없습니다. 바렌카, 제발 걱정하지 마십시오. 저 표도라라는 여자는 의심이 많습니다. 우리는 차츰 잘살게 될 겁니다! 그러니까 제발 하루속히 병이나 낫도록 하십시오. 얼른 완쾌해서 이 늙은이를 슬프게 하지 말아 주십시오. 제가 여위었다니 도대체 누가 그런 말을 했습니까? 그런 건 중상입니다. 분명히 중상입니다! 전 건강하고 스스로 보기에도 미안하리만큼 살이 쪘습니다. 아무튼 배불리 먹고 마음 편히 지내고 있습니다. 이제, 오직 당신만 건강해지면 됩니다! 그럼 안녕! 나의 천사여, 당신의 귀여운 손끝에 키스합니다.

영원히 변치 않는 그대의 벗
마카르 데부시킨

〈추신〉 귀여운 이여, 당신은 왜 또 그런 당치도 않은 말을 쓴 거죠? 정말 떼를 쓰는군요. 도대체 제가 자주 당신한테 갈 수 없다는 건 뻔하지 않습니까? 네, 안 그렇습니까? 밤의 어둠을 타서 찾아오라는 건가요? 그러나 요즘은 밤의 어둠도 없는 계절이지 않습니까? 지금은 백야의 계절이니까요. 그야 당신이 아파서 정신이 없는 동안은 줄곧 당신 곁을 떠나지 않고 있었죠. 어째서 그렇게 했는지 이제와선 나 자신도 모를 지경이지만 말입니다. 하지만 그 뒤에 당신한테 가는 것을 그만둔 것은, 주위 사람들이 이러쿵저러쿵하고 호기심에 찬 눈으로 뭔가 캐내려고 했기 때문입니다. 그렇지 않아도 이곳에서는 이상한 험담이 퍼져 있으니까요. 전 체레자를 믿고 있습니다. 그 애는 수다쟁이가 아니니까요. 아니 그보다도 잘 좀 생각해 보십시오. 자칫해서 모두가 우리 둘의 관계를 눈치챈다면 어떻게 될까요?

그렇게 되면, 그들이 또 어떤 말을 입에 올릴지 모르는 일 아닙니까. 그러니까 제발 당신은 마음을 단단히 먹고 건강이 회복될 때까지 기다려 주십시오. 그때는 어디든 집이 아닌 다른 곳에서 만납시다.

6월 1일
누구보다도 친절한 마카르 데부시킨!
전 당신의 노고와 배려에 보답하기 위해, 또한 저에 대한 깊은 애정의 답례로서 무엇이든 당신이 기뻐하실 만한 좋은 일은 없을까 하고 생각하다가, 결국 심심풀이도 될 겸해서 옷장 속에 있던 제 수첩을 한 권 찾아냈어요. 지금 보내 드리는 게 바로 그 수첩이에요. 이것을 쓰기 시작한 것은 제가 아직 행복한 생활을 하고 있던 시절의 일이지요! 당신은 곧잘 저의 지난날 생활과 어머니의 포크로프스코에 마을과 안나 표도로브나네 집에 몸을 의탁하고 있던 시절, 또한 최근 제 신상에 일어났던 불행한 사건 등에 대해 물으셨죠. 당신은 제가 별 뜻도 없이 생각나는 대로 제 생활에 대해 적어 두었던 이 수첩을 꼭 보여 달라고 하셨으니까, 이 선물은 무척 반겨 주시리라고 생각됩니다. 하지만 전 다시 읽어 보고 어쩐지 슬퍼지고 말았어요. 이 수첩의 마지막 줄을 쓰고 난 뒤로 곱절이나 나이를 먹은 듯한 기분이 들었어요. 이건 여러 시기에 걸쳐 적어 두었던 거예요. 그럼 안녕히, 마카르 씨! 요즘은 무척 기분이 우울하고 늘 잠을 못 이루고 있습니다. 회복기란 정말 지루한 것이로군요!

V·D

1

아버지가 돌아가신 것은 제가 겨우 열네 살이 되었을 때입니다. 소녀 시절은 저의 일생 중에서 가장 행복한 시절이었습니다. 내 유년 시절은 이곳이 아니고, 여기서 멀리 떨어진 조그마한 시골에서 시작되었어요. 아버지는 T현에 있는 P공작의 광대한 소유지의 관리인이었습니다. 우리는 공작 집안의 소유인 어느 마을에서 조용하고 평온하게 행복한 생활을 하고 있었습니다…….난 무척이나 말괄량이여서 들과 숲과 정원을 뛰어다니곤 했죠. 아무도 나를 보살펴 주지 않았습니다. 왜냐하면 아버지는 언제나 일에 쫓겼고 어머니도 집안 살림으로 바빠서 전 아무 교육도 받지 않았을 뿐 아니라, 저 역시 그걸 핑계삼아 뛰어다니고 있었기 때문입니다. 언제나 아침 일찍 집을 나와서 연못으로, 숲으로, 풀베기에 한창인 들로, 타작 마당으로 뛰어다녔죠. 또 햇볕에 그을리는 것도 개의치 않고 마을에서 멀리 떨어져 있는 곳까지 마구 달려가서 가시덤불에 손발을 긁히고 옷을 찢기기도 했습니다만, 그런 건 예사였습니다. 집에 돌아와서 꾸중을 들어도 태연했습니다.

지금 전 그대로 한평생 마을에서 떠나지 않고 그곳에서 살았다면 얼마나 행복했을까, 하고 생각하고 있습니다. 그러나 제가 아직 어렸을 때 이 고향을 떠나게 되었습니다. 제가 겨우 열두 살이 되었을 때, 우리는 페테르부르크로 이사를 갔기 때문입니다. 아아, 길을 떠나던 그 서글픈 날을 떠올리면 지금도 가슴이 단단히 죄어지는 듯합니다! 저에게 있어 그렇게도 정다웠던 모든 것에 이별을 고했을 때, 저는 정신없이 쓰러져 울고 말았습니다. 지금도 기억하고 있지만 전 아버지 목에 매달려 며칠만이라도 좋으니 이 마을에 남게 해달라고 울면서 애원했었죠. 아버지는 나를 꾸짖으시고 어머니는 떨리는 목소리로 흐느끼시면서 이것도 집안 사정 때문이니까 어쩔 수 없다고 하셨어요. P공작이 돌아가신 뒤, 그 뒤를 이은 분이 아버지를 해고한 것이었습니다. 아버진 페테르부르크에 있는 상인들에게 약간의 돈을 융통해 주고 있었습니다. 그

가난한 사람들 373

때문에 집안 형편을 바로잡기 위해서는 꼭 페테르부르크에 가야 된다고 생각하셨던 겁니다. 이러한 사정은 모두 나중에 어머니에게서 들은 것입니다. 우리 일가는 페테르부르크 지역에 자리잡고 아버지가 돌아가실 때까지 줄곧 거기서 살았습니다.

새 생활에 익숙해지기란 무척 괴로운 일이었습니다! 페테르부르크에 도착한 건 가을이었습니다. 마을을 떠난 것은 맑게 갠 따뜻한 날씨로 들일이 대충 끝나 가는 무렵이었습니다. 타작 마당에는 큼지막한 곡식 가리가 수북이 쌓여 있고, 새들이 짹짹거리며 날아다니고 있었습니다. 모든 게 밝고 즐거운 기분이었어요. 그러나 이 도시에 와 보니 비가 내리고 있고, 그 썩은 것 같은 진눈깨비가 섞인 비는 울적하고 질척질척한 게 기분 나쁜 날씨였습니다. 그리고 질척이는 거리에는 무뚝뚝하고 시무룩하며 화난 듯한 표정을 한 낯선 사람들이 우글우글했어요. 아직도 기억하고 있습니다만 온 집안 식구가 여기저기 분주하게 쫓아다닌 덕분에 겨우 새살림을 장만했습니다. 아버지는 항상 집을 비우기 일쑤였고 어머니도 너무 바빠서, 전 완전히 방임된 상태였습니다. 새 집에서 첫날 밤을 지내고 다음날 아침 눈을 떴을 때 느꼈던 그 쓸쓸하던 기분은 잊을 수가 없습니다. 우리집 창문은 누구네 집인지 노란 담과 마주 보고 있었습니다. 길은 항상 질척였고, 가끔 지나가는 사람이 있어도 모두 추운 듯이 외투로 몸을 꼭 싸고 있었습니다.

집 안은 날마다 아침부터 밤까지 오싹해질만큼 쓸쓸하고 지루했습니다. 친척도 친한 친구도 없었습니다. 아버지는 안나 표도로브나와 사이가 나빴습니다(아버진 그녀에게 빚이 있었던 거지요). 일 관계로 여러 사람이 곧잘 찾아왔습니다만, 언제나 다투고 떠들고 큰 소리를 지르곤 했습니다. 그런 손님이 오면 아버지는 매우 기분이 나빠지셔서 화를 잘 내셨죠. 잔뜩 찌푸린 얼굴로 누구와 말도 하지 않은 채 몇 시간이나 방 안을 왔다 갔다 하고 계셨죠. 그런 때마다 어머니는 아버지에게 이야기할 용기가 없어 그저 잠자코 있을 뿐이었습니다. 전 어디든 방구석에 틀어박혀서 얌전하게 책을 펴놓고 꼼짝도 하지 않았습니다.

페테르부르크에 오고 나서 석 달이 지난 뒤 저는 기숙 학교에 들어갔습니다. 처음 얼마 동안은 낯선 사람들 속에서 지내는 게 정말 쓸쓸했습니다. 주위의 모든 것이 불친절하고 냉담했습니다. 여선생들은 화를 잘 내고, 여학생들도 남을 비웃기 잘하는 건방진 계집애들뿐이었습니다. 게다가 나로 말할 것 같으면 그야말로 야생마 같았으니까요. 거긴 정말 지독하게 엄격하기만 했어요! 하나에서 열까지 시간표로 짜여 있어서 식사를 하는 것도 모두가 함께였고 선생님이란 지루하기만 한 분들이어서, 저는 얼마동안 줄곧 이러한 생활 때문에 무척 고통을 받았습니다. 그뿐 아니라 잠도 제대로 잘 수 없을 지경이었어요. 저는 곧잘 긴긴 겨울밤을 내내 울며 지새운 적도 있었습니다. 밤이 되면 다른 아이들은 복습이나 예습을 시작했지만, 저는 프랑스말 회화책과 단어장을 편 채 꼼짝도 하지 않고 조용히 앉아서 집에 대해, 부모님에 대해, 늙은 유모에 대해, 유모가 들려준 옛날 이야기에 대해 마음속으로 생각하는 것이었어요……. 그러면 갑자기 가슴이 죄어오는 듯이 슬퍼지고 마는 거예요!

집에 관한 건 아무리 사소한 일이라도 그리웠어요. 지금쯤 집에 있으면 얼마나 좋을까. 저 작은 방의 사모바르를 둘러싸고 집안 식구들과 같이 앉아 있으면 정말 따뜻하고 유쾌하고 즐거울 거야, 생각해 보곤 했었어요. 그리고 정말로 불타는 듯한 애정으로 엄마를 힘껏 꼭 껴안아 보고 싶다는 그런 생각을 하면 저절로 눈물이 솟아나서 가슴속에다 눈물을 감추어야 했습니다. 그렇게 되면 이미 단어 같은 건 생각조차 못하게 됩니다. 결국 내일 예습도 못하게 되고 그 때문에 하룻밤 내내 교장 선생님과 여선생님과 친구들의 모습이 꿈에 나타나고 밤새도록 꿈속에서 숙제를 하는 것입니다. 그러나 아침에 깨어나서 보면 전혀 아무것도 기억나지 않는 거예요. 그 벌로 교실 한구석에 무릎을 꿇은 채 앉혀지고 식사도 한 그릇밖에 받지 못하는 겁니다. 이렇게 저는 웃음을 잃은 쓸쓸한 아이가 되고 말았습니다. 처음 얼마 동안 여학생들은 저를 비웃거나 놀리고, 제가 질문에 대답하고 있으면 옆에서 참견을 하여 어리둥절하게 하기도 하고, 모두 함께 줄을 서서 점심이나 차를 마시러 갈 때면 꼬집기도 하면서 대수롭지도 않은 걸 가지고 사감 선생님에게 일러 바치곤 하는 것이었어요. 하지만 그 대신 토요일 저녁때 집의 유모가 저를 데리러 와주면 저는 그만 하늘에라도 오를 듯이 기뻤습니다. 나는 너무도 기뻐서 유모를 꼭 부둥켜안곤 했었죠. 그러면 유모는 제가 춥지 않게 두꺼운 외투로 몸을 감싸 주었지만, 집으로 돌아가는 길에서 저는 유모가 따라오지도 못할 정도로 빠르게 걸었어요. 전 길을 걸으면서도 내내 재잘거리며 지껄여 대곤 했었죠. 그리하여 집에 도착할 때쯤은 완전히 쾌활하고 활발한 아이가 되어 마치 십 년 동안이나 헤어져 있었던 것처럼 집안 식구들을 꼭 껴안는 것이었습니다.

이윽고 여러 가지 이야기와 잡담이 시작되면 전 인사를 나누면서 생글생글 미소 짓기도 하고 큰 소리로 웃어 대기도 하고 팔딱팔딱 뛰기도 하는 거였어요. 아버지하고는 진지한 이야기를 하곤 했지만, 그건 학과와 선생님에 대한 것과 프랑스어와 로몬드 문법에 관한 것들이었습니다. 우리는 모두 매우 기분이 좋았고 모든 것에 만족하고 있었습니다. 지금도 그 시절을 떠올리는 것은 즐거운 일입니다. 전 열심히 공부해서 아버지의 마음에 들려고 노력했습니다. 아버지께서 저를 위해 모든 것을 희생해가며 무척 고생하고 계시다는 걸 알고 있었기 때문이에요. 그런데 아버지는 하루하루 안색이 어두워지시고 시무룩해지시며 화를 잘 내시게 되었습니다. 성격까지도 완전히 나빠지셨죠. 사업이 잘 안 되어 산더미 같은 빚만 지게 되셨으니까요. 어머니는 아버지를 화나게 하지 않으시려고 우는 것도 참으시고 조심조심 말을 하곤 했습니다. 그러다가 결국 병자처럼 되어 날로 수척해지시더니 이상하게 콜록콜록 기침까지 하게 되었습니다. 기숙사에서 집에 돌아오면 언제나 우울한 표정들이 나를 맞았습니다. 어머니는 남모르게 조용히 울고 계시고 아버진 화를 잔뜩 내고 계시는 거예요. 그러고는 잔소리와 꾸지람이 시작되는 것이었어요. 아버진 저를 향해, 넌 내게 조금도 기쁨을 주지 않는다, 집에서는 너를 위해 마지막 재산까지 써버리고 있는데, 넌 아직 프랑스어 하나도 제대로 못 하지 뭐냐, 하고 꾸중을 하시는 거예요. 즉 모든 실패, 모든 불행의 원인이 저와 어머니에게 있게 된 거지요. 그렇지만 전 도저히 불행한 어머니를 괴롭힐 수는 없었습니다. 어머니를 바라보고 있으면 가슴이 죄어오는 듯했습니다. 얼굴은 핼쑥하고 눈은 움푹 들어가고 얼굴에는 분명히 결핵 환자의 빛깔이 나타나 있었기 때문입니다. 전 언제나 누구보다도 아버지의 성화를 받았습니다. 언제나 별것도 아닌 일로 시작해서 어처구니 없는 결과가 되고 말지요. 도대체 무엇 때문에 꾸지람을 듣고 있는지 내가 생각해 봐도 모를 때가 많았습니다. 온갖 소리를 다 들었으니까요! ……프랑스어에 대해, 제가 굉장히 바보라는 것, 기숙 학교를 경영하고 있는 건 불친절하고 멍청한 부인들이며 우리 학생들의 품행에 신경을 쓰지 않는다는 것, 아직도 아버지가 직장을 얻지 못했다는 것, 로몬드의 문법은 돼먹지 않았다는 것, 자폴리스키 책이 훨씬 낫다는 것, 나 때문에 많은 돈을 허비했다는 것, 넌 인정도 없고 돌같이 찬 여자라는 말도 들었어요. 즉 한마디로 말한다면, 전 가엾게도 열심히 프랑스어의 회화와 단어 공부를 하고 있었음에도 모든 게 제 탓으로 되어 온갖 책임이 제게 지워졌던 거예요! 그렇다고 아버지가 저를 사랑하지 않았던 것도 아니에요. 아니, 아버진 저와 어머니를 말할 수 없이 사랑하고 있었던 겁니다. 하지만 현실은 그대로였고 성격 때문에 어쩔 수 없었던 모양입니다.

가엾게도 아버진 이러저러한 걱정과 번민과 실패 때문에 극도의 고통을 맛보고 의심 많고 성급한 사람이 되어 갔습니다. 그리고 곧잘 절망에 가까운 상태에 빠져서 자기 몸을 소홀히 하게 되었습니다. 그러다가 감기에 걸려 갑자기 병상에 눕더니, 그다지 오래 앓지도 않고 그만 돌아가시고 말았습니다. 그게 너무도 갑작스러운 일이어서 우리는 4, 5일 동안 멍한 채 제정신이 아니었을 정도였어요. 어머닌 완전히 넋을 잃고 말아, 전 어머니가 그대로 미쳐 버리지나 않나 하고 걱정했습니다. 아버지가 돌아가시자마자 마치 땅 속에서 솟은 듯이 빚쟁이들이 한꺼번에 들이닥쳤습니다. 우리는 집에 있는 건 하나도 남김없이 몽땅 주어 버렸습니다. 페테르부르크에 있었던 우리의 작은 집은 이곳으로 이사온 지 반 년쯤 지나서 아버지가 산 것이었습니다만 그것마저 팔아 버리고 말았습니다. 다른 것은 어떻게 처분했는지 모르겠지만 어쨌든 우리는 살 집도 없거니와 먹을 것도 없는 형편이었어요. 어머닌 무서운 병으로 신음하고 계시고 우리는 입에 풀칠도 못하는 형편이었으며, 그렇다고 해서 생활의 방도도 별달리 없었으므로 다만 파멸을 기다릴 뿐이었습니다. 전 그때 겨우 열네 살이었습니다. 마침 그때 우리를 찾아온 것이 안나 표도로브나였습니다. 그녀는 자기는 지주이고 우리의 먼 친척이 된다고 입버릇처럼 말하고 있었습니다. 어머니도 그 여자가 친척임에는 틀림없으나 아주 먼 친척이라고 말씀하셨는데, 아버지가 살아 계셨을 땐 한 번도 찾아온 적이 없었습니다. 그녀는 눈물을 흘리면서 정말 딱한 일이다, 아버지가 돌아가셔서 정말 큰일이라고 하며 동정을 보이더니, 별안간 나쁜 건 아버지야, 라고 말하는 것이었습니다. 그녀의 이야기에 의하면 아버진 분에 넘치는 생활을 하고, 사업을 너무 크게 벌여 자기 힘을 너무 과시했다는 것이었습니다. 그러고 나서 그녀는 우리와 좀더 친하게 지내고 싶다, 이제까지의 다툼은 깨끗이 잊어버리자고 제안하는 거예요. 어머니가 자기로서는 한 번도 당신을 나쁘게 생각한 적이 없다고 말하자, 안나 표도로브나는 눈물을 흘릴 정도로 좋아하면서 어머니를 교회에 데리고 가서 사랑하는 사람(그녀는 아버지를 그렇게 불렀습니다)을 위해 파니히다[4]를 올려 주었습니다. 그 뒤에 그녀는 정식으로 어머니와 화해했습니다.

그러고 나서 안나 표도로브나는 장황하게 서론을 늘어놓고 나서 우리의 비참한 상태와 아무 의지할 데 없는 처지를 그럴 듯하게 설명하고 나더니, 그녀 자신의 말을 빌리면 자기 집에서 살라는 것이었어요. 어머닌 고맙다고 했지만 좀처럼 결심이 서지 않는 모양이었습니다. 그러나 달리 어쩔 도리도 방도도 없었으므로 결국 안나 표도로브나의 제안을 감사하게 받아들이겠다고 말해 버렸던 거예요. 우리가 페테르부르크의 집에서 바실리에프 섬으로 이사 간 날 아침에 대해서는 마치 오늘 있었던 일같이 뚜렷이 기억하고 있습니다. 활짝 갠 추운 가을날 아침이었어요. 어머닌 울고 계셨습니다. 저도 무척 슬프고 가슴이 죄어오는 듯해서, 마음은 뭐라 형언할 수 없는 우수로 가득 차 있었습니다…… 정말 괴로운 시절이었습니다…….

2

처음 우리, 즉 어머니와 제가 새 환경에 익숙해지지 않은 동안은 두 사람 다 안나 표도로브나의 집에 있는 것이 묘하게 거북스럽고 기분이 좋지 않더 군요. 안나 표도로브나는 6번가의 1호 건물에 있는 집에 살고 있었습니다. 그 집에는 아담한 방이 다섯 개 있었습니다. 그중 세 번째 방에서 안나 표도로브 나는 제 사촌동생뻘이 되는 샤샤와 함께 살고 있었습니다. 샤샤는 부모가 없 는 고아로 안나 표도로브나의 신세를 지고 있었던 것입니다. 그 다음 방에 우 리가 살고, 나머지 방에는 하숙생인 가난한 학생 포크롭스키가 살았습니다.

---

4) 추도 미사.

안나 표도로브나는 상당히 넉넉한 생활을 하고 있었고 우리가 생각했던 것보다 부유한 모양이었습니다. 하지만 그 재산에 대해서는 그녀의 생활과 마찬가지로 분명히 알 수는 없었습니다. 언제나 바빴는데, 뭔가 걱정하는 일이 있는지 하루에도 몇 번씩이나 외출하는 것이었어요. 하지만 그것이 무엇 때문인지, 무엇을 걱정하는지, 왜 바쁜지 도무지 짐작도 가지 않았습니다. 교제가 넓고 그 상대도 각계 각층이었습니다. 늘 손님들이 찾아왔지만, 모두 무엇을 하는 사람들인지 언제나 무슨 볼일이 있는 양 잠깐씩 들렀다 가는 것이었습니다. 벨이 울리면 어머니는 반드시 저를 우리 방으로 데리고 오곤 했죠. 그러면 안나 표도로브나는 어머니에게 무척 화를 내면서 당신네는 너무 자존심이 강하다, 자기 분수도 모르는 교만이다, 도대체 무엇을 자랑할 건덕지가 있는 거냐, 하면서 몇 시간 동안이나 쉴 새 없이 떠들어 대는 것이었습니다. 전 그때 어째서 너무 교만하다는 욕을 듣게 되는지 이해할 수가 없었습니다. 그리고 어째서 어머니가 안나 표도로브나에게 의지하기를 꺼렸는지 그제야 겨우 이해했던 거예요. 네, 적어도 추측은 할 수 있었던 것입니다. 안나 표도로브나는 속이 검은 여자로 일 년 내내 우리를 괴롭히고 있었습니다. 아직도 어째서 우리를 자기 집에서 지내도록 했는지 제게는 하나의 의문이 되어 있습니다. 하긴 처음 얼마간은 상당히 친절했습니다만, 얼마 뒤부터 우리가 도무지 의지할 곳 없는 신세이고 아무데도 갈 곳이 없다는 걸 알자 완전히 본성을 드러내고 말았습니다. 나중에 가서는 내게 아주 다정하게 대해주고 아첨에 가까운 상냥함을 보여 주었지만, 처음 얼마 동안은 어머니와 저는 함께 말로 다할 수 없을 만큼 지독한 취급을 당했던 것입니다. 하여간 쉴 새 없이 우리를 몰아세워 가지고는 자기가 베푼 은혜를 강조하는 것이었어요. 남들에게 대해서는 우리가 의지할 곳 없는 과부와 고아인 가난한 친척이라고 말하면서, 자기는 그리스도 교도로서 모든 사람을 평등하게 사랑하는 마음에서 자기 집에 데리고 온 것이라고 떠벌렸습니다. 식사 때는 우리의 손이 그릇에 갈 때마다 눈을 빛내면서도, 먹지 않으면 먹지 않는다고 또 잔소리를 하는 것이었습니다. 그렇게 음식을 가리는 게 아니라고, 이쯤이면 자기 분수에 맞는 것이고, 당신네들로 말하면 옛날에도 이보다 잘 먹은 것은 아니지 않느냐는 투였습니다. 그리고 언제나 아버지의 욕을 하고, 그인 남보다 잘 되려고 했으나 오히려 그 반대가 돼버렸다. 처자를 길가에 헤매게 했으니, 만약에 나 같은 자비심이 많은 친절한 친척이 없었다면 모녀가 함께 길거리에서 굶어 죽었을지도 모른다느니, 하고 듣기 싫은 소리를 하는 것이었습니다. 어쨌든 하고 싶은 말을 다 하는 것이었어요. 그러한 이야기를 듣고 있으면 저는 괴롭다기보다 오히려 속이 뒤집혔죠. 어머닌 언제나 울고만 계셨습니다. 몸도 하루하루 나빠져서 눈에 보이게 쇠약해졌습니다. 그런 생활을 하면서도 저 역시 어머니와 둘이서 열심히 일하고 주문을 받아와서는 아침부터 밤까지 바느질을 했습니다. 그것이 또 안나 표도로브나의 비위를 거슬려서, 우리 집은 양장점이 아니라고 말하는 것이었어요.

하지만 우리도 역시 입을 것은 입어야 했고, 만일의 경우에 대비해서 저금도 조금은 있어야 했으므로 어떻게 해서든지 우리 돈을 만들어야 했으니까요. 언젠가는 다른 곳으로 이사할 수도 있으리라고 생각하고 저금하고 있었습니다. 그러나 바느질에다 마지막 힘을 써버리시는 어머니는 하루하루 쇠약해갔습니다. 병은 마치 벌레처럼 어머니의 생명을 갉아먹어서 죽음을 재촉했던 거였습니다. 저는 이런 모든 걸 눈으로 보고 가슴속으로 느끼고 이 몸으로 겪었던 것입니다. 모든 게 저의 눈앞에서 일어난 일이었어요.

하루하루 날은 지나가도 매일매일 언제나 변함없는 나날이었습니다. 우리는 조용히 살고 있었으므로, 마치 도회지에 살고 있지 않은 듯한 기분이었습니다. 안나 표도로브나는 자기가 완전히 주권을 쥐었다는 확신을 하고나서는 차츰 온순해졌습니다. 하긴 처음부터 누구 한 사람도 그녀의 말을 거역하려고는 하지 않았지만. 우리 방과 안나 표도로브나의 방 사이에는 복도가 있었고, 우리 방 옆에는 전에도 말씀드린 것처럼 포크롭스키가 살고 있었습니다. 그는 샤샤에게 프랑스어, 독일어, 역사, 지리—즉 안나 표도로브나의 말을 빌린다면 온갖 학문을 가르치면서 그 대가로 식사와 방을 제공받고 있었던 것입니다. 샤샤는 말괄량이 같은 장난꾸러기였지만 매우 이해력이 빠른 아이로, 그때 열세 살이었습니다. 안나 표도로브나는 어머니에게 베라도 기숙 학교를 중퇴했으니까 샤샤와 함께 공부시키는 게 어떻겠느냐고 제의했습니다. 어머니는 기꺼이 동의했습니다. 이렇게 해서 저는 샤샤와 함께 꼬박 일 년간을 포크롭스키 밑에서 공부했던 것입니다.

포크롭스키는 가난한, 아주 말할 수 없이 가난한 청년이었어요. 몸도 약해서 대학을 계속 다닐 수 없을 정도였고, 그를 대학생이라고 부른 것은 우리가 그전부터의 습관을 따랐을 뿐입니다. 그는 있는지 없는지조차 모를 만큼 조용하고 얌전하고 검소하게 살고 있었습니다. 겉보기에는 무척 이상한 사람이었습니다. 그 걸음걸이나 인사하는 모양이 너무 어색하고 말투도 색달랐으므로 처음에 전 그를 보면 웃지 않고는 못 배길 정도였습니다. 샤샤는 언제나 그를 놀려 주곤 했죠. 특히 수업 중에는 더 심했어요. 그런데 그는 금세 화를 발칵 내는 성미였으므로 언제나 골이 잔뜩 나가지고 별일 아닌 것에도 화를 내어 고함을 버럭 지르거나 어머니에게 일러바치고, 수업 도중에 자기 방으로 들어가 버리거나 하는 일도 종종 있었습니다. 자기 방에서는 온종일 책만 읽었어요. 많은 책을 가지고 있었는데 모두가 다 값비싼 책들뿐이었습니다. 우리 말고도 또 두서너 집 가정교사 노릇을 하고 있어서 얼마간의 보수를 받고 있었으므로, 돈이 들어오면 곧 책을 사러 가는 것이었어요.

얼마 안 가서 전 그와 친해지게 되었습니다. 그는 여태까지 만난 사람 중에서 누구보다도 선량하고 뛰어난 사람이었습니다. 어머니도 이 사람을 진심으로 존경하고 있었습니다. 그 뒤에 그는 내게 있어 둘도 없는 친구가 되었습니다. 물론 어머니 다음이지만.

처음 얼마 동안은 샤샤와 다 큰 처녀인 나까지 한데 어울려 장난을 치곤 했죠. 우리 두 사람은 어떻게 하면 포크롭스키를 놀려서 골내게 할 수 있을까 하고 몇 시간이나 궁리하곤 했어요. 그가 화를 내는 건 정말로 우스웠으니까요. 우리는 그게 또 재미있어 죽을 지경이었습니다(지금 생각해도 얼굴이 화끈거릴 정도입니다). 어느 날 우리는 무슨 일로 그랬는지 눈물이 어릴 정도로 그를 화나게 한 적이 있었습니다. 그때 그가 "정말 심술궂은 애들이로군" 하고 중얼거리는 것을 분명히 들었습니다. 전 그때서야 잘못했다는 걸 깨닫고 당황하고 말았습니다. 부끄럽기도 하고 슬프기도 하고 그가 가엾기도 했습니다. 지금도 확실히 기억하고 있습니다만 전 귀뿌리까지 새빨개지면서 울먹이는 소리로, 제발 마음을 가라앉히고 우리의 장난을 용서해 달라고 열심히 빌었습니다. 그러나 그는 탁 하고 책을 덮더니 수업 도중인데도 자기 방으로 돌아가 버리고 말았습니다. 그날 나는 하루 종일 후회하는 마음으로 괴로웠습니다. 우리 같은 아이들이 잔인하게도 그를 놀려서 눈물이 나도록 화나게 했다고 생각하니 견딜 수 없는 심정이었어요. 결국 우리는 그 사람이 울기를 기다리고 있었던 거야, 그걸 바라고 있었던 거야, 그래서 그는 마침내 참을 수 없게 된 거야! 그래, 우리는 저 불행하고 가난한 사람에게 자기의 비참한 운명을 떠올리도록 강요한 거나 다름없어! 그렇게 생각하자 나는 자신이 미워지고 답답해져서 후회한 나머지 밤새도록 한잠도 이룰 수가 없었습니다. 후회하면 마음이 편해진다고 하지만 그건 오히려 반대예요. 이 슬픔 속에 어째서 자존심까지 끼어들었는지 나 자신도 모르겠습니다. 전 그에게서 어린아이 취급을 받는 게 싫었던 겁니다. 그때 전 이미 열다섯 살이었으니까요.

그날부터, 어떻게 하면 포크롭스키의 감정을 바꿔 줄 수 있을까 하고 갖가지 계획을 세우면서 이것저것 생각하게 되었습니다. 그런데 나는 내성적인 편이고 고집쟁이었어요. 막상 그 일을 실행에 옮기려고 하니 아무래도 결심이 서지 않고 다만 공상만 할 뿐이었습니다(하지만 얼마나 즐거운 공상이었는지요!). 다만 샤샤와 둘이서 못되게 구는 짓만은 그만두었습니다. 그도 이젠 화를 내지 않게 되었지만, 그러나 저의 자존심은 그것으로 만족하지 못했습니다.

그럼 여기서 내가 이제까지 만난 적이 있는 사람들 중에서 가장 이상하고 가장 특이하고 가장 가엾었던 사람에 대해 약간 이야기하겠어요. 지금 갑자기 그 사람에 대해 이야기하는 까닭은, 지금까지는 그 사람에 대해 거의 아무런 관심도 없었기 때문입니다. 그것은 즉, 포크롭스키와 관련된 모든 것이 갑자기 저의 관심을 끌게 되었던 것이라 할 수 있겠죠!

우리가 사는 집에 가끔 찾아오는 한 노인이 있었습니다. 입고 있는 옷은 온통 때가 묻은 남루한 것이었고 백발이 성성한, 보기에도 어수룩하고 몰골사나운 자그마한 노인이었어요. 한마디로 말해서, 매우 별난 노인이었습니다. 언뜻 보기에 이 노인은 무언가 부끄러워하는 듯, 무언가 겸연쩍어하고 있는 것 같았습니다. 노인은 언제나 몸을 웅크리고 자꾸 비꼬며 이상하게 우물쭈물하고 있었으므로, 약간 정신이 이상한 건 아닐까 하는 인상을 줄 정도였습니다. 그 노인은 우리가 사는 집에 와서도 현관의 유리문 밖에 머뭇거리고 선 채 집 안에 선뜻 못 들어올 때가 종종 있었습니다. 그런 때면 나나 샤샤, 노인에게 호의를 가지고 있는 하인처럼 어쨌든 친절할 듯한 누군가 곁에 지나가면 당황해하며 손을 흔들어 자기 쪽에 가까이 오도록 온갖 손짓을 하는 것이었습니다. 이쪽이 살짝 끄덕이면(이건 집에는 아무도 조심해야 할 사람이 없으니까 염려 말고 들어오라는 의미입니다) 그제야 노인은 살금살금 문을 열고, 기쁜 듯 웃는 얼굴로 만족한 모양새로 손을 비비고 발소리를 죽여 가며 곧장 포크롭스키의 방으로 들어가는 것이었습니다. 그는 포크롭스키의 아버지였던 것입니다.

그 뒤에 저는 이 가련한 노인의 지나간 일들에 대해 전부 들은 적이 있습니다. 옛날에는 어느 관청에 다니고 있었으나, 너무 무능해서 근무처에서도 가장 지위가 낮고 가장 시시한 일을 맡고 있었던 모양입니다. 첫 번째 아내[5]가 죽고 난 뒤에, 어느 평민 출신 처녀와 재혼했습니다. 그런데 새 아내가 오자 온 집안이 완전히 뒤집혀졌습니다. 아무도 살아 있는 듯한 기분이 안 들 정도로 새 부인의 손아귀에 들어가게 된 것이었습니다. 대학생 포크롭스키는 그때 아직 열 살 남짓한 어린아이로 계모에게 미움을 받고 있었습니다만 그러나 다행히 운명의 여신의 도움을 받았습니다. 아버지 포크롭스키를 잘 알고 전에는 그의 은인이기도 했던 지주 브이코프가 보호자가 되어 소년을 맡아서 어느 학교에 넣어 주었기 때문입니다. 브이코프가 소년 포크롭스키에게 관심을 가진 것은 죽은 그의 어머니를 알고 있었기 때문입니다. 어머니는 처녀 시절에 안나 표도로브나의 신세를 진 적이 있었고 그녀의 소개로 말단 관리인 포크롭스키에게 시집 온 것이었습니다. 이 브이코프 씨는 안나 표도로브나와 친한 친구였으므로 후한 인심을 베풀어 신부에게 5천 루블이나 되는 지참금을 주어 보냈는데, 이 큰 돈이 어디로 사라졌는지는 모르겠습니다. 이건 모두 안나 표도로브나에게서 들은 얘기이며 당사자인 포크롭스키는 절대로 자기 가정의 비밀은 말하지 않았습니다. 사람들의 이야기로는 그의 어머니가 굉장한 미인이었다고 하는데, 그런 미인이 무엇 때문에 그런 보잘것없는 남자와 결혼했는지 제겐 아무래도 이해가 되지 않았습니다...... 그런데 그녀는 결혼한 지 4년쯤 지나서 아직 한창 나이로 죽고 만 것입니다.

---

5) 대학생 포크롭스키의 어머니.

포크롭스키 소년은 초등학교에서 중학교로, 다시 또 대학교로 진학했습니다. 브이코프 씨는 곧잘 페테르부르크에 왔으므로 거기서도 내내 그의 뒷바라지를 해주었습니다. 그런데 포크롭스키는 건강을 해쳐서 대학 공부를 계속할 수가 없게 되었습니다. 그러자 브이코프 씨는 그를 안나 표도로브나에게 소개했습니다. 이렇게 되어 포크롭스키는 샤샤에게 필요한 모든 학과를 가르친다는 조건으로 안나 표도로브나네 집에 머무르게 된 것입니다.

한편 포크롭스키 노인은 둘째 아내의 학대에 못이겨 그 괴로움을 잊으려고 아주 못된 습관에 빠져 거의 매일 술만 마시고 있었습니다. 아내는 노인을 때리고 부엌으로 내쫓기도 했습니다. 그러나 노인은 이러한 아내의 폭력과 학대에도 익숙해져서 불평하지 않게 되었습니다. 아직 그럴 나이도 아니었는데 술 때문에 머리도 둔해지고 말았던 것입니다. 노인에게 남겨진 유일한 인간다운 고결한 감정은 아들에 대한 무한한 애정이었습니다. 사람들의 말로는 포크롭스키 청년은 죽은 어머니와 똑 닮았다는 것입니다. 몸을 망친 그 노인이 아들에게 한없는 애정을 품고 있었던 것은 온순했던 죽은 아내의 추억 때문이었나 봅니다. 노인은 아들 얘기만을 화제에 올리면서 일주일에 꼭 두 번씩 찾아왔습니다. 그 이상 더 자주 찾아 올 용기는 없었던 것입니다. 왜냐하면 아들이 아버지의 방문을 무척 싫어하고 있었기 때문입니다. 이 청년이 갖는 모든 결점 가운데서 가장 큰 것은 말할 것도 없이 아버지에 대한 멸시였죠. 하긴 노인 역시 때로는, 아들에게 이 세상에서 이보다 더 귀찮은 존재는 없으리라고 생각될 만큼 느껴질 때도 있었습니다. 첫째, 노인은 지나치게 호기심이 많았고 둘째, 말할 수 없이 쓸데없는 이야기나 질문으로 줄곧 아들의 공부를 방해했습니다. 마지막으로 이따금 술냄새를 풍기면서 찾아왔기 때문입니다. 아들은 노인을 조금씩 교육시켜 여러 나쁜 버릇을 고치게 하고 쓸데없는 호기심이나 이것저것 지껄이는 버릇을 없애고, 마침내는 상대로 하여금 자기 말에 대해 하느님의 말씀을 듣는 것처럼 귀를 기울이게 하여 그의 허락 없이는 한마디도 입을 열지 못하게 해놓고 말았습니다.

가련한 노인은 아들인 페첸카(노인은 아들을 그렇게 부르고 있었습니다)를 감탄하는 눈으로 바라보면서 기뻐 어쩔 줄 몰랐습니다. 그러면서 아들을 찾아올 때는 언제나 걱정스러운 얼굴로 조심조심 들어왔지요. 아마 아들이 어떤 표정으로 맞아 줄는지 몰랐기 때문이겠죠. 하지만 언제나 곧장 방에 들어갈 결심이 서지 않아 오랫동안 문 밖에 서 있었습니다. 그런 때 내가 지나치기라도 하는 날이면, 노인은 20분 가까이나 나를 붙들고 페첸카는 어떻게 지냅니까, 건강한가요? 기분은 어떤지요, 뭐 중대한 일이라도 하고 있는 것은 아닌가요, 도대체 어떤 일을 하고 있죠, 뭘 쓰고 있지는 않을까요, 아니면 사색에 잠겨 있는가요, 하는 식으로 이런저런 것을 꼬치꼬치 캐묻는 것이었습니다. 제가 그를 위로해서 안심시켜 주면 그제야 노인은 안으로 들어갈 결심을 하고 눈치를 슬슬 보면서 조심조심 문을 열고 우선 고개만 디밀어 보는 것이었습니다. 아들이 화를 내지 않고 고개를 끄덕이면 살그머니 방으로 들어가서 외투와 모자를 벗는 것이었습니다만, 이 모자라는 게 또 일 년 내내 구김살이 펴진 적이 없고 구멍도 뚫린 데다 챙마저 떨어져 나가려고 덜렁덜렁하는 고물이었습니다. 그런데 그는 이러한 물건들을 살그머니 소리 안 나게 챙겨 놓는 것입니다. 그러고는 가까이 있는 의자에 조용히 앉아서 잠시도 아들에게서 눈을 떼지 않고 페첸카의 기분은 어떤가 하고 찬찬히 아들의 거동을 살피는 거죠. 만약에 아들이 조금이라도 기분이 나쁘다는 걸 눈치채면 노인은 놀란 듯이 일어서서 이렇게 변명하는 것이었습니다. "페첸카, 난 잠깐 들러 본 것뿐이야. 볼일이 있어 나왔다가 근처를 지나게 되어서 말이지. 뭐, 잠깐 쉬었다 가려고 생각했을 뿐이니까." 그리고 아무 말 없이 얌전히 외투와 모자를 들고 다시 조심조심 문을 열고, 복받쳐오르는 슬픔을 아들에게 들키지 않으려고 나오지도 않는 웃음을 억지로 지으면서 돌아가는 것이었어요.

그러나 만약에 아들이 기분 좋게 맞아들이기라도 하는 날이면 노인은 그야말로 너무 좋아서 하늘에라도 오를 듯한 기색이었습니다. 그 만족스러운 듯한 기색은, 얼굴은 말할 것도 없거니와 그 몸 전체의 거동에도 나타났습니다. 게다가 아들이 뭔가 말이라도 걸면 노인은 의자에서 엉덩이를 약간 들고 말할 수 없이 공손하게, 비굴할 정도로 정중한 말투로 가만히 대답을 하면서 항상 가장 좋은 표현—항상 우스꽝스러운 표현이 되고 말지만—을 하려고 애쓰는 것이었어요. 하지만 노인에겐 말주변이 없었습니다. 그래서 언제나 횡설수설하게 되어 겁을 집어먹고는, 어찌할 바를 몰라서 지금 한 말을 다시 고쳐 말해 보려는지 언제까지고 혼자서 중얼중얼했습니다. 그러나 어쩌다 대답을 멋있게 했을 때는 노인도 뻐기는 태도로 조끼나 넥타이나 윗도리의 맵시를 바로잡으며 위엄을 보이는 것이었어요. 때로는 대범하게도 의자에서 일어나 책장으로 다가가 한 권을 꺼내, 그게 어떤 책인지도 상관하지 않고 책장을 넘기기까지 했습니다. 게다가 노인은 그렇게 행동하면서, 자신은 아들의 책 정도는 마음대로 손댈 수 있다고, 아들이 상냥한 것은 별로 드문 일이 아니라고 말하려는 듯이 일부러 냉담하게 보이려고 했습니다. 그런데 어느 날, 책은 건드리지 말아 달라는 아들의 말을 듣고 놀라는 노인의 모습을 우연히 내 눈으로 본 적이 있습니다. 가련한 노인은 그만 당황한 나머지 손에 들고 있던 책을 거꾸로 꽂는 실수를 저지르고 말았습니다. 그러고는 다시 그것을 바로 꽂으려다가 이번에는 책등이 안쪽으로 향하게 집어 넣었습니다. 노인은 얼굴이 붉어진 채 히죽히죽 웃으면서 어떻게 해야 이 죄과를 보상할 것인지 스스로도 어쩔 줄 몰라하는 것 같았습니다. 아들은 늘 아버지에게 잔소리를 하여 조금씩 노인의 나쁜 버릇을 고쳐 갔습니다. 그리고 아버지가 세 번 연속해서 맑은 정신으로 찾아오면 돌아갈 때 25코페이카나 50코페이카, 때로는 더 많은 돈을 줄 때도 있었습니다. 구두나 넥타이, 조끼 등을 사줄 때도 있었습니다. 노인도 그런 새옷을 입었을 때는 마치 수탉처럼 기세가 등등했습니다. 가끔 노인은 우리 방에도 들를 때가 있었습니다. 저와 샤샤에게 닭 모양을 한 프라니치느이[6]나 사과를 갖다주고 우리를 상대로 페첸카의 이야기만 하다가 갔지요. 제발 공부를 잘해서 그 애의 말을 잘 들어 달라고 우리에게 부탁하고, 페첸카는 훌륭한 아들이며 남의 모범이 될 만한 아들일 뿐 아니라 학식도 풍부한 아들이라고 하는 것이었습니다. 그런 이야기를 하면서 노인은 왼쪽 눈으로 우습게 윙크를 하고 일부러 매우 야릇한 표정을 지어 보였으므로, 우리는 그 이상 참을 수 없어서 큰 소리로 웃어 대곤 했죠. 어머닌 이 노인에게 무척 친절하게 대해 주었습니다. 노인은 안나 표도로브나를 무척 미워했습니다. 그러면서도 그녀의 앞에서는 기가 죽어서 얌전하게 가만히 있었습니다.

얼마 안 있어 나는 포크롭스키에게서 배우는 것을 그만두고 말았습니다.

---

6) 과자의 일종.

그는 여전히 나를 어린아이로 대하고 샤샤와 같은 말괄량이 계집아이로 보고 있었습니다. 전 그전의 잘못을 고치려고 애썼으므로 그런 그의 태도가 도저히 참을 수 없었던 겁니다. 그러나 이러한 저의 노력은 인정받지 못했습니다. 그 때문에 저는 차츰 초조해지기 시작했습니다. 전 공부 말고 다른 시간에는 거의 한 번도 포크롭스키와 이야기한 적이 없었고, 또 이야기하고 싶어도 도저히 불가능했습니다. 왜냐하면 전 금세 낯이 붉어져서 갈팡질팡하다가는 어디든 구석에 가서 분한 나머지 울고 말았으니까요.

그것이 어떠한 결과가 될지도 모르는 채 어떤 이상한 우연으로 우리는 가까워졌습니다. 어느 날 밤 어머니가 안나 표도로브나의 방에 가고 없는 사이에 살며시 포크롭스키의 방에 들어갔던 거예요. 그가 없다는 것을 알면서도 무엇 때문에 그 방에 들어갈 마음이 생겼는지 나 자신도 모르겠습니다. 다만 벌써 일 년 이상이나 옆에 살고 있으면서도 전 여태까지 한 번도 그의 방을 들여다본 적이 없었어요. 그때 제 심장이 어찌나 두근두근 심하게 뛰던지 금세라도 가슴에서 튀어나오지 않을까 생각될 정도였습니다. 전 일종의 독특한 호기심에 사로잡혀 주위를 둘러보았습니다. 포크롭스키의 방은 그다지 청소도 하지 않은 채, 거의 정돈돼 있지도 않았습니다. 긴 책꽂이가 다섯 개 못으로 벽에 고정되어 있었습니다. 책상 위에도 의자 위에도 종이가 흩어져 있었고요. 책과 종이! 그러자 이상한 상념이 머리에 떠오르고, 그와 동시에 전 불쾌한 초조감에 빠지고 말았습니다. 그 사람한테는 나의 우정이나 애정 따윈 대단치 않은 것이라는 생각이 들었기 때문입니다. 그 사람에겐 학식이 있는데, 나로 말할 것 같으면 바보 같은 계집애여서 아무것도 모르고 책 한 권조차 제대로 읽은 적이 없으니까요……. 그런 걸 생각하면서 전 책 무게로 휘어져 있는 책꽂이를 부러운 마음으로 바라보았습니다. 그리고 초조와 비애와 이상한 울분 같은 기분에 사로잡히고 말았습니다. 전, 그의 책을 한 권도 남김없이 읽고 싶다, 한시라도 빨리 읽어 버리고 싶다는 생각에 쫓겨서 당장 그걸 실행에 옮기려고 마음먹었습니다. 어쩜, 그가 알고 있는 걸 전부 공부하면 그에게 어울리는 사람이 되겠거니 생각했는지도 모릅니다. 전 바로 가까이에 있는 책장 곁으로 달려갔습니다. 아무 망설임도 없이 우연찮게 손에 잡힌 먼지투성이 낡은 책 한 권을 꺼내 들었습니다. 그리고 흥분과 두려움에 떨면서 그 책을 내 방으로 들고 왔습니다. 밤이 되면 어머니가 잠드신 뒤에 침실의 램프불 밑에서 읽으려고 결심했던 겁니다.

그러나 내 방에 돌아와서 들뜬 마음으로 그 책을 펴 보았더니, 그건 군데군데 좀이 먹고 반쯤 썩은 듯한 낡아빠진 라틴어 책이었습니다. 그때의 실망이란 뭐라고 말할 수 없더군요. 전 곧 지체하지 않고 그 방으로 다시 갔습니다. 그리고 가까스로 그 책을 책꽂이에 다시 꽂으려는 찰나, 복도에서 인기척이 들리면서 누군가가 다가오는 발소리가 들렸습니다. 전 당황했습니다. 게다가 이 밉살스러운 책은 너무 꽉 꽂혀 있었으므로 그것을 뽑아 낸 자리에 벌써 다른 책이 밀려와서, 이미 이 옛 친구를 다시 넣어줄 공간이 없어지고 말았습니다. 그리고 제겐 억지로 그 책을 밀어 넣을 만한 힘이 없었습니다. 그래도 있는 힘을 다해서 선반의 책을 쭉 밀어 보았습니다. 그랬더니 선반을 지탱하고 있던 녹슨 못이 이 순간을 기다리기나 한 듯 힘없이 부러져 버렸습니다. 선반 한쪽이 털썩 하고 내려앉으면서 책들은 요란한 소리를 내고 땅바닥에 쏟아졌습니다. 바로 그때 문이 열리고 포크롭스키가 들어왔습니다.

여기서 미리 말씀드려 둡니다만, 그 사람은 상대가 누구이든 자기 물건에 손대는 것을 용납하지 못하는 성미였어요. 그의 책을 건드린 나야말로 액운 중의 액운을 만난 것이지요. 온갖 종류의, 크기도 두께도 가지각색인 책들이 선반에서 떨어져 책상과 의자 아래쪽 할 것 없이 온 방 안에 흩어졌을 때의 저의 놀라움과 두려움은! 달아나려고 해도 이미 시간이 없었습니다. '아아, 이제 끝장이다. 끝장이야!' 하는 생각이 얼른 스치고 지나갔습니다. '이제 끝장이야, 이젠 파멸이야! 여남은 살밖에 안 된 아이들처럼 나쁜 짓을 한 거야. 이런 어리석은 짓을 하다니! 난 바보 같은 계집애야, 정말 바보야!'

포크롭스키는 불같이 화를 냈습니다. "쳇, 아직도 이런 짓을 하는 건가!" 하고 그는 고함을 질렀습니다. "이봐, 부끄럽지도 않아? 이런 장난을 하게! ······ 언제 좀 얌전해지지?" 그렇게 말하면서 그는 책을 줍기 시작했습니다. 저도 허리를 굽히고 거들어 주려고 했습니다. "아냐, 괜찮아, 괜찮다니까." 그는 큰 소리로 말했습니다. "그보다 멋대로 들락거리지 말아 주었으면 좋겠어." 그는 그렇게 말했으나 저의 온순한 태도에 마음이 누그러졌는지, 얼마 전까지만 해도 가지고 있던 가정교사의 권리를 내세우며 설교조로 조용하게 말하는 것이었습니다. "도대체 몇 살이 돼야 철이 들지, 언제 철이 들겠느냐 말이야? 자, 자신의 모습을 봐봐, 이제 어린아이가 아냐, 벌써 열다섯 살이나 되지 않았어!" 그는 그렇게 말하면서 제가 이미 어린아이가 아니라는 자신의 말을 확인하려는 듯이 가만히 저의 얼굴을 들여다보더니 귀뿌리까지 새빨갛게 얼굴을 붉혔습니다. 전 영문을 알 수 없어 그의 앞에 가만히 선 채 놀라서 눈을 둥그렇게 뜨고 가만히 그의 얼굴을 쳐다보고 있었습니다. 그는 벌떡 일어서더니 겸연쩍은 듯이 제 곁에 와서 무언가 갈피를 잡을 수 없는 말을 지껄이기 시작했습니다. 그건 아마 여태까지 제가 이렇게 자랄 대로 자란 처녀였다는 걸 몰랐던 사실을 사과하는 것인지도 몰랐습니다. 그제야 저도 퍼뜩 뭔가를 깨달았습니다. 그때 제가 어떤 꼴이었는지 전 기억이 없습니다. 다만 저도 포크롭스키 이상으로 당황하여 얼굴을 새빨갛게 붉히고 두 손으로 얼굴을 가린 채 그 방에서 뛰어나왔던 것입니다.

저는 새삼스레 어떻게 해야 좋을지 모르고 부끄러워 몸둘 바를 몰랐습니다. 어쨌든 그 사람의 방에 들어간 것을 들키고 말았으니까요! 꼬박 사흘 동안이나 전 그의 얼굴을 쳐다볼 수 없었습니다. 눈물이 날 만큼 창피했습니다. 참으로 이상야릇하고 우스꽝스러운 생각이 머릿속에서 맴돌고 있었습니다. 그중에서도 가장 어처구니없는 생각은 그 사람에게 찾아가서 오해를 풀고 모든 걸 죄다 고백한 다음 내가 그런 짓을 한 건 철이 없어서 생각이 모자랐기 때문이 아니라, 뚜렷한 목적이 있어서 한 짓이라는 걸 그에게 납득시키자는 것이었습니다. 만약에 정말로 그런 짓을 했다면 어떻게 되었을까요! 지금도 그때 일을 생각하면 얼굴에서 불이 날 것 같습니다.

그 뒤 2, 3일이 지나서 어머니의 병이 갑자기 악화됐습니다. 한 이틀간 누워 계시더니, 사흘째 밤에는 열이 오르고 헛소리를 하기 시작했습니다. 전 밤새도록 한숨도 못 자고 어머니를 돌보며 머리맡에 앉아 물을 마시게 해드리고 제시간에 맞춰 약을 권하곤 했습니다. 이틀째 밤이 되자, 나도 완전히 지쳐버렸습니다. 간혹 잠이 와서 눈앞에 뿌옇게 안개가 끼고 현기증이 났습니다. 피로 때문에 금세라도 쓰러질 것 같았습니다만, 어머니의 가냘픈 신음에 깜짝 놀라 몸을 떨며 잠깐 눈을 떴다가 또 졸음이 쏟아져 잠이 들곤 했죠. 정말로 괴로웠습니다. 나 스스로도 잘 모르겠고 뚜렷이 생각나지도 않습니다. 다만 졸음과 싸우고 있던 괴로운 순간에 무언가 무서운 꿈과 환상이 흐리멍덩한 머릿속에 나타나는 것이었습니다. 전 저도 모르게 오싹해서 눈을 떴습니다……. 방 안은 어두컴컴하고 램프불은 금세라도 꺼질 듯 가물거리며 그 몇 줄기의 빛이 환하게 방 안을 비치는가 하면, 이번엔 벽 쪽을 희미하게 비치다가 곧 사라져 버리곤 하는 것이었어요. 왜 그런지 오싹한 기분이 들었습니다. 저의 망상은 무서운 꿈 때문에 한층 더 심해지고 가슴은 슬픔으로 아파 왔습니다……. 전 의자에서 펄쩍 뛰면서 괴롭고 무서운 생각에 저도 모르게 고함을 지르고 말았습니다. 바로 그때 문이 열리고 포크롭스키가 방 안으로 뛰어 들어 왔습니다.

정신을 차리고 보니, 전 그의 팔에 안겨 있었습니다. 그는 저를 살며시 소파에 앉히고 물을 마시게 한 뒤 이것저것 물었습니다. 어떤 대답을 했는지 기억나지는 않습니다. "당신은 아파. 당신이야말로 병이 든 거요." 그는 제 손을 잡으면서 말했습니다. "열이 있잖아요. 자기 몸을 돌보지 않고 몸을 망치고 있군. 자, 마음을 진정시키고 누워요. 한숨 푹 자요. 두 시간쯤 지나거든 깨워 줄테니. 좀 쉬어야 해요……. 자, 어서 누워요!" 그는 한마디 대꾸할 틈도 주지 않고 그렇게 말하는 것이었습니다. 저는 완전히 지쳐 있었으므로 거역할 기력도 없었고, 극도로 피곤해져서 저절로 눈을 감고 말았습니다. 30분쯤 쉴 작정으로 소파에 기댔던 것이 그만 그대로 아침까지 자버리고 말았습니다. 포그롭스키는 어머니에게 약을 드릴 시간이 되어서야 겨우 나를 깨웠어요.

다음 날 저는 낮에만 잠깐 자고 오늘 밤은 정말 어머니 머리맡에서 밤을 새우리라 굳게 결심했습니다. 밤 11시쯤 포크롭스키가 방문을 노크했습니다. 제가 문을 열자 그는 말했습니다. "혼자 앉아 있는 건 지루할 테죠. 자, 책을 가져왔습니다. 읽어 보십시오, 그다지 지루하지 않을 테니까." 전 그 책을 받았습니다. 그러나 그게 어떤 책이었는지 이젠 기억에 없습니다. 하룻밤 내내 한잠도 자지 않았지만 그 책은 거의 펴보지도 않았던 것 같습니다. 무언가 정체 모를 설렘 때문에 잠을 잘 수 없었던 거예요. 한곳에 가만히 앉아 있을 수도 없는 기분이었습니다. 몇 번이나 소파에서 일어나서 방 안을 빙빙 돌아다녔습니다. 어디다 비길 수도 없는 행복감이 온몸으로 번져 왔습니다. 포크롭스키의 마음 씀씀이가 무척 기뻤던 거죠. 그 사람이 제 걱정을 해서 신경을 써준

게 자랑스럽기조차 했습니다. 밤새 갖가지 공상에 잠겼습니다. 포크롭스키는 다시 나타나진 않았습니다. 전 그가 다시 오지 않는다는 것을 알고 있었으므로 내일 밤은 어떨까 하고 상상해 보는 것이었어요.

다음 날 밤 집안 사람이 모두 잠든 뒤, 포크롭스키는 자기 방 문을 열고 문가에 선 채 저와 이야기하기 시작했습니다. 그때 우리 두 사람이 어떤 이야기를 했는지 이제는 한마디도 기억이 나지 않습니다. 다만 생각나는 것은 제가 침착함을 잃고 갈팡질팡하고 있었으며, 자기 자신에게 역정을 내면서 빨리 이야기가 끝났으면 하고 그것만을 기다리고 있었다는 사실뿐입니다. 그러면서도 전 그와 단 둘이서 이야기할 기회를 기대하고 온종일 그것만을 공상하면서, 미리 질문과 답을 준비해 두었었어요……. 이날 밤부터 우리 두 사람의 우정이 시작되었던 것입니다. 어머니가 편찮으신 동안 우리는 쭉 매일 밤 몇 시간씩을 함께 지냈습니다. 전 차츰 부끄러움을 덜 타게 되었지만 언제나 헤어진 뒤에는 어딘지 허전한 마음으로 자신에게 화를 냈답니다. 그리고 그 사람이 그때의 책 사건을 잊어버린 듯한 것을 알게 되자 은근한 기쁨과 자랑스러운 만족감을 맛보았습니다. 어느 날 어쩌다가 반 농담으로 그때 책이 책꽂이에서 떨어졌던 일이 화제에 올랐습니다. 그건 이상하고 야릇한 순간이었습니다. 전 어째선지 무척 솔직하고 온순한 기분이 되어 있었습니다. 그래서 불타는 마음과 일종의 이상한 감격에 이끌려 그만 모든 걸 고백하고 말았습니다…… 전 공부가 하고 싶었던 거예요, 모든 걸 알고 싶었던 거예요, 언제까지고 어린아이 취급을 받는 게 분했던 거예요, 하고 고백했던 겁니다. 여기서 거듭 말씀드립니다만, 그때의 전 정말 이상한 심리 상태였습니다. 마음이 활짝 열려서—눈에는 눈물이 괴어 있었습니다—전 모든 걸 숨기지 않고, 그 사람에게 품고 있는 우정에 대해, 그를 사랑하고 그와 한마음이 되어 살고 그를 위로해 주고 싶다는 이야기까지—하나도 빼지 않고 이야기해 버렸답니다. 그러자 그는 이상한 표정을 짓고 놀라서 저의 얼굴을 바라본 채 단 한마디도 하지 않았습니다. 전 갑자기 말할 수 없이 괴롭고 쓸쓸한 기분에 사로잡혔습니다. 내 마음은 그에게 통하지 않는다, 이 사람은 나를 비웃고 있는 건 아닐까, 하고 생각되었기 때문입니다.

저는 어린아이처럼 흐느끼며 눈물을 줄줄 흘렸습니다. 마치 무슨 발작을 일으킨 것 같았습니다. 그는 저의 두 손을 잡고는 두 손에 키스하며 자기 가슴에 가져다가 꼭 누르며 다정하게 위로해 주었습니다. 그도 매우 감동하고 있었던 거예요. 그가 한 말은 기억나지 않습니다만, 전 다만 울다가 웃다가 다시 울다가 얼굴을 붉히다가 했을 뿐, 기뻐서 한마디도 말이 나오지 않았습니다. 전 매우 흥분하고 있었습니다만, 포크롭스키의 태도가 어쩐지 당혹스럽고 어색하다는 걸 눈치챘습니다. 그는 제가 분별도 없이 미칠 듯 흥분하며 불타는 듯한 열렬한 우정을 고백한 데 대해 너무 놀라 버린 듯했습니다. 어쩌면처음엔 단순한 호기심이었을지도 모릅니다만 이윽고 그의 주저하는 태도도 없어졌습니다. 그는 저와 마찬가지로 순수하고 솔직한 기분으로 저의 우정과다정한 말과 친절을 받아들여 진실한 친구로서, 피를 나눈 오빠와 같이, 저와 똑같은 친절과 우정을 보여 주었던 것입니다. 저의 가슴은 점점 따뜻하게밝아져 오고 즐거웠습니다……. 전 아무것도 숨기려고 하지 않았습니다. 그도그 점을 잘 알고 있어서 하루하루 제게 마음을 기울여 갔습니다.

이렇게 애달프고도 즐거운 한밤중의 만남에서, 병들어 누운 가엾은 어머니의 머리맡 희미한 램프불 아래서 우리 두 사람은 어떤 이야기를 했던 것일까요. 지금은 거의 잊어버리고 말았습니다만…… 다만 문득 머리에 떠오른 생각, 가슴속에서 솟아나오는 이야기, 저도 모르게 튀어나오는 말, 그런 것들을주고받으면서 두 사람은 행복했어요……. 아아, 그건 슬프고도 즐거운 시절이었습니다. 추억이라는 것은 그것이 슬프거나 즐거운 것이거나, 항상 애달픈 것입니다. 적어도 저에겐 그렇습니다. 그 애달픔이란 감미로운 것이라고도 할 수있겠지요. 마음이 우울하고 허전할 때, 추억은 마음을 돋우어 주고 소생시켜줍니다. 뜨거운 한낮이 지나고 촉촉한 저녁이 찾아오면 더위에 시달린 가냘픈 꽃이 밤이슬에 살아나듯이 말이에요.

어머니는 차츰 회복하셨습니다만 전 여전히 밤마다 어머니 곁에 있었습니다. 포크롭스키는 여러 가지 책을 자주 빌려 주었습니다. 처음에는 졸음을 쫓으려고 읽고 있었습니다만, 차츰 정성들여 읽게 되고 마침내는 정신없이 읽게되었습니다. 제 눈앞에는 이제까지 상상도 할 수 없었던 갖가지 미지의 세계가 갑자기 열렸습니다. 새로운 사상과 인상이 한꺼번에 힘찬 물살처럼 제 마음속에 밀어닥쳤습니다. 새로운 인상을 접하여 제가 흥분하고 당황하고 힘에 겨워하면 할수록 그 인상은 더욱더 달콤하게 저의 마음을 뒤흔드는 것이었습니다. 이러한 인상은 한꺼번에 제 마음속에 들이닥쳐서 숨쉴 틈도 주지 않는 것이었어요. 뭔가 이상한 혼돈이 제 존재 자체를 어지럽혔습니다. 하지만 이 정신적 폭력은 저를 완전히 혼란스럽게 할 수도 없었고, 그럴 만한 힘도 없었습니다. 전 공상에 너무나 빠져 있어서 오히려 그 때문에 구출되었던 것이지요.

어머니의 병이 회복되자 밤마다 있던 우리의 만남도 긴 이야기도 끝이 났습니다. 우리는 어쩌다가 한 번씩 말을 주고받을 수밖에 없었습니다. 그것도 대체로 별다른 의미도 없고 중요하지도 않은 말이었습니다. 하지만 전 그러한 말 전체에 특별한 의미를 부여하고 남몰래 혼자 즐기고 있었습니다. 생활은 만족스러웠고 저는 행복했습니다. 평온하고 조용한 행복이었어요. 이렇게 몇 주일이 지나갔습니다…….

어느 날 포크롭스키 노인이 우리 방에 들렀습니다. 노인은 오랫동안 우리와 이야기했는데, 전에 없이 기분이 좋은 듯했으며 활발하고 수다스러웠습니다. 큰 소리로 웃거나 자기 나름의 농담을 하던 끝에 기분이 좋은 까닭을 얘기해 주었습니다. 앞으로 일주일만 있으면 페첸카의 생일인데, 그날은 반드시 새로 맞춘 조끼에 마누라가 사주겠다고 약속한 새 구두를 신고 아들한테 오겠다는 것이었어요. 한마디로 노인은 정말 행복한 기분이 되어 생각나는 것을 하나도 빠뜨리지 않고 얘기해 버렸던 거죠.

그의 생일날! 이 생일 때문에 저는 밤이고 낮이고 가만히 있을 수가 없었습니다. 전 포크롭스키에게 나의 우정을 표시하기 위해 꼭 무엇이든 선물을 하려고 결심했던 것입니다. 하지만 어떤 게 좋을까? 그래서 결국 책을 선사하려고 마음먹었습니다. 그 사람이 새로 나온 푸시킨 전집을 갖고 싶어하는 것을 알고 있었으므로 그 책을 사기로 결정했습니다. 제게는 부업으로 번 돈이 30루블이나 있었습니다. 새옷을 만들려고 모아 두었던 거지요. 전 당장에 하녀로 있는 마트료나 할멈을 보내서 푸시킨 전집이 얼마나 하는가 알아오게 했습니다. 그런데 책값은 장정 값을 포함해서 모두 열한 권에 적어도 60루블은 간다는 것이었습니다. 어디서 그만한 돈이 들어오겠어요? 이리저리 궁리해 봤지만 좋은 꾀는 생각나지 않았습니다. 어머니에게 부탁하기는 싫었습니다. 어머니는 물론 도와주시겠지만 그렇게 되면 선물 이야기가 온 집안에 알려지고 맙니다. 그뿐 아니라 이 선물은 포크롭스키가 일 년 동안이나 가르쳐준 데 대한 사례라는 의미가 되겠지요. 저는 아무도 모르게 혼자서 선물하고 싶었어요. 그가 공부를 가르쳐 준 노고에 대해서는 우정 말고는 그 무엇으로도 보답할 수 없는 영원한 빚으로 남겨두고 싶었던 것입니다. 가까스로 저는 이 곤경을 타개할 방법을 생각해 냈습니다.

고스치느이드보르에 있는 헌책방에 가서 잘 깎으면 새 책이나 다름없이 거의 손때가 묻지 않은 책을 반값 정도로 살 수 있다는 걸 알고 있었기 때문입니다. 그래서 반드시 고스치느이드보르에 가보리라고 마음먹었습니다. 그러던 차에 마침 좋은 기회가 왔습니다. 그 다음 날 우리집에서도 안나 표도로브나네 집에서도 제가 외출해야 할 일이 생겼던 겁니다. 어머닌 건강 상태가 좋지 않으셨고, 안나 표도로브나는 마침 나가기를 싫어했으므로 모든 볼일이 제게 맡겨졌습니다. 전 마트료나와 둘이서 집을 나섰습니다.

운좋게도 저는 곧 푸시킨 전집을 찾아내었습니다. 그것도 매우 아름다운 장정의 책이었습니다. 전 값을 깎았습니다. 처음에는 보통 책방보다 비싸게 불렀지만 이쪽이 몇 번이나 사지 않고 돌아가 버리는 시늉을 해보였더니 그다지 힘들이지 않고 몇 번이나 애를 쓴 끝에 마침내 은화 10루블[7]로 낙착이 되었습니다. 이 흥정은 무척 재미있었어요! ……가엾게도 마트료나는 내가 무엇을 하려는지도 모르고 무엇하러 그렇게 많은 책을 사느냐면서 놀라고 말았습니다. 그렇지만 큰일이었습니다! 저의 전재산은 지폐로 30루블밖에 없고, 책장사는 그 이상은 절대 깎아 주려고 하지 않았기 때문입니다. 그래서 전 애원하기 시작하여 가까스로 약간의 성과를 거두긴 했지만 겨우 2루블 반밖에 깎지 못했습니다. 그리고 그것마저 당신이 어여쁜 아가씨니까 특별히 깎아 주는 것이지 다른 사람이라면 절대로 안 된다는 설명이 붙은 것이었습니다. 아무리 해도 이 루블 반이 모자라는 것이에요! 너무도 안타까워서 전 눈물이 나올 지경이었습니다. 그런데 정말 생각지도 않던 일로 해서 전 이 곤경을 모면할 수 있게 되었습니다.

---

7) 지폐로는 35루블.

나는 내가 있던 곳에서 그다지 멀지 않은 다른 책방 앞에 있는 포크롭스키 노인을 발견했던 것입니다. 노인 주위에는 너덧 명의 헌책 장사가 모여서 저마다 자기 상품을 권해서 노인을 어리둥절하게 하고 있었습니다. 권하는 책도 한없이 손에 집히는 대로였고, 노인도 사고 싶은 책이 너무 많았습니다! 가엾은 노인은 마치 발이라도 묶인 것처럼 그 자리에 멈춰선 채 권하는 책 중에서 어느 것을 택할 것인가 망설이고 있었습니다. 전 노인 곁으로 가서 무엇을 하고 계시느냐고 물었습니다. 노인은 제 얼굴을 보자 무척 기뻐했습니다. 노인은 저를 정말 좋아하고 있었거든요. 어쩌면 페첸카를 사랑하는 마음에 뒤지지 않을 정도의 것이었는지도 모릅니다. "그저 뭐, 책을 사고 있었습니다. 아가씨." 노인은 대답했습니다. "페첸카에게 책을 사주려고 생각해서 말입니다. 이제 곧 그 애의 생일인데, 그 애는 책을 좋아하니까 그 애를 위해서 책을 사주려는 거지요……" 노인은 보통 때도 이상한 말투를 썼지만, 지금은 더욱 당황해하고 있었습니다. 왜냐하면 어떤 책을 물어 보아도 모두 은화로 1루블, 2루블, 3루블씩이나 하는 것이기 때문입니다. 노인은 커다란 책은 값도 물어 보지 못하고 그저 욕심이 나는 듯이 바라보면서 손가락으로 페이지를 넘겨 보고 손으로 만지작거리기만 하다가 다시 제자리에 놓곤 하는 것이었습니다. "안 돼, 안 되겠어, 이건 너무 비싸." 그러면서 노인은 작은 소리로 중얼대는 것이었습니다. 그러고는 "이 정도에서 하나 해볼까" 하면서 얄팍한 잡지나 시가집, 수필집 따위를 뒤적이기 시작했습니다. 그건 다 싸구려 뿐이었습니다. "어머나, 왜 그런 걸 사시죠?" 제가 물었습니다. "쓸 만한 건 하나도 없어요." "아, 아닙니다." 노인은 제 말을 막으며 말했습니다. "그렇지 않습니다. 자, 잘 보십시오. 여기도 꽤 좋은 책이 있어요. 굉장히 좋은 책이 말이지요!" 이 마지막 말을 노인은 구슬프게, 마치 노래라도 부르듯이 길게 늘이면서 말했습니다. 노인이 어째서 좋은 책은 이렇게도 비싸냐고 한탄하는 표정은 울화가 치밀어서 눈물이라도 쏟아지지 않나 싶을 정도였습니다. 그 창백한 볼에서는 눈물방울이 금세라도 빨간 코 위에 굴러떨어질 것 같았습니다. "돈을 얼마나 가지고 계세요?" 제가 물었습니다. "이것뿐입니다." 가엾은 노인은 때묻은 신문지에 싼 돈을 전부 꺼내 보였습니다. "이게 50코페이카 짜리와 25코페이카짜리고 나머진 전부 20코페이카 동전입니다." 저는 다짜고짜로 노인을 끌고 아까 그 책방으로 갔습니다. "저 말씀이에요. 이 열한 권짜리 책이 전부 해서 삼십이 루블 반이랍니다. 제가 30루블이 있으니까 이 루블 반만 내셔서 같이 이 책을 사서 함께 선물로 줘요. 네?" 노인은 아주 기뻐하여 가지고 있던 돈을 꺼내 주었습니다. 헌책방 주인은 우리 둘이 산 전집을 전부 노인에게 넘겨 주었습니다. 노인은 주머니란 주머니에 모두 그 책을 한 권씩 쑤셔넣고, 양손과 겨드랑이 아래까지 끼고는, 내일은 아무도 모르게 살짝 책을 가져다드리겠다고 약속하고 자기 집으로 돌아갔습니다.

다음 날 노인은 아들한테 찾아왔습니다. 그리고 여느 때와 마찬가지로 한 시간가량 아들 방에서 보낸 뒤 우리 방에 와서는, 무슨 큰 비밀이라도 있는 것 같은 우스운 표정으로 제 곁에 앉았습니다. 그리고 자기에게는 비밀이 있다는 자랑스러운 만족감 때문에 웃는 그 얼굴로 손을 비벼 대면서, 그 책은 눈에 띄지 않게 가져와서 지금 부엌 구석에 놔두었는데 마트료나에게 잘 봐 달라고 일러 놓았다고 얘기하는 것이었습니다. 그리고 이야기는 자연히 우리가 기다리고 있는 생일 이야기로 옮겨갔습니다. 그러자 노인은 어떤 방법으로 선물하면 좋을지 장황하게 늘어놓기 시작했습니다. 노인이 그 이야기에 열중하면 할수록, 의견이 맞아 가면 갈수록 노인은 속으로 혼자 생각하는 것이 있으면서도 그 말을 끄집어내지 못해서, 용기가 없다기보다 두려워서 말을 못 하고 있다는 것이 분명해졌습니다. 저는 잠자코 노인이 말을 꺼내기를 기다리고 있었습니다. 그때까지 노인의 우스꽝스러운 몸짓과 찡그린 얼굴과 왼쪽 눈을 찡긋하는 윙크로 하여 쉽게 짐작할 수 있었던, 비밀에 대한 기쁨과 만족감은 완전히 사라지고 말았습니다. 노인은 금세 침착성을 잃고 고통스러운 듯 보이더니, 마침내 참지 못하고 말았습니다.

"저어," 노인은 주저주저하면서 중얼거리듯이 말을 꺼냈습니다. "저어, 아가씨…… 그러니까 말입니다, 아가씨……." 노인은 몹시 난처해하고 있었습니다. "실은 말입니다. 다름이 아니라 그 애의 생일이 되거든 말이지요, 당신은 그 책 중에서 열 권만 뽑아서 직접 선물해 주시면 어떨까요. 그러니까 따로 말입니다. 난 나머지 열한 권째를 그 애에게 선물했으면, 하고 생각하는데 말입니다. 그러니까 나만의 선물로서 말이에요. 이렇게 하면 아가씨도 선물을 하게 되고 또 나도 하게 되니까 두 사람 다 선물을 하는 셈이 되지요." 노인은 그렇게 말하면서 저를 바로 보지도 못하고 입을 다물어 버렸습니다. 전 노인의 얼굴을 바라보았습니다. 노인은 겁을 먹은 표정으로 나의 대답을 기다리고 있는 것이었습니다. "어째서 같이 선물하는 걸 싫어하시죠, 자하르 페트로비치?" "아니, 그게 아니라, 그러니까, 저 말입니다, 아가씨…… 난 그저……" 어쨌든 노인은 완전히 혼란 상태에 빠져 얼굴이 붉어진 채 말이 막혀서 어쩔 줄을 몰라 했습니다.

"다름이 아니라," 노인은 한참만에야 겨우 설명을 하기 시작했습니다. "난 말이오, 아가씨. 때때로 변덕이 나서 말입니다…… 아니, 솔직히 말씀드리자면 일 년 내내 그러니까, 언제나 변덕을 부리고 있는 셈이지요……. 나쁜 버릇이 생겨서 말입니다……. 그러니까 날씨가 춥다든가 무엇이든 좋지 않은 일이 있어서 이상하게 울적하거나, 또한 언짢은 일이라도 생기거나 하면 그만 참지 못하고 술을 먹고 맙니다. 그것도 곤드레만드레 될 지경으로 말이오. 페첸카는 그게 싫어서 말입니다, 아가씨. 그 애는 화를 내고 이 아비를 꾸짖고는 온갖 설교를 하지요. 그런저런 일로 해서, 난 이번 선물로 나도 올바른 사람이 되었고 행실도 좋아졌다는 걸 그 애에게 보여주고 싶어서 말입니다. 책을 사려고 모은 돈만 해도 꽤 오래 걸렸거든요. 페첸카한테 얻는 것 말고는 난 돈 같은 건 없으니까요. 그건 그 애도 잘 알고 있습니다. 그러니까 그 애도 내가 어디다가 돈을 썼는지 알면 내가 그 애 생각만 하고 있다는 걸 알아 줄 테니까 말입니다."

전 노인이 무척 가여워졌습니다. 노인은 걱정스러운 듯이 제 얼굴을 바라보고 있었습니다. 그래서 전 아무 생각도 하지 않고 말했습니다. "보세요, 자하르 페트로비치, 그 책은 전부 당신 혼자서 선물하세요." "전부라뇨! 그러니까 그 책을 전부 말입니까?" "네, 그래요. 그 책 전부 말이에요." "내것으로 말이에요?" "네, 아저씨가 선물하는 것으로요." "나 혼자서? 말하자면 내 이름으로 말인가요?" "네, 물론이죠. 아저씨 이름으로 말입니다……." 전 분명하게 설명했다고 생각했으나 노인은 오랫동안 내 말을 알아들을 수가 없는 모양이었습니다.

"네, 알겠습니다." 노인은 한동안 생각에 잠기더니 말했습니다. "그야, 좋죠. 멋져요. 하지만 그럼 아가씨, 당신은? 당신은 도대체 어떻게 하시려는 겁니까?" "전 아무것도 선물하지 않겠어요." "뭐라구요!" 노인은 깜짝 놀랄 만큼 큰 소리로 외쳤습니다. "그럼, 아가씨는 페첸카에게 아무것도 선물하지 않겠다는 말인가요? 그에게 아무것도 주기 싫다는 말입니까?"

　노인은 정말로 놀라워했습니다. 그 순간 노인은 저에게도 어떤 선물을 할수 있도록, 이 제안을 거절하려는 눈치였습니다. 정말로 이 노인은 좋은 사람이었습니다! 저는 저 자신으로서도 뭔가 선물을 할 수 있다면 기쁘겠지만 당신한테서 그 기쁨을 빼앗을 생각은 없다고 설명했습니다. "만약 아드님도 만족하시고, 당신도 기뻐하신다면." 나는 그렇게 덧붙였습니다. "저로서도 기쁘죠. 또 저 역시 마음속으로는 제가 정말로 선물한 것 같은 느낌이 들게 될 테니까요." 그 말을 듣자 노인은 완전히 안심했습니다. 노인은 그 뒤 두 시간 남짓 우리 방에 있다가 갔습니다. 그동안 그는 가만히 있지 못하고, 일어섰다가 앉고 이리저리 걷다가 샤샤와 장난도 쳤다가 살짝 나한테 키스하기도 하고 내 손을 꼬집어 보기도 하고 살짝 안나 표도로브나 쪽을 바라보고 얼굴을 찡그려 보이기도 했습니다. 하지만 노인은 마침내 안나 표도로브나로부터 쫓겨나고 말았습니다. 어쨌든 노인은 매우 기뻐서 지금까지 아직 한 번도 그런 적이 없을 만큼 신바람이 났던 것입니다.

　그 좋은 날이 되자, 노인은 정각 11시에 교회에서 곧장 집으로 왔습니다. 깨끗하게 꿰맨 코트 밑에는 정말로 새로 맞춘 조끼를 입고, 구두도 새것을 신고 있었습니다. 두 손에는 노끈으로 묶은 책 꾸러미를 들고 있었습니다. 그때 우리는 안나 표도로브나네 응접실에 모여 커피를 마시고 있었습니다(일요일이었어요). 분명히 노인은 푸시킨이 꽤 훌륭한 시인이라는 이야기부터 시작한 것으로 기억하고 있습니다. 그리고 무슨 말을 하는지 두서 없는 말을 지껄이더니 느닷없이 사람은 몸가짐을 바로 해야 한다, 몸가짐이 나쁘다는 것은 자기 자신에게 엄하지 않은 증거이며, 나쁜 버릇은 사람을 파멸로 이끄는 것이라고 말했습니다. 그리고 극기심이 없어서 몸을 망친 예를 몇 가지 들어 보이고 나서, 자기도 얼마 전부터 완전히 마음을 고쳐 먹고, 지금은 남한테 이러쿵저러쿵 말을 듣지 않도록 신중하게 처신하고 있다고 말했습니다. 그리고 노인은 아들의 의견이 이전부터 옳다고 생각하고 있었으며, 그 교훈이 옳다는 걸느껴 왔으나, 이번만은 정말로 그것을 실행에 옮겼다, 그래서 그 증거로서 오랫동안에 걸쳐 모아 둔 돈으로 이 책을 사서, 아들에게 선물하기로 한 것이다, 하고 말을 맺었습니다.

나는 이 불쌍한 노인의 이야기를 들으면서 눈물과 웃음이 섞여 나오는 걸 참을 수가 없었습니다. 필요한 경우에는 이 사람도 거짓말하는가 보다 하고 말입니다. 책은 포크롭스키의 방으로 운반되어, 책꽂이 위에 놓였습니다. 그러나 포크롭스키는 당장에 진상을 알아채고 말았습니다. 노인은 점심 식사에 초대되었습니다. 이날은 누구나 매우 들떠 있었습니다. 식사 뒤에는 벌금놀이와 트럼프를 했습니다. 샤샤는 크게 떠들어 대고, 나도 그에 못지않았습니다. 포크롭스키는 쉴 새 없이 내게 신경을 쓰며 단 둘이서 이야기할 수 있는 기회를 만들려고 했지만, 나는 그런 기회를 주지 않았습니다. 그날은 이사 온 뒤의 4년간의 생활 중에서 가장 즐거운 하루였습니다.

그런데 이제부터는 슬프고 쓰라린 추억뿐이며, 드디어 나의 불행한 나날에 대한 이야기가 시작됩니다. 아마 그 때문이겠지만, 이 펜도 둔해져서 쉽사리 앞으로 나가려 하지 않습니다. 그러기에 행복했던 나날의 사소한 생활에 대해서는, 그렇게 세세한 일까지 열심히 애틋한 마음으로 기억의 밑바닥으로부터 들추어낸 모양입니다. 더욱이 그 행복했던 나날은 너무도 짧고, 그것과 대신한 슬픔, 시커먼 슬픔은 언제 끝날지도 모르는 것입니다.

내 불행은 포크롭스키의 병과 죽음과 함께 시작되었습니다.

그는 방금 여기 쓴 마지막 일, 즉 그의 생일날로부터 두 달 뒤에 갑자기 아프기 시작했습니다. 이 두 달 동안에, 그때까지 일정한 직업을 갖고 있지 않았던 그는 어떻게든 생계의 길을 세우려고, 먹고 자는 일도 잊은 채 뛰어다녔습니다. 그도 다른 결핵환자들처럼 마지막 순간까지 아직도 살 수 있다는 희망을 버리지 않았습니다. 어딘가에 가정교사 자리가 있었지만 그는 이 직업을 싫어했습니다. 그렇다고 해서 관청 근무는 건강이 허락하지 않았습니다. 더욱이 첫 봉급을 받을 때까지 오랫동안 기다려야 했습니다. 간단히 말하면 그 사람은 어디로 가든 실패만 하고 있었던 것입니다. 날이 갈수록 성격도 거칠어지고 건강도 좋지 못했지만, 그는 그것을 깨닫지 못했습니다. 이윽고 가을이 다가왔습니다. 그는 매일같이 얇은 외투를 입고 나다니면서, 직장을 구하려고 머리를 숙이며 부탁하고 다녔습니다. 그에게는 마음속으로 이것이 퍽 괴로웠던 것입니다. 발밑에서부터 온몸이 흠뻑 젖어 드디어 병상에 눕게 되자, 두 번 다시 일어나지 못하게 되어 버렸습니다……. 가을도 깊은 시월 말에, 그는 마침내 세상을 떠났습니다.

나는 그가 앓고 있는 동안 거의 매일 그의 머리맡에 꼬박 붙어서 간호도 해주고 시중을 들어주기도 했습니다. 밤을 샌 적도 몇 번 있었습니다. 그의 의식이 뚜렷한 적은 드물었고, 대개 헛소리를 했습니다. 취직에 관한 것, 책에 관한 것, 나에 관한 것, 아버지에 관한 것, 그 밖에 종잡을 수 없는 말을 하는 것이었습니다……. 그때 처음으로 나는 그때까지 내가 몰랐던, 아니 상상조차 할 수 없었던, 그와 관련된 여러 사정을 알 수 있었습니다. 그가 병에 걸렸을 당시, 집안 사람들은 모두 나를 이상한 눈초리로 보고 있었습니다. 안나 표도로브나는 자꾸 고개를 가로저었습니다. 그러나 나는 그런 모든 사람들의 눈을 똑바로 쏘아보곤 했으므로, 그 뒤부터는 아무도 포크롭스키를 간호하는 나를 이러쿵저러쿵 탓하지 않게 되었습니다. 적어도 어머니만은 말씀이 없었습니다.

이따금 포크롭스키는 내 얼굴을 알아볼 수 있었습니다만, 그런 일은 극히 드물었고, 거의 언제나 혼수상태에 빠져 있었습니다. 때로는 밤새도록 걷잡을 수 없는 헛소리로 누군가를 상대로 언제까지나 쉼없이 얘기한 적도 있었습니다. 그때 그의 목쉰 소리가 좁은 방 안에 울리면 마치 관 속에서 말하고 있는 것처럼 어렴풋이 들렸습니다. 그런 때면 나는 무서웠습니다. 특히 마지막 날 밤에는 흡사 미친 사람 같았고, 몹시 괴로워하여 그 신음 때문에 내 가슴은 에이는 듯했습니다. 온 집안 사람들이 모두 묘하게 겁을 먹고 있었습니다. 안나 표도로브나는 한시라도 빨리 그가 하느님에게 불려 가도록 언제나 기도를 올렸고요. 의사도 불렀지만, 도저히 아침까지는 견뎌 내지 못할 것이라고 했습니다.

포크롭스키 노인은 밤새도록 아들의 방 앞 복도를 서성거렸습니다. 거기에는 거적 같은 것을 깔아 놓았습니다. 그러나 노인은 늘 방 안에 들어왔습니다. 그의 모습은 차마 볼 수가 없을 지경이었습니다. 그는 완전히 슬픔에 빠져, 이젠 감각도 의식도 없는 듯이 보였습니다. 그의 정신은 두려움 때문에 흔들렸고, 온몸을 떨면서 줄곧 무엇인가 중얼거리며 이야기했습니다. 나는 노인이 슬픔에 못 이겨 미치지나 않을까 걱정했습니다.

날이 새기 전에 노인은 상심한 나머지 완전히 지쳐, 그 거적 위에 죽은 듯이 잠들었습니다. 7시가 지났을 무렵 드디어 포크롭스키가 숨을 거두려 했으므로 나는 노인을 깨웠습니다. 포크롭스키는 뚜렷이 의식을 회복하여 우리모두에게 작별 인사를 했습니다. 정말 기적 같은 일이었습니다! 나는 울 수도 없었습니다. 다만 가슴만 찢어지는 듯했습니다.

그러나 가장 나를 가혹하게 괴롭힌 것은 그의 마지막 순간이었습니다. 그는 굳어진 혀로 무엇인가를 계속 부탁하고 있었습니다만, 나는 그의 말을 전혀 알아들을 수 없었습니다. 내 가슴은 애처로워서 찢어지는 듯했습니다. 꼬박 한 시간 동안이나 그는 초조해하면서 무엇인가를 찾고, 이미 싸늘해져 가는 손으로 무엇인가를 알리려고 애썼습니다. 이윽고 또 희미한 목쉰 소리로 가련하기 그지없이 무엇을 부탁하는 것이었습니다. 그러나 그의 말은 아무 뜻도 없는 헛된 울림뿐이었으며, 역시 내게는 이해되지 않았습니다. 나는 집안 사람들을 머리맡에 가까이 부르기도 하고, 그에게 마지막 물을 먹여 주었습니다. 그래도 그는 슬픈 듯이 고개를 젓는 것이었습니다. 마침내 나는 그의 소원을 깨달을 수 있었습니다. 그는 창문의 커튼을 젖히고 덧창을 열어 달라고 부탁하고 있었던 것입니다. 아마 마지막 순간에 이 세상을 바라보고, 햇볕을 보고 싶었겠죠. 나는 얼른 커튼을 열었습니다만, 겨우 먼동이 트기 시작한 이날은 죽어 가는 사람의 바야흐로 꺼져 가려는 생명과 같이 구슬프고 흐린 날씨였습니다. 태양은 보이지 않았습니다. 구름이 불투명한 잿빛 장막으로 하늘을 가리고 있었습니다. 비가 올 것 같은 하늘은 쓸쓸하고 음울했습니다. 가느다란 빗방울이 유리창을 두들기고, 싸늘하고 더러운 빗물이 유리창에 줄을 그으며 흘러내리고 있었습니다. 주위는 흐리고, 어두침침하고, 창백한 햇빛이 겨우 방 안을 비쳐 성상 앞에 반짝이는 촛불과 빛을 겨루고 있었습니다. 숨을 거두기 전에 그는 참으로 쓸쓸한 듯이 나를 쳐다보고, 약간 고개를 끄덕이는 것이었습니다. 그리고 1분 뒤에 숨을 거두었습니다.

장례식은 안나 표도로브나가 손수 맡아서 치렀습니다. 무척 조잡한 관을 사고, 짐마차를 빌렸습니다. 그리고 안나 표도로브나는 그 비용을 메우려고 그의 남겨진 책과 소지품을 모두 가져갔습니다. 노인은 그녀에게 달려들어 큰 소동을 벌인 끝에 뺏을 수 있는 대로 책을 빼앗아, 주머니라는 주머니에 모조리 쑤셔넣고, 모자 속에까지 넣을 만큼 넣어 사흘 동안을 어디를 가든 갖고 다녔습니다. 교회에 갈 때도 몸에 지니고 갔습니다. 이 사흘 동안 노인은 얼빠진 사람처럼 멍해져서 관 주변을, 무엇인가 이상하게 걱정이 되는 것이라도 있는 듯이 돌아다니면서, 시체 위에 얹힌 화환을 바로잡기도 하고, 초를 새것으로 바꾸기도 했습니다. 노인은 이미 자기의 생각을 확고히 정리할 수 없는 것 같았습니다. 어머니도 안나 표도로브나도 교회의 장례식에는 참석하지 않았습니다. 어머니는 앓고 계셨으며, 안나 표도로브나는 완전히 갈 채비를 하고 있었습니다만 포크롭스키 노인과 다투어서 참석하지 않았던 것입니다. 결국 장례식에 참석한 사람은 나와 노인뿐이었습니다. 장례식 동안 나는 미래의 예감이라고도 할 일종의 공포에 사로잡혔습니다. 나는 가까스로 식이 끝날 때까지 교회 안에 서 있었습니다. 드디어 관뚜껑이 덮이고, 못이 박혀 짐마차에 실려 나갔습니다. 나는 거리가 끝나는 데까지만 따라갔습니다. 마차는 달리기 시작했습니다. 노인은 큰 소리로 울부짖으면서 그 뒤를 쫓아갔습니다. 그 울부짖는 소리는 노인이 달리기 시작함에 따라 떨리면서 띄엄띄엄 들려왔습니다. 불쌍한 노인은 모자를 떨어뜨려도 그것을 주우려고도 하지 않았습니다. 머리는 비를 맞아 흠뻑 젖어 있었죠. 바람이 일고 진눈깨비는 얼굴을 마구 때렸습니다. 그러나 그런 것에는 상관도 하지 않고 노인은 울부짖으며 짐마차 주위를 이리저리 왔다 갔다 했습니다. 낡은 코트 자락은 바람이 불때마다 날개처럼 펄럭였습니다. 그리고 주머니란 주머니에는 온통 책이 꽂혀 있었고, 손에는 뭔가 커다란 책을 한 권 꽉 부둥켜안고 있었습니다. 길을 지나는 사람들은 모자를 벗고 성호를 그었습니다. 그중에는 더러 발길을 멈추고 가엾은 노인의 모습을 깜짝 놀라 바라보는 사람도 있었습니다. 책은 끊임없이 노인의 주머니에서 진흙탕 위로 떨어졌습니다. 길가던 사람들이 불러 책이 떨어졌다고 일러주면 노인은 주워들고 다시 관을 쫓아 미친 듯이 달려갔습니다. 길모퉁이까지 가자 어떤 거지 노파 하나가 관 뒤에 따라붙어 노인과 함께 쫓아갔습니다. 마침내 마차는 길모퉁이를 돌아 거의 눈에서 사라져 보이지 않게 됐습니다. 저는 집에 돌아오자 견딜 수 없는 슬픔에 어머니의 가슴에 몸을 던졌습니다. 저는 어머니를 힘껏 끌어안고 키스했습니다. 그리고 이제는 마지막 친구인 어머니를 두 팔에 힘을 주어 꼭 안고 죽음의 손에 넘겨주지 않으려고 온몸을 떨며 흐느껴 울었습니다……. 그러나 이미 가엾은 어머니의 곁에도 죽음의 신이 서 있었던 것입니다…….

6월 11일

마카르 데부시킨, 어제는 저를 데리고 섬으로 산책을 가주셔서 정말 고마웠습니다. 거긴 정말 시원하고 기분이 상쾌하더군요. 게다가 어쩌면 그렇게 나무들이 푸를까요. 정말 오랜만에 푸른빛을 보았습니다. 저는 병을 앓는 내내, 나는 이제 죽는다, 틀림없이 죽는다 하고 생각했습니다. 그러니 제가 어제 어떤 기분이었는지, 어떤 생각을 했겠는지 한번 상상해 보세요. 어제 기분이 가라앉아 있었다고 해서 조금도 화를 내지 말아 주세요. 무척 기분이 좋고 마음도 들떠 있었으나, 어쩐 일인지 전 가장 즐거울 때면 언제나 이상하게도 슬퍼지곤 합니다. 사실 제가 눈물을 흘린 것도 별일이 아니었습니다. 왜 그렇게 늘 우는지 저도 잘 모르겠습니다. 전 늘 병적으로 신경이 날카로워져 있습니다. 그래서 제가 받는 인상도 병적으로 보이는 것입니다. 어제 보았던 구름 한 점 없는 푸른 하늘, 저녁놀, 석양의 정적, 이런 모든 것이 왠지 모르게 저에게는 무척 엄숙하고 괴로운 인상을 주어 그것을 보자 가슴이 막히면서 눈물이 저절로 흘러내렸던 것입니다. 하지만 이런 걸 편지에 써봤자 무슨 소용이 있겠어요. 저 자신도 제 마음을 모르는데 더구나 남에게 어떻게 그 심정을 다 설명할 수 있겠어요. 당신이라면 저를 이해해 주실지도 모르겠습니다. 이 쓸쓸한 마음도, 또 한바탕 웃고 싶은 심정도! 마카르, 당신은 정말 좋은 분이에요. 당신은 어제 하루 종일 제 눈을 그윽이 들여다보시며 제가 느끼는 것을 모조리 알려고 하셨지요. 그리고 제가 기뻐할 때마다 늘 같이 기뻐하시곤 했지요. 덤불 속에서도, 가로수 늘어선 길가에서도, 냇가에서도, 당신은 언제나 유쾌한 모습으로 바로 제 앞에 지켜서서 마치 자기의 영토를 보이는 것 같은 표정으로 제 눈을 물끄러미 바라보셨습니다. 그건 모두 당신이 선량한 마음을 가졌다는 증거예요. 그러니까 또 저는 당신을 사랑하고 있고요. 그럼, 안녕히. 오늘은 제 건강이 아주 나쁘네요. 어제 발을 적셔 감기가 걸린 모양이에요. 표도르도 왠지 편치 않아 우린 둘 다 풀이 죽어 있습니다. 저를 잊지 마시고 좀더 자주 찾아 주세요.

당신의 V.D

6월 12일

나의 사랑스러운 바르바라!

어제 산책 나갔던 일을 시로 써보내 주실 줄 알았더니 겨우 편지지로 한 장만 써보내셨군요. 그렇다고 해서 편지 내용이 짧다는 얘기는 아닙니다. 편지가 짧은 건 사실이지만, 그 대신 어느 때와도 비교할 수 없을 만큼 훌륭하고 정이 서려 있기 때문입니다. 자연의 풍경이라든가 여기저기의 전원 풍경, 그 밖의 감정에 대해서도 한마디로 말해 당신은 뭐든지 훌륭하게 써주셨습니다. 거기에 비해 전 재능이 없습니다. 설사 열 장을 쓴다고 해도 무엇 하나 제대로 써놓지 못합니다. 이미 해봤습니다. 당신은 편지 속에서 저보고 마음씨가 착하고 온화하고 딴 사람들에 해를 끼치지 않고 자연 속에 나타난 신의 은총을 이해할 줄 아는 사람이라고 여러모로 칭찬해 주었습니다. 그건 모두 사실입니다. 어떤 것 하나도 틀리지 않습니다. 나는 참으로 당신의 말과 같은 인간이고, 저 자신도 그것을 조금도 의심하지 않습니다. 그러나 당신이 쓴 걸 읽으니 왠지 여러 가지 괴로운 생각이 떠오르는군요. 그럼, 잠깐 이야기할 테니 귀를 기울여 주십시오.

열일곱 살나던 해부터 다니기 시작했으니까 저는 이제 곧 30년 관청 근무를 하는 셈입니다. 그동안 제복도 여러 벌 떨어뜨렸죠. 그리고 어른이 되고 영리해지고, 세상 사람을 볼 줄도 알게 됐습니다. 말하자면 남과 같은 생활은 해 왔다고 할 수 있죠. 한 번은 십자 훈장까지 받도록 신청된 일도 있습니다. 당신은 곧이듣지 않을지 모르지만 전 절대로 거짓말은 하지 않아요. 그런데 그게 어떻게 된 줄 아십니까? 그것을 방해하는 못된 사람이 나타난 것입니다. 분명히 말해 두지만, 전 물론 교육받지 못한 어리석은 사람일지는 모르나 누구에게도 뒤지지 않는 선량한 마음을 지니고 있습니다. 그런데 바렌카, 그 못된 사람이 내게 어떻게 한 줄 아십니까? 그 사내가 한 짓은 정말 너무 고약해서 입에 올리기조차 싫습니다. 그런데 그 사람이 왜 그런 짓을 했을까요?

그건 제가 다만 너무 순하고 조용하기 때문입니다. 또 사람이 선량하기 때문입니다. 다시 말해서 나라는 인간이 그들 마음에 들지 않았기 때문에 괴로움을 당한 것입니다. 처음엔 "마카르 알렉세예비치는 이러저러하대" 하는 말로부터 시작해서 다음엔 "뭐, 마카르 알렉세예비치는 상대가 안 돼" 하다가 나중엔 "과연 마카르 알렉세예비치답군" 하고 한쪽으로 젖혀놓는 것입니다. 말하자면 뭐든지 다 저의 탓으로 돌려 버린 것입니다. 뿐만 아니라 그자들은 마카르 알렉세예비치를 관청 안의 웃음거리로 만들어 버렸습니다. 아니 나를 웃음거리로 만드는 것만으론 부족해서 제 옷에서부터 구두에 이르기까지 머리에서 심지어 몸짓까지 흠을 잡고, 뭐든지 마음에 안 든다, 모두 바꿔 버려야 할 것들이라고 할 정도였으니까요. 그런데 그건 벌써 옛날부터 매일 되풀이되어 오던 것들인지라, 저는 완전히 익숙해졌습니다. 그것도 그럴 것이 저는 무엇에든지 쉽게 익숙해지는 인간이니까요. 이것도 다 제가 순한 사람이기 때문이며 하잘것없는 인간이기 때문입니다. 그런데 그들은 대체 무엇 때문에 그런 짓을 했을까요? 제가 누구에게 나쁜 짓이라도 했단 말입니까? 누구의 자리를 가로채려고라도 했단 말입니까? 윗사람 앞에서 남을 헐뜯기라도 했단 말입니까? 보너스에 대해 불평이라도 했단 말입니까? 누구를 밀고라도 했단 말입니까? 바렌카, 만일 당신이 그런 생각을 했다면 당신은 죄를 받을 것입니다. 당신도 잘 보세요. 그런 못된 짓을 하고 공명이나 약삭빠르게 노릴 재주가 제겐 없다는 것을. 그럼 왜 내가 그런 봉변을 당해야 했을까요. 방금도 당신은 나보고 훌륭한 사람이라고 하지 않았습니까. 그리고 그런 말을 한 당신은 그들보다 훨씬 더 훌륭한 사람이 아닙니까.

그건 그렇고, 시민으로서 가장 큰 미덕은 무엇일까요? 요전 예프스타피 이바노비치가 나와 얘기하는 도중에, 이 문제에 대해 시민으로서 가장 큰 미덕은 돈을 버는 재주라고 했습니다. 이건 물론 농담으로 한 말입니다만(이 말이 농담이었던 것은 저도 잘 알고 있습니다), 거기에 포함된 교훈은 상대가 누구든 남의 신세를 져서는 안 된다는 얘깁니다. 그런데 저는 아무에게도 신세를 지고 있지 않습니다. 전 제가 먹을 빵을 가지고 있습니다. 물론 그건 평범하기 짝이 없는 빵이고 어떤 때는 바싹 말라 있는 일도 있지만, 그래도 그건 내가 일해서 얻은 빵이니까 아무한테도 뒷손가락질을 받지 않고 떳떳이 먹을 수 있는 것입니다. 그것으로 충분하지 않습니까? 글을 써서 돈을 번다는 것이 하잘것없다는 것은 저도 잘 알고 있습니다만, 그래도 저는 그것을 자랑으로 생각하고 있습니다. 어쨌든 저는 일하고 땀을 흘리고 있으니까요. 그리고 공문을 정서한다는 것이 뭐가 이상한 일입니까? 글을 쓴다는 것이 죄악이라도 된단 말입니까? "저 남자는 공문이나 정서한다"라든가, "저 생쥐 같은 관리는 공문이나 베끼는 사람이다" 하고들 말합니다만, 글을 쓰는 것이 뭐가 나쁘다는 거죠? 깨끗하고 보기 좋게 쓴 공문은 보기에도 기분이 좋고, 더군다나 각하도 만족해하니까요. 전 각하를 위해서 가장 중요한 서류를 정서하고 있습니다. 그야 물론 문장을 만드는 재주는 없지요. 저도 저 자신이 글재주가 없다는 건 잘 알고 있습니다. 그래서 관청에서도 거기엔 아예 손도 대지 않고, 지금 당신한테 편지를 쓰면서도 조금도 꾸미거나 하지 않고 솔직하게 마음에 떠오르는 대로 쓰는 게 아닙니까……. 그런 건 너무나 잘 알고 있습니다. 한데 만일 누구나 문장을 잘 만든다면 대체 정서는 누가 하겠습니까? 자, 질문을 했으니 한번 대답해 보십시오. 그래서 저는 제가 필요한, 없어서는 안 될 인간이라는 걸 알기 때문에 지저분한 말로 변명 같은 건 하지 않습니다. 생쥐라면 어떻습니까. 뭐, 닮았다면 그렇다고 해두죠. 그런데 이 생쥐는 쓸모 있는 생쥐인데다가 남을 도와주는 생쥐이고, 게다가 보너스까지 타는—그런 훌륭한 생쥐인 것입니다. 하지만 이제 이런 이야긴 그만둡시다. 사실 제가 하려던 얘기는 이런 것이 아니었는데 잠깐 흥분했네요. 그래도 이따금 자기가 옳다고 생각하는 것은 기분좋은 일입니다. 안녕, 나의 귀여운 사람! 마음의 위안을 주는 그리운 사람! 찾아가고말고요, 꼭 찾아가겠습니다. 사랑하는 당신을 보러 가겠습니다. 그러니 잠시 쓸쓸한 대로 기다리십시오. 그럼 안녕, 바렌카.

진심으로 당신을 행복을 빌며
마카르 데부시킨

6월 20일

마카르 데부시킨!

급히 한 자 적습니다. 기일을 정한 일을 맡아 몹시 바쁩니다. 용건은 헐값으로 싸게 살 적당한 물건이 있다는 걸 알려 드리려는 겁니다. 표도라가 아는 사람 중에 새 문관 제복과 속옷과 조끼와 모자를 팔려는 사람이 있다고 합니다. 그게 가장 싸다는 이야기입니다. 당신이 사시는 게 어떨른지요. 지금은 당신도 별로 곤란한 형편이 아니고 돈도 가지고 계실 테니까요. 당신이 직접 그런 말씀을 하셨죠. 제발 이런 물건에 너무 그렇게 인색하게 굴지 말아 주세요. 따지고 보면 당신한텐 다 필요한 물건들이 아닙니까. 당신의 모습을 한 번 들여다보세요. 너무 낡은 옷을 입고 계시잖아요. 정말 제가 부끄러울 지경이에요. 기운 조각 투성이고, 새옷은 없으시고. 당신은 있다고 하시지만 전 잘 알고 있어요. 가지고 계시던 옷은 다 누굴 주셨나요? 그러니까 제 말을 들으시고 제발 그걸 사주세요. 저를 위해서 그렇게 해주세요. 저를 사랑하신다면 꼭 그렇게 해주세요.

당신은 제게 속옷을 선물로 보내 주셨는데 마카르 씨, 그런 짓을 하면 당신은 파산하실 거예요. 농담이 아니에요. 저를 위해 그렇게 많은 돈을 쓰시다니—정말 엄청난 금액이에요. 왜 그런 헛돈을 쓰시나요. 전 그런 거 다 필요없습니다. 정말 다 필요없어요. 당신이 저를 사랑하신다는 건 너무나 잘 알고 있습니다. 믿고 있어요. 그러니까 그런 선물로 일부러 제게 그걸 알려 주시려고 할 필요는 하나도 없습니다. 그리고 그런 물건들이 당신에게 어떤 것이라는 것을 너무나 잘 알고 있기 때문에 당신한테서 그런 걸 받아도 저는 마음이 몹시 괴롭습니다. 이제 더 이상 그런 것을 보내지 마세요. 아셨지요! 부탁입니다. 제발 부탁이에요. 마카르, 당신은 저보고 쓰던 수기를 마지막까지 써서 보내라고 하셨는데, 전 지금까지 쓴 것도 어떻게 썼는지 알 수 없어요. 전 이제 지나간 추억을 이야기할 기력이 전혀 없어요. 그런 건 생각하기도 싫어요. 생각하면 두렵기만 합니다. 특히 불쌍한 아이를 그 괴물의 밥으로 남겨 놓고 죽은, 그 가엾은 어머니에 대한 얘기를 한다는 건 무엇보다 가슴 아픈 일입니다. 그런 건 생각만 해도 마음에 피가 스미는 기분이에요. 벌써 일 년이나 지난 일이지만 아직도 생생하고 마음을 가라앉히기는커녕 더욱더 잊을 수 없습니다. 그건 당신도 잘 아시는 사실이에요.

안나 표도로브나가 요즘 어떤 것을 생각하고 있는지는 벌써 말씀드렸죠. 그녀는 저를 가리켜 은혜를 모르는 사람이라고 비난하고 자기가 브이코프와 공모했다는 말은 모두 거짓말이라고 하고 있어요. 그녀는 저보고 자꾸 자기 집에 와 있으라고 합니다. 그녀 말은 제가 잘못된 길로 들어섰기 때문에 거지처럼 살고 있다는 거예요. 만일 제가 그녀한테 가면 브이코프 씨와의 사건도 다 원만히 해결해 주고, 그에게 저에 대한 죄의 보상도 받아 주겠다는 거지요. 그녀 말엔 브이코프 씨는 제게 지참금을 주고 싶다고 하는 모양인데 그런 건 전혀 상관하지 않기로 했습니다. 전 여기 당신 곁에서 사람 좋은 표도라와 같이 있으면 그것으로 충분하니까요. 극진히 사랑하는 표도라는 꼭 세상을 떠난 유모를 생각하게 해요. 그리고 비록 먼 친척이기는 하지만 버젓한 보호자인 당신이 옆에 계시고요. 게다가 전 그런 사람들 보기도 싫어요. 될 수 있으면 그런 사람들은 몽땅 잊고 싶은 심정입니다. 그 사람들이 이제 제게 무슨 볼일이 있겠어요? 표도라는 그런 말은 모두 근거없는 소문으로, 시간이 흐르면 그들도 저를 상관하지 않게 될 것이라고 말합니다. 제발 그렇게 됐으면 얼마나 좋을까요.

V.D

6월 21일

나의 사랑스러운 이여!

편지는 쓰고 싶으나 막상 무엇을 써야 할지 알 수 없군요. 그래도 전 요새 당신과 이렇게 같이 생활한다는 것이 정말 신기합니다. 고백하지만 제가 매일매일을 이렇게 즐겁게 지낸 일은 지금까지 한 번도 없었습니다. 정말 요샌 하느님의 은혜로 조그마한 집과 가족을 받은 듯한 기분입니다. 당신은 어쩌면 그렇게 귀여운 어린애입니까. 내가 보낸 속옷 네 벌을 가지고 그토록 이러쿵저러쿵하고 있으니. 당신한테 속옷이 필요하다는 걸 난 알고 있어요—표도라한테 다 들었습니다. 게다가 난 당신을 기쁘게 하는 것이 무엇보다 즐거운 겁니다. 그것이 또 나를 기쁘게 하니까 그대로 나 하는 대로 내버려 두십시오, 말리지 마시고, 거절하지도 마십시오. 전 지금까지 이런 만족감을 느껴 본 일이 한 번도 없습니다. 이제 처음으로 세상에 나온 기분입니다. 우선 나는 곱절이나 충실한 생활을 보내고 있습니다. 왜냐하면 당신이 바로 내 옆에 살며 저를 위로해 주시니까요. 오늘은 하숙집 친구인 라타쟈예프가 저를 차시간에 초대해 주었습니다. 그 문학 모임을 가끔 여는 그 사람 말입니다. 오늘 밤에도 모임이 열리고 문학토론이 있을 겁니다. 어떻습니까, 요즈음 전 이러한 생활을 보내고 있습니다. 그럼 안녕, 제가 편지를 쓴 것은 별다른 목적이 있어서가 아니라 그냥 무사히 지내고 있다는 것만을 알릴 생각에서였습니다. 체레자한테 수놓을 색실이 필요하다고 하셨죠? 사드리고말고요, 꼭 사드리겠습니다. 내일에라도 당장 당신을 기쁘게 해드리지요. 어디에 가면 살 수 있는지 벌써 다 알아 두었습니다.

당신의 마음으로부터의 벗
마카르 데부시킨

6월 22일

바르바라!

우선 무척 가엾은 일이 일어났음을 알려드립니다. 정말 딱한 일이에요. 오늘 아침 4시가 조금 지나 고르쉬코프의 아들이 죽었습니다. 원인은 모르겠지만 성홍열인가 뭔가 그런 것 같습니다. 전 고르쉬코프 집에 조문을 다녀왔습니다. 그 비참한 광경이란! 정말 사는 게 엉망이었습니다. 그것도 무리가 아니죠. 가족이 전부 한방에 살며 겨우 칸막이로 체면이나 유지하고 있으니까요. 작은 관이 벌써 와 있더군요. 만들어 놓은 걸 사왔기 때문에 평범하기 짝이 없었으나 그래도 괜찮은 것이었습니다. 아홉 살 난 사내아이인데 꽤 장래성이 있었던 모양입니다. 바렌카, 그 사람들은 정말 보기에도 딱하더군요. 어머니는 울고 있지 않았는데 너무 슬퍼서 그런 것 같았습니다. 아니 어쩌면 그 사람들은 어깨의 짐이 하나라도 덜어져 한편 마음이 가벼웠는지도 모릅니다.

그래도 아직 두 아이가 있어요. 젖먹이와 여섯 살을 갓 넘은 어린 여자애더군요. 어린애가, 그것도 자기 자식이 고생을 하는데 아무것도 못 해준다는 건 얼마나 잔인한 일일까요! 아이 아버지는 기름때가 묻은 헌 프록코트를 걸치고 다 망그러진 의자에 앉아 있었습니다. 눈물이 볼 위로 흘러내렸는데 그것은 슬퍼서가 아니라 눈이 짓물러서인지 몰라요. 정말 이상한 사람이지요! 누

가난한 사람들 409

가 말을 걸면 언제나 얼굴을 붉히고 어찌할 바를 몰라 허둥거릴 뿐 대답도 못합니다. 어린 여자애는 관에 기대어 서 있었는데, 그게 또 말할 수 없이 처량하고 불쌍해 보였습니다. 바렌카, 어린아이가 침울한 표정을 짓는 건 언제 보아도 싫습니다. 그런 걸 보면 마음이 어두워집니다. 누더기 헝겊으로 만든 인형이 발밑에 뒹굴고 있었는데 그 아이는 그것을 주워서 놀려고도 하지 않더군요. 한 손가락을 문 채 꼼짝도 하지 않고 서 있었습니다. 주인 마누라가 과자를 주어도 받아쥐기만 할 뿐 먹으려고 하지 않았어요. 바렌카, 이런 슬픈 일이 또 있을까요?

마카르 데부시킨

6월 25일

누구보다도 친절하신 마카르 데부시킨! 당신의 책을 돌려드립니다. 이건 정말 하잘것없는 책이군요. 손에 쥘 가치도 없어요. 이런 하잘것없는 보석을 대체 어디서 캐내셨어요? 농담은 그만하고 당신은 정말 그런 책이 좋으세요? 어떤 분이 며칠 전에 읽을 만한 책을 보내 주신다고 약속하셨습니다. 원하신다면 당신께도 빌려드리죠. 그럼 오늘은 이만 안녕. 정말 이 이상 쓸 틈이 없어요.

V.D

6월 26일

사랑하는 바렌카, 사실은 나도 그 책은 거의 읽지 않았습니다. 그야 조금 읽어 보고 엉터리구나 생각은 했습니다. 사람을 웃기기 위해 그냥 재미있게만 쓴 것이라고 생각은 하면서도, 어쨌든 재미는 있을 테니까 바렌카, 당신의 마음에 들지도 모른다는 생각에서 사보냈던 것입니다.

이번에 라타쟈예프가 정말 문학 작품을 빌려 준다고 약속했으니까 당신도 훌륭한 작품을 읽게 되리라 믿습니다. 라타쟈예프는 뭐든지 잘 알고 재주가 있습니다. 직접 쓰고도 있습니다. 정말 꽤 대단한 걸 쓰고 있습니다. 문장도 아주 훌륭합니다. 그래서 그 사람이 쓰면 어떤 말도, 정말 보잘것없는 것도, 아주 평범하기 짝이 없는 것도, 예를 들어 제가 때때로 팔리돈이나 체레자한테 들려 주는 말 같은 것도 그가 글로 쓰게 되면 당장에 훌륭한 문장이 됩니다. 전 그 사람 집의 모임에도 가끔 나가고 있지요. 우리가 담배를 피우고 있으면 그는 낭독합니다. 무려 다섯 시간이나 계속 낭독할 때도 있으나 우린 꼼짝하지 않고 앉아서 끝까지 그걸 듣죠. 그건 이미 문학이 아니라 대단한 양식입니다. 정말 멋있는 꽃입니다. 네, 그대로 꽃입니다. 그의 글은 어느 페이지를 뒤져도 훌륭한 꽃다발을 만들 수 있습니다.

그는 퍽 친절하고 다정한 사람입니다. 그 사람 앞에 가면 저 같은 건 아무 가치도 없습니다. 정말이지 그는 그렇게도 유명한 사람인데, 저는 뭘까요? 그러고 보면 전—존재하지 않는 거나 같습니다. 그런 그가 제게 호의를 보여 주는 겁니다. 전 그를 위해 약간의 정서를 해주고 있습니다. 하지만 바렌카, 거기 무슨 사정이 있다고는 생각 마십시오. 그가 제게 호의를 보이는 것이 제가 정서를 해주기 때문이라곤 절대로 생각하지 마십시오. 세상의 소문 같은 건, 쓸데없는 소문 같은 건 조금도 신경 쓸 필요가 없습니다. 사실은 제가 자진해서 자발적으로 그를 기쁘게 해 주려고 하고 있으니까요. 그리고 그 사람이 제게 호의를 베푸는 것도 역시 저를 기쁘게 해 주기 위해섭니다. 전 인간 행동의 아주 섬세한 것까지 다 이해하고 있습니다. 그는 선량한, 무척 선량한 사람으로 비할 데 없이 훌륭한 작가입니다.

바렌카, 문학이란 정말 좋은 것이지요. 정말 좋은 것입니다. 이건 어제 그들의 모임에서 깨달은 겁니다. 문학이란 대단히 심오한 것이지요. 문학은 인간의 마음을 굳게 해주고 여러 가지 것을 가르쳐 줍니다. 게다가 그들의 책에는 그런 모든 것들이 낱낱이 써 있습니다. 아주 훌륭한 것들이 써 있지요. 문학은 그림 같은 것이고, 다시 말해 일종의 그림이고 거울이기도 하지요. 정열의 표현이기도 하고 미묘한 비평이기도 하고 도덕적인 교훈이기도 하고, 그리고 기록이기도 합니다.

저는 이런 모든 것을 그들한테서 배웠습니다. 솔직히 말해 그들 모임에 끼어 얘기를 듣고 있노라면(그 사람들과 같이 담배를 피워도 좋지만), 그들이 여러 문제에 대해 의견을 나누고 토론이라도 시작하려고 하면 전 완전히 뒤로 물러서 버리고 맙니다. 당신이나 나 같은 사람은 두 손을 들 수밖에 없습니다. 전 마치 말뚝처럼 앉아 있기 때문에 제가 생각하기에도 부끄러워 견딜 수 없습니다. 그래서 뭔가 단 한마디라도 모두의 화제에 끼어들어 보려고 한밤 내내 머리를 짜내 보지만, 반 마디도 나오지 않습니다. 바렌카, 그래서 나는 아무짝에도 소용이 없는 내가 견딜 수 없이 불쌍해져 몸뚱이만 크고 머리는 텅 비었다는 속담을 마음속에서 절절히 통감합니다. 요새 제가 한가한 시간에 뭘 하는지 아십니까? 바보처럼 자기만 합니다. 쓸데없이 잠만 자지 말고 차라리 뭔가 좀더 유쾌한 일을 하는 게 낫지 않을까, 책상 앞에 앉아 뭘 쓰기라도 하는 게 낫지 않을까, 그러면 자기를 위해서도 남을 위해서도 좋지 않은가, 하고 생각하는 겁니다. 그런데 그 사람이 돈을 어느 정도 버는지 아십니까? 정말 어마어마합니다. 라타쟈예프도 상당한 돈을 벌고 있지요. 그 사람에겐 한 절분(一折分)[8] 원고를 쓰는 건 아무것도 아닙니다. 하루에 다섯 절분이나 쓰는 날도 있는데, 한 절분에 3백 루블이나 받아요. 꽁트라든가, 좀 진기한 걸 쓰면 5백 루블까지 받습니다. 그래도 쓰는 대로 뭐든지 주십시오, 하는 판입니다. 또 그런 것 말고는 1천 루블까지도 받는 것도 있습니다. 어때요, 바르바라, 그것뿐인 줄 아십니까. 그 사람은 시를 쓴 노트를 한 권 가지고 있는데, 그게 7천 루블이나 나간답니다. 짧은 시만 적은 게 7천 루블입니다. 생각 좀 해보십시오. 이것만 가지고도 훌륭한 부동산이 아닙니까? 큰 집 한 채 가진 거나 같지 않습니까? 5천 루블까지 내겠다고 해도 승낙하지 않습니다. 그래서 제가 말해 주었죠. 그 시를 5천 루블 주겠다면 파시지 그러십니까, 그리고 침이나 한 번 퉤 뱉어 주고 말지 그래요, 5천 루블이면 큰 돈 아닙니까? 그러니까 그분 말이, 뭐 그럴 거 없어요, 그 사기꾼 녀석, 내버려두면 7천 루블 낼 겁니다, 이러지 않겠어요. 정말 대단한 남자입니다.

이야기가 여기까지 왔으니 할 수 없군요. 《이탈리아인의 사랑》이라는 이야기에서 한 부분 소개해 드리겠습니다. 이것이 그의 작품입니다. 그럼 바렌카, 잠시 읽어 보시고 나서 평가해 보십시오.

---

8) 산문으로는 4만 자, 시로는 600행 정도의 분량.

……블라디미르는 몸을 부르르 떨었다. 불같은 정열이 온몸에 소용돌이치고 피가 뜨겁게 끓어올랐다…….

"백작부인!" 그는 소리쳤다. "백작부인! 당신은 나의 이 정열이 얼마나 무서운 것인지, 이 열광적인 애정이 얼마나 깊고 무한한 것인지 아십니까. 공상은 과연 저를 속이지 않았습니다. 저는 지금 사랑하고 있습니다. 격렬하게, 분별 없이, 미칠 듯이 사랑하고 있습니다. 당신 남편이 피를 전부 흘린다 해도 미친 듯 타오르는 내 영혼의 희열은 꺼버릴 수 없을 것입니다. 어떠한 장애물도 제 가슴에 불타오르는 고통의 불길을, 만물을 태우는 지옥의 불길을 꺼버릴 수는 없을 것입니다. 오오, 지나이다여, 지나이다여……."

"블라디미르!" 백작부인은 그의 어깨에 몸을 기대며 꿈꾸는 듯한 기분으로 속삭였다…….

"지나이다!" 스멜리스키는 기쁨에 넘쳐 소리쳤다.

그는 뜨거운 숨을 토해냈다. 정열의 불길은 사랑의 제단에서 빨갛게 타오르고 불행한 사랑의 수난자들의 가슴을 갈갈이 찢어 놓았다.

"블라디미르!" 백작부인은 황홀하게 속삭였다. 가슴은 뛰고 볼은 빨갛게 물들고 눈은 불타올랐다……

이리하여 여기 무서운 결합이 새로 이루어진 것이다……!

30분 뒤 늙은 백작이 그의 부인 침실로 들어왔다.

"여보, 귀한 손님들을 위해 사모바르라도 준비해야 하지 않겠소?"

그리고 백작은 보드라운 아내 뺨을 가볍게 두드렸다.

그런데 한 가지 묻겠습니다만, 이것을 읽으신 감상이 어떻습니까? 확실히 좀 분방한 점이 있겠죠? 그건 사실이지만 그래도 멋있지 않습니까? 참으로 그럴 듯합니다. 그럼, 이번엔 중편 소설 《예르마크와 줄레이카》에서 조금만 뽑아 보겠습니다.

먼저 상상해 둘 것은 시베리아를 정복한 카자크의 용사 예르마크가 인질로 잡혀온 시베리아 왕 쿠춤의 딸 줄레이카와 사랑을 속삭이는 것입니다. 이 사건은 다 알다시피 폭군 이반 왕 시대를 다룬 것입니다. 다음에 쓰는 것은 예르마크와 줄레이카가 주고받는 대화입니다.

"쥴레이카, 당신은 정말 나를 사랑하고 있소? 다시 한 번만, 다시 한 번만 나를 사랑한다고 말해 보오."

"그럼요. 예르마크, 당신을 사랑하고말고요." 쥴레이카는 속삭였다.

"하늘이여, 땅이여, 난 그대들에게 감사하노라! 나는 참으로 행복하도다! ……그대들은 나에게 모든 것을 주었다. 어릴 때부터 마음에서 찾던 모든 것을 내려주었다. 나의 길을 인도하는 별이여, 그대는 나를 제자리로 인도해 주었도다. 바위투성이 우랄 산맥을 넘어 여기까지 잘 인도해 주었도다. 나는 세상 모든 사람들에게 나의 쥴레이카를 보여주겠다. 그러면 그 흉악한 괴물 같은 인간들도 나를 비난할 수는 없을 것이다. 오, 이 쥴레이카의 고민을 세상 사람들이 알아 주고 나의 쥴레이카의 눈물 한 방울에 어리는 시를 읽어 줄 수 있다면! 오, 내 이 입술로 그대 눈물을 훔치게 해주오, 그 거룩한 눈물을 마시게 해주오! ……나의 천사여!"

"예르마크." 쥴레이카는 말했다. "세상은 무정하고 인심은 언제나 공정하지 못해요. 사람들은 우리를 나무라고 비난하겠죠. 사랑하는 예르마크여! 그리운 시베리아의 눈에 파묻혀 아버님 부락에서 자란 이 가엾은 처녀가 얼음같이 차디찬 허영의 덧없는 세상에서 어떻게 살아 나갈 수 있을까요? 사람들은 결코 저를 동정하지는 않을 거예요. 아아, 사랑하는 사람이여!"

"그러면 그땐 이 카자크의 칼이 바람을 가르며 놈들의 머리 위로 올라갈 것입니다." 예르마크는 무섭게 눈을 빛내며 소리쳤다.

그런데 바렌카, 그 쥴레이카가 살해되었다는 소식을 들었을 때의 예르마크의 심정이 어떠했겠습니까? 눈이 멀어 버린 시베리아의 늙은 왕 쿠춤이 예르마크가 없다는 것도 모르고 밤을 틈타 몰래 그의 천막에 숨어들어가 옥새와 왕관을 빼앗은 예르마크를 죽인다는 것이 그만 소중한 자기 딸을 죽인 것입니다.

"바위에 칼을 가는 게 내 소원이다!" 예르마크는 샤먼 바위에 칼을 갈며 화가 나서 무섭게 소리쳤다. "나는 그놈의 피가, 피가 탐난다. 벨 테다, 베어 죽일 테다!"

이런 일이 있고 나서 예르마크는 쥴레이카를 잃은 슬픔에 견디다 못해 이르티시 강에 몸을 던지는 것으로 이야기는 끝납니다.

그리고 이런 것도 있습니다. 이것은 무척 우습고 재미있는 그의 소설 중에서 뽑아낸 일절입니다.

"당신은 이반 프로코피예비치 젤트프즈라는 친구를 아십니까? 바로 그 프로코피 이바노비치의 발을 물고 늘어졌던 남자입니다. 이반 프로코피예비치는 고집센 사람입니다만, 비길 데 없이 정직하고 어진 사람이기도 합니다. 그와 반대로 프로코피 이바노비치는 무에 꿀을 발라 먹기를 좋아하는 인물입니다. 그런데 이 사람이 아직 필라게야 안토노브나와 친할 때의 일입니다만...... 그런데 필라게야 안토노브나라는 여자는 알고 계시겠죠? 아 왜 있잖아요. 언제나 치마를 뒤집어 입고 다니는 그 부인 말이에요."

어때요 바렌카, 꽤 우습죠? 이걸 유머라고 합니다. 그 사람이 이것을 읽어 주었을 때 우린 너무 우스워 배를 움켜쥐고 웃고 있었죠. 정말 비상한 재주가 있는 남자입니다. 물론 좀 일부러 꾸민 데가 있고 도를 넘은 장난이긴 합니다만 그래도 악의가 없고 자유사상이니 자유주의니 하는 것이 털끝만큼도 없습니다. 다시 말해 두지만 라타쟈예프는 예의 바른 남자이고, 다른 작가와는 비교도 안 될 만큼 훌륭한 작가입니다.

그런데 이따금 이런 생각이 떠오르곤 합니다. 즉 내가, 이 내가 쓴다면 어떻게 될까? 좀 우스운 얘기긴 하지만 아무 전제도 없이 불쑥 《마카르 데부시킨 시집》이라는 책을 낸다면 어떨까요? 그때 당신은 뭐라고 할까? 당신은 그걸 어떻게 생각하고 어떻게 느낄까? 나 혼자의 생각으론 만일 내 책이 나오면 난 다시는 네브스키 거리에 나타나지 않을 것 같습니다. 아, 저기 작가이며 시인인 데부시킨 씨가 지나간다, 봐, 저게 데부시킨이라는 사람이야, 하고 모두들 말한다면 어떻게 하겠습니까! 그리고 그렇게 되면 지금 신은 이 구두는 어떻게 하면 좋겠습니까? 이왕 말이 나왔으니 하는 얘기지만 제 구두는 누덕누덕 이어서 꿰멘데다가, 밑바닥은 솔직히 말해 가끔 꼴사납게 입을 딱딱 벌리고 있는 형편이니까요. 그러니 만일 작가 데부시킨이 누덕누덕 기운 구두를 신었다는 것이 알려지면 어떻게 되겠습니까! 만일 어느 자작부인이나 공작부인에게 그 사실이 알려지면 뭐라고 하겠습니까? 하긴 그 부인들은 그런 건 신경 쓰지 않을지도 모릅니다. 자작부인 정도라면 남의 구두 따위, 그것도 하급 관리 구두 따위에 신경을 쓸 리는 없으니까요(게다가 구두에도 천 가지 만 가지가 있으니까). 하지만 혹시 누군가 다른 사람이 부인에게 털어놓을지도 모릅니다. 제 친구들이 폭로하겠죠. 아니, 라타쟈예프가 제일 먼저 폭로할 것입니다. 그 남자는 백작부인 댁에 드나드니까요. 언제나 자유롭게 드나든다고 합니다. 소문엔 대단히 문학을 좋아하는 부인이라고 하더군요. 아무튼 약삭빠른 남자입니다, 라타쟈예프란 사람은요!

이제 이런 얘기는 그만둡시다. 제가 이런 얘기를 길게 늘어놓은 것은, 사실은 당신을 웃기기 위한 장난이었습니다. 잘 있어요, 나의 귀여운 사람! 오늘은 꽤 많은 걸 적었는데 그건 제가 지금 무척 기분이 좋기 때문입니다. 오늘 우리는 모두 라타쟈예프 방에 모여 식사를 하며(정말 모두 재미있는 친구들입니다) 실컷 떠들어 댔거든요……. 하긴 이런 이야기를 당신한테 해봤자 아무 소용이 없겠군요. 그러나 다만 바렌카, 나를 당신 멋대로 이상하게 생각하지는 말아 주십시오. 난 그냥 아무 생각도 없이 썼으니까요. 책을 보내겠습니다. 꼭 보내겠습니다……. 여기선 지금 폴 드 콕트⁹⁾의 작품을 한 권 돌려 가며 읽고 있습니다. 하지만 폴 드 콕트만은 당신 구미에 맞지 않을 겁니다……. 맞지 않고말고요. 당신에겐 폴 드 콕트가 구미에 안 맞을 거예요. 이 작자는 페테르부르크에서 대단히 반감을 사고 있다는 소문입니다. 과자를 조금 보냅니다— 당신을 위해 일부러 사온 겁니다. 제발 이 과자를 먹을 때마다 저를 생각해 주십시오. 사탕만은 깨물지 말고 빨아 잡수세요. 잘못하면 이를 상하기 쉬우니까요. 당신은 물론 추카트¹⁰⁾도 좋아하시겠죠? 다음 편지에 알려 주십시오. 그럼 이만 안녕. 안녕히 계십시오.

언제나 당신의 가장 충실한 벗
마카르 데부시킨

---

9) 프랑스의 소설가. 1761~1819.
10) 과일을 사탕에 조려 만든 과자.

6월 27일

마카르 데부시킨

　표도라가 그러는데 저만 승낙하면 어느 분이 저의 딱한 처지를 동정해서 어느 저택에 가정교사 자리를 알선해 주겠다고 합니다. 당신 생각엔 어떠세요? 가는 것이 좋을까요, 아니면 그만두는 게 좋을까요? 물론 그렇게 되면 저는 더 이상 당신의 짐이 되지 않아도 되고 게다가 자리도 퍽 좋은가 봅니다. 그렇지만 한편으로는 낯선 집에 가는 것이 어쩐지 두렵기도 합니다. 그 집은 어느 지방의 지주라고 합니다. 제 신분을 알면 꼬치꼬치 캐어묻겠죠—그때 전 어떻게 대답하면 좋을까요? 사실 정든 집에서 언제까지나 사는 것이 좋아요. 뭐니뭐니해도 익숙한 곳이 좋고 설령 슬픔과 함께 살아간다고 해도 그편이 훨씬 즐거울 것 같아요. 가정교사 노릇을 하려면 지방으로 내려가야 하고, 일도 어떤 일을 시키는지 모릅니다. 어쩌면 어린애를 보게 할지도 모르죠. 더구나 2년 동안 가정교사를 셋이나 갈아치운 집이래요. 마카르, 제발 어떻게 해야 할지 의견을 좀 말씀해 주세요. 가는 게 좋을까요, 안 가는 게 좋을까요? 그런데 요샌 왜 그렇게 안오시나요? 이따금 잠깐이라도 얼굴을 보여 주세요. 요즘은 일요일 날 미사를 드릴 때 말고는 뵐 수가 없군요. 당신은 정말 남과 사귀기를 싫어하는 분이에요. 그건 저와 똑같은 성격인데, 하지만 저하고는 친척과 같은 사이가 아니에요? 마카르, 당신은 저를 사랑하지 않는군요. 전 혼자 있으면 무척 쓸쓸해지는 때가 있어요. 특히 해질 무렵 같은 때에 혼자 있으면 더욱 그렇습니다. 표도라가 어디 가고 혼자 우두커니 앉아 생각에 잠겨 있노라면—즐거웠던 일도 슬펐던 일도 옛일이 한꺼번에 떠올라서—그것이 하나하나 마치 안개 속에서 떠오르듯 눈앞을 스쳐가는 거예요. 그리운 사람들의 얼굴도 떠오르고(전 요즘 가끔 눈앞에 환상을 봅니다)—제일 자주 나타나는 건 어머니의 얼굴입니다……. 그리고 꾸는 꿈이란 것마다 또 어쩌면 모두 그럴까요. 전 이제 몸이 아주 약해졌어요. 완전히 약해져서 오늘 아침도 자리에서 일어날 때 기분이 좋지 않았어요. 게다가 아주 나쁜 기침이 나기 시작했어요. 얼마 안 가 죽지 않을까 모르겠습니다. 그건 저도 잘 알고 있어요. 그땐 누가 저를 묻어 줄까요? 누가 제 관 뒤를 쫓아와 줄까요? ……어쩌면 전 낯선 땅, 남의 집 한구석에서 숨을 거둘지도 모릅니다……. 아아, 마카르, 산다는 것은 어쩌면 이렇게도 외로운 걸까요. 그런데 어쩌자고 당신은 제게 자꾸 과자만 먹이려고 하십니까? 어디서 돈이 그렇게 자꾸 생기는지 저로선 짐작도 못하겠군요. 나의 가장 소중한 분, 제발 돈을 좀 아껴 주세요. 표도라가 제가 수놓은 양탄자를 팔아 주겠다고 합니다. 지폐로 50루블 받을 수 있대요. 큰 도움이 되겠지요. 전 그보단 훨씬 싸게 나갈 줄 알았거든요. 받으면 표도라한테 30루블 주고, 옷을 한 벌 해입을 생각입니다. 물론 그리 좋은 건 아니지만 그 질보다는 따뜻한 것으로. 당신에겐 조끼를 지어 드릴께요. 좋은 천을 골라 제가 직접 만들어 드리겠습니다.

표도라가 《벨킨 이야기》라는 책을 얻어 주었습니다. 다 읽으면 보내드리겠습니다. 될수록 더럽히지 않도록 하시고 오래 걸리지 않도록 해주세요. 남의 책이니까요. 책은 푸시킨 작품입니다. 전 2년 전 어머니와 같이 이 책을 읽은 일이 있기 때문에, 이번에 다시 읽을 때 무척 슬펐습니다. 만일 가진 책이 있으시면 보내 주세요. 하지만 라타쟈예프한테서 빌려온 건 말고요. 그 사람은 자기가 책을 내면 꼭 한 권씩 빌려주는 모양이죠? 마카르, 당신은 왜 그 사람의 작품을 좋아하세요? 그런 하잘것없는 걸……. 그럼 이만. 너무 떠들어 댔나 봅니다. 기분이 우울해지면 뭐든지 자꾸 말하고 싶어져요. 말하자면 제겐 약이나 같아요. 바로 기분이 가라앉아요. 특히 가슴에 쌓인 것을 몽땅 털어놓으면 더욱 그래요. 그럼 안녕히 계세요.

당신의 V.D

6월 28일
사랑하는 바르바라!
제발 쓸데없는 생각은 마십시오. 당신은 그런 일로 창피하지도 않습니까? 자, 이제 그만 하십시오, 나의 천사. 왜 그런 생각을 합니까? 당신은 병이 든 게 아닙니다. 절대로 병이 아닙니다. 당신은 향기롭게 피어난 꽃처럼 싱싱합니다. 그야 안색은 좀 나쁘지만, 그래도 역시 한창때인 것만은 틀림없습니다. 그리고 꿈이니, 환상이니, 대체 무슨 말을 하시는 겁니까. 부끄럽지도 않습니까? 귀여운 사람, 자, 이제 제발 그런 소리 마십시오. 그런 꿈 같은 건 아무것도 아닌 듯이 그냥 지나쳐 버리십시오. 지나고 나면 그만입니다. 그런데 저는 왜 그렇게 잠이 잘 올까요? 왜 저에겐 아무 이상도 없을까요? 그러니까 저를 보십시오. 이렇게 편안하고 잘 자고 몸은 건강하기 이를 데 없고 그야말로 원기 왕성합니다. 보기에도 좋지 않습니까. 제발, 제발 그런 말은 다시는 하지 마십시오. 정말 부끄럽지 않습니까. 자, 빨리 마음을 돌리십시오. 전 당신의 마음을 환히 알고 있지요. 무슨 일이 조금만 생겨도 곧 망상을 펼쳐 꼬치꼬치 생각하는 겁니다. 저를 위해서도 다시는 그런 생각은 하지 마십시오. 더욱이 시골로 가시겠다니요─절대로 안 됩니다. 절대로, 절대로 안 됩니다. 왜 당신은 그런 생각을 하셨습니까? 대체 지금 뭐가 어떻다는 겁니까? 게다가 지방으로까지 나간다니! 저는 절대 반대입니다. 그런 생각엔 전적으로 반대입니다. 낡은 코트를 팔고 셔츠 하나만을 걸치고 거리를 다니는 한이 있더라도 결코 당신을 불편하게 하진 않겠습니다. 그리고 바렌카, 당신은 그래선 안 돼요. 난 당신이라는 사람을 잘 알고 있으니까요. 그건 바보 같은, 참으로 바보 같은 생각입니다. 단 한 가지 확실한 것은, 표도라는 사람이 나쁘다는 겁니다. 아마 틀림없이 어리석게도 그 표도라가 당신에게 그런 생각을 불어넣었을 겁니다. 그런 여자의 얘기 같은 건 곧이듣지 마십시오. 당신은 아직 그 여자에 대해서 다 알지 못하시죠?…… 그 여자는 바보에 말 많고 주책없는 여자로 죽은 남편까지도 그 여자가 저세상으로 보낸 거나 같습니다. 아니, 그게 아니라 어쩌면 당신은 그 여자 때문에 화가 잔뜩 나 있었던 게 아닙니까? 어쨌든 무슨 일이 있더라도 절대로 안 됩니다. 그리고 만일 그렇게 되면 나는 어떻게 되겠습니까? 바렌카, 제발 그런 생각은 머릿속에서 깨끗이 버려 주십시오. 대체 당신이 뭐가 부족해서 그럽니까? 그야 물론 당신에게 충분한 만족을 줄 수는 없겠지요. 하지만 당신을 보고 진심으로 즐거워하고 있고, 당신이 또한 우리를 사랑하고 있다면 그대로 조용히 살면 좋지 않겠습니까? 삯바느질도 하고 책도 읽고 하면서, 아니, 삯바느질 같은 건 하지 않아도 좋습니다. 하여튼 우리하고 같이 살기만 해주십시오. 만약 당신이 가버린다면 어떻게 될 것인지 한 번 생각해 보십시오…….

자, 책도 갖다 드리겠습니다. 그리고 산책도 갑시다. 그 대신 그런 얘기만은 절대로 꺼내지 마십시오. 전 정말 딱 질색입니다. 쓸데없는 어리석은 생각은 하지 맙시다. 당신에게 찾아가고말고요. 곧 찾아가겠습니다. 그 대신 저의 이 솔직한 충고만은 꼭 들어 주십시오. 안 됩니다. 그래선 절대로 안 됩니다. 물론 저는 무식한 사람입니다. 저도 제가 배우지 못하고 없는 돈으로 휘뚜루 잡다하게 겉만 핥았다는 것을 잘 알고 있습니다. 이런 방면의 이야기는 제게 어울리지도 않고 어떻다고 단정할 수 없다는 것도 알지만 아무래도 그 라타쟈예프만은 변명을 해 줘야겠습니다. 그는 내 친구니까 변명을 해두겠습니다. 그는 글을 잘 씁니다. 정말 뭐니뭐니해도 글만은 잘 씁니다. 당신 의견에 찬성할 수 없습니다. 도저히 찬성할 수 없습니다. 표현은 화려하고 분방하고 수사도 뛰어나고 여러 가지 사상이 함축되어 정말 훌륭합니다. 바렌카, 아마 당신은 그걸 무심히 읽으신 모양이죠? 아니면 그걸 읽을 때 몹시 기분이 안 좋았거나, 표도라 때문에 속이 상했거나, 그렇지 않으면 무슨 좋지 않은 일이 있었던 게 아닙니까? 다시 한 번 마음을 기울여 읽어 보십시오. 마음이 한껏 유쾌하고 만족하고 기분이 좋을 때, 과자를 입에 넣거나 할 때 읽어 보십시오. 그야 물론 라타쟈예프보다 훌륭한 작가가 있다는 말에 반대하는 건 아닙니다. 훨씬 뛰어난 작가도 있습니다(그런 얘기엔 아무도 반대하지 않아요). 그렇지만 그런 작가도 우수하지만 라타쟈예프도 아주 우수합니다. 그는 또 그 나름대로 독특한 맛이 있고 독특한 필법이 있습니다. 그리고 그런 모든 것으로 그는 또 자기대로의 훌륭한 작품을 써내고 있습니다. 그럼 안녕히 계십시오. 이제 더 못 쓰겠습니다. 일이 생겨서 서둘러야 해요. 나의 바렌카, 저녁때는 부디 마음 가라앉히고 계십시오. 그러면 하느님이 당신을 지켜 주실 겁니다.

당신의 충실한 벗
마카르 데부시킨

〈추신〉 보내 주신 책 고맙습니다. 푸시킨도 읽기로 하죠. 오늘 밤엔 꼭 찾아가겠습니다.

7월 1일

사랑하는 마카르 데부시킨!

전 아무래도 이 이상 당신들과 함께 살 수는 없을 것 같습니다. 거듭 생각한 끝에 이런 조건 좋은 자리를 거절한다는 것은 옳지 않다고 생각했습니다. 거기 가면 적어도 매일매일의 빵만은 어김없이 얻어먹을 수 있으니까요. 전 애써 남에게 다정하게 해주려고 노력할 작정입니다. 필요하면 제 성격까지도 바꿀 생각이죠. 물론 남의 틈에 끼어 타인의 정에 의지해 자기 감정을 숨기고 마음에도 없는 행동을 하는 것은 괴롭고 쓰라린 일임에 틀림없지만, 하느님의 도움으로 견뎌 나갈 수는 있겠죠. 그리고 일생 남과 못 사귀는 성격으로만 살 수도 없습니다. 전에도 이번과 똑같은 기회가 있었습니다. 지금도 기억하고 있지만 어릴 때 기숙학교에 있은 일이 있어요. 일요일에는 하루 종일 뛰어다녀 어떤 때는 어머니께 꾸중을 들은 일도 있었지만 그런 건 조금도 개의치 않았고, 무척 기분이 좋고 마음도 즐겁기만 했습니다. 그런데 차차 저녁때가 가까워지면 견딜 수 없이 슬퍼지고 내일 9시까지는 학교에 가야겠지. 거긴 모든 것이 서먹서먹하고 냉랭하고 엄격하고 여선생들도 월요일엔 걸핏하면 화를 내는데, 하고 생각하면 가슴이 콱 막혀오는 게 울고 싶어집니다. 그래서 혼자 구석으로 가서는 눈물을 감추고 훌쩍거리고 있으면 또 게으름을 핀다고 야단을 맞는 거예요. 하지만 제가 운 건 결코 공부가 싫어서가 아니었어요. 그런데 그게 어떻게 됐는지 아십니까? 거기에 차차 익숙해져서 기숙학교를 나올 때쯤에 친구들과 헤어지는 것이 서러워 역시 울어 버리고 말았답니다. 당신들 두 분의 도움을 받으며 사는 건 아무리 생각해도 좋지 않습니다. 그것만 생각하면 전 괴로워 견딜 수 없어요. 당신한테는 이제 모든 것을 털어놓는 버릇이 생겼으니까 솔직히 다 말씀드리겠어요. 표도라가 아침 일찍 일어나 빨래를 하고 밤늦게까지 일하는 걸 설마 제가 모를 리 있겠어요. 나이가 들면 사람은 누구나 편히 살기를 바라는 겁니다. 또 당신이 저를 위해 돈을 다 쓰고, 마지막 일 코페이카까지 털어 저를 위해 쓰시는 걸 설마 제가 모를 리 있겠어요. 당신은 그런 돈을 마음놓고 쓸 만큼 부자는 아닙니다. 편지에는 마지막 물건을 팔아서라도 저를 불편하지 않게 해주시겠다고 하셨습니다. 그야 물론 저도 그 말을 믿고 있습니다. 당신의 선량한 마음은 믿어요. 하지만 당신은 지금이니까 그렇게 말씀하시는 거예요. 지금은 뜻밖의 돈도 가끔 생기십니다. 보너스도 타십니다. 그러나 앞으로는 대체 어떻게 하실 작정이신가요. 아시다시피 전 항상 몸이 아픕니다. 당신처럼 일할 수가 없지요. 게다가 아무리 일할 마음이 있더라도 언제까지나 일감이 있는 것도 아니고요. 그럼 전 앞으로 어떻게 하면 좋을까요? 당신들 두 사람이 저를 위해 애쓰시는 걸 그냥 멍하니 바라보고만 있어야 합니까? 전 대체 어떻게 해야 조금이라도 당신의 도움이 될 수 있을까요? 그리고 전 어째서 당신에게 그렇게 필요한 여자일까요? 제가 무슨 그렇게 좋은 일을 해드렸다고……. 전 다만 진심으로 당신을 사모하고 당신을 힘껏 마음으로부터 사랑하고 있는 것뿐입니다. 하지만 제 운명은 참 기구합니다. 전 사랑한다는 것이 무엇이라는 걸 알고 사랑할 줄도 알기는 하지만 단지 그것을 알 뿐, 뭔가 좋은 일을 해줄 줄도, 또 당신의 은혜에 보답할 줄도 모릅니다. 제발 저를 붙잡지 말아 주세요. 잘 생각하셔서 마지막 의견을 들려주십시오. 그럼 회답을 기다리면서…….

당신을 사모하는
V.D

7월 1일

　어리석은, 정말 어리석은 생각입니다. 바렌카, 그런 생각을 바로 어리석은 생각이라고 하는 겁니다! 당신은 정말 그대로 내버려두면 나중엔 어떤 생각을 다 할지 모르겠습니다. 이것도 저것도 아니고 말이에요. 하지만 저도 이번엔 확실히 알았습니다. 그런 건 다 어리석기 짝이 없는 생각입니다. 당신은 대체 지금 여기서 무엇이 부족합니까? 먼저 그것부터 말해 주십시오. 당신은 사랑을 받고 있고 또 당신도 우리를 사랑하고 있습니다. 우리는 모두 그것으로 만족하고 있고 행복합니다. 대체 그 이상 무엇이 필요합니까? 대체 낯선 사람들한테 가서 무엇을 하시겠다는 겁니까? 아마 당신은 아직 타인이란 게 어떤 것인지 잘 모를 겁니다……. 그럼 저한테 물어 보십시오. 제가 자세히 가르쳐 줄 테니까요. 저는 타인이란 걸 알고 있습니다. 아주 잘 알고 있습니다. 남의 빵도 얻어먹은 일이 있으니까요.

바렌카, 남이란 지극히 냉정한 겁니다. 아니 냉정할 뿐만 아니라 조금만 마음에 안 들어도 곧 잔소리를 하고 나무라고 싫은 눈치를 보이는 겁니다. 그러나 우리들 사이에 있으면 당신은 따뜻하고 아늑하고 마치 자기 집 둥우리 속에 있는 새 같습니다. 그런데 당신이 가버리면 우리는 머리가 잘리는 것과 다름없습니다. 당신이 없으면 우리가 어떻게 살아갈 수 있겠습니까? 그렇게 되면 나이 먹은 나는 정말 무엇을 해야 합니까? 당신이 우리에게 필요하지 않다고요? 도움이 되지 않는다고요? 어째서 도움이 되지 않는다는 겁니까? 바렌카, 한번 잘 생각해 보십시오. 당신이 정말 소용이 없는 사람인가 아닌가를. 바렌카, 당신은 우리에게 대단히 소중한 사람입니다. 당신은 참으로 좋은 영향력을 주고 있습니다…… 지금도 저는 당신을 생각하고 이렇게 즐거워하고 있습니다……. 저는 때때로 당신에게 편지를 쓰고, 제가 마음먹은 생각을 하나도 남김없이 털어놓고 당신으로부터 자세한 편지를 받습니다. 어떤 때는 당신에게 옷을 사주거나 모자를 만들어주거나 하고, 때로는 당신한테서 부탁받는 일도 있고, 제가 부탁을 하는 일도 있지 않습니까……. 아니, 어째서 당신이 소용없다는 말입니까? 그리고 나이 먹은 저 혼자 어떻게 하라는 겁니까. 누구를 위해 살라는 겁니까?

바렌카, 당신은 아마 이 점을 생각하지 않았나 봅니다. 제발 이 점을 생각해 주십시오. 즉, 내가 없으면 저 사람은 어떻게 살까, 하고 말입니다. 나는 이제야 겨우 당신과 완전히 친해졌는데 당신이 떠난다니, 난 어쩌란 말입니까? 난 네바 강에 몸을 던져 죽어 버릴지도 모릅니다. 바렌카, 아마 틀림없이 그럴 겁니다. 당신이 사라지면 나는 아무것도 할 의미가 없을 겁니다. 아아, 나의 귀여운 바렌카, 당신은 내가 영구차에 실려 볼코보의 묘지로 운반되길 바라는군요. 언젠가 포크롭스키의 영구차를 따라가던 그 거지 노파가 내 관 뒤를 따라오고, 마침내 나는 모래로 덮이고 그 노파도 내 곁을 떠나 가 버릴 것입니다. 그게 당신의 소원이군요. 너무하십니다. 너무하십니다. 정말 너무하십니다. 정말 너무합니다!

바렌카, 당신의 책을 돌려드립니다. 제 의견을 물으시면 전 태어나서 이처럼 훌륭한 책을 처음 읽었습니다. 지금 저는 저 자신에게 너는 왜 지금까지 그토록 헛되이 살아왔는가, 물어 볼 정도입니다. 나는 지금까지 뭘 하고 있었는가?

어떤 딴 세상에서라도 튀어나왔는가? 하고 말입니다. 전 아무것도 모릅니다. 전혀 모릅니다. 정말 아무것도. 바렌카, 솔직히 저는 무식한 사람입니다. 지금까지 변변한 책 하나 읽은 게 없지요. 정말 몇 권 읽은 것밖에 없습니다. 그것은 아무것도 읽지 않은 거나 마찬가집니다. 《인간의 본질》[11]이라는 퍽 유익한 책은 읽은 일이 있습니다. 《방울로 갖가지 곡을 연주하는 소년》[12]도 읽었습니다. 그리고 《이비크스의 학》[13]이라는 책도 읽었지만, 이것뿐입니다. 그것 말고는 무엇 하나 읽은 게 없지요. 그런데 이번에 당신이 빌려 주어서 《역장》을 읽었습니다.

　이것을 읽고 깨달은 것은, 인간은 자기의 생활을 마치 그대로 자기가 쓴 것 같은 책을 바로 옆에다 놓고도 모르고 지낼 수 있다는 것이었습니다. 그리고 지금까지 자기도 깨닫지 못했던 것을 이 책을 읽는 동안에 조금씩 떠올리거나 깨닫게 되고 자극을 받고 과연, 하고 납득하게 된 겁니다. 그리고 마지막으로, 빌려 주신 책이 좋아진 이유가 또 하나 있습니다. 그것은 다름이 아니라, 다른 책들은 읽고 또 읽고 아무리 읽어도 어렵고 모를 것이 많았습니다. 그래서 저는 머리가 둔하고 타고난 둔재이기 때문에 너무 어려운 책은 될 수 있는 대로 읽지 않으려 해왔습니다. 그런데 이 책을 읽고 나자 마치 나 자신이 그 책을 쓴 듯한 기분이었습니다. 다시 말해 내 마음을 있는 그대로 꺼내 그것을 몽땅 뒤집어 보여 쓰게 한 것 같았습니다. 게다가 내용도 하나도 어렵지 않습니다. 정말 쉽게 읽혀집니다. 나도 그렇게는 쓸 수 있을 것 같았습니다. 왜 쓰지 못했을까? 저도 이 책에 씌어 있는 것과 똑같은 감정을 느껴 왔고, 또 어떤 때는 그 불쌍한 삼손 브이린과 똑같은 경우에 처해 본 일이 있으니까요. 첫째, 우리 주위에는 이런 삼손 브이린들이, 그와 똑같이 불행한 사람이 얼마든지 있지 않습니까! 그것이 그대로 아주 생생하게 그려진 것입니다. 나는 그 죄많은 주인공이 정신을 잃도록 술을 마시고, 하루 종일 양피 외투를 뒤집어쓰고 잠이나 자고 슬픔을 잊기 위해 폰스 술을 들이켜고 길잃은 자기의 어린 양딸 두냐샤를 생각하고, 더러운 외투자락으로 눈물을 닦으며 서럽게 흐느

---

11) 러시아 철학자 아가리치(1783~1848)의 관념 철학론에 의한 인간론.
12) 당시 대단한 평가를 받던 프랑스의 작가 뒤클레 뒤므니로(1761~1819)의 소설.
13) 독일 시인 쉴러의 발라드.

껴 운다는 대목을 읽었을 때는 나도 모르게 눈물이 나오는 것을 어쩔 수 없었습니다.

이건 절대로 만들어낸 얘기가 아닙니다. 다시 한 번 읽어 보십시오 실제로 있는 얘기입니다. 살아 있는 얘깁니다. 나는 이 눈으로 그런 사실을 똑똑히 보았습니다. 현재 우리 주위에 그와 같은 사람들이 얼마든지 살아 있습니다. 체레자만 해도 그렇습니다—뭐, 멀리까지 예를 찾을 것도 없지요—여기 같이 사는 더 불쌍한 말단 관리만 해도 그렇습니다. 그도 삼손 브이린과 마찬가지 인물인데, 다만 고르쉬코프라는 성이 다를 뿐입니다. 누구에게나 그런 공통점이 있고 또 당신이나 나도 앞으로 그렇게 되지 않으리라고 장담할 수는 없습니다. 네브스키 거리나 강변 도로에 사는 백작도 마찬가집니다. 다만 그 사람들은 귀족이고 고상한 척하기 때문에 다르게 보일 뿐이지 역시 마찬가집니다. 사람에게는 언제 무슨 일이 일어날지 모르니까요. 그런데 당신은 우리 곁을 떠나려 하고 있습니다. 바렌카, 너무하지 않습니까. 당신은 당신 자신도 우리도 동시에 파멸시키려 하고 있습니다. 아아, 나의 소중한 사람, 제발 그런 어리석고 무모한 생각은 머릿속에서 깡그리 내쫓고 이 이상 더 나를 괴롭히지 마십시오. 아직 날개도 제대로 나오지 않은 어린 새와 같은 당신이 어떻게 어디서 먹이를 찾겠단 말입니까. 어떻게 자신의 파멸을 막고 악한 사람들로부터 자신을 지키겠다는 말입니까. 바렌카, 이제 다시는 그런 말씀 마십시오. 그리고 빨리 몸이 회복되길 바랍니다. 쓸데없는 충고나 간섭에 귀를 기울이지 마십시오. 그리고 다시 한번 주의깊게 그 책을 읽어 보십시오. 틀림없이 뭔가 도움되는 것을 발견할 수 있을 것입니다.

나는 《역장》에 대해 라타쟈예프에게 얘기했습니다. 그 사람은 이제 그 작품은 낡은 작풍으로 요즘은 여러 가지 묘사와 설명이 들어간 책이 유행이라고 하더군요. 솔직히 말해서 그때 나는 그의 말을 잘 납득할 수 없었습니다. 그러나 결국 푸시킨은 훌륭한 작가이고 그는 성스러운 러시아의 이름을 세계에 빛나게 한 사람이라고 하며 여러 가지 그에 대해 설명을 해주었습니다. 어쨌든 참 좋은 작품입니다. 정말 좋은 작품이죠. 제 말대로 다시 한번 그 책을 주의깊게 읽어 보십시오. 그리고 재미있는 평을 들려주어서 이 나이 든 사람을 기쁘게 해주십시오. 그때는 하느님도 당신에게 보답을 내려주실 겁니다. 반드시 내려주실 것입니다.

당신의 진정한 벗
마카르 데부시킨

7월 6일
마카르 데부시킨!

표도라가 오늘 은화 15루블을 갖다 주었습니다. 제가 은화 3루블을 줬을 때 가엾게도 좋아하는 모습이란! 급히 몇 자 적겠습니다. 전 지금 당신의 조끼를 재단하고 있는 중입니다. 감이 제법 좋은 것으로 누르스름한 바탕에 작은 꽃무늬가 있는 것입니다. 책을 한 권 보내드립니다. 여러 편의 소설을 모은 것입니다. 전 그중에서 몇 편을 읽었어요. 그중 《외투》라는 걸 한 번 읽어 보세요.

극장에 같이 가자고 말씀하셨는데 값이 너무 비싸지 않을까요? 가더라도 싼 좌석을 택해서 갔으면 좋겠군요. 전 정말 오랫동안 연극을 보지 못했어요. 그러고 보니 언제 갔는지조차 기억이 안 날 정도입니다. 다만 그것을 보려면 너무 돈이 많이 들지 않을까 그것만이 걱정이 됩니다.

표도라는 요즘 줄곧 머리를 저으며 당신이 너무 수입에 어울리지 않는 생활을 하고 있는 것 같다고 합니다. 저도 같은 생각입니다. 저 하나를 위해 당신은 얼마나 많은 돈을 낭비하고 계시는지! 제발 나중에 곤란한 경우를 당하지 마시고 미리 조심하세요. 표도라가 말하기를, 당신은 방세가 밀려 집 주인과 싸웠다고 하더군요. 전 당신이 걱정되어 견딜 수가 없습니다. 그럼 안녕. 일이 좀 있어 바빠요. 모자 리본을 바꾸려고 합니다.

V.D

〈추신〉 만일 연극을 보러 가게 되면 새 모자를 쓰고 검정 목도리를 두르고 갈 참입니다. 그래도 좋을까요?

7월 7일

바르바라!

……그럼 어제 하던 얘기를 계속합시다. 그래요, 지난 옛날 무척 바보 같은 짓을 했습니다. 그 여배우한테 빠져 완전히 미쳐 버리고 말았으니까요. 그것도 한 번 만나보고. 생각하면 어처구니없죠. 그 여배우를 제대로 본 일도 없으면서 단번에 미쳐 버리고 만 것입니다. 그 무렵, 벽 하나를 사이에 두고 혈기 왕성한 젊은 패가 다섯 명이나 내 바로 옆방에 살고 있었습니다. 나는 물론 충분히 경계를 했지만 어느새 그들과 허물없이 지내게 됐습니다. 저도 그들 패에서 외톨이가 되지 않기 위해 그들이 하는 대로 맞장구를 쳤습니다. 그 패들이 그 여배우에 대한 얘기를 들려준 것입니다. 매일 밤 극장문이 열릴 때쯤 되면 그들은 떼를 지어 나가곤 했습니다. 필요한 물건을 살 돈도 없는 주제에, 떼지어 하등 좌석에 자리잡고 앉아서 시끄럽게 박수를 쳐대며 그 여배우를 몇 번이나 불러내고는—마치 미친 것 같았습니다. 그리곤 집에 돌아와서도 어찌나 떠들어 대는지 잠을 잘 수가 없었습니다. 하룻밤 내내 그 여배우에 대한 얘기를 늘어놓는 거지요. 모두가 그 여배우를 나의 글라샤라고 부르고, 모두가 그 여배우 하나만을 사랑하고 있었습니다. 모두의 가슴속에 똑같은 사랑의 카나리아가 깃든 것입니다. 그들은 내 마음까지도 뒤숭숭하게 했습니다. 그땐 나도 아직 젊었으니까요. 어떻게 그들과 극장 하등 좌석에 가 앉게 됐는지 모릅니다. 보이는 건 막 한 귀퉁이뿐이었지만 소리만은 하나 빠짐없이 다 들렸습니다.

그 여배우의 목소리는 정말 좋았습니다. 마치 꾀꼬리처럼 맑고 달콤한 목소리였습니다. 우린 미친 듯 박수를 보내고 마구 소리를 질렀습니다. 자칫하면 모두 경찰 신세를 질 정도로 말입니다. 한 친구는 정말로 붙들려 나갔습니다. 나는 집에 돌아와서도 마치 무엇에 취한 듯한 기분이었습니다. 주머니엔 은화 1루블밖에 없는데 월급날까지는 아직 꼬박 열흘이나 있어야 했습니다. 그런데 어떻게 한 줄 아십니까? 그 이튿날 직장에 나가기 전에 나는 프랑스 사람이 경영하는 향수집에 가서 전 재산을 몽땅 털어 뭐라고 하는 향수가 든 비누 하나를 샀습니다. 왜 그런 걸 샀는지 나도 잘 모릅니다. 그리고 점심때도 집에 돌아오지 않고 내내 그 여배우집 창 밑에서 왔다 갔다 했습니다. 그녀는 네브스키 거리의 어느 집 4층에 살고 있었지요. 집에 돌아와 한 시간쯤 지나자 또 그녀 집 창 밑을 거닐고 싶은 마음에 나는 다시 네브스키 거리로 뛰어 갔습니다. 한 달 반이나 이렇게 그녀의 뒤를 쫓아다닌 것입니다. 매일 기세 좋게 마차를 빌려 그녀의 창문 앞을 왔다 갔다 했습니다. 마침내 있는 돈을 다 털어 쓰고 빚을 잔뜩 짊어지게 되자 사랑도 식어 버렸습니다—질린 것입니다. 정말 여배우란 이렇게도 멀쩡한 사람을 이상하게 만드는 것이더군요. 물론 저도 젊었죠. 그땐 정말 젊었습니다…….

M. 데부시킨

7월 8일

나의 바르바라!

지난 6일 빌려주신 책[14]을 돌려드립니다. 그런데 여기서 한 가지 꼭 밝혀 둘 일이 있습니다. 당신은 정말로 나쁘군요. 사람을 이렇게 극단적인 기분으로까지 몰아넣다니 정말 야속하군요. 자, 들어 보십시오. 인간의 운명이란 누구나 지극히 높으시고 그 이름도 거룩하신 하느님께서 정해 주신 겁니다. 어떤 사람은 장군 견장을 붙이고 어떤 사람은 9등관으로 근무하게끔 운명지어져 있습니다. 또 어떤 사람은 다른 사람에게 명령을 내리게끔, 어떤 사람은 불평도 못하고 전전긍긍하며 그 명령에 복종하도록 되어 있습니다. 이것은 다 그 인간의 재능으로 결정되는 것입니다. 어떤 사람에겐 이런 재능이 있는 반면 다른 사람에게는 또 다른 재능이 있는데, 그 재능이란 하느님으로부터 주어진 것입니다. 나는 벌써 30년이나 관청에 근무하고 있습니다. 그러나 지금까지 일에 대해 비난을 받은 일도 없고 품행도 단정하여 규칙을 어겨 본 일도 없습니다. 물론 일개 시민으로선 제게도 결함이 있을지는 모르지만 동시에 장점도 있는 인간이라고 생각합니다. 상관들한테도 존경을 받고 있고 각하도 제게 만족하고 있다고 생각합니다. 물론 지금까지 상사한테 특별한 호의를 받은 일은 없지만 나에게 만족하고 있는 것만은 틀림없습니다. 백발이 될 때까지 살

---

14) 고골리의 단편집을 말함. 이 편지는 《외투》를 읽은 감상.

아 왔으나 돌이켜보아도 큰 실수를 저지른 기억은 없습니다. 물론 아무런 잘못도 없는 사람은 없겠지요. 누구에게나 잘못은 있는 법으로 당신에게도 따지고 보면 잘못은 있습니다. 그러나 큰 실수, 큰 잘못, 즉 법을 어긴다든가 사회에 해가 되는 죄를 범한 일은 한 번도 없습니다. 전혀 없습니다. 아니 오히려 훈장을 탈 뻔한 적은 있지요. 하지만 그런 건 아무래도 상관없습니다. 그것에 대해선 당신도 잘 알고 계실 테니까요. 아니, 당연히 그 소설의 작자도 알고 있을 겁니다. 글을 쓰려면 뭐든지 다 알고 있어야 하니까요. 그런데 바렌카, 당신이 설마 그런 말씀을 하실 줄은 몰랐습니다. 다른 사람도 아닌 당신한테서 그런 소리를 들을 줄은 정말 몰랐습니다.

도대체 이해할 수 없습니다. 이 작품대로 한다면 그것이 어떤 방이든 가만히 자기 방 한구석에서 조용히 살 수도 없습니다. 속담에도 있듯 물도 흐르지 않고 남의 비위도 건드리지 않고 하느님을 두려워하여 내것을 지키는 대신에 남의 손가락 하나 못 대게 하고 자기 집에 들어오지도 못하게 하면서 네 집은 어떤가, 다시 말해서 넌 고급 조끼를 가지고 있는가, 속옷은 제대로 가지고 있는가, 구두는 가지고 있는가, 구두 밑창은 뭘로 댔는가, 뭘 먹고 뭘 마시고 뭘 정서하고 있는가?……하는 쓸데없는 간섭을 받지 않고 살아갈 수는 없습니까? 예를 들어, 나도 길이 나쁘면 발끝으로 걸어가는 경우도 있는데 무엇 때문에 구태여 그런 남의 일을 작품화하여 구두를 소중하게 여긴다고 쓸 필요가 있습니까! 돈이 없어 차도 한잔 제대로 못 마시는 일도 있다는 말을 대체 무엇 때문에 쓰는 겁니까? 그것은 마치 누구든지 차는 마셔야 한다는 말과 다를 바 없지 않습니까! 언제 내가 저 사람은 입에 뭘 물고 우물우물하고 있을까 하고 남의 입 속을 들여다본 일이라도 있단 말입니까? 내가 남에게 그런 모욕을 준 일이 있단 말입니까? 아니요, 그런 일은 한 번도 없습니다. 나에게 아무 해도 끼치지 않는데 남을 모욕할 리가 있겠습니까.

그럼 바르바라, 여기서 한 가지 예를 들어 봅시다. 즉, 여기 한 남자가 열심히 착실하게 일하고 있습니다. 그걸로 충분하지 않습니까? 게다가 상관들한테 존경까지 받고 있습니다(누가 뭐라 해도 존경을 받고 있다는 것만은 틀림없습니다)—그런데 이렇다 할 이유도 없이 불쑥 그의 면전에서 누군가가 욕을 했다면 어떻겠습니까? 그야 뭔가 새로운 것이라도 생겼을 땐 정말 즐거워 잠도 못 자고 기뻐하는 것입니다. 예를 들어, 구두 같은 걸 새로 맞춰 보십시오. 얼마나 기쁜가. 이건 사실 저도 경험한 일입니다. 발에 꼭 맞는 멋쟁이 구두를 신고 자기 발을 내려다보는 건 정말 유쾌한 일이지요. 그런데 표도르 표도르비치 같은 인물이 어째서 자기를 모욕한 이러한 책의 발행을 묵과하고 자기 변명하나 제대로 하지 못하는지 놀라지 않을 수 없습니다. 그 사람은 젊은 고관인데, 가끔 꽥꽥 소리 지르기를 대단히 좋아합니다. 하긴 소리 질러서 나쁘란 법은 없죠. 우리 같은 하급 관리는 야단을 칠 필요가 있을 뿐만 아니라 호통을 쳐 줘야 합니다. 그리고 그게 설령 허영 때문이라고 합시다.

그래도 상관없습니다. 허영 때문에 호통쳐도 괜찮다는 말입니다. 아랫사람을 거느리려면 야단치고 훈계할 필요가 있습니다. 왜냐하면 바렌카, 이건 비밀인데, 우리 하급 관리는 그렇게 하지 않으면 절대로 일을 하지 않습니다. 모두 자리 하나를 차지하고 인정받을 기회만을 노려 자기선전만 하는 주제에 일은 될수록 하지 않으려고만 합니다. 관등에는 갖가지 종류가 있어, 그 관등이 제각기 다 자기에게 맞는 문책을 필요로 하기 때문에 자연히 징계엔 여러 가지 종류가 나오기 마련입니다. 이건 당연한 얘기죠. 그리고 우리가 서로 훈계하고 서로 징계하기 때문에 사실은 이 세상도 유지되는 것입니다. 만일 이 예방법이 없었다면 세상은 존립되지 않을 것이고 질서고 뭐고 아무것도 없을 것입니다. 정말 표도르 표도로비치가 이런 모욕을 모르고 지나치다니 정말 의외입니다.

대체 무엇 때문에 이런 소설을 쓰는 것일까요? 이런 게 무슨 필요가 있다는 겁니까? 그러면 독자 중의 누군가가 대신 이 가난뱅이 나에게 외투라도 만들어준다는 겁니까? 천만에요. 바렌카, 다 읽고 나면 그 다음을 더 읽으려고 할 뿐일 겁니다. 종종 나는 몸을 움츠리고 닥치는 대로 아무거나 뒤집어쓰고 어느 곳에도 얼굴을 내놓고 싶지 않을 때가 있습니다. 왜냐하면 세상 소문이 너무나 무섭고 아무거나 닥치는 대로 핑계삼아 되지 못한 악평을 하는 것이 두렵기 때문입니다. 그렇게 되면 결국 밖에 나다니지도 못하게 됩니다.

왜냐하면 이 소설은 걸음걸이만 보아도 그 주인공이 누구인지 알아챌 수 있을만큼 세밀히 묘사되어 있기 때문입니다. 하기는 작가가 끝머리에 가서는 생각을 달리 먹고 훨씬 관대하게 취급했더군요. 예를 들어, 주인공의 머리에

다 서류 뭉치를 집어던졌다는 대목에 가서는 이런 구절까지 들어 있었습니다—이와 같은 모든 사실로 보아 그는 어디까지나 선량한 인간이었다. 그리고 훌륭한 시민이었다. 자기 동료들에게서 이런 푸대접을 받아야 할 정도의 사람은 아니었다. 윗사람의 명령에 잘 따르고(실례를 들라면 들 수도 있다), 누구의 불행도 원치 않았다. 열심히 하느님만 믿었다. 그러다가 드디어 죽어 버리고 만 것이다(이쯤에서 죽는 편이 좋다고 생각한다면)—사람들로부터 애도를 받으면서……라는 말까지 있었습니다. 그러나 나는 이 가엾은 주인공을 죽이지 말고 잃어버린 외투를 도로 찾아 주고 그의 수없는 선행을 장관이 좀더 자세히 알게 되어 그를 자기 측근으로 끌어올려 승진을 시켜주고 봉급도 넉넉히 올려 주도록 했으면 더욱 좋았을 것이라고 생각합니다. 그렇게 되면 악은 벌을 받고 선은 권장이 되고 동료들도 그 이상 그를 괴롭힐 수는 없게 되겠죠. 나 같으면 꼭 그렇게 했을 것입니다. 그런데 이 작품엔 무엇 하나 눈에 띄는 것도 없고 좋은 장점도 없지 않습니까? 그건 매일매일의 하잘것없는 생활에서 얻은 무의미한 한 장면에 불과합니다. 그런데 당신은 왜 이런 책을 제게 보내 주실 생각을 하셨습니까? 바렌카, 이처럼 악의에 찬 책을 말입니다. 이건 거짓말투성이입니다. 왜냐하면 이런 관리는 있을 리가 없습니다. 아니, 그런 짓을 했다간 당장 고발을 당할 것입니다. 바렌카, 절차를 밟아 정식으로 고발을 당할 것입니다.

당신의 충실한 종
마카르 데부시킨

7월 27일
마카르 데부시킨!
요즘 일어난 일과 당신의 편지로 무척 놀랐었는데 표도라의 말을 듣고 모든 것이 확실해졌습니다. 그런데 마카르, 왜 그렇게 갑자기 절망하시고 자포자기하셨나요? 당신의 설명은 조금도 납득이 되지 않았습니다. 그것 보세요, 그 조건 좋은 취직 자리가 생겼을 때 전 기어이 갔어야 했을 것 같아요. 게다가 요즘 제 신상에 일어난 일도 저를 깜짝 놀라게 하고 있습니다. 당신은 저를 사랑하기 때문에 당신의 행동을 감추는 거라고 하셨습니다. 그러나 당신이 제게 쓰시는 돈은 여분의 돈이라고 하셨고, 그 돈은 만일의 경우에 대비해 은행에 맡겨 놓았다고 하셨을 때 저는 무척 고마운 일이라고 생각했었습니다. 그러나 이제 저는 모든 것을 알았습니다. 당신에게는 돈 같은 것은 전혀 없었으면서도 우연히 제가 곤란한 처지에 있다는 소리를 듣고 월급을 가불해서까지 저를 도와주려고 했고, 제가 병이 났을 때는 자신의 옷까지 다 팔아 버리셨던 것입니다. 이제는 제가 그런 사실을 모두 알았기에, 대체 이것을 어떻게 받아들여야 하는가, 어떻게 생각하면 좋은가, 하는 알 수 없는 괴로운 처지에 놓여 있습니다.

아아, 마카르! 당신은 동정심과 친척으로서의 애정에 이끌려 베푼 그 첫 도움만으로 다시는 헛된 돈을 쓰지 말았어야 했습니다. 마카르, 당신은 저에게 그런 것을 밝혀 주시지 않았기 때문에 결과적으로 우리 두 사람의 우정을 배반한 게 되었습니다. 지금, 당신의 마지막 물건까지가 저의 옷이며 과자며 산책이며 연극 구경이며 책이 됐다고 생각하니, 전 저의 용서할 수 없는 경솔한 행동을 후회하는 마음으로, 오히려 몇 배의 보상을 하는 기분입니다(경솔했다고 하는 것은 제가 당신 형편을 생각지 않고 뭐든지 받아 왔기 때문입니다). 그래서 결과적으로 저를 기쁘게 해주려고 사주신 물건들이 이제는 저를 슬프게 하고 하잘것없는 후회를 남기는 것이 되고 말았습니다. 저도 요즘 당신이 우울해하는 것을 알고 어쩐지 슬퍼져 막연히 뭔가 일어날 것 같은 기분이 듭니다. 이런 일이 일어나리라곤 꿈에도 생각하지 못했습니다. 도대체 이게 어떻게 된 겁니까! 마카르, 당신이 그렇게까지 낙심을 하시다니요! 이제 당신을 아는 사람들은 당신을 어떻게 생각하겠어요? 뭐라고 말하겠어요? 당신은 마음씨 착하고 신중하시고 분별 있는 분이어서 저를 비롯한 모든 사람들이 존경해 왔는데, 그런 당신이 이제까지와는 전혀 딴판으로 갑자기 분별없는 생활을 하기 시작했습니다. 당신이 술에 취해 길가에 쓰러져 있는 것을 경관이 발견하고 집에까지 데려다 주었다는 말을 표도라한테 들었을 때의 제 심정이 어떠했겠습니까! 저는 너무 놀란 나머지 그 자리에 선 채 굳어 버리고 말았습니다. 당신이 나흘이나 집을 비우고 없었을 때 벌써 무슨 일이 일어난 것이 아닌가 하고 걱정하긴 했습니다. 그래도 설마 그런 일이 있으리라고는 생각도 하지 못했습니다. 마카르, 당신이 어떤 이유로 결근했는지 윗사람이 알면 뭐라고 할지 생각이나 해보셨어요? 당신은 남에게 조롱을 받고 있다느니 모두 우리 사이를 알고 있다느니 같이 사는 사람들이 저까지 끌어들여 당신을 놀린다느니 하셨지만, 마카르, 그런 건 전혀 마음에 두지 마세요. 제발 부탁이니 마음을 가라앉혀 주세요. 그리고 이건 언뜻 들은 얘깁니다만 그 장교들과의 얘기도 저를 깜짝 놀라게 했습니다. 어찌 된 일인지 자세히 좀 들려주세요. 편지에는 밝히는 것이 두렵고, 고백하면 우리의 우정을 잃지 않을까 걱정이 된다고 하셨습니다. 당신은 병든 저를 어떻게 구할지 절망에 빠졌었고, 어떻게 해서든 저와 가까이 있고 병원에 보내지 않고 저의 생활을 유지해 주기 위해 있는 것을 다 팔고 잔뜩 빚을 졌고, 요즘도 집주인과 매일 좋지 않은 일이 있다지요. 당신이 그런 모든 사실을 숨겨 왔기 때문에 오히려 나쁜 결과를 가져온 것입니다. 그러나 저도 이제 모든 것을 알았습니다. 당신은 제가 당신의 불행의 원인이 된 것을 알지 못하게 하려고 여러모로 신경을 써주셨습니다만, 그건 오히려 지금에 와서 두 배의 고통을 저에게 안겨 주게 되었습니다. 마카르, 전 이번 일로 정말 놀랐습니다. 아, 나의 소중한 분! 불행이란 꼭 전염병 같은 것입니다. 불행한 사람이나 가난한 사람들은 서로 피해서 더 이상 전염되지 않도록 해야 합니다. 저는 당신의 그런 그 검소하고 고독한 생활에서는 한 번도 경험해 본 일이 없는 불행을 당신한테 안겨 준 것입니다. 그것을 생각하면 저는 죽고 싶은 심정입니다.

이번엔 꼭 당신이 왜 그런 일을 하게 되었는지, 사건의 내용이 어떤 건지 자세히 알려 주십시오. 그래서 될 수 있으면 저를 안심시켜 주세요. 제가 안심시켜 달라는 것은 결코 자존심 때문이 아닙니다. 그건 무슨 일이 있어도 제 가슴에서 사라질 리가 없는 당신에 대한 우정과 사랑 때문입니다. 그럼 안녕히. 당신의 회답을 손꼽아 기다리겠습니다. 마카르, 당신은 여태껏 저를 잘못 보고 계셨어요.

진심으로 당신을 사모하는
바르바라 도브로셀로바

7월 28일

더없이 소중한 바르바라!

이젠 모든 일이 끝나고 차차 이전 상태로 돌아가고 있으니까 이렇게 말씀드리겠습니다. 당신은 세상 사람들이 저를 어떻게 생각하겠느냐고 걱정하셨지만, 바르바라, 그런 걱정은 조금도 하지 마십시오. 미리 말해 두지만 내게는 무엇보다 명예심이 가장 소중합니다. 그래서 내가 당한 일이며 그 실수의 자초지종을 얘기하기 전에, 윗사람은 물론 누구 하나 아는 사람이 없고 앞으로도 알 리가 없으므로 이전과 다름없이 모두 나를 존경해 줄 것이라는 것을 밝혀 두고 싶습니다. 다만 한 가지 두려운 것은 세상의 소문입니다. 집에선 집주인 여자가 꽥꽥대지만, 그것도 당신에게 빌린 십 루블로 빚의 일부를 갚고 나니까 입 속으로 불평할 뿐 별말은 없습니다. 다른 사람들은 어떤가 하면, 거기 대해선 걱정 없습니다. 그 사람들에게는 빚만 안 지면 아무 일도 없습니다. 그런데 마지막으로 한마디 더 변명해 두지만, 나에 대한 당신의 존경을 나는 이 세상의 무엇보다도 소중하게 생각하고 있어서 지금도 이 일시적인 혼란에 휘말려 있으면서도 그것으로 오직 위안을 받고 있습니다. 덕분에 첫 타격과 첫 소동도 가라앉았고, 무엇보다도 다행한 것은 내가 나의 천사처럼 당신을 사랑하고 당신을 떼어 놓기 싫어서 속인 것에 대해 당신이 나를 이기적인 배신자로 생각하지 않았다는 것입니다. 그래서 저는 오늘도 성실하게 관청에 나가고 훌륭히 맡은 바 직무를 수행하고 있습니다. 어제 옆을 지나갈 때도 예프스타피 이바노비치는 한마디도 잔소리를 하지 않았습니다. 이제 아무것도 숨기지 않고 다 털어놓았지만 죽을 만큼 괴로운 건 빚과 옷입니다. 하지만 그건 아무것도 아닙니다. 제발 부탁이니 그런 것에 신경을 쓰지 마십시오. 당신은 또 50코페이카를 보내 주셨는데, 바렌카, 그 50코페이카는 제 가슴을 후벼팠습니다. 아아, 내가 어쩌다 이렇게 되어 버렸는가, 결국 이렇게까지 돼버리고 말았는가. 제가 이렇게 괴로워하는 건 다름이 아니라, 이 늙은 것이 당신을 도와주기는커녕 오히려 가엾은 고아인 당신의 신세를 지게 되어버렸기 때문입니다. 표도라가 돈을 마련해 왔다니 정말 놀랐습니다. 저에게 당장은 돈이 들어올 가망이 전혀 없습니다. 만일 조금이라도 가망이 보인다면 곧 자세히 알려드리겠습니다. 그런데 무엇보다 세상 소문이 걱정입니다. 그럼 몸 편히 계십시오. 나의 천사! 당신의 손에 키스를 올립니다. 하루 빨리 몸이 좋아지기를 빕니다. 직장에 나가야 해서 더 이상 길게는 쓸 수 없습니다. 열심히 나가 그동안 게을리한 죄를 씻어야겠습니다. 저번의 일과 장교와 다툰 얘기는 이따가 밤에 자세히 적어서 당신에게 보내드리겠습니다.

당신을 존경하고, 진심으로 사랑하는
마카르 데부시킨

7월 28일

아아, 바렌카, 바렌카! 이번에 죄를 저지른 건 당신입니다. 당신은 틀림없이 양심의 가책을 느끼실 것입니다. 당신의 편지를 읽고 저는 완전히 이성을 잃고 당황해 버렸습니다. 그런데 이제 겨우 틈이 좀 생겨 저 자신의 마음속을 들여다보고 내가 옳았다, 절대로 옳았다는 것을 확신했습니다. 제가 저지른 주책없는 짓을 얘기하는 것이 아닙니다(그런 건, 그런 건 하등 문제가 안 됩니다). 내가 말하고 싶은 것은 내가 당신을 사랑하고 있다는 것입니다. 게다가 당신을 사랑하는 것이 내게는 조금도 분별 없는 일이 아니었습니다. 결코 분별 없는 일이 아니었습니다. 당신은 아무것도 모르십니다. 그러니까 왜 이런 시끄러운 일이 일어났는가, 내가 왜 당신을 사랑하지 않을 수 없었는가 하는 것을 알면 당신도 그렇게 말할 수는 없겠죠. 당신은 그냥 따지기 위해 하는 말일 뿐, 마음은 전혀 그렇지 않을 것이라는 것을 저는 믿고 있습니다. 바렌카, 그런데 그 장교들과 어떤 일이 있었는가는 저도 잘 모르겠습니다. 기억이 나지 않습니다. 미리 말해 두지만 전 그전에 무척 혼란에 빠져 있었습니다. 거의 한 달 동안이나 마치 가느다란 실오라기에 매달린 것과 같은 상태였습니다. 비참했습니다. 당신에게도 숨겼고 집에도 역시 모르게 하고 있었는데, 집주인 여자가 그만 함부로 떠들어 대고 만 것입니다. 물론 그것뿐이라면 별문제는 아닙니다. 그런, 성질이 고약한 할망구는 실컷 혼자 떠들게 내버려두면 그만이지만 우선 남에게 창피해 견딜 수 없었습니다. 더욱 참을 수 없었던 것은 어디서 듣고 왔는지 그 할망구가 우리의 관계를 들추어내면서 지독한 소리를 온 집안에 퍼뜨린 것입니다. 난 들을 때마다 온몸이 오싹했으나 못 들은 척 귀를 막아 버렸습니다. 그런데 문제는 다른 사람들이 못 들은 척하지 않을 뿐만 아니라 오히려 더욱 귀를 기울인다는 것입니다. 지금도 저는 몸을 어디다 두어야 할지 모를 지경입니다……

그래서 결국 이러한 모든 불행이 한꺼번에 산처럼 쌓여 나를 한껏 몰아쳤던 것입니다. 그런데 엎친 데 덮친 격으로, 그때 마침 표도라가 이상한 이야기를 들려 주었습니다. 그건 신분도 알 수 없는 어떤 남자가 집에 찾아와 무례하게도 당신에게 결혼을 제의해 모욕을 줬다는 얘기였습니다. 그 얘기를 들은 나는, 그 남자가 당신을 모욕했을 거라고 단정했습니다. 왜냐하면 나 자신도 굉장한 모욕을 느꼈기 때문입니다. 그 순간 나는 실수를 저질러 버리고 만 것입니다. 그 얘기를 듣자 나는 앞뒤 분별을 잃고 완전히 미쳐 버리고 말았습니다. 바렌카, 나는 일찍이 없었던 광란 상태로 집에서 뛰쳐나갔습니다. 그 괘씸한 녀석을 찾아갈 생각이었던 것입니다. 그자를 찾아 어떻게 하려는지는 자신도 잘 알지 못했으나 아무튼 나는, 천사 같은 당신이 모욕을 받았다고 생각하자 견딜 수 없었습니다! 정말 괴로운 심정이었습니다! 더구나 밖엔 비가 내리고 땅이 질척거려 더욱 우울했습니다……. 나는 그만 돌아가리라 생각하고 발길을 돌렸는데, 그때 마침 운 나쁘게도 마가 끼어들었습니다. 예멜리얀, 다시 말해 예멜리얀 일리치를 만난 것입니다. 이 남자는 관리인데, 아니 관리였다가 그만둔 남자로 지금은 뭘 하는지 나도 잘 모르지만, 퍽 어렵게 사는 듯이 보이더군요. 그래 그 남자와 같이 걷기 시작했습니다. 그리고―아니, 뭘 이제 새삼스럽게 다시 이런 말을 할 필요가 있을까요. 바렌카, 당신도 자기 친구의 불행이나 괴로움, 그리고 끌렸던 유혹에 대한 얘기가 결코 재미있을 리는 없지 않습니까. 사흘째 되는 날 밤에 나는 그 예멜리얀의 권고로 그 남자, 즉 그 장교를 찾아갔습니다. 주소는 우리 집 문지기한테 물어서 알아 두었습니다. 이왕 나왔으니 하는 말이지만, 나는 전부터 이 녀석한테 눈독을 들이고 있었습니다. 우리 하숙집에 들어 있을 때부터 그의 거동을 눈여겨 왔습니다. 그런데 나중에 난 실례를 저지른 걸 알았습니다. 왜냐하면 내가 그 집 현관에 들어갈 때부터 이미 이성을 잃고 있었으니까요.

바렌카, 난 솔직히 말해 아무것도 기억이 나지 않습니다. 다만 기억하고 있는 것은 그 남자 방에 상당히 많은 장교들이 있었다는 것뿐입니다. 아니 어쩌면 이것도 내가 너무 취해 있어서 몇 갑절로 많게 보였는지도 모릅니다. 나는 내가 어떤 말을 지껄였는지도 전혀 기억에 없습니다. 다만 화가 나 정신없이 떠들어 댄 것만이 생각날 뿐입니다. 그러다가 나는 그 자리에서 쫓겨났습니다. 그리고 그대로 계단에서 굴러떨어진 겁니다. 아니 굴러떨어진 게 아니라 밀려 떨어졌습니다. 그러고 나서 집에 돌아온 뒤의 얘기는 바렌카, 당신도 다 아는 대로입니다. 이게 전부입니다.

확실히 저는 스스로 가치를 떨어뜨렸습니다. 명예심도 상처를 입었습니다. 그러나 그것은 아무도 모릅니다. 당신 말고는 아무도. 그러므로 이번 사건은 없었던 거나 다름없습니다. 그렇지 않습니까? 바렌카, 당신도 그렇게 생각하겠지요. 이런 일이 있었습니다. 작년 우리 직장에서 아크센치 오시포비치라는 친구가 역시 이런 방법으로 표트르 페트로비치라는 친구에게 모욕을 준 일이 있습니다. 그런데 그 사람은 그것을 남몰래 비밀리에 해버린 것입니다. 그는 상대를 문지기 방으로 불렀는데, 난 그들이 만나는 걸 몰래 엿볼 수 있었습니다. 그때 그 사람은 깨끗이 일을 처리했습니다. 왜냐하면 나밖엔 보는 사람이 없었고, 또 나라면 아무 상관이 없었으니까요. 나는 아무한테도 그 얘기를 입 밖에 내지 않았습니다. 그 뒤 표트르 페트로비치하고 아크센치 오시포비치는 아무 일도 없었던 것 같은 태도였습니다. 표트르 페트로비치는 알다시피 무척 자존심이 강한 사람이라 아무한테도 얘기하지 않았던 것입니다. 그 때문에 그들은 지금도 인사를 나누고 악수도 합니다. 나는 당신과 말다툼하려고 이런 말을 하는 건 아닙니다. 바렌카, 난 당신과 말다툼할 용기는 없습니다. 난 아주 커다란 잘못을 저질렀습니다. 그리고 무엇보다 가장 두려운 것은 나 자신이 어이없을 만큼 체면이 깎였다는 것입니다. 그러나 이건 분명 타고난 운명에 틀림없습니다. 게다가 운명이라면 피할 수 없다는 건 당신도 알지 않습니까. 자, 바렌카, 여기까지가 내가 당한 불행과 재난의 상세한 보고입니다. 보다시피 어느 것이나 다 읽어도 안 읽어도 그만인 것뿐입니다. 난 요새 몸이 상당히 나빠지고 기분도 우울해졌습니다. 그럼 바르바라, 다시 한 번 당신에 대한 호의와 애정과 존경을 다짐하면서 이만 펜을 놓습니다.

당신의 가장 충실한 종
마카르 데부시킨

7월 29일

마카르 데부시킨

편지 두 통 다 읽었습니다. 한숨만 나올 뿐이군요. 당신은 아직 뭔가 숨기고, 그 불쾌한 사건의 극히 일부밖에 제게 말씀해 주시지 않았습니다. 그렇지 않다면…… 마카르, 어딘지 모르게 편지가 산만한 데가 있어요……. 제게 꼭 들러주세요. 오늘 꼭 들러주세요. 점심 시간에 와주세요. 집에서 어떻게 하고 지내시는지, 주인 여자와 어떤 말다툼을 하셨는지 전 아직 잘 모르겠습니다. 당신은 그런 것에 대해선 한마디도 쓰시지 않고 입을 꽉 다물어 버리셨습니다. 그럼 안녕히 계세요. 오늘 꼭 들러주세요. 차라리 점심은 매일 저희 집에서 드시는 게 좋을 것 같습니다. 표도라는 음식을 정말 잘 만들어요. 그럼 안녕.

당신의
바르바라 도브로셀로바

바르바라!

당신은 나에게 은혜를 보답할, 즉 선을 선으로 갚을 기회를 하느님이 이번엔 자기에게 주었다고 기뻐하고 있는 것 같군요. 바렌카, 나는 믿습니다. 당신의 천사 같은 마음씨를 믿기 때문에 결코 비난하기 위해 이런 것을 쓰는 것은 아닙니다. 다만 이런 때에 함부로 돈을 써서 빚을 졌다는 것만은 나무라지 마십시오. 그건 물론 잘못한 일입니다. 그러나 이제 와서 어떻게 할 수도 없습니다. 만일 당신이 그것을 굳이 큰 잘못이라고 말하지 않고는 못 배긴다면 모르지만요. 당신한테서 그런 소리를 듣는 것은 저로서는 정말 괴로운 일입니다. 제가 이런 소리를 한다고 화내진 마십시오. 전 지금 가슴이 찢어지는 듯한 심정입니다. 본디 가난한 사람들이란 성질이 변덕스러운 것입니다. 그건 지극히 당연한 일이지요. 저는 전부터 그렇게 생각해 왔습니다. 가난한 사람들은 성질이 변덕스러워서 세상을 보는 눈도 남과 다르고 길에 지나가는 사람도 차가운 눈으로 보며, 또 침착하지 못한 눈으로 흘끔흘끔 주위를 둘러보며 남이 무슨 말만 해도 혹시 자기 말을 하는 것이 아닌가 귀를 곤두세우는 것입니다. 저 사람은 왜 저런 꼴을 하고 있을까, 대체 저 사람은 마음속으로 무슨 생각을 하고 있을까, 이쪽에서 보면 어떨까, 저쪽에서 보면 어떨까, 이런 거죠. 바렌카, 가난한 사람들이 쓰레기만도 못하고 누구한테도 존경을 받지 못한다는 것은 누가 어떻게 어떤 글에 쓰든 누구나 다 아는 사실입니다. 엉터리 문학가들이 어떻게 쓰든 가난뱅이에게는 전과 조금도 다를 바 없으니까요. 그건 다름이 아닙니다. 그들의 말을 들을 것 같으면, 가난한 사람이란 어디까지나 세상 사람들과는 달리 되어 있기 때문에 가난한 사람들은 그들만의 신성한 것이라곤 무엇 하나 가진 것이 없고 자존심도 손톱만큼도 없다는 것입니다. 어제 예멜리얀한테서 들은 얘깁니다만, 어디선가 그를 위해 모금을 해줬다고 합니다. 공식적인 적부 심사를 한 뒤 각자가 10코페이카씩 냈다는 겁니다. 그 사람들은 10코페이카라는 돈을 거져 주었다고 생각하지만 어림도 없는 얘깁니다. 녀석들은 가난한 사람이라는 것을 뼈저리게 느끼게 한 대가로 그 돈을 지불한 것입니다. 요즘은 자선가들도 아주 우스운 짓들을 하고 있습니다. 아니, 어쩌면 어느 시대나 똑같았는지 모릅니다. 자선가 녀석들의 방법이 서툴든가 아니면 아주 능숙하든가, 둘 중의 하나겠죠. 당신은 아마 이걸 모르셨던 모양이죠? 그럼 한 가지 가르쳐 드리죠. 다른 건 몰라도 이런 건 누구 못지않게 잘 알고 있으니까요. 그럼 왜 가난한 사람들은 그런 걸 잘 알고 있을까요? 왜 그런 식으로밖에 생각하지 않을까요? 왜 그럴까요? 그것은 말하자면 경험의 결과입니다. 이를테면 가난한 사람들은 다음과 같은 사실을 잘 알고 있습니다. 다시 말해서 자기 옆에 있는 어느 신사가 가까운 음식점에 가면서, 저 하급 관리는 오늘 무엇을 먹을까? 난 소테 파필리오를 먹을 테지만 저놈은 분명 버터도 바르지 않은 카샤[15]나 먹겠지, 하고 생각하는 걸 알 수 있습니다. 하지만 내가 버터를 안 바른 카샤를 먹건 말건 저 신사와는 아무런 관계도 없지 않습니까? 바렌카, 그런데 그런 인간이 있어요. 그런 것만 생각하는 인간이 있단 말입니다. 그리고 그런 사람들도, 그 몰상식한 엉터리 작가들은 이리저리 싸돌아다니며 우리가 땅에 발바닥을 다 붙이는가, 아니면 발끝으로만 걸어다니는가, 그런 것만 살펴본단 말입니다. 그리고 집에 돌아가서는, 어느 관청에 근무하는 9등관 아무개는 구두 끝으로 발가락

---

15) 미음이나 죽 비슷한 음식.

이 나와 있고 무릎도 다 해졌다—따위의 그런 하잘것없는 것을 낱낱이 써서 출판한단 말입니다……내 무릎이 해졌건 어쨌건 그게 무슨 상관이란 말입니까? 아니, 이런 난폭한 말을 해서 미안하지만, 바렌카, 가난한 사람도 당신이 처녀로서의 수치심을 가지고 있는 것과 마찬가지로 부끄러워한다는 것을 이 자리에서 밝혀 두고 싶습니다. 설마 당신은, 또 이런 무례한 말을 해서 미안하지만, 여러 사람이 보는 앞에서 옷을 벗진 않으시겠죠. 그것과 똑같습니다. 가난한 사람도 저놈의 가정생활은 어떤가 하고 들여다보는 건 질색입니다. 그런데 바렌카, 이런 인간의 명예와 자존심을 상하게 하는 적편에 들어 어쩌자고 당신은 그때 그토록 나를 모욕한 것입니까?

오늘은 직장에 나가서도 얼굴이 확확 달아오르는 것처럼 부끄러워 마치 곰 새끼와 털 빠진 새처럼 꼼짝 못하고 있었습니다. 바렌카, 제가 부끄러워한 것도 무리는 아니죠! 어쨌든 양복 소매라곤 팔꿈치가 다 들여다보이고 단추도 실에 대롱대롱 매달려 있었으니 창피한 것도 당연하겠죠. 그러나 내가 그런 꼴을 하고 있던 건 나도 모르게 기분이 잔뜩 가라앉아 있었기 때문입니다. 그런데 어떤 일이 있었는지 아십니까? ……오늘 스체판 카를로비치가 공무상 볼일로 이런저런 이야기를 나누다가 문득 무심하게 꺼내는 말투로 "아니, 자네 옷이 말이 아닐세, 마카르 알렉세예비치"라고 넌지시 말하지 않겠습니까. 그리고 무슨 생각을 했는지 다시는 그것에 대해 이야기를 꺼내지 않았습니다. 그래서 나는 머리끝까지 새빨개지고 말았습니다. 사실 아무것도 아니지만 역시 마음에 걸려 몹시 괴로운 심정이었습니다. 이 친구는 벌써 뭔가 눈치챈 게 아닐까? 만일 알았다면 어떻게 하나? 사실대로 말하자면 나는 한 남자를 의심하고 있었습니다. 그가 틀림없이 소문을 냈으리라 믿고 있었습니다. 그런 악당들에겐 그런 일쯤 아무것도 아니니까요. 분명 다 지껄였을 게 틀림없습니다. 그들에겐 아무런 가치가 없는 일인데도 다른 사람의 사생활을 몽땅 들추어 떠벌이는 것입니다. 그자들에겐 신성한 점이라곤 조금도 없습니다.

나는 그게 누구의 짓인지 잘 압니다. 그건 라타쟈예프의 짓입니다. 그는 우리 관청에 친한 사람이 있기 때문에 무슨 얘기 끝에 죄다 지껄여 놓은 게 틀림없습니다. 아니, 어쩌면 그가 자기 직장에서 얘기한 것이 우리 직장에까지 전해졌는지도 모릅니다. 그런데 우리 하숙집에선 한 사람도 남김 없이 모두

이 일을 알고서 당신의 창문을 손가락질하는 형편입니다. 나는 그들이 손가락질하는 걸 내 눈으로 똑똑히 보았습니다. 그리고 어제 당신 집에 식사하러 갔을 때는 그들은 모두 창문으로 고개를 내밀고 내다보았고, 주인 여자는 "저봐, 악마 같은 늙은이가 나이 어린 계집애하고 붙었구려" 하면서 당신에 대해서까지 함부로 지껄였습니다. 하지만 그런 것들은 라타쟈예프의 비열한 계획에 비교하면 아무것도 아닙니다. 그 남자는 지금 당신과 나를 다뤄 풍자적인 작품을 쓰려고 하고 있습니다. 이것은 그가 직접 한 말로서 우리집에 있는 어느 친절한 사람을 통해 들었습니다. 전 이제 무엇 하나 제대로 생각할 수 없고 어떻게 결정해야 좋을는지도 알 수 없습니다. 나의 천사, 이제 숨겨야 소용 없는 일이지만 우린 아마 신의 노여움을 받은 모양입니다. 제가 심심해할까 봐 무슨 책을 보내 주시겠다고 한 모양인데, 전 이제 책 같은 건 딱 질색입니다. 대체 책이 무슨 소용이 있습니까? 그건 참말인 것처럼 쓴 거짓말투성이입니다. 소설이라는 것도 그저 한가한 사람에게나 읽히기 위해 쓴 보잘것없는 것입니다. 제발 제 말을 믿어 주십시오. 저의 오랜 경험을 믿어 주십시오. 혹시 어떤 사람이 셰익스피어니 뭐니 하여 문학엔 셰익스피어가 영원히 살아 있지 않느냐고 해도 곧이 듣지 마십시오. 그 셰익스피어 역시 시시하기 짝이 없는 엉터리니까요. 모두 남의 험담이나 하기 위해 쓴 것에 불과합니다.

당신의
마카르 데부시킨

8월 2일
마카르 데부시킨!
　제발 아무 걱정도 하지 말아 주세요. 하느님이 모든 것을 잘돼 나가도록 해 주실 테니까요. 표도라가 자기 일감이랑 내 일감을 산더미처럼 가지고 와서 전 무척 즐거운 마음으로 일하고 있습니다. 이것으로 여러 온갖 일은 예전대로 돌아갈 것입니다. 표도라는 요즘 제 주변에 일어난 불쾌한 사건에 안나 표도로브나가 틀림없이 관계되어 있을 거라고 했지만, 전 아무래도 상관없습니다. 오늘은 웬일인지 무척 즐거워요. 당신은 또 돈을 얻어 쓰실 모양인데 그래서는 절대로 안 됩니다. 나중에 갚을 때 어려우니까요. 그보다 당신이 예전보다 더욱 다정히 저희에게 자주 와주시기 바랍니다. 주인 여자가 뭐라든 상관 마세요. 그 밖의 적이랄지 악의를 가진 사람들에 대해서는 마카르 씨, 저로서는 당신의 지나친 신경과민이 아닌가 생각됩니다. 앞서도 말했지만 편지의 문장이 몹시 흩어져 있군요. 마음을 가라앉히세요. 그럼 안녕, 편안하시길 바랍니다. 꼭 오시길 기다리겠어요.

당신의
V.D

8월 3일

나의 천사 바르바라!

서둘러 알려드리지만, 제게도 희망이 용솟음치기 시작했습니다. 나의 천사, 당신은 빚을 져서는 안 된다고 하셨지만 빚을 지지 않고는 견뎌 나갈 수가 없습니다. 나도 어려움을 겪고 있고 당신에게도 갑자기 무슨 좋지 않은 일이 일어날지 모르니까요! 아무튼 당신은 몸이 약하지 않습니까. 그래서 나는 아무래도 돈을 좀 빌려야겠다고 생각했습니다.

바르바라, 난 관청에서 예멜리얀 이바노비치라는 친구와 책상을 나란히 하고 있습니다. 이 사람은 당신이 알고 있는 그 예멜리얀은 아닙니다. 그는 나와 같은 9등관인데, 우리 두 사람은 우리 관청에서 가장 오래 근무한 사람들입니다. 그 사람은 성격이 좋고 욕심이 없는 남자로 늘 말이 없고 일 년 내내 곰 같은 눈을 하고 있습니다. 그 대신 일만은 빈틈없이 해치우고 영어 글씨 같은 건 정말 깨끗하게 씁니다. 솔직히 말해 저 못지않을 정도로 잘 쓰고 아주 쓸모 있는 사람입니다. 그러나 나는 이 친구와 친히 지낸 일은 한 번도 없습니다. 그냥 보통 습관대로 안녕하셨습니까, 안녕히 가십시오, 하는 인사나 나눌 정도입니다. 어떤 때 칼이 필요할 때는 "예멜리얀 이바노비치, 칼 좀 빌려주지 않겠소?" 하고, 요컨대 일에 관한 것이 아닌 다른 말은 잘 나누지 않았습니다. 그런데 오늘 그가 저에게 묻지 않겠습니까? "마카르 알렉세예비치, 뭘 그렇게 골똘히 생각하십니까?" 그 말이 꽤나 친절해서 저도 "예멜리얀 이바노비치, 저 사실은 이러저러한 형편에 놓여 있습니다" 하고 모든 걸 밝히고 말았습니다. 그렇다고 남김없이 다 얘기한 것은 아닙니다. 어림도 없지요, 그런 걸 다 털어놓을 리가 있겠습니까. 제겐 그런 용기도 없습니다. 그냥 좀 어려운 일이 생겼다고 대강 털어놓았습니다. 그랬더니 "그럼 돈을 빌리면 어떻겠습니까?" 하고 예멜리얀이 말하는 게 아니겠어요. "표트르 페트로비치한테 빌리세요. 그 사람은 이자를 받고 돈을 꾸어주지요. 저도 한 번 빌린 일이 있는데 이율도 적당하고 별로 비싼 편이 아닙니다" 하고 말입니다. 바렌카, 그 말을 듣고 나는 가슴이 뛰는 것 같았습니다. 그리고 어쩌면 표트르 페트로비치가 친절하게도 돈을 빌려줄지도 모른다는 생각만 열심히 했습니다. 나는 벌써 마음속에서 계산을 시작해, 하숙집 주인 여자한테도 집세를 다 치르고 당신도 좀 도와주고 내 몸차림도 완전히 바꾸자고 맘먹었습니다. 그렇지 않으면 어떤 망신을 당할지도 모르고 자리에 앉아 있기도 거북하고, 저 입담 센 친구들이 뭐라고 웃는 건 고사하고라도 각하도 이따금 책상 옆을 지나가곤 하니까 어쩌다 이 사나운 꼴을 보면 큰일이다, 직장에선 깨끗하고 말쑥하게 하고 있어야 한다, 그야 물론 상대방은 아무 말도 하지 않겠지만 우선 이쪽이 창피해 못 견딜 것이다. 이렇게 생각한 끝에 나는 마음을 단단히 먹고 구멍투성이 주머니에 잔뜩 부끄러움을 감춘 뒤 표트르 페트로비치한테로 갔습니다. 그때의 기분은 희망으로 가득 차 한껏 부풀어 제정신이 아닌 듯 느껴졌습니다. 그런데 바렌카, 그건 아주 어이없는 결과가 되고 말았습니다. 그 사람은 페도세이 이바노비치와 무슨 의논을 하고 있었습니다. 나는 곁으로 다가가 그의 팔소매를 잡아끌며 "표트르 페트로비치, 표트르 페트로비치" 하고 말을 걸었습니다. 그가 고개를 돌리자 나는 "이러저러한 사정이 있는데 30루블 정도 빌려 줄 수 있겠습니까……" 하고 말했습니다. 처음 그 사람은 내 말을 잘 알아듣지 못하는 것 같더니, 내가 모든 것을 설명하자 싱긋 웃고는 그대로 입을 다물어 버리고 말았습니다. 내가 다시 한 번 같은 말을 되풀이하자 그는 "담보가 있습니까?"라고 한마디 하고는 그대로 서류에 눈을 돌린 채 쳐다보지도 않는 겁니다. 나는 허를 찔려 조금 얼떨떨했습니다. 그리고 "저 담보는 없는데요," 하고 대답하고 "이번 월급을 타면 꼭 돌려드리겠습니다. 제일 먼저 갚겠습니다" 하고 말했습니다. 그때 누군가가 그를 부르러 와서 나는 한참 동안 기다렸습니다. 그는 돌아오자 다시 펜을 잡고 쓰기 시작하면서 내가 거기 있는 건 아랑곳하지도 않는 것 같았습니다. 나는 다시 한 번 물었습니다. "표트르 페트로비치, 어떻게 안 될까요?" 그러나 그쪽은 그냥 입을 다문 채 내 말은 들은 척도 하지 않았습니다. 나는 한참 동안 거기 서 있다가 제기랄, 마지막으로 한 번 더 해보자, 하고 그의 소매를 잡아끌었습니다. 그런데 상대방은 여전히 아무 말 없이 연필을 깎고 나자 다시 쓰기 시작했기 때문에 나는 할 수 없이 돌아오고 말았습니다. 그 사람들이 훌륭한 사람들인지는 몰라도 정말 너무 거만합니다. 정말 너무 거만하지요. 그러나 내겐 별 문제가 되지 않습니다. 그런 친구를 상대할 필요가 어디 있습니까. 사실은 그 얘길 하려고 이렇게 장황히 늘어놓은 것입니다. 예멜리얀 이바노비치도 그 얘길 듣고 고개를 저으며 웃더니 또 한번 내게 다시 희망을 안겨 주었습니다. 돈을 빌려줄 만한 다른 사람을 소개해 준 것입니다. 브이보르스카야 거리에 사는 사람인데, 역시 이자를 받고 돈을 빌려주는 14등관 관리[16]라고 합니다. 예멜리얀 이바노비치의 말로는 이 사람은 틀림없이 빌려 줄 테니까 내일 가보라고 합니다. 바렌카, 당신 생각은 어떤지요? 돈을 빌리지 못하면 큰일 아닙니까. 주인 여자는 나를 내쫓을 기세고 식사도 제대로 주려고 하지 않습니다. 게다가 구두도 형편없고 옷도 다 떨어지고, 하여튼 말이 아닙니다. 이런 꼴을 상관 중 누구에게 들키면 어쩝니까? 정말 큰일입니다. 바렌카, 정말 큰일이지요.

마카르 데부시킨

8월 4일
친절하신 마카르 데부시킨!

마카르, 얼마라도 좋으니 될 수 있는 대로 빨리 돈을 좀 돌려 주세요. 현재 당신의 처지를 생각하면 무슨 일이 있어도 도저히 도움을 청할 수 없다는 건 잘 알지만, 제가 지금 어떤 처지에 놓여 있는가를 아신다면! 우린 이 이상 더 이 집에 머물러 있을 수가 없습니다. 요즘에 생각만 해도 무서운 사건이 일어

---

16) 문관으로 최하급.

났습니다. 저는 지금 얼마나 흥분했는지 이성까지도 잃을 지경입니다. 어제 아침 우리집에 생전 알지도 보지도 못한 분이 찾아왔습니다. 이미 노인이 다 된, 훈장을 몇 개나 달고 있는 사람이었어요. 이런 사람이 우리집에 왜 왔는지 영문을 몰라 저는 아주 깜짝 놀랐습니다. 표도라는 그때 마침 물건을 사러 밖에 나가고 없었습니다. 그 사람은 다짜고짜 나를 붙들더니, 어떻게 살고 있는가, 무얼 하며 지내는가, 하고 묻고는 내 대답은 듣지도 않은 채 자기는 그 장교의 큰아버지인데 조카의 무례한 행동에 몹시 분개하고, 또 하숙에 온통 소문을 퍼뜨려 당신을 망신 준 것에 몹시 화를 내고 있다고 말한 다음, 조카놈은 경망한 놈이니 이제부터는 자기가 저를 보호해 줄 생각이라고 말하는 것이었어요. 그리고 다시 젊은 놈이 하는 말 따위에 귀를 기울이지 말라는 둥 하면서 자기는 아버지처럼 제 처지를 동정하고 있으니까, 앞으로는 아버지 같은 마음으로 믿고 의지하라고 말했습니다. 저는 얼굴이 새빨개진 채 그 말을 어떻게 받아들여야 할지 몰라 고맙다는 말도 제대로 못했습니다.

그러자 그 사람은 억지로 제 손을 잡고 볼을 가볍게 두드리며, 당신은 참 아름답군, 보조개가 대단히 마음에 들었어(아이, 참 어처구니가 없어서), 어쩌고 하다가 나중엔 자기는 나이가 들었으니까 괜찮겠지, 하면서(정말 별난 남자도 다 있더군요) 갑자기 저에게 키스를 하려는 게 아니겠어요. 그때 마침 표도라가 들어왔습니다. 그 사람은 약간 당황해서 새삼 자기는 저의 얌전한 품행에 경의를 표하고 있으니 그렇게 너무 서먹서먹하게 대하지 말아 달라고 하는 것이었어요. 그리고 표도라를 불러 뭔가 구실을 만들어 돈을 몇 푼 집어주려고 했으나, 표도라가 그걸 받을 리가 없지요. 그러니까 할 수 없이 돌아갈 채비를 하면서 지금까지 한 말을 다시 한 번 되풀이하는 것이었어요. 그리고 하숙을 옮기라고 권하고, 방이 하나 좋은 게 있으니 말해 주겠다, 방세는 얼마가 되든 걱정하지 말라고 하면서 당신은 마음이 곧고 신중한 처녀라 무척 마음에 들었다, 행실 나쁜 젊은이는 각별히 조심하라고 충고까지 하는 것이었습니다. 그리고 마지막으로 자기는 안나 표도로브나를 알고 있는데 얼마 안 있어 한 번 찾아 오겠다 하더라고 전하라는 것이었어요. 저는 그 말을 듣고 모든 것을 알아챘습니다. 사실 저는 난생처음 그런 꼴을 당해 완전히 이성을 잃었습니다. 그래서 화가 머리끝까지 치밀어 그 남자에게 실컷 망신을 주었습니다. 표도라와 같이 거의 그 남자를 방에서 밀어내듯 내쫓아 버렸습니다. 우리는 그게 안나 표도로브나의 짓임에 틀림없다고 단정했습니다. 그렇지 않고는 그런 남자가 우리를 알 리가 없으니까요.

그러니 마카르, 제발 우리를 도와주세요. 제발 부탁이니 이런 곤경에 빠진 우리를 버리지 말아 주세요. 어떻게든 돈을 좀 빌려주세요. 얼마라도 상관없으니 꼭 좀 만들어 주세요. 우린 이사갈 돈도 없지만, 그렇다고 도저히 그대로 머물러 있을 수는 없습니다. 표도라도 저와 같은 의견입니다. 적어도 25루블은 필요할 것 같습니다. 돈은 일해서 나중에 갚겠습니다. 2, 3일 사이에 표도라가 다시 일거리를 장만해 온다니까 이자가 좀 비싸도 상관 마시고 어떤 조건이라도 승낙해 주시기 바랍니다. 나중에 다 갚겠습니다. 부탁이니 꼭 저를 버리지 마시고 도와주세요. 당신이 지금 같은 처지에 계신 때 이런 걱정을 끼쳐 드리는 더욱 괴로운 일이나 저로선 당신밖에 달리 의지할 사람이 없습니다. 그럼 안녕히 계세요. 여하튼 저를 잊지 말아 주세요, 하느님이 당신을 도와주시길 빌면서.

V.D

8월 4일

나의 귀여운 바르바라!

이게 무슨 청천벽력 같은 일인가요. 저는 아직도 온몸이 떨립니다. 그런 무서운 소리를 들으니 얼이 다 빠진 듯한 기분입니다. 그런 엉큼한 녀석들이랑 영감들은 몰려들어 천사 같은 당신만을 병들게 하는 것이 아니라 나까지도 해하려고 합니다. 그렇고말고요. 맹세해도 좋지만 늑대 같은 놈들은 틀림없이 나까지 넘어뜨릴 겁니다. 만일 내가 지금의 당신을 구하지 못하면 차라리 죽어 버리는 게 나을 겁니다. 만일 당신을 구할 수 없으면 바렌카, 나는 그 자리에서 죽어 버릴 것입니다. 그렇고말고요. 틀림없이 죽어 버릴 것입니다. 그러나 당신을 구한다 해도 새가 우리에서 날아가 버리고 말 것입니다. 저 작은 새가 올빼미나 맹수들의 무서운 입에서 도망치듯 이것이 또 나를 견딜 수 없게 괴롭습니다. 그런데 바렌카, 당신은 어쩌면 그렇게 마음이 강합니까. 잘도 그런 말을 하셨더군요. 당신은 모욕당하고 괴로운데도 나에게 걱정을 끼치는 것이 괴롭다고 빚을 갚아 주겠다고 약속하셨습니다. 그것은 다시 분명히 말해, 약속한 기한 안에 내 어깨의 짐을 덜어 주기 위해 당신의 그 약한 몸을 해치겠다는 얘기와 다름이 없습니다. 바렌카, 당신이 무슨 얘기를 했는가 스스로 한 번 생각해 보십시오. 당신은 대체 무엇 때문에 바느질을 합니까? 무엇 때문에 일하고 무엇 때문에 그 귀여운 머리를 썩히고 무엇 때문에 그 아름다운 눈을 아프게 합니까. 무엇 때문에 몸을 상하게 합니까?

아아, 바렌카, 바렌카, 나의 귀여운 사람, 알다시피 나는 아무 도움도 되지 못하는 인간입니다. 아무 짝에도 도움이 안 되는 인간이란 걸 나도 잘 알고 있습니다만 이번엔 꼭 도움이 되도록 해보겠습니다. 어떤 일이든 찾아서 하고 문학하는 사람들의 원고도 정서해 주겠습니다. 이쪽에서 그들을 찾아가 억지로라도 일을 맡겠습니다. 그들은 늘 글 잘 쓰는 사람을 찾고 있으니까요. 그들이 나 같은 사람을 찾는 것은 벌써부터 알고 있었습니다. 그러니 당신께서 스스로 자기 몸을 해치는 일은 하지 못하도록 하겠습니다. 그런 자살적인 행위는 절대로 하도록 놔두지 않겠습니다. 나의 천사, 어떻게든 돈을 얻어 보겠습니다. 만일 돈을 얻지 못하면 차라리 죽어 버리겠습니다. 편지에는 이자가 비싸도 망설일 필요 없다고 했지만, 제가 지금 그런 것에 놀랄 리 있습니까. 절대로 놀라지 않습니다. 전 이제 무슨 일에도 놀라지 않게 됐으니까요. 나는 지폐로 40루블 꿔 달라고 할 참입니다. 40루블이라야 별로 큰 돈도 아니지 않습니까. 바렌카, 당신은 어떻게 생각하시는지요? 그렇게 부탁만 하면 저쪽에서 나에게 당장 40루블을 빌려줄까요? 아니, 내가 묻고 싶은 건 그만한 신용을 얻을 만한 능력이 있다고 상대방이 첫눈에 알아볼지 그걸 말하는 겁니다. 내 얼굴을 한 번 보고 당장 나를 그런 사람으로 믿어줄까요? 상대로 하여금 그렇게 생각케 할 능력이 제게 있을지 잘 좀 생각해 보십시오. 당신이라면 어떻게 생각하겠습니까? 사실은 무척 두려운 생각이 듭니다. 병적일 정도로, 정말 병적일 정도로 두렵습니다. 40루블 얻으면 그중 25루블은 바렌카, 당신 몫입니다. 그리고 은화 2루블[17]는 주인 여자한테 주고 나머지는 내가 쓰겠습니다.

---

17) 지폐로 7루블.

사실 주인 여자한텐 좀더 줘야 해요. 아니, 줘야 하는 게 아니라 어떤 일이 있어도 줄 필요가 있습니다. 그러나 내 궁핍함을 일일이 손꼽아 보면 그 이상은 무슨 일이 있어도 줄 수 없다는 걸 아실 겁니다. 따라서 당신에게 새삼스레 설명하지 않아도 될 겁니다. 우선 은화 1루블로 전 구두를 살 작정입니다. 다 떨어진 구두로는 하루도 더 출근할 수 없으니까요. 마니쉬카[18] 역시 필요합니다. 지금 있는 것은 벌써 쓰기 시작한 지 일 년이나 됐으니까요. 그러나 당신이 낡은 앞치마를 뜯어서 마니쉬카랑 넥타이를 만들어 주겠다고 약속했으니까 그 걱정은 하지 않겠습니다. 그러면 구두랑 마니쉬카도 갖추어졌습니다. 다음은 단추입니다! 물론 옷에 단추를 달아야 한다는 건 당신도 아실 테지만 제 옷엔 지금 반 이상이나 단추가 없습니다. 만일 이런 추한 꼴이 각하의 눈에라도 띄는 날이면 생각만 해도 등골이 오싹해집니다. 정말 각하는 뭐라고 말씀하실까? 만약 각하가 무슨 말씀이라도 하신다면 전 죽고 말 겁니다. 죽을 겁니다. 그 자리에서 죽어 버릴 겁니다. 아무튼 그런 건 생각만 해도 부끄러워서 죽을 것 같습니다. 아, 바렌카, 이렇게 꼭 필요한 물건만 사고 나도 아직 3루블이 남습니다. 이건 생활비로 우선 담배를 반 푼트[19] 살 생각입니다. 전 담배 없이는 하루도 살 수 없으니까요. 그런데도 저는 벌써 아흐레째나 담배를 한 모금도 피지 못하고 있습니다. 사실 당신한텐 아무 소리 안하고 살 생각이었으나 그건 어쩐지 마음에 걸렸습니다. 당신은 지금도 불행한 생활을 보내고 있는데 나만 이렇게 여러 가지 즐거움을 맛본다는 것이 양심에 걸려 모든 것을 털어놓고 만 겁니다.

바렌카, 솔직히 고백하지만 전 지금 극도로 곤란합니다. 이렇게까지 곤란해 본 적은 지금까지 한 번도 없었습니다. 주인 마누라는 저를 경멸하고 있고 누구 하나 저를 존경하는 사람도 없습니다. 무서운 가난, 빚, 게다가 관청에 나가면 동료들의 태도 또한 지금까지도 달갑지는 않았으나 한층 더할 것은 뻔한 이치입니다. 저는 숨기고 있습니다. 누구한테도 숨기고 있습니다. 아니, 자신의 몸까지 숨기려 하고 있습니다. 관청에 들어갈 때도 살짝 옆으로 비켜 사람들을 피해 갑니다. 이런 것도 다 당신이기 때문에 고백하는 겁니다……. 그

---

18) 와이셔츠 위로 앞가슴에 걸치는 수건 비슷한 것.
19) 1푼트는 약 400그램.

런데 만일 빌려주지 않으면 어떻게 할까요? 아니, 그만둡시다. 바렌카, 그런 생각은 하지 않는 게 좋겠습니다. 그런 지나친 걱정은 아무리 해도 도리가 없으니까요. 사실 이렇게 쓰는 것도 당신이 혹시 그런 부질없는 생각으로 염려하지 않나 걱정이 되어서입니다. 아아, 그러나 만일 돈을 구하지 못하면 당신은 어떻게 될까. 그때는 물론 당신도 이사를 가지 않고 나와 같이 살 수 있겠지만…… 아니 안 되지요, 만일 그렇게 되면 전 절대로 돌아오지 않고 깨끗이 어딘가로 사라져 버릴 것입니다. 너무 길게 휘갈겨 쓴 것 같군요. 이제 수염을 깎아야겠습니다. 그렇게 하면 얼굴도 어느 정도 깨끗해 보일 것이고, 또 그러면 여러 가지로 도움이 될 테니까요. 그럼 모든 일이 잘 되기를 빌며, 이제부터 나가 보도록 하겠습니다.

M. 데부시킨

8월 5일

누구보다도 친절한 마카르 데부시킨!

이미 이렇게 되었으니 당신만이라도 절망하지 말아 주세요! 그렇지 않아도 슬픈 일뿐인걸요. 은화로 30코페이카를 보내 드립니다. 이 이상은 도저히 마련되지 않아요. 이것으로 꼭 필요하신 것을 구하셔서 내일까지 견뎌 주세요. 저희에게는 거의 아무것도 남아 있지 않아요. 그러니까 내일은 어떻게 될지 짐작도 가지 않습니다. 우울하군요, 마카르! 하지만 너무 근심하지 마세요. 일이 잘 되지 않았다 해도 하는 수 없지 않겠어요! 표도라는 당분간 여기에 있을 수 있으니까 아직 그렇게 불행하지는 않다, 가령 이사를 간다 해도 그리 좋을 것 같지 않고 저쪽에서 그럴 마음만 있다면 어디를 가나 발견되고 말 테니까, 라고 하는군요. 하지만 지금 저에겐 여기에 있는 게 어쩐지 내키지 않는군요. 이렇게 우울하지만 않다면 무슨 얘기건 하고 싶은 건 다 쓰겠는데.

마카르, 당신은 참으로 이상한 성격이시군요! 당신은 무슨 일에건 너무 감수성이 강한 것 같아요. 그래서 언제나 가장 불행한 분이 되어 계시는 거예요. 편지는 언제나 주의 깊게 읽어 보고 있습니다만, 어느 편지를 보아도 당신이 저의 일로 너무나 마음을 죄거나 괴로워하시고, 당신 자신의 일 같은 것은 조금도 거들떠보지 않으시는 것을 잘 압니다. 물론 누구든지 당신은 선량한 마음을 지니셨다고 하겠지만, 당신은 너무 지나칩니다. 마카르, 저는 다정한 친구로서 당신에게 충고하겠어요. 저는 당신께 감사드리고 있어요. 저를 위해서 베풀어 주신 일은 무엇이든 매우 고맙게 생각하고 있습니다. 뼈저리게 느끼고 있지요. 그러니까 비록 본의는 아니었지만 제가 원인이 되어서 일어난 여러 가지 불행을 겪고 난 지금도 여전히 제 생활을 당신의 생활로, 제 기쁨을 당신의 기쁨으로, 제 슬픔을 당신의 슬픔으로, 제 마음을 당신의 마음으로 살아가는 것을 보는 것은, 저에게 얼마나 괴로울지 부디 생각해 주세요! 만약 남의 모든 일을 그처럼 염려하시다가는, 아니 일일이 그렇게 동정하시다가는 누구보다도 가장 불행한 사람이 되실 것이 틀림없습니다. 오늘 퇴근하시는 길에 들러 주셨을 때, 저는 당신의 얼굴을 보고 무척 놀랐습니다. 창백한 얼굴에 잔뜩 겁에 질린 표정으로 아주 절망적인 모습이었는걸요. 얼굴빛은 말도 할 수 없었어요. 그것도 돈을 꾸어 오지 못해 저를 슬프게 하고 놀라게 할 것을 두려워하셨기 때문일 거예요. 그런데 제가 웃음을 터뜨릴 것 같은 표정을 짓고 나서야 당신은 겨우 가슴의 무거운 짐을 내려놓은 것 같은 기색이더군요. 마카르! 제발 그렇게 슬퍼하지 말아 주세요. 희망을 버리지 말아 주세요. 좀더 분별을 가져 주세요. 부탁입니다. 간절히 바랍니다. 자, 그렇게 남의 불행으로 근심하고 마음을 괴롭히고 계시면 고달프고 힘든 생활만 계속될 거예요. 그럼 안녕히. 제발 부탁이니 제게 대해서 너무 염려하지 말아 주세요.

V.D

8월 5일

나의 사랑스러운 바렌카!

참으로 다행한 일입니다. 내가 돈을 마련하지 못한 것도 그다지 큰 불행은 아니라고 하셨으니까요. 다행한 일이고말고요. 그렇다면 나도 안심했습니다. 당신 덕분에 나는 행복해졌습니다! 아니, 이 늙은이를 버리지 않고 지금의 그 하숙에 그대로 머물러 있겠다니 기쁘기 그지없습니다. 사실 전 당신이 나에 대해 편지 속에서 그토록 훌륭하게 잘 써주시고 나의 감정에 대해서도 칭찬해 주신 것을 알았을 때, 내 마음은 환희로 가득 찼습니다. 내가 이런 말을 하는 것은 우쭐하고 싶어서가 아니라 나의 마음을 그토록 염려하여 주시는 것은, 당신이 나를 사랑해 주시는 거라고 생각하기 때문입니다. 그러나 이런 이야기는 그만둡시다. 이제 와서 마음의 이야기 따위를 한들 무엇하겠습니까! 마음에 대한 것은 마음에 맡겨 둡시다. 그런데 당신은 나더러 너무 염려하지 말라고 하셨습니다. 그렇고말고요. 바렌카, 그렇게 앞날의 일을 미리 생각하여 쓸데없이 근심하는 것은 좋지 않다는 것쯤 저도 잘 알고 있습니다. 어찌 되었건 내일 나는 어떤 구두를 신고 출근해야 할까요? 우선 그것부터 결정해 주셨으면 좋겠군요! 단지 그것뿐입니다. 이런 근심거리가 한 사람의 인간을 파멸시킬 수도, 완전히 파멸하게 할 수도 있습니다. 더구나 가장 중요한 건, 내가 이런 일을 걱정하는 것도 또 이런 고생을 하는 것도 다 나 자신을 위해서가 아니라는 겁니다. 설사 아무리 추운 날에도 외투도 입지 않고 구두도 신지 않은 채 걷는다 해도 나는 아무렇지도 않습니다. 무엇이라도 참고 견딜 수 있습니다. 아무렇지 않아요. 어차피 나는 평범하고 하찮은 인간이니까요. 그러나 세상 사람들은 뭐라고 하겠습니까? 나의 적들, 그 입이 건 친구들은 내가 외투를 입지 않고 간다면 뭐라고 말하겠습니까? 외투를 입고 다니는 것이 세상 사람들을 위한 일이라면 구두도 그 사람들을 위해서 신는 것이 아니겠습니까. 이렇게 되면 구두라는 것은 나의 명예와 체면을 유지하기 위하여 필요한 것이므로, 구멍이 마구 뚫린 구두를 신고 있으면 그 모든 것을 잃어버리고 말게 되는 셈입니다. 제발 나의 오랜 경험을 믿어 주십시오. 엉터리 문학가나 하잘것없는 작가의 말 따위에 귀를 기울이지 말고 세상 사람들에 대해 알고 있는 이 늙은이의 말을 믿어 주십시오.

그런데 나는 오늘 겪은 일에 대해서, 내가 어떤 심한 곤경을 당했는지 아직 자세하게 말씀드리지 않았군요. 나는 보통 사람이라면 1년 걸려도 경험할 수 없을 만큼의 정신적 고통을 단 하루아침에 맛보았습니다. 그건 이런 일이었습니다. 우선 첫째로, 나는 아침에 무척 빨리 집을 나섰습니다. 그 돈놀이하는 하급 관리가 외출하기 전에 가서 만나고, 또 나도 출근 시간에 늦지 않도록 하기 위해서였습니다. 오늘은 비가 쉴 새 없이 내려서 길은 온통 진창이었습니다! 나는 외투를 뒤집어쓰고 걸으면서 '주여! 나의 죄를 용서하시고 이 소망을 이루어 주소서' 하고 줄곧 기도하는 심정이었습니다. 어떤 교회 옆을 지나갈 때에는 성호를 긋고 모든 죄를 뉘우치고 회개했습니다만, 문득 나에게는 하느님께 매달릴 수 있는 자격이 없다는 것을 깨달았습니다. 나는 완전히 생각에 잠겨 이미 주위의 것은 아무것도 눈에 띄지 않았습니다. 이리하여 어디를 지나고 있는지도 모른 채 걸어갔습니다. 거리에는 사람 그림자 하나 없고, 때때로 지나치는 사람들은 모두 매우 바쁜 듯하고 무언가 근심거리에 마음을 빼앗기고 있는 것 같았습니다. 사실 이렇게 날씨가 궂은 날에 아침 일찍부터 산책하러 나섰을 리는 없으니까요! 때와 기름으로 옷이 더러운 노동자들을 만났습니다. 예의를 모르는 그들은 나에게 몸을 툭툭 부딪치며 지나갔습니다. 난 겁이 나고 어쩐지 두려웠습니다. 이제 돈 같은 것은 생각해 보고 싶지도 않았습니다. 이제는 하늘에 운을 맡기는 수밖에 별도리 없다는 마음이었습니다. 보스크레센스키 다릿목에서 한쪽 구두 밑창이 다 떨어져 나갔습니다. 거기서부터 도대체 길을 어떻게 걸어갔는지 나 자신도 모르겠습니다. 마침 그곳에 우리 관청의 서기인 예르몰라예프가 지나갔습니다. 그는 걸음을 멈추고 몸을 앞으로 내밀며 마치 술값이라도 달라는 것처럼 내가 지나가는 것을 보고 있지 않겠습니까. 나는 마음속으로 '쳇, 지금은 술값 타령할 때가 아냐!' 하고 생각했습니다. 나는 몹시 지쳤으므로 걸음을 멈추고 잠시 쉬었다가 다시 걷기 시작했습니다. 무언가로 기분을 돌리고 기운을 돋우기 위해 주위를 둘러보았으나 아무것도 없었습니다. 무엇 하나 마음을 돌릴 만한 것이 없었을 뿐 아니라, 게다가 나 자신도 부끄러워질 만큼 진흙투성이가 되어 있었습니다.

그러는 동안에 마침내 나는 조망대처럼 생긴 노란색 목조 건물 이층집을 멀리서 발견했습니다. '맞았어, 저거로구나. 예멜리얀 이바노비치가 말한 대로 저 집이 마르코프의 집이구나' 하고 나는 생각했습니다(이 마르코프란 자가 이자를 받고 돈을 빌려주는 것입니다). 나는 제정신이 아니었나 봅니다. 마르코프의 집이라는 것을 뻔히 알고 있으면서도 파출소의 순경에게 "저것은 누구의 집인가요?" 하고 물었답니다. 그러자 그 건방진 순경은 누구에게 화를 내는 건지 마지못한 표정으로 한마디 내뱉듯 "저건 마르코프네 집이요" 하고 말했습니다. 파출소 순경이란 모두 무뚝뚝한 친구들이더군요. 그러나 난 순경 따위는 아랑곳하지 않았습니다! 그런데도 어쩐지 인상이 묘하게 고약하고 불쾌한 것들이 연방 포개어져 가는 것이었습니다. 언제나 그렇듯이 이런 경우엔 무엇을 봐도 왠지 모두 언짢게만 보였습니다. 나는 그 집 앞길을 세 번이나 왔다 갔다 했습니다만 걸으면 걸을수록 마음이 언짢아지는 겁니다. '안 되겠어, 이래 가지고는 빌려주지 않을 거야. 도저히 빌릴 수 없을 거야!' 생각했습니다. 전혀 보지도 못한 사람이고, 용건도 그런데다 몸차림도 그다지 신통치 않고, 라고 생각하면서도 '운을 하늘에 맡기고 나중에 후회하지 않도록 되든 안 되든 부딪쳐 보는 수밖에 없어. 설마 잡아먹지야 않겠지' 하고 생각을 고쳐먹고 나는 살그머니 나무 문을 열었습니다. 그러나 거기에 또 다른 재난이 나를 기다리고 있었습니다. 지저분하고 꼴사나운 못된 개가 뛰쳐나와서 미친 듯이 소리를 쥐어짜며 짖어 대는 게 아니겠습니까. 사람이란 이런 아무것도 아닌 사소한 일 때문에 때로는 정신을 차릴 겨를도 없이 겁이 나서 미리 마음먹었던 결의도 그 무엇도 엉망진창이 되어 버리는 수가 있습니다. 그래서 나는 정신 없이 집 안으로 뛰어 들어갔습니다만, 들어간 순간 또 하나의 난관에 다시 부딪쳐 버린 겁니다. 현관이 어두컴컴하여 달려들어가 한 발짝을 내디뎠을 때 노파에 걸려서 넘어졌습니다. 그런데 노파는 마침 커다란 통에서 우유를 따르고 있어서, 우유는 몽땅 엎질러지고 말았습니다. 얼빠진 노파는 꽥꽥 소리를 지르며 "당신 어딜 들어가는 거요? 대체 무슨 일로 왔소!" 하면서 차마 들을 수도 없는 욕을 퍼붓더군요. 바렌카, 나는 긴급한 경우에 닥치면 언제나 이런 봉변을 당하더군요. 아무래도 이것이 내 운명인가 봅니다. 나는 일 년 내내 무언지 모르게 하찮은 일에 걸려 버리곤 하니까요.

이 소동을 알아채고 마귀 할멈처럼 생긴 핀란드인인 주인 마누라가 얼굴을 내밀었습니다. 나는 얼른 상대에게 물었습니다. "마르코프 씨 댁이 여깁니까?" "없어요." 주인 마누라는 그렇게 말하고 그 자리에 선 채 나를 찬찬히 살펴보면서 물습니다. "그 사람에게 무슨 볼일이 있나요?" 나는 이러이러한 일로 예멜리얀 이바노비치의 말을 듣고 왔음을 설명하고 용무가 있다고 했습니다. 주인 마누라는 큰 소리로 딸을 불렀습니다. 나이 찬 처녀인데도 맨발이었습니다. "아버지를 불러오너라. 2층에 하숙하는 사람한테 가 계실 거야……. 자, 올라오시지요." 그래서 나는 들어갔습니다. 방은 제법 괜찮은 편이었습니다. 벽에는 그림이 걸려 있었는데 모두 장군인지 뭔지 하는 그런 초상화뿐이었습니다. 소파가 있고 둥근 테이블이 있고 목서와 봉숭아 화분이 나란히 놓여 있었습니다. 나는 마음속으로 그냥 되돌아가는 편이 좋지 않을까? 일찌감치 가버릴까? 하고 생각하면서 정말 도망가고 싶어졌습니다. '그래, 내일 다시 오는 편이 좋겠어. 내일은 날씨도 좋아질 테고. 하루 기다려 보자. 오늘은 우유도 엎질렀고, 저런 무서운 얼굴로 장군들도 노려보고 있으니까……' 그렇게 생각하고 문께로 걸어가려는 순간, 그가 들어왔습니다. 그는 흰머리가 드문드문 섞인 도둑놈 같은 눈초리를 한 사나이로 기름때 낀 잠옷에 가는 허리끈을 띠 대신 매고 있었습니다. 그가 무슨 볼일로 왔느냐고 물었으므로 나는 이러이러한 일 때문에 예멜리얀 이바노비치의 소개로 "40루블가량 빌려주실 수……" 하고 마지막까지 다 말해 버리기도 전에 그의 눈빛을 보고 '이건 틀렸구나' 하고 깨달았습니다. "아니, 사정은 어찌 되었든 돈은 없습니다. 그렇지만 무언가 담보물이라도 갖고 계신가요?" 하더군요. 나는 담보물은 없지만, 예멜리얀 이바노비치의 소개니까, 하고 차근차근 변명을 늘어놓기 시작했습니다. 요컨대 돈이 꼭 필요하다는 설명을 한 거였죠. 그는 얘기를 다 듣고 나더니 "없습니다. 예멜리얀 이바노비치가 뭐라고 했든 나는 돈 같은 건 갖고 있지 않습니다"라는 말만 되풀이할 뿐이더군요. '흥, 제기랄, 과연 틀림없어. 하기야 나도 미리 짐작은 했지만.' 나는 마음속으로 이렇게 생각했습니다. 솔직한 말이지만 바렌카, 이럴 바에는 내가 버티고 선 발밑의 땅이 둘로 짝 갈라지는 편이 얼마나 고마울는지 모릅니다. 지독한 추위로 발은 시리고 등줄기가 오싹오싹 했습니다. 나는 그의 얼굴을 보았습니다. 그는 내 얼굴을 보고, 마치 '자, 얼른 돌아가시오. 언제까지고 앉아 있어 봐야 소용 없다니까' 하는 것 같더군요. 여기가 다른 장소였다면 매우 두려웠을 겁니다. "그런데 대체 당신은 무엇 때문에 돈이 필요한 거요?"(글쎄, 바렌카, 이런 것까지 묻는 게 아니겠소!) 나는 우두커니 서 있기도 멋쩍었으므로 다시 입을 열려 하자, 그것을 들으려고도 하지 않고 "없소, 돈은 없어요. 빌려드리고는 싶소만" 하지 않겠습니까. 나는 매달려서 사정했습니다. "그저 잠깐이면 되는 일이고, 반드시 갚겠습니다. 기한까지는 꼭 갚겠습니다. 아니, 기한 전에 돌려주겠고, 이자는 얼마든지 좋을 대로 받아도 좋습니다. 맹세하지요" 하고 부탁했습니다. 나는 그 순간 당신 생각을 했습니다. 당신의 불행과 가난을 모조리 생각해 냈습니다. 당신에게 받은 50코페이카짜리 은화도 생각했습니다. "아뇨, 안 됩니다. 이자는 어쨌든 담보물이 없으면 안 됩니다! 그럼 내겐 돈이 없습니다. 하느님을 걸고 말이지요. 도움이 되고 싶은 마음은 태산 같지만 말이오." 그러더니 하느님까지 끌어대더군요. 그 강도놈! 그곳을 어떻게 뛰쳐나왔는지, 어떻게 브이보르스카야 거리를 빠져나왔는지 전혀 기억에 없습니다. 완전히 지치고 몸이 얼어서 그냥 부들부들 떨면서 가까스로 10시에 출근을 했습니다. 그런데 옷에 튄 진흙을 털려니까 수위인 스네기료프가 "안 됩니다. 옷솔이 상합니다. 옷솔은 관용품이니까요." 이렇게 지껄이지 않겠습니까. 요즘은 그런 사람들까지도 이렇답니다. 이런 사람들도 나 같은 것은 흙탕에 빠진 구두를 닦는 누더기걸레 조각보다도 못한 취급을 한답니다. 바렌카, 도대체 나를 파멸시키는 것이 뭐라고 생각하십니까? 나를 파멸시키는 것은 돈이 아니라 이런 세상의 푸대접입니다. 그 쑥덕거리는 험담, 그들의 냉소와 심술궂은 농지거리, 그런 것들입니다. 그러다가 장관 각하까지도 언제 내 초라한 꼴에 대해서 주의를 주실지 모릅니다. 아아, 나의 황금 시절은 지나가 버리고 말았습니다! 오늘은 당신의 편지를 모조리 다시 읽어 보았습니다. 마음이 울적하기만 합니다! 그럼 안녕히, 주께서 당신을 보호하시기를!

M. 데부시킨

〈추신〉 바렌카, 나는 나 자신의 슬픔을 농담을 섞어 쓰려고 생각했습니다만, 아무래도 이 농담은 잘 되지 않는 것 같습니다. 당신의 마음에 들도록 하고 싶었던 겁니다. 댁에 들르겠습니다. 반드시 내일 들리겠습니다.

8월 11일
바르바라 알렉세예브나! 귀여운 나의 천사! 나는 파멸했습니다. 우리는 두 사람 다 파멸했습니다. 두 사람 모두 이제는 되돌릴 수 없을 정도로 파멸했습니다. 나의 평판도, 명예도, 모든 것을 다 잃고 말았습니다! 나는 파멸입니다. 당신도 파멸입니다. 당신도 나와 함께 회복될 여지없이 파멸되고 만 겁니다! 그것은 내 탓입니다. 내가 당신을 파멸로 끌어들인 겁니다! 나는 모든 사람들로부터 쫓기고 경멸당하고 웃음거리가 되었습니다. 주인 마누라는 이제 다짜고짜로 마구 욕설을 퍼붓게 되었습니다. 오늘도 하루 종일 고래고래 욕지거리를 퍼부으며 나를 대팻밥만큼의 가치도 없는 것처럼 깎아내리는 형편입니다. 밤에는 라타쟈예프의 방에서 당신에게 보낼 편지를 누군가가 소리 높이 읽고 있었습니다. 내가 어쩌다가 잘못해서 호주머니에서 떨어뜨린 모양입니다. 모두 들러붙어서 그것을 읽으면서 놀려 댔습니다! 그 녀석들은 마구 떠들어 대고 배를 그러안고 넘어질 정도로 웃어 대더군요. 그 배신자들이 말입니다! 나는 그들에게로 가서 라타쟈예프의 배신 행위를 폭로하고, 너는 배신자라고 말해 주었습니다. 그러자 라타쟈예프는 너야말로 배신자이고, 게다가 여러 여자까지 정복하고 있지 않느냐고 대들고 "너는 우리에게 숨기고 있는 거야. 너는 로벨라스[20]다"라고 말하는 것이 아니겠어요. 그래서 지금은 모두 나를 로벨라스라고 부르고, 그것 말고는 마치 이름이 없는 것 같습니다! 아시겠습니까, 나의 천사여 아시겠습니까. 그 친구들은 이미 뭐든지 다 알고 있습니다. 하나에서 열까지 모조리 다 알고 있습니다. 당신에 관해서도 무엇이든 다 알고 있습니다! 아니 그것뿐만이 아닙니다! 팔리돈이란 놈까지 그 친구들과 한패가 되어 버렸습니다. 오늘 그 녀석에게 가게에 가서 소시지를 조금만 사오라고 심부름을 보내려 했더니 도무지 가려고 하지 않고 할 일이 있다고 말을 듣지 않더군요. 그래서 "그게 네 의무가 아니냐?"고 했더니 "천만에요! 의무는 없어요. 당신이 우리 주인 아주머니한테 돈을 내지 않았으므로 나도 당신에겐 의무가 없습니다." 이렇게 대꾸를 하는 겁니다. 나는 그런 배우지 못한 하인놈의 모욕을 받고 참을 수 없어 그놈에게 "바보!"라고 말했습니다. 그랬더니 기다렸다는 듯 이렇게 대꾸하지 뭡니까. "그렇게 말하는 당신이야말로 바보지요." 나는 그놈이 술이 취해서 그런 버릇없는 말을 하는가 보다 생각하고 나무랐습니다. "너 취한 게로구나. 이 못난 놈아!" 그러자 "이봐요, 당신이 언제 나한테 술값이라도 집어준 일이 있던가요? 자기가 먹을 술 한 잔 값도 없지요? 나이 어린 계집애한테서 20코페이카짜리 돈푼이나 얻어 쓰는 주제에 그러고도 나리님 행세를 하려 드니!" 하고 덧붙이더란 말입니다. 아, 바렌카, 사

---

20) 리처드슨의 소설 《클라리사 할로》의 주인공. 돈환과 이름을 겨루는 색마의 대명사.

태는 이 지경까지 되어 버렸습니다. 바렌카, 저는 살아가는 것이 부끄러울 지경입니다. 이건 마치 무슨 큰 죄나 지은 것 같으니 말입니다. 증명서 없는 부랑자 처지보다도 못합니다. 이 무슨 불행이겠습니까! 나는 파멸해 버린 겁니다. 정말로 파멸해 버렸습니다! 이제는 다시 살아날 수 없을 만큼 완전히 파멸해 버린 겁니다!

M. 데부시킨

8월 13일

누구보다도 친절하신 마카르 데부시킨! 우리의 머리 위에 여러 가지 불행이 연이어 덮쳐 와서, 이제 저는 어떻게 해야 좋을지 도무지 알 수가 없습니다! 앞으로 당신께선 어떻게 되실까요. 저도 어떻게 될지 캄캄합니다. 오늘 다리미에 왼손을 데었습니다. 무심코 들다가 다리미를 그만 떨어뜨리는 바람에 타박상과 화상을 한꺼번에 입고 말았습니다. 좀처럼 일을 할 수가 없군요. 게다가 표도라까지 벌써 사흘째 누워 있어요. 도무지 걱정스러워 견딜 수가 없습니다. 은화 30코페이카를 보내 드립니다. 이것은 저희에게 남아 있던 마지막 돈입니다. 지금 이루 말할 수 없는 곤경을 겪으시는 당신을 어떻게든 도와 드리고 싶습니다만, 그것이 여의치 않아 눈물이 흐를 정도로 안타깝습니다! 그럼 안녕히, 오늘 찾아와 주시면 저희는 얼마나 마음이 든든할까요.

V.D.

8월 14일

마카르 데부시킨!

도대체 당신은 어찌 되신 겁니까? 아마 당신은 하느님을 이미 잊어버리셨나 보군요! 당신은 저를 미칠 지경으로 만드시는군요. 그래도 부끄럽지 않으신가요! 당신은 자기 스스로를 망치고 계시는 거예요. 자신에 대한 체면을 조금은 생각하시는 게 어떨지요! 당신은 정직하고 순결하고 명예를 매우 중요하게 아시는 분 아니십니까. 그런데 만약 당신에 관한 것을 모든 사람들이 알게 되면 어떻겠어요! 너무 수치스러워 죽어 버리는 수밖에 없을 거예요! 그것보다도 당신은 그 허연 머리칼이 마음에 걸리지 않으신가요? 정말 하느님을 잊어버리셨나요?

표도라는 이제 당신을 돕지 않겠다고 말하고 있습니다. 저도 다시는 당신께 돈을 드리지 않겠어요. 마카르, 당신이 저를 이렇게까지 비참하게 만들 줄은 몰랐어요! 틀림없이 당신은 어떤 나쁜 짓을 하더라도 제게는 아무 상관이 없다고 생각하시는 거죠? 제가 당신 때문에 어떤 괴로움을 겪고 있는지 아직 모르시는군요? 저는 더 이상 우리집 계단도 다닐 수가 없게 됐어요! 모두 흘끔흘끔 저를 보고 손가락질하면서, 차마 들을 수 없는 소리를 하니까요. 이제는 숫제 "저 계집애가 술주정뱅이한테 붙었다는구나" 하고 입 밖에까지 내서 욕을 한답니다. 그런 말을 듣고 있는 기분이 어떻겠어요! 당신이 술에 취해서 여기로 떠메어져 왔을 때는 모두가 아주 경멸하듯 당신을 손가락질하면서 이렇게 말했어요. "저봐, 그 하급 관리가 잔뜩 취해서 끌려왔구먼." 저는 당신 때문에 수치스러워 죽을 지경입니다. 이젠 무슨 일이 있더라도 이사를 가겠어요. 어느 집의 몸종으로든지 빨래하는 하녀로든지 들어가서 살면서 이곳에는 절대로 있지 않을 작정입니다. 찾아와 달라고 편지를 드렸는데도 당신은 와주시지 않으셨어요. 마카르, 결국 저의 눈물도 애걸도 이제 당신에게는 아무것도 아니군요! 게다가 도대체 어디서 돈을 마련해서 술을 마셨나요? 제발 부탁이에요, 돈을 소중히 아세요. 당신은 그러다가 영영 몸을 망쳐 버리실 거예요. 정말 하찮은 일로 몸을 망치게 된단 말이에요! 그건 부끄러운 일이에요. 그거야말로 치욕이에요! 어제는 여주인이 당신을 집에 들어오지 못하게 했다지요. 당신은 현관에 쓰러져서 밤을 새우셨다면서요? 저는 모든 것을 낱낱이 알고 있어요. 그 말을 듣게 되었을 때 제 마음이 얼마나 괴로웠는지 생각이나 하셨나요? 부디 저한테 들러 주세요! 여기 오시면 당신의 마음도 개운해질 거고, 또 함께 책을 읽거나 지나간 추억을 떠올려 이야기라도 하면 어떻겠어요. 표도라가 성지 순례를 다녔던 이야기를 들려 드릴 거예요. 제발 저를 생각하셔서라도 자신을 파멸에 몰아넣을 그런 짓은 하지 말아 주세요. 왜냐하면 저는 당신 단 한 분만을 위해서 살고 있고, 그래서 이렇게 곁을 떠나지 않는 거니까요. 그런데 최근의 당신은 어떻습니까! 제발 훌륭한 어른이 되어 주세요.

불행에 굽히지 말고 꿋꿋이 버티어 주세요. '가난은 죄가 아니다'라는 것을 잊지 말고요. 사실 이런 것들은 모두 한때에 불과한 일이 아니겠어요! 하느님께서 잘 보살펴 주실 겁니다. 지금은 다만 당신이 기운을 내주시면 되는 거예요. 20코페이카를 보내 드립니다. 담배든 무엇이든 필요하시는 걸 사세요. 다만 좋지 않은 일에는 제발 부탁이니 쓰지 마세요. 정말 부탁입니다. 저희한테 와주세요. 꼭 와주세요. 어쩌면 당신은 여전히 부끄러워하시는지도 모르겠군요. 하지만 그렇게 생각하실 건 없어요. 그런 것은 진정한 부끄러움이라고 할 수 없어요. 다만 당신이 진심으로 뉘우치고 고치시면 되는 겁니다. 하느님을 믿고 의지하십시오. 하느님께서는 또 모든 것을 잘 되게 해 주실 거예요.

V.D.

8월 19일

바르바라 알렉세예브나!

사랑하는 바르바라, 정말 부끄러울 따름입니다. 면목도 없습니다. 그러나 그것이 그토록 떠들어 댈 만한 일일까요? 마음을 좀 풀어 보려고 한 것이 그렇게 나쁜 것입니까? 어쨌든 그렇게 취해 있는 동안만은 떨어진 구두창 따위는 생각하지 않을 수 있으니까 말입니다. 구두창 따윈 하찮은 거죠. 언제라도 쓸데없고 더러운 구두창임에는 변함없으니까요. 게다가 구두 자체를 말하더라도 역시 보잘것없는 겁니다! 그리스의 현명한 사람들도 구두 따위는 신지 않고 걸어다녔으니까요. 그렇다면 우리 같은 사람들이 이런 하찮은 물건 때문에 와자지껄 떠들어 댈 것은 없지 않습니까? 그런데 무엇 때문에 나를 욕보이고 경멸하는 걸까요? 이봐요 바렌카, 당신은 쓰는 것만으로도 모자라서 굉장한 설교를 했더군요! 표도라에게 말해 주십시오. 당신은 바보다, 침착성이 없는, 콧대만 센 그리고 어리석은, 말도 할 수 없을 만큼 어리석은 여자라고 말입니다. 그런데 내 흰머리에 대해서는, 이 점에 있어서는 당신도 잘못된 생각을 하고 있네요. 왜냐하면 나는 당신이 생각하시는 것만큼 그렇게 늙은 노인은 절대로 아니기 때문입니다. 예멜리얀이 당신께 안부 전한다고 하더군요. 편지를 읽어 보니 당신은 너무 근심해서 비탄에 잠긴 것 같은데, 나 또한 비탄에 잠겼다는 것을 알립니다. 끝으로 당신의 건강과 행복을 빕니다. 나는 건강하게 잘 있습니다.

당신의 변함없는 친구
마카르 데부시킨

8월 21일

친애하는 바르바라 알렉세예브나!

내가 나빴었다고 느끼고 있습니다. 당신에게 미안한 짓을 했다고 생각합니다. 그러나 내 생각으론 당신이 뭐라고 하시든, 내가 아무리 이런 생각을 절실하게 하더라도 결국 아무런 소용도 없다는 겁니다. 나는 그와 같은 잘못된 짓을 저지르기 전부터 당신에게 미안하다는 것을 느끼고 있었지만 역시 마음이 꺾이고 말았습니다. 나쁘다는 걸 알면서도 탈선해 버린 겁니다. 바렌카, 나는 짓궂은 사람도 아니지만 잔인한 사람도 아닙니다. 당신의 고운 마음을 피에 굶주린 호랑이가 아니고서야 어찌 갈기갈기 찢을 수가 있겠습니까. 그런데 나는 양 같은 착한 마음을 지닌 사람이라 당신도 알다시피 그처럼 잔인한 생각은 할 수 없습니다. 그러니까 그 잘못된 행위도 반드시 모두 나에게 책임이 있다고는 할 수 없습니다. 그것과 마찬가지로 내 마음과 내 생각에도 책임이 있다고는 할 수 없습니다. 조금의 악의도 없었을 뿐 아니라 도대체 어떤 점이 나빴는지 알 수도 없기 때문입니다. 아니, 이건 정말 아무리 생각해 봐도 애매한 문제입니다! 당신은 은화 삼십 코페이카, 그 뒤에도 또 이십 코페이카를 보내 주셨더군요. 나는 친척도 아무도 없는 당신에게서 받은 돈을 바라보면서 가슴이 찢어지는 듯했습니다. 자신은 손에 화상을 입고, 당장 굶어 죽을 형편이면서도 내게 담배를 사라고 편지를 주셨으니, 이런 경우에 나는 어떻게 하는 것이 좋은가요? 아니면, 차라리 양심 따위는 눈을 감아 버리고 도둑놈처럼 천애 고아인 당신을 빈털터리가 되도록 돈을 빼앗아 써야 하는 걸까요? 그렇게 생각한 순간 나는 아주 기운이 빠져 버리고 말았습니다. 무엇보다도 우선, 나는 아무런 쓸모도 없는 인간이다, 이 구두창보다도 별로 나을 것이 없는 인간이라고 생각하지 않을 수가 없었습니다. 자신을 무언가 의의라도 있는 인간인 듯 생각하는 것은 전혀 마땅치 않다는 생각이 들었습니다. 아니 그 뿐 아니라 나 자신을 어쩐지 주책없는, 어느 정도 비열한 인간이라고 생각하게 되었습니다. 이리하여 자기 자신에 대한 신뢰를 잃고 자기의 장점과 품위를 부정하게 되자, 그동안 쌓아왔던 모든 것이 한번에 와르르 허물어져서 진정한 타락이 시작된 겁니다. 이것은 이미 정해진 운명일 뿐, 나에게는 아무 잘못도 없습니다.

처음에는 잠깐 바람을 쐬려고 집을 나섰습니다. 그런데 나가고 보니 하나에서 열까지 모조리 좋지 못한 일만 있었던 겁니다. 주위의 자연은 당장에라도 통곡할 것 같고 날씨는 춥고 비는 내리고 거기에 운나쁘게도 예멜리얀을 만난 것입니다. 바렌카, 그 사나이는 갖고 있는 물건들을 모조리 전당포에 잡혀 버리고 자기의 물건이라곤 아무것도 없었으므로, 나를 만났을 때는 벌써 이틀씩이나 아무것도 먹지 못한 형편이었습니다. 그리곤 전당잡힐 정도의 가치도 없는 것을 들고 나와서 어떻게 사정사정해서 전당잡아 달라고 할 작정으로 나온 길이었습니다. 어쨌든 그런 전당물은 여태까지 듣도 보도 못한 것들이었습니다. 그래서 바렌카, 이렇게 되면 이젠 끝난 겁니다. 나는 나 자신의 기분에 따랐다고 하기보다는 오히려 인류에 대한 동정심에 져버리고 만 겁니다. 이리하여 그 잘못이 저질러진 겁니다. 나는 그 사나이와 마주 잡고 실컷 울었습니다! 당신의 이야기도 했지요. 그 사나이는 매우 착한 사람이고 게다가 무척 동정심 많은 사람이랍니다. 나는 그걸 실제로 잘 압니다. 아니, 내가 실수를 곧잘 저지르는 것도 감수성이 강하기 때문입니다. 나의 사랑하는 바렌카, 나는 당신에게 얼마나 많은 신세를 지고 있는지 잘 알고 있습니다! 당신을 알게 되고 나서 나는 무엇보다 자기 자신을 더 잘 알게 되고 그리고 당신을 사랑하게 된 것이니까요. 아니, 당신을 만나기 전까지는 나는 외톨이였고 계속 잠을 자고 있었던 것과 같았습니다. 이 세상에 살고 있지 않은 것과도 같았습니다. 어떻든 그 나쁜 사람들은 나의 용모까지도 추악하다고 하며 나를 싫어했기 때문에 스스로도 싫어졌었습니다. 또한 그 사람들이 나를 우둔하다고 입버릇처럼 말했기 때문에, 나도 진정 나는 우둔한가보다, 그렇게 생각해 왔습니다. 그런데 당신이 내 앞에 나타나서 이 어두운 생활을 밝게 비추어 주신 겁니다. 그러자 나의 마음도 영혼도 활짝 밝아져서 나는 마음의 안정을 되찾고 나도 다른 누구 못지않은 사람이라는 것을 깨달았습니다. 물론 뛰어난 점도 없고 세련되거나 잘난 점도 없고 대수로운 인간도 못되지만 그래도 나 역시 마음과 사상을 갖춘 인간이라는 것을 깨달았던 겁니다. 그런데 이제 자신이 운명에 쫓기고 학대받는 인간이라고 느끼면서도 완전히 자신의 가치를 부정하게 된 바로 그때, 그 불행이 일어났으므로 나는 완전히 약해져 좌절했습니다.

지금은 당신도 이미 내게 일어난 온갖 것을 다 알고 계시니까 더 이상 캐묻지 마시기를 간절히 바랍니다. 지금 내 가슴은 찢어질 듯이 슬프면서 괴롭고 비참하기 때문입니다.

당신을 존경하고 항상 변치 않는 친구
마카르 데부시킨

9월 3일

마카르 데부시킨!

지난번 편지는 끝까지 쓰지 못했습니다. 쓰기가 괴로웠기 때문입니다. 저는 이따금 외톨이로 이야기 상대도 없이 혼자서 한탄하기도 하고 슬퍼하기도 하는 것이 오히려 즐거운 때도 있습니다만, 요즈음은 그런 때가 너무 빈번히 찾아들게 되었어요. 추억 가운데 왠지 모르게 나 스스로도 쉽게 설명할 수 없는 것이 무턱대고 저를 자꾸 끌고 가는 바람에, 나는 몇 시간씩이나 주위의 일에 무감각해지고 현재라는 것을 완전히 잊어버리고 말 때가 있어요. 현재의 내 생활에서 그것이 기쁜 것이든 괴로운 슬픈 것이든간에 그 인상이 뭔가 저의 지난날과 비슷한 것을, 그중에서도 특히 황금시대인 유년 시절을 생각나게 합니다. 그러나 그러한 지난 시절을 회상하고 나면 나는 언제나 괴롭습니다. 어쩐지 점점 더 쇠약해지고 있는 것 같아서요. 공상하는 버릇이 나를 피로하게 합니다. 나의 건강은 그렇지 않아도 날로 나빠져 가고 있습니다.

하지만 오늘은 이 지방의 가을 날씨치고는 극히 드물게 상쾌하고 청명한 아침이군요. 저는 상쾌한 마음으로 기쁘게 아침을 맞이했습니다. 아아, 드디어 이 고장에도 가을이 찾아왔군요! 저는 시골에서 살 때 가을을 무척 좋아

했습니다! 아직 조그만 어린아이였지만 그래도 그 무렵부터 제법 여러 가지를 느끼고 있었거든요. 저는 가을 아침보다도 가을밤이 더 좋았어요. 지금도 기억납니다만 우리집 바로 가까이에 있는 산기슭에 호수가 하나 있었어요. 지금도 눈에 생생히 떠오릅니다만, 그 호수는 매우 넓고 빛나고 수정처럼 맑았어요! 고요한 저녁녘의 호수는 잔잔하고 호숫가에 우거진 나무들도 꼼짝하지 않았고, 수면은 거울처럼 매끄러웠어요. 저녁 공기는 상쾌하고 썰렁할 정도였지요! 이슬방울이 풀잎에 잠자고 호숫가의 농가에 불이 켜지고 가축의 무리가 돌아오면, 저는 제가 가장 좋아하는 호수를 보기 위해 살그머니 집을 빠져나와서 아름다운 호숫가를 가만히 넋을 잃고 바라보곤 했어요. 물가에서 어부들이 마른 나뭇가지든 뭐든 불을 붙이면 그 불빛이 멀리 수면을 흘러갔지요. 하늘은 차갑고 파랗게 맑고 그 지평선에는 타는 듯한 빨간 구름의 물결이 퍼지고, 이윽고 그 줄무늬가 점점 엷어져 갑니다. 달이 떠오르면 대기는 말할 수 없이 맑아지고, 무엇엔가 놀란 새들이 날아오르는 것도, 산들바람에 갈대가 사락사락 속삭이는 것도, 물고기가 수면에 뛰어오르는 소리도 손에 잡힐 듯 들립니다. 푸른 수면에는 하얗고 투명한 수증기가 피어오르고 먼 곳은 이미 어두워지고 모든 것이 저녁 안개 속에 잠겨 가지만, 가까이에 있는 조각배와 호숫가의 조그만 섬은 마치 끌로 새긴 것처럼 뚜렷하게 떠올라 보입니다. 호숫가에 잊힌 채 놓여 있는 나무통이 물결에 조용히 흔들리고, 노랗게 단풍든 버드나무 가지가 갈대 사이에 얽혀 있고, 뒤떨어져 남아 있는 물새 한 마리가 푸드득거리면서 차가운 물에 가슴을 적시고는 훌쩍 날아올라, 저녁 안개 저편으로 사라져 갑니다. 저는 가만히 그것을 보면서 귀를 기울였습니다. 얼마나 멋진 기분이었겠어요! 하지만 저는 아직 어린아이였어요…….

저는 가을을 가장 좋아했습니다. 그것도 벌써 곡식을 다 거둬들이고 밭일이 모조리 끝나 여기저기의 농가에서 저녁마다 마을 사람들이 모여 앉아 겨울을 기다리는, 그 늦가을을 매우 좋아했지요. 그 무렵이 되면 주위는 온통 음울한 느낌으로 변하고 하늘은 구름에 덮여 음산하게 흐리고, 노란 낙엽은 발가벗은 숲 가장자리에 오솔길처럼 쌓이고, 숲은 검은빛을 띠게 됩니다. 특히 축축하게 안개가 내리덮인 밤에 거인처럼 추악하고 무서운 괴물처럼 숲의 그림자가 떠오를 때는 그 그림자는 한층 더 검푸르게 보였어요. 산책길에 나섰다가 다른 사람들과 떨어져서 혼자 급하게 집으로 돌아올 때의 무시무시함이란! 몸이 나뭇잎같이 오들오들 떨리고, 당장에라도 그 나무 사이에서 누군지 알 수 없는 무서운 남자가 불쑥 나타나는 것은 아닐까 하는 생각에 죽을 것만 같았어요……. 이윽고 바람이 일기 시작하면 숲은 요란스럽게 소리를 지르고 매우 원망스러운 듯이 울음소리를 내며, 마른 가지와 잎을 잡아뜯어 공중으로 날려보내는 겁니다. 그러면 그 뒤를 따라 산새들이 폭넓고 긴 무리를 이루어 소란스럽게 요란한 울음소리를 내면서 날아가, 하늘이 온통 새들의 무리로 덮여서 새까매지는 겁니다. 귀를 기울이면 사람의 목소리가 들리는 것 같습니다. "자, 빨리 달려라 얘야, 늦어지면 안 된다. 여기는 머지않아 무서워질 테니 뛰어라, 빨리!" 누군가 속삭이는 듯한 기분이 들었습니다. 그러면 공포가 가슴을 꿰뚫고 지나가 숨이 막힐 정도로 달리기 시작한답니다. 숨을 헐떡이면서 집으로 돌아오면 집 안은 떠들썩하고 활기에 차 있었어요. 아이들도 완두콩이나 양귀비 껍질 까는 일을 돕고 있고, 벽난로에는 생나무 장작이 탁탁 튀고, 어머니는 즐거운 듯이 우리의 일하는 모습을 바라보고, 늙은 유모 울리야나는 옛날이야기를 하기도 하고 요술쟁이나 죽은 사람이 살아 나오는 무서운 얘기를 들려줍니다. 우리는 무서워서 서로 몸을 바싹 붙이고 모여 앉지만 그래도 입가에는 미소가 떠오른답니다. 갑자기 모두 조용해집니다……. 쉿! 덜컹덜컹 소리가 났어! 누가 문을 두드리는 것 같아!—그건 잘못 들은 거죠. 프롤로브나 할머니가 실 뽑는 물레를 돌리는 소리였으니까요. 그러자 모두 까르르 웃었지요!

하지만 그런 날 밤에는 무서워서 잠을 제대로 못 잡니다. 무서운 꿈만 꾸게 됩니다. 밤중에 잠이 깨도 꼼짝 못하고 날이 샐 때까지 이불을 뒤집어쓰고 바들바들 떨었지요. 하지만 아침이 오면 꽃처럼 원기 왕성해서 일어나지요. 창밖을 내다보면 들판은 서리가 걷히고 가을의 엷은 고드름이 나뭇잎 떨어진 작은 나뭇가지에 매달려 있어요. 호수에는 종잇장 같은 살얼음이 깔리고 수면에서 뽀얀 수증기가 피어오르고, 산새들이 즐겁게 지저귀고 있어요. 태양은 주변 가득히 반짝이는 빛을 뿌리고, 그 빛이 유리처럼 엷은 얼음을 녹여들어갑니다. 만물은 반짝반짝 빛나고 무척 즐겁지요! 벽난로에서는 또다시 불이 탁탁 소리를 내고, 모두 사모바르를 에워싸고 둘러앉습니다. 밖엔 밤새도록 마당에서 추위에 떨던 검정개 폴칸이 창문 안을 들여다보고 귀엽게 꼬리를 흔듭니다. 농부들이 기운 센 말을 타고 집 앞을 지나 나무를 하러 숲으로 나갑니다. 모든 사람들이 아주 만족스럽고 즐거운 듯합니다! ……아아, 저의 어린 시절은 참으로 찬란한 황금 시절이었어요!……

　저는 지금도 추억에 끌려들어가 어린아이처럼 울어 버렸어요. 모든 걸 생생하게 기억해 냈어요. 지나가 버린 일들이 선명하게 눈앞에 떠올랐습니다. 그와 반대로, 현재는 어쩌면 이다지도 희미하고 어두컴컴할까요! ……이제부터 앞으로 어떻게 될까요, 도대체 어떤 결말을 맺게 될까요? 실은 이상하게 저는 아무래도 이 가을에 죽는다는 묘한 확신이, 일종의 신념이 있습니다. 몸 상태가 아주 나빠요. 저는 곧잘 죽는 것을 생각하지만, 이 상태로 죽고 싶진 않습니다. 다시 말해서, 이 고장에서 죽기는 싫단 말이에요. 어쩌면 저는 지난 봄처럼 다시 앓아 누워 버릴지도 모르겠어요. 사실은 아직 완쾌되지 않았던 거예요. 지금 이러고 있어도 무척 괴롭습니다. 표도라는 오늘 하루 종일 어디엔가 나가 있어서 저 혼자만 있어요. 언제부터인지 저는 혼자만 있는 것이 무서워졌어요. 언제나 제 방에 누군가 다른 사람이 있어서 그 사람이 저와 이야기를 하는 듯한 느낌입니다. 특히 어떤 생각에 깊이 잠겼다가 갑자기 정신을 차릴 때는 한층 더 겁이 납니다. 이런 기다란 편지를 쓰는 것도 그 때문입니다. 쓰고 있을 때만은 아무렇지 않으니까요. 그럼 안녕히. 이미 종이도 떨어지고 시간도 없으니까 그만 쓰겠어요. 제 옷과 모자를 팔아서 마련한 돈도 이제 은화 1루블밖에 남지 않았어요. 당신은 주인 여자에게 은화 2루블을 지불하셨다구요? 참 잘하셨어요. 이젠 그녀도 당분간은 시끄럽게 굴지 않을 테죠.

　어떻게든지 옷을 고치도록 하세요. 그럼 안녕히. 저는 무척 피곤해요. 어째서 이렇게 약해졌는지 도무지 모르겠어요. 조그만 일에도 곧 지쳐버리는걸요. 일거리가 생기더라도 이래 가지고는 일을 할 수가 없겠어요. 그런 걸 생각하니 정말 앞이 캄캄합니다.

V.D

9월 5일

나의 귀여운 바렌카!

나는 오늘 여러 가지 깊은 인상을 받았습니다. 우선 하루 종일 머리가 아팠습니다. 그래서 어떻게든지 기분을 상쾌하게 하려고 집을 나서서 폰탄카를 산책하고 왔습니다. 몹시 어두컴컴하고 질퍽거리는 저녁이었습니다. 5시가 지나니 벌써 어두워지더군요. 지금은 그런 계절이지요! 비는 오지 않았지만 가랑비 못지않은 짙은 안개가 끼었습니다. 하늘에는 비구름이 길게 넓은 띠를 이루며 흐르고 있었습니다. 많은 사람이 강변 도로를 따라 걷고 있었는데, 그들은 모두 약속이라도 한 듯이 얼른 보기만 해도 맥이 빠져 버릴 것 같은 걱정스러운 표정들이었습니다. 술 취한 농부를 비롯해 장화를 신고 모자도 쓰지 않은 납작코의 핀란드 여자, 노동자, 마부, 무슨 일이 있어 나온 듯한 나와 같은 족속의 하급 관리, 장난꾸러기 소년들, 줄무늬 작업복을 입고 그을음과 기름으로 더러워진 얼굴을 하고 손에 열쇠를 들고 있는 핼쑥한 대장간 직공, 키가 2미터나 됨직한 제대 군인, 이런 사람들이었습니다. 하기야 이런 사람 말고는 다니지도 않을 시간이었습니다. 아니 그건 그렇고, 폰탄카는 선박들의 왕래가 빈번한 운하이더군요! 이런 곳에 용케 비집고 들어왔구나 생각될 만큼 많은 배들이 보였습니다. 다리 위에는 비에 젖은 사탕 과자며 썩은 사과 바구니를 안은 여자들이 앉아 있었는데 모두 몹시 지저분한 몰골을 하고 후줄근하게 젖어 있었습니다. 폰탄카를 산책하기란 정말 쓸쓸하더군요! 발밑의 화강암 보도는 비에 젖었고, 양쪽에는 그을어서 까매진 높다란 집들이 늘어서 있습니다. 그리고 발밑에서부터 머리 꼭대기까지 어디든 빈틈없이 온통 짙은 안개였습니다. 오늘은 매우 우울하고 음산한 저녁나절이었습니다.

고로호바야 거리로 접어들었을 때는 이미 캄캄해져서 가스등에 불이 켜지기 시작했어요. 나는 꽤 오랫동안 고로호바야 거리를 지나간 적이 없었습니다. 그럴 기회가 없었던 거죠. 떠들썩한 거리더군요! 아무튼 훌륭한 크고 작은 상점들이 즐비하게 늘어서 있었습니다. 진열장 속의 옷감이며 꽃 리본이 달린 여러 모자 등, 갖가지 것들이 반짝반짝 빛나고 타는 듯했습니다. 이런 것들도 그저 장식으로 늘어놓았다고 생각하겠지만, 그렇지 않습니다. 그 물건들을 아내에게 사다주는 사람이 실제로 있으니까요. 부자들의 거리라고요! 고로

호바야 거리에는 독일 사람의 빵집도 많았습니다. 그 사람들도 틀림없이 유복한 사람들이겠지요. 쉴 새 없이 오가는 마차의 수도 굉장히 많은데 용케도 돌을 깐 포장도로가 잘 견뎌내는구나 싶더군요. 눈부실만큼 호화로운 마차도 있었습니다. 창문 유리는 거울 같고 내부에는 벨벳과 비단을 깔았더군요. 마부조차도 귀족처럼 견장을 달고 칼을 찼습니다. 나는 지나가는 마차들의 안을 일일이 들여다보았는데, 모두 귀부인들이 앉아 있었습니다. 하나같이 화려하게 차려 입은 걸 보니 공작의 딸이거나 백작부인 같은 사람들이겠지요. 분명 이 시간에, 모두들 무도회나 야회에 서둘러 가겠죠. 공작부인이라든가 흔히 말하는 귀부인을 가까이에서 보는 것은 재미있을 겁니다. 분명 매우 기분이 좋겠지요. 나는 오늘 처음 마차 안을 들여다보았을 뿐, 한 번도 가까이서 본 적이 없습니다. 그때 나는 얼른 당신을 생각했습니다.

아아, 나의 귀여운 바렌카! 당신을 생각하자 나는 가슴이 찢어지는 것 같았습니다! 바렌카, 당신은 어째서 그렇게 불행할까요? 나의 천사여! 당신이 도대체 그 사람들보다 어디가 못한 겁니까? 당신은 성품이 다정하고, 아름답고 학식도 있습니다. 그런데 당신은 어째서 그런 불행을 짊어져야 합니까? 한쪽에는 훌륭한 사람이 황야에 내버려진 채로 있는데, 다른 쪽 사람에게는 행복이 저절로 날아들어온다는 것은 도대체 어찌 된 셈일까요? 이런 생각은 옳지 않겠지요. 이것이 자유사상이라는 것은 알고 있습니다. 그렇지만 정직하게 사실대로 말한다면, 어떤 사람은 어머니의 배 속에 있을 때부터 운명이 행운을 예고해 주는데 어떤 사람은 양육원에서 곧바로 인생의 거친 물결로 뛰어들어야 한다니 도대체 어찌 된 일일까요? 또한 행운이라는 놈은 곧잘 멍청한 이반에게 주어지곤 하더군요. 너 바보 이반아, 너는 선조 대대로 물려받은 재산으로 실컷 마시고 먹고 즐기기만 하면 된다, 그리고 너는 그저 손가락이나 입에 물고 구경이나 하고 있으면 되는 거다, 네게는 그게 어울리니까, 라는 셈입니다. 이런 걸 생각하면 벌을 받겠지요? 그러나 그 거리에 있으니까 나도 모르게 그런 죄가 될 생각이 머릿속에 떠오르더군요. 이봐요 바렌카, 당신이 그런 마차를 타고 다닌다면 어떻겠습니까? 그렇다면 우리 같은 사람들이 아니라 장군들이 당신의 상냥한 눈길을 붙잡으려고 야단들일 겁니다. 당신은 그런 낡아빠진 무명옷을 벗고 온통 금실로 장식한 비단옷을 입겠지요. 그리고 당신은 지금처럼 여위고 병든 얼굴이 아니라, 마치 사탕으로 만든 인형처럼 싱싱하고 토실토실하고 뺨에는 붉은 빛이 돌겠지요. 그렇게만 되면 나는 거리에서 밝고 눈부신 창문 너머로 당신의 모습을 바라보기만 해도, 아니, 당신의 그림자를 잠깐 보는 것만으로도 행복해질 겁니다. 나의 귀여운 바렌카, 당신이 거기서 행복하고 즐겁게 살고 있다고 생각하는 것만으로도 나는 즐거운 마음이 될 겁니다. 그런데 지금은 어떻습니까! 나쁜 사람들이 당신을 못 살게 할 뿐만 아니라, 근본도 알 수 없는 못된 호색한들이 당신을 모욕하고 있으니까요. 그런 파렴치한 놈들이 프록코트를 맵시있게 차려입고, 금테 두른 안경을 끼고 유심히 당신을 바라본다 해서 그런 사나이의 돼먹지 않은 말버릇도 가만히 듣고 있어야 한단 말입니까? 아니, 이제 충분해요. 그렇지 않습니까? 어째서 이런 일을 당해야 한단 말입니까? 그것은 당신이 고아이기 때문입니다. 당신이 누구 하나 의지할 사람이 없는 처지이기 때문입니다. 든든한 후견인이 되어 줄 유력한 친구가 없기 때문입니다. 그렇더라도 아무도 돌볼 사람 없는 고아인 당신을 모욕하고도 아무렇지 않게 생각하는 자들은 도대체 어떤 사람인가요? 어떤 놈들입니까? 그건 쓰레기 같은 놈들입니다. 사람이 아니라 쓰레기에 불과하다구요. 자기도 사람이라고 생각하겠지만 정말은 사람이 아닌 거죠. 나는 그렇게 믿습니다. 놈들은 그런 사람들이란 말입니다! 내 생각으론 오늘 고로호바야 거리에서 본 샤르만카[21]를 켜는 사람이 그런 놈들보다 차라리 존경할 만합니다. 그 샤르만카 켜는 사람은 온종일 녹초가 되도록 지쳐 돌아다니고서야 겨우 몇 푼을 얻어 그것으로 살아가지만, 그 대신 그는 자기 자신이 주인입니다. 훌륭히 자신의 힘으로 자기를 먹여 살리고 있습니다. 구걸 같은 것을 하지 않고 될 수 있는 대로 남들을 즐겁게 해주려고, 자기가 할 수 있는 재주로 그들을 즐겁게 해주면서 충실히 기계처럼 일하고 있는 겁니다. 하기야 그는 거지입니다. 거지는 거지지만 고상한 거지입니다. 지치고 꽁꽁 얼어 있으면서도 역시 일하고 있습니다. 거리의 풍각쟁이라고는 하지만 역시 자신의 일을 계속하고 있습니다. 세상에는 이런 정직한 사람이 많습니다. 그런 사람들은 자신의 노동량과 가치에 비해 너무나 적은 벌이밖에 못

---

21) 어깨에 메고 다니는 대형 손풍금.

하지만 그 누구에게도 머리를 숙이지 않고, 누구에게도 그날그날의 먹을 것을 구걸하지 않습니다. 저도 그 풍각쟁이와 똑같습니다. 아니, 모든 점이 그 사나이와 같다는 게 아니고 지금 말한 것처럼 자신의 힘에 어울리게, 자기가 할 수 있는 재주로 일을 한다는, 고상하고 기사 같다는 의미에서 그 사나이와 같다는 겁니다. 나는 어마어마한 일은 할 수 없지만, 할 수 있는 만큼은 합니다.

내가 이 샤르만카를 켜는 사람의 이야기를 시작한 것은, 오늘 자신의 가난함을 평소의 갑절이나 뼈저리게 느꼈기 때문입니다. 나는 걸음을 멈추고 그 샤르만카를 켜는 사람을 보고 있었습니다. 아까와 같은 생각이 머리에 떠올랐으므로 우울한 기분을 좀 덜어 보려고 멈춘 것이었습니다. 그때 거기에는 마부가 두서너 사람, 어느 집의 하녀 하나와 진흙이 잔뜩 튄 여자아이가 구경하고 있었습니다. 샤르만카를 켜는 사람은 어느 집 창문 밑에 자리를 잡고 있었습니다. 문득 보니 열 살가량의 남자아이가 눈에 띄었습니다. 원래는 귀여운 아이인데 보기에도 아파 보이는 얼굴빛에 핼쑥하고 무언가 누더기를 걸치고 있었지만 그것은 셔츠만 입은 것과 다름없고, 거의 맨발에 입을 떡 벌리고 음악을 듣고 있었습니다. 아직 정말로 철모르는 어린아이였습니다! 독일 사람이 인형을 춤추게 하는 걸 가만히 지켜보고 있는 소년의 손과 발은 추위에 새파랗게 되어 몸을 떨며 셔츠 팔소매를 입으로 깨물고 있었습니다. 보니까 그 아이는 무언가 종이쪽지를 손에 쥐고 있었습니다.

한 신사가 지나가다가 동전 몇 개를 샤르만카를 켜는 사람에게 던져주었습니다. 동전은 꽃밭에서 프랑스 인형의 신사가 귀부인들과 춤추고 있는 그림이 있는 궤짝 속으로 떨어져 들어갔습니다. 동전이 짤랑 소리를 내자 그 소년은 퍼뜩 제정신을 차렸는지 겁먹은 듯 주위를 둘러보다가 나에게 눈을 멈추었습니다. 아마 틀림없이 내가 동전을 던졌다고 생각한 모양입니다. 소년은 내 옆으로 달려왔습니다. 그 조그만 손은 바들바들 떨리고 목소리까지 떨리고 있었습니다. 소년은 들고 있던 종이쪽지를 내밀고 말했습니다. "한 번 읽어 보세요." 그 쪽지의 내용은 정해진 것으로 이렇게 씌어 있었습니다. '인정 많으신 여러분, 이 아이의 어미는 금방이라도 죽을 것 같고, 세 아이는 굶주림에 떨고 있습니다. 제발 도와주십시오. 설령 제가 죽더라도 오늘 이 아이들을 도와

주신 은혜는 절대로 잊지 않고 저 세상에서 인정 많으신 당신의 행복을 빌겠습니다.' 너무나 뻔한, 먹고 살기 힘들다는 얘기지만 정말 내가 무엇을 줄 수 있겠습니까? 그래서 아무것도 주지 못했습니다. 그러나 무척 가여웠습니다! 가엾은 그 소년은 너무나도 추워서 새파랗게 얼고, 아마 배도 고팠겠지요. 그 소년의 말은 거짓말이 아닙니다. 절대 거짓말이 아닙니다. 나는 잘 압니다. 그렇지만 어째서 이 인정머리 없는 어머니는 아이를 소중하게 기르지 못할망정 이런 추위에 벌거숭이나 다름없는 차림으로 그런 편지를 들려 내보냈는지 어처구니 없을 뿐입니다. 그 어머니는 의지가 약한, 틀림없이 어리석은 여자이고 또 아무도 돌보아줄 사람이 없어 어쩔 수 없이 집구석에 처박혀 있는 것인지도 모르겠습니다. 아니, 정말 앓고 있는지도 모르죠. 만약 그렇다면 그런 사정을 호소해야 할 당국을 찾아가서 탄원이나 진정을 하면 될 텐데 말입니다.

그러나 어쩌면 여자 사기꾼이 일부러 배를 곯린 말라빠진 소년을 내세워서 세상 사람을 속이고, 소년을 일부러 굶주리고 쇠약하게 만들고 있는지도 모릅니다. 어쨌든간에 그러한 쪽지를 들고 다녀야 하는 불쌍한 소년은 도대체 무엇을 배울까요? 다만 마음이 삭막해질 뿐입니다. 소년은 이리저리 돌아다니거나 뛰어다니면서 구걸을 합니다. 그러나 사람들은 그냥 스쳐 지나갈 뿐입니다. 모두들 바쁩니다. 모두 돌과 같은 마음을 지니고 있어서 말도 가시가 돋친 듯합니다. "저리가! 냉큼 꺼져! 까불지 마, 빌어먹을 자식!" 그 소년이 사람들에게서 듣는 말이라곤 고작 이런 것뿐입니다. 이리하여 소년의 마음은 점점 모질고 잔인해지는 겁니다. 불쌍한 그 소년은 둥우리가 망가져서 떨어진 새끼 새처럼 잔뜩 겁에 질려서 추위에 오들오들 떨고 섰을 뿐입니다. 손도 발도 얼어서 숨이 막힐 지경입니다. 저것 보십시오, 그 소년은 벌써 기침을 하고 있습니다. 징그러운 해충처럼 병이 저 아이의 가슴에 파고 들어갈 날도 멀지 않았겠지요. 그런 뒤 언젠가는 어느 지저분한 방 한구석에서 아무의 시중도 병구완도 받지 못한 채 죽음의 손아귀에 움켜쥐어지는 겁니다. 이것이 그 소년의 일생입니다! 이런 일생도 있단 말입니다!

아아, 바렌카, '제발 도와주십시오' 하는 말을 듣는 것은 괴로운 일입니다. 그 옆을 그대로 지나치면서 아무것도 주지 않고 '하느님께서 도와주실 게다'라고 말하는 것도 역시 서글픈 일입니다. 때로는 아무렇지 않게 흘려 들을 수 있는 '제발 도와주십시오'도 있습니다('제발 도와주시오'에도 여러 가지 종류가 있는 겁니다). 그중에도 길게 말꼬리를 잡아 뺀, 아주 익숙한 경험을 쌓은 제법 거지 티가 완연한 말투도 있습니다. 그런 거지에게는 아무것도 주지 않아도 그리 마음 아프지 않습니다. 이런 것은 거지 생활을 오랫동안 한 직업적인 거지니까, 익숙해서 어떻게든 그럭저럭 살아나가겠고, 현재도 그런 수단에 능숙하니까요. 그런데 그것과는 다른 '제발 보태 주십시오' 하는 그런 습관적인 것이 아니라도 내겐 더 난폭하고 무서운 것이 있습니다. 이를테면 오늘도 내가 그 소년에게서 쪽지를 받아들었을 때입니다. 그 소년은 아무에게도 구걸을 하지 않고 담장 옆에 서 있다가 내게로 다가와서 "나리, 얼마라도 좋으니 좀 보태 주십시오!" 하고 꽤 난폭한 어조로 말했으므로, 나는 어쩐지 무서워져서 부르르 몸을 떨었을 정도였습니다. 그러나 한푼도 없었기 때문에 주지 못했습니다. 그런데 돈 있는 사람은 가난한 사람들이 자신의 불행을 한탄하는 것을 무척 싫어합니다. 저놈들은 귀찮고 끈질기군, 하는 겁니다. 아니, 분명히 가난한 사람을 언제나 귀찮게 여깁니다. 가난한 사람의 신음이 돈 있는 사람에게는 귀에 늘어붙어서 잠을 잘 수가 없는 걸까요! 아니, 고백하자면 내가 이런 것을 길게 쓰는 것은 첫째 답답한 마음을 풀려고 하는 것이지만, 그보다 오히려 내가 쓴 훌륭한 문장의 본보기를 보여 드리고 싶었기 때문입니다. 하기는 당신도 틀림없이 깨달으셨을 줄 압니다만, 요즈음 내 문장도 일종의 격식을 갖췄기 때문입니다. 그런데 지금은 매우 울적하기 때문에 나 자신에게 깊은 연민을 느끼고 있습니다. 물론 자기 연민만으로는 아무 소용 없다는 것을 나도 알고 있지만 그래도 얼마간은 자신의 정당성을 인정할 수는 있으니까요. 사실 아무런 이유도 없는데 곧잘 자기 자신을 얕잡아보고 한푼의 가치도 없는, 대팻밥만도 못한 인간이라고 생각할 때가 있습니다. 아니, 그런 생각도 나 자신이 구걸을 하는 불쌍한 소년처럼 겁먹고 항상 무엇에 쫓기고 있기 때문인지도 모릅니다.

내가 그런 예를 들어서 설명하겠습니다. 잘 들어 보십시오. 이것은 흔히 있는 일입니다만, 아침 일찍 출근길을 서두르면서 거리를 살펴보는 때가 있습니다. 사람들이 잠을 깨고 일어나 아궁이에 불을 지피고 물을 끓이고 떠들썩하게 움직이는 걸 느낄 수 있습니다. 그런데 그러한 광경을 볼 때면 때로는 자신이 무척 작게 느껴지고, 마치 호기심이 강한 나의 이 코끝을 한 대 호되게 얻어맞은 것처럼 조용하게 움츠리고 걸으면서 이래서는 도저히 안 되겠다고 체념하는 일도 간혹 있습니다. 그럼, 저 검게 그을린 커다란 건물 속에서는 도대체 무엇이 일어나고 있나요? 자세히 한 번 안을 들여다보십시오. 그런 뒤에 무턱대고 자신을 얕잡아보고 두려워한 것이 과연 옳은 일이었나 판단해 보십시오.

바렌카, 이것은 하나의 비유이고 꼭 그렇다는 건 아닙니다. 그럼 그런 집 속에서 어떤 일이 일어나고 있는지 살펴보기로 합시다. 지금 저 연기 자욱한 한 모퉁이에 가난하기 때문에 어쩔 수 없이 살고 있는, 마치 개집이나 다름없는 방 안에서 한 직공이 꿈에서 깨어났습니다. 그는 밤새도록 구두 꿈만 꾸었던 것입니다. 어제 잘못 재단한 구두의 꿈을 꾸었습니다. 마치 그 사람은 이런 하찮은 꿈밖에는 꿀 수 없다는 듯이 말입니다! 확실히 그는 사람입니다. 구두를 만드는 사람입니다. 그러니까 자기의 장사에 관한 것을 꿈꾼다는 것은 당연한 일인지도 모르겠습니다. 그의 집에는 아이들이 울어대고, 부인은 고픈 배를 움켜쥐고 있습니다. 물론 언짢은 꿈을 꾸고 눈을 뜨는 것은 이 직공뿐만이 아닙니다. 이건 별로 대수롭잖은 일이고, 새삼스럽게 쓸 만한 일도 못되겠지만 여기에는 다음과 같은 사정이 있습니다. 그것은 같은 건물 안의 위층인지 아래층인지에 온통 화려하게 차린 넓은 방 안에서 큰 부자가 역시 전날밤에 구두 꿈을 꾸는 일도 있을 수 있는 겁니다. 즉, 같은 구두라도 모양이 다른, 그야 멋있는 구두이겠지만 구두는 역시 구두니까요. 왜냐하면 내가 여기서 말하고자 하는 것은, 우리도 모두 어떤 의미에선 구두장이라는 겁니다. 그러나 이건 대수로운 것은 아닙니다. 단지 좋지 않은 것은 그 부자에게 아무도 이런 말을 해 주는 사람이 없다는 겁니다. "이제 자신에 대한 것만 생각하는 것은, 또 자기 혼자만을 위해서 살아 갈 생각은 그만두라고. 자네는 구두장이도 아니고 자네 아이들은 건강하고 부인도 배고플 리가 없을 테니 말일세. 주위를 둘러보게나. 구두 같은 것보다 좀더 고상한 근심거리가 있음직하지 않은가!" 바렌카, 내가 비유하여 말하고 싶었던 것은 바로 이것입니다. 너무나 자유사상인지도 모르겠습니다만, 이따금 그런 생각이 떠오릅니다. 때로는 나도 모르게 불길 같은 말이 되어 마음 밑바닥에서부터 튀어나오고 맙니다. 그러니까 남들이 이러쿵저러쿵하거나 욕설을 들은 것만으로 몹시 놀라서, 자신을 한푼의 가치도 없는 사람이라고 생각하는 것은 어리석습니다. 그런데 혹시 당신은 내가 터무니없는 말을 지껄이고 있다거나 우울증에 걸려 있다거나, 어떤 책에서 그런 것을 뽑아 썼다거나 하지 않을는지요? 절대 그렇지 않습니다. 다시 생각해 주십시오. 절대로 그렇지 않고, 나는 허튼소리를 지껄인다거나 우울증에 걸려 있지 않고 남들의 책에서 단 한 줄도 뽑아 쓰거나 하지 않습니다. 정말이고말고요!

나는 우울한 기분으로 집으로 돌아와 탁자에 앉아서 물을 끓여 차를 한잔 마실 준비를 하고 있었습니다. 그런데 문득 보니, 이곳의 가난한 고르쉬코프가 방으로 들어오는 게 아니겠습니까. 나는 아침부터 눈치챘었는데, 고르쉬코프는 하숙인들을 찾아다니면서 돈을 꾸려 하다가 나에게도 들르려고 했던 겁니다. 말이 난 김에 얘기하겠습니다만, 그 집의 살림 형편은 나하고는 비교도 안 될 만큼 비참하답니다. 이루 말할 수도 없을 정도니까요! 어쨌든 아내와 아이들이 있으니까요! 만약 내가 고르쉬코프이고, 그러한 처지에 놓였다면 어떤 짓을 저질렀을지도 모르겠습니다! 그런데 그 고르쉬코프가 들어와서 인사를 했습니다. 속눈썹에는 여전히 눈물이 그렁그렁 괴어 있고 다리를 덜덜 떨기만 할 뿐, 입도 제대로 벌리지 못하는 형편이었습니다. 나는 우선 그를 다 망가진 의자에 앉히고 차를 권했습니다. 딴 의자라곤 없었으니까요. 그는 죄송하다고 계속 사양을 하더니 겨우 찻잔을 들었습니다. 그런데 설탕을 넣지 않고 마시려고 해서 설탕을 넣어야 한다고 권했더니, 또 사양하더군요. 그래서 넣으라느니 괜찮다느니 거의 다투다시피하다가 결국 제일 조그마한 설탕 부스러기 하나를 찻잔에 넣고는 몹시 달다고 하는 겁니다. 가난이라는 것은 이렇게까지 사람을 비굴하게 만들더군요! "그런데 무슨 일로?" 하고 묻자 이러는 겁니다. "네, 실은 딱한 사정이어서, 마카르 알렉세예비치, 당신은 인정이 많으시니까 제발 저희를 불쌍하게 여겨 주십시오. 불행한 저희를 도와주십시오. 아이들도 아내도 먹을 것이 없어서 저는 아비로서 차마 눈뜨고 바라볼 수가 없습니다!" 내가 입을 열려고 하자 그는 가로막으면서 말했습니다. "마카르 알렉세예비치, 나는 이 집에 사는 사람들이 모두 무섭습니다. 아니, 무섭다고 하는 것보다 두렵습니다. 어쨌든 모두 언제나 자존심이 강하고 거만하니까요. 저도 당신께는 폐를 끼쳐 드리고 싶지 않았습니다. 당신 자신도 궁색하다는 것을 알고 있고 그렇게 많은 돈을 빌려주실 수 없다는 것도 알고 있습니다만, 극히 조금이라도 좋으니 빌려 주십시오. 이렇게 뻔뻔스러운 부탁을 드리러 찾아온 것도 당신의 다정한 마음을 알고 있기 때문입니다. 당신도 매우 옹색하다는 것도, 아니 지금도 매우 어려운 처지에 계시다는 것도 잘 알고 있습니다. 그래서 더욱 당신이라면 틀림없이 동정해 주실 거라고 생각하고 찾아온 겁니다." 이렇게 말하고 마지막에는 "마카르 알렉세예비치, 제발 이런 염치없는 부탁을 한다고 나무라지 마십시오"라고 말했습니다. 그래서 나는 대답했습니다. "기꺼이 빌려 드리고 싶습니다만, 내게는 한푼도 없습니다. 전혀 무일푼입니다." "아니, 마카르 알렉세예비치. 저는 조금도 그렇게 많은 돈을 부탁드리는 게 아닙니다. 실은 아시다시피(그는 얼굴이 새빨개졌습니다), 아내와 아이들이 허기에 떨고 있으니 10코페이카 은화 한푼이라도" 하는 겁니다. 그 말을 듣자 나도 가슴이 죄어드는 듯했습니다. 정말 나보다도 훨씬 비참하구나! 하고 생각은 했지만, 내 수중에는 20코페이카밖에 남아 있지 않고 그것도 당장 써야 할 것이었습니다. 내일 꼭 필요한 일에 쓸 작정이었습니다. 나는 말했습니다. "아무래도 어떻게 할 도리가 없군요." "마카르 알렉세예비치, 제발 좀 생각해 주십시오. 10코페이카면 족합니다." 그는 이렇게 말하면서 울며 매달렸으므로 나는 책상 서랍에서 그 귀중하게 보관했던 20코페이카를 꺼내어 주었습니다. 전 재산을 집어던진 셈이지요! 이것이 가난이라는 겁니다! 나는 그와 여러 가지 이야기를 나눴습니다. "왜 그렇게 옹색하지요? 그렇게 옹색하게 지내면서 왜 은화 5루블씩이나 하는 비싼 방을 얻었나요?" 하고 물었습니다. 그의 설명을 들으니, 그 방은 반 년 전에 방값으로 석 달 치를 미리 지불했는데, 그 뒤 형편이 어려워져서 꼼짝달싹도 할 수 없게 되었다는 겁니다. 그 사이에 어떤 소송 사건도 원만히 해결되리라 생각했던 겁니다. 이 사건이란 게 또 불쾌하기 짝이 없는 문제인 모양입니다. 아시겠습니까, 바렌카. 무엇인지는 모르지만 그 사람은 재판에 걸려 있는 겁니다. 정부 공사의 청부를 맡아 가지고 공금을 사기했다던가 하는 상인과 소송 중에 있는 겁니다. 그 사기 행위가 탄로나서 상인은 고소를 당했는데, 그 피고는 다른 무엇으로 관계가 있어 아는 고르쉬코프를 이 횡령 사건에 말려들게 한 겁니다. 고르쉬코프의 죄는 단순한 부주의와 태만으로 국고의 이익을 등한히 했다는 데 지나지 않습니다. 이 사건은 벌써 몇 년이나 계속되어서 고르쉬코프에게 불리한 장애가 연달아 나온다는 겁니다. "저는 누명을 쓰고 있습니다만 전혀 그럴 만한 일은 없습니다. 제게는 조금도 죄가 없습니다. 사기 횡령에 대해서도 저는 결백합니다." 고르쉬코프는 나에게 말했습니다. 그는 이 사건으로 그만 근무처에서 쫓겨났습니다. 그가 중대한 죄를 범했다는 증거는 나오지 않았지만, 완전히 자기에게 죄가 없다는 판결이 내리지 않는 한 그는 상인에게서 받을 많은 금액의 돈을 받을 수 없는 겁니다. 물론 당연히 그가 차지해야 할 돈이지만 지금은 그 상인과 소송중인 겁니다.

나는 그의 말을 믿지만 재판소에선 그의 말을 믿어 주지 않습니다. 하여간 이 사건은 매우 복잡해서 백 년이 걸려도 해결될 것 같지 않습니다. 실마리가 풀리나 싶으면 상인 쪽에서 이러쿵저러쿵 해대서 다시 사태를 악화시키는 겁니다. 나는 진정으로 고르쉬코프에게 동정하고 그의 일을 불행하게 여깁니다. 그는 직업이 없고 앞으로도 가망성이 없기 때문에 아무데서도 그를 써주지 않습니다. 저축해 놓았던 돈은 다 써버렸습니다. 이제 사건이 시끄럽게 뒤얽혀 버린다 해도 어떻게든 살아가야 할 겁니다. 거기다가 엎친 데 덮치는 격으로 아이를 낳기도 하고 아들이 병들어 죽기도 하고 앓기도 해서 돈쓸 일이 연달아 일어난 것입니다. 게다가 마누라는 병들고 본인 자신도 무언가 지병에 시달리는 모양이어서 간단히 말해 고생이라는 고생은 모조리 겪고 있습니다. 그런데도 그는 2, 3일 안으로 사건이 원만히 해결되리라 믿고 이번에야말로 틀림없다고 하는 겁니다. 불쌍합니다. 정말 불쌍해서 견딜 수가 없습니다! 나는 다정한 말로 그를 위로해 주었습니다. 어쨌든 그는 완전히 체면을 잊고 겁이 잔뜩 나서 도움을 청하고 있었기 때문에 위로해 준 겁니다. 그럼 안녕히, 나의 귀여운 바렌카, 몸 건강히! 당신을 생각하면 병든 마음이 신기한 약을 먹은 듯 금방 마음이 가벼워집니다. 비록 애태우며 괴로워하더라도 그게 당신을 위한 괴로움이라면 난 조금도 괴롭지 않습니다.

당신의 진실한 친구
마카르 데부시킨

9월 9일

사랑하는 바르바라 알렉세예브나!

저는 정신없이 이 편지를 쓰고 있습니다. 너무나 무시무시한 사건 때문에 저는 완전히 흥분했습니다. 머리가 빙글빙글 돕니다. 주위의 것이 모조리 맴돌고 있는 것 같습니다. 아아, 바렌카, 이제부터 당신에게 굉장한 이야기를 해드리겠습니다! 전혀 우리가 예상하지 못했던 일입니다. 아니, 뜻밖의 일이라고 할 수는 없습니다. 나는 그러한 일이 일어나리라고 모조리 예상했었으니까요. 이런 것은 모두 느끼고 있었습니다! 바로 얼마 전에는 그것과 비슷한 것을 꿈에서 보기도 했습니다.

무슨 일인지 얘기하지요! 문장 같은 건 어떻게 되든 신경쓰지 않고 그저 떠오르는 대로 써나가겠습니다. 나는 오늘 출근했습니다. 사무실에 들어서자 곧 자리에 앉아 서류를 정서하기 시작했죠. 우선 미리 이야기하겠습니다만, 나는 어제도 마찬가지로 정서를 했습니다. 그런데 그 어제 일입니다. 치모페이 이바노비치가 내게로 와서, 중요한 급한 서류라면서 일부러 부탁했습니다. "마카르 알렉세예비치, 될 수 있는 대로 깨끗이 서둘러서 정성들여 써주게. 오늘 결재받아야 할 테니까." 여기서 한 가지 더 말할 것은 어제 나는 어쩐지 마음도 내키지 않고 아무것도 보고 싶지 않을 만큼 우울하고 서글펐다는 점입니다! 가슴속은 냉랭하고, 마음은 어둡고, 머릿속에는 그저 불행한 당신 생각뿐이었습니다. 어쨌든 나는 정서를 시작했습니다. 깨끗하게, 그리고 훌륭하게 정서했습니다. 그런데 어떤 악마가 나를 부추겼는지, 눈에 보이지 않는 운명의 장난이었는지, 아니면 그렇게 될 운명이었는지 거기 대해서는 뭐라 설명할 재주도 없습니다만, 아무튼 나는 한 줄을 고스란히 빼버리고 써나갔던 겁니다. 어떻게 의미는 그럭저럭 통한 것 같았지만 실은 생각지도 않은 일이 일어났습니다.

어제는 그 서류를 만드느라고 많은 시간이 걸렸기 때문에 가까스로 오늘에야 각하의 서명을 받게 되었습니다. 나는 그런 일이 생기리라고는 꿈에도 생각지 못했으므로 오늘도 평소와 같은 시간에 출근해서 예멜리얀 이바노비치 옆에 앉았습니다. 여기서 한 가지만 더 얘기해 두겠는데, 나는 요즈음 전보다 갑절이나 더 기가 죽어서 부끄러움을 타게 되었습니다. 최근에는 누구의 얼굴도 똑바로 바라볼 수 없습니다. 누군가가 의자를 삐걱 하고 끌기만 해도 나는 금세 겁을 먹고 어쩔 줄 몰라합니다. 그래서 오늘도 고개를 숙이고 가만히 고슴도치처럼 몸을 웅크리고 앉아 있으려니까, 예핌 아키모비치(이 사람은 이제까지 들어 본 적이 없는 독설가입니다)가 들으란 듯이 "마카르 알렉세예비치, 오늘은 어찌 그런 모습으로 앉아 있소?" 그러면서 그는 표정까지 묘하게 찡그려 보였으므로 우리 주위 사람들은 모두 허리를 잡고 웃어 댔습니다. 물론 나를 빈정댄 것이었습니다. 웃어도 아주 이만저만 웃어 대는 게 아니었습니다! 나는 귀를 막고 눈을 감고 가만히 옴짝도 하지 않고 앉아 있었습니다. 이건 내가 곧잘 하는 방법입니다. 이렇게 하면 그 사람들은 비교적 빨리 조용해집니다. 그러자 갑자기 무슨 소리가 나고 사람이 뛰어가는 소리며 웅성웅성하는 소리가 들렸습니다. 설마 잘못 듣지 않았나 하고 귀를 기울이니까 분명히 누가 내 이름을 부르면서 찾고 있었습니다. 분명히 "데부시킨" 하고 불렀습니다. 나는 가슴이 덜컹했습니다. 어째서 그렇게 놀랐는지 나 자신도 모르겠습니다. 단지 지금까지 한 번도 이렇게 놀란 적은 없었습니다. 난 의자에 달라붙어서 태연한 얼굴로 여기에 앉아 있는 것은 내가 아니라는 듯 앉아 있었습니다. 그런데 또 떠들썩해지면서 점점 이쪽으로 가까워졌습니다. 끝내는 내 바로 귓전에서 고함을 지르지 뭡니까. "데부시킨! 데부시킨! 데부시킨 어디 있나?" 눈을 들어보니 예프스타피 이바노비치가 내 앞에 서서 이렇게 말했습니다. "이봐, 마카르 알렉세예비치! 얼른 각하께 가보게! 자네는 그 서류에 엄청난 실수를 했단 말일세." 그 사람은 단지 그 말밖에는 하지 않았지만, 이만하면 알지 않겠습니까? 나는 죽은 사람처럼 창백해지고 온몸이 얼음처럼 차디차져서 감각을 잃은 채 걸어갔습니다. 네, 그랬습니다. 전혀 살아 있는 것 같지도 않은 심정으로 걸어갔습니다. 첫째 방을 지나고 다음 방을 지나서 세 번째 각하의 집무실로 들어가 그 앞에 섰습니다! 그 순간 내가 무엇을 생각하고 있었는지 분명히 표현할 수 없습니다. 보니까 각하의 주위에 상관들이 죽 늘어서 있는 것이 보였습니다. 나는 인사조차도 하지 않은 것 같습니다. 까맣게 잊어버린 거죠. 아니, 너무 겁을 먹고 있었기 때문에 입술도 다리도 온통 와들와들 떨고 있었습니다. 그것도 그럴 것이, 나는 완전히 겁에 질린 겁니다. 오른쪽에 있는 거울을 무심코 돌아보았는데, 거기에 비쳐진 자신의 너무나 초라한 모습을 보고 나는 정말 기절할 뻔했습니다. 나는 언제나 나라는 인간이 마치 이 세상에 없는 것처럼 행동하고 살아왔으니까요. 따라서 각하 같은 분은 내 존재조차도 아실 리는 없을 겁니다. 어쩌면 그 사무실에 데부시킨이라는 사람이 있다는 것을 귓결에 슬쩍 들었었는지는 모르겠지만 직접 만난 적은 없었습니다.

각하는 몹시 노한 어조로 소리쳤습니다. "자네 도대체 무슨 일을 이따위로 하나? 뭘 멍청하게 생각한 거야! 중요한 서류이고 긴급을 요하는 서류인데 엉망으로 망쳐 놓지 않았느냔 말이야. 도대체 이게 어찌 된 일이야?" 그러고 나서 예프스타피 이바노비치에게로 눈길을 돌렸습니다. "태만이야! 부주의한 거야! 이게 무슨 짓이란 말인가!" 나는 이 말이 울려 오는 것을 그저 멍하니 듣고만 있었을 뿐이었습니다. 입을 열고 사과를 드리려고 했지만 도무지 입이 떨어지지 않았습니다. 그곳을 도망쳐나오려고도 했지만 용기가 없었습니다. 그런데 그때…… 바로 그때 뜻하지 않았던 일이 일어나서, 지금 생각해도 너무 수치스러워 펜을 쥔 손이 떨릴 정돕니다. 내 단추가, 그 괘씸한 놈의 단추가, 겨우 한 오라기 실에 매달렸던 단추가 별안간 실을 끊고 떨어지는가 싶더니 톡 튀어서(아무래도 나도 모르게 거기에 손을 댔던 모양입니다) 대굴대굴 소리를 내면서 똑바로, 정말 곧바로 각하의 발밑으로 굴러갔습니다. 더욱이 그것은 주위가 쥐죽은 듯이 조용한 때에 일어난 일입니다! 즉, 내가 각하께 하려던 변명과 사과와 대답을 전부 그 단추가 해버렸던 것입니다. 결과는 엄청난 일로 바뀌어졌습니다. 각하는 즉시 나의 생김새와 옷차림에 주의를 돌렸습니다.

나는 조금 전에 거울 속에서 본 내 모습을 떠올렸습니다. 그리고 단추를 주우려고 허둥지둥 달려갔습니다! 어찌 그런 어리석은 짓을 했는지! 몸을 굽히고 단추를 집으려고 하자, 단추는 구르다가 대굴대굴 돌면서 좀처럼 손에 잡히지 않았습니다. 요컨대 어울리지 않는 서투른 어릿광대 짓을 한 거지요. 온몸의 힘이 쫙 빠져나가는 게, 이제 모든 것이 다 끝장이로구나 싶었습니다. 체면도 송두리째 뭉개져 버렸고, 한 인간으로서도 파멸해 버린 겁니다! 그때 체레자와 팔리돈의 목소리가 귀에 윙윙 소리를 내며 울려 왔습니다. 가까스로 단추를 줍고는 일어나 자세를 바로잡았습니다. 아니, 바보처럼 그대로 바지

넓적다리에 손을 붙이고 차려 자세라도 취했더라면 좋았을 겁니다! 그런데 나는 단추를 조금 전에 끊어진 실오라기 끝에 붙들어매려고 만지작거렸습니다. 마치 그렇게 하면 단추가 제자리에 도로 붙을 거라고 생각이나 한 것처럼 말이지요. 게다가 나는 연방 빙글빙글 웃기까지 했습니다. 각하는 처음에 내 얼굴을 외면하고 계셨습니다. 그러나 이윽고 나를 흘끗 보시고는 예프스타피 이바노비치에게 물었습니다. "어떻게 된 건가? ……보게나, 저 꼴이 뭔가! …… 저 사나이는 어떻게 된 거야! ……저건 뭐하는 누구야!" 하고 말씀하시는 것이 들렸습니다. "저 사나이는 어떻게 된 거야? 저건 뭐하는 누구야?" 아아 바렌카, 그때 그 자리에서 나는 각하의 주의를 끌게 되는 분에 넘치는 영광을 받았습니다! 예프스타피 이바노비치의 목소리가 들렸습니다. "실수라곤 여태까지 한 번도 없었습니다. 행실도 모범적이고 봉급은 관등대로 정해진 금액을 받고 있습니다……."

"그럼 저런 궁색한 꼴은 하지 않게 해줘야 하잖겠나? 가불이라도 해주든가……." 각하께서 말씀하셨습니다. "벌써 오래전부터 가불을 받고 있습니다. 매달 가불이 돼 있습니다. 매우 곤란한 모양입니다. 그러나 품행은 방정하고 실수는 단 한 번도 없었습니다." 바렌카, 나의 천사여, 나는 온몸이 불덩어리가 된 듯한 느낌이었습니다. 지옥의 불 속에서 타 들어가는 것 같았습니다. 아니, 당장에라도 죽을 것 같았습니다! "좋아." 각하는 커다란 소리로 말했습니다. "급히 다시 정서하도록 하게. 데부시킨, 이리 오게. 다시 한 번 틀리지 않도록 정서하게. 그리고……." 각하는 그 자리에 둘러선 사람들에게 여러 가지 지시를 내린 다음, 다른 사람들을 물러가게 했습니다. 모두 나가 버리자 각하는 허둥지둥 지갑에서 1백 루블짜리 지폐 한 장을 꺼내서 내 손에 쥐여 주면서 말했습니다. "자, 이건 얼마 되지 않지만 내가 주는 거니 받아 두게……." 나의 천사여, 나는 온몸이 부르르 떨렸습니다. 마음 깊은 곳으로부터 감동을 받았습니다. 나는 그 순간 어떻게 했는지도 모릅니다. 감격한 나머지 각하의 손을 잡았습니다만, 각하도 얼굴을 약간 붉히시면서, 그러고 나서─아시겠어요, 바렌카. 나는 털끝만큼도 진실을 잘못되게 말하지 않습니다─이 하잘것없는 내 손을 잡고 흔들어 주셨습니다. 마치 내가 대등한 사람처럼, 아니 장군처럼 손을 잡아 주었습니다. "자, 이제 가봐도 좋네. 얼마 안되지만 내 성의로 받아

두게……. 다시는 틀리지 않도록 하게. 이번 잘못은 눈감아 줄 테니까."

　그래서 나는 이렇게 결심했습니다. 당신과 표도라에게도 부탁하여 하느님께 빌게 하겠다고요. 혹 내게 아이가 생긴다면 그 애에게도. 비록 나를 낳아 준 아버지를 위해선 빌지 않더라도, 그 각하를 위해서는 아침저녁으로 빌어 달라고 말입니다. 그리고 한 가지 또 당신에게 말하겠습니다. 나는 이것을 엄숙한 마음으로 말하는 것이니까, 당신도 그런 마음으로 잘 들어 주십시오─맹세코 나는 그 괴로운 나날을 당신과 당신의 불행을 보며, 또 나 자신을 보고 자신의 비굴함과 무능함을 보며, 가혹한 나날의 괴로움이 너무나 잔혹하여 몇 번이고 죽을 생각을 했음에도, 나는 각하께서 손수 이 지푸라기와도 같은 술주정뱅이에 지나지 않는 내 영혼을 되살아나게 하고 내 생활을 영원한 즐거움으로 바꿔 주셨습니다. 설령 내가 하느님 앞에서 아무리 많은 죄를 지었다 해도 각하의 행복과 편안하심을 바라는 나의 기도는 반드시 하느님이 계시는 곳까지 다다를 것이라고 굳게 믿습니다!

　사랑하는 바렌카! 나는 지금 굉장히 마음이 혼란스럽습니다. 무섭게 흥분하고 있습니다! 심장은 두근두근 크게 고동치며 당장에라도 가슴에서 튀어나올 것 같습니다. 그리고 어쩐지 온몸에서 힘이 빠져 버린 듯한 기분입니다. 당신에게 지폐로 45루블 보내 드립니다. 20루블은 주인 마누라에게 주고, 수중에 35루블 정도는 남겨 두었습니다. 20루블로 옷을 수선하고, 15루블은 생활비로 쓰렵니다. 아직까지도 오늘 아침에 받은 충격이 완전히 나를 어리둥절하게 하고 있습니다. 좀 누워야겠습니다. 그러나 내 기분은 평온합니다. 매우 평온합니다. 다만 마음이 아플 따름입니다. 가슴 밑바닥의 내 영혼이 떨리고 꿈틀거리는 것을 느낍니다. 나중에 당신을 찾아가겠습니다만, 지금은 이 감각에 그저 취해 있습니다……. 하느님께선 이 모든 것을 다 알고 계십니다. 그럼 무엇으로도 바꿀 수 없는 나의 사랑, 안녕히!

당신에게 둘도 없는 친구
마카르 데부시킨

9월 10일

친절하신 마카르 데부시킨!

저는 말로 다 할 수 없을 만큼 당신의 행복을 기쁘게 생각합니다. 또 당신의 장관님의 선행을 훌륭하다고 생각합니다. 이제는 당신께서도 불행에서 한숨 돌릴 수 있겠군요! 하지만 제발 돈은 절대로 헛되이 쓰시지 마세요. 될 수 있는 대로 조용히 검소하게 지내세요. 그리고 오늘부터라도 당장 조금이나마 저축하셔서 또다시 불행의 재난을 만나지 않도록 하세요. 저희에 대해서는 정말 근심하지 말아 주십시오. 저와 표도라는 어떻게든 살아 나갈 테니까요. 마카르, 왜 이렇게 많은 돈을 보내 주셨어요? 저희는 조금도 옹색하지 않습니다. 저희 수중에 있는 것만으로도 만족합니다. 물론 머지않아 이사를 해야 하므로 그 비용이 필요하지만, 표도라가 꽤 오래전에 어떤 사람에게 빌려준 묵은 빚을 받을 수 있을 것 같다고 합니다. 만일의 경우가 있으니까 20루블만 받아 두고 나머지는 돌려드립니다. 마카르, 제발 돈을 소중하게 간직하실 것을 누누이 부탁드립니다. 그럼 안녕. 이제부터는 차분하게 마음을 먹고 건강하고 즐겁게 지내세요. 좀더 긴 글을 드리고 싶었지만 너무 피곤해서요. 어제는 온종일 자리에서 일어나지 못했습니다. 찾아 주시겠다고 약속해 주셔서 매우 기쁩니다. 마카르, 부디 한번 들러 주세요.

V.D

9월 11일

나의 귀여운 바르바라 알렉세예브나!

제발 부탁이니, 내가 완전히 행복해지고 모든 것에 만족하고 있는 지금에 와서 나를 떠나겠다는 말은 하지 말아 주십시오. 나의 귀여운 사람! 당신은 표도라가 하는 말 따위를 들어선 안 됩니다. 그리고 나는 당신 마음에 드는 일이라면 무슨 일이든 하겠습니다. 몸가짐도 조심하겠습니다. 각하에 대한 존경을 위해서라도 말이나 행동을 바르고 점잖게 해나가겠습니다. 우리는 다시 행복한 편지를 주고받으며 자신들의 생각이나 기쁨을 서로 나눕시다. 근심거리가 있으면 그 근심도 서로 나눕시다. 둘이서 사이 좋게 행복하게 지냅시다.

문학 공부도 합시다……. 나의 천사여! 내 운명은 완전히 변했습니다. 모든 것이 좋아진 겁니다. 주인 마누라도 매우 온순해졌습니다. 체레자도 점점 영리해지고 그 팔리돈까지도 곰살궂게 굴게 되었습니다. 라타쟈예프와도 화해했습니다. 너무 기쁜 나머지 내 쪽에서 찾아갔었습니다. 그는 정말 착하고 상냥한 사람입니다. 여러 좋지 않은 소문도 있었지만 모두 헛된 거짓이었습니다. 지금은 그것이 모두 터무니없는 중상이었다는 것이 확실해졌습니다. 그는 우리에 대한 것을 모델로 쓰려고는 조금도 생각하지 않았던 겁니다. 본인이 나에게 그렇게 말하더군요. 내게는 새로운 작품을 읽어 주었습니다. 또 그때 그가 나를 로벨라스라고 부른 것은 절대로 욕설도 못된 별명도 아니었답니다. 그가 설명해 주었습니다. 그것은 외국어에서 따온 말로 '재빠른 청년'이라는 의미라는군요. 좀더 멋지게 문학적으로 표현하면 '빈틈없는 젊은이'라는 의미라고 합니다. 단지 그것뿐이랍니다! 별로 이상한 의미는 없습니다. 악의 없는 농담인 셈이지요. 그런데 무식한 나는 그만 화가 치밀어서 화를 냈던 겁니다. 이번에 그것을 깨달았기 때문에 그에게 사과했습니다……. 바렌카, 오늘은 날씨까지 좋군요. 기막히게 좋은 날입니다. 아침에는 서리가 약간 내렸습니다. 마치 고운 체에 밭친 것 같은 것이어서 큰 문제도 아니었습니다! 덕분에 공기가 한결 상쾌해졌지요. 나는 구둣방에 가서 아주 멋진 구두를 샀습니다. 네브스키 거리를 산책하면서 꿀벌[22]을 읽었습니다. 앗! 가장 중요한 이야기를 잊었습니다.

그것은 이렇습니다.

오늘 아침 나는 예멜리얀 이바노비치와 아크센치 미하일로비치, 이렇게 셋이서 각하의 이야기를 했습니다. 듣고 보니 바렌카, 그분이 그토록 자비를 베푸신 것은 나 혼자가 아니더군요. 인정을 베풀어 주신 것도 나 한 사람이 아니고, 그분의 아름다운 성품은 세상이 다 아는 일이었습니다. 그분에 대해서는 가는 곳마다 찬사가 드높고 감사의 눈물을 흘리고 있답니다. 그분은 한 고아 소녀를 데려다가 양육하셔서 시집 보낼 준비도 해주시고, 각하의 뭔가 특별한 일을 하고 있는 훌륭한 관리와 결혼까지 시켜 줬답니다. 어떤 미망인의

---

22) 신문 〈북방의 꿀벌〉을 말함.

아들도 어느 관청에 취직시켜 주기도 하고, 그 밖에도 여러 가지 덕행을 베푸셨답니다. 그래서 나도 나 나름으로 각하를 예찬할 의무가 있다고 생각하고 모두에게 각하의 선행을 들려 주었습니다. 나는 조금도 숨기지 않고 모조리 이야기했습니다. 자신의 수치스러움은 모두 호주머니 속에 밀어넣고 말입니다. 이런 경우에는 수치스러움도 체면도 있을 수 없습니다! 목소리를 높여 이야기하면 그만큼 각하의 명예가 더욱 높아질 게 아니겠습니까! 나는 열정을 기울여 열심히 이야기했습니다. 얼굴을 붉힐 게 뭐 있습니까. 오히려 이런 이야기를 할 기회가 찾아온 것을 자랑스럽게 생각했습니다. 나는 모두 이야기했습니다(당신 얘기만은 분별 있게 하지 않았습니다). 하숙집 주인의 이야기도, 구두에 관한 것도, 팔리돈이 나를 깔본 일이며, 라타쟈예프의 일이며, 마르코프한테 돈을 꾸러 간 이야기며, 무엇이든지 있는 대로 전부 털어놨습니다. 두세 사람이 나를 바라보고 킬킬 웃기 시작했습니다. 아니, 사실대로 말하면 모두 얼굴을 마주 보고 웃어 댔습니다. 그들은 아마 내가 얘기하는 꼴에서 어딘가 우스운 곳을 발견했겠지요. 아니면 내 구두 이야기가 우스웠는지도 모릅니다. 아니, 틀림없이 구두 때문일 겁니다. 어떤 악의가 있어서 그러는 건 분명 아닙니다. 그들이 킬킬거리며 웃는 것은 젊은 탓이거나 그보다도 가난을 모르기 때문일 것이고, 내 이야기를 악의나 나쁜 생각에서 비웃는 것은 절대로 아닙니다. 아니, 각하의 일로 웃는 것은 도저히 있을 수 없는 일입니다. 바렌카, 그렇지 않습니까!

나는 지금도 정신을 제대로 차릴 수가 없습니다. 이번 사건으로 그만큼 나의 머리는 뒤죽박죽이 되어 버렸습니다! 땔나무는 있습니까? 감기 들지 않도록 조심하십시오. 바렌카, 자칫 감기 들기 쉬우니까요. 아아, 당신은 또 그런 슬픈 생각만 해서 나에게 죽을 것 같은 생각을 하게 하는군요. 나는 하느님께 기도드리고 있습니다. 당신을 위해서 기도하고 있습니다! 그리고 당신이 털실로 짠 양말은 가지고 있을까, 줄곧 이런 걱정만 하고 있답니다. 바렌카, 이제부터는 무언가 부자연스러운 것이 있으면 제발 부탁이니 뭐든지 털어놓아 이 늙은이의 마음을 언짢게 하지 말아 주십시오. 숨기지 말고 말씀해 주십시오. 이제는 불행한 시기는 지나가 버렸으니까. 당신도 나에 대해 너무 염려 마십시오. 앞으로는 만사가 밝고 멋질 겁니다!

그렇지만 바렌카, 지금까지는 슬픈 시절이었군요! 그러나 이제는 아무렇지도 않습니다. 다 지나간 일이니까요! 몇 년 지나면 이 시절을 돌이켜보고 한숨으로 회상합시다. 나는 자신의 젊었을 무렵의 일을 기억하고 있습니다. 그때는 정말 비참했습니다! 단 1코페이카도 없을 때가 있었으니까요. 춥고 곯은 배를 안고 있었지만 그래도 매우 행복했습니다. 아침에 네브스키 거리를 산책하다가 예쁘게 생긴 귀여운 아가씨를 만나면 그것만으로도 온종일 행복했습니다. 아무튼 멋진, 참으로 좋은 시절이었습니다! 바렌카, 이 세상에서 산다는 것은 정말 좋은 일입니다! 특히 페테르부르크는 더욱 즐겁습니다. 어젯밤 나는 눈물을 글썽이며 하느님 앞에 무릎을 꿇고 저 슬픈 시절에 내가 저지른 모든 죄를—불평이나 자유 사상이나, 옳지 못한 행동이나, 도박 행위를 저질렀던 죄를 다 용서하여 주시도록 참회했습니다. 당신에 관한 것도 감격에 찬 마음으로 기도드렸습니다. 나의 천사여, 당신만이 나에게 힘을 주었습니다. 당신만이 나를 위로해 주었습니다. 훌륭한 충고며 훈계를 해주셨습니다. 오늘은 당신의 편지에 모조리 키스했습니다! 그럼 안녕히, 이 근처에 기성복 파는 곳이 있답니다. 잠깐 가보려고 합니다. 그럼 안녕히 계십시오. 나의 천사여, 안녕히!

진정으로 당신을 믿고 따르는
마카르 데부시킨

9월 15일

마카르 데부시킨!

저는 지금 몹시 흥분하고 있습니다. 들어주십시오. 정말 어쩌면 이런 일이 일어났을까요. 저는 무언가 숙명적인 불길한 예감이 자꾸 듭니다. 브이코프 씨가 페테르부르크에 와 있다는군요. 표도라가 그 사람을 만났답니다. 그는 마차를 타고 지나가다가 마차를 멈추게 하고 일부러 표도라에게로 다가와서, 그 처녀는 어디에 사느냐고 귀찮게 묻더랍니다. 표도라는 처음에는 아무 대꾸도 하지 않았답니다. 그러자 그 사람은 능글맞게 웃으면서 나는 네가 누구와 살고 있는지 다 알고 있다고 하더랍니다(아마 안나 표도로브나가 모두 이야기했겠죠). 그래서 표도라도 참을 수 없어져서 마구 한길 복판에서 그 사람을 비난하고 대들면서, 당신은 파렴치한 사람이다, 우리 불행의 원인은 모두 당신이다, 하고 덤벼들었답니다. 그러자 그 사람은 그야 돈이 한 푼도 없으면 누구라도 불행해지는 게 아니겠느냐고 하더라는군요. 그래서 표도라가 말하기를, 아가씨는 삯바느질을 해서라도 얼마든지 살아 나갈 수 있고, 결혼하려고만 들면 할 수도 있었고, 생각만 있으면 취직도 가능했겠지만 지금은 이미 영원히 행복을 놓치고 말았으며, 더욱이 병까지 들었기 때문에 머지않아 죽을 거라고 했다는군요. 그러나 그 사람은 아직 너무 어리다느니 아직도 쓸데없는 생각에 가득 찼다느니, 굴러온 행운을 잡으려고도 하지 않는다느니(이것은 그 사람의 말입니다) 하더랍니다. 저도 표도라도, 브이코프는 우리가 사는 곳을 모르려니 했습니다. 그런데 어제, 제가 시장에 물건을 사러 나가자마자 서로 엇갈려서 그 사람이 저희 방으로 불쑥 들어왔더랍니다. 어쩐지 그 사람은 제가 집에 있을 때 찾아오고 싶지 않았던 모양입니다. 그 사람은 오랜 시간 표도라에게 저희 사는 형편을 이것저것 묻고 방 안에 있는 것들을 유심히 둘러보기도 하고, 제 일감을 들여다보기도 하더니, 마지막에 너희가 알고 지내는 관리란 어떤 사나이냐고 묻더랍니다. 그때 마침 당신께서 가운데 뜰을 지나가셨으므로, 표도라가 저분이라고 가르쳐 주자 그 사람은 흘끔 보더니 빙긋이 웃더랍니다. 표도라는 그 사람에게 돌아가 달라고 부탁하고, 그렇지 않아도 여러 가지 슬픈 일을 많이 겪어 병이 난데다 여기서 당신을 만나면 더욱 싫어할 거라고 했답니다. 그 사람은 잠깐 잠자코 있더니, 이윽고 지나는 길에 들렀노라고 하면서 표도라에게 25루블을 주려고 했답니다. 물론 표도라는 받지 않았지만 도대체 웬일일까요? 무엇 때문에 찾아왔을까요? 그 사람이 어디서 저희 이야기를 그렇게 모조리 들었는지 저로서는 도무지 이해가 가지 않아요! 저는 도무지 짐작이 가지 않습니다. 표도라의 이야기로는, 곧잘 찾아오는 자기 올케인 악시냐는 세탁부 노릇을 하는 나스타샤와 절친하게 지내고 있는데, 그 나스타샤의 사촌오빠가 수위로 근무하고 있는 관청에 안나 표도로브나의 조카의 친구가 있어서 어쩌면 그 사람들 주변에서 무언가 소문이 전해진 것이라고 합니다. 표도라가 잘못 짐작한 것인지도 모르겠습니다. 이제 어떻게 생각해야 할지 모르겠습니다. 정말로 그 사람이 다시 또 찾아오지 않을까요! 생각만 해도 등골이 오싹해집니다. 어제 표도라가 그 이야기를 했을 때는 저는 무서운 나머지 기절할 뻔했습니다. 도대체 그 사람은 이 이상 더 무엇을 바라는 걸까요? 저는 그런 사람의 얼굴조차도 보기 싫어요! 도대체 이처럼 불행한 저에게 무슨 볼일이 있다는 걸까요! 아아! 저는 지금 무서워서 견딜 수가 없어요. 지금에라도 그 브이코프가 불쑥 나타날 것만 같아요. 전 어떻게 될까요? 운명은 제게 무슨 짓을 하려는 건지…… 제발 부탁이니 지금 곧 와주세요. 마카르, 와주세요. 부탁이에요. 꼭 와주세요.

V.D

9월 18일

사랑하는 바르바라!

오늘은 이 하숙집에서 더없이 비참하고 무엇이라고도 설명할 수 없는 뜻밖의 사건이 일어났습니다. 그 불쌍한 고르쉬코프에게(부디 주의해서 읽어 주십시오) 완전히 무죄 판결이 내려졌답니다. 이 판결은 벌써 오래전에 났지만, 그는 오늘 최종 판결을 들으러 갔었습니다. 사건은 그에게 아주 유리하게 해결되었습니다. 문제가 되었던 직무상의 태만과 부주의의 죄까지 완전히 사면되었으니까요. 상당한 금액이 상인에게 징수되어 고르쉬코프에게 보상한다는 판결이 내려졌던 겁니다. 이렇게 재정 상태도 한꺼번에 호전되고 명예도 회복되고 모든 것이 다 잘되어서, 말하자면 희망이 완전히 이루어진 셈입니다. 그는 오늘 오후 3시쯤에 집으로 돌아왔습니다. 그런데 그의 얼굴은 백지장같이 창백하고 입술은 가늘게 떨리고 있었지요. 그래도 그는 밝게 미소를 지으며 아내와 아이들을 끌어안았습니다. 우리는 모두 함께 그의 방으로 축하하러 갔습니다. 그는 우리가 모여든 것을 보고 감격해서 사방을 향하여 꾸벅꾸벅 절을 하면서 일일이 사람들의 손을 몇 번이나 움켜잡았습니다. 나에게는 그가 갑자기 키가 커지고 태도도 점잖아지고 눈에는 이제 눈물도 없어진 듯한 기분까지 들었습니다. 불쌍하게도 그는 극도의 흥분 상태에 있었습니다! 단 2분간도 한곳에 가만히 있지 못하고 손에 잡히는 대로 움켜쥐었다가는 다시 집어던지고 끊임없이 벙글벙글 웃으면서 인사를 하기도 하고, 앉았다 일어섰다 다시 앉았다 하면서 무언가 까닭도 알 수 없는 말을 지껄이는 겁니다. "아아, 내 명예, 명예, 내 체면, 내 아이들" 등의 말을 하는 것이었는데 그 말은 제대로 나오지 않았습니다! 그러다 끝내 울어 버렸습니다. 거의 모든 사람들이 덩달아 그를 따라 울었습니다. 라타쟈예프가 어떻게든 그를 격려하는 뜻으로 "이것 보시오, 먹을 것이라곤 아무것도 없는데 명예고 뭐고 무슨 소용이란 말이오, 돈이에요. 그저 소중한 건 돈이란 말이오. 자, 돈을 찾게 됐으니 하느님께 감사드리시오." 그렇게 말하면서 그의 어깨를 가볍게 두드렸습니다. 이 말에 고르쉬코프는 화를 불끈 내는 듯 생각되었습니다. 아니, 그렇게 노골적으로 불만의 빛을 띤 건 아니었지만, 어딘지 묘한 눈길로 라타쟈예프를 바라보고 살그머니 그의 손을 자기의 어깨에서 밀어내더군요. 예전 같았으면 그렇게는 하지 않았겠지요! 물론 사람의 성격이란 참으로 여러 가지니까요. 이를테면, 나라면 이렇게 기쁠 때는 우쭐거리거나 하지는 않을 겁니다. 오히려 때로는 필요 이상으로 머리를 숙이기도 하고 겸손하기도 할 정도겠지만 그것은 선량한 마음과 다정함이 넘쳐서 생기는 일이니까 괜찮겠지요……. 그러나 그런 일 같은 건 관계도 없습니다! "그야 돈도 좋지요. 고마운 일입니다. 정말 고마운 일이지요!" 그는 이렇게 말하고 우리가 있는 동안에도 줄곧 "고마운 일입니다, 고마운 일이죠!" 하고 되풀이했습니다……. 그의 아내는 여느 때와 다른 훌륭한 식사를 잔뜩 주문했습니다. 하숙집 주인 마누라가 손수 그들을 위해서 요리를 했습니다. 그러고 보면 주인 마누라도 꽤 좋은 데가 있습니다. 그 식사가 다 될 때까지 고르쉬코프는 가만히 앉아 있을 수가 없었던 모양입니다. 그는 방으로 들어오라고 하건말건 그런 것은 아랑곳하지 않고 모든 사람들의 방으로 들어갔습니다. 멋대로 들어가서는 빙글빙글 웃으면서 의자에 앉아 무슨 말을 하기도 하고, 때로는 아무 말도 하지 않고 나오기도 했습니다. 해군 장교의 방에서는 트럼프까지 들고 네 사람째에 넣어 달라 해서 승부를 겨루기도 했습니다. 그는 서너 번 하다가 도중에 무언가 실수를 저지르고는 트럼프를 집어던지고 말았습니다. "그저 조금 해보았을 뿐입니다." 그는 이렇게 말하고는 방에서 나갔습니다. 복도에서 나를 만나자 그는 내 두 손을 잡고 물끄러미 바라보았는데 매우 묘한 느낌이었습니다. 악수만 하고 저편으로 가는 그는 끊임없이 빙글거리고 웃었으나 왠지 답답하고, 마치 죽은 사람 얼굴에서나 보게 되는 묘한 웃음이었습니다. 그의 아내는 기쁨의 눈물을 흘리고 있었습니다. 그들의 방은 그야말로 축제의 날처럼 떠들썩했습니다.

그들은 곧 식사를 했습니다. 식사가 끝나자 그는 아내에게 "나 좀 잠깐 누워 쉬어야겠소." 하더니 침대에 누웠습니다. 그러고 나서 딸아이를 불러다가 오래도록 어린아이의 머리를 쓰다듬어 주었습니다. 그러고 나서 다시 아내를 바라보고 물었습니다. "그런데 페첸카는 어떻게 됐소? 우리 페첸카 말요, 페첸카는?⋯⋯" 아내는 성호를 긋고 그 아이는 죽지 않았느냐고 대답했습니다. "아아, 그렇지. 알겠어, 모두 다 알지, 페첸카는 지금 천국에 있지." 아내는 남편이 이번 사건 때문에 완전히 정신이 혼란스러워서 헛소리를 하는 거라고 생각하고 말했습니다. "여보, 한잠 푹 주무세요." "아아, 그러지. 지금 곧 자겠소." 그렇게 말하고 한동안 돌아누워 있다가, 이윽고 다시 아내 쪽을 보고 무슨 말을 하려는 것 같았습니다. 아내는 잘 알아듣지 못하여 "뭐죠?"라고 물었지만 그는 대답하지 않았습니다. 아내는 한동안 기다리다가, 이제 잠이 들었나 보다 생각하고 잠깐 주인 마누라네 방에 가 있었습니다. 한 시간쯤 지나서 돌아와 보니 남편은 아직도 잠이 든 채 꼼짝 않고 누워 있었습니다. 아내는 남편이 자는 것으로만 생각하고, 앉아서 무언가 일을 시작했습니다. 그 아내의 이야기로는 30분가량 일을 하면서 깊은 생각에 잠겨 있어서 (무엇을 생각했는지 기억하고 있지는 않지만) 남편에 대해서는 까맣게 잊어버리고 있었답니다. 그러다가 갑자기 그녀는 뭔가 가슴이 두근거리고 불안한 느낌이 들어 깜짝 놀라 제정신이 들었습니다. 그리고 무엇보다도 먼저 무덤 속처럼 고요한 방 안의 공기를 깨닫고 숨을 죽였습니다. 침대를 바라보니 남편은 여전히 같은 자세로 누워 있었습니다. 다가가서 담요를 들쳐보았더니 그는 이미 싸늘하게 식은 채 죽어 있었습니다. 바렌카! 고르쉬코프는 죽어 버렸습니다. 마치 벼락에 맞은 것처럼 갑자기 죽어 버렸습니다! 어째서 죽었는지 그것은 하느님만이 아실 것입니다.

바렌카, 난 얼떨떨해서 지금까지도 정신을 차릴 수가 없습니다. 사람이 이렇게 간단히 죽게 되다니, 도저히 믿어지지 않습니다. 그 고르쉬코프라는 사나이는 어쩌면 그렇게도 불쌍하고 불행한 사람이란 말입니까! 아아, 이것도 운명이라는 걸까요! 그의 아내는 기가 막혀서 어이없는 눈물만 흘리고 있습니다. 어린 딸은 방구석에 조그맣게 웅크리고 앉아 있습니다. 그 방에서는 지금 야단법석들입니다. 이제 곧 의사의 검시가 있겠죠……. 더 이상 확실한 이야기는 모릅니다. 단지 그가 불쌍해서 견딜 수가 없습니다! 사람이란 이렇듯 하루, 아니 한 시간 앞일도 알지 못하는가 하고 생각하면 우울해지기만 합니다……. 저렇게 어처구니없이 죽어 버리다니…….

당신의
마카르 데부시킨

9월 19일
바르바라 알렉세예브나!

우선 급한 대로 라타쟈예프가 나를 위해 어느 문필가의 일거리를 주선해 준 일을 알립니다. 어떤 사람이 마차를 타고 그를 찾아와서 굉장한 부피의 원고 뭉치를 맡기고 갔습니다. 일거리는 엄청나게 많습니다. 다만 도무지 읽기 어려운 글씨여서 어떻게 정서해야 할지 모르겠습니다. 저쪽에서는 무척 서두르고 있습니다. 뭐가 뭔지 도무지 알 수 없는 말로 잔뜩 휘갈겨 써놓았군요……. 한 장에 40코페이카씩 받기로 했습니다. 이제부터는 부수입이 생긴다는 것을 알려 드리고 싶어서 이런 말을 쓴 것입니다. 그럼, 안녕히. 또 쓰겠습니다. 나는 지금 곧 일을 시작하려고 합니다.

당신의 충실한 친구
마카르 데부시킨

9월 23일
친애하는 마카르 데부시킨!

벌써 사흘 동안이나 저는 편지를 한 장도 못 드렸는데, 실은 그동안 몹시 염려되는 일이 많아서 여러 가지로 마음이 편하지 않았어요.

그저께 브이코프가 찾아왔어요. 표도라가 마침 외출하고 저 혼자 있을 때였지요. 문을 열고 그 사람이라는 것을 알았을 때 저는 얼마나 놀랐던지, 그

자리에 버티고 선 채 꼼짝도 못했습니다. 제 얼굴에서 핏기가 싹 가시는 것을 스스로 느꼈습니다. 그 사람은 여전히 옛날 그대로의 버릇대로 커다랗게 웃으면서 방 안으로 들어오자 의자를 끌어당겨 걸터앉았습니다. 저는 한참 동안 구석에 앉아서 일을 시작했어요. 그 사람은 곧 웃음을 거뒀습니다. 아마 제 얼굴을 보고 꽤나 놀란 모양이었습니다. 저는 요즈음 형편없이 여위어 볼도 눈도 움푹 꺼져들어가고 얼굴빛은 마치 백지장처럼 창백해졌거든요……. 정말 일 년 전의 저밖에 알지 못하는 사람이라면 지금의 저를 알아보지 못할 거예요.

그 사람은 오랫동안 가만히 저를 지켜보더니 곧 유쾌해져서 무슨 말인지 잔뜩 늘어놓았지만 저는 뭐라고 대답했는지 전혀 기억나지 않아요. 그 사람은 또 껄껄거리며 웃었습니다. 그 사람은 꼬박 한 시간이나 제 방에 앉아서 저와 이야기를 했고, 또 이것저것 물었습니다. 돌아갈 때가 거의 다 되어서 그 사람은 제 손을 잡고 이러는 거예요(그 사람이 한 말을 그대로 쓰겠어요). "바르바라, 이건 당신께만 하는 말인데, 안나 표도로브나는 당신의 친척이기도 하고 나의 친한 친구이기도 하지만 아주 비열한 여자입니다."(그때 그 사람은 그녀를 좀더 야비한 욕설로 비난했어요.) "그 여자는 당신의 사촌동생을 나쁜 길로 끌어넣었을 뿐 아니라 당신까지 파멸시켰습니다. 나도 그땐 비열했지만, 세상 살다 보면 그렇게 되는 수도 있지요." 그 사람은 목청껏 소리를 높여 웃어댔습니다. 그러고 나서 그 사람은 자기는 말재주가 좋은 편은 아니지만 해명해야 할 중대한 문제나, 신사의 의무로서 잠자코 있을 수 없는 점에 대해서는 이미 설명했으므로 그 다음은 요약해서 이야기하겠다는 거예요. 그리고 그 사람은 말하기를, 나는 당신에게 결혼을 신청할 작정이다, 당신 명예를 회복해 드리는 것이 나의 의무라고 생각한다, 나는 부자니까 결혼식이 끝나면 당신을 광야의 내 영지가 있는 시골로 데려가서 토끼 사냥이라도 하게 하면서 지내고 싶다, 페테르부르크는 소름이 끼칠 정도로 좋지 않은 곳이라 두 번 다시 오고 싶지 않다, 이 페테르부르크에는, 그 사람의 말을 빌리면 망나니 조카녀석이 있는데 이번에 이 조카의 유산 상속권을 박탈하기로 했으므로, 특히 그 때문에 법률상의 상속인을 만들기 위해 당신에게 청혼하는 것이고, 이것이 내가 결혼하고 싶은 주된 이유다, 라고 말했습니다. 그러고 나서 그 사람은, 당신은 참으로 비참한 생활을 하고 있다, 이런 빈민굴에 있으니 병이 나는 것도 이상할 게 없다, 앞으로 한 달만 더 이대로 여기 있으면 당신은 여기서 죽어 버릴 거다, 하고 말하는 겁니다. 또 페테르부르크의 하숙집이란 모두 더럽기 짝이 없다고 말하고 나서, 마지막에 필요한 것은 없느냐고 물었어요.

저는 그 사람이 결혼해 달라는 말에 너무 놀라서 그만 울음을 터뜨리고 말았어요. 제가 왜 울었는지 까닭을 모르겠어요. 그 사람은 제 눈물을 감사의 표시로 받아들이고 자기는 나를 언제까지나 선량하고 인정 많고 학식 있는 처녀라고 믿었었다, 그러나 이렇게 청혼하게 된 것은 현재 나의 생활 태도를 자세히 알게 된 결과라고 말하더군요. 그리고 그 사람은 당신에 관한 것을 이것저것 물은 뒤 자기는 그가 훌륭한 인물이라는 것도 모두 들었는데, 자기로서는 그에게 빚을 진 채로 있게 하고 싶지 않으니까 당신이 그에게서 받은 것을 모두 합해서 5백 루블 주면 넉넉하겠느냐고 물었어요. 그래서 제가 당신에게 받은 것은 아무리 많은 돈으로도 다 갚을 수 없다고 설명했더니, 그 사람은 그런 생각은 전부 하잘것없고 다 소설 속 허구라면서 당신은 아직 젊어서 시 같은 것도 읽지만 그런 허구는 젊은 아가씨를 파멸시킬 뿐이라더군요. 또 애초에 책이란 것은 도의를 타락시키므로 자기는 그 어떤 책도 인정하지 않는다면서, 나만큼 오래 살고 나서 인간에 대해 이러쿵저러쿵하길 바란다며 잔뜩 허세부리는 투로 '그러면 인간도 알게 되겠지' 하고 덧붙였습니다. 그러고 나서 그 사람은 자신의 청을 잘 생각해 달라고, 이런 인생 중대사를 제대로 생각하지도 않고 덜컥 결정해 버린다면 자기는 불쾌할 거라고 말하더니, 경험이 부족한 젊은이는 흥분해서 경솔한 행동을 하는 바람에 제 신세를 망친다고 덧붙인 다음, 어쨌거나 자기는 긍정적인 대답을 기대한다고 했습니다.

마지막으로 그 사람은 만약 이번 일이 잘 안 된다면 자기는 그 폭력배 같은 조카한테서 상속권을 박탈해 버리기로 했으니, 모스크바에서 어느 상인의 과부하고 결혼할 수밖에 없다고 했습니다. 그 사람은 억지로 내 자수 테이블 위에 5백 루블을 두고 갔습니다. 그 사람 말로는 과자 값이라더군요. 그 사람은 또 나도 시골에 가면 빵처럼 둥그렇게 살이 찔 거라느니, 우리 생활은 언제나 원만할 거라느니, 지금 볼일이 너무 많아서 하루 종일 돌아다니고 있지만 오늘은 겨우 짬을 내서 달려온 거라느니 하면서 돌아갔습니다. 저는 오랫동안 생각해 봤습니다. 몇 번이나 고쳐 생각했습니다. 생각하면서 괴로워했지만 마침내 결심을 했습니다. 저는 그 사람과 결혼하겠습니다. 저는 아무래도 그 사람의 청을 받아들일 수밖에 없습니다. 만약 제 치욕을 씻어 주고 명예를 회복해 주고 앞으로도 저를 빈곤과 결핍과 불행으로부터 구해 줄 사람이 있다면, 그것은 바로 그 사람일 겁니다. 제가 앞으로 무엇을 기대할 수 있겠어요? 이 이상 운명에 대해서 무엇을 바랄 수가 있겠어요? 표도라는 자기의 행운을 놓쳐서는 안 된다고 말하고 있어요. 이것이 저를 찾아온 행운이 아니라면 대체 그런 것이 어디에 있겠느냐고도 말하는군요. 적어도 제게는 이것 말고 다른 길은 발견되지 않습니다. 저의 소중한 친구여, 저는 도대체 어찌하면 좋겠어요? 저는 삯바느질하느라고 완전히 건강을 해치고 말았어요. 더 이상 쉬지 않고 계속 일을 할 수가 없군요. 그럼 남의 집에 일자리를 찾아 취직을 해야 할까요? 그렇게 되면 저는 설움으로 괴로워서 정신도 몸도 쇠약해져 버리고 말 겁니다. 게다가 제 구실을 다 할 수가 없을 거예요. 태어날 때부터 체질이 약해서 언제나 남들에게 폐를 끼칠 거예요. 물론 제가 지금 가려고 하는 앞길도 천국은 아니겠지만 저로서는 어쩔 수가 없습니다. 마카르, 달리 어떻게도 할 수가 없어요. 이밖에 어떻게 할 수가 있겠어요?

저는 당신께 의논도 드리지 않았어요. 저 혼자 깊이 생각해 보고 싶었어요. 지금 말씀 드린 제 결심은 변함이 없어요. 저는 곧 이 결심을 브이코프에게 전할 작정이에요. 그 사람은 그러지 않아도 빨리 확실한 답변을 들려 달라고 재촉하고 있으니까요. 그 사람은 시골에 급한 일이 있기 때문에 지금 곧 떠나야겠는데, 이런 하찮은 일로 출발을 연기할 수는 없다고 합니다. 제가 행복해질지 어떨지는 하느님만이 아시는 일입니다. 저의 운명은 거룩하고 신성한 하느님의 뜻에 달렸습니다. 브이코프는 친절한 사람이라고들 하니까, 저를 아껴주실 것이고 어쩌면 저도 그 사람을 존경하게 될지도 모르겠지요. 이 이상 저희의 결혼에 무엇을 더 바라겠습니까?

마카르 알렉세예비치, 저는 남김없이 당신에게 알려 드렸어요. 당신은 저의 괴로운 심정을 알아주시리라고 믿고 있어요. 저의 이 결심을 변하지 않게 해주세요. 그것은 아무런 보람도 없는 헛수고일 겁니다. 제가 이렇게 하게 된 사정을 마음속으로 차근차근 생각해 주십시오. 처음에는 무척 마음이 불안했지만 지금은 한결 가라앉았습니다. 앞으로 어떻게 될 것인지는 저도 잘 모릅니다. 결국 될 대로 되겠지요. 하느님의 뜻에 순종하는 겁니다!……

브이코프 씨가 왔군요. 좀더 많은 이야기를 하고 싶지만 이만 쓰겠어요. 벌써 브이코프 씨가 방 안으로 들어왔어요!

V.D

9월 23일

사랑하는 바르바라 알렉세예브나!

급히 회답을 씁니다. 여하튼 내가 몹시 놀랐다는 것을 알려 드립니다. 모든 것이 전부 어떻게 된 것 같습니다……. 이건 다른 얘기입니다만…… 어제 우리는 고르쉬코프의 장례를 치렀습니다. 네, 바렌카, 확실히 그렇습니다. 그렇구 말구요. 브이코프는 신사답게 행동했습니다. 아니, 결국 그러니까 당신도 승낙하셨겠지요. 물론 모든 것은 다 하느님의 뜻입니다. 사실 그렇습니다. 반드시 그래야만 합니다. 거기에는 틀림없이 하느님의 마음이 있을 겁니다. 하늘에 계신 조물주의 섭리는 물론 올바른 것이며, 또한 우리 인간들에게는 헤아릴 수 없는 것입니다. 우리 운명 또한 그와 같겠지요. 표도르 당신의 일을 무척 기뻐할 겁니다. 물론 당신은 이제부터 행복해지시겠지요. 아무런 불편도 없이 살아가시겠지요. 나의 작은 비둘기, 나의 사랑하는 바렌카, 언제 보아도 사랑스러운 나의 천사여, 하지만 그렇다 하더라도 바렌카, 어째서 그토록 급하게 서두르는 겁니까? 다른 급한 일이 있어서…… 브이코프 씨에게 바쁜 일이 있다고 하셨지요? 물론 일 없는 사람이란 없을 테이고 그분도 바쁜 일이 있으시겠죠……. 나는 그분을 보았습니다. 당신을 찾아왔다 돌아가는 길이었습니다. 아주 당당한 풍채더군요. 사실 그만한 풍채도 드물 겁니다. 아니, 그러나 그런 건 문제가 되지 않습니다. 온갖 것이 어쩐지 잘 납득이 되지 않습니다. 사실 그분이 풍채가 좋건 나쁘건 그런 건 문제될 게 없습니다. 지금 나는 어쩐지 제정신이 아닌 모양입니다. 다만 앞으로 어떻게 편지를 주고받아야 한단 말입니까? 나는 혼자 남아서 어떻게 되겠습니까? 나의 천사여, 나는 곰곰이 생각해 보았습니다. 여러 모로 말입니다. 편지에 씌어 있는 대로 그 원인이 어디 있나 내 마음속으로 생각했습니다. 나는 그때 스무 장째의 원고 정서를 끝내려고 하던 참이었습니다. 그런데 느닷없이 이번 사건이 생긴 겁니다! 바렌카, 당신이 먼 길을 떠나신다니 여러 가지 물건을 사들여야겠군요. 옷이며 구두 등을 말입니다. 그런데 마침 고로호바야 거리에 아는 집이 한 집 있으니 잘됐습니다. 기억하시나요. 언젠가 편지에 자세하게 쓴 일이 있지 않습니까.

아니 아니, 안 됩니다! 어림도 없습니다. 도대체 지금 어떻게 그런 생각을 하실 수 있겠습니까! 당신은 지금 곧 길을 떠나신다니 도저히 그럴 수는 없습니다. 절대로 안 됩니다. 그게 어디 될 말입니까. 당신은 많은 물건을 사들이기도 해야겠고, 마차 준비도 하셔야 할 테니까요. 그리고 지금은 이렇게 궂은 날씨입니다. 보십시오, 억수 같은 비가 마치 물통을 뒤집어 엎은 것처럼 쏟아지고 있지 않습니까. 게다가…… 게다가 나의 천사여, 당신은 심한 추위를 만날 겁니다. 당신의 마음까지 얼어 버릴 겁니다! 당신은 그토록 낯선 사람을 무서워했는데 지금 그곳으로 가려 하고 있습니다. 그럼 나는 누구를 의지하고 혼자 남아 있어야 한단 말입니까? 표도라의 말로는 굉장한 행복이 당신을 기다린다고 합디다만…… 그 여자는 콧대만 세고 나를 파멸시키려고 하는 겁니다.

오늘 저녁 기도에 오시겠습니까? 나는 거기서 당신을 뵙고 싶습니다. 당신이 학식 있고 성품이 착한 인정 많은 처녀라는 것은 사실입니다. 정말 사실이고말고요. 그러니 그런 사람 따위는 상인의 미망인과 결혼하는 편이 좋을 겁니다! 당신은 어떻게 생각하십니까? 확실히 그 상인의 미망인과 결혼하는 게 어울립니다! 바렌카, 어두워지면 한 시간 정도 당신을 찾아뵙겠습니다. 요즈음은 빨리 해가 지니까 어두워지기만 하면 달려가겠습니다. 오늘은 꼭 한 시간쯤 실례하겠습니다. 지금 당신은 브이코프를 기다리고 계시겠지만, 그 사람이 돌아가면 곧…… 기다려 주십시오. 곧 달려갈 테니…….

마카르 데부시킨

9월 27일

친애하는 마카르 데부시킨

브이코프 씨의 말로는 리넨으로 만든 루바시카를 무슨 일이 있어도 세 다스는 만들어야 한다는군요. 그래서 그것을 두 다스 더 급히 만들게 할 재봉사를 빨리 구해야겠어요. 게다가 이제 날짜도 얼마 남지 않았어요. 브이코프 씨는 화를 내면서 이런 하찮은 일로 시간을 써버린다고 투덜댑니다. 우리가 닷새 뒤에 결혼식을 올리고, 그 다음 날에는 출발해야 합니다. 브이코프 씨는 무척 서두르며 쓸데없는 일에 그렇게 시간을 허비할 수는 없다고 합니다. 저는 너무나 바빠서 이젠 아주 지쳐 버렸습니다. 가까스로 서 있을 지경입니다. 준비할 것이 너무 많아서, 정말 이런 준비를 하지 않는다면 얼마나 좋을까요. 그리고 또 한 가지, 제게는 비단옷과 무명옷에 달 레이스가 모자라기 때문에 이것도 좀더 사와야겠군요. 여하튼 브이코프 씨의 의견으로는 자기 아내가 남의 집 하녀 같은 옷차림으로 돌아다녀서는 곤란하다, 어쨌든 자기는 어떤 일이 있어도 "시골 지주 여편네들의 코를 납작하게 해놓아야 한다."는 겁니다. 그분이 스스로 그렇게 말하고 있답니다. 이런 사정이니 마카르 알렉세예비치, 부탁드릴 게 있어요. 수고스러우시겠지만 고로호바야 거리의 시폰 부인을 찾아가셔서 우선 저한테 바느질하는 여자 두서너 명을 보내시고, 또 귀찮으시겠지만 부인도 좀 와주었으면 고맙겠다고 전해 주세요. 저는 오늘 몸이 편치 않아요.

새로 이사 온 이 집은 몹시 춥고 어수선합니다. 브이코프 씨의 큰어머님이라는 분이 살고 있는데, 너무 늙으셔서 간신히 숨을 쉬는 것 같아요. 우리가 출발하기도 전에 돌아가시는 게 아닐까 걱정스럽습니다. 브이코프 씨는, 대수롭지 않아 다시 기운을 차릴걸 뭐, 하십니다. 여하튼 이 집은 모든 것이 뒤죽박죽으로 너저분합니다. 브이코프 씨는 이 집에 함께 살지 않기 때문에 그분을 따라 온 하인들은 모두 어디로 돌아다니는지 이 집엔 아무도 보이지 않습니다. 표도라가 혼자서 저희 일을 거들어 줍니다. 모든 일을 감독하고 돌보아야 할 브이코프 씨의 집사는 어딘가에 틀어박혔는지 벌써 사흘째나 나타나지 않습니다. 브이코프 씨는 매일 아침 찾아오지만 언제나 화만 냅니다. 어제는 이 집 관리인을 채찍으로 갈겨 경찰과 말썽이 생겼습니다……. 이 편지도 전해 줄 사람이 없어 시내 우편으로 부칩니다. 어머, 하마터면 가장 중요한 일을 잊을 뻔했군요. 시폰 부인에게 어제 견본대로 비단 레이스의 모양을 꼭 바꿔 달라고 하시고, 그리고 새로운 모양을 볼 수 있도록 꼭 견본을 가지고 와달라고 전해 주세요. 그리고 소매 없는 블라우스는 모양을 바꿔 자잘하게 자수를 놓기로 했다고요. 또 하나, 손수건의 이니셜은 수틀에 끼워서 글자가 도드라지게 해달라고 해주세요. 아시겠어요? 글자가 도드라지게 말이에요. 제발 잊지 말고요. 아참, 또 깜빡 잊을 뻔했군요! 부디 부인에게 이렇게 전해 주세요. 잊으면 안 돼요. 목도리의 꽃무늬도 도드라지게 수를 놓고, 덩굴과 가시는 특히 더 정성들여 수놓고, 옷깃은 레이스로 가장자리를 장식하든가 그대로 폭을 널따랗게 해서 넓은 옷깃으로 하라고 전해 주세요. 부탁입니다. 마카르 알렉세예비치, 그렇게 전해 주세요.

당신의
V.D

〈추신〉 여러 가지 귀찮은 일로 수고를 끼쳐 드려 정말 죄송합니다. 그저께도 당신은 오전 중 줄곧 제 일로 뛰어다니셨죠. 하지만 어쩔 수가 없어요! 집안은 온통 뒤죽박죽 흩뜨려 놓았고 저는 몸도 약한데다 달리 부탁할 사람이 없군요. 마카르 알렉세예비치, 제발 저에게 화내지 마세요. 아무튼 저는 서글픈 생각뿐이니까요! 아아, 앞으로 어찌 될까요. 저의 소중하고 친절한 마카르 알렉세예비치! 저는 이제 앞날을 생각하기만 해도 두렵습니다. 끊임없이 이상한 예감에 사로잡힙니다. 마치 무슨 독기 속에서 살고 있는 기분입니다.

〈추신〉 제발, 지금 제가 말씀드린 것은 한 가지도 잊지 마세요. 당신이 어쩐지 잘못 전하실 것만 같아서 무척 근심스럽습니다. 아시겠어요? 편편하게 하는 게 아니라 수틀에 끼워서 도드라지게 수놓는 거예요.

V.D

9월 27일

바르바라 알렉세예브나!

당신이 부탁하신 것은 하나도 빠짐 없이 다 했습니다. 시폰 부인은 그렇지 않아도 도드라진 수를 놓아야겠다고 생각했었다는군요. 그렇게 하는 편이 고상하다던가요? 그 밖에 또 뭐라고 했지만 나는 잘 알아들을 수 없었습니다. 그리고 당신도 편지에 옷깃의 장식에 대해 썼는데 부인도 옷깃에 대해서 말하더군요. 그러나 부인이 뭐라고 말했는지 잊어버렸습니다. 다만 기억하고 있는 건 그 부인이 굉장히 많이 지껄였다는 사실뿐입니다. 참으로 천박한 여자더군요! 무슨 말을 그렇게 수없이 하는지 도무지 생각나지 않습니다. 아무튼 그 여자가 직접 당신에게 자세히 이야기할 겁니다. 나는 몹시 지쳤습니다. 오늘은 관청에 가지도 않았습니다. 그러나 공연한 일로 너무 걱정하지 마십시오. 당신을 안심시킬 수 있다면 나는 시내 상점이란 상점은 모조리 쫓아다녀도 좋습니다. 당신은 앞일을 생각하기만 해도 두렵다고 편지에 쓰셨더군요. 그러나 오늘 저녁 6시만 지나면 모든 것을 다 알 수 있겠지요. 시폰 부인이 당신한테 직접 찾아갈 겁니다. 그러니까 너무 그렇게 안절부절못하고 초조해하지 마십시오. 희망을 가지십시오. 어쩌면 모든 것이 잘 될지도 모르니까요. 그렇고말고요! 나는 왠지 그 옷깃의 장식이 마음에 걸립니다. 아아, 그놈의 옷깃 장식이! 나의 천사여, 나는 댁에 들르고 싶었습니다. 꼭 만나고 싶었습니다. 그래서 당신의 문 앞에까지 두 번이나 갔었습니다. 그런데 줄곧 브이코프가, 아니, 그 브이코프 씨가 있으니 어떻게 들어갈 수 있겠습니까. 들어가도 안 될 거야 없지만 줄곧 화를 낸다는 브이코프 씨가 혹시 이상하게 생각하면 곤란하니까…… 하지만 새삼스럽게 그런 말을 한들 무엇하겠습니까!

마카르 데부시킨

9월 28일

마카르 데부시킨!

제발 부탁이니, 지금 곧 보석 상점까지 좀 갔다 와주세요. 그리고 진주와 에메랄드 귀고리는 만들지 않아도 좋다고 말씀해 주세요. 브이코프 씨가 그건 너무 사치스럽고 돈이 많이 들어 안 되겠다고 하시니까요. 그분은 화를 내시며 저희가 너무 돈을 많이 쓰려 하기 때문에 당해낼 수 없다느니 빈털터리라느니 하면서 투덜거립니다. 어제는 아예 이렇게 돈이 많이 들 걸 미리 알았더라면 애당초 결혼할 생각 같은 건 하지 않았을 거라고 하더군요. 식을 올리면 바로 출발하자, 손님도 부르지 않을 작정이다, 그러니까 당신도 법석을 떨 생각은 마라, 피로연은 시골 가서 베풀기로 하자고 말하더군요! 글쎄 그분이 그런 말을 하시는 거예요! 제가 그렇게 법석을 떨기를 바란 건지 어떤지는 하느님께서 아실 거예요! 이것도 모두 브이코프 씨 자신이 주문한 겁니다. 하지만 저는 아무런 대꾸도 하지 않았어요. 아무튼 성미가 몹시 급하니까요. 앞으로 저는 어찌 될까요!

9월 28일
나의 귀여운 바르바라 알렉세예브나!
나는—아니, 그 보석 상점에서는 알았노라고 승낙했습니다. 나는 사실 처음에 나 자신의 이야기부터 하고 싶었습니다. 나는 아파서 자리에서 일어날 수가 없습니다. 이렇게 바쁘고 중요한 때 감기가 들다니 참으로 원망스럽습니다! 그리고 또 한 가지 알려 드립니다만, 엎친 데 덮친 격으로 각하께서 요즈음은 매우 엄격해지셔서 예멜리얀 이바노비치를 마구 꾸중하시고, 그러다가 나중에는 불쌍하게도 각하 자신까지 기진맥진해 버립니다. 이것으로 내가 할 이야기는 모두 끝났습니다. 아니, 또 한 가지 나는 당신께 편지를 써 보내드리고 싶지만 당신의 마음을 어지럽힐 것 같아서 그만두기로 하겠습니다. 바렌카, 아시다시피 나는 어리석고 매우 단순한 사나이이기 때문에 무엇이든 생각한 것을 그대로 써버리곤 하여 어쩌면 나중에, 당신이 무언가, 그—아니, 새삼스럽게 이런 말을 해서 무슨 소용이 있겠습니까!

당신의
마카르 데부시킨

9월 29일

나의 귀중한 바르바라 알렉세예브나!

오늘 표도라를 만났습니다. 그녀의 말로는 당신은 내일 결혼식을 올리고 모레 출발하기 때문에 브이코프 씨가 벌써 마차를 준비했다더군요. 각하에 관한 것은 이미 말씀드렸지요? 그리고 또 한 가지 상점에서 온 계산서는 제가 고로호바야 거리에 가서 다 조사해 보았습니다. 틀린 건 하나도 없지만, 다만 매우 비싼 것 같습니다. 그런데 브이코프 씨는 왜 당신께 화를 낸단 말입니까? 아무튼 바렌카, 행복하게 살아 주십시오! 당신만 행복해진다면 나는 기쁩니다. 앞으로도 기쁠 겁니다. 교회에 가고 싶지만 허리가 몹시 아파서 갈 수도 없습니다. 그래서 나는 편지에 대한 생각만 하고 있습니다. 앞으로는 도대체 누가 우리의 편지를 전해 주겠습니까?

참, 그렇군요! 당신은 표도라에게 선물을 주셨더군요! 참으로 좋은 일을 해 주셨습니다. 정말 잘하셨습니다. 그야말로 선행입니다! 하느님께서는 당신의 그 선행 하나하나에 대해 당신에게 축복을 내려 주실 겁니다. 선행에는 반드시 그 보상이 있고 선행을 베푼 사람은 조만간에 반드시 하느님의 정의라는 영광을 얻을 겁니다. 바렌카, 당신에게 쓰고 싶은 것이 태산 같습니다. 시간을 조금이라도 아껴서 계속 쓰고 싶습니다! 끊임없이 쓰고 싶습니다! 내게 당신의 책이 아직 한 권 남아 있습니다. 《벨킨 이야기》입니다. 그런데 바렌카, 이 책만은 가져가지 마시고 나에게 선물로 주십시오. 나의 사랑하는 바렌카, 내가 그 책이 견딜 수 없게 읽고 싶어 그러는 것이 아닙니다. 당신도 아시다시피 이제 겨울이 다가옵니다. 밤이 길어지면 무척 쓸쓸해지겠죠. 그런 때에 그 책을 읽어보고 싶은 겁니다. 나는 지금 하숙집을 나와 전에 당신이 계셨던 하숙집으로 옮겨가 표도라 곁에 방을 빌리려고 합니다. 나는 이제는 어떤 일이 있더라도 그 정직한 여자 곁에서 떨어지지 않을 작정입니다. 어제 텅 비어 있는 당신의 방을 구석구석까지 살펴보았습니다. 그 방에는 당신의 손때 묻은 자수대와 그 위에 놓다만 자수가 그대로 고스란히 한편 구석에 놓여 있더군요. 나는 당신이 놓던 수를 물끄러미 바라보았습니다. 그 밖에 여러 헝겊 조각들이 남아 있었습니다. 내가 써보낸 편지를 접어 당신은 실을 감았더군요. 책상 속에서 종이쪽지를 한 장 발견했는데, 그 종이쪽지에는 '마카르 데부시킨! 갑자기……'라고만 씌어 있었습니다. 가장 중요한 데서 누군가가 방해를 했겠죠. 방 한편 구석에 세워 놓은 칸막이 뒤에는 당신의 침대가 있었습니다……. 나의 귀여운 바렌카! 그럼 안녕히, 부디 안녕히. 부탁이오니 되도록 빨리 이 편지의 회답을 주십시오.

마카르 데부시킨

9월 30일

저에게 더없이 소중한 마카르 데부시킨!

이제는 모든 것이 다 끝났어요! 저의 주사위는 이미 던져졌습니다. 어떤 운명이 결정될지 모르지만 지금은 그저 하느님의 뜻에 따를 뿐입니다. 내일 저희는 떠납니다. 제게는 무엇과도 바꿀 수 없는 친구요, 저의 은인이요, 저의 가장 친한 분이신 마카르 데부시킨! 마지막 작별인사를 드립니다! 저를 잊지 마시고 저 때문에 상심하지 마시고 부디 행복하게 지내 주세요. 저를 생각해 주세요. 하느님의 축복이 당신 위에 내리기를 빌겠어요! 저는 마음속에서나, 기도를 드릴 때나 항상 당신을 생각할 겁니다. 이것으로 우리의 시절은 끝나 버렸군요! 지나가 버린 추억 속에서 즐거웠던 몇 가지 추억을 새로운 생활로 가지고 갑니다. 그런 만큼 당신에 대한 추억은 더욱더 귀중해질 것이고, 저의 마음속에서도 더욱 귀중하게 되살아나겠지요. 당신은 저의 유일한 친구였어요. 당신만이 저를 사랑해 주셨습니다. 당신께서 얼마나 저를 사랑해 주셨는지 저는 모두 보았고 모두 알고 있습니다! 당신은 저의 웃는 얼굴을 보는 것만으로도, 저의 편지 한 줄만으로도 행복해지시곤 하셨습니다. 그러나 당신은 이제부터 제가 없는 생활에 익숙해지셔야 해요! 여기 혼자 남으셔서 어떻게 살아가시겠습니까! 누구를 의지하고 사시겠어요? 제게 있어서 누구와도 바꿀 수 없는 단 하나의 친구 마카르 데부시킨! 책도, 자수대도, 쓰다 만 편지도 다 당신께 남겨 두고 갑니다. 그 쓰다 만 몇 줄의 편지를 보실 때마다 그 다음에는 무슨 말이든 제게서 듣고 싶으신 모든 말을, 그리고 제가 당신께 드리고 싶던 모든 말을 마음속에서 읽어 주세요. 지금의 저는 어떤 거라도 다 털어놓고 씁니다!

당신을 이렇게 깊이 사랑했던 당신의 불쌍한 바렌카를 생각해 주세요. 당신의 편지는 모두 표도라의 옷장 제일 윗서랍에 남겨 놓았습니다. 당신이 아프다고 편지에 씌어 있는데, 오늘은 브이코프 씨가 저를 아무데도 내보내 주지 않는군요. 앞으로도 편지는 꼭 드리겠어요. 약속드립니다. 하지만 앞으로 어떤 일이 생길는지 그것은 하느님만이 아십니다. 그럼 이제 영원히 작별인사를 드립니다. 저의 사랑하는 벗이여, 그리운 분이여, 영원히 안녕히 계십시오! ……아아, 저는 지금 당장에라도 당신께로 달려가 당신의 가슴에 매달리고 싶습니다! 그럼 안녕히, 저의 다정한 벗이여 안녕히, 부디 안녕히! 행복하게 지내십시오. 부디 건강하게 지내십시오. 저는 언제까지나 언제까지나 당신을 위해 기도를 하겠어요! 아아, 어쩌면 이렇게 쓸쓸할까요! 가슴이 눌려 터질 것 같군요. 브이코프 씨가 부르는군요.

언제까지나 당신을 사랑하는
V.D

〈추신〉 저의 가슴은 지금 눈물로, 눈물로 가득 찼습니다……. 눈물이 가슴을 에이고, 당장 찢어질 것 같습니다!…… 그럼 안녕히.

아, 어쩌면 이다지도 슬픈가요!

당신의 불쌍한 바렌카를 잊지 마시고 생각해 주세요!

나에게 있어 무엇과도 바꿀 수 없는 귀여운 바렌카! 당신은 끌려가는군요. 당신은 가버리는군요! 아아, 당신을 빼앗길 바에는 차라리 내 심장을 움켜쥐고 빼내는 편이 훨씬 낫겠습니다! 도대체 당신은 어쩌자고 그러십니까! 당신은 울면서도 기어이 떠나가시는군요? 지금 당신이 보낸 편지를 받았습니다. 편지가 온통 눈물에 젖어 있네요. 결국 당신은 가고 싶지 않은 거군요. 억지로 끌려가는 거죠. 당신은 나를 불쌍하게 생각하시는군요. 나를 사랑하시는군요! 이제부터 당신은 누구와 어떻게 살아 나가시렵니까? 그런 곳으로 가면 당신의 마음은 쓸쓸하고, 서글프고, 차디차게 얼어붙을 겁니다. 당신의 마음은 우울증에 걸려 서글퍼서 찢어지고 말 겁니다. 당신은 그곳에서 죽어 버리겠지요. 그곳의 차디찬 땅 속에 파묻힐 겁니다. 그렇지만 그곳에선 누구 하나 당신을 위해 울어 줄 사람도 없을 겁니다. 브이코프 씨는 토끼 사냥이나 하러 다니겠지요……. 아아, 사랑하는 바렌카! 도대체 당신은 무엇 때문에 그런 결심을 했습니까, 어쩌자고 그런 결심을 할 생각을 했습니까? 당신은 어째서 그런 엉뚱한 일을 저질렀습니까? 참으로 무모한 잘못을 저질렀습니다. 자신을 위해 정말 엉뚱한 잘못을 저질렀습니다! 당신은 무덤 속에 들어가는 것과 다름없습니다! 죽을 만큼 구박을 당하실 겁니다. 나의 천사여, 당신은 작은 새의 날개처럼 연약한 몸이 아닙니까! 그런데 나는 어디에 갔었단 말입니까? 지금 여기 있으면서 어쩌자고 이 멍청이는 우두커니 서서 보고만 있었을까요! 어린아이가 보채는 것은 그저 잠깐 머리가 아프기 때문이라는 정도로 여겼습니다! 조금만 치료를 하면 좋았을 것을, 그것을 말렸어야 했습니다. 어쩌면 그렇게 멍청했는지요. 아무것도 생각하지 않고, 아무것도 깨닫지 못하고, 그것이 옳은 일이려니 여겼을 뿐만 아니라 옷깃 장식이 어떻고 하면서 뛰어다녔으니 말입니다! ……아니, 바렌카, 나는 일어납니다. 내일까지는 무슨 일이 있더라도 나을 테니까요. 이제는 누워 있을 수 없습니다! ……마차바퀴 밑에 몸을 던져서라도 당신을 보내지 않겠습니다! 아니, 안 됩니다. 이게 도대체 무슨 짓이란 말입니까? 그런 짓을 할 권리가 어디에 있습니까? 나도 당신과 함께 가겠습니다. 마차에 태워 주시지 않으면 마차 뒤에서 뛰어서라도 따라가겠습니다. 힘이 닿는 데까지, 숨이 끊어질 때까지 뛰어가겠습니다. 그렇다고 하더라도 당신은 저쪽에는 무엇이 있는지, 당신이 가는 앞길이 어떤 곳인지 알고 계십니까? 당신은 아마 그런 것은 모르실 겁니다. 그렇다면 나에게 물어 주십시오! 그곳은 광야란 말입니다. 자, 보십시오. 내 손바닥처럼 풀 한 포기 나지 않는 불모의 광야란 말입니다! 그런 곳은 몰인정한 시골 여편네나 무식한 농사꾼이나 술주정꾼이 살고 있는 곳입니다. 그곳엔 이미 나뭇잎도 다 떨어져 있습니다. 지금쯤 비가 오고 무서운 추위가 기다리고 있겠지요. 그런 곳에 당신은 가는 겁니다! 그야 브이코프 씨라면 그런 곳에 있어도 할 일이 있겠지요. 그 사람은 토끼 사냥이라도 하니까요. 하지만 당신에겐 무슨 일이 있다는 겁니까? 지주 부인이 되고 싶으신가요? 그러나 나의 천사여! 자신을 한번 보십시오. 당신은 과연 지주의 아내로서 적당합니까? ……바렌카, 그건 정말 무리입니다! 나는 이제부터 누구에게 편지를 써야 한단 말입니까? 정말 그렇습니다! 그 사람은 도대체 누구에게 편지를 쓸까 하고 당신도 한번 생각해 보십시오. 나는 앞으로 누구를 '사랑하는 사람'이라고 부르면 좋단 말입니까? 누구를 이런 다정한 이름으로 부른단 말입니까? 나의 천사여! 앞으로 나는 어디에 가서 당신을 찾아야 합니까? 바렌카, 나는 죽을 겁니다. 틀림없이 죽어 버리고 말 겁니다. 내 마음은 이러한 불행에 견뎌 내지 못합니다! 나는 당신을 하느님의 빛처럼 사랑해 왔습니다. 내 친딸처럼 사랑해 왔습니다. 당신의 모든 것을 사랑했습니다. 아아, 그리운 바렌카! 나는 당신만을 위해서 살아왔습니다! 내가 일을 한 것도, 원고 정서를 한 것도, 걸었던 것도, 산책을 한 것도, 그리고 우정에 넘친 편지라는 형식으로 내 생각을 적어 보낸 것도, 그것도 저것도 모두 당신이 여기 내 눈앞에, 바로 거기에 계셨기 때문이었습니다. 당신은 그런 것을 알지 못하셨는지 모르겠지만 모두 그대로였단 말입니다! 들어 주십시오, 나의 사랑하는 바렌카. 한번 곰곰이 생각해 보십시오. 당신이 내 곁을 떠나가 버리다니 과연 그럴 수 있을까요?

　그리운 바렌카, 당신은 그런 몰인정한 짓을 못할 겁니다. 갈 수 없을 겁니다. 절대로 불가능합니다! 지금도 이렇게 비가 오는데. 당신은 몸이 약해 감기에 걸리실 겁니다. 당신의 마차에 빗물이 스며들 겁니다. 틀림없이 스며들 겁니다. 당신이 이 도시를 벗어나기가 무섭게 마차는 망가지고 말 겁니다. 일부러 그런 것처럼 망가져 버릴 겁니다. 어쨌든 이 페테르부르크에서 만들어지는 마차는 몹시 형편없는 것들이니까요! 나는 마차를 만드는 제조업자를 모두 알고 있는데, 그들은 겉보기에만 좋은 장난감 같은 마차를 만들고 있습니다. 그 대신 겉은 매우 화려하지요. 맹세해도 좋습니다만 그 사람들이 만드는 것은 모두 화려하기만 하단 말입니다! 나는 브이코프 씨 앞에 무릎을 꿇고 그 사람에게 모든 것을 이야기하겠습니다! 모조리 다 말하겠습니다. 당신도 함께 말해 주십시오. 도리에 맞도록 그분에게 말해 주십시오. 당신은 여기에 남겠노라고 말해 주십시오. 당신은 브이코프와 함께 갈 수 없다고 말입니다! ……아아, 그 사람은 어쩌자고 모스크바에서 상인의 미망인과 결혼하지 않았단 말입니까? 정말로 거기서 그 여자와 결혼했더라면 좋았을 것을! 그 사람에게는 장사꾼의 미망인 쪽이 훨씬 잘 어울립니다. 나는 그 이유를 안단 말입니다!

그래서 나는 당신을 내 곁에 붙들어 두는 겁니다. 도대체 그 브이코프라는 사나이가 당신에게 뭐란 말입니까? 어떻게 당신은 그런 사나이가 별안간 그리운 존재가 됐단 말입니까? 그 사나이가 당신에게 예쁜 옷깃 장식 따위를 사주었기 때문인가요? 그렇기 때문이겠죠! 그렇다면 도대체 그 옷깃 장식이 뭐란 말입니까? 그런 것은 하찮은 물건이 아닙니까! 지금은 인생의 중요한 문제를 결정하는 소중한 때입니다. 거기 비하면 옷깃 장식 따위는 걸레 조각과 다를 바 없습니다. 옷깃 장식 같은 것은 걸레 조각만도 못합니다. 아니, 나도 이번에 월급을 타면 그런 옷깃 장식을 얼마든지 당신에게 사드리겠습니다. 사드리고 말고요. 매우 친한 가게가 있으니까요. 다만 월급날까지 기다려 주십시오.

　나의 천사여, 바렌카! 아, 이 무슨 일이란 말입니까! 그런 당신은 무슨 일이 있더라도 브이코프 씨와 함께 광야로 가버리는 겁니까. 이제는 가버린 채 다시는 돌아오지 않는 겁니까! 아, 사랑하는 바렌카! ……안 됩니다. 한 번만 더 편지를 주십시오. 출발하셨다면 그곳에 가서라도 편지를 주십시오. 그렇지 않으면 나의 천사여! 이것이 마지막 편지가 되어 버리지 않겠습니까? 아, 이것이 마지막 편지가 되다니, 그런 바보 같은 일이 어디에 있습니까. 이 편지가 마지막이 되다니 그런 법이 어디 있습니까! 아니, 어림도 없습니다. 편지를 쓰겠습니다. 그러니까 당신도 써주십시오……. 게다가 이제 내 문장도 겨우 틀이 잡혀 가고 있지 않습니까……. 아아, 그까짓 문장의 틀이 잡혀 가는 게 뭐 그리 대단합니까! 이젠 내가 무엇을 쓰고 있는지 도무지 모르겠습니다. 하나도 모르겠습니다. 다시 읽어 보지도 않습니다. 문장도 고치지 않습니다. 그저 쓰고 싶으니까, 조금이라도 많이 당신께 쓰고 싶으니까 쓰는 것뿐입니다……. 아아, 나의 귀여운 바렌카, 나의 그리운 바렌카, 나의 사랑하는 바렌카!

Belye Nochi

백야

첫째 밤

참 멋있는 밤이었다. 그것은 실로 젊을 때만 우리에게 있을 수 있는 그러한 밤이었다. 별이 총총히 아로새겨진 맑은 하늘을 쳐다보면 저도 모르게 이런 질문을 자기 자신에게 던지지 않고는 배길 수 없을 정도였다.

이렇게 아름다운 하늘 아래 걸핏하면 화를 내는 사람들이나 변덕스러운 사람들이 과연 살 수 있단 말인가? 유치한 의문이다, 더할 나위 없이 유치한 의문이다. 그러나 나는 신께서 사람들에게 이러한 의문을 보다 더 자주 환기시켜 주실 것을 바란다! 화를 잘 내는 사람이든지 변덕스러운 신사분들의 일을 이야기하게 되면, 나는 오늘 하루에 있었던 그럴듯한 행동에 대해서도 떠올리지 않을 수가 없다.

이른 아침부터 무언가 야릇한 울적함이 나를 괴롭히기 시작한 것이다. 아닌 밤중에 홍두깨 내밀듯이 갑자기 나를, 이 고독한 나를 모든 사람들이 버리려고 하고 있었다. 모든 사람들이 나에게서 멀어져 가려고 하고 있다는 마음이 생기기 시작한 것이다. 물론 누구라도 "도대체 그 모든 사람이란 게 어디에 사는 누구냐?"고 물을 권리를 가지고 있다. 하기야 나는 벌써 8년 동안이나 페테르부르크에 살면서 거의 한 사람도 아는 사람을 만들지 못한 그런 재치 없는 사나이니까. 그러나 나에게 아는 사람 같은 게 무슨 필요가 있단 말인가? 그렇지 않더라도 나는 페테르부르크에 사는 모든 사람들을 잘 알고 있지 않은가. 페테르부르크에 사는 모든 사람들이 갑자기 저마다의 별장으로 가버리자, 어쩐지 모든 사람들에게서 버림을 받은 것같이 느껴진 것도 실은 그 때문이다. 나는 나 혼자 남겨진 것이 무서워졌다. 그래서 꼬박 사흘 동안 자신이 어떤 상태인지 전혀 알지도 못한 채 깊은 근심에 잠겨서 거리를 방황했다. 네프스키 거리에 가보아도, 공원에 가보아도, 강변길을 거닐어 보아도—요 몇 년 동안 언제나 정해진 장소에서 같은 시간에 서로 마주치던 사람들이 한 사람도 보이지 않는 게 아닌가? 나는 그들을 잘 안다. 모두 내게 친숙하게 대해 주는 사람들이다. 그들의 얼굴 생김새까지 거의 다 연구해 버렸다고 해도 과언이 아닐 정도이다. 그래서 그들이 밝은 표정을 짓고 있으면 나도 모르게 넋을 잃고 바라보고, 어두운 표정을 하고 있으면 어느덧 나 역시 우울해지고 만다. 매일 정해진 시간에 폰탄카에서 만나는 한 노인과는 거의 친구가 될 정도였다. 그는 몹시 거드름을 피우는, 매사에 심사숙고하는 듯한 표정으로 언제나 입 속으로 중얼중얼하면서 왼손을 휘젓고 다니는 사나이였다. 오른손에는 금빛 손잡이가 달린 길고 마디 많은 지팡이를 들고 있다. 그도 나를 알아보고 나에게 깊은 관심을 가지고 있는 것 같았다. 만약 내가 일정한 시간에 폰탄카에 있는 그 장소로 갈 수 없는 일이라도 있으면 그는 틀림없이 우울해져 버릴 거라고 나는 굳게 믿고 있다. 그런 형편이라 이따금 우리는 하마터면 서로 인사를 나눌 뻔한 적도 있었다. 특히 둘 다 기분이 매우 좋을 때는 더욱 그러했다. 바로 최근에만 하더라도 이틀이나 서로 만나지 못하다가 사흘 만에 딱 마주치게 되자 두 사람은 서로 자기 모자에 손을 가져갈 뻔했으나 다행히도 미리 그것을 깨달았기 때문에, 슬그머니 손을 내리고 서로 아무렇지도 않은 것처럼 길을 지나가 버렸던 것이다.

　나에게는 건물도 낯이 익다. 내가 걷고 있으면 그 하나하나가 저마다 내 앞 한길 쪽으로 뛰어나와서, 창문으로 나를 지켜보면서 이런 말을 할 것만 같다. "안녕하십니까? 기분은 어떠십니까? 저도 덕택에 건강합니다. 그런데 저는 5월이 되면 한 층을 더 증축하기로 되어 있답니다"라든가, "건강하신가요? 내일은 드디어 수리를 하게 됩니다"라든가, "하마터면 나는 몽땅 타 버릴 뻔했답니다. 얼마나 놀랐는지 모릅니다" 말하는 것 같다. 그 건물들 중에는 내 마음에 드는 것도 있고, 친한 친구도 있다. 그중 하나는 이번 여름에 건축가의 치료를 받기로 되어 있다. 어쩌다가 터무니없는 치료라도 받게 되면 큰일이니까, 나는 매일 일부러 가볼 작정이다. 그런 일이라도 있게 되면 큰일이다!…… 그러나 매우 예쁘고 밝은 분홍빛이었던 조그마한 집에서 일어난 사건 같은 것은 결코 잊을 수 없을 것이다. 그것은 돌로 지은 매우 아름답고 작은 집인데, 항상 상냥하게 나를 지켜보거나 근처의 볼썽사나운 집들을 제법 자랑스러운 듯 바라보고 있기 때문에 그 곁을 지날 때는 언제나 떨릴 정도였다. 그런데 갑자기, 지난주에 무심코 거리를 걷다가 아무 생각 없이 내 친구 쪽을 바라보자 매우 슬픈 듯한 외침 소리가 들리는 것이 아닌가? "나는 노란빛으로 다시 칠해지고 있답니다!" 악당들! 야만인! 아무튼 이 사람들 모두 그런 일에는 아랑곳하지 않는 것이다. 이렇게 내 친구는 마치 카나리아처럼 샛노랗게 칠해져 버린 것이다. 이 뜻하지 않은 사건 때문에 나는 하마터면 울화통을 터뜨릴 뻔했다. 그런 일이 있은 뒤부터 오늘까지, 나는 지도 속 중국의 색깔로 노랗게 칠해져 버린, 보잘것없이 불쌍해진 내 친구를 만나볼 용기가 여태껏 나지 않고 있다.

이런 까닭들로 독자 여러분은 내가 어떻게 페테르부르크의 온 시가지를 그토록 잘 알고 있는지 이제 아셨으리라 생각한다.

앞에서 말한 대로 나는 지금까지 꼬박 사흘 동안 불안한 마음에 시달렸는데, 이제야 겨우 그 원인을 밝혀냈다. 밖에 나가도 어쩐지 기분이 언짢고(그 사나이도 없고, 이 사나이도 없다. 도대체 그들은 어디로 가버렸단 말인가?) 집에 있어도 전혀 마음이 가라앉지 않는다. 무언가 이 방 안에 부족한 것이라도 있는 것은 아닌가 하고 나는 이틀 밤이나 마음을 썩였다. 이 방에 있으면 어째서 이토록 마음이 거북할까? 아무래도 납득이 가지 않은 채 녹색의 그을린 벽이며, 하녀 마트료나의 덕택에 날이 갈수록 늘어가는 거미줄투성이 천장을 둘러보고, 모든 가구들을 몇 번씩이나 다시 훑어보고서 불행의 원인은 혹시 이것이 아닐까 하고 생각하면서 의자까지 일일이 살펴보았다(왜냐하면 의자 하나라도 어제와 위치가 달라져 있으면 나는 먼저 마음이 불안해지기 때문이다). 이렇게 해서 창문까지 모조리 살펴보았지만, 애만 썼지 아무런 소득도 없이…… 마음은 조금도 편해지지 않았다. 나는 마트료나를 불러다가 거미줄이며, 그녀의 단정치 못한 모든 일에 대해서 다짜고짜 아버지 같은 잔소리를 해줄까, 하는 엉뚱한 생각까지 했던 것이다. 그러나 그녀는 도무지 알 수 없다는 듯이 내 얼굴을 힐끗 쳐다보았을 뿐 한마디도 대답하지 않고 휭허케 나가 버렸다. 덕택에 그 거미줄은 지금도 여전히 제자리에 그대로 늘어져 있다. 겨우 오늘 아침에야 비로소 그 원인을 알게 되었다. 쳇! 이것도 저것도 다 사람들이 나를 버리고 별장으로 달아났기 때문인 것이다! 부디 점잖지 못한 말투를 용서해 주기 바란다. 도무지 고상한 말투 따위를 사용하고 있을 수가 없어서…….

하여튼 페테르부르크에 사는 모든 사람이 한 사람도 남김없이 별장으로 가버렸다, 아니 가려고 한다. 승합마차를 빌리려고 서 있는, 당당한 풍채의 훌륭한 신사들은 누구나 다 내 눈앞에서 갑자기 존경할 만한 한 집안의 가장이 되어 버린다. 그들 모두 평소의 관청 일에서 해방되어, 별장 생활을 하고 있는 그 가정의 품 안으로 홀가분하게 뛰어들려 하고 있지 않은가? 지금은 어떤 행인이든 특별한 표정 같은 것을 짓는다. 만나는 사람마다 이렇게 말하려는 것 같다.

"여러분, 내가 여기 머무는 것은 아주 잠깐뿐입니다. 이제 두 시간만 지나면 별장으로 가버릴 테니까요."

처음에는 사탕처럼 하얗고 갸름한 손가락으로 똑똑 두드리던 창문을, 이윽고 활짝 열고 아름다운 소녀가 얼굴을 내밀어 화분에 심은 꽃을 팔고 있는 장사꾼을 불러들이는 것을 보아도 나는 대뜸 이런 것을 상상한다—이런 꽃을 사들이는 것도 숨막힐 듯한 도시 한복판에 있는 집에서 봄꽃을 즐기려는 생각에서가 아니라, 다만 아주 가까운 날에 온 집안사람들이 모두 별장으로 가기 때문에 꽃도 함께 가지고 갈 작정이기 때문이다. 그뿐만이 아니라, 나는 이미 이러한 새로운, 약간 색다른 발견에 익숙해져서 한번 보기만 해도 어떤 별장에 살고 있는 사람인지 확실히 알아낼 수도 있게 되었다. 카멘느이 섬이나 아프체칼스키 섬, 혹은 페체르코프 길가에 살고 있는 사람들은 세련된 말쑥한 몸가짐과 멋진 여름옷, 도시로 갈 때 타고 가는 마차 등이 뛰어나게 근사하다. 파르콜로프나 그보다도 더 먼 곳에 살고 있는 사람들은 점잖고 당당한 태도로 한눈에 사람을 '깜짝 놀라게' 하고, 크레스토프스키 섬에서 머물고 있는 사람들은 얼빠진 것 같은 쾌활함으로 사람들의 주의를 끈다.

나는 곧잘 짐마차의 긴 행렬과 부딪칠 때가 있다. 마부는 고삐를 잡고, 온갖 가구류, 테이블이며 의자, 터키식의 긴의자, 그 밖의 여러 가재도구를 산처럼 쌓아올린 짐마차 곁에 붙어서, 매우 힘든 것처럼 걸어가고 있다. 또한 그 짐 꼭대기에, 말라빠진 요리사가 우두커니 앉아 주인집 재산을 소중하게 지키고 있는 광경도 곧잘 본다. 그리고 가재도구를 실을 수 있을 만큼 잔뜩 실은 작은 배가 네바 강이나 폰탄카의 물 위를 미끄러지는 것처럼, 쵸르나야 강이나 강 어귀의 섬들이 있는 쪽으로 내려가는 짐마차며 작은 배는 내 눈앞에서 금세 늘어나 열 배가 되고, 백 배가 되는 것이다. 마치 모든 것이 도망가려는 것처럼 앞을 다투고, 대상들의 수많은 행렬처럼 별장으로 이사를 가는 것 같았다. 페테르부르크의 온 시가 당장에라도 사막으로 바뀔 것 같은 느낌이 들어서, 마침내 나는 묘한 부끄러움을 느끼며 자신에게 화도 나고, 견딜 수 없는 서글픔에 잠기게 되었다. 내게는 갈 만한 별장 따위도 없었고, 또 가야만 할 필요도 없었다. 그러나 나는 어느 짐마차하고라도 함께 가야 할 것 같았다. 승합마차를 부르려 하고 있는 훌륭한 풍채를 지닌 어떤 신사하고라도 함께 가고 싶었다. 그러나 한 사람도, 어느 한 사람도 나에게 함께 가자고 말을 건네 주는 사람은 없었다. 마치 나 따위는 잊어버리고 있는 것처럼, 그들에게 있어 나 같은 것은 그야말로 전혀 상관없는 낯선 사람에 지나지 않는 것만 같았다.

나는 오랫동안 마구 쏘다녔다. 그리고 언제나처럼 내가 지금 어디에 있는지 완전히 잊어버렸으나, 문득 정신을 차려보니 교외의 성문 앞에 와 있었다. 그 순간 나는 갑자기 마음이 즐거워졌다. 그래서 차단기를 훌쩍 뛰어넘어 파종을 갓 끝낸 밭이며 목장 사이를 발길 닿는 대로 걷기 시작했다. 피곤하지도 않고 다만 무언가 알지 못할 무거운 짐이 가슴속에서부터 쑥 빠져나가는 것 같은 기분을 온몸에 느낄 뿐이었다. 지나가는 사람들은 누구나 다 상냥하게 나를 바라보고, 까딱하면 할 뻔한 인사를 하지 않을 뿐이었다. 모든 사람들은 왠지 매우 기쁜 듯 보였고, 예외없이 잎담배를 피우고 있었다. 나도 여태까지 한 번도 느껴 보지 못한 것 같은 기쁨을 느꼈다. 느닷없이 이탈리아에라도 온 것 같은 심정이었다. 시가지의 벽에 둘러싸여서 질식할 것 같았던, 그래서 반병자(病者)나 다름없는 위태로운 도회인인 나에게 자연은 그처럼 강한 충격을 주었던 것이다.

자연은 봄과 함께 갑자기 그 위력을, 하늘에서 내려 주신 그 힘을 남김없이 발휘하고, 싹이 트고, 입을 벌리고, 온갖 꽃으로 그 몸을 단장할 때 우리 페테르부르크의 자연에는 무언가 말로는 표현하기 어려운, 가슴을 울리는 것이 있다…… 알지 못하는 사이에 자연은 나에게 이런 처녀를 생각케 한다. 병약하고 바싹 야윈 처녀. 여러분은 때로는 가엾은 눈으로 그녀를 바라보기도 하고, 때로는 그녀의 존재를 전혀 깨닫지 못할 때도 있지만, 그녀는 갑자기 잠깐에 어떻게 된 셈인지 생각지도 못할, 말로 표현할 수도 없는 멋진 미녀가 된다. 그러면 여러분은 너무 놀라 넋을 잃고, 자기도 모르게 스스로의 가슴에 이렇게 물을 것이다. 저 슬픈 듯한, 골똘히 생각에 잠긴 눈을 이런 불길로 빛나게 한 것은 도대체 어떠한 힘일까? 저 창백하고 야윈 뺨에 핏기가 돌게 한 것은 도대체 무엇일까? 저 단번에라도 부서질 것 같은 갸냘픈 얼굴에, 무엇이 정열을 불어넣은 것일까? 어떻게 해서 저 가슴이 갑자기 저렇게도 풍만해졌을까? 가엾은 처녀의 얼굴에 저토록 뜻밖의 생기와 생명의 아름다움을 불어넣고, 그 얼굴이 아름다운 미소로 빛나게 하고, 반짝반짝 빛나는 불꽃과 같은 웃음으로 그 얼굴을 싱싱하게 만들어낸 것은, 과연 웃음으로 그 얼굴을 생기 있게 만들어낸 것은 과연 무엇일까? 여러분은 주위를 둘러보고 무엇인가를 찾고, 여러 가지로 생각을 굴린다. 그러나 그것도 잠시, 그런 한순간도 곧 지나가버리고 말 것이다. 그리고 그 다음날에 여러분이 보게 되는 것은 아마 또다시 예전과 똑같이 저 생각에 잠긴, 방심한 듯한 눈길과 여전히 변함없는 창백한 얼굴, 그 동작에 나타나는 언제나의 그 유순함과 소심함, 아니 그뿐만 아니라 허무하게 불태워 버린 순식간의 정열을 후회하는 마음, 자기도 모르게 오싹하게 느껴질 것 같은 쓸쓸함과 분노의 흔적마저 보게 될지도 모른다······ 그래서 여러분은 순식간의 아름다움이 그토록 재빠르게, 영원히 시들어 버리고, 사람의 마음을 살짝 건드리고 말 뿐 허무하게 눈앞을 스치고 지나가 버리는 것을 슬프게 생각할 것이다. 그리고 마음을 쏟아 버릴 겨를조차 없었던 것이 애석해서 견딜 수가 없을 것이다······.

그렇지만 나의 밤은 낮보다 좋았다! 그것은 이러한 이유에서이다.

내가 시내로 돌아온 것은 매우 늦어진 뒤였는데, 집 가까이에 왔을 때에는 시계가 이미 10시를 치고 있었다. 내가 걷고 있었던 길은 운하를 따라 난 길이었는데, 그 시각에 지나가다 만나는 사람은 한 사람도 없었다. 나는 몹시 떨어진 시의 변두리에 살고 있었던 것이다. 나는 걸으면서 노래를 흥얼거리고 있었다. 행복을 느낄 때는 꼭 노래를 흥얼거리는 버릇이 있었기 때문이다. 친한 친구나 반갑게 인사하는 사람도 없고, 기쁠 때도 그 기쁨을 나눌 상대가 없는, 그런 행복한 인간이면 누구나 그렇듯이 나는 그때 조그마한 목소리로 노래를 부르고 있었다. 그런데 갑자기 전혀 뜻하지 않았던 사건이 일어났다.

조금 떨어진 곳의 운하 난간에 한 여자가 몸을 기대고 서 있었다. 난간 격자(格子)에 팔꿈치를 짚고, 탁한 운하의 물을 아주 열심히 바라보고 있는 것 같았다. 그녀는 매우 예쁜 노란 모자를 쓰고, 멋진 검은 망토를 두르고 있었다. 저 처녀는 틀림없이 브뤼네트[1]일 거야, 하고 나는 생각했다. 그녀는 내 발소리가 들리지 않는 것처럼, 내가 숨을 죽이고 몹시 가슴을 두근거리면서 그 곁을 지나칠 때도 꼼짝도 하지 않았다. '이상한데!' 하고 나는 생각했다. '분명히 골똘히 생각할 만한 일이라도 있는 모양이군.' 그러나 갑자기 내 발은 그 자리에 못박혀 버리고 말았다. 소리를 죽여 우는 소리가 들려왔던 것이다. 그 렇다! 결코 내가 잘못 들은 것이 아니었다. 처녀는 울고 있었다. 그리고 잠깐 사이를 두었다가 다시금 흐느껴 우는 소리가 이어졌다. 이게 어찌된 일인가! 가슴이 꽉 죄어드는 것 같았다. 나는 여성에 대하여 겁이 많은 편이었지만, 어 쨌든 시간이 꽤 늦은 때였다! ……나는 되돌아가서 그녀의 곁으로 다가가 "아가씨!" 하고 부르려고 했다. 만약 이러한 호칭이 러시아의 상류 계급을 묘사한 모든 소설 가운데서 이미 수천 번이나 되풀이해서 쓰이지 않았다면 반드시 그것을 입에 올렸을 것이 틀림없다. 그러나 내가 적당한 말을 찾고 있는 동안 그녀는 제정신으로 돌아왔는지 주위를 둘러보고는 깜짝 놀란 듯 두 눈을 내리깔고, 내 옆을 빠져나가 운하를 따라 난 길을 걸어가기 시작했다. 나도 바로 그 뒤를 쫓았다. 그녀는 그것을 알아차리자 운하를 따라 걷기를 그만두고, 한길을 가로질러 반대쪽 보도로 건너갔다. 나는 한길을 가로지를 용기가 없었다. 내 가슴은 누구에게 붙잡힌 작은 새처럼 바들바들 떨고 있었다. 그러나 뜻밖에도 우연이란 것이 나를 도와주었다.

그 미지의 여성에게서 그다지 떨어져 있지 않은 반대쪽 보도에 난데없이 예복을 차려입은 한 신사가 나타난 것이다. 당당한, 꽤 나이가 지긋해 보이는 남자였지만 걸음걸이는 의젓하다고 할 수가 없었다. 그는 비틀거리면서 조심스럽게 벽을 붙잡고 걷고 있었다. 그녀는 밤중에 이상한 남자에게 불러 세워져서 집까지 바래다드리지요, 하는 말을 듣게 될까 봐 겁을 먹고 있는 처녀들 누구나가 흔히 하는 것 같은 걸음걸이로 당황해하면서 재빠르게 쏜살같이

---

1) 살결과 머리카락, 눈빛이 갈색인 여자.

걷고 있었다. 그런데 나를 거기에 있게 했던 운명이, 실로 뜻밖의 방법을 이 남자에게 생각해 내게 하지 못했다면, 그 비틀거리는 신사는 그녀를 따라갈 것 같지 않았다. 갑자기 그 신사는 아무 말도 하지 않고 별안간 몸을 날려 뛰기 시작하더니 전속력으로 내 미지의 여성의 뒤를 쫓았다. 그녀는 바람처럼 달렸으나 비틀거리는 신사가 점점 그 거리를 좁혀 드디어 그녀에게 따라붙었다. 그녀는 외마디 비명을 질렀다. 그래서 나는…… 나는 운명을 축복한다. 그때 마침 운좋게도 마디 많은 지팡이를 오른손에 움켜쥐고 있었던 것이다. 나는 바로 달려갔다. 초대받지 못한 신사는 바로 사태를 파악했다. 꼼짝할 수 없게 하는 강력한 무기를 보고, 그는 입을 다물고 말없이 물러나 버렸다. 그리고 우리에게서 훨씬 멀리 떨어져 버리고 나서야 꽤 맹렬한 말로 나에게 항의했을 뿐이었다. 그러나 그 말도 우리가 있는 데까지는 겨우 간간이 들렸을 정도였다.

"자, 손을 내미세요." 나는 미지의 여성에게 말했다. "그렇게 하면 이제 저 남자도 귀찮게 하지 않을 겁니다."

그녀는 흥분과 공포로 아직도 떨리는 손을 나에게 내밀었다. 오오, 초대받지 못한 신사여! 그 순간 나는 얼마나 당신을 축복했던가! 나는 흘끔 그녀의 얼굴을 보았다―참 아름다웠다. 더욱이 살결이 희고 머리와 눈동자가 갈색인 브뤼네트 여성이었다. 과연 내가 상상했던 대로, 그 검은 속눈썹에는 아직 눈물방울이 반짝거리고 있었다. 조금 전의 그 놀라움 때문인지, 그보다도 그 이전의 슬픔 때문인지, 나로서는 알 길이 없었다. 그러나 그 입술 언저리에는 벌써 미소가 어리고 있었다. 그녀 쪽에서도 나에게 눈길을 보내고, 살짝 얼굴을 붉히며 눈을 내리깔았다.

"그것 보십시오. 어째서 당신은 아까 나를 쫓아버렸습니까? 이렇게 내가 여기에 있었으면 아무 일도 생기지 않았을 텐데요……."

"하지만 전 당신이 어떤 분인지 몰랐는걸요. 전 당신도 역시…… 아닌가 하고 생각해서……."

"그럼 지금은 나를 알 수 있다고 하는 겁니까?"

"조금쯤은, 이를테면…… 어째서 당신은 떨고 계시는가요?"

"아아! 당신은 바로 급소를 찔렀는데요!" 나는 그녀의 영리함을 보고 말할 수 없이 기뻐서 대답했다. 이것으로 그 아름다움이 손상되는 것은 절대 아니다. "정말 당신은 단번에 상대를 알아보았군요. 확실히 나는 여성에 대해서 몹시 소심합니다. 나는 지금 흥분하고 있습니다. 그것을 부정하지는 않습니다. 바로 1분쯤 전에 저 사나이에게 놀랐을 때의 당신 못지않을 정도로…… 나는 지금도 왠지 겁이 나는 것 같습니다. 마치 꿈만 같습니다. 아니 나는 꿈에서도 누군가 여자하고 이야기를 하는 일이 있으리라고는 생각한 적이 없습니다."

"어머나! 설마?"

"정말입니다. 만약 내 손이 떨리고 있다면, 그것은 당신의 손처럼 아름다운 작은 손에 한 번도 잡혀 본 일이 없기 때문입니다. 나는 여자와 인연이 아주 먼 남자입니다. 아니, 여자와 친해본 적이 전혀 없습니다. 어쨌든 나는 외톨이고 여자와 어떤 이야기를 해야 하는 건지도 모른답니다. 지금 현재도 알지 못합니다. 무언가 당신에게 바보 같은 말을 하지는 않았는지요? 제발 분명하게 말씀해 주십시오. 미리 말씀드립니다만 저는 화를 잘 내는 사람은 아닙니다……."

"아니에요, 아무것도. 오히려 그 반대일 정도예요. 그렇지만 아무튼 분명하게 말하라고 하신다면 말씀드리겠어요. 여자는 그런 소심한 사람을 좋아한답니다. 좀더 알고 싶으시다면 저도 그런 분이 좋아요. 그러니까 집에 도착할 때까지 다시는 당신을 쫓아 버리거나 하지 않겠어요."

"당신께서 그렇게 말씀해 주셔서," 나는 매우 기뻐서 숨을 헐떡이면서 말하기 시작했다. "이제 나는 곧 수줍어하지 않게 될 것 같습니다. 그렇게 되면 나의 방법도 집어치워야겠죠……."

"방법이라요? 대체 어떤 방법이죠? 무엇 때문에 그러시죠? 그런 건 좋지 않아요."

"미안합니다. 더는 말하지 않겠습니다. 어쩌다 한 말입니다. 그러나 이런 때 희망을 갖지 말라고 하시는 건 아무래도 어려운 이야기입니다만……."

"제 마음에 들고 싶다고 말씀하시는 건가요?"

"그렇죠. 그러나 부탁이니 제발 언짢게 생각하지 마십시오. 생각해 보십시오. 도대체 나는 어떤 사람일까요? 아무튼 나는 벌써 스물여섯 살이나 되었는데도 지금까지 이렇다 할 만한 사람을 만난 일이 없으니까요. 그러니까 빈틈없이 능란하게 말이 막히지 않고 잘 나올 리가 없지 않습니까? 모든 것을 있는 그대로 숨김없이 털어놓는 편이 당신에게도 훨씬 유익할 겁니다. 나는 일단 마음이 움직이면 잠자코 있지 못하는 사나이랍니다. 그러나 그런 것은 아무래도 좋겠지요…… 참말입니다. 여성이라곤 한 사람도, 그야말로 한 사람도 알지 못합니다! 전혀 사귄 적이 없습니다. 다만 매일, 머지않아 언젠가는 누구를 만나게 될 것이 틀림없다고 그것만을 꿈속에서 그리고 있었답니다. 아아, 당신은 모르실 겁니다만, 나는 그야말로 지금까지 그런 사랑을 몇 번이나 했는지 모릅니다……."

"그러시면 누구와 사랑을 하신 거죠?"

"아니, 상대는 아무도 없습니다. 이상(理想)의 여성에게, 꿈에 나타나는 여성에게지요. 나는 공상 속에서 무수한 소설을 만든답니다. 아아, 당신은 나라는 인간을 알지 못합니다! 그야 확실히 나도 두서너 명의 여자를 만난 적은 있습니다. 전혀 만나지 않을 수는 없으니까요. 그러나 도대체 어떤 여성일까요? 모두 하찮은 이웃 아낙네들이고, 정말 그…… 그것보다는 좀 재미있는 이야기를 해서 당신을 웃겨 드릴까요? 솔직히 나도 몇 번인가 거리에서 어느 상류 계급의 부인에게 슬쩍 말을 걸어 보려고 생각한 일이 있습니다. 물론 상대가 혼자 있을 때입니다. 그야 예의바르게 머뭇거리면서 정열적으로 말을 거는 것은 당연하죠. 즉, 혼자서는 고독해서 견딜 수 없는 인간이니까 제발 쫓아 버리지 말았으면 고맙겠다, 실은 어떤 여성이라도 좋으니 친하게 사귀고 싶지만, 그럴 수단이 없어서 난처하다고 말하고 자기와 같은 불행한 남자의 소심한 애원을 함부로 물리치지 않는 것은 여성으로서의 의무이기도 하다고 상대를 납득시키는 겁니다. 결국 내가 요구하고자 하는 것은 다만, 한마디라도 좋으니 진정이 담긴 다정한 말을 해줄 것과 쌀쌀하게 쫓아 버리지 말 것, 그리고 내가 말하는 것을 끝까지 들어주고 그것을 무조건 믿어 달라는 것, 만약 웃고 싶다면 나중에 배를 움켜쥐고 웃든지 어떻게 하든지 그것은 마음대로겠지만, 우선은 희망을 갖게 해 주고, 한마디 단 한마디 말이라도 걸어 달라는 것뿐입니다. 그렇게만 해주시면 다음에는 두 번 다시 만나지 않더라도 할 말은 없습니다!…… 아니 당신은 웃고 계시군요…… 하기야, 나는 그 때문에 일부러 이런 이야기를 했습니다만……."

"제발 화내지 마세요. 제가 웃은 것은 당신이 당신 자신을 불행하게 만드시기 때문이에요. 만약 당신이 실제로 그렇게 해보셨다면, 어쩌면 성공하셨을는지도 모르겠어요. 비록 그것이 거리 한복판에서 생긴 일이라 하더라도 말이에요. 꾸밈없이 했으면 한 만큼 효과가 있었을 거예요…… 마음씨 고운 여자라면 바보가 아닌 한, 또 그때 무슨 일로 화가 나 있지 않은 이상, 당신이 그토록 머뭇거리면서 애원하고 있는데 단 한마디도 하지 않고 무뚝뚝하게 당신을 쫓아버릴 생각은 하지 않았을 거예요. 물론 당신을 미치광이로 취급하겠죠. 제 생각으로는 그렇게 여겨지네요. 이래 봬도 저는 세상 사람들이 어떻게 살아나가고 있는지 여러 가지로 잘 알고 있으니까요!"

"아아! 고맙습니다." 나는 외쳤다. "지금 당신이 나를 위해 얼마만큼의 일을 해주셨는지, 도저히 당신은 모르실 겁니다!"

"이제 그만, 그만두세요! 하지만 한 가지 여쭈어보겠는데. 어째서 당신은 제가 그런 여자라는 걸 아셨나요? 그러니까…… 당신이 주의를 기울이고…… 우정을 맺을 만한 가치가 있다고 생각하신…… 한마디로 말하면, 당신이 말씀하시는 타입의 여자가 아니라는 걸 말이에요. 어째서 당신은 나에게 접근할 결심을 하셨나요?"

"어째서? 어째서라니요? 당신은 혼자뿐이었고, 그 사나이는 너무나도 뻔뻔스러운 자였고 게다가 한밤중이 아닙니까? 생각해 보시면 아시겠죠. 이건 오히려 남자의 의무죠……."

"아니에요, 그렇지 않아요. 그보다도 훨씬 전에 아직 거리 저쪽의 건너편에 계셨을 때 말이에요. 당신은 그때 제 옆으로 다가서려고 했었죠?"

"저쪽에서? 거리 건너편에서? 그런데 정말 어떻게 대답해야 할지 모르겠습니다. 두렵습니다…… 사실은 말입니다. 나는 오늘 매우 행복했었답니다. 그래서 걸으면서 노래를 부르고 있었죠. 교외에 나갔다 와서 말입니다. 이런 행복한 기분을 맛본 일은 한 번도 없었답니다. 그런데 당신이…… 혹은 그렇게 생각한 것뿐인지도 모르겠습니다…… 만약 언짢은 일이라도 떠올리게 해 드린다면 제발 용서하십시오. 나는 당신이 울고 계시는 것처럼 여겨졌습니다. 그래서 나는…… 잠자코 듣고만 있을 수가 없었답니다. 가슴이 죄어드는 것 같아서 말입니다. 아아! 그러나 내가 당신을 불쌍하다고 생각해서는 안 되는 것이었을까요? 당신에 대해서 형제와 같은 연민을 느끼는 것이 과연 죄가 될 만한 나쁜 짓이었을까요?…… 그러나 간단하게 말해서 내가 무의식중에 당신 곁으로 다가가려는 마음이 생겼다 하더라도, 그것이 당신을 모욕한 게 될까요?……"

"이제 그만두세요, 이젠 됐어요. 다시는 아무 말씀도 하지 마세요……." 그녀는 눈을 내리깔고 내 손을 꼭 잡으면서 말했다. "이런 말을 꺼낸 제가 나빴어요. 하지만 전 기뻐요. 당신을 오해하지 않아서 말이에요…… 자, 이제 벌써 집에 다 왔어요. 전 이 골목을 돌아가야 해요. 여기서는 겨우 한 걸음 거리밖에 되지 않아요. 그럼 안녕히, 고맙습니다……."

"그러나 설마, 설마 다시 못 만나게 되는 것은 아니겠지요? ……설마, 이것이 마지막은 아니겠지요?"

"그것 보세요." 그녀는 웃으면서 말했다. "당신은 맨 처음에는 다만 한마디만이라고 했으면서도, 이번엔……. 그래도 괜찮아요. 아무 말씀도 드리지 않겠어요…… 어쩌면 또 만나뵙게 될지도……."

"저는 내일 또 이곳에 오겠습니다." 나는 말했다. "아아, 용서하십시오. 나는 벌써 우쭐대며 요구하고 있군요……."

"그래요, 당신은 조급하군요. 거의 요구하고 계시는 거나 마찬가지예요……."

"내 말 좀 들어 보십시오!" 나는 그녀의 말을 가로챘다. "미안합니다. 만약 내가 어떤 이상한 말을 하더라도 용서하십시오. 하지만 그것은 이런 이유 때문입니다. 나는 내일 밤 무슨 일이 있더라도 다시 여기에 오지 않을 수 없을 겁니다. 나는 공상가니까요. 현실에서의 생활이 너무나 적기 때문에 지금과 같은 이러한 순간이 내게는 참으로 신기하게 여겨져서 그것을 공상 속에서 되풀이하지 않을 수가 없답니다. 나는 당신에 관한 것을 꼬박 일주일, 아니 앞으로 1년 동안 밤새도록, 줄곧 꿈속에 그리면서 살 겁니다. 나는 내일 밤 틀림없이 여기 올 작정입니다. 반드시 여기에, 바로 이 자리에 똑같은 시간에 올 작정입니다. 그리고 오늘 일을 떠올리며 행복할 겁니다. 이 자리조차도 제게는 이미 그리운 곳입니다. 내게는 이 페테르부르크에 그런 장소가 벌써 두서너 곳 있답니다. 한 번은 옛일을 생각하고 눈물을 흘릴 정도였죠, 당신처럼……. 당신도 어쩌면 10분 전에는 옛날 일을 생각하고 울고 계셨는지도 모르니까요…… 아니, 용서하십시오. 또 우쭐해졌군요. 당신은 어쩌면, 언젠가 여기서 특별한 행복을 느낀 일이 있는지도 모르겠군요…….."

"좋아요." 그녀는 말했다. "어쩌면 내일 밤 저도 여기에 올 거예요. 역시 10시쯤에. 어쩐지 당신을 말릴 수는 없을 것 같네요…… 사실 여기에 와야 할 일이 있기 때문이에요…… 그러니까 서로 만날 약속을 했다고는 생각하지 마세요. 이건 미리 말씀드려 놓겠어요. 저는 저 자신의 용건으로 여기에 와야 하니까요. 하지만 이렇게 된 이상 좀더 확실하게 말씀드리지만, 당신이 오시더라도 지장될 것은 전혀 없어요. 또 오늘 밤과 같은 불쾌한 일이 생길지도 모르니까요. 하지만 이건 농담이에요…… 한마디로 말해서 당신을 다시 뵙고 싶군요…… 당신에게 한마디만 말씀드리고 싶은 일이 있으니까요. 다만 저어, 당신은 저를 나쁜 여자라고 생각하시는 것이 아닐까요? 가볍게, 그렇게 쉽게 서로 만날 약속을 했다고는 제발 생각하지 말아 주세요…… 전 이런 약속 같은 것은 하고 싶지 않지만, 다만…… 하지만 이것은 저의 비밀로 해두겠어요! 다만 미리 약속해 주셔야 할 일이 있지만…….."

"약속이라고요! 말씀하세요, 말씀해 주십시오. 미리 모두 말씀해 주십시오. 저는 어떤 일이라도 견디겠습니다. 어떤 일이라도 각오가 되어 있으니까." 나는 매우 기뻐서 외쳤다. "나는 자신에 대해서 책임을 집니다―무엇이든지 당신이 말씀하시는 대로 하고, 예의를 지키겠습니다…… 당신은 나를 믿으시겠지요……."

"알고 있으니까 내일 와 주십사고 말씀드리는 거예요." 그녀는 웃으면서 말했다. "잘 알겠어요. 하지만 오시는 데에는 한 가지 조건이 있어요. 우선 첫째로(아무쪼록 이제부터 부탁드리는 것을 반드시 실행해 주세요―보세요, 전 모든 것을 분명히 말씀드리고 있잖아요?) 저를 사랑해선 안 돼요…… 이것만은 절대로 안 되니까 확실히 말해 두는 거예요. 친구로서라면 언제라도 좋아요. 그럼 악수해요…… 다만 사랑만은 안 돼요. 제발 부탁이에요."

"맹세하죠." 나는 그녀의 조그마한 손을 꼭 잡고 소리쳤다.

"됐어요, 맹세 같은 것은 하지 않아요. 저는 당신이 화약처럼 폭발하기 쉬운 분이라는 것을 잘 알고 있는걸요. 이런 말씀을 드렸다고 해서 저를 나쁘게 생각하시지 마세요. 만약 당신이 아셨다면…… 저 역시 아무도, 이야기를 하고 싶어도 그 상대가, 의논 상대가 한 사람도 없는걸요. 그야 물론 의논상대를 거리에서 찾는 것은 아니지만 말이에요. 당신만은 예외예요. 벌써 20년이나 친구였던 것처럼 나는 당신을 잘 알 수 있어요. 설마 약속을 어기시거나 하지는 않겠죠?……"

"두고 보십시오…… 다만, 앞으로 하루라도 무사히 살아 있을지 그게 걱정입니다."

"푹 주무셔야 해요. 그럼 안녕히 주무세요. 제가 당신을 이미 완전히 믿고 있다는 것을 기억해 주세요. 그러나 조금 전에 당신의 마음속에서부터 우러나오던 외침 소리는 참 좋았어요. 설령 동포로서의 연민일지라도 일일이 남의 감정에 맞장구칠 수는 없으니까요! 그래요, 참으로 인정어린 말씀이었기 때문에, 이분이라면 믿을 수 있다는 생각이 얼른 머리를 스쳤어요……"

"제발 들려주세요. 대체 뭡니까? 무슨 뜻입니까?"

"내일까지 미루어 두겠어요. 지금은 아직 비밀로 해두겠어요. 그러는 편이 당신에게도 좋을 거예요. 안타까울 정도로 미적지근하지만 한 편의 소설처럼 재밌잖아요. 어쩌면 내일 당신께 이야기해 드릴지도 모르겠어요. 하지만 또 어쩌면 말씀드리지 않을지도 모르겠고요…… 아무튼 당신하고 좀더 여러 가지를 이야기하기로 하겠어요. 좀더 친해질 수 있도록 말이에요……"

"아아, 하지만 나는 내일이라도 당장 나에 관한 일을 모조리 이야기해 버릴 겁니다! 그러나 이건 도대체 어떤 일일까요? 마치 기적이라도 일어난 것 같군요. 도대체 지금 내가 어디에 있는 거죠? 말씀 좀 해주십시오. 대뜸 화를 내고 맨 처음부터 나를 쫓아버리지 않은 것을(다른 여자라면 틀림없이 그렇게 했을 겁니다) 불만스럽게 생각하고 계시는 것은 아니겠지요? 단 2분 만에 당신은 나를 영원토록 행복한 사나이로 만들어 버렸습니다. 그렇고말고요! 행복한 사나이로 말입니다. 정말 어쩌면 당신은 나를 나 자신과 화해시켜서 나의 의문을 해결해 주셨는지도 모릅니다…… 혹은 그러한 시기가 찾아왔는지도 모르겠습니다만…… 아니, 아무튼 내일 제 마음속에 있는 모든 것을 이야기하겠습니다. 그러면 모든 것을 다 알게 됩니다. 그야말로 모든 것을……"

"좋아요, 저도 그렇게 하겠어요. 제발 들려주세요……"

"알았습니다."

"그럼 안녕히!"

"안녕히 주무세요!"

이렇게 하여 우리는 헤어졌다. 나는 밤새도록 거리를 돌아다녔다. 도무지 집으로 돌아갈 마음이 없었던 것이다. 그만큼 나는 너무나 행복했다…… 모든 것은 내일까지만 참으면 되는 것이다!

둘째 밤

"그것 보세요. 이렇게 아무 일 없이 살아 계시잖아요!" 그녀는 웃으면서 나의 손을 꼭 잡고 말했다.

"나는 여기서 이미 두 시간이나 기다리고 있었답니다. 꼬박 하루 동안 내가 어떻게 하고 있었는지 당신은 도저히 아시지 못할 겁니다!"

"알고 있어요. 알고말고요……. 하지만 그것보다도 우리 어서 이야기나 해요. 제가 왜 여기에 왔는지 당신은 아시겠지요? 어젯밤처럼 부질없는 말을 지껄이기 위해서가 아니에요. 그런데 말이에요. 우리 이제부터는 좀더 현명하게 행동해야겠어요. 나는 이 일에 대해서 어제 오랫동안 곰곰이 생각해 보았어요."

"무엇을 말입니까? 무엇을 좀더 현명하게 해야 한다는 겁니까? 저는 언제라도 준비가 되어 있습니다. 정말이지, 지금처럼 현명하게 행동하고 있는 것은 난생처음일 정도인데요."

"정말이세요? 그러시다면, 부탁이니까 내 손을 그렇게 꽉 쥐지 말아주세요. 그리고 분명히 말씀드려 두겠는데요, 실은 전 오늘 당신이라는 사람에 대해서 오랫동안 곰곰이 생각해 보았어요."

"그래서 결국 어떻게 되었습니까?"

"결국 어떻게 되었냐고요? 결국, 처음부터 모조리 다시 해야겠다고 생각했어요. 요컨대 당신은 내게 전혀 알지 못하는 사람이며 어젯밤의 내 행동은 마치 어린아이나 소녀 같은 철없는 행동이었다는 것을 오늘 깨달았기 때문이에요. 그래서 물론 모든 잘못은 내 착한 마음에 있다는 결론이 나왔어요. 즉 자신을 비판하려고 하면 언제나 반드시 그렇게 되는 겁니다만, 결국 스스로 자기를 칭찬한 셈이더군요. 그래서 그 잘못을 바로잡기 위해서 당신에 관한 것을 특히 상세하게 조사하려고 결심했어요. 하지만 당신의 일은 따로 물어볼 만한 사람도 없으므로, 당신 스스로 그 모든 것을 자세하게 이야기해 주셔야 되겠어요. 당신은 도대체 어떤 분이신가요? 자, 빨리 이야기를 시작하셔서 모든 것을 들려주세요."

"내 이야기라고요!" 나는 깜짝 놀라서 외쳤다. "내 이야기라뇨! 도대체 누가 그런 말을 했습니까? 내 이야기라니. 내게는 과거 같은 것은 아무것도 없습니다······.

"그럼 어떻게 살아오셨다는 거죠? 만약 과거의 이야기가 없다면 말이에요." 그녀는 웃으면서 말을 가로챘다.

"전혀 그런 이야깃거리가 없습니다! 흔히 말하는 것처럼 난 혼자서 쓸쓸히 살아왔답니다. 오직 외톨이로 말입니다. 혼자, 완전히 혼자서 말이에요. 아시겠어요, 외톨이라는 게 어떤 건지?"

"그렇지만 어째서 혼자죠? 그럼 여태까지 아무도 만난 일이 없으시다는 건가요?"

"아니, 그렇지는 않습니다. 만나기야 만났지만, 그래도 나는 혼자입니다."

"그럼 당신은 아무하고도 말씀하시지 않으시나요?"

"엄밀하게 말하면 아무하고도 말하지 않습니다."

"그럼 도대체 당신은 어떤 분이죠? 제발 설명해 주세요! 조금만 기다리세요. 어쩐지 알 것 같군요. 당신에게는 분명히 할머니가 계셨겠지요? 저와 마찬가지로 말이에요. 우리 할머니는 눈이 보이지 않으세요. 그래서 절 절대로 밖에 내보내 주시지 않아서 전 이야기하는 것을 거의 잊어버렸을 정도였어요. 2년쯤 전에 제가 너무나 장난을 많이 했기 때문에, 도무지 어쩔 수 없는 애라고 생각하신 모양이에요. 나를 불러다가 내 옷을 할머니 옷에 핀으로 꿰매어 놓았어요.—그 뒤로 두 사람은 매일, 아침부터 밤까지 함께 앉은 채였어요. 할머니는 눈이 보이지는 않았지만 양말을 뜨고 계셨어요. 나는 그 옆에 앉아서 바느질을 하든가 책을 읽어 드리든가 했죠. 정말 야릇한 습관이죠? 2년 동안이나 핀으로 꿰매어져 있었다니 말이에요······."

"아아, 그런 일이! 참 힘드셨겠군요! 아니, 없습니다. 내겐 그런 할머니는 계시지 않습니다."

"안 계셨다면 어째서 집 안에만 앉아 계셨단 말이에요?"

"저, 당신은 내가 어떤 사람인지, 그것을 알고 싶으신 겁니까?"

"네, 그래요!"

"엄밀한 의미로 말입니까?"

"더없이 엄밀한 의미로 말이에요!"

"좋습니다, 그럼 말씀드리죠. 나는 이러한 타입의 사나이입니다."

"타입, 타입! 타입이라는 건?" 그녀는 꼬박 1년 동안 웃을 일이 없었던 것처럼 큰 소리로 웃어 대면서 외쳤다. "아, 당신은 아주 유쾌한 분이군요! 여기 봐요. 여기 벤치가 있으니 우선 앉기로 해요! 여기는 아무도 지나가지 않으니까 이야기를 들을 사람은 없어요. 그러니까 빨리 당신 이야기를 해주세요! 아무리 없다고 하셔도 당신에게는 틀림없이 이야기가 있을 게 분명해요. 당신이 그것을 숨기고 있을 뿐이에요. 첫째로 그 타입이란 게 뭐지요?"

"타입 말입니까? 타입이란, 좀 괴짜란 뜻입니다. 참 우스꽝스러운 사람을 말하는 겁니다." 나는 그녀의 앳된 웃음소리에 이끌려서, 나도 모르게 어느덧 큰 소리로 웃으면서 대답했다. "즉 내겐 그런 성격이 있습니다. 그런데 당신은 공상가가 뭔지 아십니까?"

"공상가라고요! 어머나, 너무하시는군요. 모를 리가 없잖아요? 제가 공상가인걸요! 할머니 곁에 앉아 있으면, 어쩌다가 그야말로 온갖 공상이 머리에 떠오를 때가 있어요. 그리고 일단 공상을 시작하면 완전히 생각에 빠져 버려서, 그대로 중국 왕자님에게 시집이라도 가는 것 같은 기분이 들곤 했어요…… 하지만 때로는 좋은 일이에요, 공상한다는 것 말이에요! 그렇지만 사실은 어떤지 잘 모르겠어요. 특히 그렇게 하지 않더라도, 그 밖에 무언가 생각할 일이 있는 경우엔 말이에요." 이번에는 꽤 진지한 어조로 그녀는 덧붙여 말했다.

"멋지네요! 당신도 한 번 중국 황제에게 시집간 일이 있다면 말입니다. 그렇다면 내 기분도 완전히 이해해 주실 수 있을 겁니다. 그래서 말입니다…… 그런데 실례지만, 아직 당신의 이름을 여쭈어 보지 않았었군요?"

"어머, 이제서야! 무척 빨리도 생각이 나셨군요!"

"정말 이럴 수가 있을까! 그런 것은 전혀 깨닫지 못했군요. 사실 너무 기분이 좋았기 때문에……."

"제 이름은 나스첸카예요."

"나스첸카! 그것뿐입니까?"

"그것뿐이라뇨! 그것만으로는 부족하단 말씀인가요? 어쩜 당신은 그렇게 욕심이 많아요!"

"부족하냐고요? 아뇨. 충분합니다. 충분해요. 충분하고말고요. 과분할 정도로 충분합니다. 나스첸카, 당신이 나를 위해서 처음부터 나스첸카가 되어주신 것을 보면, 당신은 참으로 마음이 착한 아가씨임에 틀림없군요!"

"그것 보세요! 그래서요?"

"그래서 말입니다. 나스첸카, 들어 주십시오. 이제부터 얼마나 우스꽝스러운 이야기가 쏟아져 나오나 말입니다."

나는 그녀의 곁에 앉아서, 무릎을 꿇고 앉을 만큼 진지한 자세를 취하고 나서 마치 써 놓은 것이라도 읽듯이 말했다.

"이봐요, 나스첸카, 당신은 아실지도 모르겠습니다만 이 페테르부르크에는 꽤 괴상한 외딴곳이 있습니다. 그런 외딴곳에 얼굴을 들이미는 태양은 다른 페테르부르크 사람들을 비추고 있는 것과는 달라서, 마치 그런 외딴곳을 위해서 특별히 주문한 것 같은, 무언가 그것과는 전혀 다른 새로운 태양빛 같은, 그런 색다르고 독특한 빛입니다. 그러한 외딴곳에서는 말이죠, 나스첸카, 우리 옆에서 들끓고 있는 생활과는 조금도 닮지 않은, 전혀 다른 생활이 펼쳐지고 있습니다. 어려운, 더할 수 없을 정도로 어려운 현대의, 우리나라의 장소가 아니라 어딘가 멀고 먼 불가사의한 나라에만 있을 수 있는 것 같은 생활입니다. 더욱이 그 생활은 무언가 완전히 환상적이고 매우 이상적인 것과, 볼품도 없는 산문적인 평범한 것의(슬픈 일이지만 바로 그대로란 말입니다. 나스첸카!) 혼합물이니까요. 좀처럼 믿어지지 않을 만큼 속되고 시시한 것이라고까지는 말하지 않겠습니다만."

"어머나! 어쩌면 이럴 수가 있담! 도대체 무슨 머리말이 그렇죠! 이제부터 어떤 이야기를 듣게 될지 무서워요."

"그건 말이지요, 나스첸카. (어쩐지 아무리 당신을 나스첸카라고 불러대도 피로를 모를 것 같군요) 그것은 말입니다. 즉 그런 외딴곳에는 기묘한 사람들—이른바 공상가가 살고 있단 말입니다. 공상가란—자세한 정의가 필요하다면 말씀드리겠지만, 그것은 인간이 아니라, 아시겠습니까, 일종의 중성적인 존재란 말입니다. 그들은 주로 어딘가 사람이 가까이 접근하기 어려운 구석에 자리를 잡습니다. 햇빛조차도 피하는 것처럼 거기에 몸을 숨기고, 그곳에 한번 틀어박히기만 하면 달팽이처럼 자기 집에 딱 눌어붙어 버립니다. 달팽이가 아니라면 적어도 저 놀라운 동물, 동물이기도 하고 동시에 집이기도 한 저 거북이라고 불리는 동물과도 매우 흡사합니다. 당신은 어떻게 생각하시나요? 어째서 그들은 그 주위의 벽이, 반드시 초록빛으로 칠해지고 그을려서 쓸쓸한, 보기에도 무참하게 담배 연기로 그슬린 벽이 그토록 좋은걸까요! 어째서 많지도 않은 아는 사람 중 누군가가 찾아오면(결국은 그 아는 사람도 모두 없어져 버리고 맙니다만) 왜 이 우스꽝스러운 사나이는 몹시 당황하여 얼굴빛까지 변하여 그렇게 이성을 잃어버리는 걸까요? 마치 방금 이 네 개의 벽 속에서 범죄라도 저질렀는지, 위조지폐라도 만들고 있었는지 그렇지 않으면 익명으로 잡지에 보낼 시라도 쓰고 있었던 것처럼(그 덧붙인 편지에는, 시의 작자는 이미 죽어 버렸지만 시인의 유고를 발표한다는 것은 친구로서의 신성한 의무라고 생각한다고 쓰여 있었다) 당황하거든요. 대체 어떻게 된 일일까요? 나스첸카. 이 두 사람의 대화가 아무래도 잘 어울리지 않는 것은 대체 무슨 까닭일까요? 불의의 습격으로 상대편을 몹시 놀라게 한, 다른 때 같았으면 웃기 잘하고 재치 있는 우스갯소리며 여자들의 소문 이야기며 그 밖의 여러 유쾌한 화제를 아주 좋아하는 이 친구의 입에서 웃음소리도 들리지 않는 것이 도대체 무슨 일일까요? 그리고 마지막엔 말입니다, 어째서 이 친구는, 아마도 최근에 알게 된 사이이고, 더욱이 이것이 첫 방문인데도—이렇게 되면 틀림없이 두 번째 방문 같은 것은 있을 것 같지도 않고, 이 친구는 이제는 두 번 다시 오지 않을 테니까요—정말 이 친구는 매우 재치 풍부한 사나이인데, (만약 그런 것이 있다면 말입니다) 도무지 말을 붙여 볼 수도 없는 주인의 얼굴을 바라보면서 우물쭈물하기도 하고 굳어져 버리거나 하는 걸까요? 한편, 주인은 또 주인대로 어떻게든지 대화를 부드럽게 하거나 대화에 변화를 주기도 하고, 자기도 나서서 사교계의 지식을 자랑하거나 지지 않고 여성들의 이야기를 끄집어내서 하다못해 그와 같은 공손한 태도로, 우연한 일로 잘못 들어온 딱한 손님에게 어떻게든지 마음에 들도록 하려고 부질없이 무진 애를 쓰다가 끝내는 어떻게 해야 할지 몰라 당황한 나머지 갈팡질팡하는 형편이니까 말입니다. 결국은, 손님이 갑자기 모자를 움켜쥐고는 있지도 않은 몹시 중대한 용건이 갑자기 생각났다면서 허둥지둥 나가려고 하죠. 그러고는 온갖 노력을 다하여 후회하는 기색을 나타내고, 자신의 실수를 회복하려고 하는 주인의 열렬한 악수를 이 핑계 저 핑계 대며 간신히 뿌리치는 것은 어째서일까요? 또 작별을 하고 돌아가는 친구가 문 밖으로 나가자마자, 당장 그 자리에서 이런 괴짜에게는 두 번 다시 찾아오지 않겠다고 마음속으로 굳게 맹세하는 것은 대체 무슨 까닭일까요? 그런데 이 괴짜는 본질적으로는 참 멋있는 사나이랍니다. 다만 조금 변덕스러운 공상을 하지 않고는 배길 수 없는 것이 흠이지요. 이를테면, 아까의 이야기 상대의 표정을 서로 이야기하는 내내, 간접적이긴 하지만 불쌍한 고양이 새끼의 모습과 비교하는 짓 말입니다. 그 고양이 새끼는 아이들이 주물러서 형편없이 되고, 불의의 습격을 받고 포로가 된 끝에 진저리가 나도록 혼이 날 겁니다. 그러고 나서 간신히 아이들의 손을 빠져나와 의자 밑 어두컴컴한 곳에 기어들어가 한 시간가량 틈을 엿보면서 털을 곤두세우면서 야옹거리고 몹시 호된 꼴을 당한 콧등을 두 발로 씻어내야만 합니다. 또 그 뒤에도 오랫동안 자연이나 인생을 원망스러운 듯이 바라보지 않고는 견딜 수가 없습니다. 인정 많은 하녀가 가져다준 주인이 먹다 남은 음식에 대해서까지도, 적의에 찬 눈으로 바라보게 되는 것입니다. 대체 무슨 까닭일까요?"

"이봐요." 눈을 커다랗게 뜨고 어안이 벙벙해져서 귀여운 입을 멍하니 벌리고 내 말을 듣고 있던 나스첸카가 말을 가로막았다. "이봐요. 왜 이렇게 되었는지, 왜 당신이 일부러 그런 야릇한 질문을 하시는지, 나는 도무지 짐작이 가질 않아요. 하지만 내가 한 가지 분명하게 알고 있는 것은 그렇게 묘한 사건은 틀림없이 당신에게 실제로 있었던 이야기라는 거예요. 한마디도 틀림없이 말이죠."

"물론 의심할 여지도 없습니다." 나는 극히 진지한 표정으로 대답했다.

"그럼, 의문의 여지도 없다면 이야기를 계속해 주세요." 나스첸카는 대답했다. "그 이야기의 결말을 알고 싶군요."

"그렇다면 나스첸카, 당신은 우리의 주인공, 아니 그보다는 나라고 말하는 편이 좋겠죠. 왜냐하면 사건의 주인공은 바로 나니까요. 내가 나 자신의 한쪽 구석에서 무엇을 했는지, 그걸 알고 싶다고 하시는 겁니까? 친구의 갑작스러운 방문 때문에, 내가 꼬박 하루 동안 어째서 그토록 허둥지둥하면서 어쩔 줄 모르고 쩔쩔맸는지 알고 싶다고 하시는 겁니까? 갑자기 방문이 열리고 친구가 들어왔을 때, 내가 왜 그렇게 놀라고 얼굴을 붉혔는지 알고 싶다고 하시는 겁니까? 내가 손님을 접대할 줄을 몰라서 자기 자신의 접대에 짓눌려 그토록 창피스러운 패배를 맛보았는지, 그 이유를 알고 싶다고 하시는 거죠?"

"네, 그래요. 맞아요!" 나스첸카는 대답했다. "그 점이 문제예요. 네, 당신의 이야기는 무척 훌륭해요. 하지만 그렇게 말을 꾸미지 않고 이야기해 주실 수는 없을까요? 그렇지 않으면 당신의 이야기는 마치 책이라도 읽고 있는 것 같은걸요."

"나스첸카!" 나는 간신히 치밀어오르는 웃음을 참고 거드름을 피우는 엄한 목소리로 대답했다. "아아, 나스첸카, 나도 내가 말을 꾸며서 이야기하고 있는 것을 알고 있습니다. 그러나 실례지만, 이렇게밖에는 이야기할 수가 없습니다. 지금의 나는 말입니다, 나스첸카. 나는 솔로몬 왕의 영혼과 같습니다. 천 년 동안이나 일곱 개의 봉인(封印)을 한 상자 속에 갇혀 있다가, 간신히 그 일곱 개의 봉인이 뜯겨서 나온 솔로몬 왕 말입니다. 귀여운 나스첸카, 그처럼 오랫동안 떨어졌다가 두 사람이 서로 만나게 된 지금—나는 이미 훨씬 전부터 당신을 알고 있었단 말입니다. 나스첸카, 어쨌든 나는 이미 오랫동안 누군가를 찾아 왔으니까요. 이것이야말로 다름 아닌 당신을 찾고 있었던 증거입니다. 두 사람이 지금 여기서 만나도록 되어 있었다는 증거 말입니다. 그래서 지금 내 머릿속에 있는 수천 개의 뚜껑이 한꺼번에 열린 셈입니다. 그러니 나는 큰 강물처럼 말을 토해 놓지 않을 수 없습니다. 그렇지 않으면 숨이 막혀 버릴 겁니다. 그러니까 제발 내 이야기를 도중에서 막지 말아 주십시오, 나스첸카. 잠자코 내 말을 들어만 주십시오. 그렇지 않으면, 나는 입을 다물어 버리겠습니다."

"네, 좋아요! 꼭이요! 들려주세요! 이제부터는 한마디도 하지 않을 테니!"

"그럼 계속하겠습니다. 좋습니까, 나스첸카? 나는 하루 중에서 아주 좋아하는 시간이 있답니다. 그건 말이죠, 거의 모든 종류의 일이나 근무나 의무도 끝나고 모든 사람들이 식사를 하고 누워서 휴식을 취하기 위해서 저마다 집으로 서둘러 갈 때입니다. 그리고 걸으면서 줄곧 그날 저녁과 그날 밤, 즉 남아 있는 자유 시간에 관하여 제각기 낮과는 전혀 다른 유쾌한 화제를 이것저것 떠올리는 거죠. 그 시간이 되면 우리의 주인공도—이봐요, 나스첸카, 이제는 삼인칭으로 이야기를 해도 괜찮겠죠. 이런 이야기를 일인칭으로 이야기하는 게 몹시 쑥스러워서 말입니다—이 시간이 되면 약간의 일이 있던 우리 주인공도, 여러 사람들의 뒤에서 어슬렁어슬렁 걸어갑니다. 그러나 그 파리한, 약간 피로한 기색마저 감도는 얼굴에는 야릇한 만족감이 떠올라 있습니다. 차가운 페테르부르크의 하늘에 천천히 스러져 가는 저녁놀을 그는 무관심하지 않은 듯한 표정으로 바라봅니다. 아니 '바라본다'고 해서는 거짓말이 됩니다. 그는 바라보는 것이 아니라 피곤해하면서도 다른 흥미 있는 것에 마음을 빼앗기고 있기라도 한 것처럼 뭔가 자신도 모르게 생각에 잠겨 있는 것뿐입니다. 그러니까 이따금 힐끗, 거의 무의식적으로 주위의 것들에 눈길을 보내는 것이 고작입니다. 그는 자신의 짜증나는 일이 내일로 끝난다는 것을 만족해하며 마치 교실 의자에서 해방되어서 좋아하는 놀이나 장난을 하려고 달려가는 초등학생처럼 기쁨을 감추지 못하는 것입니다. 그 모습을 옆에서 좀 보세요, 나스첸카. 그 기쁨의 감정이 그의 약한 신경이며, 병적으로 초조해 있는 상상력에 벌써 행복한 작용을 주고 있는 것을 당신은 곧 아시게 될 겁니다.

그는 무언가 깊이 생각에 잠겨 버렸습니다…… 당신은 그게 식사에 관한 일이라고 생각하시나요? 아니면 오늘 저녁의 일일까요? 그는 도대체 무엇을 보고 있는 것일까요? 빨리 달리는 말이 끄는 멋진 마차를 타고 옆을 지나쳐 가는 귀부인에게, 그림에서 막 빠져나온 듯한 우아한 모습으로 머리를 숙인 저 당당한 풍채의 신사일까요? 아닙니다. 나스첸카, 지금의 그에게는 그런 하찮은 일은 아랑곳없습니다! 그는 이제야말로 이미 자기의 '어떤 독특한' 생활로 풍족한 인간이 되어 있으니까요. 그는 어찌된 셈인지 갑자기 부자가 되어 버린 겁니다. 스러져 가는 태양의 나머지 광선이 그토록 즐거운 듯이 그의 앞에 빛나는 것도 결코 헛된 일은 아니었습니다. 그것은 그의 따뜻해진 마음에서 수많은 인상을 끌어내 주었으니까요. 전에는 어떤 하찮은 것조차 그에게 강한 인상을 줄 수 있었던 길에도, 지금의 그는 거의 주의를 기울이지 않을 정도입니다. 지금이야말로 '공상의 여신'은 (주콥스키[1]의 시를 읽으면 아실 겁니

---

1) 바실리 안드레예비치, 1783~1852. 러시아 낭만파의 대표적 시인.

다. 나스첸카) 그 변덕스러운 손으로 재빠르게 금빛 날실을 짜기 시작하고 그의 눈앞에서 본 적도 들은 적도 없는 이상한 인생의 그림 무늬를 펼쳐놓기 시작한 겁니다. 그리고 어쩌면 이 여신은 그가 집으로 돌아가고 있는 멋진 화강암 도로에서, 그 변덕스러운 손으로 그대로 그를 수정으로 만들어진 제7천국[2]으로 데리고 갔는지도 모릅니다. 이제 시험 삼아 그를 불러 세워 당신은 지금 어디에 서 있는지, 어떤 길을 지나왔는지 느닷없이 물어보십시오. 아마 그는 어디를 어떻게 지나왔는지도, 지금 어디에 서 있는지도 전혀 생각해 내지 못하고, 분해서 얼굴을 붉히고, 체면을 차리기 위하여 틀림없이 무언가 입에서 나오는 대로 거짓말을 할 것입니다. 그래서 매우 고상한 한 노부인이 도로 한복판에서 공손하게 그를 불러 세우고, 길을 잃어버려서 매우 난처하니 좀 가르쳐 달라고 부탁했을 때, 그가 깜짝 놀라서 겁에 질린 듯 주위를 둘러보고 하마터면 소리를 지를 뻔한 것도 그런 때문입니다. 화가 나 얼굴을 찡그리고 그는 더욱 앞으로 걸어갑니다. 지나가는 사람이 모두 그를 바라보고 빙글거리며 웃고, 지나치고 나서도 뒤를 돌아보기도 하고, 또 어느 조그마한 계집아이가 그의 얼굴에 퍼진 명상적인 미소와 묘한 손짓에 놀라 눈을 크게 뜨고 무서워 떨며 그에게 길을 비켜 주고 갑자기 커다란 소리로 웃기 시작한 것도 거의 깨닫지 못합니다.

그렇지만 여전히 그 공상은 그 노부인도, 호기심에 찬 지나가는 사람들도, 웃음을 터뜨린 그 소녀도, 폰탄카를(마침 그때 우리 주인공이 그 옆을 지나간다고 가정합시다) 가득 메우고 있는 거룻배들 위에서 때마침 저녁 식사를 하고 있던 농부들도 모두 그 익살맞은 날개에 태워서 마치 거미줄에 걸린 파리처럼 온갖 것들을 장난 삼아 자기의 캔버스에 짜 넣습니다. 이러한 새로운 수확을 가지고 그 괴짜는 자기의 즐거운 구멍으로 들어가서 재빨리 식탁에 앉죠. 그리고 이미 식사를 마치고 식탁 시중을 들어주는, 언제나 무언가를 생각하는 것처럼 1년 내내 슬픈 듯한 표정을 하고 있는 하녀인 마트료나가 이미 깨끗하게 테이블 위를 치우고 파이프를 꺼내 주었을 때, 그는 그제야 깜짝 놀라 제정신으로 돌아오는 것입니다. 정신을 차려 이미 식사가 완전히 끝난 것을

---

2) 유대인의 상상에 의한 천상계의 최하위 천국. 여기에 신과 천사가 있다고 믿어지고 있다.

깨닫고 자기도 모르게 놀라지만 어째서 그렇게 되었는지 아무리 생각해도 알지 못합니다.

방 안은 이미 어두워져 있습니다. 그의 가슴속은 허전하고 어쩐지 서글프죠. 공상의 왕국이 하나, 그의 주위에서 완전히 허물어져 버린 겁니다. 흔적도 없이 아무 소리도 내지 않고 허물어져 버리고 꿈처럼 스러져 버린 겁니다. 더욱이 그는 무엇을 꿈꾸었는지 스스로도 생각해 내지 못합니다. 그러나 무언가 희미한 감각이 있어서 그 때문에 그의 가슴은 가볍게 쑤시고, 두근거립니다. 무언가 새로운 소망이 유혹하는 듯 그를 간지르고 그의 공상을 자극하여 자신도 깨닫기 전에 또다시 새로운 무수한 환상을 불러들입니다. 조그마한 방 안에는 정적이 가득 차 있습니다. 고독과 게으름이 부드럽게 그의 공상을 매만져 줍니다. 그러자 공상은 살며시 타오르고, 이윽고 늙은 하녀 마트료나의 커피포트 속 물처럼 차차 끓어오르기 시작합니다. 마트료나는 바로 옆의 부엌에서 자기 커피를 끓이면서, 조금도 싫증을 내지 않고 바쁜 듯이 움직이고 있습니다. 그럭저럭하는 동안 그 공상은 재빨리 부글부글 끓어오르고 아무런 목적도 없이 아무렇게나 집어든 책은, 세 페이지도 읽기 전에 우리 공상가의 손에서 툭 떨어져 버립니다. 그의 공상은 다시금 가다듬어져서 자극되고, 갑자기 또 낯선 세계인 새롭고 매혹적인 생활이 그의 눈앞의 빛나는 원경(遠景) 속에 아른거립니다. 새로운 꿈 새로운 행복! 세련되고 마음을 황홀하게 하는 듯한 독약을 다시 마십니다!

오오, 그에게 우리의 현실 생활은 아무런 가치도 없습니다! 공상의 포로가 된 그의 눈으로 본다면 말입니다. 나스첸카, 나나 당신은 실로 게으르고, 느리고, 생기 없는 생활을 보내고 있는 겁니다. 그의 눈으로 본다면 우리는 모두 자기들의 운명에 불만이며, 자기들의 생활에 싫증을 내고 있습니다! 게다가 실제로 좀 보십시오. 바른대로 말해서 우리 사이에 있는 것은 모두가 보더라도 마치 화라도 난 것처럼, 차갑고 침울한 표정을 하고 있지 않습니까? ……(불쌍한 인간들이다!)하고 우리의 공상가는 생각합니다. 그렇게 생각한다고 해서 이상할 것은 하나도 없습니다! 그의 눈앞에 보이는 마력에 찬 생생한 화면에, 너무나 매력적으로 마음이 내키는 대로 끝없이 광활하게 펼쳐진 이 마력적인 환영을 보십시오. 그 앞쪽에 보이는 중심인물로 군림하고 있는 것은 물론 그 자신도 귀중한 인격을 갖춘 우리의 공상가입니다. 참으로 이 얼마나 변화무쌍한 모험이며, 이 얼마나 환희에 넘치는 무한한 공상입니까. 어쩌면 당신은 그가 도대체 무엇을 공상하고 있는 거냐고 물으실지도 모르겠습니다. 온갖 것에 관해서 공상한 처음에는 인정받지 못했지만 나중에 월계관을 차지한 시인의 역할, 호프만[3]과의 우정, 성 바르톨로메오[4]의 밤,[5] 디아나 베르논,[6] 이반 바실리예비치 뇌제(雷帝)의 카잔 점령 때의 영웅적 역할, 클라라 모브라이,[7] 에피야 덴스,[8] 대주교의 집회와 그 앞에 선 후스,[9] 가극 로베르트[10] 중 죽은 자들의 폭동(그 음악을 기억합니까! 정말로 무덤의 냄새가 나지 않습니까!), 민나[11]와 브렌다,[12] 베료지나 강의 전투,[13] V.D. 백작부인[14]의 살롱에서의 시 낭독, 당통,[15] '클레오파트라와 그 연인 콜로므나'의 작은 집(이들은 모두 푸쉬킨의 작품에서 인용), 자기 방 한구석, 그리고 그 옆에는 아름다운 소녀가 겨울밤, 조그마한 입을 벌리고 눈을 빛내면서 그의 이야기를 듣고 있습니다. 마치 지금 당신이 내 이야기를 듣고 있는 것처럼.

나의 귀여운 천사…… 아니, 나스첸카, 그에게 있어서는, 이 정열적인 게으름쟁이에게는 나나 당신이 이토록 동경하고 있는 그런 생활 같은 것은 전혀 문제가 아닙니다! 그는 그런 것은 빈약하고 비참한 생활이라고 생각하고 있습니다. 그리고 그에게도 어쩌면, 언젠가는 반드시 슬픔의 순간이 올 겁니다. 이 비참한 생활의 단 하루를 위해서 자기의 환상적인 긴 세월을, 더욱이 기쁨

---

3) 독일 낭만주의의 대표적 작가, 1776~1822.

4) 예수의 제자 중 한 사람.

5) 1572년 8월 24일 성 바르톨로메오 축일에 위그노파가 파리에서 대학살된 사건.

6) 영국 작가 월터 스콧의 작중 인물.

7) 스콧 소설의 주인공.

8) 스콧 소설의 주인공.

9) 얀 후스. 1372~1415. 보헤미아의 애국자이며종교 개혁가. 1412년에 교회에서 파문당하고 1415년에 화형되었음.

10) 독일의 작곡가 마이에르베르의 오페라.

11) 주콥스키의 시의 주인공.

12) 코즐로프의 시의 주인공. 1779~1840.

13) 1812년 12월 14~16일에 걸쳐 이루어짐. 도주하는 나폴레옹군과 러시아군의 전투.

14) 보론초바 다쉬코바 부인. 1818~1865.

15) 프랑스의 혁명 운동가. 1759~1794.

을 위한 것도 아니고 행복 때문도 아닌 것을 전부 내던지게 되리라고는 꿈에도 몰랐으니까요. 그리고 이 슬픔과 후회와 돌이킬 수 없는 한탄의 순간에 그는 새삼스럽게 선택 따위를 할 마음이 내키지 않는 겁니다. 그러나 지금은, 아직 그 무서운 순간은 오지 않았습니다. 그래서 그는 아무것도 바라고 있지 않습니다. 왜냐하면 그는 희망을 초월하고 있기 때문입니다. 그에게는 모든 것이 갖추어져 있기 때문입니다. 충족해 있기 때문입니다. 또 그 자신이 그 생활의 예술가이며, 시시각각 자기의 새로운 희망대로 생활을 창조하고 있기 때문입니다. 아무튼 옛날이야기 같은 공상적 세계는 아주 간단하게, 아주 자연스럽게 창조되니까요! 온갖 것이 전혀 환영 같지가 않으니까요! 정말, 그 생활이 감정의 자극도 아니지만, 신기루도 아니고, 상상의 착각도 아닌, 그야말로 현실적인 진실이며 실제로 존재하고 있는 것이라고 믿고 싶을 정도입니다! 한 가지 묻겠습니다만, 나스첸카, 도대체 어떤 이유로 그런 순간에는 숨이 막힐 것 같은가요? 무언가 마법이라도 걸린 듯 무언가 알지 못하는 변덕에 의해서 내돌려지는 것처럼, 자연히 맥박이 빨라지고 공상가의 눈에서 눈물이 솟구쳐나오고, 눈물에 젖은 파리한 뺨은 불타오르고 온몸이 어떻게도 주체할 수 없는 기쁨으로 차오르는 것은 도대체 무슨 까닭일까요? 잠들지 못하는 기나긴 밤이 끝없는 기쁨과 행복 속에서 일순간처럼 지나가 버리고, 장밋빛 새벽놀이 창문에 던져지고, 아침 햇살이 우리 페테르부르크에서 언제나 그러하듯이 그 믿을 수 없는 환상적인 빛으로 음침한 방 안을 비추기 시작할 무렵엔, 몸도 마음도 피곤에 흠뻑 젖은 우리 공상가는 간신히 침대에 몸을 던지고 병적인 강한 정신적 충격을 받은 기쁨에 정신을 곧 잃을 것같이 숨이 막히고, 괴로울 만큼 감미로운 아픔을 가슴에 안은 채 잠깐 잠이 드는 것입니다만 이것은 대체 무슨 까닭일까요? 나스첸카, 정말 그렇게 되면 누구라도 그만 속아 넘어가서 그것을 모르는 사람들은 그의 마음을 마구 휘젓고 있는 것이 현실의 참다운 정열이라고 믿지 않을 수 없게 됩니다. 그의 걷잡을 수 없는 환상 속에는 손으로 만질 수도 있고 생명이 통하는 것이 존재하고 있다고 무의식중에 믿고 싶어지는 겁니다! 그런데 이것이야말로 참으로 터무니없는 착각입니다. 이를테면, 그지없는 기쁨과 괴로운 고통을 동반한 사람의 불꽃이 그의 가슴에 불붙었다고 한다면…… 그의 모습을 흘깃 보기만 해도, 과연 그게 틀림없구나, 하고 생각될 정도입니다!

　그런데 나스첸카, 그가 그 정열적인 공상 속에서 그토록 사랑하고 있는 여성을 현실에서 아직 한 번도 본 적이 없다는 것을 그의 모습을 보고 과연 믿을 수 있을까요? 과연 그는 매혹적인 환상 속에서 그 여성을 본 것에 지나지 않는 것일까요? 그 정열도 단순히 꿈속에서 생긴 사건에 지나지 않는 것일까요? 현실적으로 이 두 사람은 이미 몇 년 전부터 손에 손을 맞잡고 인생의 길을 함께 걸어온 것은 아닐까요? 그들만이 단둘이서 속세에서 멀리 떨어져서 제각기 자기의 세계, 자기의 생활을 상대방의 생활과 단단히 결부시켜서 말입니다. 밤이 이슥해서 드디어 헤어져야 할 시각이 다가왔을 때 그의 품에 쓰러져서, 마음을 풀 길 없는 서러움에 목소리를 높여 울며 잔뜩 찌푸린 하늘 밑에서 거칠게 불어 대는 폭풍 소리도 들리지 않고, 바람이 그 검은 속눈썹에서 눈물방울을 잡아떼어 흩날려 버리는 것도 깨닫지 못하고 있었던 것은, 과연 그녀가 아니었을까요? 모든 것은 한낱 꿈에 지나지 않았던가요? 쓸쓸하고 황량한, 그리고 그 으스스한 정원도! 이끼 낀 인기척 없는 음침한 오솔길이 있고, 그토록 여러 번 단둘이서 그 오솔길을 걸어다니며 희망을 품어 보기도 하고 서글픈 생각에 잠기기도 하고 그토록 오랫동안이나 '다정하게 서로 사랑했던' 그 정원. 또 그 이상야릇한 증조부 때부터 대대로 전해 내려온 집. 안타까운 마음으로 겁을 내면서 조심조심 사랑하고 그리워하는 마음을 숨기고 있던, 마치 어린아이처럼 소심한 두 사람, 그리고 그들을 위협하며 1년 내내 무뚝뚝하게 입을 다물고 있는, 사소한 일에도 쉽게 흥분하고 화를 잘 내고 성미가 까다로운 늙은 주인과 함께, 그녀가 그토록 오랫동안 쓸쓸하고 슬픈 생활을 줄곧 해 왔던 그 집마저도! 두 사람은 얼마나 괴로워하고 얼마나 두려워했으며, 그들의 사랑은 또 얼마나 깨끗했던 것인가. 그리고 또 (이것은 이미 말할 것도 없지만) 이 세상 사람들은 얼마나 심술궂었던가! 아아, 그러나 그 뒤에 다시 그는 그녀와 만나게 되는 겁니다. 고국의 강변에서 멀리 떨어진 태양이 작열하는 남쪽 낯선 나라의 하늘 밑, 그 놀라운 영원의 도시 로마에서 말입니다. 휘황찬란한 무도회, 울려 퍼지는 음악 소리, 불빛이 바다에 가라앉은 궁전(반드시 궁전이라야 합니다), 물푸레나무와 장미가 가득 얽혀 있는 발코니. 그 발코니에서 그녀는 그를 알아보자 황급히 그 가면을 벗어버리고는 "저는 이미 자유로운 몸이랍니다" 하고 소곤거리자마자, 온몸을 떨면서 별안간 그의 포옹 속에 몸을 던집니다. 그리고 기쁨의 환성을 울리며 서로 부둥켜안 자, 두 사람은 금세 슬픔도 이별도 모든 괴로움도, 머나먼 고국의 그 음침한 집도 노인도 쓸쓸한 정원도, 거기서 뜨거운 마지막 키스를 나누고, 절망적인 괴로움에 마비된 포옹에서 몸을 빼내던 그 벤치도 완전히 잊어버리고…… 그 런데 말입니다, 나스첸카. 마침 그때 키 크고 건강한 체격의 사나이가, 즉 명 랑하고 지껄이기 좋아하는, 부른 일도 없는 친구가 문을 열고 들어와서 "여보 게, 난 방금 파블로프스크에서 오는 길일세!" 하고 마치 아무 일도 없었던 것 같은 어조로 떠들어 대면, 이쪽은 이웃집 정원에서 훔쳐온 사과를 금방 주머 니 속에 쑤셔넣은 초등학생처럼 무의식중에 펄쩍 뛰어일어나서 어쩔 줄 몰라 하며 얼굴을 붉히리라는 것을 당신은 아셔야 합니다. 정말 이 무슨 꼴이란 말 입니까! 노(老) 백작이 죽고, 가까스로 이루 말할 수 없는 행복이 찾아왔는데, 파블로프스크에서 일부러 찾아 올 것은 없지 않느냐 말입니다!"

나는 이렇게 애절하게 외치고 나서 비장한 표정을 하고 입을 다물었다. 나 는 어떻게든지 억지로라도 큰 소리를 질러 대며 웃고 싶어서 견딜 수 없었던 것을 기억하고 있다. 나의 내부에서 이상하게 심술궂은 작은 악마가 꿈틀거리 고 움직이기 시작한 낌새를 벌써 느끼고 있었기 때문이다. 이미 목구멍이 꽉 막히기 시작하고, 아래턱은 경련을 일으키려 하고 눈엔 점점 더 눈물이 글썽 거렸다…….

나스첸카는 영리해 보이는 눈을 잔뜩 부릅뜨고 가만히 내 이야기를 듣고 있었다. 나는 그녀가 당장에라도 그 앳된, 아무리 해도 억누를 수 없는 쾌활 한 웃음을 터뜨릴 것을 기다리고 있었다. 그리고 너무나 지나치게 깊이 들어 가 버린 이야기를, 또 훨씬 전부터 내 가슴속에 쌓일 대로 쌓여 있어서 마치 써 놓은 것을 읽어 내려가기라도 하는 것처럼 이야기한 것을, 경솔하게도 재 잘거리고 지껄여 버린 것을 금세 후회하기 시작하고 있었다. 어쨌든 나는 훨 씬 전부터 나에 대한 선고문을 준비하고 있었으므로 이렇게 되고 보니 도무 지 참아 내지를 못하고 그것을 모두 읽지 않고는 견디지 못했던 것이다. 그러 나 솔직히 말해서 내 기분을 이해해 주리라고는 기대하지 않았다. 그런데 놀 랍게도 그녀는 침묵을 지키고 있었다. 그리고 잠시 뒤에 조용히 내 손을 잡고 머뭇거리는 듯한 동정어린 어조로 물었다.

"정말로 당신은 지금까지 그렇게 쭉 살아오셨나요?"

"네, 지금까지 쭉 그렇게 살아왔죠, 나스첸카." 나는 대답했다. "지금까지 쭉, 그리고 어쩐지 이제부터도 내내 그렇게 살아갈 것 같군요!"

"아니에요, 그래선 안 돼요." 그녀는 불안스럽게 말했다. "그래서는 안 돼요. 그렇다면 저도 할머니 곁에서 한평생 살게 될지도 모르겠어요. 이봐요, 그렇게 사는 것은 정말 좋지 않은 일이라고 생각하지 않나요?"

"알고 있습니다. 나스첸카, 알고 있습니다!" 나는 그 이상 도저히 내 감정을 억제할 수가 없어서 외쳤다. "이제야 여느 때보다도 더 확실히 깨달았습니다. 내 생애에서도 가장 좋은 몇 년인가를 나는 뻔히 알면서 잃어버리고 말았군요! 이제야 그것을 알았습니다. 그리고 그 의식 때문에 더욱 뼈저리게 느껴집니다. 신께서 나를 위해서 당신을 보내 주셨으니까요. 내게 그것을 이야기하고 설명하게 하기 위하여, 당신과 같은 상냥한 천사를 보내 주신 거니까요. 지금 이렇게 당신 곁에 앉아서 당신과 이야기하고 있으니 미래에 대한 일을 생각하기가 어쩐지 무서워지는 것 같습니다. 왜냐하면 미래도 역시 그 고독, 곰팡내 나고 아무런 도움도 되지 않는 생활의 연속이니까요. 그리고 이렇게 당신 곁에 있으면 현실이 이렇게도 행복한 것이니까 새삼스럽게 공상할 것도 없지 않습니까! 오오, 제발 당신에게 하느님의 은총이 있으시기를, 당신은 참 상냥하신 아가씨입니다. 왜냐하면 나를 단번에 쫓아 버리지 않았으니까요. 내 생애에서 이틀 밤이나마 보람 있게 살아 있다는 것을 지금 나는 확실히 말할 수 있으니까요."

"아, 아니에요, 그렇지 않아요!" 나스첸카는 외쳤다. 그녀의 눈에서 눈물이 반짝 빛났다. "아니에요, 다시는 그런 일은 없어요. 우리는 이제 떨어지지 않을 거예요! 싫어요. 이틀 밤만이라니!"

"아아, 나스첸카. 나스첸카! 아시겠습니까, 이제부터 앞으로 얼마나 오랫동안 당신이 나를 자기 자신과 화해하도록 해주었는지 아십니까? 저는 이따금 저 자신을 나쁘게 생각했는데, 이제부터는 그렇게 생각하지 않아도 된다는 겁니다. 나는 이미, 어쩌면 이제부터는 내 생애에서 범죄를 저질렀다든가, 죄스러운 짓을 했다든가로 더 이상 괴로워하지 않아도 될지 모르겠습니다. 이러한 생활이야말로 정말 범죄이고 죄악이니까요. 내가 무언가 특히 과장하고 있다고는 제발 생각지 말아주십시오. 제발 그렇게는 생각지 말아 주십시오, 나스첸카. 하여튼 나는 자칫하면 심한, 그야말로 심한 우수에 사로잡힐 때가 있습니다……. 그럴 때는 참다운 생활을 시작할 능력이 전혀 없는 듯한 기분입니다. 참다운, 현실적인 것에 대한 요령이나 감각을 완전히 잃어버리고만 것 같은 기분이 들기 때문입니다. 그리고 결국은 자기 자신을 저주하는 것이 고작이니까요. 왜냐하면 이런 환상적인 며칠 밤인가가 지나면 이번에는 깨달음의 시간이 닥쳐오는데, 그것이 또 참으로 무섭습니다! 더욱이 주위에서는 세상이라는 대집단이 생활의 회오리바람 속에서 커다란 소리를 내면서 뱅뱅 돌고 있는 것이 들립니다. 세상 사람들이 살아 있는 것이─현실에 살고 있는 것이 느껴지고 눈에 보입니다. 생활은 그들에게 딱 들어맞는 것이 아니며, 그들의 생활은 꿈이나 환상처럼 산산이 흩어져 사라져 버리는 것이 아니라, 그 생활은 영원히 갱신되고 영원히 젊고, 그 시간시간마다는 결코 다른 시간과 같지 않다는 것을 확실히 알게 됩니다. 그런데 소심한 공상의 생활은 음침하고 저속할 만큼 단조롭기 짝이 없습니다. 그것은 그림자의 노예, 관념의 노예, 태양을 그처럼 소중히 여기는 페테르부르크 주민들의 참다운 마음을 갑자기 이겨낼 수 없는 우울한 생각으로 사로잡히게 하는 최초의 구름의 노예입니다. 그런 우울한 마음에 사로잡히기만 하면 그 공상도 무슨 소용입니까? 마침내 그 공상은 지쳐 버리고, 끊임없는 긴장으로 이 마르지 않는 공상의 샘도 말라가는 것이 느껴집니다. 그것은 자기가 차츰 성장해서 예전의 이상의 껍질에서 빠져나가기 때문입니다. 낡은 이상은 산산이 부서져서 녹아 버리고 맙니다. 거기에 만약 다른 생활이 없다면 그 파편 속에서 그것을 쌓아올려야 합니다. 그러나 한편에서는 그 마음은 무언가 다른 것을 바라고 간절히 구합니다! 그래서 공상가는 재 속을 휘젓듯이, 자기의 낡은 여러 공상을 파헤쳐서, 그 재 속에서 불티라도 찾아내어 그 불씨를 불어서 새로 타오르는 불로, 자신의 싸늘하게 식어 버린 마음을 따뜻하게 하려고 쓸데없는 노력을 거듭합니다. 예전에 그토록 그립다고 생각한 것, 마음이 감동된 것, 피를 솟구치게 했던 것, 눈물을 자아냈던 것, 참으로 보기 좋게 속아넘어가게 했던 것 등, 그러한 온갖 것들을 그 가슴에 다시금 부활시키려고 했던 겁니다! 그런데 말입니다, 나스첸카. 내가 결국 어떤 입장으로 몰렸는지 당신은 아십니까? 잘 들으십시오. 나는 드디어 나 자신의 감각의 1주년 기념식을 베풀어야 하게 되고 말았답니다. 예전에 그토록 그립다고 생각했던 것의, 더욱이 실제로는 전혀 존재하지 않았던 것의 1주년 기념식을 말입니다. 왜냐하면 그 1주년 기념 역시 그 바보스럽고 실체 없는 공상의 세계를 위해 거행하도록 되어 있었으니까요. 그래도 더욱 그것을 거행해야 하는 것은 그런 바보스러운 공상은 실제로 존재하는 것이 아니므로 그것을 쫓아 버릴 방법이 없기 때문입니다. 왜냐하면 공상도 역시 긴 생명을 지니고 있으니까요! 그래서 지금의 나는 말입니다. 나름대로 내가 일찍이 행복을 느낀 장소를 떠올리고, 일정한 시기에 거기를 찾아가는 것을 좋아한답니다. 두 번 다시 돌아오지 않을 과거에 맞추어서, 자신의 현재를 쌓아올리는 것을 좋아합니다. 그래서 목적도 없이, 또 그럴 필요도 없는데, 마치 그림자처럼 풀이 죽어서 쓸쓸한 모습으로 페테르부르크의 거리거리며 어두운 작은 길을 헤매고 다닙니다. 얼마나 멋진 추억인가? 이를테면 지금부터 꼭 1년 전, 바로 이맘때, 시각도 지금과 같은 무렵, 여기를, 바로 똑같은 이 길을 헤매고 다녔던 일이 생각납니다. 그때도 지금과 똑같이 고독하고 풀이 죽어 있었죠! 그리고 그때의 공상 역시 슬픈 것이었습니다. 옛날이라고 달리 좋았던 일은 없었지만, 어쩐지 지금보다 훨씬 편하고 차분한 마음으로 생활했던 것 같습니다. 지금 내 마음에 달라붙어서 떨어지지 않는 이런 어두운 상념도 없었거니와, 이런 양심의 가책도, 다시 말하면 낮이나 밤이나 가리지 않고 조금도 마음을 쉬게 해 주지 않는 침울하고 음침한 양심의 가책도 없었던 것 같습니다. 그래서 자신도 모르게 스스로에게 묻지요. 도대체 내 꿈은 어디로 가버렸단 말인가? 그러고는 머리를 저으면서 중얼거립니다. 세월이 이렇게 빠른 건가? 그리고 다시 나 자신에게 묻습니다. 도대체 너는 네 세월을 모두 어떻게 써 버렸는가? 너의 가장 좋은 세월을 어디에 매장해 버렸는가? 너는 과연 살아 있었는가 아니면 죽어 있었는가? 그러고는 자신에게 말합니다. 알았는가? 조심해라. 세상은 점점 냉담해지니 말입니다. 다시 몇 년이 더 지나면, 그 뒤에 우울한 고독이 닥쳐옵니다. 지팡이를 짚고 비틀거리는 노년이 다가옵니다. 그리고 그 뒤에 이어지는 것은 초라함과 쓸쓸함과 낙담뿐입니다. 내 환상의 세계는 그림자가 엷어지고, 공상도 시들고, 가을의 가랑잎처럼 흩어져 버릴 것입니다…… 아아 나스첸카! 나는 외톨이가 됩니다! 그야말로 완전히 외톨이가 되어 버려서 불쌍하게 생각하는 사람도 없는—아무것도, 완전히 아무것도 갖지 않았다는 것은 슬픈 일이 아니겠습니까. 어쨌든 잃은 것은 모두, 그야말로 완전히 무(無)이고 어리석기 짝이 없는, 아무런 가치도 없는 것이고 모든 것은 다만 대수롭지 않은 꿈에 지나지 않았으니까요!"

"이보세요, 저를 울게 만들지 마세요!" 나스첸카가 흘러 떨어지는 눈물 방울을 닦으면서 말했다. "이것으로 이야기는 결정된 거예요! 이제 우리 두 사람은 언제나 함께 있고 설령 제게 어떤 일이 생기더라도, 우리는 절대로 헤어질 수 없어요. 좀 들어 보세요. 저는 교육을 받지 못한 여자예요. 할머니는 가정교사를 붙여주셨지만, 전 그다지 공부하지 않았죠. 하지만 저는 당신이 말씀하시는 것을 잘 알 수 있어요. 지금 당신이 이야기해 주신 것은 저도 경험한 거예요. 할머니가 제 옷과 자기 옷을 핀으로 꽂았을 때 뼈저리게 경험했기 때문이에요. 그야 물론 제게는 당신처럼 이야기를 잘할 재주는 없지만 말이에요. 저는 배운 것이 없으니까요." 그녀는 머뭇거리면서 덧붙였다. 나의 애절한 말투와 거만한 태도에 무언가 존경 비슷한 감정을 품게 되었기 때문이다. "하지만 당신이 모든 것을 다 털어놓고 이야기해 주셨기 때문에 저는 여간 기쁘지 않아요. 이제는 당신이라는 분을 잘 알았어요. 완전히, 모든 것을 잘 알았어요. 그런데 어떤가요? 저도 당신에게 제 이야기를 하려고 하는데요. 모든 것을 숨기지 않고 말이에요. 그 대신 얘기가 끝나면 저에게 충고를 해주셔야 해요. 당신은 무척 현명하신 분이니까요. 충고해 주시겠다고 약속해 주시는 거죠?"

"아아, 나스첸카." 나는 대답했다. "나는 아직 한 번도 남에게 충고 같은 것은 한 적이 없어서 더욱이 슬기로운 충고 같은 것은 할 수도 없습니다만, 그러나 이것만은 알 수 있습니다. 만약 우리 둘이 이제부터 언제나 이렇게 살아간다면 그것은 매우 현명한 일임에 틀림없고, 또 서로 매우 현명한 충고도 하게 될 겁니다. 그런데 나스첸카, 도대체 어떤 충고를 해주면 좋겠다는 겁니까? 솔직히 말씀해 주십시오. 지금 저는 정말 기분이 좋고 행복하고 대담해져서 머리가 잘 돌아가니까 말이 막히지는 않을 겁니다."

"아니에요, 아니에요!" 나스첸카는 웃으면서 말을 가로막았다. "제게 필요한 것은 현명한 충고뿐만이 아니라, 진심 어린 따뜻한 형제와 같은 충고도 필요해요. 지금까지 줄곧 저를 사랑했던 것 같은!"

"좋습니다, 나스첸카, 좋고말고요!" 나는 기뻐서 정신없이 소리쳤다. "내가 여태까지 20년 동안이나 당신을 사랑해 왔다고 하더라도, 지금보다 더 강렬하게 사랑할 수는 없을 겁니다!"

"자, 악수해요!" 나스첸카가 말했다.

"좋아요!"

나는 손을 내밀면서 대답했다.

"그럼 제 이야기를 시작하겠어요!"

나스첸카의 이야기

"제 이야기의 절반은 당신이 이미 알고 계시죠? 즉, 제게는 늙은 할머니가 계시다는 것을……."

"만약에 나머지 절반도 그처럼 짧은 것이라면……" 나는 웃으면서 그녀의 이야기를 막으려 했다.

"잠자코 들어 주세요. 먼저 약속해 주세요. 제 이야기를 도중에서 가로채지 않으시겠다고요. 그렇지 않으면 저는 당황해 버릴지도 몰라요. 자, 그럼 조용하게 듣고 계시는 거예요. 제게는 늙은 할머니가 계셔요. 제가 할머니한테 온 것은 아직 어린 때였어요. 어머니도 아버지도 모두 돌아가셨으니까요. 할머니는 지금도 예전에 잘 살던 시절을 곧잘 회상하는 걸 보면 꽤 부자였나봐요. 제게 프랑스어를 가르쳐 주시기도 하고, 나중에 가정교사를 붙여 주셨던 것도 할머니였어요. 제가 열다섯 살이 되었을 때(저는 지금 열일곱 살이지만), 공부도 끝났어요. 제가 장난을 한 것은 마침 그 무렵의 일이에요. 제가 어떤 짓을 했는지는 이야기하지 않겠어요. 그저 대수롭지 않은 것이었다는 것으로 충분해요. 다만 어느 날 아침 할머니께서는 나를 불러 놓고 자기는 눈이 보이지 않으니까 도저히 감독을 할 수 없으시다면서, 핀을 꺼내어 제 옷을 할머니의 옷에다 엮어 버리셨어요. 그리고 제가 착한 아이가 되지 않는 한평생 이러고 살아야 한다고 하시지 않겠어요. 그러니 한마디로 말해서, 처음에는 아무리 해도 할머니 곁을 떠날 수가 없어서 일을 하거나 책을 읽거나 공부를 하거나 언제나 할머니 곁에 붙어 있어야만 했어요. 하지만 한번은 교활한 생각을 하고, 표클라를 졸라서 제 대신 할머니 곁에 앉혀 놓았던 일이 있어요. 표클라는 우리 집 하녀지만 귀머거리거든요. 그래서 표클라가 제 대신 앉아 주었어요. 때마침 할머니는 안락의자에 앉아서 졸기 시작했기 때문에 저는 가까운 친구네 집으로 놀러 갔었어요. 그러나 결국은 실패했어요. 할머니가 제가 돌아오기도 전에 잠을 깨시고 저를 향해 무언가를 물으신 거예요. 제가 줄곧 얌전하게 제자리에 앉아 있다고 생각하셨던 거죠. 표클라는 할머니가 무엇을 묻고 있는 걸 알아채긴 했지만 아무것도 들리지 않으니 어떻게 하면 좋을까 하고 골똘히 생각한 끝에, 살그머니 핀을 빼버리고 그대로 달아났어요……."

여기까지 말한 나스첸카는 말을 끊고 깔깔거리며 웃기 시작했다. 그러나 그녀는 이내 웃음을 멈추었다.

"할머니에 대해서 웃으시면 안 돼요. 제가 웃은 것은 그저 우스꽝스러웠기 때문이에요. 할 수 없잖아요, 할머니는 정말 지금 말한 대로인걸요. 하지만 말이에요, 저는 역시 할머니가 조금 좋거든요. 그래서 그때도 호되게 꾸중을 듣고, 다시 곧 제자리에 앉혀져서 이번에는 그야말로 꼼짝도 할 수 없게 돼버렸었죠. 그리고 또 하나 잊어버린 일이 있어요. 우리의, 아니 결국 할머니의 집에, 집이라고 해봐야 창문이라곤 세 개밖에 없고 전부 나무로 지어진, 할머니처럼 낡아 빠진 아주 조그만 집이지만, 그래도 다락방이 있었어요. 그 다락방에 새로운 사람이 이사를 왔어요."

"그렇다면 그전에도 세든 사람이 있었겠군요." 나는 도중에 끼어들었다.

"네, 물론이죠, 있었어요." 나스첸카는 대답했다. "당신보다도 더 잠자코 있을 수 있는 사람이었죠. 하기는, 가까스로 말을 할 수 있을까 말까 한 사람이었지만요. 그 사람은 몹시 몸이 비쩍 마른 할아버지인데, 벙어리에다 장님이고 절름발이였기 때문에 결국 이 세상에 살아 있을 수가 없어서 죽어버리고 말았어요. 그래서 새로 세들 사람이 필요했지요. 왜냐하면 방을 빌려주지 않으면 살림을 꾸려나갈 수 없었으니까요. 이 방값하고 할머니의 연금이 우리 수입의 전부였으니까요. 그런데 새로 세든 사람이 마치 일부러 고른 것처럼 젊은 사람이었어요. 이 고장 사람이 아니라, 다른 고장에서 온 사람이지만 말이에요. 그 사람이 방값에 대해서 이러쿵저러쿵 말하지 않았기 때문에 할머니도 그 사람을 들이기로 했지요. 그러고는 나중에 이런 걸 물으셨어요. '얘, 나스첸카, 이번에 온 사람은 젊은 사람이더냐, 아니면 늙은이냐?'라고 말이에요. 저는 거짓말을 하고 싶지 않았기 때문에 이렇게 대답했어요. '네, 할머니. 그렇게 젊다고 할 수는 없지만, 그래도 늙은 편은 아니에요.' '그래, 네가 보기에 사람이 좋은 것 같더냐?' 할머니는 또다시 물으셨어요. 전 이번에도 역시 거짓말을 하고 싶지 않아서 이렇게 대답했지요. '네, 제가 보기엔 아주 좋은 사람 같았어요, 할머니!' 그러자 할머니는 이런 말씀을 하시더군요. '아아, 그게 무슨 소리냐? 이거 큰일났구나! 내가 이런 말을 하는 건 말이다. 나스첸카, 네가 그 사람의 얼굴을 유심히 바라보지 않도록 하기 위해서란 말이다. 정말 말세로구나! 기껏해야 세를 드는 주제에, 제법 사람좋은 꼴을 하고 있다니, 옛날하고는 딴판이로구나!' 할머니는 무엇이든지 옛날 것을 좋아하셨어요! 옛날에는 나이도 지금보다 젊었었고, 태양도 지금보다는 더 따뜻했었고, 크림도 옛날에는 이렇게 빨리 상하지 않았어, 하시며 무엇이든지 옛날에는, 옛날에는, 하시는 거예요. 그때 저는 가만히 앉아 생각했어요. 어째서 할머니는 먼저 그런 말을 꺼냈을까? 이번에 세든 사람은 젊고 좋아보이는 사람이냐고 왜 물으시는 걸까? 하지만 잠깐, 그렇게 생각했을 뿐이었어요. 할머니는 곧 다시 뜨개질의 코를 세어 보고 양말을 뜨기 시작하고, 이윽고 그런 것은 잊어버리고 말았어요. 그런데 어느 날 아침 그 세든 사람이 우리 있는 데로, 방에 도배를 다시 해준다고 약속하셨는데요, 하고 물으러 왔더군요. 할머니는 이야기하기를 무척 좋아했기 때문에, 여러 가지 이야기를 하다가 갑자기 '나스첸카, 내 침실에 가서 주판 좀 가져오렴" 하고 말씀하셨어요. 나는 이유는 알 수 없지만 얼굴을 붉히고 곧 벌떡 일어났는데, 저와 할머니가 핀으로 엮여 있다는 것을 까맣게 잊어버렸지 뭐예요. 세든 사람에게 들키지 않도록 살짝 핀을 뽑아 내면 되는 것을, 갑자기 일어나는 바람에 할머니의 의자가 몹시 흔들렸어요. 나는 세든 사람이 우리 일을 완전히 다 알아 버렸다고 생각하자, 얼굴이 빨개져서 못박힌 듯이 그 자리에 버티고 서 있다가 갑자기 울음보를 터뜨리고 말았어요. 그때의 부끄럽고 슬픈 마음이란, 정말로 사는 것도 싫을 정도였어요! '무얼 그렇게 멍청히 서 있는 거냐!' 할머니는 소리치셨지만 꾸중을 들으니까 더욱 슬퍼져서…… 세든 사람은 내가 그 사람을 부끄럽게 생각하고 있는 것을 알아채자, 꾸벅 절을 하고는 허둥지둥 나가 버리더군요!

그 뒤부터는 현관홀에서 소리만 나도 죽을 것만 같았어요. 번번이 나는 그 세든 사람이 오는 줄 알고, 만약을 대비해서 핀을 살짝 빼곤 했어요. 그러나 언제나 다른 사람이었고, 그 사람은 그때뿐 한 번도 찾아오지 않았어요. 3주일가량 지났을 때, 그 세든 사람은 표클라를 시켜서, 자기는 프랑스어로 된 책을 많이 갖고 있는데 모두 좋은 책들뿐이니까, 읽어 보면 좋을 것이라며 할머니도 심심풀이로 아가씨한테 읽어 달라고 하시면 어떻겠느냐고 제의해 왔어요. 할머니는 그 사람에게 고맙다는 인사를 하고 그 호의를 받아들였지만, 그것이 도덕적인 책인지 어떤지 귀찮을만큼 끈덕지게 물으시더군요. '부도덕한 책이라면 도저히 너에게 읽힐 수 없다, 나스첸카. 나쁜 것을 배울 테니까 말이다'라고 하시는 거예요.

'무엇을 배운다는 거죠. 할머니? 도대체 뭐가 쓰여 있나요?'

'뭐라고! 그런 책엔 말이다, 젊은 남자들이 결혼하겠다든지 뭐라든지 하는 그럴 듯한 구실을 붙여 품행이 단정한 처녀들을 유혹해서 부모들이 있는 집에서 꾀어내다가 나중에는 그 불쌍한 처녀를 될 대로 되라고 내버리고 만단다. 그리고 처녀들은 그야말로 비참하게 되어 버리고 만다는 그런 것이 쓰여 있단다. 나도 말이지' 할머니는 이렇게 덧붙이셨어요. '그런 책을 많이 읽었지만, 모두 어찌나 아름다운 말투로 쓰여졌는지 밤새껏 앉아서, 남몰래 정신없이 읽었지. 그러니까 너도 조심해라. 그런 책은 읽으면 못 쓴다. 그런데 그 젊은 이가 어떤 책을 보냈더냐?'

'모두 월터 스콧의 소설뿐이에요, 할머니.'

'월터 스콧의 소설! 그거라면 좋겠지만 무슨 계략이라도 있는 게 아니냐? 혹시 무슨 연애편지 같은 거라도 끼여 있지 않은지 잘 보아라.'

'아뇨, 할머니, 편지 같은 것은 없었어요.'

'표지 뒷면도 들여다보아라. 그런 녀석들은 흔히 표지 뒷면에 그걸 집어넣는단다. 조금도 방심하거나 틈을 주어선 안 된다.'

'아니에요, 할머니. 표지 뒷면에는 아무것도 없어요.'

'흐음, 그렇다면 좋다만!'

이렇게 해서 저는 월터 스콧의 소설을 읽기 시작해서 약 한 달 동안에 거의 절반 가량 읽었어요. 그리고 나서도 그 사람은 여러 가지 책들을 계속 보내 주었지요. 푸시킨의 것도 보내 주었어요. 그래서 나중에는 저도 책 없이 살 수 없게 되어서 중국 왕자님에게 시집을 가는 것 따위는 생각하지 않게 돼버렸어요.

그러는 동안 언젠가 한번은 그 세든 사람과 계단 위에서 마주친 일이 있었어요. 무슨 용건인지 할머니께서 저를 심부름 보내신 거죠. 그 사람은 우뚝 멈춰 섰어요. 제가 얼굴을 붉히자 그도 얼굴을 붉혔어요. 그 사람은 빙그레 웃고 인사를 하더니 할머니의 건강을 묻고 나서 물었어요. '책은 읽으셨습니까?' 저는 '읽었어요' 하고 대답했죠. 그러자 '그럼 그중에서 무엇이 가장 마음에 들었습니까?' 라고 묻더군요. 그래서 저는 '아이반호하고 푸시킨이 가장 마음에 들었어요' 하고 말했어요. 그때는 그 이야기뿐으로 끝났어요.

그런 뒤 1주일쯤 지나서 저는 또 계단에서 그 사람을 만났어요. 그때는 할머니 심부름이 아니라 무슨 볼일이 있어서였어요. 2시가 지나서였는데, 그 세든 사람은 언제나 그 시간에 집으로 돌아오곤 했어요. '안녕하십니까!' 하고 말을 걸어오기에 나도 '안녕하세요!' 하고 말했어요.

'그런데 하루 종일 할머니하고 단둘이 앉아 있으면 지루하지 않습니까?'

그런 것을 새삼스럽게 물었을 때, 저는 왜 그런지 갑자기 부끄러워져서 얼굴을 붉혔어요. 그리고 무안을 당한 느낌이 들었어요. 남이 필요 이상으로 캐물었기 때문이었죠. 저는 대답을 하지 않고 그대로 가버릴까도 했지만 막상 그럴 만한 용기도 없었어요.

'이봐요.' 그분은 말했어요. '당신은 참 착한 아가씨입니다! 이런 말씀을 드려서 실례지만, 그러나 솔직히 말해서 할머니보다도 당신을 위해서 말씀드리는 겁니다. 당신은 같이 놀러 갈 친구도 없습니까?'

'저는 친구가 한 사람도 없어요. 실은 마센카라는 친구가 있었지만, 그 친구도 포스코프로 가버렸어요.'

'어떻습니까, 저와 함께 극장에 가시지 않겠어요?'

'극장에요? 그렇지만 할머니는 어떻게 하고요?'

'그야 물론 할머니한테는 비밀로 하고요.'

'안 돼요, 전 할머니를 속이는 짓은 하고 싶지 않아요. 실례하겠어요!'

'그렇습니까, 그럼 안녕히.' 그는 그렇게 말했을 뿐 그 이상 아무 말도 하지 않았어요.

그런데 식사가 끝난 뒤에 그분이 우리한테로 오지 않겠어요. 아주 편히 앉아서 할머니하고 오랫동안 이야기를 하고는 어디에 외출하시는 일도 있느냐, 어디 아시는 분들이 계시느냐는 등 하며 이것저것 묻더니 불쑥 '실은 오늘 오페라의 좌석을 잡아 놓았는데요. 〈세비야의 이발사〉를 상연하고 있거든요. 제가 아는 사람이 가고 싶다고 해서. 그런데 나중에 못 가겠다는 연락이 와서 표가 남았습니다' 하고 말을 꺼냈어요.

'어머나, 〈세비야의 이발사〉라고요!' 할머니가 외쳤어요. '그러면 옛날에 했던 것과 같은 '이발사'인가요?'

'그렇고말고요. 똑같은 '이발사'입니다.' 그러면서 그는 제 얼굴을 힐끗 쳐다보는 거예요. 저는 모든 것을 눈치채고 얼굴을 붉혔어요. 제 가슴은 기대에 부풀어서 두근거리기 시작했어요.

'네, 그거라면' 하고 할머니는 말했어요. '잘 알다뿐이겠소! 이래 봬도 옛날 우리 집에서 연극을 했을 때, 나는 로지나 역을 맡아 한 적도 있었지요.'

'그럼 지금 가보시지 않으시겠습니까?' 그분은 말했어요. '어차피 표가 못쓰게 돼버릴 테니까요.'

'그렇군요, 그럼 같이 가죠.' 할머니가 말했어요. '왜 안 가겠어요? 어쨌든 우리 나스첸카는 아직 한 번도 극장에 간 적이 없으니까요.'

아아, 얼마나 기뻤는지 몰라요! 저는 곧 채비를 시작하고, 잔뜩 모양을 내고 나섰어요. 할머니는 눈은 보이지 않았지만 음악만이라도 듣고 싶다고 하셨고, 게다가 선량한 분인지라 무엇보다 저를 위로해 주고 싶다는 마음이 간절하셨던 거예요. 우리 둘이서는 도저히 선뜻 나설 마음이 나지 않았으니까요. 〈세비야의 이발사〉의 인상이 어떠했는지, 새삼스럽게 말씀드릴 것도 없겠죠. 다만 그 세든 사람이 그날 밤 내내 매우 다정한 눈길로 제 얼굴을 가만히 지켜보고 기분 좋은 이야기를 해주었기 때문에, 그날 아침 저에게 같이 가지 않겠느냐고 했던 것은 저를 시험해 볼 작정이었음을 곧 알 수 있었어요. 그거야 어쨌든 전 즐겁기만 했어요. 무척 자랑스럽고 들뜬 마음으로 그날 밤 잠자리에 들었죠. 내 가슴은 심하게 뛰었고 가벼운 열병에라도 걸린 것 같았어요. 그리고 저는 밤새껏 〈세비야의 이발사〉에 대한 헛소리를 계속했어요.

저는 이런 일이 있고부터는 그 사람은 틀림없이 귀찮아질 정도로 자주 들를 거라고 생각하고 있었어요. 그런데 잘못된 생각이었어요. 한 달에 한 번 들릴까 말까 했는데, 그것도 극장에 외출을 위해서뿐이었어요. 그 뒤 우리는 두 번가량 외출을 더 했던 것 같아요. 하지만 전 조금도 기쁘지 않았어요. 왜냐하면 그 사람은 그저, 할머니에게 붙잡혀 있는 제 처지가 불쌍해 보여서 그럴 뿐이라는 것을 알았기 때문이에요. 날이 갈수록 저는 점점 이상해져 갔어요. 공연히 안절부절못하고 책을 읽어도 조금도 머리에 들어오지 않고 일도 손에 잡히지 않았어요. 때로는 웃어 대면서 할머니한테 무언가 심술궂은 짓을 하기도 하고, 때로는 그저 훌쩍거리고 울기만 했거든요. 마침내는 몸이 여위고 마치 병든 사람처럼 되어 버렸어요. 그러는 동안 오페라의 계절도 끝나고, 그 세든 사람은 전혀 얼굴을 보이지 않게 되었어요. 우연히 마주칠 때가 있어도—물론 언제나 계단 위였지만—그 사람은 잠자코 인사를 할 뿐, 아예 말도 하고 싶지 않다는 듯이 정색한 표정이었어요. 그래서 저는 그분이 현관 밖으로 나가 버릴 때까지 계단 한가운데 우두커니 서서 버찌처럼 새빨간 얼굴로 우물쭈물하고 있을 뿐이었어요. 그분하고 마주칠 때마다 온몸의 피가 모조리 머리 위로 솟아오르는 듯한 기분이 들었기 때문이었죠.

이제 제 이야기가 끝나가요. 꼭 1년 전 5월에, 그 세든 사람이 아래층으로 내려와서 이제 이곳의 용무도 다 보았기에 다시 1년가량 모스크바에 갔다 와야겠다고 할머니에게 말하지 않겠어요! 저는 그 말을 듣자마자 새파랗게 질려서 죽은 것처럼 의자 위에 쓰러지고 말았어요. 할머니는 아무 눈치도 채지 못했지만, 그분은 떠나기로 했다면서 인사를 하자 그대로 나가 버렸어요.

어떻게 하면 좋을까? 저는 생각에 생각을 거듭하고 고민한 끝에 마침내 결심했어요. 내일이면 출발한다니까 오늘밤에야말로 할머니가 침실로 들어가시면 모든 것을 해결해 버려야겠다고요. 그리고 그대로 했어요. 가지고 있는 옷과 당장 필요한 속옷 같은 것들을 보자기에 싸서 그 꾸러미를 두 손에 들고 완전히 겁에 질린 채, 2층에 있는 그분한테로 살그머니 갔어요. 계단을 올라가는 데 한 시간이나 걸린 것 같았어요. 마침내 방문을 열었을 때, 그분은 제 얼굴을 보고는 소리를 질렀어요. 아마 저를 유령이라고 생각했던가봐요. 그러고는 허둥지둥 물을 뜨러 나갔어요. 왜냐하면 저는 간신히 몸을 지탱하고 서 있을 정도였으니까요. 심장은 두근거렸고, 머리는 아프고, 도무지 뭐가 뭔지 알 수 없었어요. 이윽고 정신을 차리고 나자 저는 갑자기 보따리를 그분의 침대 위에 놓고 그 옆에 걸터앉아 두 손으로 얼굴을 가리고, 마구 눈물을 흘리며 울기 시작했어요. 그분은 단번에 모든 것을 알아차린 듯이 창백한 얼굴로 제 앞에 우뚝 선 채 매우 서글픈 듯이 제 얼굴을 지켜보고 있었어요. 저는 당장에 가슴이 터져나갈 것 같은 심정이었죠.

'내 말 들어 봐요.' 그분은 말을 꺼냈어요. '이봐요, 나스첸카, 어쩔 수가 없습니다. 나는 가난한 사람이니까요. 지금 나에게는 아무것도 없습니다. 변변한 직장도 없습니다. 만약 당신과 결혼한다면 우리 두 사람은 어떻게 살아나가겠습니까?'

우리는 오랫동안 많은 이야기를 주고받았는데, 마침내 나는 미친 듯이, 이제는 더 이상 할머니하고 함께 살 수 없어서 달아나려고 생각했었고 핀으로 엮인 내 생활은 이제 질색이니, 만약 당신만 싫지 않다면 함께 모스크바로 가겠으며 당신 없이는 도저히 살아나갈 수 없다고 말했어요. 부끄러움도 그리움도, 자존심도 모두 한꺼번에 쏟아져 나온 거예요. 그리고 저는 경련이라도 일어난 것처럼 하마터면 침대 위에 쓰러질 뻔했어요. 그분에게 거절당할 것이 그만큼 무서웠던 거예요!

그분은 한동안 잠자코 앉아 있다가, 이윽고 일어서더니 제 곁으로 걸어와 제 손을 잡았어요.

'이봐요, 나의 상냥하고 사랑스러운 나스첸카!' 그분은 역시 눈물을 글썽이면서 말했어요. '맹세해도 좋지만, 만약 언젠가 내가 결혼할 수 있는 처지가 되면, 내게 행복을 가져다줄 사람은 당신밖에 아무도 없습니다. 정말, 이제는 나를 행복하게 해줄 수 있는 사람은 당신뿐입니다. 나는 이제부터 모스크바에 가서 꼭 1년 동안 그곳에서 살게 됩니다. 나는 일을 잘 처리할 수 있으리라 생각합니다. 그때 다시 돌아와 당신의 사랑이 식어 버리지 않았다면, 맹세합니다만 우리는 틀림없이 행복해질 겁니다. 하지만 지금은 어쩔 수가 없습니다.

아무것도 약속할 수 없어요. 그러나 다시 얘기합니다만, 1년 뒤에 설령 그렇게 되지 못한다 하더라도 언젠가는 반드시 그렇게 될 겁니다. 물론 당신이 다른 사람을 사랑하지 않는 경우의 이야기지만. 어쨌든 나는 어떤 말로도 당신을 묶어 놓을 수 없고, 그럴 용기도 없으니까요.'

그분은 그렇게만 말하고 그 이튿날 떠나가 버렸어요. 우리는 할머니에게 이 일에 대해서는 한마디도 하지 않기로 했어요. 그분이 그렇게 하기를 원했으니까요. 이젠 제 이야기도 정말 끝나가요. 꼭 1년이 지났어요. 그분은 돌아오셨어요. 여기에 온 지 벌써 사흘이 되었어요. 그렇지만……."

"그렇지만 어쨌다는 겁니까?" 나는 이야기의 결말을 알고 싶어 조마조마해서 외쳤다.

"하지만 여태까지 나타나지 않는 거예요!" 나스첸카는 억지로 용기를 내려고 애쓰면서 대답했다. "아무런 소식도 없어요……."

이렇게 말하자 그녀는 말을 끊고 한동안 아무 말 없이 고개를 수그리고 있더니, 이윽고 갑자기 두 손으로 얼굴을 감싸고 흐느껴 울기 시작했다. 그 울음소리를 듣자 내 가슴은 터져버릴 것만 같았다. 이런 결말이 되리라고는 생각하지 않았던 것이다.

"나스첸카!" 나는 겁먹은 듯한, 그녀의 비위를 맞추는 듯한 부드러운 목소리로 말을 꺼냈다. "나스첸카! 제발 울지 말아요! 당신은 어떻게 알고 계십니까? 혹시 그분은 아직……."

"여기에, 여기에 와 계셔요." 나스첸카는 말을 가로챘다. "그분은 와 계셔요. 저는 알고 있어요. 우리는 약속한 일이 있어요. 그날 밤, 떠나기 전날 밤이었어요. 지금 당신께 말한 이야기를 모두 끝내고 나서, 약속도 하고, 그리고 우리는 이곳으로 산책하러 왔어요. 이 강변길로요. 10시였어요. 우리는 이 벤치에 나란히 앉았는데, 저는 이제 울지 않았어요. 그분의 이야기를 듣고 있는 것이 말할 수 없이 좋았으니까요…… 그분은 여기에 도착하는 즉시 그길로 우리 집에 와서, 만약에 제 마음이 변하지 않았다면, 둘이서 모든 것을 할머니께 말씀드리자고 했어요. 그런데 그분은 여기에 돌아오셨는데도—저는 잘 알고 있어요—그런데도 그분은 오지 않으세요. 찾아와 주시지 않는 거예요!"

그리고 그녀는 또다시 흐느껴 울기 시작했다.

"아아! 어떻게 당신의 슬픔을 달래 드릴 수는 없을까요?" 나는 어떻게 해야 할지 몰라 난처해하면서 벤치에서 벌떡 일어서며 소리쳤다. "나스첸카, 내가 그 사람한테 찾아가 보면 안 될까요?……."

"그렇게 하실 수 있어요?" 그녀는 갑자기 얼굴을 쳐들고 말했다. "안 되지, 물론, 안 될 말이에요!" 그녀는 문득 정신을 차리고 외쳤다.

"그럼 이렇게 하면 어때요? 편지를 보내면."

"안 돼요, 그럼 안 돼요, 안 될 말이에요!" 그녀는 단호한 어조로 대답했지만, 이미 고개를 수그리고 내 얼굴을 보고 있지 않았다.

"어째서 안 됩니까? 왜 안 됩니까?" 나는 내 생각에 매달려서 말을 계속했다. "그러나 아시겠어요. 나스첸카? 문제는 그 편지입니다. 편지도 편지 나름이 죠. 게다가…… 나스첸카. 정말이에요! 자, 내게 맡겨 주십시오. 나를 믿으십시오. 나는 나쁜 충고는 하지 않습니다. 모든 일이 잘 될 겁니다. 당신은 이미 첫걸음을 내디뎠는데, 이제 와서 새삼스럽게……."

"안 돼요, 안 돼요! 그렇게 하면, 마치 제가 무리하게 강요하는 것 같아서……."

"아아, 상냥한 나스첸카!" 나는 나도 모르게 미소 지으면서 말을 가로챘다. "그렇지 않습니다. 그렇지 않아요. 첫째로 그건 당신의 당연한 권리가 아닙니까? 어쨌든 그분은 당신하고 틀림없이 약속을 했으니까요. 게다가 당신의 이야기로 보아, 그분은 매우 섬세한 사람이고, 그 행동도 훌륭했다고 생각됩니다." 나는 내 논증과 신념이 논리적인데 더욱 우쭐해져서 말을 이었다. "그분의 행동이 어땠습니까? 그는 그 약속으로 자기 자신을 묶어 버린 게 아닙니까? 만약에 결혼한다면 당신이 아닌 여성하고는 절대로 결혼하지 않겠다고 그는 말하고, 그 자리에서 거절해도 상관없다는 완전한 자유를 당신에게 주었으니까요……. 이런 경우에 당신은 주도권을 가질 수가 있습니다. 당신에게는 그럴 권리가 있습니다. 즉, 상대에 대하여 우선권을 가지고 있는 셈입니다. 이를테면, 상대를 약속에서 풀어주고 싶은 심정이더라도……."

"그런데 당신이라면 어떻게 쓰시겠어요?"

"무엇을 말입니까?"

"그 편지 말이에요."

"저라면 이렇게 쓰겠습니다. 우선, 삼가 드립니다……."

"꼭 그렇게 써야만 하나요? 삼가 드립니다, 라고?……."

"아무래도 필요한데요! 뭐, 내 생각으로는……."

"그런 건 아무래도 좋아요! 계속해 주세요!"

"삼가 드립니다! 실례를 무릅쓰고…… 아니, 틀렸어. 구태여 실례라고 쓸 것도 없지! 사실 자체가 모든 것을 증명하니까요. 그저 이렇게만 쓰면 됩니다.

'당신께 펜을 들었습니다. 부디 저의 성급함을 용서해 주십시오. 저는 지난 1년 동안 하나의 희망으로 행복한 날들을 보냈습니다. 이제 와서 의심하며 하루도 참지 못하는 것은 저의 잘못일까요? 이미 이곳에 돌아와 계신 지금 어쩌면 당신의 마음이 변하신 것은 아닐까요? 만약 그렇다면 저는 푸념도 하지 않지만, 당신을 비난하지도 않을 것임을 이 편지로 당신께 알려 드립니다. 당신의 마음을 잡을 수 없었다고 해서 당신을 비난하지는 않겠습니다. 그것이 저의 운명이니까요!

당신은 훌륭한 분입니다. 저의 이 성급한 편지를 읽으시더라도 절대로 웃으시거나, 언짢게 생각하지는 않으시겠지요. 제발 편지를 쓰고 있는 사람이 불쌍한 소녀라는 것을 기억해 주세요. 그 소녀는 고독하고 가르쳐 줄 사람도 없거니와 충고해 줄 사람도 없고, 한 번도 자기 스스로 자기 마음을 억제해본 적도 없어요. 비록 아주 짧은 한순간이라도 제 마음에 의혹이 스며들었던 것을 아무쪼록 용서해 주세요. 당신은, 당신을 그토록 사랑했고, 지금도 역시 사랑하고 있는 소녀를 모욕하는 일은 도저히 하실 수 없는 분이에요.'"

"그래요, 그래요! 제가 생각한 그대로에요!" 나스첸카는 외쳤다. 그녀의 눈은 기쁨으로 빛났다. "아, 당신은 저의 의혹을 풀어주셨어요. 당신이야말로 저를 위해 신께서 보내 주신 분이에요! 고마워요, 정말 고마워요!"

"무엇 때문에 고마워하는 겁니까? 신께서 나를 보내주신 데 대한 인사인가요?" 나는 그녀의 기쁨에 넘친 아름다운 얼굴을 기뻐서 어쩔 줄 모르는 심정으로 바라보면서 대답하였다.

"네, 그렇다고 해도 좋아요."

"아아, 나스첸카! 정말 우리는 어떤 사람들에 대해서는 우리와 함께 살고 있다는 것만으로도 감사를 드리고 싶을 때가 있는 거예요. 나는 당신이 나와 만났다는 데 대하여, 한평생 당신을 잊을 수 없다는 데 대해서 당신에게 감사를 드립니다.”

“어머나, 그만, 그만하세요. 그만하면 됐어요. 그런데 실은 이래요. 좀 들어 보세요. 그때의 우리 약속은 그분이 여기에 도착하면 곧 제가 알고 있는 어느 사람한테로 편지를 전해서, 자기가 도착한 것을 알리기로 되어 있었어요. 그 사람은 무척 친절하고, 사람이 좋으며, 이 일에 관해서는 아무것도 몰라요. 만약 저에게 편지를 쓸 수 없는 경우에는—편지에 무슨 말이고 다 쓸 수 있는 것은 아니니까요—그때는, 여기에 도착한 그날 밤 10시 정각에 이 장소로 오기로 되어 있었어요. 그분이 여기에 온 것은 이미 잘 알고 있고, 벌써 나흘째나 되는데도 편지도 없고 그분도 오지 않아요. 저는 아침부터는 도저히 할머니 옆을 떠날 수 없어요. 그러니 지금 이야기한 그 친절한 분께 내일 당신이 제 편지를 좀 가져다주세요. 만약 답장이 있으면 밤 10시에 그 편지를 갖다주세요.”

“그러나 그 편지는, 편지는! 그전에 우선 그 편지를 써야 하지 않겠습니까! 그러자면 모든 일은 모레로 결정해야 되겠는데요.”

“편지 말이죠……” 나스첸카는 약간 망설이면서 대답했다. “편지…… 하지만…….”

그러나 그녀는 끝까지 말하지 않았다. 처음엔 조금 얼굴을 돌리고 장미꽃처럼 얼굴을 붉히는가 싶더니, 갑자기 내 손에 편지 한 통을 쥐여 주었다. 그것은 이미 훨씬 전에 씌어지고 완전히 준비되어 이미 봉인까지 된 편지 같았다. 무언가 그리운, 이상하게 마음을 즐겁게 하는 아름다운 추억이 나의 머리를 스쳐갔다.

“R, o—Ro, s, i—si, n, a,—na” 하면서 나는 노래를 부르기 시작했다.

“Rosina!” 두 사람은 소리 맞추어 같이 노래를 부르기 시작했다. 나는 너무나도 기뻐서 그녀를 그러안을 듯이, 또 그녀는 그 이상 더 할 수 없으리만큼 얼굴을 붉히고 웃었다. 그 검은 속눈썹 속에서는 진주알 같은 눈물방울이 떨고 있었다.

“이제 그만, 그만두세요. 이젠 됐어요! 오늘 밤은 그만 헤어져요!” 그녀는 재빠르게 말했다. “여기 편지 있어요. 보낼 곳의 주소도. 그럼 실례하겠어요! 안녕히 가세요! 내일 다시 만나요!"

그녀는 내 두 손을 꼭 잡고 약간 고개를 끄덕여보이더니 그대로 화살처럼, 여느 때의 그 골목으로 사라졌다. 나는 그 뒷모습을 눈으로 좇아 배웅하며 오랫동안 그 자리에 우두커니 서 있었다.

"내일 다시 만나요, 내일!" 그녀의 모습이 내 시야에서 사라졌을 때 이 말이 내 뇌리를 스쳤다.

셋째 밤

　오늘은 우울한 날이었다. 비가 와서 해도 보이지 않았고 마치 앞으로 닥쳐올 나의 노년과 같은 하루였다.

　온갖 이상야릇한 생각과 우울한 느낌에 가슴을 죄고, 스스로도 아직 분명히 알 수 없는 갖가지 의문이 머릿속에서 소용돌이치고 있었다. 그런데도 왠지 그것을 해결할 기력도 없고 그럴 마음도 내키지 않는 것이었다. 도저히 나에게는 힘겨운 일이었…….

　오늘은 아마 만나지 못할 것이다. 어제 우리가 헤어질 때 구름이 하늘에 퍼지기 시작하고 안개가 자욱하게 끼어 있었다. 내일은 날씨가 나빠질 것 같다고 내가 말했지만 그녀는 대답하지 않았다. 그녀는 자기 마음과 반대되는 말을 하고 싶지 않았던 것이다. 그녀에게 있어서 오늘 하루는, 맑게 개고 그녀의 행복을 방해할 한 조각의 구름도 없어야 했던 것이다.

　"만약 비가 오면 우린 만날 수 없군요!" 그녀는 말했다. "나올 수 없으니까요."

　그녀는 분명 오늘 비가 올 것을 알지 못했으리라고 생각했는데, 짐작대로 그녀는 오지 않았다.

　어젯밤은 우리의 세 번째 밀회였다. 우리의 세 번째 밀회는 백야였다…….

　기쁨과 행복은 어쩌면 사람을 이토록 아름답게 하는 걸까! 어쩌면 이토록 사랑에 마음을 끓어오르게 한단 말인가! 자기 마음속에 있는 것을 그대로 다른 사람의 마음속에 털어놓고 싶고 모든 것을 즐겁게 기쁨에 미소 짓게 하고 싶은 마음이 든다. 그리고 그 기쁨은 어쩌면 이다지도 전염되기 쉬운 것일까! 어젯밤의 그녀의 말에는 얼마나 다정함이 숨겨지고, 그 마음은 얼마나 나에 대한 호의로 넘치고 있었던가…… 얼마나 나를 위로하고, 나에게 응석을 부리고, 얼마나 나에게 용기를 주고, 내 마음을 포근하게 해주었던가! 아아, 행복감이 가져다주는 애교스런 태도! 그뿐 아니라 나는…… 나는 모든 것을 고지식하게 받아들이고, 어쩌면 그녀는 나를…… 생각하고 있었던 것이다.

그러나, 아아 그렇지만, 어째서 난 그런 것을 생각할 수 있었던가? 이미 모든 것이 남의 것이 되고 모든 것은 내것이 아닌데도, 어째서 나는 그렇게도 어두웠던가? 더욱이 나를 꼼짝 못하게 하는 것처럼 그 상냥함도, 염려도, 그 애정조차도…… 그렇다. 그녀의 나에 대한 애정조차도 다른 사나이와의 곧 있을 재회의 기쁨, 자기의 행복을 나에게도 나누어 주고 싶다는 희망 말고는 아무것도 아니라는 것을! ……그가 끝내 오지 않고 둘 다 허탕쳤음을 알았을 때, 그녀는 이맛살을 찌푸리고 갑자기 겁을 먹으며 이상하게 머뭇거리기 시작하지 않았던가. 그녀의 동작 하나하나, 그녀의 모든 말은 이미 전처럼 경쾌하지 않았고, 장난기도 명랑함도 보이지 않았다. 그리고 이상하게도, 그녀는 나에 대해 전보다 갑절이나 주의를 기울이게 된 것이다. 그것은 마치 그녀가 자기 자신에게 원했던 것, 만일 실현되지 않는다면 하고 그녀 자신이 두려워했던 행복을 본능적으로 나에게 숨기지 않고 털어놓는 것 같았다. 나의 나스첸카가 완전히 겁에 질리고 무서워하는 것을 보니, 어쩐지 그녀는 내가 그녀를 사랑하고 있다는 것을 알아채고 나의 애달픈 사랑을 가엾게 여긴 것 같았다. 그렇다, 우리는 자기가 불행할 때는 남의 불행을 보다 강하게 느끼는 것이다. 감정이 흩어지지 않고, 오히려 집중되는 것이다…….

나는 밀회의 시간까지 기다릴 수 없을 정도로, 가슴에 넘치는 기쁨을 안고 그녀에게로 달려갔다. 이제부터 어떤 감정을 가지게 되는지 조금도 예감할 수 없었다. 끝이 이렇게 되리라고는 전혀 꿈에도 생각지 않았던 것이다. 그녀는 기쁨에 빛나며 회답을 기다리고 있었다. 그 회답은 그 자신이었다. 그는 그녀의 부름에 따라 여기에 와야 했다, 달려와야 했다. 그녀는 나보다 한 시간이나 빨리 와 있었다. 처음에 그녀는 무엇을 물어도 소리 내어 웃으면서 내 말 한마디 한마디에 웃는 얼굴을 보였다. 나는 말을 시작하려다가 입을 다물고 말았다.

"아시겠어요, 왜 제가 기뻐하는지를." 그녀는 말했다. "당신을 보면 왜 이렇게 기쁜지? 왜 오늘 이렇게도 당신을 사랑하는지?"

"뭐라고요?" 나는 그녀에게 물었으나 나도 모르게 심장이 두근거리기 시작했다.

"제가 당신을 사랑하는 것은 당신이 저를 사랑하지 않기 때문이에요. 만약 다른 사람이 당신 입장이었다면 분명히 필요 이상으로 제 일을 돌봐 주려고 하거나, 귀찮게 따라다니거나 한숨을 쉬고 괴로운 듯한 표정을 지어보이거나 했을 거예요. 그런데도 당신은 어쩌면 이렇게 훌륭할까요!"

그렇게 말하고 그녀가 내 손을 꼭 쥐었기 때문에 나는 하마터면 소리를 지를 뻔했다. 그녀는 웃었다.

"아아! 정말 당신은 멋진 친구예요!" 1분 정도 지나 그녀는 정색을 하며 말을 꺼냈다. "저를 위해 하느님께서 보내 주셨어요! 만약 당신이 계시지 않았다면 대체 저는 어떻게 되었을까요? 당신은 어쩌면 그렇게 올바른 분일까! 진심으로 사랑해 주세요. 제가 결혼을 한다면 우리 아주 사이 좋은 친구가 돼요. 친남매 이상으로 말이에요. 저는 당신을 그분과 마찬가지로 사랑하겠어요……."

그 순간, 나는 왠일인지 무섭도록 서글픈 생각이 들었다. 그렇기는 했지만 무언가 웃음과 흡사한 것이 내 가슴속에서 꿈틀거리기 시작했다.

"당신은 발작을 일으키고 있습니다." 나는 말했다. "당신은 겁을 먹고 있어요. 그분은 아마 오지 않을 거라고 생각하고 있습니다."

"어머나, 무슨 그런 말씀을!" 그녀는 대답했다. "만약 제가 이렇게 행복하지 않았다면, 당신이 믿어 주시지 않고 비난하시거나 했으면 울어버렸을지도 몰라요. 하지만 당신은 저에게 잘 생각하게 해주시고 오래도록 곰곰이 생각할 문제를 내주셨어요. 하지만 그것은 나중에 천천히 생각하기로 하고, 지금은 솔직히 말해서, 확실히 당신이 말한 그대로예요. 그래요! 확실히 저는 제정신이 아니에요. 너무나 초조하게 기다리느라고 마음이 안정되지 않아 뭐든 이상하게 쉽게 느껴져요. 하지만 이제 감정적인 이야기는 그만해요……."

그때 발소리가 들리고, 어둠 속에서 이쪽으로 걸어오는 통행인의 모습이 보였다. 우리 두 사람은 오들오들 떨기 시작했다. 그녀는 하마터면 소리를 지를 뻔했다. 나는 그녀의 손을 놓고 그 자리에서 물러나려는 몸짓을 했다. 그러나 두 사람의 생각이 잘못되었을 뿐, 그가 아니었다.

"뭘 무서워하세요? 어째서 제 손을 놓으셨어요?" 그녀는 다시 자기 손을 나에게 맡기면서 이렇게 말했다. "이보세요. 괜찮았어요? 둘이서 함께 그분을 만나요. 우리가 얼마나 사랑하고 있는가를 그분에게 보여 드리고 싶어요."

"얼마나 사랑하는가를요?" 나는 소리쳤다.

'아아, 나스첸카, 나스첸카!' 나는 마음속으로 생각했다. '그 한마디에 얼마나 많은 의미가 담겨져 있는지! 그런 사랑은 말이오, 나스첸카, 때와 장소에 따라서는 상대의 마음을 섬뜩하게 하고 말할 수 없이 괴롭게 하는 겁니다. 그대의 손은 싸늘하지만 내 손은 불처럼 뜨겁잖소. 어쩌면 그대는 그다지도 눈이 어두운가, 나스첸카! ……아아, 행복한 인간이란, 때에 따라선 고통스러울 때도 있는 모양이야! 그러나 나는 당신에게 화를 낼 수는 없었단 말이오!……'

마침내 내 가슴이 벅찬 기쁨으로 가득 찼다.

"이봐요, 나스첸카!" 나는 외쳤다. "당신은 아십니까, 오늘 하루 종일 나에게 어떤 일이 있었는지?"

"어머나, 어떤 일이 있었나요? 빨리 말씀해 주세요. 어째서 여태까지 잠자코 계셨나요?"

"가장 먼저, 나스첸카. 당신이 부탁한 일을 완전히 끝내고, 편지도 전해 주고, 당신이 말한 사람에게도 갔었고, 그러고 나서…… 그러고 나서 집에 돌아가 침대에 누웠습니다."

"그것뿐이었나요?" 그녀는 웃으면서 내 말을 가로막았다.

"그렇소, 대체로 그것뿐입니다." 나는 괴로운 마음을 억누르며 대답했다. 내 눈에 벌써 어리석은 눈물이 넘쳐흐르고 있었기 때문이다. "나는 우리가 약속한 시간보다 한 시간 전에 눈을 떴습니다. 마치 전혀 자지 않은 것처럼 생각되었죠. 도대체 어찌된 셈인지 알 수 없습니다. 당신에게 이런 것을 모두 이야기하려 생각하고 여기로 걸어오는 도중에도, 어쩐지 내게 관한 한 시간의 흐름은 갑자기 멈추어 버리고 단 하나의 감각, 단 하나의 감정만이 그때부터 내 가슴속에 영원히 머물러 있어야 하고, 단 하나의 순간만이 영원히 계속되어야 하는, 마치 나를 위해서는 온갖 생활이 정지되어 버린 듯한 느낌이 들었습니다…… 내가 눈을 떴을 때 어딘가에서 들은 적이 있는, 오래전부터 낯익은, 그러나 까맣게 잊어버리고 있었던 감미로운 멜로디가 문득 기억에 되살아난 것 같았습니다. 그 멜로디는 지금까지 줄곧 내 가슴속에서 밖으로 빠져나가려고 애쓰다가 이제야 겨우 나온 것처럼 생각되었습니다……."

"어머나, 싫어요, 싫어요!" 나스첸카는 내 말을 막았다. "도대체 그게 무슨 말이에요? 저는 한마디도 이해할 수 없어요."

"아아, 나스첸카! 나는 어떻게든지 그 이상한 인상을 당신에게 전하고 싶었던 겁니다……." 나는 가련하기 짝이 없는 목소리로 말했다. 그 목소리에는 극히 간접적이긴 하나 아직 한 가닥의 희망이 숨겨져 있었다.

"좋아요, 그만하세요, 이젠 됐어요!" 그녀는 말했다. 그녀는 순간적으로 깨달았던 것이다. 빈틈없는 여자!

갑자기 그녀는 말이 많아지고 명랑하고 장난스러워졌다. 그녀는 내 손을 잡고 유쾌하게 웃으며 나에게도 함께 웃도록 했다. 그리고 내가 어찌할 바를 모르고 무슨 말을 할 때마다 몹시 날카롭고 긴 웃음소리로 그것에 답하는 것이었다…… 나는 차차 화가 치밀었다. 그녀가 갑자기 교태를 부리기 시작한 것이다.

"있잖아요." 그녀는 말을 꺼냈다. "당신이 저를 사랑하지 않는 것이 조금 화가 나요. 그러나 그렇게 되면 인간이란 전혀 알 수 없게 되는 걸요. 당신은 고집쟁이예요. 제가 이렇게 솔직한 여자라는 걸 당신은 칭찬하지 않을 수 없을 거예요. 전 무엇이나, 어떤 어리석은 생각이 머리에 떠오르더라도 곧 이야기해 버리거든요."

"잠깐! 저건 분명히 11시를 치는 소리입니다." 나는 말했다. 멀리 떨어져 있는 시내의 종루에서 규칙적으로 종소리가 울리기 시작했다. 그녀는 갑자기 말을 멈추고, 웃음도 거두고는 종소리를 세기 시작했다.

"그렇군요, 11시군요." 이윽고 그녀는 머뭇거리면서 결단을 내리지 못하는 목소리로 말했다.

나는 그녀를 놀라게 하고 종소리를 세도록 한 것을 곧 후회했다. 그리고 발작적으로 심술궂은 짓을 했다고 스스로를 저주했다. 그녀의 심정을 생각하자 우울해지고 어떻게 자신의 잘못을 보상하면 좋을지 알 수 없었다. 나는 그가 올 수 없는 여러 가지 이유를 생각해내고, 여러 가지 근거며 논증을 끌어내서 그녀를 위로하려 했다. 이 순간, 그녀를 속이는 것만큼 쉬운 일은 없었을 것이다. 왜냐하면 어떤 사람이라도 이런 순간에는 비록 어떤 위로의 말일지라도 기꺼이 받아들이고, 자신을 납득시키려는 마음을 감지하기만 하면 더없이 기뻐할 것이기 때문이다.

"게다가 우습지 않습니까?" 나는 더욱 열을 올리며 내 논증이 너무도 명백한 데 완전히 마음이 흡족해서 이렇게 말을 꺼냈다. "그 사람은 올 수가 없었던 겁니다. 당신이 나까지 함께 끌어 넣고 골탕을 먹였기 때문에, 나스첸카, 나는 시간 계산이 어떻게 됐는지는 모르겠습니다…… 잘 생각해 보십시오, 그 사람이 과연 편지를 받아보았는지 어떤지도 의심스럽습니다. 설령 올 수 없다고 합시다. 그래서 편지에 회답을 쓴다고 해요. 그러면 그 편지가 도착하는 것은 빨라도 내일이라야 될 겁니다. 아무튼 날이 새면 곧 그 사람한테 가 보고, 바로 알려 드리겠습니다. 어쨌든 여러 가지를 상상할 수 있습니다. 이를테면 편지가 도착했을 때 그 사람이 없어서 여태까지 그 편지를 읽지 않았을 수도 있으니까요. 어쨌든 여러 가지 일이 생겨날 수 있겠죠."

"그래요, 그렇군요!" 나스첸카는 대답했다. "전 그런 건 생각도 해보지 않았지만, 확실히 어떤 일이라도 생길 수는 있겠군요." 그녀는 극히 온순한 목소리로 말을 이어가고 있었지만, 그 목소리에는 무언가 그것과는 다른 생각 같은 것이 화난 듯한 불협화음이 되어 울리고 있었다. "그럼, 부탁해요." 그녀는 다시금 말을 이었다. "내일 아침에 될 수 있는 대로 일찍 가보셔서 만약 어떤 사정이 있는지 아시게 되면 곧 저에게 알려 주세요. 제 주소는 알고 계시죠?" 이렇게 말하고 그녀는 다시 자기의 주소를 되풀이하여 설명하기 시작했다.

그러고 나서 갑자기 그녀는 나에게 매우 상냥하고 다소곳한 태도를 취했다…… 그녀가 내 이야기에 주의깊게 귀를 기울이고 있는 것처럼 생각되었으나, 질문을 하자 갑자기 당황해서 말없이 외면하는 것이었다. 나는 그녀의 눈을 들여다보았다. 역시 그랬다. 그녀는 울고 있었던 것이다.

"아니, 이건 놀랐는데요! 아아, 어쩌면 그렇게도 어린아이 같습니까! 정말 어린아이 같군요!…… 자, 이제 그만."

그녀는 웃는 얼굴을 보이고 마음을 가라앉히려 했다. 그러나 그녀의 아래턱은 떨리고 가슴으론 여전히 흐느끼고 있었다.

"전 지금 당신 생각을 하고 있었어요." 그녀는 잠깐 입을 다물고 말하기 시작했다. "당신은 정말 친절하신 분이에요. 그걸 느끼지 못한다면 난 나무나 돌 같은 인간이에요. 지금 어떤 일이 머리에 떠올랐는지 당신은 모르시죠? 실은 당신과 그분을 비교해 보았어요. 어째서 그분은 당신이 아닐까요? 어째서 그분은 당신 같지 않을까요? 저는 그분을 당신보다도 훨씬 더 사랑하고 있지만, 확실히 그분은 당신만 못해요."

나는 아무 대답도 하지 않았다. 그녀는 내가 뭔가 말하기를 기다리고 있는 듯했다.

"그야 물론, 어쩌면 저는 아직 그 사람을 완전히 이해하고 있지 않은지도 몰라요. 충분히 알고 있다고는 할 수 없을 거예요. 하지만 저는 언제나 그분을 두려워하고 있었던 것 같아요. 그분은 언제나 성실하고, 어딘가 거만한 것 같았어요. 그야 물론 그렇게 보일 뿐이고, 마음속은 저보다도 훨씬 상냥하다는 것을 알고 있지만…… 저는 지금까지도 저를 보던 그분의 눈길을 기억하고 있어요, 제가 옷 꾸러미를 들고 그분한테 갔을 때의 바로 그 눈길 말이에요. 하지만 역시 저는 너무 지나치게 그분을 존경하고 있는 것 같아요. 그러니 우리는 서로 대등한 사이가 못되는 모양이죠?"

"그렇지 않습니다, 나스첸카. 그렇지 않아요." 나는 대답했다. "그건 당신이 그 사람을 이 세상의 누구보다도 사랑하고 있고 자기 자신보다도 더 사랑하고 있다는 증거예요."

"그래요, 어쩌면 그런지도 모르겠어요." 순진한 나스첸카는 대답했다. "하지만 말이에요, 지금 제가 어떤 생각을 했다고 생각하시나요? 이제부터 제가 이야기하는 것은 그분에 대한 일만이 아닌 일반적인 이야기지만, 훨씬 옛날부터 항상 머리에 떠오르고 있었던 거예요. 우리는 모두 서로가 형제들처럼 지낼 수는 없는 걸까요? 아무리 좋은 사람이라도 늘, 뭔가 숨기고 있는 것처럼 마음에 있는 말을 입 밖에 내지 않는 것은 왜 그럴까요? 상대에게 이야기를 할 바에야 어째서 솔직히 말해 버리지 않을까요? 이건 마치 누구나 모두 실제의 자기보다 조금이라도 엄격하게 보이려고 하는 것 같아요. 뭐든지 생각하고 있는 것을 바로 말해 버리면 자기의 감정을 모욕하는 것이 아닌가 하고 두려워하는 것 같아요……"

"나스첸카! 확실히 당신이 말씀하시는 그대로입니다. 그러나 그것은 여러 이유가 있어서 그러는 거니까요." 나는 말을 막았다. 그 순간의 나는 다른 어떤 순간보다도 훨씬 자기 감정을 억누르고 있었던 것이다.

"아니에요, 아니에요!" 그녀는 깊은 감정을 담고 대답했다. "이를테면 현재 당신은 다른 사람과 다르잖아요! 정말로 제가 느끼고 있는 것을 어떻게 당신에게 말해야 좋을지 모르겠지만 어쨌든 지금의 당신은, 그러니까…… 지금만 해도, 어쩐지 저를 위해서 무언가를 희생하고 계시는 것처럼 여겨져요. 전 그렇게 생각돼요." 이렇게 겁먹은 듯이 덧붙이고 나서 그녀는 힐끗 나를 쳐다보았다. "이런 말을 해서 죄송해요. 전 교육을 받지 못한 여자고, 아직 세상을 잘 몰라서 정말로 어떤 때는 이야기하는 방법도 모를 때가 있어요." 그녀는 무언가 가슴에 숨기고 있는 감정 때문에 떨리는 목소리로 말했으나, 그래도 억지로 웃으려고 했다. "하지만 나는 당신에게 감사하고 있음을 말하고 싶어요. 저도 그런 것쯤은 느껴요. 아아, 제발 이 일에 대하여 하느님이 당신께 행복을 내려 주시기를! 그때 당신은 그 공상가에 대해서 많은 이야기를 하셨지만, 그것은 전혀 사실과는 달라요, 아니 그렇지 않아요. 그건 당신과는 전혀 관계가 없는 일이에요. 당신은 점점 건강해지고 솔직히 말해서 당신이 묘사하신 자신이란 것은 전혀 당신과는 다른 분인걸요. 만약 당신이 언젠가 사랑을 하신다면 부디 두 분이 행복하게 사시기를 바라요! 그 여자분을 위해서는 저는 아무것도 빌지 않겠어요. 왜냐하면 당신과 함께라면 행복할 것은 틀림없으니까요. 전 알 수 있어요, 저도 여자니까요. 여자인 제가 이렇게 말하는 거니까 당신도 제 말을 믿어야 해요……."

그녀는 입을 다물고 내 손을 꼭 쥐었다. 나는 너무 흥분해서 아무 말도 할 수가 없었다. 몇 분이 지났다.

"아무래도 오늘 밤엔 찾아올 것 같지 않군요!" 드디어 그녀는 고개를 들었다. "이미 늦었어요……."

"내일은 꼭 올 겁니다." 나는 자신 있는 분명한 어조로 말했다.

"그래요." 그녀도 들떠서 말했다. "이젠 저도 내일이 아니면 오지 않으리라는 것을 알게 됐어요. 그럼, 안녕히! 내일 또다시! 만약 비가 오면 어쩌면 안 올지도 몰라요. 하지만 모레는 오겠어요. 무슨 일이 있어도 꼭 나올 테니까, 틀림없이 여기에 와 주세요. 꼭 당신을 뵙고 싶어요. 모든 것을 이야기하겠어요."

그리고 나서 두 사람이 작별 인사를 나누었을 때 그녀는 나에게 손을 내밀고 밝은 눈길로 내 얼굴을 지켜보면서 이렇게 말했다.

"이제부터 항상 같이 있어요. 네?"

오오, 나스첸카, 나스첸카! 내가 지금 얼마나 고독을 느끼는지, 그것을 당신이 알아준다면!

9시가 됐을 때, 나는 가만히 있을 수가 없었다. 몹시 좋지 않은 날씨였지만 옷을 갈아입고 밖으로 나왔다. 그리고 그 장소로 가서 그 벤치에 걸터앉았다. 그녀가 살고 있는 골목길로 발길을 옮겨 보았지만, 도중에 부끄러워져서 창문도 올려다보지 못하고 그 집으로 두어 걸음도 더 가까이 가지 못한 채 그대로 되돌아오고 말았다. 나는 이제껏 한 번도 느껴 보지 못한 서글픔을 가슴에 안고 집으로 돌아왔다. 어쩌면 이다지도 축축하고 우울한 날씨람! 만약 날씨가 좋았더라면 밤새도록 그 주변을 걸어다녔을 것을……

그러나 내일까지, 내일까지만 참는 거다! 내일만 되면 그녀가 모든 것을 이야기해 준다고 했다.

그렇긴 해도 오늘도 편지는 오지 않았다. 그러나 당연한 것인지도 모른다. 그 두 사람은 이미 함께 있는지도……

넷째 밤

아아, 모든 일이 이런 결과로 끝나다니! 어쩌면 이렇게 끝날 수 있단 말인가!

나는 9시에 도착했다. 그녀는 이미 거기에 와 있었다. 나는 먼 곳에서부터 그녀의 모습을 알아보았다. 그녀는 맨 처음에 만났던 그때처럼 운하 난간에 팔꿈치를 괴고 서 있었는데, 내가 다가가는 발소리도 들리지 않는 듯했다.

"나스첸카!" 나는 간신히 흥분을 억누르면서 그녀를 불렀다.

그녀는 재빨리 이쪽을 돌아다보았다.

"어떻게 됐어요?" 그녀가 말했다. "자, 빨리요."

나는 어리둥절해서 그녀의 얼굴을 바라보았다.

"편지는 어디에 있어요? 편지를 가져오셨어요?" 그녀는 한 손으로 난간을 잡고 되풀이해서 말했다.

"아니, 편지 같은 것은 없습니다." 마침내 나는 말했다. "그분은 아직 오지 않았습니까?"

그녀는 무서울 만큼 얼굴이 창백해져서 꼼짝하지 않고 오랫동안 내 얼굴을 바라보았다. 나는 그녀의 마지막 희망을 깨뜨려 버리고 만 것이다.

"이제 그런 사람은 아무래도 좋아요!" 그녀는 간신히 띄엄띄엄 끊기는 듯한 목소리로 말했다. "이렇게 나를 버리겠다면 그런 사람 따위는 아무래도 좋아요."

그녀는 눈을 내리깔았다. 다시 내 얼굴을 보려고 했지만 그러지 못했다. 그러고 나서 몇 분 동안 그녀는 흥분을 가라앉히려고 애를 쓰다가 갑자기 확 돌아서더니, 그대로 운하의 난간에 팔꿈치를 괴고 소리 내어 울기 시작했다.

"자, 이제 그만 울어요!" 나는 그렇게 말하려고 했으나, 그녀의 얼굴을 보자 그만 말을 계속할 용기가 나지 않았다. 게다가 이제 와서 새삼스럽게 뭐라고 하면 좋단 말인가?

"제발 저를 위로하려고 하지 마세요." 그녀는 울면서 말했다. "그 사람에 대한 말은 꺼내지 말아 주세요. 그 사람은 틀림없이 온다, 절대로 당신을 버린 게 아니라는 말씀 따윈 하지 마세요. 이렇게 잔인하게, 이처럼 피도 눈물도 없이 나를 버리다니 너무해요! 하지만 무엇 때문에, 무엇 때문에 그럴까요? 제가 보낸 편지에, 그 불행한 편지에 무슨 이상한 말이라도 씌어 있다는 건가요?……."

여기서 그녀의 목소리는 격렬한 울음소리로 중단되었다. 그것을 보고 있자니 내 가슴은 찢어지는 듯했다.

"아아! 어쩌면 그렇게 피도 눈물도 없이 잔인할까!" 그녀는 다시 말하기 시작했다. "어쩌면 한 줄의, 단 한 줄의 회답도 주지 않다니, 이제 너는 필요 없게 됐다, 나는 너를 버리기로 했다고라도 답장을 써 주면 좋을 텐데. 꼬박 사흘씩이나 기다리게 해 놓고 단 한 줄의 회답도 보내지 않다니, 그분을 사랑하는 것밖에는 아무 죄 없는 불쌍하고 의지할 곳 없는 소녀를 모욕하는 것만큼 그분에게 쉬운 일은 없을 거예요! 아아, 이 사흘 동안 나는 얼마나 괴로워했는지 몰라요! 아아, 정말 이게 무슨 꼴이람! 제가 처음 그분에게로 몰래 찾아가서 부끄러움을 무릅쓰고, 작은 한 조각 사랑이나마 울며 부탁했던 그때의 일을 떠올리면…… 그런데 이런 결과가 되다니…… 이것 보세요, 제발 들어 주세요." 그녀는 내 쪽을 돌아보면서 말했다. 그 까만 눈이 반짝이기 시작했다. "이건 틀림없이 뭔가 잘못된 걸 거예요! 이럴 리가 없어요. 이런 일은 도무지 있을 수가 없어! 틀림없이 당신이나 제가 잘못 생각하고 있는 거예요. 어쩌면 아직 편지를 받아 보지도 못한 게 아닐까요? 어쩌면 그분은 아직까지 아무것도 모르고 계시는 게 아닐까요? 생각해 보세요. 제발 말씀해 주세요. 당신이 설명해 주세요. 나는 도무지 이해할 수가 없어요. 그분이 제게 한 것 같은 이런 야만스럽고 난폭한 일을 할 리가 없어요! 한마디 답장도 없다니! 이 세상에서 가장 찌꺼기 같은 사람이라도 동정이란 게 조금쯤은 있는 법이에요. 어쩌면 그분은 무슨 말을 들었는지도 아니, 어쩌면 누가 나를 근거없는 말로 헐뜯었는지도 모르잖아요." 그녀는 나에게 묻듯이 외쳤다. "당신은, 당신은 어떻게 생각하세요?"

"이봐요, 나스첸카, 내가 내일, 당신이 부탁하더라고 하고 그 사람에게 가보 겠습니다."

"그래서요?"

"모든 것을 그 사람한테 물어보겠습니다. 모든 사정 이야기를 하고 말입니다."

"그래서, 그래서요?"

"편지를 한 장 써 주십시오, 나스첸카. 싫다고는 하지 마십시오. 싫다고 해서 는 안 됩니다. 나는 그가 반드시 당신의 행동을 존경하도록 만들겠습니다. 모 든 것을 다 이야기해 들려주렵니다. 그래서 만약……."

"안 돼요, 당신, 안 돼요." 그녀는 말을 가로막았다. "이젠 그만요! 더 이상 저 는 아무것도, 단 한마디도, 단 한 줄도 쓰지 않겠어요. 이제 그만! 그런 사람 따위는 몰라요. 그런 사람은 이제 사랑하지 않아요. 그런 사람은 이제 잊…… 기……로……."

그녀는 끝까지 말을 맺지 못했다.

"진정해요, 침착해야 돼요! 자, 여기에 앉아요, 나스첸카." 이렇게 말하면서 나는 그녀를 벤치에 앉혔다.

"진정하고 있어요, 염려 마세요! 아무것도 아니에요! 이런 눈물 같은 것은 금방 말라 버릴 거예요! 제가 혹시 자살이라도 하거나, 물에 몸을 던지기라도 할 것 같아서 그러세요?"

나는 가슴이 미어졌다. 무슨 말이라도 해야겠지만 말을 할 수가 없었다.

"있잖아요." 그녀는 내 손을 잡고 말을 이었다. "있잖아요, 당신이라면 그런 짓은 하지 않았겠죠? 당신이라면 스스로 당신에게 온 여자한테 그렇게 하진 않았겠죠? 그 가냘프고 어리석은 소녀의 마음에 정면으로 맞대 놓고 파렴치 한 조소를 던지는 그런 짓은 하지 않았겠죠? 당신이라면 이해해 주셨을 거예 요. 그 소녀는 외톨이이고, 스스로도 자신을 어떻게 하지 못하고, 사랑이라는 것에 자신을 지키지도 못하고, 그 소녀에게는 아무런 죄도, 뭐라 해도 아무런 죄도 없다는 것을…… 그 소녀는 정말 아무런 잘못도 하지 않았다는 걸…… 아아 정말 이게 무슨 일일까요……."

"나스첸카!" 마침내 나는 흥분을 참지 못하고 외쳤다. "나스첸카! 이건 나를 괴롭히는 겁니다! 내 심장에 상처를 주고 나를 죽이는 겁니다. 이 가슴에 끓어오르는 것을 나는 모조리 말해버려야겠습니다……."

이렇게 말하면서 나는 벤치에서 일어섰다. 그녀는 내 손을 잡고, 깜짝 놀란 듯 나를 지켜보고 있었다.

"왜 그러세요?" 그녀는 한참 뒤에 말했다.

"좀 들어 주십시오." 나는 단호하게 말했다. "나스첸카, 내 말을 들어 주십시오! 이제부터 내가 하는 이야기는 모두 엉터리입니다. 현실에선 불가능한 일입니다. 터무니없는 일입니다! 절대로 그렇게 될 리 없다는 것은 나도 알고 있지만, 이제는 잠자코 있을 수가 없습니다. 당신이 지금 괴로워하시는 일에 대해 미리 부탁드립니다. 제발 용서해 주십시오!"

"어머, 무얼, 뭘 말인가요?" 그녀는 울음을 그치고 유심히 나를 보면서 말했는데, 그 놀란 듯한 눈에 이상한 호기심을 반짝이고 있었다. "왜 그러시는 거예요?"

"이런 일은 이루어질 리 없습니다만, 나는 당신을 사랑하고 있습니다. 나스첸카! 그것뿐입니다! 자, 이제 모든 것을 말했습니다!" 나는 손을 마구 흔들어 대면서 말했다. "이러면 당신도 아시겠죠. 지금 한 것 같은 말을 당신이 할 수가 있을지 어떨지를, 그리고 이제부터 내가 말하는 것을 당신이 들을 수 있을지 어떨지를 말입니다……."

"어머, 어째서, 어째서죠?" 나스첸카는 말을 막았다. "그게 어쨌다는 거죠? 저는 전부터 다 알고 있었어요, 당신이 저를 사랑하고 있다는 것을, 다만 당신의 사랑은 단순하고 막연한 것이라고만 생각했어요…… 아아, 이를 어쩌나!"

"그야 처음에는 단순한 것이었습니다, 나스첸카. 그러나 지금은, 지금은…… 나는 그때의 당신과 똑같습니다. 옷 보따리를 들고 그 사람한테로 갔을 때의 당신과 말입니다. 아니 그때의 당신보다도 더 비참합니다. 나스첸카, 그때 그 사람에게는 아무도 사랑하는 사람이 없었으니까요. 그런 사람을 당신이 사랑했으니까요."

"무슨 말씀을 하시는 거죠? 이러면 당신이라는 분을 도무지 이해할 수 없게 돼요. 이봐요, 좀 들어 보세요. 무엇 때문에 아니 무엇 때문에가 아니라, 도대체 어떤 이유로 그런 말씀을 이제야 느닷없이…… 아아! 전 바보 같은 소리를 하고 있군요! 하지만 당신은……."

그리고 나스첸카는 아주 당황스러워했다. 그녀의 볼은 붉게 물들었다. 그녀는 눈길을 떨어뜨렸다.

　　"어쩔 수 없습니다, 나스첸카. 정말 어떻게 할 수가 없습니다! 내가 나빴습니다. 그만 나도 모르게…… 그러나 그렇지 않습니다. 나는 나쁜 짓은 하지 않았습니다. 나스첸카, 저는 그것을 알고 있습니다. 느낄 수 있습니다. 왜냐하면 내 마음은 진심이니까요. 도저히 당신을 화나게 할 수는 없으니까요! 나는 당신의 친한 친구였습니다. 아니, 지금도 여전히 친굽니다. 나는 절대로 당신을 배신하지 않았습니다. 자, 지금 이순간에도 내 눈에서 눈물이 흐르고 있지 않습니까, 나스첸카, 그냥 흐르게 내버려두십시오. 내버려둔다고 누구의 방해가 되는 것도 아니니까요. 그러다가 말라 버릴 겁니다. 나스첸카……"

　　"아무튼 여기에 좀 앉으세요." 나를 벤치에 앉히면서 그녀가 말했다. "아아, 정말 어쩌면 좋아!"

　　"아닙니다, 나스첸카! 앉지 않겠습니다. 나는 더 이상 여기에 있을 수 없는 사람입니다. 당신은 이제 나를 볼 수 없을 겁니다. 나는 모든 것을 당신에게 이야기하고 곧 이곳을 떠나겠습니다. 다만 당신이, 영원히 몰랐을 것을, 내가 당신을 사랑한다는 것을 당신에게 들려주고 싶었을 뿐입니다. 나는 이 비밀을 언제까지나 지키겠습니다. 지금처럼 나의 이기주의로 당신을 괴롭힐 생각은 없었습니다. 그러나 더 참을 수가 없었습니다. 당신 스스로 이런 말을 꺼냈으니까요. 당신이 나쁩니다. 모든 것은 다 당신이 나빴기 때문이에요. 내가 나쁜 게 아닙니다. 당신은 나를 쫓아 버릴 수 없습니다……"

　　"아니에요, 그럴 리는 없어요. 그렇지 않아요, 당신을 쫓아 버리거나 하지 않아요! 아니에요!" 불쌍한 나스첸카는 이렇게 말하고, 될 수 있는 대로 당황한 기색을 감추려고 했다.

　　"나를 쫓아 버리지 않는다고요? 아니라고요? 그런데도 내가 당신 곁에서 달아나려고 하는 겁니다. 어차피 나는 가겠지만, 그 전에 모든 이야기를 다 하겠습니다. 그것은 당신이 여기서 이야기하셨을 때, 나는 가만히 앉아 있을 수 없었기 때문입니다. 당신이 여기서 울고 있었을 때, 당신이 그때 (이제야 말하겠는데요, 나스첸카) 나는 버림을 받았다, 나의 사랑은 거절당했다, 라고 하면서 괴로워하셨을 때 나는 당신에 대한 끝없는 사랑을 느꼈습니다. 바로 깨달았던 겁니다!…… 그때 그 사랑으로도 당신을 도울 수 없음을 나는 슬퍼했습니다…… 가슴이 터질 것만 같아서 나는, 나는…… 가만히 있을 수가 없었습니다. 말하지 않을 수 없었습니다. 나스첸카, 다 말하지 않을 수 없었습니다…….”

“그래요, 그래요! 그렇게, 그렇게 다 말씀해 주세요!” 나스첸카는 뭐라고 설명할 수 없는 몸짓으로 말했다. “제가 이렇게 말하는 것을 어쩌면 당신이 이상스럽게 생각할지도 모르겠지만, 그래도……말씀해 주세요! 저도 나중에 이야기할 테니! 하나도 남김없이 이야기할 테니까요!”

“당신은 나를 불쌍하게 생각하고 있습니다, 나스첸카. 그저 불쌍해서 견딜 수 없는 것뿐입니다! 한 번 잃어버린 것은 어쩔 수 없습니다! 한 번 말해버린 것은 다시 돌이킬 수 없습니다! 그렇지 않습니까? 자, 이제 당신은 모든 것을 아실 겁니다. 즉, 이것이 바로 이야기의 출발점이 되는 셈입니다. 자, 이제 됐습니다! 이것으로 모든 것이 잘 되었습니다. 그런데 좀 들어 주십시오. 당신이 여기 앉아서 울고 계셨을 때 난 속으로 생각했습니다. ‘아아, 내가 생각한 것을 말하게 해 주십시오!’ 나는 이렇게 생각했습니다(아니, 그런 것은 있을 수 없는 일입니다, 나스첸카). 즉, 나는 당신이…… 당신이 어쩌다가…… 그 어떤 순간에 정말 어쩌다가, 이제는 그 사람을 사랑하지 않게 되지는 않을까 하고 말입니다. 만약 그렇다면……나는 어제도, 그제도 그런 것을 생각했지만, 나스첸카……그렇다면 나는 당신이 나를 사랑해 주도록, 무슨 일이 있더라도 반드시 해 보아야겠다고 이런 생각을 했습니다. 당신 스스로 그렇게 말하지 않았습니까, 나스첸카. 이제는 내가 아주 좋아졌다고 해도 상관없다고 말입니다. 그리고, 그리고 뭐였지요? 아니 이것이 내가 말하고 싶었던 전부입니다. 아직 남은 말이 있다면, 만약 당신도 나를 사랑하게 된다면 그때는 어떨까 하는 것, 다만 그것뿐, 다른 것은 아무것도 없습니다! 상관 없으니까 그대로 들어 주십시오. 누가 뭐라고 해도 당신은 나의 친한 친구니까요. 그야 물론 나는 가난하고 평범한 보잘것없는 사람입니다. 그러나 문제는 그런 데 있지 않습니다(아무래도 쓸데없는 말만 지껄이고 있는 것 같군요. 그것은 쑥스럽기 때문이랍니다, 나스첸카). 문제는 단지 당신에 대한 사랑, 어떻게 사랑하느냐 하는 일입니다. 지금도 당신이 그 사람을 사랑하고 계시다면, 내가 알지 못하는 남자를 계속 사랑하고 있다면, 아무튼 당신이 알아차리지 못하도록 내 사랑이 자칫 잘못해서 당신의 부담이 되는 일이 없도록 하는, 그런 사랑을 해야 한다는 겁니다. 당신은 다만 언제나 자기 곁에서 감사에 찬 심장의 고동 소리를 느끼기만 하면 됩니다. 감사에 찬 마음, 당신을 그리워하는 불타는 듯한 마음…… 아아, 나스첸카, 나스첸카! 당신은 도대체 나를 왜 이렇게 만드셨습니까!"

"울지 마세요. 저는 당신이 우는 게 싫어요." 나스첸카는 말하고, 서둘러 벤치에서 일어섰다. "자, 가요. 일어나서 함께 가기로 해요. 울지 마세요. 제발 울지 마세요." 그녀는 말을 마치자 자기 손수건으로 내 눈물을 닦아 주었다. "자, 이젠 가요. 어쩌면 당신에게 얘기할 게 있을지도 몰라요…… 그래요, 만약 정말로 그분이 저를 버리셨다면, 저를 잊어버렸다면, 저는 아직 그분을 사랑하고 있지만(그래요, 저는 당신께 거짓말을 하고 싶지는 않으니까)…… 하지만 제발, 제가 묻는 말에 대답해 주세요. 가령, 만약에 제가 당신을 사랑하게 된다면, 즉 만약에 제가 어쩌면…… 아아, 당신, 당신은 제 친구예요! 그런데도 난 당신을 모욕했어요. 당신이 나를 사랑하지 않았다 해서 당신을 칭찬도 했지만, 당신의 사랑을 비웃었어요. 그것을 생각하면! 아아, 어쩌면 정말로, 왜 난 그걸 미처 몰랐을까. 어째서 그걸 알아차리지 못했을까. 어째서 그렇게 바보였을까. 하지만…… 하지만, 좋아요. 전 결심했어요. 모든 것을 말해 버리겠어요……."

"이보십시오, 나스첸카, 좀 들어 주세요! 나는 당신 곁을 떠나겠습니다. 그게 가장 좋은 길입니다! 이래서는 당신을 괴롭힐 뿐이니까요. 당신은 나를 비웃었다고 해서 지금 양심의 가책으로 시달리고 있습니다. 그런 것은 싫습니다. 자기 자신의 슬픔 말고도 또 그런 일로 괴로워하다니…… 물론 내가 나쁩니다, 나스첸카. 그럼 이만 실례하겠습니다!"

"잠깐만 제 말을 들어 주세요. 조금만 더 기다려 주실 수 있나요?"

"뭘 기다립니까? 어떻게?"

"저는 그분을 사랑하고 있어요. 하지만 그 사랑은 머지않아 식어 버릴 거예요. 식는 게 당연해요. 식지 않을 리가 없어요. 이미 식고 있는걸요. 저는 그것을 느낄 수 있어요…… 어쩌면 오늘이라도 완전히 식어 버릴지도 모르겠어요. 저는 그분을 미워하고 있으니까요. 당신은 여기서 저와 함께 울어 주셨는데 그분은 저를 놀렸으니까요. 당신은 그분처럼 저를 밀어내는 짓은 절대로 하지 않으실 분인걸요. 더구나 당신은 저를 사랑하고 계시는데, 그분은 저를 사랑하지 않았기 때문이에요. 게다가 무엇보다도 저도 당신을 사랑하는 걸요…… 그래요. 사랑해요! 당신이 저를 사랑하시는 것처럼 저도 당신을 사랑해요. 이것은 전에도 당신께 제 스스로 말씀드렸지만 말이에요. 당신도 들으셨을 거예요—제가 당신을 좋아하는 것은 당신이 그분보다 좋은 분이기 때문이에요. 그분보다 훌륭하신 분이기 때문이에요. 그건, 글쎄, 그분은……."

가엾게도 너무나 흥분했기 때문에 그녀는 끝까지 말을 잇지 못하고 머리를 내 어깨에 기대더니 나중엔 내 가슴에 엎드려 슬프게 울기 시작했다. 나는 위로하기도 하고 달래기도 했으나 그녀는 울음을 그치지 않았다. 그녀는 줄곧 내 손을 꼭 쥔 채 "기다려 주세요, 기다려 줘요. 곧 울음을 그칠 테니까요! 당신께 하고 싶은 이야기가 있어요…… 이 눈물을…… 이상하게 생각하진 마세요. 이것은 그저…… 마음이 약해져 있기 때문이에요. 마음이 가라앉을 때까지 조금만 기다려 주세요!" 그녀는 흐느껴 울며 말을 이었다. 이윽고 그녀는 울음을 멈추고 눈물을 닦았다. 우리는 다시 걷기 시작했다. 나는 말을 하려고 했지만 그녀는 조금만 더 기다려 달라고 했다. 우리는 잠자코 있었다…… 이윽고 그녀는 용기를 내어 이야기하기 시작했다…….

"이보세요." 그녀는 약하디약한 떨리는 목소리로 말하기 시작했지만, 그 목소리에는 뜻밖에도 내 심장을 별안간 찌르고, 감미로운 아픔을 느끼게 하는 뭔가가 있었다. "제발 저를 변덕스런 들뜬 여자라고 생각하진 마세요. 아주 간단하게 쉽게 잊어버리고, 상대를 배신할 수 있는 여자라고 생각지 마세요…… 저는 꼬박 1년 동안이나 그분을 한결같이 사랑했고, 하느님께 맹세해도 좋지만 그야말로 한 번도 그분을 배신할 생각조차 하지 않았어요. 그런데도 그분은 그것을 무시하고 저를 희롱했어요. 그런 사람은 아무래도 좋아요. 그분은 저에게 상처를 주었어요. 제 마음을 모욕했어요. 저는—저는 그런 사람을 사랑하고 있지 않아요. 제가 사랑할 수 있는 사람은 마음이 넓고 저를 이해해 주는 훌륭한 분뿐인걸요. 저 자신도 그런 여자니까요. 그러니까 그분은 제 사랑을 받을 가치가 없어요. 정말로 이젠 어떻게 하든 마음대로 하라죠! 오히려 잘 됐을 정도예요. 나중에 기대에 어긋나 배신당하는 것보다는 더 나아요…… 자, 이 이야기는 이것으로 끝이에요! 하지만 모르겠군요." 그녀는 내 손을 쥔 채 말을 계속했다. "모르겠어요. 어쩌면 제 사랑이란 것도 하나에서 열까지 전부 감정의 기만이나 공상이었는지도 몰라요. 어쩌면 줄곧 할머니한테 감시받은 데서 그런 어이없는 장난을 한 것이 일의 시초였는지도 모르겠어요. 어쩌면 저는 그분이 아니라 다른 사람을 사랑해야 하는지도 모르겠죠. 그런 사람이 아니라 저를 가엾게 생각해 주는 다른 사람 말이에요. 그리고 그리고…… 하지만 이젠 그만둬요, 이런 이야기는." 나스첸카는 흥분을 이기지 못해 헐떡이면서 스스로 말을 막았다. "단지 제가 당신께 말하고 싶었던 것은…… 제가 말하고 싶었던 것은 이런 거였어요. 만약 당신이 제가 그분을 사랑하고 있다(아니 사랑하고 있었다)고 하는데, 그럼에도 그래도 아직…… 당신의 사랑이 커서, 결국은 제 가슴에서 예전의 사랑을 쫓아낼 힘이 있다고 하신다면, 만약…… 당신이 저를 가엾게 생각하신다면, 만약 당신이 위안도 없고 희망도 없는 운명 속에 저를 홀로 놓아두고 싶어하시지 않는다면, 그 감사한 마음만에라도 맹세하고…… 저의 사랑은 머잖아 당신의 사랑을 받을 만한 가치가 있을 거라고 생각해요. 이렇더라도 당신은 제 손을 잡아주시겠어요?"

"나스첸카!" 나는 눈물을 머금고 숨을 헐떡이면서 외쳤다. "나스첸카! …… 오오, 나스첸카!"

"자, 이제 그만, 그만! 자, 이젠 정말!" 그녀는 가까스로 자신을 억제하면서 말했다. "자, 이제 모든 것을 말해 버렸군요. 그렇잖아요? 그렇죠? 자, 이제 당신이 행복하시다면 저도 행복해요. 더 이상 아무 할 말이 없어요. 잠깐만 잠깐만 가만히 둬 주세요…… 무슨 다른 이야기를 해 주세요. 부탁이에요!……"

"그래요, 나스첸카. 그렇고말고요! 이 이야기는 이젠 그만둡시다. 나는 지금 행복하니까, 나는…… 자, 나스첸카, 자, 다른 이야기를 합시다. 빨리, 빨리 다른 이야기를 시작합시다. 그게 좋겠습니다! 나는 언제라도……"

그러나 두 사람은 무슨 이야기를 해야 할지 몰랐다. 우리는 웃기도 하고 울기도 하면서, 연결도 되지 않고 뜻도 없는 말들을 나오는 대로 지껄이며 떠들어댔다. 우리는 보도를 걷다가는 갑자기 되돌아가기도 하고, 거리를 마구 가로지르기도 했다. 그리고 걸음을 멈추고 다시 강변 길쪽으로 길을 가로질러

갔다. 우리는 마치 어린애들 같았다.

"나는 지금 혼자 살고 있습니다만, 나스첸카." 나는 말하기 시작했다. "내일이면…… 그야 물론 나는 아시다시피 나스첸카, 가난합니다. 1년에 1,200루블밖에는 못 받고 있으니까요. 그러나 그런 건 상관없습니다……."

"물론 문제될 건 없어요. 할머니한테 연금이 있으니까요. 우리를 곤란하게 하지는 않을 거예요. 하지만 할머니는 모셔 와야죠."

"물론 할머니는 모셔 와야 합니다…… 다만 문제는 마트료나가……."

"아! 그렇군요. 우리도 표클라가 있어요!"

"마트료나는 사람은 좋지만 다만 한 가지 결점이 있습니다. 그 여자에게는 상상력이란 게 없습니다. 나스첸카, 도무지 상상력이 없습니다. 그러나 그런 건 상관없습니다!"

"어쨌든 마찬가지예요. 그들 둘이 함께 있을 수 있잖아요? 다만 당신은 내일이라도 저의 집으로 이사오셔야죠."

"뭐라고요? 당신 집으로? 좋습니다. 언제라도 이사하겠습니다……."

"그래요, 우리 집 방을 쓰는 거예요. 우리 집은 2층으로 되어 있어요. 지금은 거기가 비어 있으니까요. 늙은 여자 귀족이 거기 살았지만 이사 가버렸어요. 할머니는 젊은 남자분이 들어왔으면 하시나봐요. '왜 젊은 남자가 좋아요?' 하고 제가 물어봤어요. 그러니까 할머니는 '뭐, 나도 이미 늙지 않았니, 나스첸카. 너를 그 사람한테 시집보내려고 생각한다고는 생각지 마라.' 하시잖겠어요. 그래서 저는 역시 그 때문이었구나 하고 단번에 알아차렸어요……."

"아아, 나스첸카……."

그리고 우리 둘은 함께 웃었다.

"자, 이제 그만, 그만. 그런데 지금 어디 산다고 했던가요? 저 잊어버렸어요."

"저기, 다리 가까이에 있는 바란니코프네 집입니다."

"그 엄청나게 큰 집 말이요?"

"그렇습니다. 굉장히 큰 집이죠."

"아아, 알겠어요. 퍽 좋은 집이에요. 하지만 아시겠죠? 그 집을 나와 되도록 빨리 저의 집으로 이사오셔야 해요……."

"내일이라도, 나스첸카, 내일이라도 당장 가겠습니다. 방세가 좀 밀려 있지

넷째 밤 571

만, 뭐 괜찮습니다…… 이제 곧 월급날이 되니까요……."

"저, 어쩌면 전 가정교사를 해도 좋겠어요. 나도 공부하고, 아이들의 공부도 봐주겠어요……."

"그것 참 좋습니다…… 그런데 저도 곧 보너스를 받게 돼요, 나스첸카……."

"그럼 내일부터 당신은 우리 집 식구로군요……."

"그렇습니다. 그리고 함께 〈세비야의 이발사〉를 들으러 갑시다. 이번에 또 머지않아 상연될 모양이더군요."

"네, 그래요." 나스첸카는 웃으면서 말했다. "아니에요, 그것보다 다른 것을 보러 가요. 〈세비야의 이발사〉는 말고요……."

"네, 좋습니다. 다른 것을 보러 갑시다. 물론 그 편이 좋겠군요. 미처 생각을 못했습니다……."

이런 이야기를 나누면서 우리는 마치 가스에라도 취했는지 안개에라도 휩싸인 것처럼 비틀비틀하면서 걸어다니고, 자신이 어떻게 되어 있는지 스스로도 모르는 형편이었다. 걸음을 멈추고 한 곳에서 오랫동안 지껄이는가 하면, 다시금 비틀거리며 걷기 시작하여 마침내 엉뚱한 곳으로 와 버렸다. 그러고는 또 웃고, 울고…… 그러더니 나스첸카가 갑자기 집에 가고 싶다고 했다. 나는 붙들어 둘 용기도 없어서 그러면 집까지 바래다주겠다고 했다. 그리고 우리는 걷기 시작했는데, 15분 정도 지나자 우리 두 사람은 어느 틈엔가 강변 길 그 벤치 옆에 와 있었다. 그녀는 한숨을 쉬고 또다시 눈에 눈물이 가득 괴어 왔다. 나는 갑자기 겁이 나서 나도 모르게 섬뜩해졌다…… 그러나 그녀는 곧 내 손을 잡고 잡아당기는 것처럼 걷기 시작하면서 이말 저말 지껄이기 시작했다. 이야기에 열중하며…….

"이젠 집에 돌아갈 시간이에요. 너무 늦었나봐요." 마침내 나스첸카가 말했다. "이런 어린애 같은 짓은 그만해요!"

"그렇군요, 나스첸카. 그러나 이 상태로는 도저히 잠을 이룰 수가 없습니다. 나는 집으로 돌아가지 않겠습니다."

"저도 잠들 것 같지 않아요. 하지만 집까지는 바래다 주시겠죠……."

"물론이죠!"

"하지만 이번에는 꼭 집까지 가요."

"염려 마세요. 꼭 집에 갑시다……."

"정말이죠? ……언젠가는 집으로 돌아가야 하니까요!"

"약속하겠습니다." 나는 웃으면서 대답했다.

"자, 갑시다!"

"가요."

"봐요, 나스첸카. 저 하늘을 봐요! 내일은 틀림없이 좋은 날씨일 겁니다. 어쩌면 하늘이 저다지도 푸를까요? 달을 보십시오. 자, 저 노란 구름, 지금 막 달을 감추려고 하고 있군요. 보십시오, 좀 보시라니까요! ……아, 달 옆을 지나가고 말았군요. 보십시오, 자!"

그러나 나스첸카는 구름을 보고 있지 않았다. 못박힌 것처럼 말없이 그 자리에 우뚝 서 있을 뿐이었다. 잠시 뒤 그녀는 이상하게 망설이는 듯하며 내게로 몸을 가까이했다. 그녀의 손은 내 손 안에서 떨고 있었다. 나는 그녀의 얼굴을 들여다보았다…… 그녀는 다시금 내게 바싹 가까이 붙었다.

그 순간, 한 청년이 우리의 옆을 지나쳤다. 그는 갑자기 발길을 멈추고 유심히 우리를 바라보다가 다시 몇 발짝 걸음을 내디뎠다. 내 심장이 떨리기 시작했다…….

"나스첸카." 나는 낮은 목소리로 말했다. "저 사람은 누군가요, 나스첸카?"

"그분이에요!" 그녀는 속삭이는 것 같은 목소리로 대답하고 점점 더 심하게 몸을 떨면서 한층 더 바싹 나에게 달라붙었다…… 나는 가까스로 서 있는 형편이었다.

"나스첸카! 나스첸카! 역시 당신이었군요!" 그 목소리는 우리 뒤에서 들려왔다. 그 순간, 그는 우리 쪽으로 다가왔다…….

아아, 그 외침! 무섭게 떨리던 그녀의 몸! 그리고 내 손을 떨쳐 버리고 그에게로 달려간 그녀의 재빠른 동작! ……나는 얻어맞은 듯 꼼짝하지 않고 맥없이 선 채 우두커니 두 사람을 바라보았다. 그러나 그에게 손을 내밀고 그 포옹에 몸을 맡기려는 순간, 그녀는 내 쪽으로 돌아서서 눈 깜짝할 사이에 또 내 옆에 돌아와 있었다. 바람같이, 번개같이. 그리고 내가 정신을 차렸을 때는, 그녀는 이미 두 팔을 내 목에 감고, 뜨거운, 숨이 막혀 버릴 듯한 키스를 내게 막 퍼붓고 있었다. 그러고는 나에게 한마디 말도 건네지 않고 다시금 그에게로 몸을 돌려 그의 두 손을 잡고, 앞서서 끌어당기듯 하며 걸어가기 시작했다.

　나는 오랫동안 그 자리에 우뚝 서서 그들이 걸어가는 뒷모습을 바라보고 있었다……. 이윽고 그들 둘은 내 시야에서 사라졌다.

아침

　나의 밤은 끝나고 아침이 되었다. 좋지 않은 날씨였다. 비가 마구 내리고 있었고 빗방울이 쓸쓸하게 내 방의 창문을 때리고 있었다. 방 안은 어두컴컴하고, 밖은 잿빛으로 흐려 있었다. 골치가 아프고 현기증이 났다. 손발은 뜨거웠다.

　"편지 왔어요, 주인님. 시내 우편으로 지금 막 우체부가 가져왔어요." 내 머리맡에서 마트료나가 말했다.

　"편지라고! 누구한테서?" 나는 의자에서 벌떡 일어나며 외쳤다.

　"모르겠는데요. 한번 뜯어 보세요, 주인님. 누가 보냈는지 그 속에 적혀 있을지도 모르니까요."

　나는 서둘러 편지를 뜯었다. 그녀한테서 온 것이었다.

　'아, 용서해 주세요. 부디 저를 용서해 주세요!' 나스첸카는 이렇게 쓰고 있었다.

　　무릎을 꿇고 용서를 빕니다. 제발 용서해 주세요! 저는 당신도, 저 자신도 속이고 있었던 겁니다. 그것은 꿈이었습니다. 환상이었던 겁니다……
당신을 생각하면 몸이 마르는 것 같습니다. 용서해 주세요. 제발 저를 용서해 주세요!……
　　제발 저를 책망하지 말아 주세요. 저는 당신을 배반하는 짓은 하지 않았어요. 저는 당신을 계속 사랑하고 있어요. 아니, 사랑하는 것 이상이에요. 아아! 당신들 두 분을 동시에 사랑할 수 있다면! 아아, 만약 당신이 그분이었다면!

　'아아! 만약 그분이 당신이었다면!' 이 소리가 갑자기 내 머리에 울려 왔다.

당신의 말이 생각났습니다, 나스첸카!

하느님도 아세요. 저는 당신을 위해서라면 어떤 일이라도 할 작정이에요. 당신이 고통스럽고 괴로운 생각을 하고 계시리라는 것을 저도 잘 알아요. 저는 당신을 모욕했지만 당신도 아시는 바와 같이, 사랑하고 있으면 모욕당한 것을 언제까지나 기억하고 있을 수 없어요. 그리고 당신은 저를 사랑하고 계세요!

고마워요! 그래요! 그 사랑에 대해서 저는 당신께 감사합니다. 당신의 사랑은 제 기억에 아로새겨져 있으니까요. 그것은 다디단 꿈처럼 잠을 깨고 난 뒤에도 오랫동안 마음에 남아 있으니까요. 당신께서 친형제처럼 제게 마음을 열어 주셨던 그 순간, 그리고 관대하게도, 제 슬픔에 짓눌린 마음을 다정하게 받아들이고, 그것을 소중히 하고 사랑을 부어주고, 그 상처를 아물게 해 주신 순간을 저는 영원토록 기억할 것입니다…… 당신이 저를 용서해 주신다면 당신의 추억은 제 가슴속에서 영원히 변함없는 감사한 마음이 되어, 제 마음에서 언제까지나 사라지지 않을 것입니다…… 저는 이 추억을 소중히 지키고, 항상 거기에 충실하고 그것을 배신하는 것은, 제 마음을 배신하는 짓은 하지 않겠어요. 제 마음은 영원토록 변하지 않을 거예요. 그 때문에 어젯밤은 그토록 빨리, 그것이 영원히 딸려 있는 사람한테로 되돌아간 거예요.

또 만나 뵙겠어요. 당신도 우리에게로 오세요. 우리를 못 본 체하시지는 않겠죠. 당신은 저의 영원한 친구, 저의 오빠인걸요…… 그리고 저를 만나시면 제발 손을 내밀어 주세요…… 그렇게 해주시겠지요? 당신은 틀림없이 내밀어 주실 거예요. 왜냐하면 당신은 저를 용서해 주셨는걸요. 그렇지 않은가요? 저를 전과 마찬가지로 사랑해 주시겠죠?

오오, 제발 저를 사랑해 주세요. 버리지 말아 주세요. 저는 이 순간에도 이토록 당신을 사랑하고 있어요. 저는 당신의 사랑을 받을 만한 가치가 있어요. 그 사랑에 보답할 수 있는 여자인걸요…… 아아, 당신은 저의 친구예요! 저는 다음 주에 그분과 결혼합니다. 그분은 다시금 사랑하는 사람으로서 되돌아왔어요. 그분은 결코 저를 잊고 있었던 것이 아니었어요…… 그분 이야기를 썼다고 해서 당신이 화를 내시진 않겠지요.

저는 그분과 함께 한번 당신을 찾아뵈려고 해요. 당신은 틀림없이 그분을 좋아하게 되실 거예요.

제발 우리 두 사람을 용서해 주세요. 잊지 마시고 언제까지나 사랑해 주세요.

당신의 나스첸카

나는 한참 동안 몇 번이고 이 편지를 되풀이해서 읽었다. 눈물이 솟구쳐 올라왔다. 이윽고 편지가 손에서 미끄러져 떨어졌다. 나는 두 손으로 얼굴을 감쌌다.

"주인님, 주인님!" 마트료나가 불렀다.

"뭐죠, 할멈?"

"천장의 거미줄을 말끔히 치워 버렸어요. 이젠 언제 색시를 얻으셔도, 손님들을 초대하게 되더라도 걱정없어요……."

나는 마트료나의 얼굴을 보았다. 그녀는 아직 건강하고 젊은 할머니였으나 내 눈에는 갑자기 그녀가, 눈빛의 윤기도 사라지고, 얼굴은 주름투성이며, 허리가 굽은, 형편없이 늙은 노파가 된 것처럼 여겨졌다. 그리고 어쩐 일인지 갑자기 내 방도 할멈과 같이 늙어 버린 것같이 생각되었다. 벽도 마루도 갑자기 빛이 바래고 모든 것이 흐리멍덩한 빛으로 변하고, 거미줄도 오히려 전보다 더 많아진 것 같았다. 왜 그런지, 문득 창밖을 내다보자 건너편에 서 있는 집도 갑자기 낡아 빠져서 이상하게 퇴색해 버린 것 같았다. 둥근 기둥의 회색 칠은 벗겨져서 떨어지고, 박공(博栱)은 거무스름해지고 금이 가고, 짙은 노란색으로 칠해져서 산뜻했던 벽도 지금은 무참하게 얼룩져 있었다……

아니면 갑자기 먹구름 그늘에서 살짝 얼굴을 내민 햇살이 다시 비구름 뒤로 숨어 버려서 눈앞의 온갖 것들이 광택을 잃어버리고 만 것일까. 아니, 어쩌면 내 눈앞에 어쩐지 슬픈 듯하고 낯선 내 미래 생활의 짧은 한 장면이 그 모양 그대로 스쳐 지나갔는지도 모른다. 그리고 15년 뒤의 늙어 빠진 내가, 같은 이 방에서 역시 홀로, 그 기나긴 세월이 흐르는 동안에도 조금도 영리해지지 않은 마트료나와 둘이서 여전히 쓸쓸하게 살고 있는, 지금과 똑같은 자신의 모습을 보았을지도 모른다.

그러나 나스첸카, 모욕당한 것을 언제까지나 잊지 않고 원망할 나라고 생각하는가! 그대의 밝고 아늑하고 조용한, 행복한 결혼 생활에 검은 구름을 일게 할 나라고 생각하는가. 심한 비난의 말을 퍼붓고 그대의 가슴을 슬픔에 잠기게 하고, 남모를 양심의 가책으로 당신 가슴을 멍들게 하고, 그지없이 기쁜 순간에 우울한 생각으로 가슴을 두근거리게 할 나라고 생각하는가.

　그와 나란히 서서 제단을 향해 걸어갈 때, 당신의 그 검은 머리에 꽂은 그 가련한 꽃을 하나라도 짓뭉개 놓을 나라고 생각하는가…… 오오, 결코, 결코 그런 짓은 하지 않는다! 당신 마음의 하늘이 언제까지나 맑게 개기를, 그대의 사랑스러운 미소가 언제까지나 밝고 따뜻하기를. 그리고 더없는 기쁨과 행복의 순간에 당신 위에 축복이 있기를, 그것은 당신이 다른 한 사람의 고독하고 감사에 넘치는 마음에 주는 행복이기도 한 것이다!

　아아! 더없는 기쁨의 완전한 순간이여! 인간의 긴 일생에 있어 그것은 결코 부족함이 없는 순간 아니겠는가…….

도스토옙스키의 체험과 문학

도스토옙스키의 체험과 문학

도스토옙스키는 1849년 세칭 페트라솁스키 사건에 연루되어 시베리아 유형에 처해져 옴스크 감옥에서 4년간 죄수로서 지옥과 같은 생활을 보냈는데, 이 일은 문학적 상식으로 이미 누구나 알고 있는 사실이다. 또한 페트라솁스키 사건이 푸리에 일파의 사회주의 사상을 러시아 땅에 심어 놓으려고 한 청년들의 수단이었다는 것도 대부분 알려진 이야기이다. 그러나 페트라솁스키가 어떤 인물이고, 그와 그의 단체가 어떤 활동을 했으며, 도스토옙스키가 그들 활동에 어느 정도까지 참여했는가에 대해서는 어느 정도 상세한 설명을 해둘 필요가 있다고 생각한다.

도스토옙스키가 문단에 데뷔했을 무렵의 러시아는 천재 시인 푸시킨을 죽이고 고골을 분노케 한 니콜라이 1세의 탄압 정치가 더욱 강화되었을 때이다. 학술·문학·예술의 자유가 압박을 받고 사회 활동은 마비 상태에 빠졌으며, 국내의 공기는 침체하여 교양 있는 지식인은 정신적으로 거의 질식할 듯한 상태에 있었다. 이 어두운 동굴 같은 세계에 조금이나마 빛과 신선한 공기를 주입한 것은 엄금된 법을 피해 밀수입된 유럽의 사상적 저술, 주로 프랑스 사회주의자들이 쓴 작품들이었다. 루이 브랑·브르통·푸리에 등의 공상적 사회주의 사상이 담긴 이 책들은 금단의 열매 같은 매력으로 피끓는 러시아의 젊은이들을 유혹했다. 이러한 책을 손에 넣은 사람은 자연히 그들 주위에 지식과 행동을 갈망하는 청년들을 모아 일종의 연구 단체를 형성하게 되었다. 페트라솁스키도 그런 단체의 한 중심인물이었다.

그는 지주의 아들로 학습원을 거쳐 대학을 졸업한 뒤 외무성 관리로 근무하고 있으면서 키릴로프라는 가명으로 《외래어 포켓 사전》을 내어 일부 사람들의 주의를 끌게 되었다. 이 책은 교묘하게 겉만 위장한 사회주의 사상 계몽서였으므로 얼마 뒤 판매 금지를 당했다. 도스토옙스키가 이 페트라솁스키의 집회에 가담하기 시작한 것은 1846년의 일이며, 이 단체에 가장 빨리 가담한 회원 중의 한 사람이었다. 도스토옙스키가 이런 사회 사상 연구에 흥미를 갖게 된 것은 그의 재능을 발견한 벨린스키의 영향이 컸을 것임이 틀림없다. 그러면 도스토옙스키는 푸리에적 사회주의에 얼마나 공명했는가? 이 질문에 대답하기 전에, 페트라솁스키의 단체가 정말 혁명 운동의 비밀 결사대였는가 아닌가를 먼저 밝힐 필요가 있다.

도스토옙스키는 《작가의 일기》 1873년 제13장 중, 1869년에 일어난 네차예프 비밀 결사 사건과 관련지어 세상의 청년들을 향한 경고의 글을 쓴 일이 있다. 그 속에서 "나 자신도 전의 네차예프당의 한 사람이다"고 말하고 있다. 그리고 이 수수께끼 같은 말의 주석으로 다음과 같이 말했다. "나는 다 알고 있다. 여러분은 이 일에 대해 항의를 제기하고 당신은 절대로 네차예프당이 아니고 단지 '페트라솁스키당'에 지나지 않는다고 말할 것이다. 그러나 '페트라솁스키당'과 흡사한 대단히 많은 서클이 법망에 걸리지 않고 아무 일 없이 남았다."

이 말로 보아 도스토옙스키는 자신이 참여했던 연구 단체가 더 존속되었더라면 결국 순전한 혁명적 비밀 결사가 되었을 것임을 지적하고 있는 것이다. 페트라솁스키의 단체는 구체적 행동 프로그램 따위는 갖고 있지 않았으나 그 내부 분위기는 단순히 연구적인 것만은 아니었다. "그곳에는 뒤에 형성된 많은 비밀 결사와 마찬가지로 여러 가지 것, 즉 활판과 석판 인쇄기가 다 갖추어져 있었다. 단지 불온한 행동 계획만 없을 뿐이었다. 뒷날의 음모는 모두 이 단체에서 본뜬 것에 지나지 않는다"고 도스토옙스키는 말하고 있다. "네차예프식 살인조차 아마 그들 중 어떤 사람은 했을지도 모른다"고 그는 《작가의 일기》 속에 쓰고 있다.

그러면 도스토옙스키 자신의 신념은 어떤 것이었는가? 그는 같은 문장 속에서 자기는 사형장에 끌려나가 죽음과 마주했을 때조차 조금도 후회의 감정을 느끼지 않았다고 알린다. 그리고 그런 불행을 가져온 사상과 관념은 뉘우침보다 오히려 마음을 정화시키는 수단적인 동지들과 다른 점이 있었다. 그것은 도스토옙스키의 깊은 그리스도교적 신앙이었다. 그가 페트라솁스키의 단체에 들어간 것은 벨린스키의 영향을 받은 때문이지만 도스토옙스키는 벨린스키와도 그 무렵엔 좋지 않은 관계에 있었다. 그 까닭은 벨린스키가 무신론자였던 관계로 항상 젊은 작가의 종교적 정열을 비방하고 공격했기 때문이다. 도스토옙스키가 페트라솁스키의 계통적 무신론적 주의 주장에 대해서도 이따금 격분을 느꼈다는 사실을 당시의 동료들이 증언하고 있다. 이 무렵의 도스토옙스키에게는 뒷날의 슬라브주의 사상이 이미 싹트고 있었던 것이다.

도스토옙스키(1821~1881)

그러면 이렇게까지 사상 경향을 가진 도스토옙스키가 왜 급진적 사상 단체와 연관되어 사활의 운명에 놓이게 되었는가? 이에 대해 도스토옙스키는 앞에 인용한 같은 문장 속에서 다음과 같이 대답하고 있다.

"과연 러시아 청년들이 유럽의 진보적 사상가들의 영향에 대해······ 더욱이 그들 사상의 러시아적 방면에 대해 무관심할 수 있을까? 그들 사이의 러시아적 방면이라는 것은 분명히 존재하고 있다. 그것은 러시아에서만 실행할 수 있다. 그들 사상의 귀납적 방법이며 흔들 수 없는 정리(定理)의 형태를 가진 것이다."

도스토옙스키가 아무리 경건한 가정에 태어난 뿌리깊은 그리스도 교인이었다 할지라도, 한편 그는 위에서 말한 바와 같은 러시아 청년의 한 사람이었던 것이다.

그즈음 그와 동지였던 한 사람이 전하는 다음과 같은 말로 도스토옙스키

페트라솁스키(1821~1866)

의 생각을 짐작할 수 있다. 어느 날 그들 사이에 "만일 농노의 해방이 반란에 의하는 길밖에 없을 때는 어떻게 할 것인가?"라는 문제를 토의했을 때, 도스토옙스키는 그의 타고난 감격적 어조로 "그때는 반란에 의거하는 수밖에 없다!"고 외쳤다는 것이다. 그러나 예심 조서에 의하면 그는 "약간의 변혁이나 개선의 가능성에 관한 담화에 참가했으며, 그때 그것을 정부에 기대했다는 의견을 진술했다"고 적혀 있다.

페트라솁스키당 사건의 경과나 내용은 이 정도로 설명하고, 여기서는 그들이 1849년 4월 23일 일제히 검거되어 네바 강변의 페트로파블롭스크 요새에 갇히는 몸이 되었다는 것만 말해 둔다. 예심의 결과 34명 중 23명이 유죄 판결을 받았다. 도스토옙스키의 죄상 중에서 가장 큰 죄목은, 그가 어느 날 집회에서 고골 앞으로 보낸 벨린스키의 공개장을 낭독한 일이었다. 그것은 벨린스키가 고골의 저서 《벗과의 왕복 서한 발췌》를 읽고, 고골의 너무나도 보수적이며 소극적인 사상과 독선적이고 맹단적인 지도자인 체하는 태도에 격분을 느끼고, 그의 재능에 대해 애석한 감정을 못 이긴 벨린스키가 고골에게 쓴 글이다. 이 글은 러시아에 있어서의 유럽주의의 선언이라고 일컬어지고 있다. 도스토옙스키는 미래의 슬라브주의자로서 《서한 발췌》에 담겨진 여러 사상을 공명하기는 했으나, 고골의 농노제 지지의 논조에는 대단히 불만을 느꼈기 때문에 페트라

페트로파블롭스크 요새 알렉세옙스키 삼각보 감옥　도스토옙스키는 9호 독방에 8개월 격리 수용되었다가 사형선고를 받는다. 형장에서 황제특사로 풀려나(가짜 처형식) 4년간 시베리아 유형과 그 후 4년간 사병근무 선고를 받는다(1849).

셉스키의 단체에서 이 공개장을 낭독하는 역할을 기꺼이 맡았던 것이다. 도스토옙스키의 낭독은 청중의 마음에 뜨거운 불을 붙여 동지들로부터 높이 평가받고 있었다. 그런데 이 공개장은 판결문의 내용을 인용하면 '정교회 및 최고 정권에 대한 불순한 표현으로 충만한 것'이었다.

　1849년 11월 16일, 마침내 공판이 끝나 도스토옙스키는 다른 19명과 함께 총살형 판결을 받았는데, 피고들에게는 그 내용이 비밀로 되어 있었다. 12월 22일 새벽, 그들은 잠자다가 느닷없이 불러일으켜져 마차에 타고 요새의 문을 나섰다. 어디로 끌려가는지 아무도 알지 못했다. 이윽고 세묘나프 연대의 연병장에 준비된 여러 개의 말뚝을 보았을 때, 그때서야 비로소 자기들이 사형 집행장에 끌려왔다는 것을 알았다. 선고문이 낭독되고 맨 먼저 페트라셉스키가 다른 두 사람과 함께 말뚝에 묶이고 사병들이 집총하여 겨냥을 하고 '사격!'이라는 명령만을 기다리고 있었다. 피고들은 자기도 몇 분 뒤에는 어김없이 이 지상에서 자취를 감출 것이라는 기괴하고도 무서운 확신을 품으면서 숨막힐 듯한 긴장 속에 서 있었다.

니콜라이 1세(1796~1855)
역대 황제와 마찬가지로 군사력을 앞세워 독재정치를 실시
했다. 도스토옙스키가 죽음의 문턱에서 극적으로 살아나 유
형생활을 한 배경에 그가 있었다.

그러나 도스토옙스키도, 또한 동지 가운데 누구 한 사람도 이 사형 선고가 니콜라이 1세의 간교한 속임수로서, 불순한 사상을 가진 피고들의 간담을 공포에 떨게 하기 위해 형 집행을 아슬아슬하게 앞두고 특사를 내리게끔 미리 예정된 각본이었다는 사실은 꿈에도 몰랐다. 과연 이 각본대로 실행되었다. 그러나 인간의 영혼에 대한 이 같은 잔인한 장난을 모든 사람이 다 견뎌 내지는 못하는 법이다. 이윽고 세 사람이 말뚝에서 풀렸을 때 그중 한 사람인 그리고리예프는 죽은 사람처럼 얼굴이 창백해져 그 순간 정신 이상을 일으켰다. 도스토옙스키는 어떤 심경이었을까? 그가 냉정한 마음으로 이 정신적 고문을 견뎠다는 것이 같은 사형장에 섰던 친구의 추억으로 증명된다. 그가 턱밑에서 죽음을 목도한 이 운명적 몇 분 동안에 어떤 내면적 체험을 했는가를 알고 싶은 사람은 그의 《작가의 일기》 중의 글이나 《백치》를 읽어 보면 알 수 있다. 도스토옙스키는 주인공 미슈킨 공작의 입을 빌려 이때의 복잡하고도 비할 바 없는 심리와 감각을 해부하고 이것을 그려냈다.

이리하여 도스토옙스키는 감형되어 4년간의 시베리아 유형을 선고받았다. 그를 태운 죄수들의 썰매가 수도를 출발한 것은 12월 24일 밤 9시, 바로 크리스마스이브였다. 거의 죽어 가다가 다시 살아난 도스토옙스키, 경건한 그리스

옴스크 현 카자흐스탄 북부에 위치한 교통의 요지. 1716년 유목민에 대한 국경 요새로 건설된 도시이며, 제정시대에 유형지의 하나였다. 도스토옙스키는 이곳에 유형되었다.

도 교도로서의 도스토옙스키가 수난의 길을 떠나는 날이 이 성스러운 밤이었다는 것은 뜻깊은 일이 아닐 수 없다.

1850년 1월, 일행이 트볼리스크에 도착했을 때, 남편의 뒤를 따라 그곳 유형지에 이주하여 25년간 남편과 고통을 나눈 12월 당원의 아내들이 이 페트라셉스키 당원들과의 면회 허락을 얻고 그들에게 성경책을 나누어 주었다. 이것은 옥중에서 허락된 유일한 책으로 유형 생활의 4년간 도스토옙스키에게 큰 위로가 되었으며 깊은 영향을 주었다.

이 4년 동안 그가 어떻게 지냈는가, 무엇을 보고 무엇을 들었는가, 무엇을 느끼고 무엇을 사색했는가, 이에 대해서는 《죽음의 집의 기록》이 해답을 줄 것이다.

《죽음의 집의 기록》이 도스토옙스키의 옥중 생활을 여실히 묘사한 자서전적 작품이라는 것은, 그 자신이 "가상 인물의 이름을 빌려 형무소에서 지낸 나의 생활을 이야기했으며 옥살이를 같이 한 옛친구들을 묘사했다"고 말한 것을 보아 틀림없는 일이다. 다만 이름을 빌린 가상의 인물 고랸치코프가 정치범이 아니라 질투심 때문에 아내를 죽인 형사상의 죄인이고 그 형기도 4년이 아닌 10년이라는 것, 그리고 그가 출옥한 뒤 시베리아에 거주하여 그곳에

서 생애를 끝냈다는 것만 다르다. 이 일은 저자의 입장에서 《죽음의 집의 기록》이 생생한 사실에 대한 흥미로 읽히고 독자에게 예술이 아닌 실감의 인상을 주는 것을 가급적 피하려고 한 수단이었으리라고 짐작되지만, 그것보다는 오히려 검열 관계를 고려한 것임에 틀림없다. 처참하기 짝이 없는 태형(笞刑)의 묘사를 비롯하여 감옥 내의 암울한 생활상을 적나라하게 재현한 이 작품의 리얼리즘은, 니콜라이 1세 치하에서는 검열을 통과해 널리 알려질 가망이 없었다.

사병 시절의 도스토옙스키 1854년 형기를 마치고 시베리아 제7보병대대에 사병으로 배속되어 1859년 전역할 때까지 카자흐스탄 세메이에서 보냈다.

1856년, 부왕의 죽음에 의해 왕위를 이어받은 알렉산드르 2세는 획기적인 농노 해방을 단행했다. 이 시대에 와서 태형도 폐지되었고 이런 상황의 변화가 《죽음의 집의 기록》의 출판을 가능하게 했다.

아무튼 《죽음의 집의 기록》은 도스토옙스키가 예술가로서 또한 사상가로서 뒷날의 대성을 위해 겪은 연옥의 생활을 상세히 묘사한, 세계 문학에 그 유례가 없는 귀중한 인생 기록이다. 그 밖에 이 작품 속에선 도스토옙스키의 창작 생활에 있어 새로운 발전 단계가 있기 때문에 그 점을 밝히는 데에도 중요하다.

《가난한 사람들》, 《분신(分身)》 등 도스토옙스키의 초기 작품은 주로 자기분열과 이중인격이라는 심리 현상을 대상으로 했다. 이를테면 한편에 있어서는 겸허한 자기비하, 다른 한편에서는 병적 자존심·교만·과대망상증이 한 개성 속에서 서로 충돌함으로써 고통과 불행의 원인이 되어 있다. 시베리아 유형 이전의 도스토옙스키의 작품은 모두 이 분열형 인물을 취급하였다.

이와 동시에 도스토옙스키는 자기분열의 비극을 반대 방법으로 해결한 교만한 의지의 소유자, 그의 말에 따르면 '자기에게 이익이 되는 것만을 생각하는' 인물을 창조하려는 생각을 이 무렵부터 하기 시작했다는 점을 잊어서

안나 스니트키나(1846~1918) 형 빚으로 인해 악질 출판업자에게 저작권을 모두 빼앗길 위기에 처해 있던 도스토예프에게 속기사로 고용되어 계약만료일인 26일 만에 《노름꾼》(1866) 속기와 정서를 끝내고 그를 위기에서 구해낸다. 도스토옙스키는 새 소설을 구상하며 청혼했고 1867년 결혼했다.

는 안 된다. 그것은 다름 아닌 《주부(主婦)》에 나오는 무울린이다. 이 작품은 신중함과 겸허를 청산하고 교만과 아욕(我慾)이 완전히 승리했을 때 어떻게 될 것인가 하는 문제에 대해 해답을 시도한 것이다. 무울린은 보기에도 흉악한 범죄의 낙인을 이마에 찍은 듯한, 피에 젖은 과거를 짊어진 무서운 인물로 등장한다. 자기의 욕망을 만족시키고 뜻을 이루기 위해선 어떤 악이나 어떤 잔악한 일도 서슴지 않는 그는 바르코프스키 공작이나 스비들리가일로프의 선구자라고도 할 수 있다. 도스토옙스키는 이 새로운 인간형을 창조함으로써 자기 예술의 영역을 넓히려고 했으나 여태껏 그런 성격을 실생활에서 관찰할

프랑스 판화가의 눈에 비친 러시아 농노다발을 걸고 내기하고 있는 귀족 지주계급의 모습을 그린 귀스타브 도레의 작품. 1854년, 《성스러운 러시아 역사》에서. 파리 국립도서관 소장.

수 있는 기회를 얻지 못했다. 마치 연구실 안에서 실험을 하는 식의 방법으로 이중인격자로부터 소심함과 겸허의 면을 제거하고 교만과 야욕만을 남김으로써 추상적으로 이 전형을 창조하려고 했을 따름이다.

그러나 시베리아 유형은 도스토옙스키의 재능을 키우는 데 위대한 도움을 주었다. 야욕의 인간에 관한 문제에 있어서도 그는 시베리아 감옥에 와서 이런 유형의 인간을 직접 관찰할 수 있었던 것이다. 그는 《죽음의 집의 기록》 중에서 비로소 야욕의 인간을 산 육체를 가지고 각기 개성적 특징을 갖춘 현실의 인간으로 재현하는 일에 성공했다. 오를로프·페트로프 및 루치카가 그런 인물이다.

도스토옙스키는 그들을 정의하여 야욕의 인간이란 말을 썼으나, 이 경우 야욕의 인간이라는 말에 어떤 제한을 가할 필요가 있다. 왜냐하면 그들은 모두 사회의 하층에서 온 죄수들이고, 압박받은 개성의 감정이 범죄라는 형식으로 반발의 표현을 취한 것이며, 따라서 이런 인간 유형의 전형으로서는 가장 단순한 부류에 속하기 때문이다. 그들, 특히 오를로프와 페트로프의 공통적 특색은 비사회성이다. 그들에겐 사회적 집단의 일원으로서의 본능이나 감정이 전혀 없다. 그들은 즐겨 고립의 입장을 취했고 말이 적었으며 사람과 어

울리기를 싫어했다. 게다가
주위의 모든 것을 경멸의 눈
으로 바라보고 높은 곳에서
내려다보는 태도를 취했다.

그러나 그들의 비사회성의
가장 뚜렷한 특징은 동정 및
연민의 감정이 아예 없다는
점이다. 그 결과 마땅히 야
수적 잔인함이 생긴다. "그는
세상에서 보기 드문 흉악범
으로, 냉담하게 많은 노인과
어린이를 찔러 죽인 가공할
의지의 힘과 자기를 믿고 자
랑하는 사나이였다"고 도스
토옙스키는 오를로프에 대
해 말했다. 베트로프에 대해
서도 비슷한 말을 했다. "그
는 무슨 일이라도 해치울 수
있다. 한 번 변덕을 일으키면

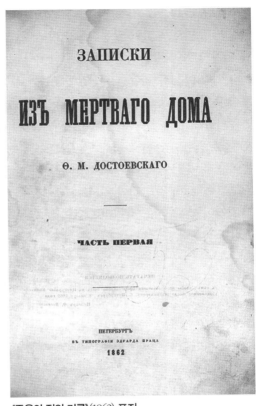

ЗАПИСКИ

ИЗЪ МЕРТВАГО ДОМА

Ѳ. М. ДОСТОЕВСКАГО

ЧАСТЬ ПЕРВАЯ

ПЕТЕРБУРГЪ
ВЪ ТИПОГРАФІИ ЭДУАРДА ПРАЦА

1862

《죽음의 집의 기록》(1862) 표지

어떤 일이라도 주저하지 않는다. 만일 그가 마음만 먹는다면 누구든 한칼에
죽이고 후회 따위는 하지도 않을 것이다."

이를테면 그들의 근본적 특질인 비사회성이 자연적인 결과로서 비윤리성
을 초래하고 모든 도덕적 본능, 의무의 감정, 양심을 제거해 버린 것이다. 그들
을 움직이는 유일한 요인은 식욕과 색욕뿐으로, 빈 배를 채우지 못한 생리적
고통은 있을망정 타인에게 고통을 주었다고 느끼는 정신적 고민이나 회한의
정은 없다. 이것은 순전한 야수적 상태로, 이기주의라는 말조차 합당치 않다.
이기주의는 정신적 경화(硬化)와 타산이 따르지만 자기류의 존경을 타인에게
표시하기도 한다. 하지만 오를로프와 페트로프는 타인에 대한 존경을 모를
뿐만 아니라 정신적 경화나 타산적인 면은 조금도 없다. 예컨대 페트로프의

경우라면, 만일 보드카를 사는 데 25코페이카가 필요하다면 그는 하찮은 돈 때문에 살인도 서슴지 않는다. 그러면서도 몇천 루블이라는 큰돈을 소중하게 여기지도 않는다. 이기주의의 입장에서 보면 이것은 말이 되지 않는다. 그러나 이런 아욕적 유형들은 인간들로서는 가장 그들의 본질을 나타내는 전형적 행위인 것이다. 그들은 순간 순간의 욕구에 따라 살기 때문에, 그 욕구를 만족시키기 위해서 닥치는 대로 아무 수단이나 사용한다. 사람을 죽이는 데도 아무 원한도 타산도 없다. 단지 그 순간 한 잔의 보드카를 마시고 싶기 때문이다. 마치 목마를 때 물을 마시는 것과 다를 바 없는 것이다.

그러므로 《죽음의 집의 기록》에 그려진 아욕의 인간 심리에는 사회적 윤리적 감정이 전혀 없고, 따라서 그들의 의지는 다만 생리적 충동에 의해서만 지배당하고 있는 것이다. 여기에는 자기분열 따위가 있을 수 없다. 하지만 이것들을 과연 의지력의 승리라고 부를 수 있을까? 의지라고 한다면 거기에는 두 가지 이상의 동기에 대해 한 가지 선택만이 있을 수 있고, 강하고 굳은 의지는 풍부한 자의식 생활에 있어서만 가능한 것이다. 이와 반대로 오를로프나 페트로프는 일단 한 가지 충동이나 욕망이 생기면 그것이 대뜸 의식의 전체를 차지하고 지체없이 행동에 옮겨 반성할 여지를 남기지 않는다. 그들 행동의 결단성은 의지의 소산이 아니라 자의식 생활의 빈곤에서 오는 것이다.

이런 유형의 아욕의 전형은 자기분열로 괴로워하는 학대받은 사람들과 밀접한 관련을 갖는다. 학대받은 가난한 사람들은 곤궁에 견디고 굴욕을 참으면서 묵묵히 순종하여 생활을 계속하지만, 어떤 우연한 계기로 그들을 억제하고 있던 내부의 끈이 툭 끊어지면 광포한 행동을 감행한다. 예를 들면 자기의 박해자를 찔러 죽이는 것이다. 그리고 "그는 열병에 뜬 사람같이 도취에 빠진다"고 도스토옙스키는 설명하고 있다. 그 상태를 보고 즐기는 기분이 된다. 차라리 마음껏 모든 제한과 권력을 짓밟고 이를 데 없이 무한한 자유를 누리고 싶은 욕망이 일어난다. 전에 천대를 받은 사람일수록 지금은 더욱 자기범죄를 자랑하고 세상을 놀라게 하고픈 욕망이 강해진다.

이리하여 고삐가 풀린 이중인격자는 자포자기의 쾌감에 도취되면서 흉악한 범죄를 거듭하여 이윽고 아욕의 인간이 되는 것이다. 그러나 때로는 이 광적인 아욕의 발동이 어떤 짧은 기간에 가라앉을 때가 있다. 그러면 용감하고 화려했던 지난날의 순간을 추상하여 그것을 타인에게 떠벌림으로써 다시금 고개를 드러낸 자기분열, 공포, 절망, 회한 따위와 싸운다. 루치카는 바로 이런 인간으로 아욕이 형성되는 과도기에 있는 유형이다. 오를로프나 페트로프에 있어서는 광포한 야수적 발작이 일상적인 것이 되어 충동과 본능으로 바뀌었으나 이것과는 달리, 루치카에 있어서는 그 내부적 혁명이 마지막까지 완성되지 못한 채로 있는 것이다.

《가난한 사람들》(초판 1847) 속표지 1865

《죽음의 집의 기록》은 이미 1855년 도스토옙스키가 세미팔라친스크에서 하사관으로 복무 중 초고 또는 데생 형식으로 준비를 시작했다. 그리고 1859년 서부 러시아로 귀환 허락을 받아 트베리 시에 머무르고 있을 때 본격적으로 쓰기 시작했다. 이듬해 1860년 9월 첫부분이 스체로프스키가 경영하는 〈러시아 세계〉에 연재되기 시작했으나, 도스토옙스키가 형 미하일과 함께 잡지 〈시대(時代)〉를 창간함에 이르러 《죽음의 집의 기록》은 같은 해 3월 이후부터 〈러시아 세계〉에서 이 새 잡지로 옮겨졌다. 단행본이 간행된 것은 1862년 1월의 일이다.

1848년 〈조국의 기록〉 12월호에 실린 단편 《백야(白夜)》는 음울한 인생의 내면만을 주요 소재로 다뤄 온 도스토옙스키에게 있어 특이한, 그래서 주목할 만한 문학사적 의의를 갖는 작품이다.

도스토옙스키는 이 작품을 발표하기 2년 전인 1846년 그 목숨이 다할 때까지의 정신적 주제이자 주류를 암시하게 된 《가난한 사람들》을 발표했다. 이 '새로운 고골의 출현'을 예고한 사실주의적 휴머니즘의 걸작에서 그는, 고독과 소외 속에 멀어져 가는 도시 하층민들의 쓰레기 같은 삶을 침침한 블라인드 셔터를 통해 보는 것 같은 어두운 필치로 묘사하고 있다. 당시 러시아 문학계의 원로 비평가 벨린스키로부터 새로운 천재의 출현이라는 극찬을 받은 이 작품은 그 뒤 30여 년간에 걸쳐 발표된 《지하 생활자의 수기》, 앞서 말한 《죽음의 집의 기록》, 《죄와 벌》《악령》《카라마조프 형제들》 등과 계열을 같이 하는 어두운 실존의 그림자를 그린 작품이다. 이미 이때부터 현대의 독자들이 상징적으로 받아들이고 있는 도스토옙스키 상(像), 신비적·공상적·초인적·악마적·설교적인 이미지가 정립되었다. 혹은 정립의 틀을 마련하기 시작했다고 볼 수 있다.

《백야》는 1848년에 발표된, 도스토옙스키의 작품으로는 드물게 보는 짧은 사랑 이야기이다. 대부분의 비평가들이 이 작품을 독특한 돌출 영역으로 보는 것은, 물론 작가에 대한 압도적인 선입관 탓도 있겠지만 실제적으로 그의 대부분의 작품, 그보다 그의 첫 작품인 《가난한 사람들》에서 보여 준 강렬하고 음울한 그림자가 멈칫할 정도로 많은 변화를 보이고 있기 때문일 것이다.

헤세의 말을 빌린다면 이미 충분히 '알에서 깨어났을' 도스토옙스키의 이러한 변화는 무엇을 뜻하는 것일까? 그러나 이것을 변화로 보든 변질로 보든 그리 문제가 되는 것은 아니다. 그리고 실제로 이 작품에서 그는 아무런 변화를 보여 주지 않는다. 플롯의 간결함과 산뜻한 단막극을 보는 것 같은 페테르부르크의 시원스런 배경, 단출한 등장인물, 이런 것들이 도스토옙스키 주류(主流)에서 이색적인 특징을 갖고 있을 뿐 사실 주인공들의 독백과도 같은 내레이션이라든가 머리 위를 뒤덮고 있는 음울한 배경음악들은 결코 '도스토옙스키'를 뛰어넘는 그 무엇은 아니다.

그러나 앞서 말한 한두 가지 예에 있어서 이 작품은 틀림없이 도스토옙스키를 논함에 있어, 반드시 짚고 넘어가야 할 도스토옙스키 문학사적 한 거점인 것만은 확실하다.

도스토옙스키 자신이 이 작품에 '감상적 로망' 및 '어느 몽상가의 추억에서'

라는 부제를 붙인 것만
봐도 이것이 '검은 실존의
그림자'만을 추구해 마지
않던 그의 정신사에서 자
못 낭만적인 일면을 보여
준 작품임을 스스로 인정
하고 있는 것이다. 말하자
면 《백야》는 딱딱한 설교
자이자 광적인 초인주의
자인 도스토옙스키에게
서 로맨틱하고 섬세한 감
정이나 정서를 엿볼 수 있
는 유일한 작품인 것이다.

《백야》의 주제는 작가
의 모든 작품에 항상 면
모를 엿보이는 '몽상가'의
생활 기록이다. 벨린스키
는 여기에 나타나 있는

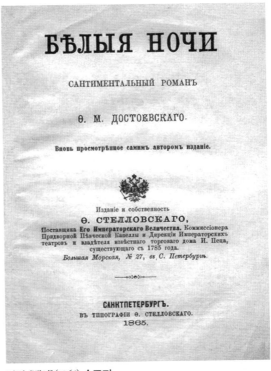

단편 《백야》(1865) 속표지

주인공의 이상심리(異常心理), 그 이상심리에 병적인 관심을 보이고 있는 도스
토옙스키 자신을 신랄하게 비판하고 리얼리즘에서의 일탈을 혹독하게 가책
하고 있다. 그러나 적어도 이 비판점들이 앞서 기록한 《가난한 사람들》에서의
단순한 후퇴나 퇴보가 아니라 후기 작품에서 보여줄 위대한 인간혼(人間魂)
이 싹트고 있다는 점에서만으로도 충분히 하나의 신기원적 위치를 확보하고
있는 소품이라 볼 수 있다.

이 작품의 주인공은 페테르부르크 한 구석에서 생활하고 있는 가난한 인
텔리 청년이다. 그는 무엇인가 직장을 갖고 있기는 하지만 《죄와 벌》의 라스콜
리니코프처럼 그 쓸쓸한 하숙방에서 고독하고 음울한 생활을 보내고 있다.
행동과 적응력의 결핍, 아니 그보다 소극적이고 내부 지향적인 그의 심리 상
태와 생활 태도는 실생활에서 구현해야 할 실제적인 문제들을 기피하고 공상

과 환상 속에서 펼쳐지는 욕구의 환영을 좇는 데 열중하게 한다. 어떤 의미에 있어선 그에겐 실생활 같은 것은 문제가 아니고 오직 공상만이 삶의 보람이라고까지 할 수 있다.

그런 젊은 '공상가'가 어느 날 저녁, 저 고골을 미치게 하고 푸시킨을 열광시키고 도스토옙스키를 매혹시킨 신비로운 백야의 페테르부르크 길거리에서 한 소녀를 만나게 된다. 그 만남은 우연이겠으나 몽상가의 논리로는 그것은 필연과 당위, 혹은 자기 도취적인 빛나는 허무였을 것이다.

그 첫째 밤의 만남에서 그는 소녀에 대한 동경과 구원을 느낀다. 그 결과 구원은 얼마 안 가 애정과 사랑과 기쁨으로 변한다. 안타까운 실연의 아픔에 잠겨 있던 소녀도 이 티없이 순정적인 남자에게 마음이 끌린다. 이 동경과 구원과 마음의 끌림은 모든 젊은 남녀가 바라는 행복의 꿈이요 일상인의 소망이다. 거기에는 음울한 하숙방과 답답한 할머니와의 칩거를 잊게 하는 건강하고 발랄한 숨결이 있다. 셋째 날 밤까지의 그들의 만남은 이 비애와 고독의 확실한 청산에 접근하는 가슴 설레는 만남이었다.

그러나 그것도 결국은 페테르부르크의 백야에 잠시 모습을 나타내 그들의 가슴을 설레게 한 환영에 지나지 않았다. 그들의 만남이 정점에 이른 그 마지막 순간 그 환영은 덧없이 어둠 속으로 사라지고 만다. 환영은 어둠을 타고 왔다가 그 어둠 속으로 다시 사라지고 만 것이다. 그 공상이 현실에 부딪칠 때, 어떤 이는 그것에 더없는 환멸을 느끼고 어떤 이는 더없는 기쁨을 느낀다. 주인공이 그 어둠의 소녀 나스첸카를 잡았을 경우, 그는 이제 더 이상 도스토옙스키의 품 안에 남아 있을 수는 없었을 것이다. 그는 도스토옙스키의 주인공답게 그 소심함과 우유부단으로 행복을 놓쳐 버리는 것이다, 아니 잡지 못하는 것이다.

이 몽상가의 뒷얘기, 그 변모는 이후의 도스토옙스키 작품에서 속속 발견할 수 있을 것이다. 《백야》 전편에 깔려 있는 서정적 감상주의는 이 작가의 내부에 흐르고 있는 감미로운 낭만의 향기를 충분히 드러내 보이고 있다 하겠다.

도스토옙스키 연보

1821년 모스크바 마린스키 자선병원 일등 군의관 미하일 안드레예비
치와 어머니 마리아 표도로브나 사이에서 7남매 중 둘째아들
로 태어남(11월 11일).

1833년(12세) 가을, 형 미하일과 드라슈소프 집에서 기숙사 생활.

1834년(13세) 여름, 다로보예에서 지내면서 월터 스콧의 작품 탐독. 10월 도
스토옙스키와 형 미하일, 체르마크가 경영하는 중학 과정의 기
숙학교에 들어감.

1837년(16세) 어머니가 폐결핵으로 죽음. 갑작스러운 후두염 발병. 이 병은
평생 그를 따라다님. 5월 아버지와 형 미하일과 함께 일주일간
수도 페테르부르크 여행. 9월 육군공병사관학교 합격.

1838년(17세) 1월 육군공병사관학교 입학. 발자크·위고·괴테·호프만 작품
탐독.

1839년(18세) 아버지가 영지에서 농노들의 원한을 사서 살해당함.

1841년(20세) 연극에 열중하여, 희곡《마리아 스튜어드》《보리스 고도노프》
를 썼다고 하지만, 원고는 현존하지 않음. 알렉산드리아 극장을
자주 드나들며 발레와 음악회를 감상함.

1842년(21세) 8월 육군 소위로 임관.

1843년(22세) 8월 공병사관학교를 졸업하고 공병대로 전속, 공병국 제도실에
서 근무. 9월 친구 리젠캄프 박사가 살고 있는 아파트에 자리잡
음. 12월 발자크의 소설《외제니 그랑데》(1834년 판) 번역.

1844년(23세) 2월 경제적으로 크게 어려워짐. 유산 관리인으로부터 일시금
을 받고, 토지와 농노에 대한 유산 상속권을 포기함. 10월 19일
제대함.《가난한 사람들》집필 시작.

1845년(24세) 3월 소설 《가난한 사람들》을 발표하여 큰 성공을 거둠. 여름 레벨에 있는 형 집에서 살며 두 번째 중편소설 《분신》에 착수함. 11월 하룻밤 만에 《아홉 통의 편지로 된 소설》을 씀. 12월 벨린스키의 집에서 열린 문학 모임에서 《분신》을 낭독함.

1846년(25세) 1월 24일 《페테르부르크 선집》에 《가난한 사람들》 발표. 2월 《분신》을 〈조국의 기록〉지에 발표. 봄 페트라셉스키를 알게 됨. 여름, 레벨에 있는 형 집에서 《프로하르친 씨》 집필. 10월 5일 게르첸을 알게 됨. 《여주인》과 《네토츠카 네즈바노바》 쓰기 시작. 가벼운 간질 증세. 10월 《프로하르친 씨》 잡지 〈조국의 기록〉지에 발표.

1847년(26세) 1월 《아홉 통의 편지로 된 소설》을 잡지 〈동시대인〉에 발표. 1~3월 벨린스키와 절연. 6월 《페테르부르크 연대기》를 신문 〈페테르부르크 통보〉에 발표함. 7월 7일 센나야 광장에서 첫 번째 간질 발작을 일으킴. 《가난한 사람들》이 단행본으로 나옴. 10~12월 《여주인》을 〈조국의 기록〉지에 발표함.

1848년(27세) 12월 페트라셉스키의 집에서 푸리에주의와 공산주의에 관한 강연을 들음. 〈조국의 기록〉지에 발표한 작품들 : 《남의 아내》(1월), 《약한 마음》(2월), 《폴준코프》, 《닳고 닳은 사람 이야기》, 《크리스마스트리와 결혼식》, 《백야》(12월), 《질투하는 남편》.

1849년(28세) 연초에 '페트라셉스키 모임'에 참석하여 출판의 자유, 농노해방, 재판제도 개혁에 대하여 발언. 1~2월 〈조국의 기록〉지에 《네토츠카 네즈바노바》 일부 발표(4월 체포로 인해 작업이 중단됨). 4월 15일 모임에서 도스토옙스키는, '절대 왕정의 입장을 신봉했다는 이유로 고골을 비난하는 내용을 담은' 벨린스키의 편지를 두 번째로 읽음. 4월 23일 체포되어 11월 13일 벨린스키의 '사악한' 편지를 퍼뜨린 죄목으로 사형을 선고받음. 12월 22일 형 집행 직전, 황제의 특사로 강제노동형으로 감형됨.

1850년(29세) 1월 23일 옴스크에 도착하여 4년을 지냄. 이 기간 동안 가족에게 편지쓰기를 금지당한 채 혹독하고 비참한 수용소 생활을 견더냄.

1854년(33세)　2월 중순 출옥. 3월 2일 시베리아 전선 세미팔라틴스크에 주둔 중인 제7대대에 배치됨. 이 기간에 투르게네프, 톨스토이, 곤차로프, 칸트, 헤겔 등의 서적을 탐독함. 11월 21일 세미팔리틴스크에 검찰관으로 임명된 브란겔 남작과 가까운 친구가 됨.

1855년(34세)　니콜라이 1세 죽음. 이 해에 《죽음의 집의 기록》을 쓰기 시작.

1856년(35세)　브란겔이 페테르부르크에서 도스토옙스키 사면 활동.

1857년(36세)　2월 6일 미망인 마리아 드미트리예브나 이사예바와 결혼. 8월 감옥에서 구상하고 집필에 들어갔던 《작은 영웅》이 〈조국의 기록〉에 M이라는 익명으로 실림.

1858년(37세)　봄, 카트코프에게 편지를 보내 〈러시아 통보〉지에 중편소설 게재를 요청하여 허가됨. 9월 형 미하일이 잡지 〈시대〉 출판 허가 받음.

1859년(38세)　3월 《아저씨의 꿈》이 〈러시아〉지에 실림. 10월 6일 네크라소프, 〈동시대인〉지에서 《스테판치코보 마을 사람들》 출판에 동의함. 도스토옙스키는 《죽음의 집의 기록》 집필 구상. 12월 상트페테르부르크에 도착(10년 만의 귀환). 며칠 뒤 스트라호프와 알게 되고 친구가 됨. 뒷날 그는 도스토옙스키의 공식 전기를 쓰게 됨. 11~12월 《스테판치코보 마을 사람들》이 〈조국의 기록〉지에 실림.

1860년(39세)　9월 〈러시아 세계〉지(67호)에 《죽음의 집의 기록》 연재 시작. 11월 검열 당국은 《죽음의 집의 기록》의 불온 표현 삭제 조건으로 출판 허가. 가을, 문학 서클 〈편집자들의 모임〉 결성. 당대의 유명 인사들이 대거 참여. 도스토옙스키의 작품들이 두 권의 책으로 나옴. 1권 : 《가난한 사람들》, 《네토츠카 네즈바노바》, 《백야》, 《정직한 도둑》, 《크리스마스트리와 결혼식》, 《남의 아내와 침대 밑 남편》 《작은 영웅》. 2권 : 《아저씨의 꿈》, 《스테판치코보 마을 사람들》.

1861년(40세)　3월 5일 농노해방령 시행. 7월 《학대받은 사람들》을 〈시대〉지에

기고. 이 해에 곤차로프, 오스트롭스키, 살티코프 등 많은 작가들과 친분 관계를 맺음. 《학대받은 사람들》이 단행본 두 권으로 출간.

1862년(41세) 《죽음의 집의 기록》의 두 번째 부분이 〈시대〉지에 실림. 1월 16일 《죽음의 집의 기록》의 단행본을 내기 위해 바주노프와 계약. 6월 7일 처음으로 외국 여행. 6월 8~26일 베를린·드레스덴·프랑크푸르트·쾰른·파리 등을 여행. 7월 초 런던에 가서 게르첸 만남. 7월 15일 쾰른으로 갔다가 라인강을 거쳐 스위스로, 그 뒤 이탈리아로 감. 12월 〈시대〉지에 《악몽 같은 이야기》 발표.

1863년(42세) 2월 〈시대〉지에 《여름 인상에 대한 겨울 메모》 연재됨. 4월 〈시대〉지, 스트라호프가 1월에 발생한 폴란드인의 무장 봉기 실패에 관해서 폴란드인에게 유리한 기사를 실었다는 이유로 4호로 발행 정지됨. 5월 〈시대〉지 출판 금지당함. 8월 외국으로 떠남. 파리에 8월 14일 도착. 9월 이탈리아로 출발. 바덴바덴에서 머물다가 토리노로 감. 그 뒤 제네바·로마·리보르노로 여행. 9월 17일 로마의 성 베드로 성당 방문. 9월 18일 포럼 산책. 10월 나폴리 체류. 그곳에서 게르첸 가족을 만남. 그 뒤 토리노로 돌아옴. 이 시기에 《노름꾼》과 《지하생활자의 수기》 쓰기 시작. 10월의 마지막 10일 동안 러시아로 돌아감.

1864년(43세) 1월 발루예프, 형 미하일에게 〈세기〉지 출판 허가 내줌. 3월 21일 〈세기〉지 첫 호 나옴. 3~4월 《지하생활자의 수기》를 〈세기〉지에 발표. 4월 15일 저녁 7시에 아내 마리아 이사예바 숨을 거둠. 4월 말 페테르부르크로 돌아감. 7월 10일 아침 7시, 파블롭스크에서 형 미하일 죽음. 형수가 〈세기〉지 발간을 계속해 나갈 것을 허가받음. 《죽음의 집의 기록》이 두 권의 독일어 판으로 라이프치히 출판사에서 나옴.

1865년(44세) 코르빈 그리코프스카야 부인, 뒷날 유명한 수학자가 된 소피야 코발렙스카야와의 우정이 시작됨. 6월 〈세기〉지 2호에 《악어》 연재. 〈세기〉지, 재정난으로 발행 중단(통권 13호). 출판업자 스젤로프스키와 어쩔 수 없이 불합리한 계약을 맺고 3천 루블에 모든 작품의 저작권을 팔아 버림. 7월 말 비스바덴에 도착. 카트코프에게 《죄와 벌》의 구상을 알리는 편지의 초안 작성. 편지에 소설의 줄거리 묘사. 11월 8일 브란겔에게, 비스바덴에 온 첫 주에 세 차례의 간질 발작이 있었음을 편지로 알림. 카트코프가 그에게 선불금 지급. 도스토옙스키의 전집이 검토와 보충을 거쳐 스젤로프스키 출판사에서 나옴. 1권 : 《여주인》, 《프로하르친 씨》, 《약한 마음》, 《죽음의 집의 기록》, 《가난한 사람들》, 《백야》, 《정직한 도둑》. 2권 : 《학대받은 사람들》, 《지하생활자의 수기》, 《악몽 같은 이야기》, 《여름 인상에 대한 겨울 메모》 등.
　도스토옙스키의 여러 단편들과 중편들이 같은 출판사에서 단행본으로 나옴. 《가난한 사람들》, 《백야》, 《약한 마음》, 《여주인》, 《프로하르친 씨》 등. 《죽음의 집의 기록》의 세 번째 판이 검토를 거치고 새 장들이 추가되어 나옴.

1866년(45세)　1월 《죄와 벌》, 〈러시아 통보〉지에 연재 시작(12월호로 완결). 1월 14일 대학생 다닐로프가 고리대금업자 포포프와 그의 하녀 노르만을 살해하고 금품을 강탈함. 도스토옙스키는 《백치》를 쓰며 이 사건을 숙고함. 6월 《노름꾼》의 줄거리와 《죄와 벌》 5부 작업. 10월 스젤로프스키에게 약속한 소설을 제때 끝내기 위해 안나 스니트키나를 속기사로 고용하여 그 달 안에 원고를 끝냄. 11월 《노름꾼》 원고를 스젤로프스키에게 가져감.
　도스토옙스키 전집 제3권 나옴(스젤로프스키 출판사). 수록 작품 : 《노름꾼》, 《분신》, 《크리스마스트리와 결혼식》, 《남의 아내와 침대 밑 남편》, 《작은 영웅》, 《네토츠카 네즈바노바》, 《아저씨의 꿈》, 《스테판치코보 마을 사람들》, 스젤로프스키 출판사에서 단편, 중단편들이 단행본으로 나옴. 《분신》, 《지하생활자의 수기》, 《노름꾼》, 《크리스마스트리와 결혼식》, 《악어》, 《악몽 같은 이야기》 등. 그 외에 《학대받은 사람들》 세 번째 개정판. 《스테판치코보 마을 사람들》의 세 번째 판 출간.

1867년(46세)　2월 15일 안나 스니트키나와 재혼. 모스크바에서 보석상 카밀 코프가 양갓집 아들 마주린에게 살해당하는 사건이 발생. 도스토옙스키는 이 범죄 사건을 《백치》의 마지막에 이용함. 4월 14일 도스토옙스키 부부, 외국으로 떠나 4년 넘게 체류. 4월 17일과 18일 베를린 체류. 4월 19일 드레스덴에 도착, 5월 4일 함부르크로 출발. 5월 15일 드레스덴으로 돌아옴. 6월 디킨스, 위고를 읽음. 베토벤, 바그너의 음악회 감상. 여러 번의 간질 발작을 일으킴. 6월 21일 바덴바덴으로 떠남. 6월 28일 투르게네프를 만나러 감. 러시아와 서양의 관계에 대한 생각 차이로 말다툼. 7월 16일 도벨린스키에 대한 기사를 쓰기 시작. 8월 13일 제네바 도착. 8월 28일 가리발디와 바쿠닌의 협력으로 제네바에서 평화와 자유연맹의 첫 번째 회의 열림. 도스토옙스키는 여러 회의에 참석함. 10월 《백치》 집필. 12월 6일 《백치》의 최종 원고 작업 돌입. 《죄와 벌》 수정판이 두 권으로 바주노프 출판사에서 나옴.

1868년(47세)　2월 22일 딸 소피야 태어남. 3월 10일 한 가족(6명)이 탐보프에서 살해되는 사건 발생. 16세의 고등학생이 용의자로 지목됨. 도스토옙스키는 이 사건을 《백치》 2부에 이용함. 5월 12일 어린 딸 소피야 죽음. 9월 밀라노 도착. 성당에 감. 11월 피렌체로 출발. 그곳에서 겨울을 보냄. 〈러시아 통보〉지에 《백치》 게재.

1869년(48세)　러시아의 친구들과 활발한 서신 교환. 무신론에 관한 소설을 구상. 7월 프라하에서 사흘을 보낸 다음 베니스, 볼로냐를 거쳐 드레스덴으로 돌아감. 9월 14일 딸 류보프 태어남. 11월 21일 모스크바에서 혁명 운동가 네차예프를 지도자로 하는 '민중의 복수'라는 혁명 단체가 불복종을 이유로 농학과 학생 이바노프를 암살함(이른바 네차예프 사건). 도스토옙스키는 이 사건을 주의 깊게 연구하여 뒷날 《악령》에 이용함.

1870년(49세)　봄 니힐리즘에 대한 〈악의적인 것〉 작업(《악령》). 〈오로라(L'Aurore)〉지에 《영원한 남편》 실림. 《죄와 벌》, 전집 제4권으로 나옴(스젤로프스키 출판사).

1871년(50세) 1월 〈러시아 통보〉지에 《악령》 연재 시작. 3~5월 파리코뮌. 도스토옙스키의 편지와 《미성년》의 작가 노트에서 이 사건을 반영했다고 밝힘. 7월 1일 네차예프의 재판. 재판의 내용이 《악령》 2부와 3부에서 이용됨. 7월 5일 드레스덴을 떠나 페테르부르크 도착. 7월 16일 페테르부르크에서 아들 표도르 태어남. 바주노프사에서 '동시대 작가 총서'의 하나로 《영원한 남편》이 단행본으로 나옴.

1872년(51세) 10월 30일 〈시민〉지에서 도스토옙스키와 공동 작업할 것임을 알림. 11~12일 안나 스니트키나, 《악령》을 직접 출판하기 위해 교섭. 도스토옙스키, 〈시민〉지의 편집일을 맡음. 12월 말 〈시민〉지 1호에 《작가일기》 제1장 원고 조판 작업. 독감과 폐기종으로 고생하기 시작.

1873년(52세) 1월 1일 〈시민〉지 제1호가 나옴. 편집장을 맡음. 알렉산드르 2세 황제에게 《악령》을 헌정. 2월 26일 아내 안나 스니트키나가 출판한 《악령》 판매 시작. 2월 27일 슬라브 자선단체의 회원으로 뽑힘. 6월 11일 검열법 위반으로 25루블의 벌금형과 48시간의 구류 처분받음(키르키즈 대표단 사건). 6월 15일 시인 주체프 사망. 그에 대한 글을 〈시민〉지에 기고함. 《악령》이 세 권의 단행본으로 나옴. 정치적, 연대기적, 문학적 기사와 중편소설, 일상생활을 묘사한 《작가일기》가 〈시민〉지에 연재됨. 《작가일기》(〈시민〉지 제6호)에 단편 《보보크》가 실림.

1874년(53세) 1월 《백치》, 두 권의 단행본으로 나옴. 3월 11일 〈시민〉지 10호에 기고한 글 〈러시아에 사는 독일인들에 대한 비스마르크 왕자의 생각과 관련된 두 단어〉로 잡지는 첫 번째 경고를 받음. 3월 21일과 22일 센나야 광장의 보초에게 체포됨. 이때 《레 미제라블》을 다시 읽음. 4월 22일 건강상의 이유로 〈시민〉지의 편집장직 사퇴. 그러나 기고는 중단하지 않음. 6월 4일 온천요법을 받으러 엠스에 가서 푸시킨을 다시 읽고 《미성년》 작업. 10월

12일 네크라소프에게 보낸 편지에 〈조국의 기록〉지에 자기 소설 《미성년》이 실릴 것이라고 알림.

1875년(54세) 8월 10일 아들 알렉세이 태어남. 현대의 부모와 아이들에 관한 소설 구상. 12월 27일 비행 청소년을 위한 감화원 방문. 12월 31일 개인 잡지 〈작가일기〉의 발행 허가가 내려짐. 《죽음의 집의 기록》 제4판이 두 권의 책으로 나옴. 《미성년》이 〈조국의 기록〉(1~12월호)에 실림.

1876년(55세) 1월 월간 〈작가일기〉 제1호 발행. 단편 《예수의 크리스마스에 초대된 아이》 발표. 2월 〈작가일기〉 2월호에 단편 《농부 마레이》 발표. 3월 영적 경험. 〈작가일기〉 3월호에 단편 《백 살의 노파》 실림. 10월 도스토옙스키가 〈작가일기〉에서 말한 계모 코르닐로바의 재판이 열림. 그는 죄수를 두 번 방문함. 《온순한 여자》 집필, 〈작가일기〉 11월호에 발표. 12월 6일 카잔 광장에서 대학생들의 시위와 난투극. 〈작가일기〉에서 이 사건을 상세히 다룸. 《미성년》이 3권의 단행본으로 나옴. 〈작가일기〉 계속 발간.

1877년(56세) 4월 러시아 황제의 성명. 러시아 군대가 터키 영토에 진입. 도스토옙스키는 성명을 읽고 카잔 성당에 감. 4월 22일 코르닐로바의 두 번째 재판에 참석함. 피고는 무죄 석방됨. 〈작가일기〉 4월호에 단편 《우스운 인간의 꿈》 발표. 12월 27일 시인 네크라소프 죽음. 충격에 싸인 도스토옙스키는 밤을 새워 죽은 시인의 시를 낭독함. 12월 30일 네크라소프 장례식에서 간단한 연설을 함. 〈작가일기〉 계속 발간. 《죄와 벌》 4판이 두 권으로 나옴. 《온순한 여자》가 〈페테르부르크 신문〉에 프랑스어로 번역됨. 단행본으로도 나옴.

1878년(57세) 5월 16일 세 살의 어린 아들 알렉세이가 갑작스러운 간질 발작으로 죽음. 6월 23일 러시아 영성의 중심지 중 하나인 옵티나 수도원에 감. 암브로시 장로와 두 번의 대화. 그로부터 《카라마조프 형제들》의 영감을 얻음. 12월 계획을 세우고 《카라마조프 형제들》의 첫 부분 씀. 12월 14일 《학대받은 사람들》의 넬리 이야기를 자선 문학의 밤 모임에서 낭독.

1879년(58세) 3월 9일 문학기금을 위한 연회에서 도스토옙스키는 《카라마조프 형제들》의 일부분을 낭독함. 3월 20일 어린 딸을 괴롭힌 혐의로 고발당한 외국인 브룬스트의 재판. 도스토옙스키는 이 사건에 매우 깊은 인상을 받아 《카라마조프 형제들》에 이용함. 7월 22일 엠스로 떠남. 베를린에서 이틀 머무름. 수족관, 박물관과 티어가르텐 구경. 7월 24일 엠스 도착. 9월 러시아로 돌아옴 《카라마조프 형제들》 작업. 10월 알렉세이 톨스토이의 미망인, 톨스토이 백작 부인이 도스토옙스키에게 드레스덴 박물관에 있는 라파엘의 〈시스티나의 마돈나〉 그림을 보여 줌. 《카라마조프 형제들》(소설 3부의 제4권까지) 〈러시아 통보〉지에서 나옴. 〈작가일기〉 제2판 1876년 《학대받은 사람들》 제5판.

1880년(59세) 1월 17일 도스토옙스키와 프랑스 외교관이자 작가인 보귀에 사이에 논쟁(보귀에는 뒷날 유명한 책, 《러시아의 소설》(1886)을 씀). 도스토옙스키는 다음과 같이 말함. "우리는 모든 민족들의 특징을 가지고 있습니다. 그 위에 모든 러시아의 특징도. 그 이유는 우리가 당신들을 이해할 수 있기 때문입니다. 그러나 당신들은 우리에 미치지 못합니다." 4월 6일 페테르부르크 대학에서 열린 블라디미르 솔로비요프의 박사 통과 심사에 참석. 5월 11일 모스크바에서 열리는 푸시킨 동상 제막식에서 슬라브 자선 단체의 대표로 임명됨. 5월 23일 모스크바 도착. 5월 24일 도스토옙스키를 축하하는 오찬. 여러 작가들 참석. 6월 6일 푸시킨 동상 제막식. 6월 7일 첫 번째 공개 회의, 투르게네프 연설. 6월 8일 두 번째 공개 회의. 도스토옙스키, 대중에 열광을 불러일으킨 푸시킨 동상에 가서 자기가 받은 월계관을 바침. 6월 10일 모스크바를 떠나 스타라야루사로 감. 《카라마조프 형제들》 쓰기 시작. 11월 8일 〈러시아 통보〉지에 《카라마조프 형제들》의 마지막 장을 보냄. "내 소설은 끝났습니다. 이 소설에 바친 3

년과 출판한 2년. 나에게는 의미 있는 순간입니다. 작별 인사를 하지 않은 것을 용서하시기 바랍니다. 나는 20년은 더 살면서 글을 쓸 작정입니다." 11월 29일 한 편지에서 나쁜 건강 상태에 대해 불평(폐기종으로 고생). 12월 10일 열다섯 살의 젊은 시인 메레시콥스키가 도스토옙스키에게 자신의 시를 읽어 줌. "제대로 쓰기 위해서는 고통을 감내해야 한다." 《푸시킨에 대한 연설》이 〈모스크바 통보〉지에 실림. 《카라마조프 형제들》, 〈러시아 통보〉지에 연재(11월 완결). 〈작가일기〉 제2판 1880년. 《카라마조프 형제들》 단행본 며칠 만에 모두 팔림.

1881년(60세) 1월 〈작가일기〉 작업. 1월 26일 상속 문제로 여동생이 찾아와 다투고 간 뒤 도스토옙스키 각혈, 의사의 진찰 도중 다시 각혈한 뒤 의식 잃음, 6시경 병자 성사를 받음, 7시쯤 아내와 아이들에게 작별 인사, 1월 27일 각혈 멈춤. 1월 28일 아침 11시 또 각혈. 저녁 7시 자식들에게 자신의 성서를 건네줌. 저녁 8시 38분 도스토옙스키 숨을 거둠. 1월 31일 알렉산드르 넵스키 수도원 묘지에 묻힘. 많은 사람들이 긴 행렬을 이루며 그를 애도함. 《죽음의 집의 기록》 제5판 나옴. 《학대받은 사람들》의 프랑스어 번역이 〈페테르부르크 신문〉에 실림. 《죽음의 집의 기록》 영어로 번역됨. 《학대받은 사람들》 스웨덴어로 번역됨.

채수동

한국외국어대학 러시아어과 졸업. 미국 뉴욕대학 대학원 수료(러시아문학). 미국 콜럼비
아대학 대학원 수학(러시아문학). 주러시아대사관 총영사. 주수단대사관 대사. 한국외국
어대학교 러시아문학 강의. 지은책 〈한 외교관의 러시아 추억〉. 옮긴책 톨스토이 〈인생
이란 무엇인가〉 〈사람은 무엇으로 사는가〉 〈이반 일리치의 죽음〉 도스토옙스키 〈죄와
벌〉 〈악령〉 〈백치〉 〈미성년〉 〈학대받은 사람들〉

World Book 158
Fyodor Mikhailovich Dostoevskii
ZAPISKI IZ MERTVOGO DOMA
BEDNYE LYUDI/BELYE NOCHI
죽음의 집의 기록/가난한 사람들/백야
도스토옙스키/채수동 옮김
1판 1쇄 발행/1978. 8. 10
2판 1쇄 발행/2011. 6. 1
3판 1쇄 발행/2022. 1. 1
발행인 고윤주
발행처 동서문화사
창업 1956. 12. 12. 등록 16-3799
서울 중구 마른내로 144(쌍림동)
☎ 546-0331~6 Fax. 545-0331
www.dongsuhbook.com

사업자등록번호 211-87-75330
ISBN 978-89-497-1805-7 04080
ISBN 978-89-497-0382-4 (세트)